CRPE PREMIÈRE ÉPREUVE ORALE : MISE EN SITUATION PROFESSIONNELLE

NOUVELLE ÉDITION, REVUE ET AUGMENTÉE

Michèle GUILLEMINOT

Ouvrage dirigé par Laurence BRUNEL

Remerciements

Merci à Begoña, Élise, Guillaume, Lamia et Sabrina pour m'avoir confié les dossiers professionnels de leur admission.

SOMMAIRE

SOMMAIRE

« *Une école juste pour tous et exigeante pour chacun [...]* » sont les premiers mots de la loi pour la refondation de l'école. Et, en effet, après les résultats du nouveau concours de recrutement des professeurs d'école de l'année scolaire 2014 et de cette année 2015, nombre de candidats ont pu mesurer les exigences demandées.

À l'heure de la rentrée 2015-2016, au moment où les nouveaux rythmes scolaires se généralisent, le professeur des écoles, détenteur d'un master MEEF (métiers de l'enseignement, de l'éducation et de la formation), est le professionnel qui va conduire les enfants au meilleur niveau de leurs connaissances et les préparer à leur vie de citoyens. Les programmes restent inchangés pour cette nouvelle année de concours. Après la mise en place du nouveau cycle 1 à la rentrée 2014 avec la grande section réintégrant à part entière l'école maternelle, la rentrée 2015 voit la mise en place du nouveau programme pour l'école maternelle.
« *La loi de refondation de l'école crée un cycle unique pour l'école maternelle et souligne sa place fondamentale comme première étape pour garantir la réussite de tous les élèves au sein d'une école juste pour tous et exigeante pour chacun. Ce temps de scolarité, bien que non obligatoire, établit les fondements éducatifs et pédagogiques sur lesquels s'appuient et se développent les futurs apprentissages des élèves pour l'ensemble de leur scolarité. L'école maternelle est une école bienveillante, plus encore que les étapes ultérieures du parcours scolaire. Sa mission principale est de donner envie aux enfants d'aller à l'école pour apprendre, affirmer et épanouir leur personnalité. Elle s'appuie sur un principe fondamental : tous les enfants sont capables d'apprendre et de progresser. En manifestant sa confiance à l'égard de chaque enfant, l'école maternelle l'engage à avoir confiance dans son propre pouvoir d'agir et de penser, dans sa capacité à apprendre et réussir sa scolarité et au-delà.* » educ.gouv

C'est le plus rapidement possible que vous devez préparer la deuxième partie de ce concours, c'est-à-dire les oraux d'admission, et notamment le dossier sur une des disciplines du concours. Cet ouvrage vous prépare donc à l'épreuve orale d'admission sur dossier candidat du concours de recrutement de professeurs des écoles. Vous y trouverez les modalités de cette épreuve, des aides et des conseils méthodologiques pour le dossier et pour l'entretien, des astuces pour se préparer et s'organiser.

INTRODUCTION

Les disciplines pour cette épreuve et les programmes des différents domaines d'enseignement proposés sont présents dans les **25 dossiers complets** (connaissances scientifiques et séquence pédagogique) qui sont accompagnés des questions susceptibles d'être posées à l'entretien et des réponses possibles. Vous disposez également de **5 dossiers réalisés pour le concours 2015** et de **20 dossiers pour vous entraîner** avec une séquence ou une séance et des questions. Certains éléments de réponse sont parfois fournis pour vous aider à comprendre les différentes options possibles. Vous trouverez aussi des paragraphes « Pour aller plus loin », qui permettent d'élargir vos connaissances et votre réflexion sur le domaine présenté et/ou sur la connaissance des différentes théories du développement de l'enfant.

Vous avez choisi de devenir enseignant. C'est un métier enrichissant et passionnant, mais le concours est un passage difficile à franchir.

Cet ouvrage, conçu après les résultats de la deuxième édition de ce nouveau concours, prend en compte les rapports des jurys des deux années précédentes ainsi que les comptes-rendus des candidats admis ou non. Il intègre également les nouvelles propositions et les nouveaux programmes pour la refondation de l'école.

Travail et efforts sont indispensables pour réussir ce concours. Et vous trouverez, au fil des pages, une aide efficace avec les points essentiels pour aborder, préparer et présenter cette épreuve.

PRÉSENTATION ET PROGRAMMES DE LA PREMIÈRE ÉPREUVE ORALE

PARTIE I

1 | L'ÉPREUVE D'ADMISSION

Cette épreuve orale d'admission comporte un entretien avec le jury, qui permet d'évaluer la capacité du candidat à s'exprimer avec clarté et précision, à réfléchir aux enjeux scientifiques, didactiques, épistémologiques, culturels et sociaux que revêt l'enseignement des champs disciplinaires du concours, et des rapports qu'ils entretiennent entre eux.

Première épreuve orale

Mise en situation professionnelle dans un domaine au choix du candidat.

Durée de l'épreuve : une heure (présentation : 20 minutes ; entretien : 40 minutes).

Cette épreuve vise à évaluer les compétences scientifiques, didactiques et pédagogiques du candidat dans un domaine d'enseignement relevant des missions ou des programmes de l'école élémentaire ou de l'école maternelle, choisi au moment de l'inscription au concours parmi les domaines suivants :

- sciences et technologie ;
- histoire ;
- géographie ;
- histoire des arts ;
- arts visuels ;
- éducation musicale ;
- enseignement moral et civique.

Le candidat remet préalablement au jury un dossier de dix pages au plus, portant sur le sujet qu'il a choisi. Ce dossier pourra être conçu à l'aide des différentes possibilités offertes par les technologies de l'information et de la communication usuelles, y compris audiovisuelles (format CD). Il est adressé au président du jury sous format papier accompagné le cas échéant d'un support numérique CD, dans le délai et selon les modalités fixés par le jury.

Ce dossier se compose de deux ensembles :

- une synthèse des fondements scientifiques relatifs au sujet retenu ;
- la description d'une séquence pédagogique, relative au sujet choisi, accompagnée des documents se rapportant à cette dernière.

PRÉSENTATION ET PROGRAMMES DE LA PREMIÈRE ÉPREUVE ORALE

L'épreuve comporte :

- la présentation du dossier par le candidat (20 minutes) ;
- un entretien avec le jury portant, d'une part, sur les aspects scientifiques, pédagogiques et didactiques du dossier et de sa présentation, et, d'autre part, sur un élargissement et/ou un approfondissement dans le domaine considéré (40 minutes), pouvant notamment porter sur sa connaissance réfléchie des différentes théories du développement de l'enfant.

L'épreuve est notée sur 60 points :

- 20 points pour la présentation du dossier par le candidat ;
- 40 points pour l'entretien avec le jury.

INFORMATIONS À L'ATTENTION DES CANDIDATS

Le candidat apporte tout le matériel nécessaire à sa prestation. La responsabilité de l'utilisation et de la bonne marche du matériel apporté par le candidat lui incombe. Il n'est fourni par les organisateurs du concours que l'accès à un branchement électrique usuel.

Le candidat remet préalablement au jury un dossier de dix pages au plus, portant sur le sujet qu'il a choisi. Ce dossier pourra être conçu à l'aide des différentes possibilités offertes par les technologies de l'information et de la communication usuelles, y compris audiovisuelles (format CD).

Ce dossier se compose de deux ensembles :

- une synthèse des fondements scientifiques relatifs au sujet retenu ;
- la description d'une séquence pédagogique, relative au sujet choisi, accompagnée des documents se rapportant à cette dernière.

Pour la page de garde du dossier, le candidat doit utiliser, en la complétant, celle mise en ligne sur le site académique. Cette page n'entre pas dans le décompte des dix pages maximum du dossier élaboré par le candidat.

Le dossier ne peut comporter, en plus des dix pages maximum, qu'au plus cinq pages d'annexe et/ou des éléments numériques présentés sur un support non réinscriptible et non modifiable (type CD ou DVD). Le support numérique éventuel, CD ou DVD non réinscriptible, doit comporter d'une part le dossier lui-même et d'autre part les éléments numériques que le candidat souhaite mettre à la disposition du jury. Ces éléments doivent être cités dans le corps du dossier pour pouvoir être pris en compte. Si ce n'est pas le cas, les compléments ne pourront pas être utilisés lors de la prestation orale.

Le dossier sera présenté sous format A4 avec une impression recto ; il convient de numéroter les pages imprimées de telle sorte qu'il soit aisé de constater le nombre de pages du document (au maximum dix pages). La reliure du document importe peu (agrafé, collé, autre...). Le choix de la police et de sa taille, de la dimension des marges, des en-têtes et pieds de page est spécifié par la direction départementale académique. Le document présenté doit rester facilement lisible par les membres de la commission d'interrogation.

L'envoi du dossier au rectorat doit se faire en courrier simple en quatre exemplaires (la commission est composée de trois membres). L'éventuel support numérique (CD ou DVD non réinscriptible) sera joint en double exemplaire.

Le jury remettra un des quatre exemplaires au candidat à l'entrée en salle d'interrogation ainsi que, éventuellement, le CD ou le DVD qu'il aura fait parvenir à la DEC en complément de son dossier ; le candidat ne doit donc pas se munir d'un exemplaire supplémentaire pour cette épreuve. Au cas où il s'en serait muni, il ne sera pas autorisé à l'utiliser. Pour cette première épreuve orale, les notes personnelles autres que le dossier présenté par le candidat ne sont pas autorisées à l'entrée en salle.

Les salles d'interrogation seront équipées d'un vidéoprojecteur et d'une prise de courant avec rallonge. Le candidat, s'il souhaite utiliser le support numérique joint au dossier, devra apporter un ordinateur portable. Il est responsable de la connexion de ce dernier avec le matériel vidéoprojecteur mis à sa disposition.

■ CONSEILS

L'épreuve orale de l'entretien (1re partie) est, comme toute épreuve de concours, une séance évaluative dans laquelle il est nécessaire de paraître sous son meilleur jour. Il importe donc de comprendre ce que les jurés attendent des candidats. Cet ouvrage n'est pas un document méthodologique sur la manière de rédiger un exposé ou une problématique, mais plutôt un document permettant à tout candidat de faire le point sur ce qu'on peut attendre de lui (elle) dans cette épreuve difficile. Tout d'abord, et ce n'est pas surprenant, les attentes des jurés sont différentes selon leur fonction.

Ensuite (même si tout le monde ne partage pas cette opinion), cette épreuve peut être vue comme une simulation de ce que pourrait être un cours devant des élèves. Cela rend d'ailleurs l'épreuve d'autant plus difficile que son contenu, manifestement, n'est pas un cours et ne doit pas en être un. Les qualités de communication (clarté, pertinence) des candidats seront ainsi évaluées « comme si » cette personne faisait un cours. Anne-Françoise Dequiré, *Essai d'analyse sociologique des critères de sélection au concours de professeur des écoles*, 2005 (p. 273), cite un juré qui exprime très bien cela : « *Elle [cette épreuve] me paraît intéressante parce que ça nous permet véritablement de déceler les gens qui viennent en touristes, les gens qui ont beaucoup de mal à communiquer, ceux qui n'ont pas les qualités personnelles pour être de bons enseignants et qui sont passés au travers des épreuves écrites.* »

Pour garantir un traitement égal entre les candidats, des réunions d'harmonisation sous la direction des présidents de jury ont lieu en amont des entretiens. Néanmoins, la dynamique de communication qui se met en place entre les jurés et un candidat dépend profondément de variables locales.

Le candidat a donc à la fois, à travers le comportement des jurés, à deviner leurs buts et attentes et à agir en conséquence. Cette action, en retour, sera interprétée par les jurés, qui pourront (ou non) la trouver appropriée. Un candidat maximise ses chances de réussir l'épreuve en maintenant la relation dans un état de convergence et d'empathie.

Les conduites sanctionnées par les jurys (comme l'agressivité) surgissent souvent chez des candidats qui sous-estiment l'incertitude liée aux situations de communication, et tirent des conclusions hâtives à propos des intentions de leurs interlocuteurs. Ainsi, lors d'une simulation, un(e) candidat(e) peut lire sur le visage d'un juré une validation de ses propos, alors que celui-ci effectue simplement un hochement de tête sans signification pour lui. Il arrive également qu'un membre du jury laisse échapper un petit rire, et le candidat est persuadé qu'on se moque de lui, alors qu'en réalité le juré peut aussi exprimer par son rire une gêne liée à la difficulté des questions posées, et peut ressentir une forme de solidarité vis-à-vis du (de la) candidat(e). En quittant la salle, bien des candidats ont une impression du jury, qui souvent se révèle fausse.

Les aptitudes à communiquer sont donc très importantes, autant qu'elles le sont dans une classe devant une vingtaine d'élèves. Et c'est cela aussi qui est évalué.

LES ATTENTES DU JURY

Les principales attentes positives sont :
- bonnes qualités d'expression et de communication ;
- bonne connaissance du système éducatif et culture générale solide ;
- bonne capacité d'écoute et de réflexion ;
- ouverture d'esprit ;
- bonne capacité à entrer en contact avec le jury

Les principales compétences attendues :
- qualité de l'argumentation (clarté, concision, justification) ;
- connaissances sur le futur métier et projection du candidat ;
- élocution, bonne communication.

Les principaux critères d'une « mauvaise appréciation » :
- mauvaise qualité d'expression et de communication ;
- agressivité envers le jury ;
- inculture ;
- méconnaissance du système éducatif ;
- manifestation de préjugés racistes ;
- méconnaissance du développement de l'enfant ;
- méconnaissance des attentes du jury pour cette épreuve.

Principaux critères de « mauvaise appréciation » vérifiés dans l'exposé :
- incapacité à exposer le contenu du dossier ;
- manque de structuration de l'exposé ;
- non-réponse aux questions posées ;
- absence de questionnement sur sa pratique ;
- absence d'évaluation.

Principaux critères de « mauvaise appréciation » vérifiés dans l'entretien :
- prises de position inadaptées et dangereuses ;
- incapacité du candidat à communiquer avec le jury ;
- expression confuse et mauvaise maîtrise de la langue française ;
- agressivité/désinvolture ;
- inculture ;
- absence de réflexion sur la démarche pédagogique proposée.

Relevé de rapports de jury 2014 : « *Les candidats ont fait preuve fréquemment de difficultés de communication et d'expression : regard baissé, débit trop rapide, expressions familières, liaisons mal maîtrisées, lexique (tant professionnel que courant) inapproprié ou sommaire. À l'inverse, le jury a apprécié tous ceux qui ont été capables de développer des réponses argumentées et structurées lors de l'entretien. Le jury a valorisé dans tous les cas le bon sens que les candidats ont manifesté face aux situations qui leur étaient proposées.* »

PRÉSENTATION ET PROGRAMMES DE LA PREMIÈRE ÉPREUVE ORALE

Relevé de rapports de jury 2015 : « *Lors de la présentation par les candidats des séquences d'apprentissage, le jury a constaté, de manière assez récurrente, une difficulté à dépasser une simple description et un recours trop fréquent à la paraphrase. De plus, certains candidats ont montré une incapacité à se détacher de l'expérience relatée dans le dossier et à transférer certains éléments pertinents dans d'autres domaines ou disciplines. Enfin, le jury a souligné la persistance de certaines lacunes concernant la connaissance globale du système éducatif. Certains candidats ont montré une méconnaissance des cycles et niveaux dans lesquels ils ont peu travaillé pour le dossier. Le conseil d'école, le conseil école-collège, l'équipe éducative sont souvent méconnus. Les candidats ayant fourni les prestations les plus appréciées ont su faire preuve d'une capacité à analyser leurs pratiques professionnelles au regard des grandes problématiques qui sous-tendent la réflexion pédagogique actuelle (incluant des considérations relatives à la place de l'évaluation ou au traitement de la difficulté scolaire).* »

Le jury a repéré des points qui nécessitent, de la part des candidats, un approfondissement dans la préparation du concours :

- définition rigoureuse des objectifs à atteindre ;
- maîtrise de la notion de prérequis ;
- évaluation clairement intégrée à l'apprentissage ;
- différenciation conçue autrement que dans l'unique réduction du nombre d'exercices ;
- analyse critique des documents utilisés dans la préparation de séquence et mise en évidence de la cohérence et de la complémentarité existant entre ces documents, explicitation des orientations didactiques qui les sous-tendent. Le candidat doit en effet justifier sa démarche sur les plans didactique et pédagogique ;
- choix de situations d'apprentissage qui privilégient la tâche complexe, le problème et donc le sens du travail scolaire ;
- référence à une programmation en fonction de la problématique didactique posée. Les notes les plus élevées sont attribuées aux candidats qui évitent l'écueil d'une assurance excessive mais qui savent affirmer leur choix et font déjà preuve d'une éthique professionnelle et personnelle positive et affirmée.

CE QU'ON PEUT FAIRE

La première épreuve orale du CRPE a un programme vraiment très étendu. Aucune préparation en un an ne peut permettre à un étudiant qui la suivrait de pouvoir répondre, du tac-au-tac, à chaque question posée à l'entretien, à chaque proposition, terme, notion des dossiers pouvant être proposés. Il s'agit donc d'actualiser sa représentation de l'entretien, en ne le voyant plus comme une simple occasion de restituer des connaissances mais comme une épreuve mettant en jeu la capacité à s'adapter. C'est une épreuve orale, d'où une importance très grande donnée au dialogue, à l'argumentation, voire à la controverse.

Ces compétences ne s'acquièrent pas uniquement en lisant des fiches ou en bachotant, mais en participant activement soi-même à des dialogues, des questions, des argumentations, des controverses. Il est donc essentiel de s'y préparer en ce sens. Plus le comportement du candidat sera conforme au comportement typique d'un enseignant, plus les jurés auront tendance à l'accepter et à l'évaluer positivement.

Que ce soit lors de l'exposé ou de l'entretien, les candidats capables d'effectuer des choix professionnels avec recul, exigence mais réalisme et pondération face aux tâches d'enseignement laissent entrevoir de bonnes aptitudes à exercer le métier.

L'expérience personnelle des candidats n'est pas toujours un atout s'il n'y a pas une mise à distance réflexive entre les situations vécues et la situation proposée : l'observation du terrain, particulièrement lorsque les aspects réglementaires, déontologiques et pédagogiques sont mis à mal, nécessite un regard critique.

Une simple observation ou un copier/coller de ce qui a été vu ne suffit pas pour permettre une analyse de sa pratique constructive et ne permet en rien de résister aux flots des questions de l'entretien. Vous ne trouverez pas d'indication sur le « comment » présenter votre dossier. Cela doit être réfléchi et tient beaucoup de votre personnalité et de la manière dont vous maîtrisez (ou non) les différentes techniques à votre disposition.

N'utilisez l'informatique que si vous êtes totalement à l'aise et si vous avez « répété » avec cet outil. N'utilisez le tableau que si vous êtes certain de ne pas tourner le dos au jury lorsque vous écrivez. Quelle que soit la façon dont vous envisagez de présenter votre exposé, vous devez le répéter montre en main. Ce doit être un exercice maîtrisé.

À GARDER EN TÊTE

Il faut se préparer très tôt à cette épreuve : choisissez une matière où vous excellez (discipline de la licence), ou une discipline que vous affectez particulièrement, pour laquelle vous avez une réelle curiosité, ou à défaut celle dans laquelle vous vous sentez le moins mal à l'aise. Tout au long de cette année de préparation :

- récoltez des informations sur cette discipline. Si c'est de l'histoire, à chaque passage dans une classe, questionnez les enseignants sur leurs pratiques, la démarche utilisée, les progressions, la programmation établie, les évaluations, et préparez-vous un dossier sérieux pour l'entretien ;
- ne négligez aucune piste ;
- ne restez pas cantonné au seul niveau choisi, mais balayez bien toutes les classes de l'école primaire, et n'oubliez pas la maternelle ;
- faites des lectures sur la discipline choisie, enrichissez votre culture ;
- envisagez l'interdisciplinarité, songez particulièrement à l'intégration d'un élève en situation de handicap ;
- pensez « évaluation » ! Aucun enseignement ne se fait sans évaluation.

2| LES PROGRAMMES

Une méconnaissance des programmes a été relevée dans nombre de jurys. Il ne s'agit pas de tout connaître par cœur (c'est une tâche impossible), mais de « bien » les connaître.

Que signifie « bien » les connaître ? C'est :
- les avoir lus et relus ;
- avoir retenu les compétences essentielles de fin de cycle à acquérir pour les élèves ;
- avoir fait des comparaisons entre les cycles et les compétences de fin de cycle pour permettre une progression ;
- avoir imaginé des séquences d'apprentissage dans la discipline choisie pour chaque niveau de l'école, avec les objectifs et les compétences ;
- avoir pris du recul par rapport aux programmes pour se les approprier et pouvoir débattre ;
- pouvoir imaginer un (des) prolongement(s) ;
- être capable de prévoir la situation qui permettra d'aborder un point précis du programme (exemple : lors d'une sortie personnelle, j'ai visité le château de Joux où a été emprisonné Toussaint Louverture, ça me donne une excellente occasion pour aborder l'esclavagisme...) ;
- avoir feuilleté des manuels.

Bien connaître les programmes, ce n'est pas :
- n'avoir lu que ce qui concerne la séquence préparée ;
- n'avoir lu que le cycle concerné.

RAPPEL

À chaque dossier proposé, vous trouverez, dans cet ouvrage, le détail des compétences à acquérir dans le chapitre concerné.

POINTS POSSIBLES À TRAITER DANS LES DIFFÉRENTES DISCIPLINES DU CONCOURS

- **Histoire des arts**

Les mouvements littéraires du XVIIe au XXe siècle

Humanisme et Renaissance
Baroque et classicisme
Le mouvement des Lumières
Le romantisme
Le réalisme et le naturalisme
Le symbolisme
Le surréalisme
La crise du roman au XXe siècle
Littérature et engagement

L'art sous l'Antiquité

L'art grec
L'art romain

L'art au Moyen Âge

L'art roman
L'art gothique

L'art des Temps modernes

La Renaissance
Le baroque
Le classicisme
Le rococo
Le néoclassicisme

L'art au XIXe siècle

Le romantisme
Réalisme, impressionnisme et symbolisme

L'art au XXe siècle

Fauvisme, cubisme et abstraction
L'architecture
Le cinéma

- **Histoire**

La préhistoire

Chronologie
Dolmens et menhirs, témoins d'une religion
La révolution néolithique, les premières écritures

L'Antiquité gallo-romaine

Les Romains à la conquête de la Méditerranée
La fondation de l'Empire romain
La Gaule, province de l'Empire romain
La diffusion du christianisme
Les migrations barbares

Le royaume de France du Ve au XVe siècle

Le royaume des Francs
L'Empire de Charlemagne
La fin de l'Empire carolingien
Les croisades
Les Capétiens
La guerre de Cent Ans

La société au Moyen Âge

Le rôle de l'Église dans la société médiévale
Seigneurs et vassaux
Les chevaliers
La crise de l'Occident aux XIVe et XVe siècles

Le royaume de France au XVIe siècle

De Louis XI à Henri II, le renforcement de l'autorité royale
Les guerres de religion

La monarchie absolue

Louis XIV
La centralisation monarchique
Une société d'ordres
Versailles sous la monarchie absolue

La Révolution française

Les philosophes des Lumières
La remise en cause de l'absolutisme : *L'Encyclopédie*
1789-1790 : la fin de l'Ancien Régime
1791-1792 : l'échec de la monarchie constitutionnelle
1793-1799 : les difficultés de la Ire République
Le bilan de la Révolution française

Le Consulat et l'Empire

Du Consulat à l'Empire
La France de Napoléon Ier
Les guerres napoléoniennes

La société au XIXe siècle

Un siècle d'innovations techniques
La naissance du capitalisme
L'essor des villes et le triomphe de la bourgeoisie
Le développement des idées socialistes

La France de 1815 à 1914

1815-1848 : la monarchie constitutionnelle
1848-1852 : la Seconde République
1852-1870 : le Second Empire
Les débuts difficiles de la IIIe République
Les pratiques et les valeurs de la IIIe République

La France de 1914 aux années 1930

Le premier conflit mondial
Le bilan de la Première Guerre mondiale
L'expérience du Front populaire

La Seconde Guerre mondiale

Les étapes de la Seconde Guerre mondiale
L'Europe sous la domination nazie
Le régime de Vichy
La France libre et la Résistance
Le bilan de la Seconde Guerre mondiale

La France depuis 1945

La IVe République
La Ve République

Les évolutions économiques et sociales du monde occidental de 1945 à nos jours

Économie et société de 1945 à 1973
Les évolutions économiques et sociales depuis 1973

La colonisation européenne

La naissance des empires coloniaux
La formation de grands empires coloniaux
Les raisons de l'expansion coloniale
L'organisation des colonies
La décolonisation

La construction européenne

Les dates clés
La construction européenne : un processus en cours

• Géographie

La population française

Carte et chiffres clés
Les dynamiques démographiques
L'inégal peuplement du territoire

Les villes françaises

Définitions et chiffres clés
L'urbanisation
L'inégale attractivité des villes
L'espace urbain en profonde restructuration

PRÉSENTATION ET PROGRAMMES DE LA PREMIÈRE ÉPREUVE ORALE

Les milieux français
Cartes et définitions clés
Des milieux physiques diversifiés
Une mosaïque de paysages

Les régions françaises
Carte et chiffres clés
Paris et l'Île-de-France, région capitale
Les régions du Grand Ouest, du Nord et de l'Est
Rhône-Alpes, l'arc méditerranéen et les DOM-TOM

Les espaces productifs français
Cartes et définitions clés
Un espace agricole en recomposition
Les espaces industriels
Les espaces du tourisme

Les mutations de l'économie française
Les mutations de l'agriculture
Les mutations de l'industrie
Les mutations des activités tertiaires
L'organisation des transports et l'essor du tourisme
Une économie ouverte sur le monde

L'aménagement du territoire français
Définitions clés
Les étapes de l'aménagement du territoire
Les acteurs de l'aménagement du territoire
Réussites et faiblesses de l'aménagement du territoire

Les dynamiques territoriales et économiques de l'Union européenne
Les pôles dynamiques
Les marges
Un pôle majeur de l'économie mondiale

• Enseignement moral et civique

Le citoyen, la République et la démocratie

Les valeurs fondamentales de la République française
La citoyenneté française
Les principes de la démocratie
L'égalité entre les hommes et les femmes

L'organisation des pouvoirs

Le pouvoir exécutif
Le pouvoir législatif
Les institutions européennes

• Sciences de la Terre

L'activité interne du globe

La structure de la Terre
Des plaques en mouvement à la surface terrestre
Les conséquences des mouvements des plaques
Les séismes
Les zones sismiques dans le monde et en France
Le volcanisme
Les zones volcaniques dans le monde

L'environnement

Les composantes de l'environnement
La répartition des êtres vivants selon leurs exigences
Le sol, un milieu particulier
L'influence du climat sur l'environnement
L'eau, constituant fondamental de l'environnement
L'action de l'homme sur l'environnement
La gestion des ressources non renouvelables

PRÉSENTATION ET PROGRAMMES DE LA PREMIÈRE ÉPREUVE ORALE

- **Sciences du vivant**

Unité et diversité du monde vivant

Genres et espèces
La cellule, point commun des êtres vivants

Les êtres vivants dans leur environnement

La colonisation d'un milieu par des animaux
La dispersion des plantes à fleurs
La dispersion des plantes sans fleurs
La multiplication végétative
Les animaux au fil des saisons
Les végétaux au fil des saisons
L'action de l'homme sur le peuplement des milieux
Les relations alimentaires

Le fonctionnement des êtres vivants

Les différents modes de respiration
La fécondation interne et la fécondation externe
L'influence du milieu sur le mode de reproduction
L'influence du milieu sur l'évolution des populations
Le fonctionnement du corps humain, le mouvement et sa commande
Les divers mouvements du corps humain
Le rôle des muscles et des articulations
La commande nerveuse du mouvement

Le fonctionnement du corps humain, la respiration

Les échanges entre les muscles et le sang
L'approvisionnement du sang en oxygène
Un appareil respiratoire en bonne santé

Le fonctionnement du corps humain, la digestion

L'appareil digestif
Des aliments aux nutriments
Un appareil digestif en bonne santé

Le fonctionnement du corps humain, la circulation sanguine
Les vaisseaux sanguins
Le cœur
Les maladies cardio-vasculaires

Le fonctionnement du corps humain, la reproduction
La production des spermatozoïdes et des ovules
La fécondation
La vie de l'embryon et la naissance

- **Sciences physiques**

L'électricité
Réaliser un circuit électrique simple
Conducteurs et isolants
Le sens du courant électrique
Réaliser un circuit en série ou en dérivation
Les dangers de l'électricité

Mouvements et actions mécaniques
Les différents types de mouvements
Les différents types d'action mécanique

À L'ÉCOLE MATERNELLE : LES NOUVEAUX PROGRAMMES

Les nouveaux programmes se découpent en cinq domaines d'apprentissage :
- mobiliser le langage dans toutes ses dimensions ;
- agir, s'exprimer, comprendre à travers l'activité physique ;
- construire les premiers outils pour structurer sa pensée.

Ces trois domaines, bien que n'étant pas au programme de cette épreuve, doivent être connus. Les deux autres domaines font donc partie des sujets possibles pour le dossier.
- agir, s'exprimer, comprendre à travers les activités artistiques :
- les productions plastiques,
- l'univers sonore,
- le spectacle vivant ;
- explorer le monde.

RAPPELS SUR LE DÉVELOPPEMENT DE L'ENFANT

PARTIE II

1 | HISTORIQUE DU DÉVELOPPEMENT ET DE LA PSYCHOLOGIE DE L'ENFANT

Définition du terme « enfance »

« *Période de la vie où s'effectue une succession ininterrompue et rapide de changement : dans les situations environnementales physiques et sociales où les enfants sont successivement placés en fonction de leur variation en âge (crèche, école...), dans les comportements, actions et réactions que l'on attend d'eux, dans leurs compétences intellectuelles et affectives* » (Fernandez Lydia, 2002, *L'Enfant en développement*).

Le statut de l'enfant dans la société : pour comprendre les débuts de la psychologie de l'enfant et de l'intérêt porté à son développement, il faut considérer plusieurs variables de l'histoire culturelle :
- l'évolution des mœurs, coutumes et mentalités qui ont conduit à la sensibilité actuelle ;
- les représentations de la population, des philosophes, des savants sur ce qu'est l'enfance.

■ ÉVOLUTION HISTORIQUE

• Du Moyen Âge jusqu'aux Temps modernes (de 476 à 1517) : les âges de la vie sont des périodes grossières : enfance, jeunesse, vieillesse.

L'enfant (y compris l'adolescent pas encore différencié) est défini par son état de dépendance et ses fonctions souvent serviles (ex. : c'est le même vocabulaire que l'on emploie pour les enfants et les valets).

L'enfant reste longtemps un être qui ne suscite que peu d'intérêt, car on considère qu'il se situe dans un état transitoire. Cela s'explique certainement par l'importance de la mortalité enfantine qui fait que les parents ne s'attachent pas excessivement à leur progéniture.

• Jusqu'à la fin de la période classique (fin XVIIIe) : la vision dominante de l'enfance n'est pas celle d'une période de transformation, mais d'un état distinct de celui l'âge adulte disposant de l'usage de la raison. Si, dans les textes des philosophes, les enfants sont évoqués, c'est précisément parce qu'ils fournissent le contre-exemple de l'être de raison.

Chez Descartes : le « *règne de l'erreur* », le « *tohu-bohu des sens* ». La raison chez l'enfant est potentielle mais voilée, endormie.

RAPPELS SUR LE DÉVELOPPEMENT DE L'ENFANT

Locke, Hume : l'esprit à la naissance est comme une « *table rase* » (*tabula rasa*) où s'impriment les connaissances issues de l'expérience qui vont former les habitudes par apprentissages.

• C'est à l'âge classique (première moitié XVIIIe siècle) que va se faire la première esquisse de mise en mouvement temporelle, avec les débuts de l'embryologie.

• C'est à la fin des années 1800, début 1890, que la psychologie de l'enfant va faire son apparition. En France, cela sera sous l'impulsion de Binet (1890) et de son test d'intelligence. Aux États-Unis, les premiers articles paraîtront en 1891 dans le *Pedagogical Seminary* et en Allemagne, ce seront les expériences de Wundt dans son laboratoire.

Binet (1909) crée l'une des premières « *échelles métriques d'intelligence* ». Elle va orienter l'attention des spécialistes sur les inégalités des aptitudes des enfants. Et ainsi va naître la notion de « débilité mentale » qui désigne une catégorie d'enfants se situant à la limite extrême de la répartition normale de l'intelligence. Les échelles d'intelligence proposent une hiérarchie d'épreuves rangées par ordre de difficulté. Cette hiérarchie correspond à l'ordre chronologique des âges de l'enfant. Ainsi, pour chaque enfant, pourront être comparés son âge chronologique (l'âge qu'il a effectivement) et son âge mental. Le QI (ou quotient intellectuel) correspond à l'âge mental divisé par l'âge réel.

DE LA PÉDAGOGIE À LA PSYCHOLOGIE

Jusqu'au XVIIIe siècle, la psychologie de l'enfant n'existe pas, et les écrits sur l'enfance sont principalement pédagogiques. Ils sont généralement de nature prescriptive, comme dans *Didactica Magna* de Comenius (1631-1658) ou *Some Thoughts Concerning Education* de John Locke en 1693.

Jean-Jacques Rousseau est le premier à reconnaître l'importance de la psychologie dans l'éducation. En 1762, il déclare aux pédagogues, dans la préface de *L'Émile* : « *Commencez donc par bien étudier vos élèves, car, très assurément, vous ne les connaissez point.* » Auteur de la phrase célèbre : « *Le petit d'homme n'est pas simplement un petit homme* », il prend conscience d'une réalité psychologique propre à l'enfant. Mais malgré ces déclarations de principe, l'histoire de la psychologie n'identifie pas de réel psychologue de l'enfant.

En 1877, Charles Darwin publie *Esquisse biographique d'un petit enfant,* ouvrage dans lequel il relate, 37 ans après, les observations notées dans son journal sur les premières années de son fils. Darwin, très précis dans les dates, décrit des événements spontanés. À partir d'une ou deux anecdotes, il n'hésite pas à se lancer dans l'interprétation : « *Le 114e jour, [...] il glissa sa main le long de mon doigt de manière à pouvoir prendre l'extrémité de celui-ci dans sa bouche. Cela se produisit plusieurs fois : à l'évidence, il ne s'agissait pas d'un hasard, mais d'un acte rationnel. Les mouvements volontaires des mains et des bras étaient donc fort en avance par rapport à ceux du corps et des jambes.* »

À la même époque, plongé dans la préparation de son livre *The Expressions of Emotion in Man and Animals*, il va particulièrement s'intéresser aux premières expressions faciales de colère, de peur ou de plaisir de son fils. Il tente même un certain nombre d'expériences, produisant notamment des bruits violents pour en voir l'effet sur le bébé de quatre mois et demi. Cela lui inspirera cette question : « *Ne pouvons-nous pas soupçonner que les peurs des enfants, vagues mais bien réelles et tout à fait indépendantes de l'expérience, sont les effets hérités des dangers réels et des superstitions grossières des époques sauvages les plus reculées ?* »

À la même période, les premiers travaux scientifiques sur la psychologie de l'enfant sont attribués à l'Allemand William T. Preyer, publiés dans *The Mind of the Child* (1882). Celui-ci a procédé à une observation systématique du développement de l'enfant, lui aussi à partir du cas de son propre fils. Sa principale contribution est celle de la méthode. Certains historiens lui trouvent néanmoins un précurseur, 23 ans plus tôt.

S'il est finalement peu important d'attribuer à l'un ou l'autre la palme du « pionnier en psychologie de l'enfant », il est plus intéressant de remarquer que les travaux sur le comportement du tout-petit naissent et se développent sur deux ou trois décennies, avec des contributions variées. Si des chercheurs comme A. Kussmaul ou W. T. Preyer ont principalement initié l'observation systématique, expérimentale et très contrôlée de l'enfant, C. Darwin inaugure l'idée qu'une étude du développement de l'enfant permettrait de mieux comprendre la psychologie humaine, en général.

Deux tendances, que l'on retrouve aujourd'hui, s'esquissent déjà. D'une part, une psychologie de l'enfant très descriptive, qui étudie l'enfant pour lui-même, qui en caractérise les comportements, les capacités aux différents âges, et qui cherche entre autres à établir d'éventuels retards ou handicaps. Et d'autre part une psychologie de l'enfant plus explicative, appelée aussi psychologie génétique ou actuellement psychologie du développement, qui voit dans l'enfant une source fondamentale de compréhension de la nature humaine et du développement de la pensée.

Associations et instituts spécialisés se développent à la fin du XIXe siècle et au début du XXe, la psychologie de l'enfant est en plein essor.

RAPPELS SUR LE DÉVELOPPEMENT DE L'ENFANT

À partir d'une psychologie fonctionnelle qui doit beaucoup à la biologie évolutionniste de Darwin et à la pensée d'un autre pragmatiste, William James, John Dewey (1859-1952) commence à élaborer une théorie de la connaissance qui conteste les dualismes opposant l'esprit au monde et la pensée à l'action, et dont la philosophie occidentale était imprégnée depuis le XVIIe siècle.

Pour lui, la pensée n'est pas un ensemble d'impressions produites par les sens, ni une fabrication de quelque chose qu'on appelle la « conscience », encore moins la manifestation d'un esprit absolu, mais une fonction médiatrice, instrumentale, qui s'est formée pour les besoins de la survie et du bien-être de l'humanité. Cette théorie de la connaissance met l'accent sur la « *nécessité de mettre la pensée à l'épreuve de l'action si on veut la faire passer dans la connaissance* » (Dewey, *L'École et la société*, Éducation, 2000), et Dewey reconnaît que cette condition s'étend à la théorie elle-même (Mayhew et Edwards, *L'École Dewey*, Atherton Press, 1966, p. 464). Ses travaux sur l'éducation ont notamment pour objet d'explorer les implications de son instrumentalisme pour la pédagogie et d'en éprouver la validité par l'expérimentation.

Convaincu que nombre de problèmes rencontrés dans la pratique éducative de son époque ont leur origine dans l'épistémologie dualiste erronée qui la fonde - épistémologie qu'il dénonce dans ses écrits des années 1890 sur la psychologie et la logique -, Dewey entreprend d'élaborer une pédagogie fondée sur les idées qu'il défend : le fonctionnalisme et l'instrumentalisme.

Les enfants, affirme Dewey, n'arrivent pas à l'école comme autant d'ardoises vierges passives sur lesquelles l'enseignant inscrirait les leçons de la civilisation. L'enfant apporte également les intérêts et les activités du foyer et du voisinage dans lequel il vit, et il incombe à l'enseignant d'exploiter cette matière première en orientant les activités de l'enfant vers des résultats positifs. Cette argumentation a pour effet de brouiller Dewey à la fois avec les tenants d'une éducation traditionnelle centrée sur le programme et avec les réformateurs romantiques partisans d'une pédagogie centrée sur l'enfant.

Ces deux écoles de pensée se livrent dans les années 1890 une bataille acharnée. Les traditionalistes défendent le savoir durement conquis par des siècles de lutte intellectuelle et voient dans l'éducation centrée sur l'enfant le chaos, l'anarchie, la démission des adultes, tandis que les romantiques célèbrent la spontanéité et le changement, et accusent leurs adversaires de réprimer l'individualité des enfants par une pédagogie ennuyeuse, routinière et despotique.

Les liens entre psychologie de l'enfant et pédagogie sont alors très nombreux dans les instituts comme celui d'Alfred Binet en France, d'Édouard Claparède en Suisse, d'Ovide Decroly en Belgique, de Maria Montessori en Italie, de G. Stanley Hall aux États-Unis.

Ce dernier, qui fut élève de Wilhelm Wundt en Allemagne, était en fait un précurseur en psychologie. Il créa l'*American Psychological Association*, après avoir été le premier professeur de psychologie aux États-Unis et le fondateur du premier laboratoire de psychologie, s'intéressant au développement de l'enfant et de l'adolescent, et cherchant à comprendre ce qui provoque les changements chez l'individu, il crée en 1893 la *National Association for the Study of Children*, et encourage la publication d'articles et de périodiques spécialisés. Arnold Gesell (1880-1961), qui développe une théorie du développement largement centrée sur la maturation du système nerveux, est l'un de ses élèves.

En quelques années, de nombreuses associations de psychologie de l'enfant se créent, comme la *British Association for Child Study* en 1895, et, en France, en 1900, la Société libre pour l'étude de l'enfant, rapidement présidée par A. Binet. Il sera l'un des premiers à proposer une description des capacités des enfants selon leur âge. Chargé par le ministère de l'Instruction publique d'« *étudier les mesures à prendre pour assurer les bénéfices de l'instruction aux enfants normaux* », il crée avec son jeune collaborateur Théodore Simon une échelle métrique d'intelligence, dont sera inspiré plus tard le célèbre QI. Dans ce but, il établit systématiquement les capacités des enfants à chaque âge. Dans le même esprit de rigueur scientifique, et à cette époque de fascination pour la technologie naissante, A. Binet fait usage d'instruments de mesure de toutes sortes. Néanmoins, malgré un attachement profond à la psychologie scientifique, A. Binet s'interroge déjà sur la validité des mesures et reste très prudent envers l'objectivité scientifique. Ainsi, selon lui, un scientifique se doit d'être prudent et modeste par rapport aux découvertes de laboratoire.

DE LA PSYCHOLOGIE AUX THÉORIES DU DÉVELOPPEMENT

Les failles de la pensée humaine et surtout son évolution amèneront le plus célèbre des psychologues du développement, Jean Piaget (1896-1980), à s'intéresser à l'enfant. Biologiste précoce, spécialisé dans les mollusques des rives du lac Léman, il découvre les travaux philosophiques d'Henri Bergson. Influencé par sa formation de biologiste, J. Piaget conçoit l'intelligence comme une fonction qui permet à l'individu de s'adapter à son environnement.

Le projet de J. Piaget est très ambitieux : analyser le passage des états de moindre connaissance aux états de connaissance plus poussée. Si c'est en psychologie que ses travaux auront le plus grand retentissement, l'objectif est au départ philosophique : comprendre l'histoire des sciences et des sociétés à travers l'évolution des structures logiques de la pensée. Pour cela, il entreprend d'étudier la genèse des fonctions cognitives de l'enfant. Il écrira que « *l'enfant explique l'homme autant, et souvent plus, que l'homme n'explique l'enfant* ».

Son observation de l'enfant selon la méthode clinique, les tâches qu'il met en œuvre pour détecter son mode de raisonnement et la description des stades d'évolution de la pensée marquera définitivement la psychologie de l'enfant. Elles doteront J. Piaget du titre de grand psychologue, alors même qu'il n'en a jamais eu le moindre diplôme. J. Piaget déclare d'ailleurs faire non pas de la psychologie mais de « *l'épistémologie génétique* », c'est-à-dire une recherche des mécanismes de l'organisation psychique et de l'évolution des connaissances en général. Il ne perdra jamais cet objectif de vue, puisqu'en 1955, il crée le Centre international d'épistémologie génétique de Genève, qui rassemblera logiciens, mathématiciens, physiciens, biologistes, linguistes et psychologues.

À la même période que Freud et Piaget, deux autres chercheurs célèbres, Henri Wallon (1879-1962) d'une part et Lev S. Vygotsky (1896-1934) de l'autre voient aussi dans l'étude de l'enfant un moyen de mieux comprendre le psychisme adulte. Mais l'un comme l'autre accordent une grande importance à l'environnement, et plus particulièrement à l'environnement social.

Leurs conceptions théoriques sont certainement influencées par leurs orientations idéologiques et politiques : tous deux sont communistes. L. S. Vygotsky, né en Biélorussie au sein d'une famille juive, entrera à l'université de Moscou à 16 ans. Comme la philosophie et l'histoire lui sont interdites (car elles conduisent au professorat alors interdit aux Juifs), il entame la médecine puis le droit. Il étudiera néanmoins l'histoire et la philosophie dans une université non officielle, créée spécialement pour les exclus. Il est tout juste diplômé lorsqu'éclate la révolution d'Octobre. Celle-ci abolit toutes les mesures de discrimination antisémites, ce qui permet à L. S. Vygotsky de se lancer dans une activité publique et pédagogique intense. Après sa nomination à l'institut de psychologie de Moscou, il se donnera comme projet de refonder la psychologie sur des bases marxistes et lutter contre l'analphabétisme en développant la pédagogie. Se sachant destiné à mourir jeune car il est atteint de tuberculose, L. S. Vygotsky travaille de façon acharnée pour développer sa théorie historico-culturelle du psychisme.

De son côté, H. Wallon, issu d'une famille de serviteurs de l'État républicain, sympathisera rapidement avec le parti communiste, avant d'y adhérer en 1942. Député de Paris de 1945 à 1956, il préside la Commission de réforme de l'enseignement, qui produira le fameux plan Langevin Wallon. Le psychologue y voit l'occasion d'appliquer les progrès de la psychologie à l'éducation.

H. Wallon et L. S. Vygotsky partagent la même thèse : l'homme est déterminé par deux grands ensembles de facteurs, biologiques et sociaux. L'individu évolue donc selon ses propres caractéristiques et selon celles du milieu. Selon L. S. Vygotsky, l'enfant évolue en s'appropriant des « *systèmes sémiotiques* » (ensemble de signes dont le langage est l'exemple prototypique) produits par la société. Chez H. Wallon, l'intérêt pour l'environnement social se retrouve dans l'importance qu'il donne aux émotions : ce sont les premiers moyens d'échange entre le bébé et sa mère.

H. Wallon et L. S. Vygotsky partagent également une réserve pour la notion de stade. H. Wallon préfère parler de « *conduite dominante* », et L. S. Vygotsky développe une notion centrale de sa théorie : la « zone proximale de développement », qui décrit la distance entre la capacité d'un enfant à résoudre seul un problème et le niveau qu'il peut atteindre avec une aide.

Après la guerre, et pendant les années 1960, la théorie piagétienne du développement de l'intelligence continue de s'imposer. Jean Piaget, déjà nommé docteur *honoris causa* de dizaines d'universités à travers le monde, dont Harvard dès 1936, acquiert une renommée internationale lors de sa nomination comme professeur de psychologie de l'enfant à la Sorbonne à Paris, de 1952 à 1963.

Pendant plusieurs décennies, et jusqu'à l'heure actuelle, les recherches sur le développement de l'intelligence connaissent un essor considérable, et se réfèrent souvent à la théorie piagétienne, pour ou contre. Le centenaire de la naissance de Piaget, en novembre 1996, fut l'occasion de faire le point sur la situation de la théorie piagétienne.

J. Piaget semble avoir commis trois grandes erreurs, si tant est qu'on peut les considérer comme telles à une époque où il ne disposait pas encore des données empiriques accumulées depuis. La première erreur de J. Piaget, qui fut aussi celle de H. Wallon, fut de considérer que l'intelligence du bébé était uniquement sensorimotrice, c'est-à-dire qu'elle se constituait grâce à l'action de la main sur l'objet. L'action sensorimotrice n'est donc pas l'unique moteur de l'intelligence. Piaget, ou sa deuxième erreur : selon lui, le monde dans lequel vit le bébé ne comporte ni espace, ni temps, ni relations de causalité, ni permanence. La troisième erreur de J. Piaget, et H. Wallon ou L. S. Vygotsky l'avaient déjà remarquée, a été d'oublier le milieu social. Il a ainsi limité le développement de l'enfant à la sphère de la cognition, laissant de côté l'affect et la culture. Mais surtout, cela a privé J. Piaget d'une explication sur la source des apprentissages.

DES INTERACTIONS À L'ATTACHEMENT

Longtemps, l'idée a prévalu, chez les psychologues, que l'intérêt de l'enfant pour les camarades du même âge que lui n'était ni précoce ni observable. En effet, la psychologie de l'enfant dominée par l'approche piagétienne qui posait comme postulat que l'intérêt de l'enfant s'exprime essentiellement à l'égard d'objets physiques a conduit les chercheurs à sous-estimer les compétences de l'enfant à communiquer. Par exemple, pour Piaget, le langage verbal de l'enfant entre trois et six ans n'est pas considéré comme instrument de communication efficace car il est décrit comme égocentrique. De même, selon cette perspective, au moins la moitié des propos de l'enfant de cet âge est constituée de monologues individuels (l'enfant se parle à lui-même) ou collectifs (l'enfant prend autrui à témoin de son action).

Or, de nombreux travaux ont remis en question ce point de vue. Jérôme Bruner, pionnier en sciences cognitives, va développer le courant de la psychologie culturelle, qui décrit par exemple la façon dont le langage se construit lors des interactions entre l'enfant et ses parents. Ainsi, Jérôme Bruner a décrit la relation de l'enfant et de l'adulte dans le cadre d'interactions didactiques : dès le deuxième semestre de la vie, la mère guide l'attention et les actions du bébé sur l'objet, par exemple au cours du jeu de « donner prendre ». Des vocalisations se greffent au cours de ces interactions où mère et enfant sont alternativement émetteur et récepteur. Grâce à la tutelle de sa mère, l'enfant apprend ainsi à communiquer avec autrui. Plus tard, il pourra interagir avec d'autres enfants du même âge dès qu'il aura assez d'autonomie et de compétences pour le faire.

Jérôme Bruner appelle « étayage » le soutien des parents lorsque le bébé joue à la fin de sa première année. À cet âge, les enfants se fixent souvent des buts : retrouver un objet caché, utiliser un outil pour atteindre un objet éloigné, mettre un objet dans un autre, etc. J. Bruner souligne que certaines interventions des parents aident l'enfant à résoudre ces problèmes : mobiliser l'enfant vers le but prévu, réduire la difficulté de la tâche, maintenir l'attention de l'enfant, évaluer le résultat en valorisant les réussites et en relativisant les échecs. Pour Bruner, l'étayage efficace est celui qui permet à l'enfant d'aller au-delà de ce qu'il est capable de faire seul, puis qui disparaît lorsque l'enfant parvient à réaliser la tâche de façon autonome. Ces propos se situent dans le droit fil des travaux de Lev Vygotsky (1896-1934) qui a mis en évidence la nécessite d'interactions de l'enfant avec un adulte « expert » lui permettant d'acquérir de nouveaux savoirs et savoir-faire.

L'éthologie humaine a considérablement fait avancer nos connaissances sur les relations sociales du jeune enfant. Un domaine a été clairement exploré : la mise en relation entre la nature de l'attachement à la mère et les compétences sociales mises en œuvre avec les camarades d'école du même âge.

Pour John Bowlby, l'enfant dispose d'un potentiel de conduites innées qui lui permettent d'établir des communications précoces avec sa mère afin de satisfaire un besoin primaire de contact social : pleurs et cris, conduites de fixation et de poursuite oculaire, sourires, etc. Les travaux de Mary Ainsworth et de ses collaborateurs ont mis en évidence que la nature du lien d'attachement diffère d'un enfant à l'autre et que ces différences peuvent en partie s'expliquer par les comportements maternels au cours de la première année de la vie.

Malgré les nombreuses critiques que l'on peut faire à Piaget, l'apport central de sa théorie reste sa conception constructiviste du développement : l'intelligence se construit au fur et à mesure des interactions entre le bébé et son environnement.

Le statut enfantin a été mis en relation avec la qualité du lien d'attachement à la mère : les préférés ont eu un attachement normal à la mère, tandis que les enfants ayant des difficultés dans le groupe des pairs (par exemple les rejetés) ont eu un attachement ambivalent. Ces résultats ont conduit à considérer la qualité du lien d'attachement comme un élément important des conduites sociales ultérieures. L'enfant socialement « compétent » est celui qui, ayant bénéficié d'un lien d'attachement sécurisant, sait qu'il peut rechercher sécurité et protection auprès des autres adultes et de ses pairs. Il a également appris, au contact de sa mère, à interagir.

Une série d'études conduites aux États-Unis, dans les faubourgs défavorisés de grandes villes, ont permis de constater que la crèche constituait un avantage pour des enfants souvent délaissés et peu stimulés par leurs familles. Ainsi, la fréquentation d'un lieu d'accueil peut s'avérer positive lorsque les conditions familiales ne sont pas optimales. Malgré l'importance d'un attachement de qualité avec les parents, mise en évidence par de nombreuses études, l'enfant, dans la société moderne, n'est plus limité à un unique creuset d'expériences relationnelles ; ainsi, lorsque l'un des milieux est défaillant du point de vue relationnel, l'autre peut prendre le relais, pour autant qu'il soit d'une certaine qualité. La caractéristique d'une relation positive est donc le partage des émotions grâce auquel l'enfant - ou l'adulte - acquerra cette certitude qu'il a bien un monde intérieur, que ce qu'il ressent est « partageable » avec les autres individus, donc qu'il a une subjectivité, et les autres également.

LA THÉORIE PSYCHOSOCIALE

Elle est centrée sur les besoins socioaffectifs et sur les effets de ces besoins dans l'évolution personnelle des enfants. Elle emprunte à la psychanalyse les évolutions inconscientes de l'individu face à ses besoins. Les enfants ont des besoins de développement psychosocial fondamentaux qu'il faut reconnaître et respecter.

Selon la théorie d'Erik Erikson, le développement psychosocial est stimulé par le besoin que ressent l'enfant de régler certains conflits. Régler des conflits et rétablir un équilibre et un sentiment de confort exigent un travail psychologique d'envergure. En réglant ses conflits, l'enfant construit son identité. Dans ce sens, chaque étape de développement représente une crise d'identité. En résolvant les crises, l'enfant construit progressivement son identité. Les conflits ou crises d'identité sont surtout déclenchés par les habiletés émergentes de l'enfant et par les relations ou les obligations sociales auxquelles il est exposé. En d'autres mots, les conflits sont provoqués par les apprentissages et les expériences sociales qui conduisent l'enfant vers de nouvelles perspectives ou des niveaux de conscience supérieurs.

Chez Erikson, la séquence des étapes du développement psychosocial est hiérarchique, c'est-à-dire que la résolution des conflits à une étape dépend en grande partie du succès avec lequel ceux des étapes précédentes ont été résolus. Par contre, l'enfant peut revenir en arrière. Il peut alors résoudre de façon satisfaisante un conflit non résolu à une étape précédente. Dans sa théorie du développement psychosocial, Erikson a établi huit étapes au cours desquelles des conflits peuvent se résoudre de façon positive ou négative. Et deux forces complémentaires sont constamment en interaction : l'établissement de liens avec les autres et le besoin d'autonomie.

Pour développer un sentiment de maîtrise et de compétence, l'enfant doit vivre des réussites. Sinon, il développera un sentiment d'infériorité. Les enseignants, éducateurs peuvent l'aider à réussir en lui offrant le soutien nécessaire. La réussite de l'enfant dépend non seulement de ce qu'il peut faire, mais aussi de sa capacité d'intégration sociale, c'est-à-dire de sa capacité à faire partie d'un groupe.

L'ÉCOLOGIE DU DÉVELOPPEMENT HUMAIN (BRONFENBRENNER)

La théorie du contexte culturel de Bronfenbrenner démontre l'influence de l'environnement sur le développement de l'enfant et sur les interactions parents/enfants. Le développement de l'enfant est influencé par tous les systèmes et sous-systèmes sociaux dont lui et sa famille font partie.

Le modèle écologique de Bronfenbrenner permet :

- de tenir compte de l'ensemble des facteurs (géographiques, politiques, économiques, culturels, etc.) susceptibles d'influencer le développement de l'enfant ;
- de comprendre les liens entre les facteurs.

Fondé sur la notion d'interaction, le modèle écologique propose trois dimensions pour comprendre le développement humain. Ces dimensions sont reliées et s'influencent mutuellement. Par exemple, le tempérament d'un enfant influence le fonctionnement de sa famille autant que la famille exerce une influence sur le tempérament de l'enfant.

Les trois dimensions sont :

- la dimension onto-systémique (l'onto-système) qui comprend les caractéristiques personnelles telles que le bagage génétique, les attitudes et les valeurs ;
- la dimension chrono-systémique (le chrono-système) ou les transitions vécues par l'enfant et l'époque dans laquelle il évolue ;
- le contexte et l'environnement.

L'approche écologique permet de voir le « grand portrait » et de tenir ainsi compte de l'influence de divers facteurs sociaux dans l'analyse du développement de l'enfant et de ses besoins. Par conséquent, les interventions pour améliorer la situation des enfants devront être inclusives.

LES INTELLIGENCES MULTIPLES

C'est un nouveau regard sur la manière d'apprendre. Chaque enfant est un être unique. Il possède sa façon à lui de comprendre le monde qui l'entoure et d'agir sur ce monde.

« *L'école de demain sera centrée sur l'enfant membre de la communauté.*
C'est de ses besoins essentiels, en fonction des besoins de la société à laquelle il appartient, que découleront les techniques - manuelles et intellectuelles - à dominer, la matière à enseigner, le système de l'acquisition, les modalités de l'éducation » (Célestin Freinet).

La théorie des intelligences multiples rompt avec la tradition, qui définit l'intelligence d'une manière opératoire, comme l'aptitude à répondre aux items des tests d'intelligence. On déduit des résultats aux tests l'existence d'une capacité sous-jacente, en s'appuyant sur des techniques statistiques comparant les réponses de sujets d'âges différents.

La théorie des intelligences multiples, elle, diversifie cette conception traditionnelle. La théorie y implique la capacité à résoudre des problèmes ou à produire des biens ayant une valeur dans un contexte culturel ou collectif précis. La compétence de résoudre des problèmes permet d'aborder une situation dans laquelle un but doit être atteint, et de déterminer le chemin approprié pour y parvenir. La création d'un bien culturel est essentielle pour des fonctions telles que l'acquisition et la transmission d'un savoir, l'expression d'une idée ou d'un sentiment. Les biens vont des théories scientifiques aux composantes musicales en passant par les campagnes politiques victorieuses.

La théorie plus récente des intelligences multiples de Howard Gardner suscite beaucoup d'intérêt dans le monde de l'éducation, y compris celui de la petite enfance. Cette théorie a le mérite de respecter les différents styles d'apprentissage des enfants. Selon Gardner, il y a plusieurs formes d'intelligence. Chaque enfant possède des forces, des aptitudes et des habiletés différentes, lesquelles façonnent son style d'apprentissage. Rappelons que les formes d'intelligence sont déterminées selon des critères rigoureux.

Howard Gardner a défini (jusqu'à aujourd'hui) neuf intelligences :

- l'intelligence verbale/linguistique ;
- l'intelligence logique/mathématique ;
- l'intelligence visuelle/spatiale ;

- l'intelligence musicale/rythmique ;
- l'intelligence corporelle/kinesthésique ;
- l'intelligence interpersonnelle ;
- l'intelligence intrapersonnelle ;
- l'intelligence du naturaliste ;
- l'intelligence existentialiste.

2| LES THÉORIES DU DÉVELOPPEMENT DE L'ENFANT APPLIQUÉES À LA PÉDAGOGIE

Questions pour mieux cerner la définition de l'apprentissage en enfance

- Quels sont les changements cognitifs et comportementaux souhaitables chez l'enfant de la naissance à 12 ans ?
- Quel rôle joue l'environnement dans ces changements ?
- Quels projets éducatifs ou quelles activités éducatives facilitent les changements cognitifs et comportementaux souhaités ?
- Quelles approches pédagogiques sont les plus efficaces pour arriver aux changements cognitifs et comportementaux souhaités ?

Les fondements théoriques de l'apprentissage aident à comprendre comment le jeune enfant apprend. Une bonne connaissance des fondements théoriques est essentielle à tous les enseignants. Ils fournissent les paramètres dont ils ont besoin pour :

- choisir les approches pédagogiques, les projets éducatifs et les activités éducatives les plus favorables au développement des enfants ;
- organiser un environnement riche, stimulant et accueillant pour les enfants ;
- guider les enfants dans les acquisitions cognitives et comportementales appropriées à leur niveau de développement.

■ LES THÉORIES CLASSIQUES DU DÉVELOPPEMENT DE L'ENFANT

Jean Piaget (1896-1980)

De formation, Piaget était biologiste et philosophe. Il a combiné les approches de ces deux disciplines pour étudier les origines de la connaissance, c'est-à-dire la manière dont l'être humain développe ses connaissances ou son intelligence à partir de sa naissance. Il a appelé cette nouvelle science l'épistémologie génétique.

Jean Piaget a valorisé le besoin qu'a l'enfant d'agir pour apprendre. Il a décrit le développement cognitif en tant que processus continu à partir de la naissance et pour la vie durant. De même, il a démontré l'importance de l'autonomie dans l'apprentissage. De sa théorie découle l'importance de la construction des savoirs, des savoir être, des savoir-faire et des savoir vivre ensemble, à partir d'expériences authentiques, c'est-à-dire d'expériences qui ont une signification réelle pour l'enfant.

RAPPELS SUR LE DÉVELOPPEMENT DE L'ENFANT

Selon la théorie de Piaget, l'être humain construit ses connaissances à partir de ce qu'il connaît déjà et par son interaction avec l'environnement physique et social. Piaget appelle « schème » l'unité de base de nos connaissances. Un schème peut se définir comme la structure mentale que nous avons intériorisée et que nous utilisons pour reconnaître et comprendre un objet, une action ou un événement. Les schèmes sont donc nos systèmes de référence de base pour agir ou pour réagir. Tout ce que nous connaissons a été construit à partir des schèmes que nous avions dès la naissance.

Le bébé vient au monde avec trois schèmes de base : la vision, la préhension et la succion. Il construit donc sa connaissance du monde à partir de ce qu'il peut voir, saisir ou sucer. Cela se fait par deux processus complémentaires : l'assimilation et l'accommodation.

L'assimilation est l'application des schèmes que possède l'enfant à toute nouvelle information qui lui est présentée par son environnement. Par exemple, un bébé va sucer tout ce qui entre en contact avec sa bouche. Il connaît le sein de sa mère par la sensation qu'il expérimente et par le fait de sucer. Si on place un doigt dans sa bouche, il applique au doigt son schème de succion. S'il peut le sucer, il assimilera le doigt à son schème d'objets qui peuvent être sucés. Parfois l'assimilation d'un objet ou d'une expérience requiert un effort de généralisation, laquelle se fait en négligeant certaines différences. Par exemple, l'enfant qui s'est construit un schème du concept « oiseau » à partir de ses observations du colibri devra ignorer la différence de la grosseur s'il veut assimiler une corneille à son concept d'oiseau.

L'accommodation est le processus par lequel nos schèmes se modifient ou s'ajustent pour accommoder les différences dans les objets ou les expériences. Plutôt que d'ignorer les différences, nous modifions nos schèmes. Quand les différences perçues sont trop importantes pour être assimilées dans un schème existant, le processus d'accommodation nous permet de créer un nouveau schème à partir de ceux que nous possédons déjà. L'enfant plus vieux qui aperçoit un papillon peut l'identifier à son schème d'oiseau. Sa maman dira alors : « Non, c'est un papillon. » L'enfant modifiera ou « accommodera » son système de référence en créant un nouveau schème, celui de « papillon ».

L'atteinte de l'équilibre n'est toutefois que temporaire puisque nous sommes constamment confrontés à de nouvelles informations et à de nouvelles expériences. Celles-ci nous permettent d'accéder à un niveau supérieur de compréhension, lequel, à son tour, nous mène à de nouvelles découvertes et nous pose de nouveaux défis. Le processus d'équilibration est donc dynamique et en évolution constante la vie durant.

Lorsque de nouvelles découvertes et de nouvelles connaissances sont très imposantes, elles dirigent l'enfant vers de nouveaux niveaux d'équilibre. Ces niveaux exigent une réorganisation dans la structure de la pensée de l'enfant. Piaget a appelé « stade » chacun de ces niveaux. Les stades sont successifs, mais ils ne se limitent pas à des ajouts de connaissances ou d'habiletés. On peut définir les stades comme étant :

- un virage qualitatif dans la manière de penser de l'enfant ;
- un virage qualitatif dans l'organisation de sa pensée et de sa compréhension des événements ou des phénomènes ;
- des stratégies de résolution de problèmes plus sophistiquées.

Piaget fait remarquer que les apprentissages réalisés à un stade précédent constituent la base des apprentissages d'un nouveau stade. Bien que différents enfants dans différentes circonstances puissent atteindre les stades à des âges différents, la séquence d'acquisition demeure toujours la même.

Piaget distingue quatre stades du développement cognitif de l'enfant, qui ne correspondent pas précisément à des âges chronologiques, mais dont l'ordre d'apparition est stable :

- le stade sensorimoteur (de la naissance à 2 ans) concerne les déplacements du corps et des objets dans l'espace. L'enfant voit, entend et réagit à ses sensations par des mouvements. L'enfant qui répondait par des mouvements réflexes va progressivement organiser ses activités motrices en relation avec l'environnement. Son activité motrice se différencie et s'oriente vers un but ;
- le stade préopératoire (de 2 à 7 ans) désigne une phase durant laquelle l'enfant ne maîtrise pas certaines opérations logiques, comme la conservation ou la réversibilité (voir stade suivant). L'enfant accède à une intelligence représentative, c'est-à-dire que chaque objet est représenté par une image mentale en son absence. Se développe également la fonction symbolique. Par ailleurs, dans cette période, les relations de l'enfant avec le monde sont dominées par l'égocentrisme ;
- le stade des opérations concrètes (de 7 à 11 ans) durant lequel l'enfant est capable de résoudre des problèmes portant sur des réalités physiques. L'enfant est « conservant », c'est-à-dire qu'il sait que les volumes, poids, etc., ne varient pas lorsqu'on modifie la forme des objets : si l'on découpe un gâteau en parts, il estime qu'il y a la même quantité de gâteau avant qu'après ; si l'on transvase de l'eau d'un récipient étroit dans un récipient plus large, il affirme qu'il y a la même quantité de liquide. L'enfant prend conscience de sa propre pensée et de celle des autres. Il est capable d'anticiper, par la pensée, les résultats de ses actions ;
- le stade des opérations formelles (de 11 à 15 ans) permet l'accès à un raisonnement hypothético-déductif. L'enfant peut émettre une hypothèse abstraite, puis se lancer dans une expérimentation pour en vérifier la validité, et enfin tirer des conclusions de son observation. C'est l'entrée dans l'adolescence.

Plusieurs chercheurs vérifient présentement les constats de Piaget. Il y a évidence que Piaget a sous-estimé la progression des enfants sur plusieurs aspects, dont l'égocentrisme et la centration.

Juan Pascual-Leone

Il a élaboré un modèle assez complexe du fonctionnement cognitif, basé sur une version renouvelée des stades piagétiens. Il considère que le système cognitif comporte deux grands niveaux hiérarchisés, celui des schèmes et celui des opérateurs.

LES THÉORIES PSYCHANALYTIQUES

Sigmund Freud (1856-1939)

Là encore, on retrouve des périodes suivant l'âge :

- le stade oral (0-1 an). La pulsion sexuelle s'étaye sur l'alimentation, puis elle s'en détache rapidement car l'enfant recherche la succion pour elle-même. Il y a fusion entre la mère et l'enfant, et celui-ci vit selon le principe de plaisir. Les frustrations vont permettre la différenciation des deux et le développement du principe de réalité ;
- le stade anal (1-3 ans). L'enfant contrôle le sphincter, et par là même, une partie de son corps, ce qui constitue une transition entre la mère et l'enfant. Par la rétention, l'enfant satisfait sa pulsion de maîtrise, et parallèlement se développe la tendance à la cruauté ;
- le stade phallique (3-6 ans). L'enfant présente des comportements de masturbation, d'exhibitionnisme, et de voyeurisme. C'est la période de la curiosité sexuelle, menant à la découverte des différences sexuelles. Filles et garçons ne reconnaissent qu'un seul organe génital : le phallus. Dès lors, la fille a envie du pénis, et le garçon croit que la fille a été castrée. Ce sont ces angoisses de castration qui les conduisent au complexe d'Œdipe ;
- la phase de latence (6-12 ans). Elle est marquée par le déclin du complexe d'Œdipe, c'est-à-dire le renoncement à l'objet sexuel incestueux. Il emploie ses pulsions sexuelles dans des buts reconnus socialement. Elle est aussi caractérisée par l'amnésie infantile où l'enfant refoule dans son inconscient les pulsions sexuelles ;
- le stade génital (à partir de la puberté, 12 ans et plus). La pulsion sexuelle jusqu'alors autoérotique s'attache à un objet sexuel.

Erik Erikson (1902-1994)

Il considère que le développement est le processus permettant d'atteindre, l'identité du « moi », terme désignant simultanément l'acceptation de soi et des caractéristiques de sa culture d'appartenance. L'individu doit surmonter huit crises psychosociales majeures pour parvenir à une identité du moi, chacune d'elles étant marquée par un conflit entre deux tendances opposées. Par exemple, au cours de la première année, la première crise oppose la confiance et la méfiance ; la façon dont la mère répond aux attentes du bébé va déterminer le niveau ultérieur de confiance dans la vie que manifestera l'enfant. Une phase essentielle se situe à l'adolescence. L'individu cherche à exprimer son identité, mais risque aussi une diffusion de celle-ci par identification excessive à des héros ou à des causes.

Mélanie Klein (1882-1962)

Elle s'intéresse au développement fantasmatique de l'enfant. Elle a été la première à préconiser la psychanalyse pour les enfants. Elle décrit deux positions qui ne sont pas liées à une chronologie, mais on oscillerait d'une position à l'autre.

Position schizo-paranoïde : par l'allaitement et la présence maternelle, l'enfant entre en relation avec un objet partiel qui est le sein de la mère et qu'il clive en bon ou mauvais. Il incorpore le bon sein qui est source de plaisir, mais la pulsion de mort entre en conflit avec la libido. Cette pulsion autodestructrice crée une profonde angoisse dont l'enfant se défend en projetant à l'extérieur la mauvaise partie de l'objet et transforme l'autre partie en agressivité dirigée contre autrui. L'enfant désire détruire le sein persécuteur. À cela correspond l'angoisse paranoïde de persécution : l'enfant craint la destruction du « moi » par les mauvais objets. Cette position se termine par la suprématie de l'objet idéal (le bon sein) sur l'objet persécuteur, et par l'identification à cet objet idéal, à condition que les bonnes expériences l'emportent sur les mauvaises.

Position dépressive : elle est marquée par la relation à l'objet totale, l'objet n'est plus clivé mais porteur de ce qui est aimé et rejeté. Il distingue sa mère comme une personne totale avec sa vie propre. L'infiltration de l'objet s'accompagne de celle du « moi ». On voit apparaître l'ambivalence, les objets d'amour sont aussi les objets de haine. L'angoisse paranoïde fait place à l'angoisse dépressive. L'enfant craint que les pulsions destructrices aient anéanti l'objet aimé. La peur pour l'objet remplace la peur de l'objet.

Anna Freud (1895-1982) (fille de Sigmund Freud)

Elle porte une grande attention à l'environnement de l'enfant et elle postule que l'environnement joue un rôle déterminant dans la formation de la personnalité et de l'organisation pathologique. À partir de l'observation directe des enfants dans leur environnement, elle met en évidence le fait que le développement de l'enfant est tributaire de son environnement et qu'il ne se fait pas selon un déroulement régulier. Elle introduit à partir de là le concept de ligne de développement, ce qui implique une possibilité de dysfonctionnement. Elle insiste sur le fait que l'enfant n'est pas enfermé dans un modèle. Elle est surtout connue pour son ouvrage sur les mécanismes de défense du « moi ».

René Spitz (1887-1974)

Pour lui, l'évolution normale est caractérisée par des niveaux d'intégration nécessaires dans la constitution de la personnalité (les organisateurs psychiques) et qui sont associés à l'apparition de nouveaux comportements (les indicateurs). Il décrit trois organisateurs :

- l'apparition du sourire (à 3 mois), l'indicateur, c'est le sourire : face à un visage, l'enfant sourira. Il ne perçoit pas la personne, mais un signe. Le sourire témoigne de la mise en place des rudiments du « moi ». Ils marquent le passage à des perceptions extérieures, mais sans différencier les objets ;
- l'angoisse du 8e mois : face à un visage inconnu, il pleure. Le décalage perceptif entre les traces mnésiques du visage de sa mère et du visage inconnu réveille le sentiment d'absence de la mère et provoque de l'angoisse. Il témoigne de l'intégration progressive du « moi » et de sa capacité à différencier les objets ;
- l'apparition du « non », vers 15 mois : cela permet à l'enfant d'accéder à une complète distinction entre lui et l'objet maternel, cela permet une ouverture sociale. La maîtrise du « non » est le signe du début de la communication verbale.

Donald W. Winnicott (1896-1971)

Pour lui, le bébé n'existe pas sans sa mère au début et son potentiel ne peut se révéler que grâce aux soins maternels. La mère est alors aux prises avec ce qu'il appelle la préoccupation maternelle primaire. Cette fonction maternelle donne à la mère la capacité de se mettre à la place de son enfant et de répondre à ses besoins, ce qui lui donne le sentiment continu d'exister. Pour bien remplir ce rôle, il est nécessaire que la mère connaisse des relations d'amour et de sécurité avec le père du bébé, avec la famille et la société.

Dans cette fonction il distingue trois rôles :

- le *holding* : correspond au maintien, à la façon dont l'enfant est porté ; la mère supporte le « moi » du bébé. C'est la maintenance physique et psychique de l'enfant incluse dans le fonctionnement psychique de la mère ;
- le *handling* : correspond à la manière dont l'enfant est traité. Ce sont les manipulations du corps, les soins apportés lors de la toilette, l'habillage, les caresses et les échanges cutanés ;
- l'*objet presenting* : correspond à la capacité de la mère à mettre à la disposition de son bébé l'objet au moment précis où celui-ci en a besoin, de façon que l'enfant ait le sentiment tout-puissant d'avoir créé magiquement cet objet. Il a décrit aussi un mode de relation à un objet matériel, appelé « objet transitionnel ». C'est le premier objet matériel possédé par l'enfant, et dont il a l'impression qu'il fait partie intégrante de son corps. C'est l'objet que l'enfant utilise pour s'endormir et qui crée un sentiment de sécurité que l'enfant n'a pas encore trouvé dans son monde intérieur.

Françoise Dolto (1908-1988)

Elle reprend la chronologie des stades freudiens en y intégrant un nouveau concept : la castration symboligène, qui sanctionne la fin d'un stade et le passage au suivant. Ces castrations permettent la symbolisation et la construction d'une image du corps. La première castration est ombilicale, elle signe la naissance et est le prototype de toutes les autres.

Le stade buccal : englobe la préhension labiale, dentaire, la déglutition, l'émission des sons et la respiration. C'est le moment où l'on met en place le modèle de sa future relation à l'autre. La castration symboligène de ce stade a pour but de couper l'enfant du corps-à-corps avec sa mère et de permettre l'accès au langage.

Le stade anal : est caractérisé par le plaisir autoérotique de maîtrise. La castration symboligène a pour but d'aider l'enfant à accéder à une autonomie corporelle et d'accorder une place au père.

La castration Œdipienne : porte sur l'interdit de l'inceste et sur l'ensemble des relations sexuelles avec les adultes.

Bruno Bettelheim (1903-1990)

Il remet en cause les conceptions de l'autisme et il avance l'idée que la cause première de la maladie serait un incident survenu dans la toute petite enfance et en particulier dans les relations mal établies entre la mère et l'enfant. Il se démarque par sa volonté de laisser à l'enfant toute sa faculté d'autonomie, y compris dans ses tendances au repli, pour que, de lui-même, l'enfant accède au monde et à l'autre. Il est également connu pour son œuvre *La Psychanalyse des contes de fées*, où il émet l'idée que ces histoires racontées aux enfants jouent un rôle important dans leur construction. Pour lui, le rôle de l'éducation est d'aider l'enfant à donner un sens à sa vie et la lecture des contes de fées y jouerait un rôle déterminant. Le pouvoir des contes consiste à éveiller l'imagination en incitant l'auditeur à vivre, le temps du récit, les aventures d'un héros qui invente le réel pour mieux l'affronter.

Ils proposeraient des solutions aux difficultés de l'enfant, et lui apprendraient la vie par le jeu de l'identification. Les contes véhiculent des messages qui s'adressent à nos inconscients et qui restaurent par l'intermédiaire du merveilleux ce qui a été blessé.

■ AUTRES THÉORIES DU DÉVELOPPEMENT DE L'ENFANT

Le développement affectif : la théorie de l'attachement

Ce courant de recherches, né à la fin des années 1950, est consacré aux relations sociales précoces de l'enfant. Selon la théorie de l'attachement élaborée par John Bowlby et Mary Ainsworth, les soins de qualité prodigués dès la naissance par les parents ou leurs substituts permettent à l'enfant d'acquérir la confiance en soi nécessaire pour explorer son monde et développer des compétences cognitives et sociales. Les éducatrices peuvent faciliter le développement de l'attachement et de la confiance en soi par des interactions affectueuses, régulières, fiables et authentiques.

Avant l'existence de cette théorie de l'attachement élaborée par Bowlby, l'attachement était conçu comme la reconnaissance du ventre (bien nourri, bien soigné). L'éthologie se développe parallèlement (histoire des oies, idée de l'« empreinte » et travaux de Harlow sur les singes). Ce n'est pas que la reconnaissance du ventre qui crée l'attachement. On vérifie comment l'enfant utilise la mère comme outil de sécurisation. Trois types :
• attachement sécurisant : on retrouve les couples mère/enfant de type « sensible ». Donc enfant sécurisé mais en présence de la mère seulement. Il est bien sécurisé, sait que la mère n'est pas remplaçable, a de bonnes capacités d'exploration, mais seulement en présence de la mère (70 % de la population) ;
• attachement insécurisant évitant : les « dyades » (couple mère/enfant) de type « rigide ». On a l'impression que la présence de la mère est peu prégnante, pas de source d'anxiété. L'enfant joue énormément, ne s'occupe pas de l'étranger, pas d'émission de demandes (20 % de la population générale) ;
• attachement insécurisant ambivalent (modalité aléatoire) : pas d'exploration, expression de détresse et de peur même avant que la mère ne s'éloigne. Signes ambivalents : cherche mais repousse en même temps (10 % de la population). L'enfant vit dans l'angoisse et manifeste beaucoup plus d'émotions pour attirer l'attention de l'autre.

■ John Bowlby (1907-1990)

Il postule que l'attachement (tendance du bébé à rechercher le contact physique avec un être) est un besoin primaire et spécifique, c'est-à-dire ne dépendant pas de la satisfaction des besoins physiologiques de l'enfant (en particulier l'allaitement). Le bébé humain est pourvu d'un répertoire de comportements innés qui lui permettent d'établir et de maintenir le contact avec ses proches, et en particulier sa mère (réflexes de succion et d'agrippement, pleurs et cris, sourires...). Ces comportements d'attachement ont une fonction de demande de protection et de socialisation :

en apprenant à communiquer avec sa mère, le bébé développe ses capacités d'interagir ultérieurement avec d'autres personnes.

Mary Ainsworth (1913-1999)

Collaboratrice de J. Bowlby, elle a poursuivi les travaux de ce dernier et montré que l'attachement de l'enfant, au cours de la première année, varie beaucoup selon la manière dont la mère répond à ses besoins. Elle repère ainsi des enfants confiants, indifférents ou ambivalents.

Hubert Montagner

Avec son équipe, il a mis en évidence les divers comportements des enfants en crèche : offrandes, sollicitations, menaces, isolements et pleurs. Il a également établi une typologie des enfants : *leaders*, dominants agressifs, dominés craintifs, dominés aux mécanismes de *leaders*, isolés. Il attribue ces différences au comportement des parents.

Les recherches montrent que les enseignants détectent bien et analysent avec pertinence les modèles d'attachement à travers les enfants.

Les enfants sécurisés ont une bonne image d'eux-mêmes, ont de bons rapports avec les autres, sont chaleureux. Ils font des ados et adultes ayant de bonnes capacités de cognition et métacognition, notamment des émotions.

Les enfants évitants : la relation parents-enfants est particulière. Les parents investissent et même surinvestissent les performances scolaires et les connaissances de leurs enfants. Ce sont des enfants froids, distants, ayant un rapport particulier aux apprentissages, ne voulant pas être dépendants dans les apprentissages, ne montrant pas d'émotions mais très moqueurs avec les autres élèves qui montrent des émotions (peu empathiques). Enfants performants, bons élèves polissés et écroulement à l'adolescence.

Les enfants de type ambivalent : pas de prévisibilité et manque de cohérence. Ils vont développer des stratégies pour avoir l'enseignant pour eux tout seuls, ou phénomène de « bouc émissaire ». Ils développent des relations masochistes.

Les premières études avaient porté sur les mères. Mais les médiateurs comme le père, la nourrice, la fratrie, les grands-parents vont aider à modifier et réguler le modèle premier. Dans les six premières années, c'est la mère qui prime (en cas de séparation).

Des visions plus globales du développement

Certains auteurs ont opté pour une vision globale de l'enfant, intégrant les aspects moteurs, affectifs, relationnels et cognitifs.

■ Henri Wallon (1879-1962)

Il considère que la personnalité de l'enfant se développe par une succession de six stades et au travers de deux fonctions principales : l'intelligence et l'affectivité. Pour lui, l'origine de la vie affective de l'individu est physiologique et les émotions trouveraient leur origine dans le domaine postural.

Il décrit six stades :
- le stade impulsif (0-6 mois). La réponse motrice apportée aux diverses stimulations est une réponse réflexe ;
- le stade émotionnel (6-11 mois). La première manifestation émotionnelle est le chatouillement tonique qui provoque des spasmes, des contorsions, puis le rire saccadé. Les caresses créent du plaisir, mais la joie éprouvée par l'enfant provient du mouvement ;
- le stade sensorimoteur (11-24 mois). Les mouvements et la sensibilité qui leur est associée se différencient de plus en plus. L'enfant palpe son corps et découvre des sensations. Cela lui permet d'avoir progressivement conscience de son corps ;
- le stade projectif (2 ans à 2 ans ½). L'activité motrice stimule l'activité mentale, le mouvement devient un instrument d'action sur le monde extérieur car il reconnaît l'objet par l'action qu'il exerce ;
- le stade du personnalisme (2 ans à environ 5-6 ans). L'enfant parvient à avoir une conscience de soi, il est capable d'avoir une image de lui-même ;
- le stade de la personnalité polyvalente (6 ans et plus). L'enfant noue des relations avec son entourage social, et il est aussi capable de participer à des jeux de rôle.

■ Arnold Gesell (1880-1961)

Il établit un lien précis entre l'âge de l'enfant et les caractéristiques de croissance. Tous les enfants passent par des périodes alternées (de six mois ou un an) d'équilibre, caractérisées par un certain bien-être personnel, et de déséquilibre, durant lesquelles l'enfant est mal dans sa peau. Ainsi, sur le plan psychologique, à 7 ans, l'enfant est renfermé ; à 8 ans, il est vigoureux et expansif ; à 9 ans, il est victime d'un trouble névrotique ; à 10 ans, il est égal, équilibré.

Le béhaviorisme

Cette approche met presque exclusivement l'accent sur l'influence de l'environnement dans le développement d'un individu.

■ John B. Watson (1878-1938)

Il était convaincu qu'un conditionnement adéquat pouvait permettre d'obtenir les comportements que l'on souhaitait voir se manifester chez un enfant. Il affirmait pouvoir transformer tout enfant en « *médecin, avocat, marchand, patron et même mendiant ou voleur, indépendamment de ses talents, de ses penchants, tendances, aptitudes, vocation ou origines raciales* ».

■ F. Skinner (1904-1990)

Il a approfondi ce courant de recherches. Le développement ne se fait pas au travers de stades successifs nettement repérables, mais par de petites acquisitions imperceptibles. Ce processus repose essentiellement sur les récompenses (appelées renforcements positifs) des parents ou d'autres personnes, et des punitions (appelées renforcements négatifs), lorsque le comportement suscite la réprobation sociale. Par exemple, si un parent ne prête qu'une attention réduite au « bobo » que vient de se faire son enfant, celui-ci pleurera moins que si le parent le plaint.

■ Sydney W. Bijou (1908-2009)

Il applique la psychologie béhavioriste à l'analyse du développement de l'enfant. Il repère trois stades :

• le stade universel (de la naissance à 2 ans) : les stimulations de l'environnement jouent alors un faible rôle car le plus grand déterminant est la maturation biologique ;

• le stade de base (de 2 à 6 ans) : le développement comportemental de l'enfant dépend essentiellement du type d'environnement social fourni par la famille ;

• le stade social commence lorsque l'enfant va à l'école et se poursuit durant sa scolarité. De multiples influences interviennent pour modifier les acquisitions des deux premiers stades.

L'approche psychosociale : les interactionnistes

L'approche de Piaget n'est pas réfutée mais est complétée par celle de Vygotsky et Bruner. Selon cette perspective, le développement cognitif dépend fortement des relations sociales de l'enfant. La théorie piagétienne est complétée par l'apport du contexte familial dès avant la naissance. Selon lui, la naissance est vécue comme un événement chaotique, incompréhensible, sans conscience de ses états corporels (il a un corps mais n'est pas encore un corps). C'est l'environnement différencié qui permet à l'enfant d'acquérir de nouvelles connaissances ; il s'agit alors de l'aider à activer ses connaissances antérieures, à établir des liens avec les nouvelles connaissances et à transférer le fruit de leur apprentissage en situation réelle. C'est le rôle du médiateur.

Il va répondre aux besoins de l'enfant et parler à l'enfant (tu pleures, tu as faim... réponse cohérente, adaptée et verbalisée...). La médiation peut être inadéquate : carencée (pas de parole, de regard...), inadaptée ou incohérente (pour un même état, pas la même réponse), ou peut ne pas tenir compte des possibilités de l'enfant (faire à la place de... donc avoir une attitude trop protectrice).

Dans cette théorie, le langage est très important (pour Piaget, le langage est conséquence de l'expérience et du développement) ; chez Bruner et Vygotsky, le langage est là bien avant l'enfant. Le langage permet d'établir des relations entre les moyens et les buts. La relation de causalité se met en place. La fonction de communication et de vecteur de culture est intégrée dans le langage. Les codes sociaux sont transmis par le langage. Le langage, c'est ce qui permet de prendre de la distance avec ses actes (conscientisation). On ne maîtrise une activité que quand on est capable d'en parler. Le médiateur, c'est celui qui parle « pour » l'enfant pendant des années jusqu'à ce que l'enfant s'approprie cette pensée par intériorisation.

■ Lev Vygotsky (1896-1934)

Il considère que ce n'est pas le niveau de développement qui détermine les capacités d'apprentissage (comme le pense Piaget), mais que c'est l'apprentissage auprès d'adultes qui va déterminer le développement. Selon lui, chaque fonction supérieure apparaît deux fois au cours du développement de l'enfant. Elle se manifeste tout d'abord dans une activité collective soutenue par l'adulte et le groupe social, puis apparaît lors d'une activité individuelle et devient alors une propriété intériorisée de la pensée de l'enfant. « *Ce que l'enfant est en mesure de faire aujourd'hui à l'aide des adultes, il pourra l'accomplir seul demain.* »

Vygotsky parle de la zone proximale de développement définie par l'écart entre ce que l'enfant est capable de faire seul et ce qu'il pourra faire avec l'aide d'un médiateur. Cela a amené la différence en pédagogie entre compétence (les possibilités de l'enfant s'il est accompagné) et performance (sa capacité à un moment, tout seul).

Jérôme Bruner

Il considère que les parents apportent un soutien efficace à l'enfant lorsqu'ils lui permettent d'aller au-delà de ce dont il est capable seul, puis qui disparaît lorsque l'enfant parvient à réaliser la tâche de façon autonome. Pour Bruner, un bon médiateur est donc celui qui propose un cadre, un format d'interaction pour réaliser une tâche. Il joue le rôle de filtre entre l'enfant et la tâche.

Il identifie six fonctions pour cet étayage (grille de lecture du rôle du médiateur pour l'analyse de pratique) :

- l'enrôlement (réussir à activer l'intérêt, l'adhésion par rapport à la tâche). Exemple : la pédagogie de projet où on prend en compte l'environnement en gardant à l'esprit que le rôle de l'enfant, c'est de jouer. Il tient compte des centres d'intérêt des enfants. C'est créer le désir. C'est aussi la posture et la voix de l'enseignant. C'est créer des situations de risque, à intensité émotionnelle forte ; il y a un sens et un enjeu ;
- la réduction des degrés de liberté : c'est un élément de la différenciation par rapport à chaque enfant. On adapte la situation proposée (soit du point de vue du matériel proposé, soit de la stratégie...), on tient compte de la ZPD pour organiser les apprentissages ;
- le maintien de l'orientation sur la tâche (l'enfant se donne un autre objectif que celui qui a été donné une fois pris dans la tâche...) : s'assurer en cours de tâche de la permanence de la compréhension de la tâche (reformulations). Cela tient aussi à l'aménagement spatial, l'organisation du matériel, la composition de groupes, s'attache à la procédure et aux stratégies plus qu'à la performance (centration de l'enfant sur ses procédures, celles des copains, lutte contre l'impulsivité de l'enfant) ;
- la signalisation des caractéristiques déterminantes : beaucoup d'élèves ont du mal à savoir comment prendre des informations sur la tâche ou la façon de traiter la tâche (a-t-on besoin des oreilles, de la bouche ? orienter l'élève sur le canal sensoriel dont on a besoin) ; exemple de la boîte à transformation. Façon dont le médiateur va activer le raisonnement analogique (est-ce qu'on a déjà fait quelque chose comme cela ?...). Obliger à faire des transferts de procédure ;
- le contrôle de la frustration : l'activité accompagnée d'un médiateur (pair ou autre) est forcément moins frustrante. Pour éviter le sentiment de dépendance, on passera par l'organisation d'aides (affichage, outils...) ;
- la démonstration : Bruner dit qu'il faut utiliser peu la démonstration pour éviter le défaut de conceptualisation. Montrer à l'enfant ce qu'il faut faire n'est pas idéal. Il est préférable de lui montrer comment il faut faire quand l'enfant n'a pas conceptualisé. En écriture, oui : le médiateur peut faire, sur commande de l'enfant.

■ Dewey (1859-1952)

Les enfants, affirme Dewey, n'arrivent pas à l'école comme autant d'ardoises vierges passives sur lesquelles l'enseignant inscrirait les leçons de la civilisation. Lorsque l'enfant entre à l'école, il est « *déjà intensément actif, et il s'agit pour l'éducation de prendre en main cette activité, de lui donner une direction* » (Dewey, *L'École et la société*, Éducation, 2000, p. 25). L'enfant qui commence sa scolarité apporte quatre « impulsions innées » :

- communiquer ;
- construire ;
- chercher à savoir ;
- affiner son expression.

Elles sont « *les ressources naturelles, le capital non investi, dont la mise en valeur conditionne la croissance active de l'enfant* » (Dewey, *L'École et la société*, Éducation, 2000, p. 30). L'enfant apporte également les intérêts et les activités du foyer et du voisinage dans lequel il vit, et il incombe à l'enseignant d'exploiter cette « *matière première* » en orientant les activités de l'enfant vers des « *résultats positifs* » (Mayhew et Edwards, *L'École Dewey*, Atherton Press, 1966, p. 41). John Dewey conçoit l'éducation non pas comme une préparation à l'avenir, mais comme un processus d'actualisation du potentiel de l'enfant dans sa vie quotidienne.

Une éducation véritable résulte de la stimulation que reçoit l'enfant dans un contexte social donné. Dewey avait la conviction que l'enfant apprend mieux en interaction avec d'autres ou en groupe. Même lorsque l'enfant travaille seul, il doit avoir la possibilité de consulter les autres.

Toute éducation doit partir des champs d'intérêt et des capacités de l'enfant. D'après Dewey, toute expérience d'apprentissage doit s'inspirer des champs d'intérêt et des connaissances antérieures de chaque enfant et de chaque groupe d'enfants.

L'éducation est un processus d'actualisation de la vie et non une préparation pour la vie. Selon Dewey, l'éducation fait partie intégrante de la vie et toute personne apprend la vie durant. L'éducation doit répondre aux besoins des enfants au moment présent plutôt que les préparer pour l'avenir. Idéalement, les expériences d'apprentissage destinées aux jeunes enfants s'inspirent de situations réelles provenant de leur vie quotidienne, familiale ou communautaire.

Les enseignants sont non seulement responsables du développement des habiletés spécifiques des enfants, mais également du développement de leurs compétences sociales. Selon Dewey, les éducatrices ne développent pas seulement des connaissances et des habiletés : elles font également découvrir à l'enfant comment vivre harmonieusement dans la société à laquelle il appartient.

Dewey critiquait ouvertement les pratiques courantes qui mettaient l'accent sur la mémorisation. Il n'approuvait pas, non plus, la pratique consistant à meubler l'environnement d'une foule d'activités et de matériel pour ensuite laisser les enfants explorer à leur guise ou encore d'offrir des activités sans but éducatif.

Dewey proposait aux enseignants les questions suivantes pour les aider à évaluer la valeur éducative des activités et des projets proposés aux enfants :

- Ajoutent-ils aux connaissances antérieures des enfants ?
- Favorisent-ils le développement des enfants ?
- Développent-ils de nouvelles habiletés ?
- Favorisent-ils une meilleure compréhension du monde ?
- Aident-ils les enfants à vivre pleinement leur vie ?

Développement cognitif et métacognition aujourd'hui

Ce sont les interactions sociales qui vont permettre à l'enfant de s'approprier le raisonnement du médiateur. La réflexion, la distanciation et la mise en langage sont l'essence de la métacognition.

Définition de Flavell : elle se réfère aux connaissances du sujet sur ses propres processus et produits cognitifs. Elle renvoie aussi au contrôle actif, à la régulation, et à l'orchestration de ses processus de pensée du sujet.

Sylvie Cèbe : c'est ce qui permet à l'enfant de comprendre les raisons de sa réussite, donc la logique de nos procédures. Certains enfants peuvent avoir un très bon niveau de langage sans être capables d'expliquer leurs procédures. Les connaissances ne sont alors pas flexibles. Il n'y a pas de métacognition sans cognition préalable. Il faut d'abord développer des procédures pour pouvoir ensuite en parler.

Les capacités métacognitives, selon Flavell (pour entrer dans la métacognition, il faut avoir construit une théorie de l'esprit, c'est-à-dire un système de déduction), sont élaborées par l'enfant entre 4 et 6 ans.

La théorie de l'esprit

L'exemple de l'expérience de Winner et Perner, « Sally et Annn » est l'expérience des fausses croyances. L'enfant commence à faire un lien entre ce qu'il sait parce qu'il l'a vu et l'état mental de celui qui n'a pas vu (capacité de se décentrer). C'est la conscience de la différence des représentations interindividuelles. Cette compétence est très défaillante dans des cas d'autisme par exemple.

Selon la deuxième expérience de Flavell et Green, « le paradigme d'apparente réalité », on va montrer à l'enfant un objet qui fait illusion (éponge qui ressemble à une pierre, livre qui ressemble à une boîte, un objet trompeur). On pose deux questions : « Qu'est-ce réellement ? » et : « À quoi cela ressemble-t-il ? », les enfants de 3 ans répondent la même chose aux deux questions (représentations différentes intra-individuelles). Ils ont du mal à coordonner deux représentations d'un même réel. Seuls 56 % des enfants de 5 ans ont cette compétence. 86 % de ceux de 7 à 8 ans.

Tant que l'enfant n'a pas intégré la théorie de l'esprit, il ne peut pas comprendre l'intentionnalité, c'est-à-dire : « Je suppose que tu penses, que tu as des émotions, des représentations qui ne sont pas les mêmes que les miennes, qui ont une intention... Je sais que je pense et donc que je ne vais pas penser la même chose selon les cas. »

C'est un système de déduction sur les états mentaux (différence entre désir et intention) avec une incidence sur le « vivre ensemble ». Ils identifient les émotions, font des liens entre actions et émotions, identifient le savoir, la croyance, l'émotion.

Avoir une théorie de l'esprit, c'est avoir une représentation du monde à un moment donné et savoir qu'il en existe d'autres. Cette théorie de l'esprit fait l'objet de peu de recherches (ex. : Dunn). Les enfants à qui on décrit beaucoup d'émotions dans la jeune enfance sont ceux qui ont le plus de maîtrise de la théorie de l'esprit.

Distinction entre « connaissances » métacognitives et « expériences » métacognitives

En ce qui concerne les connaissances, elles peuvent être :

- relatives aux personnes (je sais que la maîtresse sait... je sais que la maîtresse peut se tromper... je sais vers qui je peux me tourner) ;
- relatives aux tâches (je sais que c'est plus facile de colorier que de découper...) ;
- relatives aux stratégies (je sais que je n'ai pas de mémoire et qu'il faut que j'écrive pour mémoriser...).

Les expériences métacognitives :
• elles dépendent des fonctions cognitives (exécutives) et elles assurent une surveillance de l'activité en cours, une régulation ;
• ce sont celles qui manquent aux enfants en difficulté (donc les y inciter).

Les fonctionnalistes

Si Piaget est structuraliste et Vygotsky interactionniste, les courants actuels se tournent vers des réflexions qui s'interrogent (fonctionnalistes) sur la métacognition et les effets (savoir se servir des connaissances que l'on a).

L'approche fonctionnaliste s'appuie sur quatre progrès :
• le développement cognitif se fait par domaines de connaissances qui peuvent se développer indépendamment (Karmiloff-Smith) ;
• certains sous-domaines ne se développent pas au même rythme ;
• les outils logiques de l'enfant sont mieux mis en œuvre quand le domaine est mieux connu et apprécié de l'enfant. Cela appuie l'importance d'un vécu collectif commun ;
• suivant le contexte culturel, on ne développe pas les mêmes formes d'intelligence. Cela pose la question de la rencontre entre la culture familiale et scolaire, ainsi que celle de l'accueil, des affichages, de la convivialité.

La culture est un processus en perpétuelle évolution. Ce n'est pas un état stable à transmettre tel quel. On le co-construit en permanence. Aujourd'hui, l'accès au savoir sur Internet et le rôle d'instructeur de certains parents perturbent parfois l'identité de l'enseignant (que me reste-t-il à transmettre ?). En réalité, ce qui est essentiel et irremplaçable chez l'enseignant, c'est sa capacité à transmettre sur le : « Comment on construit collectivement des savoirs ? ».

L'intelligence n'est pas une donnée individuelle mais collective et l'enseignant est le maître d'œuvre de cette construction collective.

Pour Olivier Houdé et contrairement à ce que dit Piaget, le développement cognitif ne consiste pas à passer d'un stade prélogique à un stade logique. Le développement est conçu comme une évolution, voire une compétition, de stratégies. Pour Houdé, le développement n'est donc pas un escalier avec des marches à gravir (vision piagétienne), mais une compétition entre différentes stratégies mentales. Avec le développement, le sujet devient capable de savoir à quel moment utiliser telle ou telle stratégie : c'est la notion de flexibilité.

RAPPELS SUR LE DÉVELOPPEMENT DE L'ENFANT

Sylvie Cèbe et J.-L. Paour identifient deux types de fonctionnement cognitif qui peuvent coexister chez un même sujet :

• la modalité de raisonnement « *associatif extrinsèque* » : le sujet, face à une tâche, va baser son raisonnement sur ce qu'on appelle l'information de surface (pas de décontextualisation). Ce sont des raisonnements guidés par l'ici et maintenant (ce que je vois du matériel plutôt que par des représentations internes). Ce sont des fonctionnements qui, pour assurer un contrôle, vont s'appuyer sur une boucle perceptivo-motrice (tant que je fais, c'est bon). Il y a donc dans cette conduite beaucoup de tâtonnements et peu d'anticipation. Les sources de motivation sont extrinsèques, donc sont attachées à la performance et aux résultats immédiats, et pas au fonctionnement lui-même. Les enfants en difficulté auront tendance à fonctionner de la sorte. Le rôle de l'enseignant est alors d'amener ses élèves à se représenter ce qui se passe et de les raccorder à des connaissances antérieures ;

• la modalité interrelationnelle intrinsèque : c'est celle où je vais abstraire les relations qui organisent le *stimulus* et les relations. Le sujet est orienté sur la structure de l'information plutôt que sur sa configuration apparente. Le fonctionnement du sujet est l'objet du traitement et de la conceptualisation. Exemple de motivation plutôt intrinsèque : plaisir à chercher, à se dépasser... Cette modalité permet une conceptualisation de savoirs procéduraux (savoir-faire). Les enfants en difficulté passent par les mêmes stades que les autres mais avec plus de lenteur dans certaines phases, et utilisent la modalité extrinsèque.

Il y a fixation sur des points sur lesquels ils restent bloqués. Ils ne savent pas comment utiliser les outils mentaux dont ils disposent et les utilisent inégalement selon les situations. La difficulté est en plus liée à une moindre efficience intellectuelle plutôt qu'à un manque d'outils. L'efficience intellectuelle peut s'améliorer par :

• la mémoire, notamment de travail. On peut donc la développer ;

• l'attention : ces élèves auront des difficultés attentionnelles. Travailler l'attention sélective (ce que je dois garder, ce qui ne me sert pas...).

Pour les élèves en difficulté, la base de connaissances est souvent pauvre et mal organisée. Ils ont aussi des difficultés de transfert et de généralisation. Les enfants ne font pas le lien entre les différentes activités de l'école et l'extérieur de l'école. Il faut donc rendre explicite le sens de ce que l'on fait à l'école.

POUR CONCLURE

Les années 1990 s'ouvrent sur un « nouveau paradigme », avec l'apparition de modèles dynamiques du développement. La progression par stades de Piaget et de quelques néopiagétiens semble dépassée. La plupart des théories actuelles penchent en faveur d'une progression de l'intelligence graduelle, et de ce fait quasi continue : elle n'évolue plus par bonds et vers l'avant, mais par petits pas rapprochés, marqués d'arrêts, de retours en arrière et de faux pas. Les 20 dernières années ont vu se développer un domaine plus particulier des études sur les compétences du nourrisson : la « théorie de l'esprit », cette capacité qu'ont les enfants à attribuer des sentiments et des croyances à eux-mêmes et à autrui.

Le rôle crucial des émotions dans tout processus de raisonnement avait déjà été mis au jour par le psychologue Antonio R. Damasio. Les expériences d'imagerie neuronale d'O. Houdé ont depuis confirmé et précisé ces informations.

Un autre courant de recherche concerne les comparaisons interculturelles. Des expériences ont montré que l'utilisation du boulier influence la façon dont les enfants se représentent les nombres. Des théories néopiagétiennes aux tenants de la psychologie culturelle en passant par les spécialistes du développement précoce, les principaux continuateurs de l'œuvre de Piaget présentent une diversité de points de vue sur l'intelligence de l'enfant. Les grandes tendances qui se dessinent suggèrent le rôle crucial de la mémoire de travail, font voir des modèles dynamiques et des jeux de compétition avec, en lieu et place du raisonnement logico-mathématique, l'idée plus large d'une pensée « en contexte ».

MÉTHODOLOGIE

PARTIE III

1 | SÉQUENCES, SÉANCES, ÉVALUATIONS, PROGRESSIONS, PROGRAMMATIONS ET DÉMARCHES

QUELQUES DÉFINITIONS

Voici quelques définitions de la terminologie utilisée pour construire les séquences pédagogiques.

Séquence : ensemble continu ou discontinu de séances articulées entre elles dans le temps et organisées autour d'une ou plusieurs activités en vue d'atteindre les objectifs fixés par les programmes d'enseignement (terminologie de l'éducation, *BOEN* n° 35, 17 septembre 1992).

Séance : chaque séance doit avoir des objectifs clairs et peu nombreux. Ils sont à atteindre au travers de compétences à apprécier, de capacités à faire acquérir et d'attitudes à inciter à avoir lors du déroulé de celle-ci.

Objectifs : l'objectif décrit ce que l'élève sera capable de faire à la fin de la période de formation. Il doit être formulé à l'aide d'un verbe d'action. Formuler un objectif permet de centrer l'apprentissage sur l'apprenant (pédagogie par objectif). Les indicateurs d'évaluation du référentiel guideront l'enseignant dans la formulation de cet objectif. L'objectif décrit le résultat attendu sans préciser la stratégie à mettre en œuvre pour atteindre cet objectif.

Objectif général : il énonce des intentions pédagogiques décrivant, en termes de capacité de l'élève, l'un des résultats escomptés d'une séance d'apprentissage.

Objectifs intermédiaires : issus de la démultiplication d'un objectif général, ils correspondent aux différentes étapes nécessaires pour atteindre l'objectif général. Ils doivent être formulés à l'aide d'un verbe d'action induisant un comportement observable. Définir clairement l'objectif d'une séance permet de choisir les situations d'apprentissage permettant l'acquisition des compétences visées.

Objectifs opérationnels : ils définissent une performance dont sera capable l'apprenant à l'issue de la formation ; ils décrivent de façon univoque le contenu de l'intention pédagogique. L'objectif spécifique ou opérationnel est issu de la démultiplication d'un objectif général en autant d'énoncés rendus nécessaires pour que les exigences ci-avant décrites soient satisfaites (Hameline).

Ils doivent préciser :

- la performance attendue, c'est-à-dire le comportement observable attendu ;
- les conditions dans lesquelles ce comportement doit se manifester ;
- le niveau d'exigence ou les critères qui serviront à l'évaluation.

Compétence : la compétence peut donc se décliner en un ensemble de connaissances, de capacités et d'attitudes appropriées à une situation donnée mise en œuvre dans un domaine spécifique.

Situations d'apprentissage : elles sont choisies (après détermination des objectifs) en cohérence avec le niveau de classe et la finalité, en adéquation avec le temps dont on dispose. Elles précisent :

- la méthode pédagogique utilisée : expositive, interrogative, travail de groupe...
- les supports utilisés : diapositive, document écrit, film, manuel scolaire (préciser leur contenu) ; ces supports doivent être variés, sans pour autant ressembler à un « catalogue » ;
- fiche synoptique : appelé « fiche de déroulement de séance » ou « fiche synoptique », ce document est avant tout une organisation prévisionnelle de votre séance afin de vous permettre de repérer ses différentes phases, de les modifier pour une prochaine réalisation si besoin.

CONSTRUIRE DES SÉANCES PÉDAGOGIQUES ÉQUILIBRÉES AU SEIN D'UNE SÉQUENCE

Différence entre séance et séquence pédagogiques

Une séquence pédagogique est constituée de plusieurs séances. La séquence pédagogique est un ensemble de séances, articulées entre elles dans le temps et organisées autour d'une ou plusieurs activités en vue d'atteindre un ou plusieurs objectifs. Toute séance doit aussi permettre une évaluation formative (questionnement oral, QCM...) pour vérifier si les capacités sont acquises au travers des connaissances à dérouler. Si elles ne sont pas acquises, un réajustement pédagogique, et non une redite, sera à impulser lors de la séance suivante.

Toute séance doit être une réponse à un besoin. En général, les élèves n'apprennent et ne sont sensibilisés à ce qui est abordé que si on les amène à répondre à un problème clairement posé. Il s'agit de mettre en place une vraie situation problème en rapport avec ce qui peut les motiver.

La spirale de la progression mise en œuvre par l'enseignant peut développer plusieurs notions et donc créer une spirale pédagogique de plusieurs séquences pédagogiques.

Conception d'une séquence (ou unité, module...) d'apprentissage

Phase 1 : L'objectif

Effectuer le choix d'un objectif général d'apprentissage parmi ceux proposés par les programmes officiels au regard de ce que les enfants savent déjà.

Phase 2 : L'évaluation diagnostique

La première séance est consacrée à l'évaluation des compétences des élèves. Elle a deux avantages : adapter le projet aux besoins réels de la classe, et rendre les élèves conscients de la nécessité de la séquence.

Phase 3 : L'élaboration du projet d'apprentissage

Cette phase se fait également lors de la première séance, à la suite de l'évaluation diagnostique. Elle est anticipée par le maître, mais conduite et ajustée avec les élèves. Le projet d'apprentissage est défini clairement (« Nous allons apprendre à... »), et ses différentes étapes sont listées avec les élèves (« Pour cela, que devons-nous apprendre à faire ? »). Certaines pourront être apportées par le maître.

Le projet est affiché en classe (et collé dans le cahier d'apprentissage de l'élève). À chaque début de séance, il est consulté, et les étapes sont cochées au fur et à mesure.

Phase 4 : Les séances d'apprentissage

En fonction de l'objectif visé, un certain nombre de séances d'apprentissage sont prévues (l'objectif général doit être décliné en objectifs opérationnels, qui constitueront autant de séances). Chaque séance commence par une mise en projet (voir phase 3), puis une situation problème est proposée aux élèves. Après une phase de recherche, on procède à une mise en commun qui permet de construire les connaissances et capacités. Enfin, une trace écrite est produite avec les élèves.

Ne pas oublier de proposer des séances d'entraînement, qui permettront aux élèves d'automatiser les procédures construites lors des séances d'apprentissage.

Phase 5 : L'évaluation formative

Les élèves sont évalués à l'issue du temps d'apprentissage. L'analyse des résultats de cette évaluation permet de les répartir dans les différents paliers d'apprentissage.

Phase 6 : La régulation

Cette phase indispensable met en place la différenciation au sein de la classe.

- **Palier 1 :** les élèves repérés comme ayant des difficultés travaillent avec le maître en remédiation (on pourra utiliser par exemple l'interaction, la manipulation, la verbalisation des procédures...).

- **Palier 2 :** ces élèves ont acquis l'essentiel des compétences, mais ont encore besoin d'entraînement pour automatiser les procédures. Ils s'entraînent en autonomie.

- **Palier 3 :** les compétences évaluées sont parfaitement acquises. Un travail d'approfondissement ou de transfert dans un autre domaine est proposé en autonomie.

Phase 7 : L'évaluation finale

Cette évaluation met un terme à la séquence d'apprentissage. Les élèves repérés comme étant toujours en difficulté pourront éventuellement, après une période de maturation et si des progrès ne sont pas visibles, bénéficier de séances de soutien, d'aide personnalisée ou d'activités complémentaires.

La séquence prend souvent la forme d'un tableau.

Exemple de séquence d'apprentissage

Une séquence d'apprentissage comporte plusieurs séances d'apprentissage. Pour construire une démarche efficace, il est important de se poser deux questions :

- Qu'est-ce que l'élève doit apprendre ? (cibler les objectifs, cerner les caractéristiques du concept) ;
- Comment va-t-il apprendre ? (quelles stratégies va-t-il développer pour résoudre le problème ?).

Objectif spécifique	L'objectif doit s'inscrire dans les domaines de compétences de cycles (instructions officielles). Il doit être défini précisément. Une séquence d'apprentissage est constituée de plusieurs séances. Elle est introduite par une séance proposant un problème à résoudre (en maternelle comme en élémentaire). Le problème posé doit permettre de mobiliser les acquis de l'élève afin de progresser vers le savoir attendu. Les séances suivantes vont permettre à l'élève de s'entraîner et de réinvestir ce qu'il a appris. « À la fin de la séquence, les élèves sont capables de… »
Acquis nécessaires	Toute séquence d'apprentissage nécessite au préalable une évaluation diagnostique. Que connaît l'élève du sujet, de la notion que l'on va aborder ? Quels sont ses acquis antérieurs ? Quelles sont ses représentations ? L'obstacle à franchir, le problème à résoudre doit être incontournable, mais pas insurmontable, pour qu'il y ait apprentissage.
Organisation pédagogique	Travail en groupe classe, groupes, individuel, en binôme
Matériel nécessaire	

Déroulement de la 1re séance confrontant les élèves à une situation problème, obstacle	**Identification du problème**	Découverte du support, appropriation individuelle de la situation : l'élève s'approprie la situation individuellement et se questionne : « Quel problème dois-je résoudre ? »
	Problématisation	Verbalisation, mise en situation problème : il est nécessaire de verbaliser collectivement la problématisation, afin que chaque élève identifie et s'approprie le même problème.
	Recherche	Dans un premier temps, une phase individuelle de recherche est vivement conseillée car elle permet à chaque élève de mobiliser ses acquis. Il est donc primordial que l'élève essaie pendant un court moment de résoudre seul le problème. Dans un deuxième temps, il peut y avoir une recherche par groupes qui permet les échanges.
	Exploitation collective	C'est la phase d'échanges et de confrontations. C'est une phase essentielle dans l'apprentissage, où les élèves verbalisent leurs stratégies (comment as-tu fait pour... ? comment t'y es-tu pris... ?). Cela permet aux élèves en difficulté de s'approprier une stratégie efficace et aux élèves en réussite de prendre conscience de ce qu'ils savent (pour le transférer dans une autre tâche). Il est aussi important de faire verbaliser les stratégies inefficaces pour faire comprendre aux élèves comment utiliser leurs erreurs pour progresser.
	Conceptualisation	Cette phase conclut la séance. Elle permet de synthétiser ce qui a été appris, ce que l'élève doit mémoriser pour pouvoir résoudre ultérieurement un problème mobilisant les mêmes compétences. Cette « mise en mots » doit se construire avec les élèves et donner lieu à une trace écrite : résumé, fiche outil, règle... Elle doit permettre de prendre conscience de : « À quoi cela va nous servir à l'école... en dehors de l'école ? »

Séances ultérieures	**Entraînement**	Ce sont les séances de structuration. Dans cette phase, l'élève s'exerce et mémorise. Ce n'est pas une phase où il doit être noté. Elle peut se faire sur l'ardoise ou sur le cahier d'essais (exercices d'application). Elle permet à l'élève d'utiliser une des stratégies efficaces retenues par le groupe classe. Cette phase est liée à la remédiation, car elle aide l'enseignant à prendre conscience des difficultés des élèves et à mettre en place des actions appropriées.
	Remédiation	Actions de régulation et de différenciation : consolidations, soutiens, groupes de besoins, approfondissements, itinéraires personnalisés d'apprentissage. Ces actions sont déterminées par l'évaluation formative opérée au cours de l'apprentissage.
	Évaluations	L'évaluation formative permet d'orienter le cours des séances en fonction des progrès des élèves. Elle est centrée sur les stratégies des élèves, la maîtrise progressive des compétences et se pratique tout au long des séances. L'évaluation sommative permet de vérifier ce que l'élève a acquis. Elle peut solliciter la mémoire à court terme et se faire directement après une phase d'entraînement. Il est nécessaire de ne pas oublier de mettre en place des évaluations sollicitant la mémoire à long terme (contrôles). Il est essentiel de mettre en place cette évaluation sommative à la suite des séances consacrées à la structuration et à la stabilisation des connaissances.
	Réinvestissement	Réutilisation du savoir acquis dans d'autres situations, transfert.

Conception et gestion d'une séance pédagogique

Il est important d'avoir plusieurs phases « actives » :

- lancement : l'enseignant positionne la séance ;
- recherche personnelle en autonomie ou travail en groupe ;
- recentrage partiel global éventuel suivant les difficultés rencontrées ;
- présentation des travaux « élèves » avec échange avec l'ensemble de l'auditoire ;
- synthèse orale puis écrite à partir de ces travaux présentés ;
- évaluation formative (orale) de fin de séance.

MÉTHODOLOGIE

Le temps de parole donné aux élèves doit être au moins égal à celui de l'enseignant, sinon plus : l'élève doit être acteur et l'enseignant un metteur en scène. Dans une préparation de séance, l'enseignant se pose des questions :
• les contenus ont-ils été partiellement abordés antérieurement ?
• quelles connaissances ont « intuitivement » les élèves sur le sujet ?
• quelles connaissances minimales doivent-ils avoir pour aborder la séance ?
• quels savoirs ou savoir-faire nouveaux vont-ils aborder ?
• que doivent-ils retenir ?
• quelle évaluation formative orale et/ou écrite faut-il mettre en place ?
• quelle chronologie des actions « élève acteur » et « enseignant scénariste » faut-il mettre en place ?
• quelles « activités personnelles » faut-il leur donner pour s'approprier au mieux la séance ?
• quand ferai-je une synthèse collective des séances concernant cette séquence pédagogique ?
• quelle différenciation dois-je mettre en place ?

Il est indispensable de prendre en compte les variables intervenant dans la mise en place d'une stratégie d'enseignement :
• le type d'apprentissage ;
• la taille du groupe ;
• la démarche pédagogique souhaitée par processus inductif ou processus déductif ;
• le degré de guidage ou d'intervention de l'enseignant dans cette démarche...

Quelle que soit la présentation de la séance choisie (souvent sous forme d'un tableau), on retrouve les invariants suivants :
• l'objectif général : il est important de l'énoncer clairement pour soi-même, mais aussi pour les élèves (permet de mobiliser leur attention, de les motiver, de leur faire comprendre ce qu'on attend d'eux en fin de séance) ;
• les objectifs intermédiaires : ils précisent les étapes prévues pour atteindre l'objectif général ;
• les compétences mises en œuvre : celles qui sont prévues dans la progression ;
• la durée de la séance : c'est la durée estimée pour se fixer une limite à ne pas dépasser si l'on veut respecter la progression pédagogique prévue ;
• les prérequis : en termes de savoir-faire et de savoirs nécessaires pour entamer la séquence ;
• les savoirs associés : ce sont les points du programme étudiés ;
• la (ou les) situation(s) d'apprentissage (méthodes, supports, etc.) : elle est choisie, après avoir déterminé les objectifs, en cohérence avec le niveau de classe et la finalité professionnelle. La situation d'apprentissage prend appui sur une démarche pédagogique (inductive, déductive, travail de groupe) et des outils et des supports (ne pas oublier les ressources citées dans le

référentiel, penser à la variété des supports pour mieux répondre à l'hétérogénéité des élèves, la différenciation...).

■ Ce que ne doit pas être une séance de classe

• Exposée, c'est-à-dire une « coulée verbale » où seul le maître travaille devant des élèves immobiles (aucune activité réelle) qui écoutent. Les élèves sont plus récepteurs qu'acteurs ; le maître obtient leur adhésion mais la partie orale qu'il gère quasiment seul est surabondante : c'est la pédagogie frontale, la séance est statique.

• Improvisée : ce qui ne signifie pas qu'en cours de séance on ne saisira pas l'opportunité d'une réponse, une réflexion d'élève (trame de variance). La préparation n'est pas un « carcan rigide ».

■ Les qualités d'une séance de classe

Il faut pouvoir, au cours d'une séance, équilibrer l'activité du maître qui est expositive, explicative, aidante selon les moments, et celle des élèves à qui la situation proposée permet une activité réelle : recherche, tâtonnement, proposition de stratégie, argumentation...

En bref, les trois temps d'une séance d'apprentissage pourraient se résumer ainsi :

Avant	Pendant	Après (fin de séance)	
L'enseignant pense, prévoit et prépare.	L'enseignant est le meneur de jeu. Il observe. Il régule. Il évalue. Il différencie.	L'enseignant prévoit la conclusion. Il synthétise. Il met en forme.	Il évalue. Il différencie.

Toute séance doit être close (sauf dans le cas d'un sujet d'étude qui s'étale sur une plus grande durée). Il s'agit, en fin de séance, de consacrer quelques instants à faire le point sur ce qui vient de se passer : Qu'avons-nous appris ? Pourquoi ? Comment savons-nous que nous avons appris ?

Exemples de fiches de séances sous forme de tableau

Exemple 1

Voici une trame de séance d'apprentissage. En grisé, les moments d'apprentissage en présence de l'enseignant. Les autres moments peuvent être réalisés en autonomie.

Moments Phases	Durée *(à titre indicatif)*	Organisation	Activités - Rôles de l'enseignant	Tâches des élèves
Temps 1 Situation de recherche	10'	Collectif Individuel - collectif ou par groupes En autonomie	Mise en situation - Problématisation Mise en activité des élèves : Recherche - Observation - Manipulation - Découverte	Mise en activité rapide de tous les élèves (sur ardoise/cahier de brouillon...) L'écrit permet de vérifier que chacun s'investit dans la recherche.
Temps 2 Formulation du savoir	20'	Collectif - Échanges entre les élèves En présence de l'enseignant	Mise en commun Confrontation, échanges L'enseignant anime ce débat. Formulation du savoir, synthèse	Explication de la recherche - Explicitation des stratégies Reformulation des stratégies
Temps 3 Validation du savoir		Individuel En présence de l'enseignant Collectif	Utilisation et vérification du savoir dans d'autres situations Mise en commun - Correction Reformulation Validation	Confirmation ou non du savoir établi Appropriation du savoir par l'élève - Reformulation
Temps 4 Exercices et correction	10' à 15'	Individuel En autonomie Collectif ou individuel	Exercices d'application du savoir : consignes brèves et précises Situations nombreuses et variées (plusieurs séances) : exercices d'entraînement, d'approfondissement Correction rapide - Vérification des résultats - Validation du savoir Vérification rapide du niveau de compréhension et de réussite de la classe et des élèves	Reformulation de la consigne et de la stratégie à privilégier. Correction immédiate et rapide Bilan des élèves

Exemple 2

Date :							
Discipline :							
Objectif :							
Heure	Activité et type d'activité Apprentissage Situation problème Recherche Découverte Entraînement Remédiation Évaluation...	Compétence	Tâches du maître Consignes	Tâches des élèves et organisation individuel, collectif, groupe	Temps prévu	Matériel	Bilan Observations

Exemple 3

Objectifs des séances (objectifs intermédiaires)	Objectifs opérationnels	Compétences mises en œuvre	Savoirs associés	Situation d'apprentissage (méthodes, supports, etc.)	Durée
Séance n° 1 (titre) : Objectif : Cet objectif doit décrire une action et constitue la première étape pour atteindre l'objectif de séquence	Différentes étapes permettant aux élèves d'atteindre l'objectif de la séance.			Stratégie pédagogique pour atteindre les objectifs (moyens donnés à l'élève pour atteindre les objectifs prévus)	
Séance n° 2 : Objectif :					

La fiche de préparation

La fiche de préparation permet à la fois de sérier et de préciser les aspects notionnels (compétences visées), logistiques et organisationnels nécessaires à la construction d'une connaissance, d'une compétence. Elle doit être à la fois précise et économique dans la mesure où elle est un outil de réflexion didactique mais également un aide-mémoire d'accompagnement lors de la conduite de classe.

La fiche de préparation, indispensable en début de carrière, est un outil de travail personnel, sa forme est libre (manuscrite, remplie informatiquement, dans des cadres préalablement réfléchis par l'enseignant). Le classement de ces fiches par matière peut se révéler pratique.

Pourquoi ? C'est un outil qui permet d'envisager, de façon détaillée, les différents moments de l'unité d'apprentissage (qui peut n'être composée que d'une séance) en suivant les étapes d'acquisition des compétences liées à l'apprentissage. Il faut être vigilant à ne pas confondre les termes « unité d'apprentissage » (ou séquence) et « séance ». La fiche de préparation prend en compte la diversité des élèves, leurs acquis préalables, les obstacles possibles, la gestion de l'espace et du temps, la façon de gérer le groupe, la place de l'enseignant et les consignes qu'il donne. Elle anticipe la démarche mise en œuvre. Elle situe l'apprentissage dans un repère temporel et permet de structurer la séance en déterminant la durée des différents moments qui la constituent : temps de passation des consignes, temps de travail collectif, individuel, etc. et le moment de l'année où elle se déroule.

Comment rédiger une fiche de préparation ?

La fiche de préparation comporte plusieurs rubriques qui correspondent à des points essentiels de la mise en œuvre. Elle est en relation directe avec le travail de programmation et de progression.

- Le titre de l'unité d'apprentissage et la place de la séance dans la séquence (séance 2/5 par exemple).
- La compétence à laquelle l'unité d'apprentissage se rapporte.
- L'objectif d'apprentissage (l'intention pédagogique de l'enseignant, ce que doivent apprendre les élèves).
- Les modalités d'évaluation en lien avec les objectifs d'apprentissage.
- La/les capacité(s) travaillée(s) (en référence aux IO) dans la discipline concernée et la/les capacité(s) travaillée(s) dans le domaine de la maîtrise de la langue.
- La trace écrite.
- La durée de la séance, des différents moments qui rythment la séance.
- Le matériel de la séance/les outils de l'élève.
- Le lieu.
- Les déroulements des séances qui peuvent être rédigés sous différentes formes et qui posent les différents moments au regard de la stratégie (individuel, collectif, en groupe, par écrit, en situation de recherche...).
- La prise en compte de la configuration de la classe : cours multiples ou ateliers : feuille partagée (plusieurs colonnes) pour pouvoir, à chaque phase du déroulement de la séance, identifier où est l'enseignant, ce qu'il y fait, ce que font les élèves des autres cours ou groupes pendant ce temps et, au final, combien de temps l'enseignant a consacré à chaque groupe.
- Les éventuels prolongements.

• Les observations faites pendant le déroulement : ce qui a été rapide, trop long ; ce qui était particulièrement bien adapté aux élèves ou non, les difficultés observées... (ces remarques peuvent être consignées en dehors de la séance).

Quelques informations complémentaires concernant la rubrique « déroulement »

• L'entrée qui doit être motivante et donner du sens à la séance : pour commencer une séance, on peut considérer trois entrées possibles :
- une entrée par projet d'action : préparation d'une sortie, écriture d'un livre, correspondance scolaire...
- une entrée par situation : l'enseignant choisit une situation qui va déclencher un questionnement (situation problème en sciences, en lecture, en mathématiques...). Ce sont souvent des séances assez ouvertes qui vont permettre de mieux percevoir les représentations des élèves ;
- une entrée par la notion ou la compétence : c'est le savoir à dispenser qui est premier et « isolable ».

• La consigne, claire et précise : il faut essayer de prévoir les consignes principales. La consigne est souvent formulée par le maître et explicitée si nécessaire. Elle gagnerait à être reformulée par les élèves afin de s'assurer de la compréhension de la tâche à effectuer.

• Les étapes : elles doivent permettre de rythmer la séance (se donner un cadre chronologique) mais aussi de rassembler le groupe, faire le point, retrouver le calme, structurer les méthodes. Pour chacune des étapes, déterminer le temps prévu et distinguer les activités des élèves de celles de l'enseignant. Selon le travail proposé, un retour sur l'activité pourra être réalisé avec les élèves. Il fera suite à l'activité ou, au contraire, sera volontairement différé. Il permettra à ceux qui sont en difficulté de comprendre rétrospectivement la consigne et la tâche qui leur avaient été assignées. Il semble pertinent que toute séance se conclue au moins par l'identification d'un savoir nouveau, même si c'est un savoir parcellaire ou des questions ouvrant sur la suite. Ce temps est également l'occasion, pour les élèves, qui ne sont alors plus dans l'action, d'avoir une réflexion métacognitive permettant une prise de conscience des procédures, des méthodes et des processus intellectuels mis en œuvre pour résoudre un problème ; la métacognition améliore l'acquisition des connaissances et le transfert des acquis. *A posteriori*, l'enseignant analyse les difficultés qu'il a rencontrées dans sa pratique de classe, et celles qu'ont éprouvées les élèves au cours de la tâche.

• Les formes de travail : elles permettent à la fois de rythmer la séance, d'introduire des méthodes ou des entrées diverses, de mettre en place des variables didactiques, de communiquer sur divers degrés. Bien entendu, l'enseignant « gestionnaire du temps scolaire » va équilibrer le choix des formes de travail non seulement en fonction de la séance mais du moment où elle se passe dans la journée. On évitera par exemple la succession de deux séances en « collectif oral » ou au contraire avec beaucoup d'écrit.

• La gestion de l'hétérogénéité et la mise en place de la différenciation : il est nécessaire d'anticiper les difficultés en proposant des « remédiations ». Il est donc très utile d'envisager dans la fiche de préparation des aides en amont qui permettront aux élèves en difficulté de comprendre une situation, de dépasser l'obstacle d'un lexique difficile, d'une lecture ardue, etc. Il semble aussi nécessaire de ne pas oublier l'élève en réussite en lui proposant non pas « davantage d'exercices », mais de découvrir des situations plus complexes. Enfin, il faut aménager la séance en gérant aussi les différents rythmes de travail des élèves.

• Le recours au tableau et autres aides à l'apprentissage : la fiche de préparation doit permettre d'envisager la manière dont on utilisera le tableau ou les affichages collectifs. Quand le tableau sera-t-il préparé ? Dans certains cas, il est bon de situer une séance après la récréation, ou à l'entrée en classe, pour avoir le temps de préparer le texte au tableau.

• La transversalité de la langue : on essaiera d'envisager le traitement des volets « lire, dire, écrire » relatifs à la maîtrise de la langue.

À NE PAS FAIRE

• Utiliser une fiche de préparation sans adaptation préalable à tout groupe d'élèves : les guides du maître, les sites internet proposent des approches souvent intéressantes, mais qu'il est nécessaire de bien analyser et d'adapter à son contexte de classe.

• Prévoir une séance trop linéaire, sans intervention des élèves, sans éventuels obstacles.

• Trop détailler, trop imaginer ce que le maître ou les élèves vont dire. On se retrouve face à une production écrite décontextualisée. Le risque est alors de vouloir s'accrocher à ce qui est prévu sur la fiche et de ne plus être attentif et réceptif aux réponses des élèves.

• Utiliser au fil des ans les mêmes fiches... Elles doivent correspondre à une classe et à un groupe d'élèves, à un moment donné. Il est intéressant de continuer sans cesse à questionner ses pratiques et à rester en corrélation avec les programmes et les avancées en recherche pédagogique.

• La fiche est un outil pour « anticiper » : mais il faut savoir adapter, voire s'arrêter, si la séance ne correspond pas à l'objectif qui était visé. Au-delà de la prévision, il faut pouvoir rester à l'écoute de ce qui se déroule en classe. C'est alors qu'interviendront l'analyse post-séance et la prise de conscience des écarts entre prévu et réalisé.

MÉTHODOLOGIE

Pour donner du sens :

- prévoir les obstacles susceptibles de se présenter et l'étayage approprié ;
- prévoir quelques réactions ou propositions d'élèves. Prévoir les réactions de l'enseignant en conséquence.

Concevoir une situation d'apprentissage	
1. Définir les objectifs	Un objectif est une intention précise et formulable du processus d'apprentissage. • Objectifs de savoir : ils visent la construction de notions et sont d'ordre conceptuel. Au cours d'une séquence, on cherche à faire acquérir un ensemble de connaissances liées au concept et formulées de manière adaptée au niveau des élèves. • Objectifs de savoir-faire : ils visent à la maîtrise des savoirs (être capable de les utiliser). • Objectifs de savoir être : ils visent à l'acquisition de comportements et d'attitudes.
2. La situer dans la progression	La progression est l'ordre dans lequel l'enseignant aborde les apprentissages. Elle détermine une succession d'étapes pour faire progresser les élèves, chaque étape permettant d'acquérir, de consolider ou de réinvestir des savoirs et/ou des savoir-faire.
3. Définir les activités et déterminer leur durée, les consignes, les supports	Une activité est une opération mentale ou pratique réalisée par les élèves en relation avec le thème de la séquence. Concrètement, cela veut dire faire et produire quelque chose. C'est le maître qui propose l'activité et l'élève qui la réalise : on attend de ce dernier une production. Une activité peut servir à construire une notion et/ou des savoir-faire. Une activité n'est donc pas une fin en soi. C'est le moyen utilisé pour que les élèves apprennent.
4. Identifier les obstacles	La maîtrise de la discipline et de sa didactique permet à l'enseignant d'anticiper d'éventuelles difficultés et d'imaginer des solutions. L'observation des élèves ou l'évaluation permettent de cibler qui réussit ou non, d'en chercher la cause.

5. Concevoir des activités ou des situations de consolidation des acquis, d'entraînement, de mémorisation, de remédiation, d'approfondissement, de réinvestissement	Une connaissance ou une compétence doit être acquise, retenue, réutilisable et transférable dans une situation nouvelle. Diverses activités peuvent servir à s'en assurer. Selon les obstacles relevés et dans le cadre de la différenciation, on proposera aussi des activités permettant de retravailler une notion non acquise par certains élèves.
6. Concevoir des situations d'évaluation	L'enseignant prévoit les moments et les modalités d'évaluation : diagnostique, formative, sommative. Par quel moyen ? (observation directe, fiche...) À quel moment ?

Les démarches

Dans une démarche, plusieurs phases se succèdent. Le maître doit mettre en place de véritables séances d'apprentissage qui impliquent l'élève dans toutes les phases essentielles et dont on pourrait décliner ainsi le schéma type :

Schéma type d'une démarche d'apprentissage	
Un rappel des connaissances	Écrire au tableau les énumérations des élèves.
Un moment de recherche	
Une mise en commun avec échanges	Écrire au tableau les énumérations des élèves.
Une synthèse claire avec ou non une trace écrite	En se servant de ce qui est noté au tableau.
Un travail d'application	Exercices d'application
Un nouvel échange	À partir de la correction des exercices
De nouveaux problèmes à résoudre	Exercices d'entraînement
Une évaluation	

Phase de mise en route et d'appropriation	Avant toute entrée dans une activité nouvelle, il est nécessaire d'opérer une « mise en route » pour réactiver, reformuler, repréciser, revenir sur une remarque, un constat, se remettre en mémoire, comprendre à quel nœud du travail se situe l'activité qui va être proposée, quel en est l'enjeu. C'est souvent le rappel de la leçon précédente, le bilan des séances précédentes ou le rappel du contexte. Dans la phase d'appropriation, il va s'agir pour les élèves d'entrer dans la situation proposée, de comprendre ce qu'on attend d'eux (le but à atteindre), d'appréhender les contraintes (en matériel, en temps) et les modalités de travail.
Phase de recherche **Phase manipulatoire**	Les élèves ont découvert la situation qu'on leur propose, il s'agit pour eux de chercher à résoudre le problème qui est posé (situation problème, conflit cognitif ou sociocognitif...). Cela sous-entend qu'il y ait un obstacle, réel mais accessible, à surmonter. Durant cette phase du travail, il est souhaitable de prévoir des éléments de différenciation (aide spécifique, outils, données différentes...). Cette recherche peut être faite collectivement/individuellement/en groupes (étudier alors la composition des groupes). Il est souvent utile de prévoir un temps, même court, de recherche individuelle pour que chacun s'engage réellement.
Phase de mise en commun **Phase de synthèse**	Les travaux réalisés précédemment sont collectés pour être présentés, observés, confrontés, discutés et analysés (penser à l'organisation de cette synthèse : qui fait quoi et comment ?). Le résultat importera tout autant que les procédures mises en œuvre pour y arriver. Ce temps d'échange et de mise à distance est déterminant. Il est opportun de garder une trace (même éphémère) des remarques qui sont faites. La mise en commun peut se faire sur un temps différé, pour permettre à l'enseignant, en fonction des propositions des élèves, d'organiser les échanges.
Phase de structuration **Phase d'institution-nalisation**	À partir des constats faits lors de la synthèse, il va s'agir de mettre les mêmes mots sur ce que l'on a trouvé. Ce travail peut se faire en ayant recours à l'écrit comme outil de la pensée. Si un apport didactique est nécessaire, c'est à ce moment qu'il est fait par l'enseignant.
Phase d'entraînement **Phase d'application** **Phase d'exercices**	C'est de manière consciente que l'on va faire fonctionner certaines procédures en vue de les rendre plus efficaces. Les activités d'entraînement peuvent prendre la forme d'exercices écrits individuels, mais aussi d'activités collectives et rituelles. Il peut également s'agir de jeux. Ce sont la plupart des exercices traditionnels qui permettent l' « automatisation ».

Phase d'évaluation	Au terme du travail, dans un contexte proche de celui qui leur a permis de se construire un nouveau savoir, les élèves vont avoir à réaliser seuls une tâche qui permettra à l'enseignant de réguler la suite de son travail, en fonction des réussites de chacun.
Transfert réinvestissement	Il s'agit de vérifier, dans un temps différé et dans une autre activité, si la notion apprise est réellement acquise. C'est-à-dire si l'enfant sait y recourir quel que soit le contexte.

Différentes démarches peuvent être mises en œuvre

• La démarche déductive : cette démarche est mise en œuvre dans les méthodes affirmatives et interrogatives. L'enseignant transmet des connaissances. Il propose une application pour contrôler si le message a été perçu correctement. La motivation, peu favorisée, demande à être renforcée par des signes de renforcement positifs ou négatifs.

• La démarche inductive : elle est à la base des méthodes de découverte et des méthodes actives qui favorisent le raisonnement allant du cas concret aux principes abstraits, du particulier au général, de la pratique à la théorie. L'enseignant doit avoir des connaissances très présentes à l'esprit. Il propose aux apprenants de réaliser une expérience ou de résoudre une situation problème. Il peut poser des questions mais ne doit pas donner la solution. L'exploitation des situations permet de dégager et de préciser les concepts et les méthodes mis en œuvre pour trouver la solution. L'enseignant est aussi un médiateur, un animateur, une personne-ressource. Il a une fonction d'aide, de conseil. La réussite dans la résolution du problème est un élément qui renforce la motivation. Dans les méthodes concrètes de découverte, l'enseignant apporte la théorie alors que dans les méthodes actives, ce sont les apprenants qui théorisent et formalisent à partir de leur action.

Démarche déductive ou inductive ?

Quel que soit le type d'apprentissage, l'enseignant doit se poser cette question. Le choix dépend :
• de l'objet de l'apprentissage, (savoir cognitif et/ou méthodologique, savoir-faire, savoir être) ;
• de la complexité et de la criticité du savoir visé (mobilise-t-il de nombreuses entrées ? est-il prérequis de nombreux autres savoirs ?) ;
• du niveau de performance attendu (reproduire, réciter, retrouver une loi, appliquer, transférer, inventer, créer, choisir, argumenter...) ;
• des caractéristiques individuelles et collectives de l'apprenant.

Ces démarches s'accompagnent de méthodes : quelle méthode sera la plus efficace pour mon enseignement ?

Les méthodes

Bien qu'elles soient très nombreuses, on peut retenir la macroclassification suivante.

• Expositive

C'est la méthode la plus traditionnelle... l'enseignant expose. « Il suffit d'enseigner pour que l'élève apprenne » (ce dernier doit faire preuve de volonté d'apprendre, et doit être très attentif).

• Interrogative

Elle consiste à utiliser des techniques d'animation en questionnant l'élève pour guider sa réflexion et l'amener à trouver des solutions. L'élève peut avoir l'impression de découvrir quelque chose (et en retirer une certaine satisfaction)... mais c'est toujours l'enseignant qui conduit la réflexion.

• Active

L'élève est l'acteur principal de son apprentissage. L'enseignant prend en compte la motivation de l'élève, ses besoins, ses attentes et lui propose des techniques à travers lesquelles il est amené à chercher, à créer, à produire...

Démarches et méthodes amènent l'enseignant à élaborer des stratégies d'enseignement vers des modèles.

Différents modèles d'enseignement

• Déductif

- Le professeur (par une méthode interrogative) structure et organise un parcours raisonné qui va conduire l'élève à découvrir l'objet de l'étude.
- Le professeur apporte les savoirs méthodologiques éventuellement associés à l'objet de l'étude.
- L'élève met en œuvre les savoirs et les savoir-faire cognitifs et méthodologiques.
- L'élève mobilise les savoirs associés à l'objet de l'étude dans un contexte nouveau (qui peut éventuellement être un projet).

- **Déductif/inductif**

- Le professeur (par une méthode interrogative) structure et organise un parcours raisonné qui va conduire l'élève à découvrir l'objet de l'étude.
- L'élève met en œuvre les savoirs et savoir-faire cognitifs nouveaux dans la résolution d'une situation problème.
- L'élève découvre un éventuel savoir méthodologique associé à l'objet de l'étude.
- Le professeur formalise et énonce le savoir méthodologique (avec un document écrit).
- L'élève exploite les savoirs et les savoir-faire cognitifs et méthodologiques.

- **Inductif/déductif**

- L'élève « rencontre » l'objet de l'étude au travers de la résolution d'une situation problème.
- Le professeur formalise et énonce l'objet de l'étude découvert par l'élève.
- Il apporte les savoirs méthodologiques en s'appuyant sur le processus de découverte de l'objet de l'étude.
- L'élève met en œuvre les savoirs et les savoir-faire cognitifs et méthodologiques, et consolide les savoirs et savoir-faire associés à l'objet de l'étude dans un contexte nouveau.

- **Inductif**

- L'élève « rencontre » l'objet de l'étude au travers de la résolution d'une situation problème.
- Le professeur valide et aide à la formalisation des savoirs et savoir-faire découverts par l'élève relativement à l'objet de l'étude.
- L'élève met en œuvre les savoirs nouveaux dans la résolution d'une situation problème.
- Il découvre un savoir méthodologique associé à l'objet de l'étude.
- Le professeur formalise et énonce le savoir méthodologique.
- L'élève mobilise les savoirs nouveaux... dans un contexte nouveau.

LES ÉVALUATIONS

Aucune séance d'apprentissage ne se conçoit sans une évaluation.

• Évaluation diagnostique : ce que savent déjà les élèves.

• Évaluation formative/formatrice :
- formative : pour aider les élèves à s'entraîner, on va évaluer trois ou quatre critères pour réussir. Ce sont les critères de réussite minimum que vous voulez que l'enfant ait acquis. Ces critères suivent une progression ;
- formatrice : l'enfant est capable de s'évaluer seul (contrat). Il est en autoformation. Il suit son parcours à l'aide d'une grille de critères de réussite.

• Évaluation sommative : elle vient à la fin d'une séance de réinvestissement ou en fin de période. Elle a lieu longtemps après la fin de la séquence et permet de vérifier le caractère durable de l'apprentissage réalisé.

PROGRAMMATIONS ET PROGRESSIONS

Préparer sa classe implique de planifier, de garder une certaine souplesse pour s'adapter aux rythmes des élèves, tout en offrant un enseignement en conformité avec les programmes. Les programmes 2008 de l'école primaire proposent des « *repères pour organiser la progressivité des apprentissages en maternelle* » et des « *progressions* » pour les cycles II et III. Ces « progressions » constituent des « *repères pour l'organisation des apprentissages par les équipes pédagogiques* ».

Mais il s'agit simplement de repères : les tableaux proposés ne s'appliqueront pas de la même façon partout. Il appartient donc aux équipes de définir ce qui sera leur propre programmation d'école, les progressions données présentant l'avantage de hiérarchiser et ordonner les apprentissages (en français et mathématiques, du moins). Charge aux équipes d'adapter le rythme d'enseignement aux élèves dont elles ont la responsabilité.

Les deux termes « programmation » et « progression », bien que se recoupant généralement dans les pratiques, renvoient à des logiques différentes :
• une logique temporelle pour la programmation : programmation des apprentissages à l'intérieur des cycles, par année ou par période ;

• une logique didactique pour la progression : organisation d'une suite graduelle de savoirs en séquences ou séances relatives à un sujet d'étude (organisation selon un ordre progressif de difficultés).

Exemples de programmation de cycle, programmation et progression annuelles

Programme

Textes officiels : liste des connaissances et des compétences, sans ordre particulier.

Les programmes en cours sont en lien avec l'organisation du socle commun.

↓

Programmation

Organisation des contenus d'apprentissage dans une durée déterminée.

La programmation ne tient pas compte du cheminement différencié des élèves.

Facteur premier : le temps.

↓

Progression

Enchaînement des apprentissages par étapes successives selon les acquis précédents.

La progression tient compte des rythmes et progrès des élèves.

Évaluation diagnostique - Apprentissages et évaluations formatives - Évaluation sommative - Ajustements.

Facteur premier : les savoirs.

↓

Séquence

Ensemble de plusieurs séances respectant une progression.

Nécessite de concevoir son enseignement, non pas séance par séance, mais à plus long terme, de la situation de départ à l'évaluation, en passant par l'entraînement.

Unité de sens, organisée autour de l'atteinte d'un objectif général explicité aux élèves.

↓

Séance

Unité de temps, organisée autour de l'atteinte d'un objectif spécifique.

*NB : Un certain nombre de termes professionnels sont officiellement définis dans l'arrêté du 27 août 1992 (*BO *n° 35 du 17 septembre 1992) qui stipule que ces termes doivent être obligatoirement utilisés dans les textes administratifs ou pédagogiques, par exemple : séquence d'enseignement :* « Ensemble continu ou discontinu de séances, articulées entre elles dans le temps et organisées autour d'une ou plusieurs activités en vue d'atteindre des objectifs fixés par les programmes. »

■ Programmation

• Repères

Les programmations servent à déterminer le moment où telle ou telle compétence ou notion sera abordée au cours du cycle ou de l'année. Il s'agit donc d'une planification des enseignements pour une période donnée : le cycle, l'année scolaire ou la période, en fonction du calendrier scolaire. On y décline les connaissances et compétences à acquérir ou développer dans chaque domaine disciplinaire, en fonction de leurs caractéristiques propres d'une part, et de leur caractère transversal d'autre part.

À noter : cette répartition dans le temps est parfois soumise à la disponibilité d'un équipement (gymnase, piscine...) ou à celle d'un intervenant extérieur.

• Plusieurs types de programmations

Programmation segmentée : le programme d'une matière est partagé sur trois ans, ce qui permet :
- de mieux maîtriser les contenus ;
- d'éviter que des points du programme ne se répètent ou, au contraire, soient « oubliés » ;
- de limiter le nombre de sujets d'étude par année et de mieux investir chacun d'eux.

Cette organisation nécessite une progression et une certaine complémentarité :
- certains sujets sont, de préférence, abordés dans la première année du cycle, par exemple la reproduction animale au CE2 prépare l'approche de la reproduction au CM ;
- un sujet peut être étudié avant un autre pour en aider la compréhension. Ainsi, au CM, la digestion et la respiration sont-elles abordées avant la circulation ;
- de même, l'ensemble de cette fonction dite de « nutrition » doit précéder le sujet « la vie du bébé avant la naissance » en raison de l'acquisition nécessaire de connaissances pour une bonne compréhension du mode de vie du fœtus pendant son séjour intra-utérin.

Programmation spiralaire :
- les mêmes notions sont retravaillées plusieurs années de suite ; à chaque étape, l'élève appréhende les notions en fonction de son niveau de compréhension, palier par palier (on n'abordera pas la chronologie textuelle de la même façon en cycle 1 et en cycle 3, par exemple) ;
- on avance ainsi progressivement dans la complexité ; les contenus antérieurs ainsi que le lexique associé sont enrichis petit à petit.

Programmation mixte : partage du programme pour certains domaines, combiné à une approche spiralaire pour d'autres.

Programmation pluridisciplinaire :
- à partir d'un projet de classe ou d'un sujet d'étude, des activités sont prévues dans les différents domaines « disciplinaires » ;
- un tableau à double entrée permet de faire correspondre les activités prévues aux éléments prévus par le programme ;
- les aspects pluridisciplinaires d'un même projet sont intégrés aux apprentissages « ordinaires », et compatibles avec une progression spécifique au domaine ;
- les différents projets dans un cycle doivent s'articuler pour couvrir différents points du programme.

• ***Quelques principes pour élaborer une programmation***

- Bien repérer les principaux domaines du programme : avoir une idée précise des connaissances à construire pour chacune des notions pour identifier une trame liée aux concepts (nécessaire harmonisation au sein de l'école).
- Choisir des sujets d'étude pour couvrir les différents domaines du programme ; planifier les sorties ou les rencontres avec des intervenants extérieurs.
- Respecter une logique par cycle et par année scolaire.
- Mettre en cohérence contenus, compétences et activités.
- Tenir compte des différences entre élèves : analyser les besoins de chacun pour définir des niveaux d'entrée.
- Proposer différentes approches pour les apprentissages : supports variés au niveau de la classe, du cycle, de l'école.

Le domaine d'apprentissage		Activité dominante des élèves	Nature de l'activité des élèves	Activité dominante de l'enseignant	Place de l'enseignant dans la classe	Modalités de regroupement des élèves
La séance découverte	Totalement nouveau pour les élèves	Les élèves découvrent, manipulent, expérimentent questionnent, s'essaient, se familiarisent avec le matériel considéré ou les notions abordées.	Exploration libre	L'enseignant prépare les matériaux, donne une consigne très ouverte favorisant une exploration large. Il relance et aide les élèves à oser.	Il se déplace tour à tour d'un groupe à l'autre.	En alternance, travail individuel et en petits groupes (2 ou 3). Les phases de travail collectif sont rares et ne s'imposent qu'au moment où une information concerne tout le groupe.

Le domaine d'apprentissage		Activité dominante des élèves	Nature de l'activité des élèves	Activité dominante de l'enseignant	Place de l'enseignant dans la classe	Modalités de regroupement des élèves
La séance de recherche	Sans lui être encore familier, il n'est plus tout à fait étranger à l'élève.	Les élèves mettent au point une stratégie, émettent des hypothèses, planifient leur travail, récoltent les données puis les résultats d'étapes et finaux qu'ils communiquent.	Exploration dirigée	L'enseignant propose aux élèves une situation problème dont il s'assure de la compréhension. Il encourage les élèves ou les groupes et les aide dans leur démarche.	Il passe d'un groupe à l'autre afin d'observer les élèves et de les aider dans leur démarche.	Il importe que l'élève cherche d'abord seul, et se confronte à la situation pour disposer d'éléments à partager ensuite en petits groupes (par 2). La phase de travail collectif dressera l'état général d'avancement de la recherche.

Le domaine d'apprentissage		Activité dominante des élèves	Nature de l'activité des élèves	Activité dominante de l'enseignant	Place de l'enseignant dans la classe	Modalités de regroupement des élèves
La séance d'appropriation	Il est défini à partir des erreurs et des difficultés des élèves recensées par l'enseignant.	Les élèves dégagent des règles, construisent leur savoir en assemblant les résultats de leurs découvertes. Ils conceptualisent et mémorisent les acquisitions nouvelles.	Répétition, application et mémorisation	L'enseignant propose aux élèves des situations initiales d'apprentissage qui serviront de modèle ou de référence. Au sein de chaque groupe, auprès de chaque élève, il procède à une remédiation des erreurs rencontrées.	Relation d'aide individualisée auprès de chaque élève et intervention frontale en cas de besoin.	Le travail est essentiellement individuel. L'élève rejoint un groupe moyen (de 4 ou 5) pour des phases de confrontation, de comparaison de résultats, de traitement des erreurs.

Le domaine d'apprentissage		Activité dominante des élèves	Nature de l'activité des élèves	Activité dominante de l'enseignant	Place de l'enseignant dans la classe	Modalités de regroupement des élèves
La séance d'approfondissement et d'entraînement.	Il est maintenant familier et de mieux en mieux maîtrisé par l'élève qui en mesure bien l'étendue et les enjeux qui lui sont liés. Il peut même en faire part à un tiers.	Les élèves mobilisent très vite les savoirs à utiliser et travaillent de manière plus aisée (plus vite, avec une meilleure maîtrise des outils, moins d'erreurs, et des stratégies de vérification plus opératoires). Ils dépassent le simple niveau d'acquisition pour atteindre un niveau de maîtrise, voire d'expertise, des compétences.	Application, conceptualisation et mémorisation. Exploration, mobilisation et restitution.	L'enseignant propose des situations d'application différentes des situations initiales d'apprentissage, complexifiées par l'utilisation d'une trame de variance et qui combinent tous les savoirs acquis lors des étapes précédentes. Il place les élèves en situation d'experts.	Relation d'aide individualisée auprès de quelques élèves qui rencontrent encore des difficultés.	Le travail individuel domine. Les temps d'activité en grand groupe sont quantitativement marginaux. Le travail en petits groupes est consacré à des comparaisons de productions entre élèves dans le cadre d'une réflexion experte.

Le domaine d'apprentissage		Activité dominante des élèves	Nature de l'activité des élèves	Activité dominante de l'enseignant	Place de l'enseignant dans la classe	Modalités de regroupement des élèves
La séance d'évaluation	Il a été entièrement exploré par l'élève, qui doit faire preuve de l'expertise qu'il a maintenant acquise.	Les élèves mobilisent la totalité des savoirs acquis et les combinent pour témoigner du niveau de compétence atteint dans l'apprentissage considéré.	Exploration, mobilisation, restitution et communication.	L'enseignant propose des situations complexes dont la résolution attestera du niveau de la maîtrise de la compétence visée atteint par chacun des élèves. N'intervient que très peu.	Position d'observation frontale collective ou individuelle des élèves.	Dans la mesure où l'enseignant aura à se prononcer sur les progrès de chacun, le travail individuel domine, sauf s'il s'agit d'évaluer la capacité des élèves à travailler en groupe.

- Évaluer le temps consacré à chaque partie programmée ; ordonner les sujets choisis et les répartir selon les périodes ; répartir les différents « chantiers » importants de l'année ; assurer un équilibre dans les activités.
- Programmer tout en préservant de la souplesse : évaluer pour réguler.

■ Progression

La progression définit la manière d'organiser l'enseignement d'une discipline en avançant progressivement dans la difficulté de ses contenus, selon les grands principes didactiques propres à chaque discipline (soustraction avant division, par exemple). La notion de difficulté croissante conditionne donc l'organisation didactique d'une progression.

La progression comprend un enchaînement chronologique de séquences, apportant un ordre dans les apprentissages, un itinéraire, des temps de synthèse, des évaluations. Elle doit être centrée sur les élèves, leurs rythmes d'apprentissage, leurs compétences et leurs difficultés. Elle cible des objectifs évaluables, définit des critères d'évaluation et envisage les activités de remédiation ou d'approfondissement à destination des élèves.

POUR CONCLURE

Les différentes phases d'un itinéraire d'apprentissage :

- la phase d'incompétence inconsciente : *Je ne sais pas que je ne sais pas...*
- la phase d'incompétence consciente : *Je sais que je ne sais pas...*
- la phase de compétence consciente : *Je sais que je sais...*
- la phase de compétence inconsciente : *Je ne sais plus que je sais...*

25 DOSSIERS AVEC QUESTIONS/RÉPONSES

PARTIE IV

DOSSIER 1 | DEVENIR ÉLÈVE AVEC LES RITUELS

LES CONNAISSANCES THÉORIQUES

« *L'objectif est d'apprendre à l'enfant à reconnaître ce qui le distingue des autres et à se faire reconnaître comme personne, à vivre avec les autres dans une collectivité organisée par des règles, à comprendre ce qu'est l'école et quelle est sa place dans l'école. Devenir élève relève d'un processus progressif qui demande à l'enseignant à la fois souplesse et rigueur.* » *BO*, 2008.

« *L'école maternelle comme lieu privilégié d'articulation entre les apprentissages cognitifs et le vivre ensemble.*
S'il y a quelque chose que toute l'histoire de la pédagogie nous enseigne, de Pestalozzi à Montessori, de Kergomard à Froebel, de Decroly à Freinet, c'est qu'il n'y a pas d'apprentissages cognitifs sans rituels de vie collective. Et il faut entendre cette indissociabilité au sens fort : les rituels de vie collective ne sont pas simplement un habillage nécessaire, des conditions matérielles qui facilitent les choses, des concessions à la matérialité de notre condition humaine... ils sont consubstantiels aux apprentissages cognitifs et les structurent [...].
La maternelle a, dans ce domaine, de belles longueurs d'avance sur le reste de notre école. Elle n'a pas à rougir de ses pratiques...
Car, la question de "la discipline scolaire" est bien souvent mal posée. Elle est coupée des objectifs de l'école et, en particulier, de ses objectifs d'apprentissage. On fait de l'école un lieu d'apprentissage du "vivre ensemble" indépendamment des activités d'apprentissage dans le domaine des savoirs. Certes, il y a bien une dimension sociale dans les règles de vie scolaire, mais je suis convaincu que, pour que les règles soient véritablement formatrices, elles doivent être référées à des exigences lisibles liées aux tâches scolaires, imposées elles-mêmes par les objectifs d'apprentissage que l'on se donne. Les rituels judiciaires, sportifs, religieux ne sont acceptés que parce qu'ils sont vécus comme intrinsèquement liés aux pratiques judiciaires, sportives, religieuses [...].
À l'école maternelle, en revanche, vous connaissez les conditions de l'articulation optimale des apprentissages et du "vivre ensemble". Vous savez que ce qui définit un rituel scolaire efficace, c'est qu'il est biface : il construit, dans le même mouvement, un savoir et un collectif. Ainsi, vous savez que l'écoute requiert un rituel : écouter, ce n'est pas seulement entendre, c'est mettre en œuvre une posture mentale particulière, adossée à une posture physique nécessaire, et qui permet de se mettre en situation de projection – nous disons de motivation expectative – vers une parole », *École maternelle, école première*, Philippe Meirieu, AGEEM, Tarbes, juillet 2008

Les programmes mis en place à la rentrée 2015 spécifient : « *L'école maternelle structure les apprentissages autour d'un enjeu de formation central pour les enfants : "Apprendre ensemble et vivre ensemble". La classe et le groupe constituent une communauté d'apprentissage qui établit les bases de la construction d'une citoyenneté respectueuse des règles de la laïcité et ouverte sur la pluralité des cultures dans le monde. C'est dans ce cadre que l'enfant est appelé à devenir élève, de manière très progressive sur l'ensemble du cycle. Les enfants apprennent à repérer les rôles des différents adultes, la fonction des différents espaces dans la classe, dans l'école et les règles qui s'y rattachent. Ils sont consultés sur certaines décisions les concernant et découvrent ainsi les fondements du débat collectif. L'école maternelle assure ainsi une première acquisition des principes de la vie en société. L'accueil et la scolarisation des enfants handicapés participent à cet enjeu pour ces enfants eux-mêmes et contribuent à développer pour tous un regard positif sur les différences. L'ensemble des adultes veille à ce que tous les enfants bénéficient en toutes circonstances d'un traitement équitable. L'école maternelle construit les conditions de l'égalité, notamment entre les filles et les garçons.* »

Devenir élève n'est pas un processus spontané et naturel. Pour cela, il faut :
• côté enfants : tenir compte des besoins et des capacités en évolution et du rôle clé du langage en cours d'acquisition (cf. Olivier Houde, *La Psychologie de l'enfant*, Paris, PUF, coll. « Que sais-je ? ») ;
• côté enseignants : faire passer d'un mode d'apprentissage (apprentissages spontanés, incidents) à un autre (apprentissages visés par une pratique contrôlée) sans oublier que l'on s'adresse à de jeunes enfants avec lesquels la bienveillance et l'engagement positif sont déterminants.

Pour travailler sur le « devenir élève », plusieurs pistes sont possibles. Le travail sur les rituels en est une intéressante, car les rituels rythment la journée scolaire du petit enfant.

Rituels : définitions

• Ensemble de règles et d'habitudes fixées par la tradition.
• Ensemble de comportements codifiés fondés sur la croyance en l'efficacité constamment accrue de leurs effets, grâce à leur répétition.
• « *Culture partagée, accès explicite au sens, système codifié de pratiques ayant un vécu commun et une valeur symbolique* », Anne-Marie Gioux.
• « *Dans leur fonction sociale, les rituels scolaires tendent à consacrer ou à légitimer une limite arbitraire. C'est signifier, à travers une pratique collective ce qui est licite ou ce qui ne l'est pas ; c'est un acte d'institution (Bourdieu 1982) qui consacre simultanément un ordre social et un ordre mental et rend visible une ligne de démarcation* », Zerbato-Poudou, *Comment l'enfant devient élève*, Paris, Retz, 2000.

Les enjeux

- Créer des conditions favorables aux apprentissages.
- Créer un sentiment d'appartenance au groupe (problème des rentrées échelonnées).
- Faire partie du groupe dans un espace partagé.
- Sécuriser pour permettre à l'élève d'oser apprendre et de se mettre en danger.

Les fonctions

- Les rituels marquent des passages : démarrage de la journée, des ateliers.
- Les rituels marquent des ruptures (famille/école/extérieur).
- Espace d'autonomie.
- Fonction contractuelle : on sait ce qu'on doit faire, comment et quand.
- Ils sont liés aux apprentissages fondamentaux.
- Paradoxe : habitudes sécurisantes/adaptation aux changements.

Les domaines d'activité mobilisés

Différents domaines d'activité sont mobilisés lors des activités rituelles traditionnelles de l'école maternelle. Dans « le vivre ensemble ».

- Trouver ses repères et sa place : les repères qui structurent le temps favorisent l'entrée chaque jour plus autonome dans les activités qui sont proposées : le calendrier, les symboles ou les objets qui situent les moments de la journée les uns par rapport aux autres...
- Apprendre à coopérer : chaque jour, dire des comptines ou des poèmes, écouter des histoires racontées ou lues, chanter... sont autant d'occasions de sentir que l'on partage avec ses camarades des moments d'émotion, de plaisir, de rire. Devenir élève, c'est participer à la réalisation de projets communs, c'est prendre et, progressivement, partager des responsabilités au sein du grand groupe.
- Comprendre et s'approprier les règles du groupe : l'appropriation des règles de vie passe par la réitération d'activités rituelles (se regrouper, partager des moments conviviaux...).
- Dialoguer avec des camarades, avec des adultes : l'enseignant s'efforce de multiplier les occasions d'échange en veillant à ce que personne ne soit tenu en dehors de ce processus d'interactions verbales.
- Découvrir les usages de la communication réglée : l'enseignant installe les conditions d'une communication au sein du groupe large et organise les prises de parole. Il rend explicites les règles de la communication et incite chacun à les respecter : écouter, parler à son tour, rester dans le propos de l'échange et chercher à l'enrichir.

• Prendre sa place dans les discussions : la vie collective s'organise autour de discussions qui permettent d'aborder des questions concrètes à forte valeur sociale. Peuvent être abordés notamment des faits proches, d'actualité ou de la vie de l'école, connus d'un maximum d'enfants de la classe.

« *Dans le monde scolaire, le rituel permet de s'approcher d'une vision du monde partagée par les adultes et les élèves, vision du monde qui lui donne un sens et qui donne une place à chacun dans la communauté scolaire. Dans le rituel, au travers de la gestuelle, de la mise en scène et des pratiques qu'il met en œuvre, c'est la dimension symbolique qui est en jeu... Le rituel crée le sentiment d'appartenance, le sentiment d'être une partie du groupe, dans un espace partagé* », Patrick Baranger, *Cadres, règles et rituels dans l'institution scolaire*, Presses Universitaires de Nancy.

Trois dimensions fondamentales

L'école maternelle occupe une place particulière dans l'ensemble des structures d'accueil de la petite enfance. Dotée d'une identité originale et d'une culture adaptée à l'âge et au développement des enfants qu'elle accueille, cette école de plein exercice doit permettre à chaque enfant une première expérience scolaire réussie en prenant en compte trois dimensions fondamentales :

• créer pour chaque enfant les conditions d'un développement harmonieux, respectueux de ses rythmes de croissance et de sa personnalité. Si l'enfant qui entre pour la première fois à l'école maternelle a déjà acquis nombre de savoir-faire, il a néanmoins à s'adapter à un environnement inattendu pour lequel il ne dispose d'aucun repère. À cet égard, l'aménagement de l'espace et l'organisation d'un temps respectueux des besoins et rythmes biologiques des enfants mais favorisant le bon déroulement des activités constituent des points incontournables de la réflexion de l'équipe pédagogique ;

• accompagner les ruptures et organiser les continuités : accueillir de jeunes enfants entre 2 et 6 ans suppose la définition de principes de progressivité. L'enjeu est de comprendre les cheminements et d'évaluer les progrès pour réguler au mieux l'action pédagogique et faire en sorte que chaque enfant découvre, tout au long de sa scolarité, des activités sans cesse renouvelées et inscrites dans des progressions d'apprentissage cohérentes. À cet égard, l'évaluation est une dimension centrale de l'activité des enseignants de l'école maternelle ;

• structurer les apprentissages à travers cinq domaines d'activité :

- mobiliser le langage dans toutes ses dimensions,
- agir, s'exprimer, comprendre à travers l'activité physique,
- agir, s'exprimer, comprendre à travers les activités artistiques,
- construire les premiers outils pour structurer sa pensée,
- explorer le monde.

Chaque domaine est l'occasion, pour l'enfant, d'organiser le monde dans lequel il vit, de construire des catégories qui rassemblent ou différencient les objets qui l'entourent en apprenant à tenir compte des critères qui les distinguent. Organisées quotidiennement de la petite à la grande section, les activités dites rituelles sont souvent transversales à l'ensemble de ces domaines. Parce qu'elles représentent un temps potentiellement fécond pour la construction d'apprentissages spécifiques, une évolution des rituels sur l'année et dans le cycle est donc une nécessité qui ne peut se construire que grâce à une programmation.

(D'après « Les rituels à l'école maternelle », IA Marne)

De quoi parle-t-on lorsqu'on prononce le mot « rituels » ?

Les rituels sont un moment (qui peut d'ailleurs se décliner en plusieurs moments distincts) particulier dans la vie de la classe. Ils servent à structurer l'enfant en lui donnant des repères ; c'est pour cette raison que l'on peut également utiliser l'expression « activités repères ». Il est nécessaire de ne pas confondre les activités ritualisées, c'est-à-dire revenant régulièrement, voire quotidiennement, et lancées par des « formulettes » (comme l'heure du conte : « Cric, crac, l'histoire est dans mon sac », l'heure du rangement : « Il est midi moins le quart, mon cher Gaspard, qui te l'a dit, mon cher Jérémie... »), et les activités fonctionnelles qui structurent l'espace, le temps et ont un sens dans la vie de la classe (connaître le nombre d'enfants mangeant à la cantine, savoir quel jour on va à la bibliothèque...) et qui peuvent être réparties dans la journée.

Il est fondamental, pour obtenir l'attention et la participation des élèves, de montrer l'aspect fonctionnel de ce travail en soulignant son sens et son utilité. Il convient donc de distinguer les rituels des autres moments collectifs de la classe :

- chants, poésies, comptines, jeux de doigts ;
- séances de langage oral construites par l'adulte ;
- lecture d'albums de littérature enfantine ;
- établissement et suivi du projet de la classe ou d'école ;
- conseils de coopération ;
- conte ;
- collation.

Nous aurons donc présent à l'esprit ce second sens du mot « rituel », comme celui d'un réel moment de travail. Il est cependant indispensable de faire évoluer les pratiques de la PS à la GS. Les rituels évoluent davantage en PS puisque tout y est à construire. En PS, les rituels sont davantage un spectacle orchestré et surtout verbalisé constamment par la maîtresse, et auquel les élèves vont participer à sa demande.

Par ailleurs, l'utilisation d'un personnage (peluche, personnage sorti d'un album ou d'un magazine) est conseillée en PS pour capter l'attention des élèves : c'est l'ours qui dit « bonjour » à chaque enfant, comment va-t-on habiller l'ours en fonction des jours de la semaine ou de la météo... L'aspect affectif de la relation au personnage qui vit des situations identiques à celles de l'enfant est un moteur de l'intérêt porté par celui-ci aux activités qui vont lui permettre d'accéder aux compétences visées par les rituels.

On se détachera progressivement de l'utilisation de ces personnages pour viser en GS le sens et l'utilité de ces activités :
- savoir qui est absent → pour renseigner le cahier d'appel ;
- renseigner le tableau de cantine → pour communiquer qui déjeune ;
- connaître la date → pour mettre le dateur à jour et dater le travail ;
- bâtir une mémoire collective : quel temps faisait-il mardi dernier (qui apparaît dans les bilans journaliers sur la feuille de la semaine elle-même collée sur la feuille du mois) ?

Les intérêts de ces rituels collectifs

- Moment collectif qui permet d'asseoir les règles de vie (on écoute celui qui parle, on lève le doigt pour demander la parole, on ne parle pas d'autre chose...), de créer un cadre sécurisant.
- Moment permettant de construire, par la répétition des savoirs et savoir-faire dans différents domaines (structuration du temps, discrimination visuelle puis lecture, numération).
- Développe la mémoire, la confiance en soi, l'autonomie, par les repères constants qui sont ainsi offerts.
- Développe les capacités d'anticipation.
- Permet la gestion de l'hétérogénéité en différenciant les tâches suivant les élèves (plusieurs élèves responsables des tâches à effectuer).
- Moment de pédagogie différenciée.

Écueils à éviter et remédiations possibles

- Moment trop long, d'où la possibilité/nécessité de le fractionner sur la journée.
- Moment trop répétitif, donc lassant, d'où la nécessité de le faire évoluer à chaque période.
- Moment où la majorité des élèves est passive ; il est donc souhaitable que chaque activité soit réalisée par un élève différent ; il est également nécessaire de construire des horloges et tableaux des responsables pour que les élèves perçoivent et anticipent le roulement des responsabilités.
- Moment où celui qui sait participe et où celui qui ne sait pas n'écoute pas, d'où la possibilité de faire réaliser les rituels par un groupe hétérogène d'élèves (avec, pour chacun, une activité différente à réaliser sous le contrôle de l'adulte qui évalue les capacités et les difficultés des élèves) qui communiquera les fruits de son travail au groupe classe lors d'un regroupement.

« *Lorsque tous les enfants se sont approprié un rituel, il doit évoluer ou être remplacé* », programmes 2002, chap. « Vivre ensemble ». Une évolution des rituels dans l'année et dans le cycle est donc une nécessité qui ne peut se construire que grâce à une programmation élaborée en concertation avec l'équipe de cycle. Il est donc important :

• de les situer dans une dynamique d'apprentissage et non de conditionnement ;

• d'établir une progression de cycle pour les cinq périodes des trois années de l'école maternelle pour gagner en cohérence.

Cas particulier de la toute petite section

Les tout-petits sont le plus souvent accueillis dans une classe comprenant également des élèves de petite section. Il est souhaitable que les tout-petits puissent participer de façon souple aux rituels.

Il est nécessaire qu'ils y soient invités mais ne soient pas obligés d'être assis là, à ne pas comprendre ce qui se passe et à observer du coin de l'œil une activité ou un jeu qui leur apporteraient davantage. Une organisation doit être pensée pour qu'ils puissent éventuellement satisfaire d'autres besoins, notamment grâce à la présence de l'Atsem (passage aux sanitaires, coins jeux, manipulation libre à la peinture...).

■ Éléments importants

Réunir certaines conditions matérielles se révèle indispensable pour que ce moment d'apprentissage soit pleinement efficace :

• l'organisation spatiale : tapis, coussins ou bancs, les enfants étant assis en cercle (il est indispensable que chacun puisse voir la bouche et l'expression de celui qui parle) ;

• le lieu pour l'affichage : coin de la classe possédant suffisamment d'espace d'affichage à hauteur des élèves (pour faciliter la manipulation) ;

• la qualité de l'affichage :

- écriture : majuscule en PS, majuscule et cursive en MS, majuscule, script et cursive en GS,
- couleur attrayante, taille importante, documents tapés à l'ordinateur,
- documents illustrant les saisons de qualité, de format suffisant pour permettre l'observation et la verbalisation par les élèves ;

• les supports (si possible construits avec les élèves) :

- pour l'horloge des responsables,
- pour l'appel,
- pour la date ;

• pour la numération ;

• pour la météo.

La participation des élèves

Collective au départ (pour l'imprégnation, la mémorisation des étapes du travail). Puis par un groupe hétérogène d'élèves pendant que les autres enfants réalisent d'autres activités. Il est important de permettre au plus grand nombre de manipuler les étiquettes, horloges, tampons, ce qui peut se faire en répartissant les tâches, et de stimuler les plus fragiles qui risquent moins en s'exposant au regard d'un groupe moins nombreux que le groupe classe. Il est important de faire une lecture de la date complète à la classe entière lors d'un regroupement, ce qui permet aux élèves d'expliciter leurs stratégies, et aux plus faibles d'adopter celle qui leur convient le mieux.

Pourquoi certains élèves ne rentrent pas dans ce type d'activités ?

- Manque de maturité.
- L'enfant ne comprend pas le sens de ce travail, son utilité, sa fonction. Il est important de mettre en mots (par la bouche de l'adulte mais aussi et surtout par la bouche de ses pairs qui emploient des mots plus proches de l'enfant) ce que l'on fait, pourquoi on le fait, comment on le fait.
- L'enfant ne comprend pas les mots utilisés : problème de lexique.
- C'est une activité typiquement scolaire, qui ne se pratique pas dans les familles. Il peut être important de relever la date sur le journal, de montrer le cahier d'appel, le tableau de cantine. La météo se présente lors d'une sortie ou d'un événement important, elle peut également avoir un rôle dans la mémoire de la classe, *idem* pour la température (à commencer lorsque les températures sont basses, à la rentrée de Toussaint, pour une lecture plus facile).

Prolongements

Sans être programmées tel jour, telle heure, certaines activités ne prennent leur sens que le moment venu. Il faut rester ouvert et saisir les opportunités qu'offre un événement (première et peut-être unique chute de neige, gelée...), même si, pour cela, on reporte une activité inscrite à l'emploi du temps et sur le cahier journal. Il faut s'autoriser des aménagements « intelligents » puisque éducatifs. Ces moments sont souvent suscités par des remarques d'élèves. L'attention obtenue prouve leur intérêt.

Les apprentissages qui en découlent seront donc mieux mémorisés puisqu'en prise directe avec la réalité quotidienne des élèves. Ces moments faussement improvisés (car ils sont en réalité attendus) peuvent concerner les domaines d'activité pour structurer les apprentissages suivants :

• le langage oral et écrit (travail sur les prénoms) :- enfant qui se trompe systématiquement d'étiquette prénom : « Comment peut-on l'aider à reconnaître son prénom et à ne plus se tromper ? » (longueur du mot, lettres semblables ou différentes),
- remarque d'un élève : « Aurélie commence par la lettre A comme Arthur mais on ne l'entend pas », y a-t-il d'autres prénoms concernés ? Prise de conscience des lettres que l'on voit mais que l'on n'entend pas ;
• l'approche des quantités et des nombres (travail sur les présents et les absents) :
- « Il y a cinq filles et cinq absents, c'est pareil ! » : que peut-on dire ? « Autant »,
- travail vivant sur les cartes à points (boîtes à œufs) et correspondance terme à terme avec les enfants ;
• la structuration du temps (travail sur la date et le calendrier) : travail sur la feuille du mois : quel jour était le 1er du mois ? Combien y a-t-il eu de mardis le mois dernier ?
• la météo : « Il neige : qu'est-ce que la neige ? » ;
• de même pour d'autres événements particuliers à l'école (géographiques, événements particuliers, construction...). Ces événements pouvant être ponctuels.

LA SÉQUENCE

Vivre ensemble

• S'intégrer dans le groupe : marquer sa présence, connaissance de soi et des autres.
• Rôle de chacun dans la classe : partage des responsabilités.

Compétences du socle commun

• Compétence 6 : respecter les autres et les règles. Appliquer les codes de la politesse.
• Compétence 7 : écouter pour comprendre, réaliser un travail, s'engager dans un projet.

Proposition de programmation pour les rituels en maternelle

Répartition annuelle	PS	MS	GS
1re période	C : comprendre l'association photo/prénom. A : placer son étiquette (écriture majuscule + photo). S : sur le tableau des présents. Coller la photocopie de sa photo sur son travail.	C : identifier ses initiales et son prénom parmi d'autres (écriture majuscule). A : découper ses étiquettes prénoms dans les trois écritures pour signer son travail. S : horloges des responsables.	C : identifier et lire toutes les initiales et tous les prénoms. A : apprendre à écrire son prénom en cursive. S : dès la maturité motrice requise.
2e période	C : reconnaître les photos des autres. A : nommer les présents et les absents. S : horloge des responsables (photos) : qui fait quoi ?	C : prendre des indices visuels pour identifier les initiales des autres sur S : l'horloge des responsables.	C : lire les initiales des responsables sur A : l'horloge. S : écrire son prénom en cursive sur son travail.
3e période	C : reconnaître son prénom et certains autres. A : nommer les absents. S : tableau des absents.	C : identifier les prénoms des autres (en majuscule et en script). A : nommer les prénoms des présents et des absents. S : tableaux des présents et des absents.	C : lire les prénoms des présents et des absents A : sur les tableaux école/maison pour renseigner le cahier d'appel.
4e période	C : utiliser son prénom pour indiquer l'activité choisie. A : renseigner des tableaux à simple entrée pour les activités de la journée.	C : utiliser ses initiales ou son prénom pour indiquer l'activité choisie. A : écrire son prénom en majuscule sur son travail.	C : ranger les prénoms : filles/garçons, moyens (majuscule)/grands (script) A : sur les tableaux école/maison.
5e période	C : reconnaître son prénom sans la photo A : et décrire des indices visuels pertinents (longueur, apparence des lettres).	C : identifier les initiales et les prénoms d'une majorité d'enfants de la classe.	C : utiliser son prénom pour indiquer les services ou responsabilités effectués.

(C = compétence ; A = activité ; S = supports.)

Séquence en moyenne section dans la période 2

Séquence	Je reconnais mon prénom et ceux des autres.			Nombre de séances : 3
Objectifs	Maître	Permettre à l'élève de prendre des repères	Compétences	
	Élève	Prendre possession de sa classe	• Éprouver de la confiance en soi • Connaître les autres • Respecter l'autre	
Séances	S1	S2	S3	
Tâche de l'élève	Se présenter	Nommer ses copains	Retrouver son atelier	
Dispositif	Au regroupement les premières semaines de rentrée	Regroupement + suivi individuel Seconde période	Regroupement et ouverture des ateliers	
Durée	10 min.	15 min.	10 min.	
Matériel	Étiquettes prénoms	Arbre des présences	Représentation des ateliers sous forme d'étiquettes-dessins	
Déroulement	• Le maître se présente. • Il demande à chaque élève de se nommer à l'aide de son étiquette. • Dans un premier temps, il aide à la formulation, ou à la reformulation afin de rassurer l'élève. • L'élève va seul accrocher son étiquette à l'arbre des présences. • Qui est absent ?	• Les élèves ont leur étiquette prénom. • Le maître fait l'appel et chacun va accrocher son étiquette à l'appel de son nom. • Puis il invite l'élève à prendre les étiquettes restantes et nommer les enfants représentés. • Qui est absent ? Un élève nomme les absents. • En fin de période, au moment de l'accueil, le maître remplit une feuille de suivi pour chaque élève (je reconnais mon prénom, je reconnais 3, 4... prénoms de la classe).	• Au premier regroupement, le maître inscrit les élèves dans chaque atelier avec les étiquettes des présents. • Chaque élève doit dire son atelier. • À l'ouverture des ateliers, le maître fait partir les élèves dans chaque atelier les uns après les autres.	

Séquence	**Je reconnais mon prénom et ceux des autres.**		**Nombre de séances : 3**
Consignes	Bonjour, chacun va se présenter. Moi, je m'appelle XX. Et toi, comment t'appelles-tu ?	Aujourd'hui, c'est X qui va faire comme le maître. Il va appeler les enfants qui vont aller poser leur étiquette. Un autre va nous dire qui est venu à l'école ce matin et un autre va nommer les absents.	Peux-tu me dire dans quel atelier tu te trouves ? Les élèves de l'atelier X, vous allez à la table de l'atelier.
	Cette séance est répétée tous les matins de la première semaine de la rentrée des petites vacances d'automne. On peut également passer par le biais d'une marionnette qui se présente et qui demande aux élèves leur prénom.	Pour la feuille de suivi, différenciation : 1° montre les élèves que nomme le maître ; 2° les élèves qui nomment seuls.	Rappel des élèves qui se trompent ou qui partent avant l'approbation de l'enseignant. Ne pas pousser un élève qui ne reconnaît pas son prénom. Revenir sur son prénom quand tous les autres élèves auront regagné leur atelier.

Domaine : Vivre ensemble.

Discipline : L'écrit		Cycle 1 MS	Date
Intitulé de la séquence : Les rituels : marquer sa présence		Effectif : 27	Durée : 20 min.
Objectifs : être capable de reconnaître son prénom sous sa forme écrite		Place dans la progression : Séance 2 2° période	
Compétences : Être capable de : • prendre conscience des différentes représentations de soi : mot, photo... • identifier son prénom parmi d'autres ; • comprendre que ce qui se dit, s'écrit, et percevoir la permanence de l'écrit ; • favoriser la réflexion sur la langue écrite.			
Matériel/documents : étiquettes - prénoms ; arbre des présences.			

Déroulement : chaque jour, lorsque les élèves entrent en classe, ils doivent chercher leur étiquette prénom parmi celle des autres. Les étiquettes sont posées sur des tables différentes. Les étiquettes sont en forme de pomme, c'est un thème étudié en début d'année. Ensuite, l'élève garde son étiquette et rejoint le coin regroupement. Le professeur des écoles fait l'appel et chaque élève se déplace pour aller poser son étiquette sur l'arbre des présences au tableau. Il reste des étiquettes. Le professeur des écoles désigne un élève pour les regrouper et demande de nommer les enfants représentés sur ces étiquettes. Si l'élève ne reconnaît pas tous les enfants, le professeur des écoles fait appel à un autre enfant. Les élèves doivent dire que cela correspond aux élèves absents et ils pourront les dénombrer afin d'effectuer le comptage des présents et des absents.	Consigne : « Bonjour Elsa, prends ton étiquette et va t'asseoir sur le banc. » « Je fais l'appel. À quoi cela sert-il ? » « À l'appel de votre prénom, venez coller votre pomme sur l'arbre. » « Éloïse, etc. » « Il reste des pommes sur cette table. Noam, veux-tu aller les chercher ? Et maintenant, dis-nous à qui sont ces pommes ? Quels sont les enfants représentés sur ces pommes ? » « Est-ce que ces enfants sont là ? » « Ils sont donc absents, on répète : ils sont absents. »	Objectifs : • repérer l'emplacement de son étiquette dans la classe ; • reconnaître son étiquette prénom ; • connaître la notion de groupe classe ; • connaissance de soi ; • connaissance des autres.

LES QUESTIONS POUR L'ENTRETIEN

1. Pouvez-vous expliquer le rôle des consignes ?

La consigne : c'est un ordre donné pour faire effectuer un travail. C'est l'énoncé indiquant la tâche à accomplir ou le but à atteindre. Concevoir une consigne de travail est une activité qui requiert une très grande attention, car de la qualité de la consigne dépend en partie la qualité du travail effectué. De plus, une même consigne peut être interprétée différemment par plusieurs individus : la lecture d'une consigne active des mécanismes de compréhension et d'interprétation qui permettent au sujet de construire une représentation de la tâche ou du but à atteindre. Si cette représentation n'est pas adéquate, la tâche ne sera pas exécutée correctement. La problématique de la compréhension des énoncés est une question centrale de la psychologie cognitive.

Pour s'assurer de la clarté d'une consigne, il faut essayer de vérifier si elle répond aux questions qui ? quoi ? quand ? où ? pour quand ? comment ? pourquoi ?

Pour vérifier qu'une consigne a bien été comprise, il faut la faire reformuler, éventuellement plusieurs fois : le contrôle du *feed-back* est indispensable dans toute bonne communication.

POUR ALLER PLUS LOIN : LES CONSIGNES

Pour que les consignes soient efficaces, il faut :
- que toutes les personnes concernées puissent les entendre ;
- qu'elles soient compréhensibles ;
- que tous puissent s'en rappeler.

Comment procéder à la passation d'une consigne ?

- Regroupement des élèves : en maternelle, la passation de la consigne se fait généralement dans le coin regroupement. S'il y a quatre ateliers dans des domaines différents, il est très difficile pour l'élève de mémoriser la consigne et de rester attentif aux consignes des autres ateliers. Il serait alors intéressant de travailler avec des ateliers différents (deux, trois ou quatre) mais en vue de l'acquisition d'une même compétence, en jouant sur les variables didactiques dans un même domaine. Ainsi, c'est une même consigne qui est donnée mais la tâche se complexifie selon le niveau atteint par chacun dans l'acquisition de la compétence.
- Appel au calme : il est indispensable (de façon ritualisée) de faire un appel au calme à l'attention de tous avant de donner la consigne. En classe : on annonce qu'on va donner une consigne et qu'il

va falloir écouter. Le temps de l'annonce va permettre aux enfants de devenir attentifs. En maternelle, pour canaliser l'attention, l'enseignant peut émettre un signal sonore (clochettes, comptines...). En fin de maternelle, et en élémentaire, l'appel au calme peut se faire en disant : « Attention, posez vos crayons et écoutez-moi, je vais vous donner la consigne... », « Tout le monde me regarde, j'ai quelque chose à vous dire... » ou bien en se taisant.

• Énoncer la consigne : pour être comprise, la consigne doit être centrée sur l'essentiel. Si on analyse les consignes habituelles, on remarque qu'elles se présentent souvent sous la forme : « Entourez en rouge les mots dans lesquels vous voyez... », ou encore : « Soulignez en vert les verbes dans les phrases. » La première partie de la consigne n'indique en rien le contenu de l'exercice. Les élèves en difficulté, peu matures ou peu attentifs, ont tendance à se focaliser sur une seule composante de la consigne, la première. Ils vont donc souligner, entourer, colorier... on ne sait trop quoi et peu importe puisque la consigne qu'ils ont entendue ou lue disait : « Colorier, entourer, souligner... »

Pour être sûr d'aller à l'essentiel, il est préférable de commencer par l'objet même du travail attendu. Par exemple : « Vous allez chercher tous les verbes dans les phrases » ; « Vous cherchez tous les mots (illustrations associées au mot écrit en maternelle) où l'on entend le son [a]. » Ensuite se posera la question : « Comment pourrez-vous montrer que vous les avez trouvés ? En les entourant, en les soulignant... ».

Ainsi, la tâche est clairement identifiée : chercher les verbes ou les mots, les souligner devenant accessoire. Cette démarche est essentielle, notamment en maternelle, pour que l'élève comprenne que l'on fait cela pour apprendre (programmes maternelle : « devenir élève »).

Une consigne doit être claire, courte et précise, notamment en maternelle. Il ne faut surtout pas donner, en même temps que la consigne, toutes les mises en garde, les cas particuliers et les erreurs à éviter. Plutôt que : « Vous sortirez votre cahier, vous écrirez la date, vous soulignerez puis vous recopierez les phrases qui sont au tableau et vous soulignerez les verbes ». On sépare le contexte – la mise en route du cahier, et l'exercice – de la tâche à effectuer, ce qui doit focaliser l'attention des élèves. « Vous allez chercher les verbes dans les phrases. Quand vous les aurez trouvés, vous les soulignerez ».

Pour faire progresser, faire expliciter. Ainsi, quand un élève dit : « Je n'ai pas compris ce qu'il faut faire », plutôt que de relire, de faire relire, de reformuler ou de faire reformuler, ou d'expliquer, demander : « Dis-moi ce que tu n'as pas compris » et le faire préciser par l'élève.

Pour faire progresser les élèves, travailler la consigne. Les tableaux au CP et en GS qui expliquent les mots « colorier, souligner... », dessins à l'appui, sont à utiliser avec prudence car ils tendent à focaliser la tâche sur l'aspect très secondaire de la mise en valeur.

Comprendre une consigne, c'est comprendre qu'il y a une tâche à exécuter, qui n'est pas forcément visible ni facile. On peut donc proposer tout un travail passant par des étapes collectives : « Cherchons

tous ensemble ce qu'il va falloir faire », qui peut permettre de mettre en évidence le lien entre l'exercice et la leçon qui le précède (lien souvent peu explicite ou peu perçu par les enfants), en passant par : « Retrouvez la consigne qui a été donnée », en regardant l'exercice fait, ou lors d'une mise en commun dans un travail différencié : « Rappelez la consigne qui vous avait été donnée. »
Pour aider les élèves à se mettre au travail, les faire parler sur les procédures de travail. Certains élèves ne se mettent pas au travail seuls ; d'autres se jettent dans la tâche sans même réfléchir. Ces deux attitudes sont souvent révélatrices d'une difficulté à planifier son travail, à anticiper sur la tâche, à percevoir le sens de ce qui est demandé.
Pour aider ces élèves, après avoir expliqué la consigne, on leur demande de formuler la façon dont ils vont procéder pour se mettre au travail, d'expliquer par quoi il faut commencer... Par exemple, pour : « Entoure les dessins dans lesquels tu entends le son [i] », ils devront dire qu'ils regardent le premier dessin, qu'ils se disent le mot dans leur tête, qu'ils essaient d'entendre s'il y a le son et qu'ensuite seulement, s'ils l'entendent, ils entourent le dessin. Toutes ces étapes ne sont pas explicites dans la consigne.
La consigne est un outil ; elle doit être simple pour être comprise par tous. Il est possible de travailler en parallèle la compréhension de la consigne pour enrichir par exemple la complexité des tâches. Dans ce cas, c'est la consigne qui deviendra objet d'apprentissage ; elle pourra donc être plus complexe que la tâche. L'élève entrera en action s'il trouve du sens à ce qu'il doit faire.

2. Quels sont les prolongements possibles avec les autres disciplines de la maternelle ?

Avec les rituels sur le prénom des élèves, on peut aborder et travailler la culture de l'écrit et le nombre (découverte du monde). Les compétences mises en jeu sont :

- prendre conscience des différentes représentations de soi : mot, photo...
- identifier son prénom parmi d'autres ;
- comprendre que ce qui se dit, s'écrit, et percevoir la permanence de l'écrit ;
- favoriser la réflexion sur la langue écrite ;
- connaître la comptine numérique jusqu'à 30 ;
- dénombrer une quantité en utilisant la suite orale des nombres connus ;
- associer le nom des nombres connus avec leur écriture chiffrée sur la bande numérique.

3. Quelle importance accordez-vous au langage en petite et moyenne sections ?

« *Le langage oral est le pivot des apprentissages de l'école maternelle. L'enfant s'exprime et se fait comprendre par le langage. Il apprend à être attentif aux messages qu'on lui adresse, à les*

comprendre et à y répondre. Dans les échanges avec l'enseignant et avec ses camarades, dans l'ensemble des activités et, plus tard, dans des séances d'apprentissage spécifiques, il acquiert quotidiennement de nouveaux mots dont le sens est précisé, il s'approprie progressivement la syntaxe de la langue française (l'ordre des mots dans la phrase).
La pratique du langage associée à l'ensemble des activités contribue à enrichir son vocabulaire et l'introduit à des usages variés et riches de la langue (questionner, raconter, expliquer, penser) », voir l'intégralité du *BO* (n° 3 du 19 juin 2008).

L'acquisition du langage oral est le premier objectif de l'école maternelle. Le langage revêt une importance particulière à l'école maternelle pour la prévention de l'illettrisme. Dans le cadre de la prévention de l'illettrisme, plusieurs priorités sont identifiées pour l'école maternelle :
- développer l'apprentissage méthodique du vocabulaire ;
- stimuler la mémoire avec l'apprentissage par cœur de chansons ou de textes courts ;
- susciter le plaisir du texte par la lecture en classe ;
- s'appuyer sur l'aide personnalisée.

POUR ALLER PLUS LOIN : LA PLACE DE L'ÉCOLE MATERNELLE DANS LA LUTTE CONTRE L'ILLETTRISME

En mai 2010, le ministre de l'Éducation nationale présentait le plan de prévention de l'illettrisme. L'école maternelle est particulièrement concernée car elle constitue un moment clé de la scolarité pour agir contre l'illettrisme. Il s'agit de poursuivre la réforme de l'école primaire et, par notre action, de réduire le poids des déterminismes sociaux. En effet, aujourd'hui, les élèves de maternelle ont un corpus de mots compris entre 100 et 700. Une grande différence qui s'explique par la disparité des environnements familiaux. Un effort spécifique doit porter sur l'apprentissage méthodique du vocabulaire, facteur essentiel pour combattre l'illettrisme.
Prévenir l'illettrisme, c'est garantir à chaque élève la maîtrise des automatismes de la lecture, c'est transmettre le goût de la lecture aux enfants. L'acquisition du langage oral est le premier objectif de l'école maternelle. L'acquisition du vocabulaire est un élément essentiel dans l'apprentissage de la langue, et une des priorités est le développement de l'apprentissage méthodique du vocabulaire. Ainsi, ce plan oriente notre attention sur certains aspects des programmes dont l'élargissement méthodique et continu du lexique.
Cet élargissement méthodique et continu du lexique doit se faire progressivement de la PS à la GS par l'ajout de complexifications successives. L'acquisition du vocabulaire se fait au travers d'une succession d'activités d'écoute, de découverte, d'observation, d'activités de mobilisation et de structuration du lexique, d'activités de mémorisation et d'évaluation. Une réflexion doit être menée autour de l'élaboration de traces.

Les conditions de l'enseignement programmé du vocabulaire :
- l'école maternelle peut jouer un rôle déterminant dans cet apprentissage si :
- un enseignement structuré est proposé aux élèves,
- des situations de communication permettent aux enfants de fréquenter, en compréhension, un vocabulaire riche et choisi en fonction de son intérêt présent et à venir,
- chaque élève est placé en situation de réutiliser lui-même ce vocabulaire dans des activités scolaires organisées et contrôlées ;
- en matière de lexique, l'école maternelle se fixe trois objectifs principaux :
- développer le capital lexical des élèves, en réception et en production, dans le langage en situation et dans le langage d'évocation hors contexte d'activité,
- permettre aux enfants d'entrer progressivement dans le fonctionnement de la langue au niveau lexical,
- développer la mémoire lexicale (celle des mots) et la mémoire sémantique (celle du sens des mots).

Les ressources proposées sur le site Éduscol permettent de concevoir et de mettre en œuvre un enseignement plus efficace du vocabulaire et des pratiques langagières associées. Ces documents seront complétés et enrichis au fil de l'année scolaire.

Les principes généraux de l'enseignement programmé du vocabulaire :
- l'exposition aux mots ne suffit pas ;
- le langage doit être le pivot de tout apprentissage ;
- la réception précède la production.

La progression des apprentissages doit être pensée comme une spirale de la PS à la GS selon deux modalités pédagogiques :
- un enseignement en continu ancré dans les situations globales (à partir de scripts ou de scénarios) ;
- des séances spécifiques de travail sur la langue.

Les principes opérationnels de l'enseignement du vocabulaire :
- le maître et sa posture ;
- l'apprentissage doit être explicite ;
- le guidage verbal de l'enseignant accompagne et étaye les productions langagières ;
- le langage du maître est une parole de référence modélisante en toutes circonstances.

L'organisation des apprentissages :

- l'enseignement doit être individualisé à partir d'évaluations, de grilles d'observation, d'objectifs ciblés ;
- le mode de regroupement est adapté aux objectifs d'apprentissage ;
- le travail sur le lexique s'inscrit dans un projet contextualisé de classe ou d'école ;
- croiser plusieurs types de situations d'apprentissage dans tous les domaines ;
- élaborer une vraie démarche d'apprentissage pour amener l'enfant à passer d'un vocabulaire passif à un vocabulaire actif.

Le langage, objet d'étude :

- entraîner les élèves à jouer avec le langage et à développer des attitudes d'observation ;
- entraîner à la catégorisation : apprendre en réseau.

Il s'agit également de faire la différenciation entre les différentes langues :

- la langue maternelle est la langue dans laquelle l'enfant baigne avant la naissance et qu'il acquiert dès le berceau par interaction avec sa famille, sa mère en particulier. C'est la « langue de la maison » ; on parle aussi de « langue d'origine » ;
- la langue étrangère est une langue non maternelle, acquise de manière décalée dans le temps par rapport à la langue maternelle et hors de son aire d'usage ; aujourd'hui, l'école élémentaire enseigne une première langue étrangère. Il peut se faire que cette langue étrangère dans notre système éducatif soit la langue maternelle de certains enfants (le portugais, l'anglais, etc.) ;
- la langue de scolarisation est une langue apprise à l'école et qui sert de manière prépondérante, voire exclusive, dans le système éducatif fréquenté. La langue de l'école est faite d'actes de langage et d'un lexique qui peuvent ne pas être indispensables dans la vie ordinaire. Cette langue peut être dite « langue seconde » mais ce terme est ambigu car il désigne aussi une autre réalité : une langue non maternelle, acquise de manière décalée dans le temps par rapport à la langue maternelle, en usage dans le pays. Le français est ainsi langue seconde dans certains pays africains. La langue utilisée par l'enseignant est la langue de scolarisation. En particulier en maternelle, l'enseignant doit employer des mots simples ne prêtant pas à confusion et n'étant pas chargés de sens différents. C'est essentiel dans les passations de consignes où le vocabulaire doit être « soigné ». On s'est aperçu que beaucoup de termes, habituellement utilisés dans les consignes données aux élèves, représentaient parfois une source de confusion ou d'incompréhension. Il en est ainsi des verbes : comparer, faire, justifier, caractériser, compléter, inventer, savoir, décrire, déterminer, construire, commenter, apprendre, expliquer, trouver, résoudre, imaginer, analyser, dire, comprendre, interpréter, calculer.

Il s'agit de verbes mentalistes qui ne sont pas assez précis. Il semble nécessaire, dans la mesure du possible, de les remplacer par des verbes exprimant des comportements mieux cernés. « Comparer » pourra devenir « noter par écrit, sous la forme d'un tableau, les éléments identiques et les éléments différents contenus dans... » De plus, certains mots sont porteurs de plusieurs sens. D'une discipline à l'autre, ils peuvent même avoir une signification tout à fait différente.

4. Dans votre section de petits, vous devez mettre en place une séance d'apprentissage sur le lexique en intégrant deux élèves non francophones. Comment vous y prenez-vous ?

À l'école maternelle, les écarts d'âge entre les enfants, donc de développement et de maturité, ont une importance très forte ; le fait que le français soit ou non la langue de la famille influe également sur la vitesse des acquisitions. Il s'agit ici de faire de la différenciation. Les décalages entre enfants d'une même section ne sont pas, en général, des indices de difficulté ; ils expriment des différences qui doivent être prises en compte pour que chacun progresse dans son développement personnel. Il s'agit d'éviter tout apprentissage prématuré.

Les mots retenus pour un niveau sont ceux que l'élève devra connaître et utiliser. La situation de production est recherchée. Ce sont environ 1 700 mots qui sont proposés pour les élèves non francophones fréquentant l'école maternelle. Pour atteindre les 2 500 mots, on peut enrichir les différentes listes par des champs lexicaux spécifiques issus des projets de la classe.

Lors d'un projet de classe sur les animaux, le lexique suivant peut être abordé.

Noms

poule, coq, poussin, âne, cheval, chèvre, vache, taureau, mouton, chat
chien, lapin, canard, cochon, oiseau, bec, plume, queue, patte, poil
écaille, mâle, femelle, griffe, gueule, crinière, sabot, museau, naissance
mort, œuf, coquille, corne, animal, poisson, baleine, dauphin, requin, crevette
pieuvre, crabe, phoque, étoile de mer, cerf, hérisson, écureuil, rat, souris
araignée, moustique, mouche, grenouille, papillon, chenille, coccinelle
escargot, piqûre, lion, éléphant, girafe, singe, loup, tigre, rhinocéros
trompe, ours, hippopotame, renard, koala, panthère, perroquet, cigogne
crocodile, serpent, hibou, tortue, kangourou, zèbre, panda, pingouin, défense

Verbes

rugir, miauler, aboyer, meugler, griffer, mordre, nager, brouter, grimper, piquer, dévorer, se baigner

Adjectifs

sauvage, féroce, familier, dangereux [...]

Les noms et verbes employés peuvent être représentés par des images, ce qui facilite l'acquisition de ce lexique spécifique avec des enfants de petite section, comme des enfants non francophones.

DOSSIER 2| EXPLORER LE MONDE

■ LE PROGRAMME

« L'enseignant conduit les enfants à observer les différentes manifestations de la vie animale et végétale. Ils découvrent le cycle que constituent la naissance, la croissance, la reproduction, le vieillissement, la mort en assurant les soins nécessaires aux élevages et aux plantations dans la classe. Ils identifient, nomment ou regroupent des animaux en fonction de leurs caractéristiques (poils, plumes, écailles...), de leurs modes de déplacement (marche, reptation, vol, nage...), de leurs milieux de vie, etc. À travers les activités physiques vécues à l'école, les enfants apprennent à mieux connaître et maîtriser leur corps. Les enfants enrichissent et développent leurs aptitudes sensorielles, s'en servent pour distinguer des réalités différentes selon leurs caractéristiques olfactives, gustatives, tactiles, auditives et visuelles. Chez les plus grands, il s'agit de comparer, classer ou ordonner ces réalités, les décrire grâce au langage, les catégoriser. Enfin, les questions de la protection du vivant et de son environnement sont abordées dans le cadre d'une découverte de différents milieux, par une initiation concrète à une attitude responsable », extrait du programme.

■ LES CONNAISSANCES

Basée sur l'observation régulière du monde animal, végétal, du corps humain, cette première approche s'appuie sur la curiosité naturelle de l'enfant. Ce concept se construit lentement, sur la durée, en privilégiant une démarche comparative.

Des principes à respecter

- Pratiquer des observations sur la durée.
- Élaborer des traces collectives évolutives.
- Observer, comparer.
- Éviter l'empilement ou la juxtaposition d'activités sans cohérence les unes avec les autres.

Découvrir les objets

Les enfants découvrent les objets techniques usuels (lampe de poche, téléphone, ordinateur...) et comprennent leur usage et leur fonctionnement : à quoi ils servent, comment on les utilise. Ils prennent conscience du caractère dangereux de certains objets. Ils fabriquent des objets en utilisant des matériaux divers, choisissent des outils et des techniques adaptés au projet (couper, coller, plier, assembler, clouer, monter et démonter...).

Découvrir la matière

C'est en coupant, en modelant, en assemblant, en agissant sur les matériaux usuels comme le bois, la terre, le papier, le carton, l'eau, etc. que les enfants repèrent leurs caractéristiques simples. Ils prennent aussi conscience de réalités moins visibles comme l'existence de l'air et commencent à percevoir les changements d'état de l'eau.

Découvrir le vivant

Les enfants observent les différentes manifestations de la vie. Élevages et plantations constituent un moyen privilégié de découvrir le cycle que constituent la naissance, la croissance, la reproduction, le vieillissement, la mort. Ils découvrent les parties du corps et les cinq sens : leurs caractéristiques et leurs fonctions. Ils sont intéressés à l'hygiène et à la santé, notamment à la nutrition. Ils apprennent les règles élémentaires de l'hygiène du corps. Ils sont sensibilisés aux problèmes de l'environnement et apprennent à respecter la vie.

Mettre en place des concepts

■ Le concept de vie

- Les animaux sont des êtres vivants qui se nourrissent, naissent, croissent, meurent.
- Les animaux apportent des soins à leurs petits, ont des comportements particuliers (défense...).

Les enfants voient les animaux se nourrir, se déplacer, ils assistent à des naissances, ils découvrent que les parents apportent des soins à leurs petits, ils découvrent certains comportements comme l'attaque et la défense... Par la disparition de certains animaux au cours de l'élevage, les enfants se sensibilisent à la réalité de la fragilité de la vie et peuvent essayer de dépasser le concept affectif d'attachement à ces animaux pour se diriger vers une notion de respect de la vie en raison de cette fragilité. De plus, ces élevages sont une formidable occasion de rapprocher la vie de l'animal de la vie propre de l'enfant.

■ Les concepts de temps et d'espace

- Le temps linéaire (naissance, croissance).
- Le temps cyclique (rythmes biologiques, générations successives, cycle de vie...).
- L'espace grâce à l'observation des déplacements de ces animaux.

Mettre en place des notions scientifiques

■ Les notions biologiques

• Les fonctions des animaux : locomotion, croissance, nutrition, reproduction.
• La diversité du vivant (comparaison).
• La découverte des caractères fondamentaux des êtres vivants : vivre, se nourrir, se reproduire et même mourir.
• Les principales fonctions des animaux : locomotion, sensibilité, croissance, nutrition, reproduction.
• La diversité du monde animal : par comparaison avec d'autres élevages ou des documents présentant d'autres animaux.
• L'unité du monde animal : malgré la diversité des espèces, les grandes fonctions des animaux restent les mêmes.

■ Les notions écologiques

Par l'observation de l'élevage, les enfants découvrent :
• les relations alimentaires pouvant exister entre les êtres vivants et l'équilibre biologique qui en découle ;
• les relations entre les êtres vivants et leur milieu par le désir que les animaux de l'élevage vivent le mieux possible ;
• le respect de l'environnement et la responsabilité de l'homme face à la nature découlent de l'observation d'un élevage (fragilité de l'écosystème observé).

Mettre en place une méthode de travail et des comportements fondamentaux

Le contact avec les animaux est très important, il facilite l'intégration de chaque enfant au groupe classe et permet le développement des moyens d'expression et de communication.

■ Une méthode de travail

• Adopter une attitude de plus en plus objective.
• Observer de manière continue.
• Développer l'esprit scientifique : vers une démarche d'investigation.

Des comportements fondamentaux

- Importance affective du contact avec les animaux.
- Facilitation de l'intégration de chaque enfant dans le groupe classe.
- Responsabiliser les enfants et faire naître le respect de la vie.
- Développement des moyens d'expression et de communication.

Développer des compétences en mathématiques et langue

Des compétences mathématiques

- Comparer, classer les grandeurs, représenter le résultat d'un classement.
- Approcher les quantités et les nombres.

S'approprier le langage et découvrir l'écrit

- Être capable de dire ce que l'on fait ou ce que fait un camarade.
- Être capable de répondre aux sollicitations de l'adulte en se faisant comprendre.
- Être capable de participer à un échange collectif en acceptant d'écouter autrui.
- Savoir distinguer « dessiner » et « écrire ».
- Savoir dicter les légendes d'un dessin.
- Associer un animal avec sa photographie, ses symboles ou un dessin.
- Acquérir un animal avec sa photographie, ses symboles ou un dessin.
- Acquérir un vocabulaire spécifique.
- Découvrir le documentaire, l'affiche...

Comment mettre en place une séquence de sciences en maternelle ?

Faire émerger des conceptions

• Pourquoi ?

Si on ne les prend pas en compte, elles persistent et renforcent le modèle que l'on a. On fait avec pour aller contre.

• Comment ?

En observant, en écoutant les élèves : affirmations, hypothèses, questionnements, explications, modes de raisonnement, jugements, attitudes...

Une démarche d'investigation

- Résoudre des situations problèmes : on va ainsi surmonter des obstacles et créer des ruptures. Expérimenter (être acteur). Manipuler (être actif).
- Analyser les contenus et les démarches : dans ce qui est important, qu'est-ce qui est essentiel ?
- Définir clairement les niveaux d'exigence et les niveaux de formulation.

EXEMPLE

Situation de départ qui focalise la curiosité des élèves

↓

Question des élèves et expression des conceptions premières
Confrontation des conceptions premières et sélection d'une situation problème se prêtant à une démarche d'investigation et débouchant sur la construction de savoir-faire, de connaissances et de repères culturels prévus par les programmes

↓

Démarche d'investigation

↓

Expérimentation directe conçue et réalisée par les élèves
Réalisation matérielle (recherche d'une solution technique)
Observation directe ou assistée par un instrument avec ou sans mesure
Recherche sur documents
Enquêtes et visites

↓

Synthèse : confrontation des résultats, formulation d'une connaissance provisoire propre à la classe

↓

Confrontation au savoir établi dans la perspective de la généralisation d'une connaissance

↓

Évaluation (connaissance et démarche)

Des points à prendre en compte

- Pour mener à bien l'investigation, il convient que les élèves s'approprient parfaitement la situation problème sur laquelle ils travaillent.
- Cela ne consiste pas simplement en une suite d'étapes à suivre : le processus n'est pas linéaire.

• Des reformulations, des retours en arrière, de nouveaux questionnements et une adaptation des investigations sont nécessaires pour résoudre le problème posé et arriver à la construction de connaissances.
• Cette acquisition de connaissances passe nécessairement par l'échange avec les autres, le débat, la coopération et la réflexion sur ce que l'on fait et la manière dont on le fait.

Il faut d'abord trouver la situation déclenchante porteuse de sens pour les élèves :
• dans les échanges quotidiens ;
• dans les situations vécues dans la classe ;
• au cours de sorties et de visites ;
• dans la mise en place d'un projet ;
• à partir de lectures d'albums et de contes ;
• en utilisant des « coins spécialisés ».

LA SÉQUENCE

Programmation : le monde du vivant, de l'environnement, de l'hygiène et de la santé

	PS - MS - GS
Période 1	• Repérer les éléments d'un environnement proche et d'un espace moins familier (environnement proche : classe, école, quartier). • Repérer quelques caractéristiques des milieux (observer son environnement proche ; savoir distinguer les différents milieux : aquatique, terrestre, aérien). • Décrire son environnement proche. • Discerner les manifestations de la vie, les relier à de grandes fonctions : croissance ; nutrition, locomotion, reproduction (mettre en relation les animaux avec leur milieu ; énumérer les différents modes de déplacements). • Connaître et appliquer quelques règles d'hygiène du corps (lavage des mains...), des locaux (rangement, propreté), de l'alimentation.
Période 2	• Prendre en compte les risques de la rue (piétons et véhicules) ainsi que ceux de l'environnement familier proche. • Reconnaître les manifestations de la vie animale et végétale, les relier à de grandes fonctions.

Période 3	• Connaître et appliquer quelques règles d'hygiène du corps (lavage des mains...), des locaux (rangement, propreté), de l'alimentation. • Reconstituer l'image du corps humain à partir d'éléments séparés.
Période 4	• Repérer les éléments d'un environnement proche et d'un espace moins familier. • Reconnaître les manifestations de la vie animale et végétale, les relier à de grandes fonctions. • Mettre en relation les animaux, les végétaux avec leurs milieux. • Retrouver l'ordre des étapes du développement d'un animal, d'un végétal. • Réaliser des plantations, des élevages.
Période 5	• Reconnaître les manifestations de la vie animale, les relier à de grandes fonctions (croissance, nutrition, locomotion, reproduction). • Établir une première classification des êtres vivants. • Prendre en compte les risques de l'environnement familier proche (objets et comportements dangereux, produits toxiques).

À toutes les étapes de la démarche d'investigation se construisent des compétences langagières qui permettent la transition entre le vécu personnel immédiat, finaliste et le caractère général et complexe des sciences et de la technologie.

« Passer des événements aux faits scientifiques » pour apprendre à se décentrer. Mettre en relation les animaux, les végétaux avec leurs milieux sera le point du programme traité ici.

Compétences attendues en fin de maternelle : connaître des manifestations de la vie animale et végétale, les relier à de grandes fonctions : croissance, nutrition, locomotion, reproduction.

Fin de toute petite section : à partir de situations vécues, découvrir quelques animaux et végétaux de l'environnement proche.

Fin de petite section : à partir de situations vécues, observer et nommer des animaux et des végétaux de l'environnement proche, s'intéresser à certaines fonctions simples : locomotion, nutrition, mettre en relation les animaux et leurs petits.

Fin de moyenne section : à partir de situations vécues ou de documents variés, nommer, situer et représenter les différentes parties d'un animal ou d'un végétal, mettre en relation les animaux et les végétaux avec leurs milieux, s'intéresser aux grandes fonctions (locomotion, nutrition, croissance) et au cycle de vie.

Fin de grande section : à partir de situations vécues ou de documents variés : identifier et représenter les grandes fonctions (locomotion, nutrition, croissance, reproduction) et le cycle de vie, établir des classifications possibles des êtres vivants.

En petite section, la séquence proposée (trois séances) : projet d'accueillir un hamster dans la classe pour quelques jours

1re séance

Situation de départ : Que savons-nous de nos animaux familiers ?

Objectifs

- Dire ce que l'on sait déjà au sujet des animaux qui nous sont familiers, que l'on a à la maison ou chez des proches.
- Répondre aux sollicitations de l'adulte.
- Prendre part à un échange en grand groupe.
- Rédiger, grâce à la dictée à l'adulte, la liste des animaux cités par les enfants et ce qu'on en sait.

2e séance : découvrons nos animaux familiers

Objectifs

- Utiliser les fiches que les parents ont remplies pour découvrir et mieux connaître les animaux familiers aux enfants.
- Classer ces animaux : deux pattes, quatre pattes, à poils, à plumes, autres.

3e séance : réalisons le portrait du hamster

Objectifs

- Recueil du matériau nécessaire pour faire ce portrait.
- Se donner du temps d'observation.
- Organiser les informations avec l'aide de l'enseignant(e).
- Évoquer ce qui a été fait en famille.
- Dire et redire les noms des animaux, leurs caractéristiques essentielles. Nommer les parties du corps. Nommer les couleurs.
- Rechercher des livres dans la bibliothèque, qui parlent de ces animaux.

Évaluation différée des compétences transversales

Objectifs

- Se questionner, observer, classer, représenter.
- Comparer ce qu'on savait au début de la séquence et ce qu'on sait maintenant.
- Décrire, nommer, réinvestir le vocabulaire acquis, dans des situations nouvelles, par exemple une sortie à la ferme.

La deuxième séance est développée ici

Domaine : découvrir le vivant

Découvrons nos animaux familiers

Objectifs : observer, décrire, classer en trouvant des critères de classement

Matériel

- Atelier 1 :

- les photos des animaux et les messages questionnaires remplis par les familles ;
- une affiche de grande taille pour classer les photos en fonction des différents animaux présentés ;
- des étiquettes de grande taille sur lesquelles figurent les noms des catégories d'animaux : CHATS - CHIENS - OISEAUX - AUTRES...

- Atelier 2 :

- des magazines avec des animaux familiers ;
- des ciseaux ;
- des feuilles vierges de couleur et de grande taille pour classer les photos en fonction des différents animaux présents dans les familles ;
- des étiquettes de grande taille sur lesquelles figurent les noms des catégories d'animaux : CHATS - CHIENS - OISEAUX - AUTRES...

Étapes de la séance : Permutation des groupes dans les deux ateliers

• Atelier 1 avec l'enseignant(e)

Consigne :
- nomme ton animal représenté sur la photo ;
- décris-le (partie du corps, caractéristiques de l'animal, couleurs).

Anticipation : Exploitation de sa fiche et de sa photo.

Manipulation : Photos des animaux rapportées de la maison.

Confrontations : Mettre ensemble tous les animaux qui se ressemblent.

Explication : pourquoi ce choix ? Mettre en évidence les critères dictés par les élèves

Structuration : Pose la photo de ton animal dans l'une des cinq grandes classes suivantes : CHIENS - CHATS - OISEAUX - POISSONS - AUTRES

• Atelier 2 : en parallèle avec l'Atsem

Consigne : classe les images des animaux découpées dans des magazines sur des pages de couleurs pour réaliser un imagier.

Anticipation : Exploitation des magazines.

Manipulation : Images découpées des magazines.

Confrontations : Mettre ensemble tous les animaux qu'on peut trouver à la maison.

Structuration : Faire l'affiche des animaux familiers.

Mise en commun :
• discussion autour du travail effectué dans les différents ateliers. Finalisation des affiches ;
• discussion du groupe d'animaux « autres ». Dire qu'on ne sait pas les classer pour l'instant ;
• discussion autour d'un animal : le hamster (l'enseignante notera les premières connaissances des élèves sur cet animal : recueil des représentations initiales).

Introduction de l'album

Un hamster gourmand. Auteur : Lionel Koechli. Illustrateur : Lionel Koechli. Éditeur : Gallimard Jeunesse. Collection : « Giboulées ».

Résumé de l'album : La porte de la cage d'Isidore le hamster est mal fermée. Quelle belle occasion de partir à l'aventure ! Le petit animal se lance alors dans l'exploration du salon. Que la vue est différente quand on est tout petit ! Au fil de son parcours, voilà qu'Isidore tombe dans la poche d'une veste, où, surprise !, le petit gourmand trouve un délicieux trésor : un caramel à déguster sans attendre. Mais très vite, l'inquiétude saisit la famille : où est Isidore ?

Le prolongement attendu est l'apprentissage d'un nouveau vocabulaire avec la réalisation d'imagiers.

LES QUESTIONS POUR L'ENTRETIEN

1. Connaissez-vous la réglementation en vigueur pour l'introduction d'un animal au sein de l'école ?

Il s'agit bien sûr de se référer aux différentes réglementations en vigueur.

POUR ALLER PLUS LOIN : LA RÉGLEMENTATION POUR L'ACCUEIL DES ANIMAUX DANS UNE CLASSE

Les instructions relatives aux actions pédagogiques, à l'école maternelle définies dans la circulaire n° 77-266 du 2 août 1977 stipulent que « *dès la section des petits [...], les enfants devront avoir l'occasion de s'émouvoir à la vue d'un animal, de le soigner, de comprendre la nécessité de ne pas le faire souffrir* ».
Aucun texte ne donne une liste restrictive des animaux susceptibles d'être accueillis dans les classes. Le choix des animaux est laissé à l'instigation des maîtres, compte tenu des suggestions des parents ou des enfants.
Les précautions d'hygiène indispensables sont prises sous la responsabilité des enseignants qui s'assurent que les animaux introduits dans la classe présentent toutes les conditions maximales d'hygiène et règlent ponctuellement avec les familles les difficultés qui pourraient apparaître, par exemple dans des cas d'allergies incompatibles avec la présence de certains animaux. Aucun texte plus récent n'interdit donc les animaux dans les classes. Il suffit que les enseignants vérifient au préalable auprès des parents si les enfants ne sont pas allergiques à certains animaux.
Il existe des règles précises à respecter concernant la protection de l'animal et ses conditions de vie dans la classe (note de service n° 85-179 du 30 avril 1985, *BO* n° 20 du 16 mai 1985). En ce qui concerne les allergies liées à des intolérances alimentaires, le *BO* n° 41 du 18 novembre 1999

donne quelques précisions sur les enfants atteints de troubles de la santé. Aucune liste d'aliments à proscrire n'est diffusée en annexe.
Encore une fois, les enseignants doivent veiller, particulièrement dans les écoles maternelles où les projets liés aux aliments sont plus fréquents, à se renseigner auprès des parents sur les intolérances alimentaires éventuelles de leurs enfants. Précisons que dans tous les cas, les parents doivent informer l'école des problèmes de santé de leurs enfants.
BO sur les élevages n° 20, note de service n° 85-179 du 30 avril 1985, Éducation nationale : DGES.
Durant la scolarité obligatoire, l'observation d'animaux familiers ou sauvages, dans leur milieu de vie, est souvent la base d'activités dont l'objet est à la fois la connaissance du monde vivant, la compréhension des équilibres biologiques et l'éducation au respect de la vie sous toutes ses formes. Dans les écoles, cette mission s'insère naturellement dans les enseignements à caractère biologique. Dans les collèges, les programmes de sciences naturelles prévoient, entre autres, l'étude des comportements alimentaires, des comportements reproducteurs, de l'interdépendance entre les êtres vivants.
On notera également que les obligations morales des propriétaires d'animaux peuvent être l'objet d'une réflexion en éducation civique. L'observation directe de l'animal, de ses mœurs et de son mode de reproduction est facilitée par la pratique d'élevages effectués dans la salle d'enseignement. Cette pratique n'est recommandable que dans la mesure où elle est réalisée dans des conditions satisfaisantes reproduisant au mieux le milieu de vie naturel. En particulier, l'espace offert (cage, aquarium, terrarium) devra être suffisant afin de ne pas rendre la captivité pénible. Un élevage réussi ne se limite pas à la survie des animaux mais il doit aussi aboutir à la reproduction, suivie de soins maternels. Enfin, quand il s'agit de petits mammifères (carnivores, rongeurs...), la consultation d'un vétérinaire serait nécessaire en cas de doute sur l'origine des animaux ou leur état sanitaire.
Il est expressément rappelé, comme le précisent les circulaires n° 67-70 du 6 février 1967 et n° 74-197 du 17 mai 1974, que les dissections doivent être pratiquées sur des animaux morts. La vivisection est formellement interdite. En ce qui concerne les visites de ménageries ambulantes, il y a lieu de se reporter à la note de service n° 81-121 du 10 mars 1981.
La loi n° 76-629 du 10 juillet 1976 (*JO* du 13 juillet 1976) précise, en son article 6, que la présentation au public de spécimens vivants de la faune locale ou étrangère n'est autorisée que si le propriétaire est titulaire d'un certificat de capacité délivré par le ministère de l'Environnement et du Cadre de vie.
À fins d'observations, des animaux domestiques peuvent être introduits, momentanément, dans la classe pour être présentés aux élèves. On saisira toutes occasions opportunes de rappeler que la garde d'animaux, de plus en plus répandue, impose des obligations continues, matérielles et morales, relevant des soins et de l'éducation de l'animal, afin que l'élève comprenne que cet être vivant n'est pas un jouet et qu'on ne peut en attendre service ou compagnie sans lui assurer les soins nécessaires et sans lui porter un indispensable attachement.

Parmi ces obligations, on insistera sur :
- les soins constants : alimentation, propreté ;
- le respect du besoin d'espace ;
- le respect des règles d'hygiène dans l'entourage immédiat, tant à la maison qu'à l'extérieur.

Ce sera le moment de signaler que la souillure des trottoirs par les chiens et les aboiements répétés dans les appartements, et surtout en zone pavillonnaire, constituent des nuisances de voisinage irritantes et parfois insupportables. Elles sont souvent la cause d'hostilité imméritée envers l'animal alors qu'elles traduisent bien davantage la mauvaise éducation du propriétaire. Celui-ci doit savoir, d'une part, que la divagation des chiens peut mettre en cause la sécurité et la santé publiques, celles des enfants en particulier ; et que, d'autre part, il est responsable des comportements de l'animal si ce dernier n'est pas tenu en laisse. Il faut, avec insistance, souligner que, dans la mesure où on ne peut s'engager à assurer à l'animal les soins requis, même pendant la période des vacances scolaires, et à empêcher les nuisances qu'il peut causer au voisinage, on doit s'abstenir de toute garde d'animal.
Le caractère odieux des abandons d'animaux sera souligné.

2. Que savez-vous des conditions de vie du hamster ?

À l'état sauvage, le hamster dort toute la journée terré dans son terrier, attendant que le soleil se couche. Il se réveille certes parfois en journée, mais seulement pour faire un brin de toilette ou alors grignoter quelque chose dans sa réserve. Quand il se réveille, il n'est pas tout de suite actif. Tout comme les humains, il prend le temps de manger afin d'avoir de l'énergie. Ne pas perturber son rythme de vie est capital pour le préserver. Chez tous les mammifères, le sommeil est très important, car il permet d'éliminer le stress et les toxines stockées dans l'organisme, de stimuler le système immunitaire en luttant mieux contre les infections et, surtout, il permet au hamster de rester vigilant durant sa période d'éveil.

Durant sa période d'activité, le hamster va passer son temps à rassembler des matériaux pour son nid, comme des fibres de coton, reproduisant ainsi son environnement naturel où, à l'état sauvage, il construit son terrier. Il va aussi accumuler de la nourriture dans ses bajoues pour faire des réserves pour la journée.

Quand il vit en captivité, le hamster a moins de travail à accomplir puisqu'il a tout à disposition. Il est par conséquent important de lui proposer des jouets pour qu'il ne s'ennuie pas. Une roue sera très utile pour ce petit rongeur qui a besoin de se dépenser pour compenser un manque d'activité physique dû à sa domestication. On pourra lui ajouter des tunnels en bois ou en plastique, ainsi que des boîtes avec des ouvertures pour diversifier ses jeux et éveiller son intérêt.

Au petit matin, le hamster retournera dans son nid pour y passer une longue journée de sommeil.

Dans la nature, le hamster est un rongeur qui se dépense énormément et qui doit parfois faire plusieurs kilomètres avant de trouver ce qu'il lui faut pour se nourrir. Une fois son alimentation trouvée, il la stocke dans ses bajoues, puis retourne dans sa réserve. Pour cette raison, ses besoins en énergie et graisses sont assez élevés. Les hamsters domestiques n'ont certes pas cette dépense énergétique comme leurs congénères à l'état sauvage, mais leurs habitudes alimentaires sont les mêmes que celles du hamster sauvage.

Son alimentation doit être constituée d'un aliment complet, comme des croquettes spéciales pour hamsters. Les apports nutritionnels varient en effet d'un rongeur à un autre, et les vitamines et oligo-éléments n'auront pas la même teneur suivant l'espèce. En outre, comme tous les rongeurs, le hamster va trier les graines et sélectionner celles qu'il préfère, ce qui entraînera un déséquilibre. Le foin devra également faire partie de son alimentation, afin qu'il ait chaque jour les fibres dont il a besoin pour son transit intestinal.

Le hamster doit avoir en permanence de l'eau à disposition, l'idéal étant de lui en servir dans un biberon car les récipients ont tendance à se renverser et l'eau est en général souillée.

3. Qu'est-ce qu'un animal peut apporter dans une classe de petite section ?

S'occuper d'un animal de compagnie procure à l'enfant un sentiment d'utilité. Boris Cyrulnik, psychiatre et éthologue, estime que l'animal « *fait du bien à l'enfant parce qu'il déclenche en lui une émotion stimulante, apaisante et cela crée chez lui une sensation d'amour pur* ». Effectivement, l'animal est un ami, en toute simplicité. Avec lui, la communication est facile et naturelle et surtout, l'amitié est entière, ce qui contribue beaucoup à rassurer l'enfant.

La vie de l'animal étant relativement courte, elle permet à l'enfant d'en découvrir plus rapidement les grandes étapes : la naissance, la sexualité, le vieillissement, la mort. Il en apprend aussi beaucoup sur l'éducation : en effet, si elles sont réprimandées, les bêtises d'un chat ou d'un chien aident l'enfant à comprendre pourquoi les siennes sont également sanctionnées. L'enfant apprend le respect d'autrui avec un animal de compagnie.

4. Que feriez-vous figurer dans la fiche d'identité de cet animal ?

Je ferais figurer :
- le nom de l'animal ;
- son portrait ;
- ses déplacements ;
- sa nourriture ;
- son lieu de vie.

5. Quelle pourrait être l'activité « finale » de cette séquence ?

On pourrait demander aux élèves de faire le dessin du hamster qui pourrait ensuite figurer dans le cahier d'expériences. Les enfants dessinent le hamster en l'observant ou en s'appuyant sur la fiche d'identité. Même si l'exercice peut paraître difficile en PS-MS, il est important de faire cette mise en dessin de l'observation. Lorsque les élèves ont terminé, on leur demande de nous expliquer ce qu'ils ont dessiné de manière à légender leur production afin qu'elle soit comprise par tous. Cette production sera collée dans le cahier d'activités de l'élève.

6. Pouvez-vous expliquer ce qu'est le cahier d'expériences ?

Initié par « La main à la pâte », le cahier d'expériences est présenté comme un outil pour l'élève, en cohérence avec le principe 5 de la charte de 1998 « Les enfants tiennent chacun un cahier d'expérience avec leurs mots à eux ». Cette idée d'outil est intégrée aujourd'hui dans les programmes : « *Les travaux des élèves font l'objet d'écrits divers consignés, par exemple, dans un carnet d'observations ou un cahier d'expériences* », *BO* HS n° 3, 19 juin 2008, page 24.

Ce cahier a plusieurs objectifs :
- associer apprentissages scientifiques et apprentissages langagiers ;
- reconnaître l'écrit comme une condition même de l'activité scientifique ;
- accorder un espace et une valeur à la parole de chacun.

Ce cahier traduit aussi l'intérêt porté aux essais, erreurs, brouillons, notes intermédiaires... au cheminement de la pensée. L'erreur n'est plus échec ou arrêt, mais constat et finalement un certain savoir pour requestionner et réorienter son investigation.

Par son utilisation régulière tout au long de la démarche, alimenté par les écrits personnels, les documents, les écrits collectifs transitoires, les écrits collectifs structurants, ce cahier est :

- mémoire des apprentissages construits au fil du temps ;
- trace rendant compte autant des résultats que des démarches et processus engagés.

L'appellation « cahier d'expériences » voulait insister au départ sur la nécessité de la manipulation et de la démarche active de recherche. À partir de ce vécu commun, les élèves pouvaient alors échanger, élaborer leur pensée et développer leur savoir. Aujourd'hui, l'appellation peut évoluer (ex. : « cahier de sciences », carnet d'observations...) car cette démarche d'investigation est maintenant beaucoup mieux intégrée dans les pratiques professionnelles.

Pour l'élève de primaire, le cahier de sciences est aussi un outil d'apprentissage de la langue, une aide à la structuration de différents écrits (dessins légendés ou non, schémas légendés ou non, écrits explicatifs courts ou longs, listes, tableaux, graphiques...) en référence au principe 6 de la charte : « *L'objectif majeur est une appropriation progressive par les élèves, de concepts scientifiques, de techniques opératoires, accompagnés d'une consolidation écrite et orale.* »

7. Qu'est-ce que « La main à la pâte » ?

« La main à la pâte » existe depuis 1996, à l'initiative de Georges Charpak, prix Nobel de physique 1992, Pierre Léna, astrophysicien, Yves Quéré, physicien, et de l'Académie des sciences.

Son objectif est de rénover l'enseignement des sciences et de la technologie à l'école primaire en favorisant un enseignement fondé sur une démarche d'investigation scientifique. Exploration du monde, apprentissages scientifiques, expérimentation et raisonnement, maîtrise de la langue, argumentation et éducation à la citoyenneté sont associés. Chaque enfant doit pouvoir ainsi approfondir sa compréhension des objets et des phénomènes qui l'entourent, et développer sa curiosité, sa créativité et son esprit critique.

POUR ALLER PLUS LOIN : « LA MAIN À LA PÂTE »

Dans le *BO* du 5 septembre 1996, les principes du développement souhaité de l'enseignement des sciences à l'école primaire sont énoncés. Au cours du dernier trimestre 1996, des maîtres volontaires de 344 écoles de cinq départements (Loire-Atlantique, Loir-et-Cher, Meurthe-et-Moselle, Rhône et Yvelines) mettent « la main à la pâte ».

Pour assurer un accompagnement au niveau national, l'Académie des sciences, avec l'INRP, s'est entourée d'acteurs qui allaient constituer plus tard l'équipe de « La main à la pâte ». Grâce à Georges Charpak et la délégation interministérielle à la ville (actuellement Comité interministériel des villes), l'équipe a créé un site internet (inauguré en 1998) pour les enseignants, site qui a permis aussi bien des échanges entre collègues, des dialogues entre scientifiques et enseignants que la mise à disposition de toutes les ressources utiles, comme des séquences d'enseignement. Comme en France, ce genre de documents n'existait pas, le site a accueilli la traduction de modules d'enseignement (Insights) conçus aux États-Unis. Depuis, ces documents n'y sont plus et les activités pour la classe du site sont essentiellement de production française.

L'année 1997-1998 vit l'expérimentation, toujours pilotée par le ministère de l'Éducation nationale et l'Académie des sciences, s'étendre à 2 000 classes réparties dans 48 départements.

En novembre 1997 sont décernés pour la première fois, dans la grande salle des séances de l'Académie des sciences, en présence d'un ministre, les prix de « La main à la pâte » désormais annuels, distinguant les meilleures réalisations accomplies.

Pour garantir la qualité scientifique et pédagogique de différents produits commerciaux (livres, cédéroms, etc.), l'Académie des sciences dépose en 1998 la marque et le logo « La main à la pâte ». Leur droit d'usage est attribué par un comité de la marque indépendant et les droits perçus permettent de financer chaque année les prix de « La main à la pâte ».

1999 a été marqué par un grand colloque national qui s'est déroulé à la Bibliothèque nationale de France, intitulé : « À propos de "La main à la pâte" : les sciences et l'école primaire » et la remise au ministre de l'époque du rapport de Jean-Pierre Sarmant (inspecteur général de l'Éducation nationale) qui concluait par une adhésion à la rénovation entreprise et à ses principes.

En juin 2000, le ministre de l'Éducation nationale annonce la création d'un plan triennal de rénovation de l'enseignement des sciences et de la technologie à l'école (PRESTE) (consultable au *BO* n° 23 du 15 juin 2000). Une déclaration commune est formulée par la direction de l'enseignement scolaire du ministère de l'Éducation nationale et de l'Académie des sciences.

Durant la durée de ce plan, les programmes de l'école primaire ont été revus (en 2002) ainsi que les fiches connaissances, et des documents (Enseigner les sciences à l'école et découverte du monde à l'école maternelle) ont été élaborés par le ministère, l'Académie des sciences et l'équipe « La main à la pâte ».

Depuis ses débuts, l'action de « La main à la pâte » a pour objectif premier d'aider les enseignants à découvrir et à enseigner la science et la technologie en mettant en œuvre une pédagogie d'investigation permettant de stimuler chez les élèves esprit scientifique, compréhension du monde et capacités d'expression.

Les dix principes, élaborés en 1998, résument l'essentiel de ce qui est proposé par « La main à la pâte ». Les six premiers décrivent de façon simple la pédagogie sous-jacente. Cependant, l'un de ces principes se réfère au cahier d'expériences qui est constitué d'écrits individuels, de groupe et collectifs. Les quatre derniers concernent l'accompagnement, dont un accompagnement par le site internet et par des scientifiques issus de la recherche académique ou de l'entreprise.

Les 10 principes de « La main à la pâte »

1. Les élèves observent un objet ou un phénomène du monde réel, proche et sensible, et expérimentent sur lui.
2. Au cours de leurs investigations, les élèves argumentent et raisonnent, mettent en commun et discutent leurs idées et leurs résultats, construisent leurs connaissances, une activité purement manuelle ne suffisant pas.
3. Les activités proposées aux élèves par le maître sont organisées en séquences en vue d'une progression des apprentissages. Elles relèvent des programmes et laissent une large part à l'autonomie des élèves.
4. Un volume minimum de deux heures par semaine est consacré à un même thème pendant plusieurs semaines. Une continuité des activités et des méthodes pédagogiques est assurée sur l'ensemble de la scolarité.
5. Les enfants tiennent chacun un cahier d'expériences avec leurs mots à eux.
6. L'objectif majeur est une appropriation progressive, par les élèves, de concepts scientifiques et de techniques opératoires, accompagnée d'une consolidation de l'expression écrite et orale.
7. Les familles et/ou le quartier sont sollicités pour le travail réalisé en classe.
8. Localement, des partenaires scientifiques (universités, grandes écoles) accompagnent le travail de la classe en mettant leurs compétences à disposition.
9. Localement, les universités mettent leur expérience pédagogique et didactique au service de l'enseignant.
10. L'enseignant peut obtenir auprès du site internet de « La main à la pâte » des modules à mettre en œuvre, des idées d'activités, des réponses à ses questions. Il peut aussi participer à un travail coopératif en dialoguant avec des collègues, des formateurs et des scientifiques.

La démarche pédagogique

Des leçons de choses aux activités d'éveil, l'école a toujours proposé des projets et activités scientifiques remarquables. Mais, malgré les efforts entrepris, cet enseignement demeure le plus souvent théorique et livresque. En fin de secondaire, les élèves ne sont ni très performants en sciences, ni vraiment attirés par les matières scientifiques.

Ce constat fait en 1995, « La main à la pâte » a décidé de promouvoir l'enseignement des sciences à l'école primaire en privilégiant la construction des connaissances par l'exploration, l'expérimentation et la discussion. La science n'est plus un apprentissage d'énoncés figés à mémoriser, mais devient une pratique active, interrogative et expérimentale et une construction collective.

L'enseignant propose aux élèves des situations permettant l'investigation raisonnée, il les guide sans faire à leur place, il fait discuter les points de vue en accordant une grande attention à l'élaboration du raisonnement et à la maîtrise du langage, il fait énoncer des conclusions valides par rapport aux résultats expérimentaux obtenus, il organise la continuité dans le temps et la progressivité des apprentissages (cf. cahier d'expériences).

En classe, les séances de science sont organisées autour de thèmes, ce qui permet des progrès à la fois en matière d'acquisition des connaissances, d'acquisition des démarches et d'acquisition du langage oral et écrit. Un temps suffisamment long doit être consacré à chaque thème pour permettre la stabilisation des acquis.

L'éducation scientifique requiert une compétence professionnelle, qui associe connaissances scientifiques et pratiques pédagogiques. Le professeur guide les activités et les apprentissages, tout en exploitant les ressources matérielles, documentaires et humaines disponibles. « La main à la pâte » offre aux professeurs la possibilité de s'engager dans une relation dynamique et motivante avec des scientifiques, des formateurs et d'autres enseignants.

La maîtrise du langage

La pratique d'activités scientifiques en classe contribue à la maîtrise du langage. L'enfant apprend à chercher le mot juste, la phrase correcte (principe de causalité) pour décrire ses observations. Il apprend aussi à produire et déchiffrer des graphiques, des tableaux de résultats, des schémas.

L'oral

« La main à la pâte » incite à l'échange oral autour des observations, des hypothèses, des expériences et des explications. Nombre d'élèves qui connaissent des difficultés langagières s'expriment plus volontiers lors d'activités scientifiques, où la manipulation leur permet de s'impliquer dans un travail commun, et se confronter à des phénomènes universels.

La rigueur du discours scientifique peut contribuer à la formation d'un esprit critique. Le débat scientifique peut former au débat citoyen : l'élève apprend à argumenter son point de vue, à écouter les autres, à travailler pour un but commun. Il apprend aussi à exercer librement sa pensée tout en la contraignant par les réalités du monde de la science.

L'écrit

L'écriture est une façon de travailler sur sa propre pensée. Elle permet aussi de synthétiser, de formaliser pour faire surgir de nouvelles idées. Elle permet de consigner les résultats d'une expérience comme ceux d'un débat.

L'éducation à la citoyenneté

« La main à la pâte » repose sur une nouvelle forme de partenariats entre la société civile et l'école. Elle veille à associer les parents aux investigations des enfants, et fait coopérer les maîtres, les scientifiques, les associations, contribuant ainsi à retisser le lien social dans la ville (ou dans les zones rurales).

L'accès à un matériel scientifique permet aux élèves d'entrer en contact avec la science, mais aussi de se familiariser avec une démarche de recherche (on discute avec ses pairs, on argumente son point de vue, on se met d'accord sur des observations et des interprétations...).
L'accès au site de « La main à la pâte » aide les enseignants à communiquer entre eux et avec des scientifiques et des formateurs.
Au-delà de ces considérations propres à la démarche d'investigation, « La main à la pâte » propose depuis plusieurs années des projets pédagogiques spécifiquement orientés vers des questions de société : éducation à la santé, au développement durable, au risque ; permettant aux enfants de comprendre comment la science permet d'appréhender ces questions et mieux jouer son rôle de citoyen.

L'implication des scientifiques

Dans le cadre de l'opération « La main à la pâte », la communauté scientifique s'est mobilisée pour aider les enseignants à faire pratiquer aux élèves de leur classe des activités scientifiques, sans prendre leur place. Le site de « La main à la pâte » propose ainsi un réseau de consultants de différentes spécialités qui répondent aux questions scientifiques posées par les enseignants. Des chercheurs, des ingénieurs, des enseignants proposent ainsi une aide ponctuelle ou un suivi personnalisé.
Des organismes scientifiques (CEA, Inra...), des grandes écoles (École polytechnique, Écoles des mines de Nantes, de Nancy...), des instituts universitaires (IUT) proposent également une aide à la préparation et à la réalisation de séances de classe sur un thème du programme, dans le respect de la responsabilité du professeur et de ses compétences. « La main à la pâte » a toujours cherché à impliquer la communauté scientifique dans la formation des enseignants, à l'image par exemple de l'université d'automne « Graines de sciences ». Cette participation est désormais au cœur du projet des Maisons pour la science au service des professeurs.

DOSSIER 3 | AGIR, S'EXPRIMER, COMPRENDRE À TRAVERS LES ACTIVITÉS ARTISTIQUES

■ LE PROGRAMME

Le dessin est un des langages utilisés par l'enfant pour s'exprimer, aussi le maître veille-t-il à ce que l'organisation matérielle de la classe favorise régulièrement cette activité, qu'elle soit autonome ou guidée. De manière générale, l'enseignant privilégie quotidiennement toutes les activités plastiques permettant de développer la créativité des élèves et leur faculté à faire des choix.

La variété renouvelée des situations offertes doit conduire les élèves à exprimer de manière de plus en plus élaborée leur pensée, leur intention, leur choix, leur envie en faisant évoluer leur production grâce à des observations, des retours et des recommencements.

L'univers sonore : la voix et l'écoute

Pratiquer des activités musicales, rythmiques et vocales régulièrement contribue à l'épanouissement de l'enfant, à une première entrée dans la « culture artistique », à une autre approche de la compréhension du monde ainsi qu'à la construction de compétences qu'il pourra réinvestir dans divers autres domaines. Il apprend à comprendre le monde sonore qui l'entoure, à développer son acuité auditive, à éveiller son sens esthétique et à exercer progressivement une écoute critique. Il se constitue un bagage de sonorités, de rythmes, d'outils vocaux, de repères, mais aussi un patrimoine commun par les chants et comptines appris. Il développe des habitudes comportementales d'écoute, d'attention, de concentration, de plaisir à chanter, à jouer ensemble.

C'est par des démarches actives d'écoute, de chant, de productions instrumentales que l'enseignant permet à sa classe d'entretenir des relations constantes entre voir, entendre, ressentir, exprimer, partager.

LE DESSIN ET LES COMPOSITIONS PLASTIQUES, LES NUANCES

Les connaissances

À la fin de l'école maternelle, l'enfant est capable de :
- adapter son geste aux contraintes matérielles (instruments, supports, matériels) ;
- utiliser le dessin comme moyen d'expression et de représentation ;
- réaliser une composition en plan ou en volume selon un désir exprimé ;
- observer et décrire des œuvres du patrimoine, construire des collections ;
- avoir mémorisé et savoir interpréter des chants, des comptines ;
- écouter un extrait musical ou une production, puis s'exprimer et dialoguer avec les autres pour donner ses impressions.

Objectifs
- Première sensibilisation artistique.
- Accroître les possibilités sensorielles de l'enfant.
- Solliciter l'imagination de l'élève.
- Enrichir les connaissances et les capacités d'expression de l'élève.
- Familiariser les enfants, par l'observation, avec les formes d'expression artistique les plus variées.
- Acquérir des premiers repères dans l'univers de la création.

En lien avec les autres domaines d'apprentissage :
- langage oral : par l'enrichissement et l'introduction du vocabulaire dans des usages variés et riches de la langue (questionner, exprimer des réactions, des goûts et des choix dans l'échange avec les autres) ;
- découverte du monde : en nourrissant la curiosité ;
- agir et s'exprimer avec son corps : en exerçant sa motricité.

Trois axes →
- Une pratique régulière (cf. horaires officiels des programmes)
- L'éducation du regard
- L'introduction d'une culture

Deux moyens d'expression privilégiés pour une première sensibilisation aux œuvres :

- le dessin ;
- les compositions plastiques.

Le dessin

« *L'école maternelle encourage les manifestations graphiques, traces, empreintes, tracés et dessins spontanés* » (*Qu'apprend-on à l'école maternelle ?* MEN, 2006). Le dessin est une activité graphique à part entière, elle exerce le mouvement pour produire des traces et obtenir des formes... Tracer et dessiner sont des activités à distinguer de l'écriture qui, elle, renvoie au langage. Ces activités permettent à l'enfant :

- d'expérimenter de nouveaux outils supports ;
- de se constituer un réservoir de traces et de formes ;
- d'exercer des choix motivés, matériels ou opératoires ;
- d'organiser une composition plane constituée d'éléments graphiques à des fins expressives.

Les compositions plastiques

« *Au-delà des réalisations graphiques les élèves découvrent d'autres procédés techniques d'expression, de fabrication et de manipulation des formes, en deux ou trois dimensions* » (*Qu'apprend-on à l'école maternelle ?* MEN, 2006). Ces activités permettent à l'enfant :

- d'explorer et exploiter les qualités et les ressources expressives des matériaux à étaler, à éparpiller ;
- de transformer des matériaux en ajustant progressivement son geste en fonction de ses qualités physiques ou plastiques ;
- de combiner des formes, des matières, des couleurs ;
- de réaliser une composition en plan ou en volume, à partir d'une consigne, d'un désir d'expression, d'un projet.

Pour les plus petits, les jeux d'exploration et de tâtonnement successifs propices à l'étonnement et à l'émerveillement doivent être privilégiés.

La confrontation avec des œuvres d'art

Construire une collection, un musée de classe : cette collection est l'occasion de faire exister concrètement une culture commune à l'ensemble du groupe. Choisir un petit nombre d'œuvres (des reproductions grand format, des diapositives...) pour les donner à regarder aux élèves en appui d'une expérimentation concrètement vécue par la classe. Le choix s'effectue en fonction non pas d'un sujet commun, mais des procédés (semblables ou différents) employés par les artistes. Ce sera aussi bien une toile contemporaine de P. Soulages, d'Hans Hartung ou de Debré pour montrer l'ampleur du geste qu'une œuvre de J. Pollock ou de S. Francis pour illustrer la variété des projections...

Comparer les procédés avec ceux des artistes.

La séquence

Actions préconisées	• Expérimenter les divers instruments, supports et procédés du dessin. • Découvrir, utiliser et réaliser des images et des objets de natures variées. • Construire des objets en utilisant peinture, papiers collés, collage en relief, assemblage, modelage...
Rôle de l'enseignant	• Aide les enfants à exprimer ce qu'ils perçoivent, à évoquer leurs projets et leurs réalisations. • Conduit les élèves, pour ce faire, à utiliser un vocabulaire adapté. • Encourage les élèves à commencer une collection personnelle d'objets à valeur esthétique et affective

Dessin et compositions plastiques	Adapter son geste aux contraintes matérielles : le geste (variable « support » travaillée)/ Réaliser une composition en plan selon un désir exprimé : empreintes et traces Observer et décrire des œuvres du patrimoine, construire des collections. L'Art Préhistorique. (Pollock, Soulages, Mathieu) Utiliser le dessin comme moyen d'expression et de représentation. Le gribouillage (PS) et le bonhomme (MS/GS).	Adapter son geste aux contraintes matérielles : le geste (variable « support » travaillée)/ Réaliser une composition en plan selon un désir exprimé : les représentations du corps • les silhouettes et corps (transversalité avec la motricité) • les portraits (MS/GS) Observer et décrire des œuvres du patrimoine, construire des collections. Sur le thème des silhouettes (Yves Klein, Viallat). Sur le thème des portraits (portraits célèbres notamment Picasso/ photos) Utiliser le dessin comme moyen d'expression et de représentation. Le gribouillage (PS) et le bonhomme (MS/GS).	Adapter son geste aux contraintes matérielles : la matière/ Réaliser une composition en plan selon un désir exprimé : la sculpture/le modelage • travail autour de l'argile et/ou de la pâte à sel Observer et décrire des œuvres du patrimoine, construire des collections : sur le thème des sculpteurs. L'art Africain. la poterie. Utiliser le dessin comme moyen d'expression et de représentation. le bonhomme (PS) et la maison (MS/GS).	Adapter son geste aux contraintes matérielles : la couleur/ Réaliser une composition en plan selon un désir exprimé : la peinture • les couleurs pures • mélanges de couleurs Observer et décrire des œuvres du patrimoine, construire des collections : sur le thème du traitement de la couleur chez les peintres (le fauvisme). Monochromes et tableaux de couleur (Mondrian, Kandinsky) les collections de couleur (Cragg et Hubaut) les fauvistes. Utiliser le dessin comme moyen d'expression et de représentation. Le soleil (PS) et le papillon (MS/GS).	Adapter son geste aux contraintes matérielles : la couleur/ réaliser une composition en plan selon un désir exprimé : la peinture • les nuances • les contrastes Observer et décrire des œuvres du patrimoine, construire des collections : sur le thème du traitement de la couleur chez les peintres (le Pop Art). Les nuances (Klein). les contrastes (le Pop Art). Utiliser le dessin comme moyen d'expression et de représentation. Les bons-hommes (PS) et la fleur (MS/GS).

Le travail proposé porte sur les nuances chez Klein

International Klein Blue (IKB) est une teinte bleu profond créée par l'artiste français Yves Klein. À partir de 1954, Yves Klein propose des peintures monochromes. Il tend vers la présentation d'une idée d'unité absolue, « *une parfaite sérénité* ». Progressivement, après des monochromes de diverses couleurs, il privilégie le bleu outremer. « *Je suis allé signer mon nom au dos du ciel dans un fantastique voyage...* » Le rose et l'or occupent aussi une place importante dans ses productions monochromes, comme les nombreuses anthropométries réalisées durant cette période.

Malgré une carrière artistique assez courte (1954-1962), il est considéré comme l'un des plus importants protagonistes de l'avant-garde picturale de l'après-guerre.

Vie et œuvre d'Yves Klein

Né de parents artistes, il ne s'oriente pas immédiatement vers une carrière artistique. En effet, Klein fait ses études à l'École nationale de la marine marchande et à l'École nationale des langues orientales à Nice, de 1944 à 1946. À partir de 1947, il s'intéresse particulièrement au judo, qui à l'époque est considéré comme une méthode d'éducation intellectuelle et morale visant à la maîtrise de soi, et non comme un sport.

L'enseignement ésotérique de la Rosicrucian Fellowship, ainsi que la lecture de Bachelard, forgera les bases de la pensée qui nourrira son œuvre. Les monochromes qu'il peint deviennent, pour lui, des objets de culte. Ses premières expériences picturales sont de petits monochromes sur carton datant de 1948. S'inspirant du ciel qu'il signe de son nom en 1949, il veut peindre un espace-couleur infini : le « *monde de la couleur pure* ». C'est évidemment sa marque de fabrique, qu'il a choisi de représenter jusqu'à la fin de sa petite vie.

Sa première exposition de tableaux monochromes au Club des solitaires en 1955 passe pratiquement inaperçue. Il y expose des monochromes de différentes couleurs (orange, vert, rouge, jaune, bleu, rose), sous le titre : « Yves, peintures ». Afin d'éviter toute touche personnelle et inscription de dessins, les tableaux sont peints au rouleau. Lorsqu'il veut exposer un tableau monochrome au salon des Réalités nouvelles au musée des Beaux-Arts de la ville de Paris, on le lui refuse en lui demandant d'y ajouter une seconde couleur, un point ou une ligne. Mais Klein reste inébranlable dans son idée que la couleur pure représente « *quelque chose* » en elle-même.

En 1956, il rencontre Pierre Restany, un critique d'art, avec qui il noue un contact intense, une compréhension tacite, et cette rencontre deviendra une expérience de « *communication directe* » qui va marquer un tournant décisif dans la compréhension de son art.

Le problème du travail sur une couleur unique entre dans la conscience culturelle parisienne. Klein devient célèbre sous le nom d'« Yves le Monochrome ». En automne 1956, il sélectionne un bleu outremer déjà existant, extrêmement saturé, mat et d'une absorption totale, qui est, selon lui, « *la plus parfaite expression du bleu* ». À la suite de recherches et d'expériences avec un chimiste pour fixer l'intensité lumineuse de ce bleu, sans l'altérer, il crée l'*International Klein Blue*, symbole de la matérialisation de la sensibilité individuelle, entre étendue infinie et immédiate. « Les monochromes bleus » seront l'essence de la peinture monochrome du XXe siècle. L'IKB incarnera la dialectique entre la matière et l'esprit, le physique et le spirituel, le temps et l'infini.

En 1960, il participe à la création du nouveau réalisme avec Pierre Restany et la « Déclaration constitutive du Nouveau réalisme » est signée le 27 octobre 1960 par nombre de ses connaissances, dont Arman, François Dufrêne, Raymond Hains, Martial Raysse, Daniel Spoerri, Jean Tinguely, Jacques Villeglé. César, Mimmo Rotella, Niki de Saint-Phalle et Gérard Deschamps rejoindront le mouvement en 1961, Christo en 1963.

En avril 1961, il se rend pour la première fois à New York, où ses monochromes IKB sont exposés.

Yves Klein meurt d'une crise cardiaque le 6 juin 1962.

Le bleu n'est pas l'unique couleur présente dans les anthropométries (l'anthropométrie est la technique qui concerne la mesure des particularités dimensionnelles d'un homme. Elle est particulièrement utilisée en ergonomie.).

Les monochromes dorés sont nommés Monogold, essentiellement composés de feuilles d'or et de pièces de monnaie, représentent l'accès à l'immatériel, l'absolu et l'éternité. Beaucoup de suaires comportent la couleur rose et Klein peint également des monochromes roses appelés Monopink. En effet, le rose symbolise pour Klein le sang et le corps. De plus, cette couleur contraste avec le bleu. Il déclare, pour ses anthropométries réalisées en utilisant le feu : « *Le feu est bleu, or et rose aussi. Ce sont les trois couleurs de base dans la peinture monochrome, et pour moi, c'est un principe d'explication universel, d'explication du monde.* ». Les trois couleurs de base, bleu, or et rose, de son travail s'articulent également mutuellement et parfaitement dans le feu. En effet, lorsqu'on regarde la couleur d'une flamme, on distingue bien ces trois couleurs.

Par la suite, il diversifie ses méthodes et différencie les anthropométries statiques des dynamiques. Lors de la création des « statiques », le corps de la femme est simplement posé tel un tampon sur le support et y laisse son empreinte. Ces empreintes statiques de femmes, et parfois d'hommes, ont souvent été groupées de manière à former, sinon une composition, du moins un ensemble. Les anthropométries réalisées sur des tissus renvoient à un objet de culte qui est le suaire de Turin.

Dans les images négatives, comme *Hiroshima*, la peinture est projetée et le corps du modèle fait office de pochoir. L'anthropométrie dynamique consiste à faire ramper un modèle sur le support, qui laisse derrière lui une trace dynamique. Il a aussi convié plusieurs modèles à simuler une bataille où l'on ne distingue plus tellement les corps. Le processus lui-même est conçu comme un rituel. Il s'agit d'un rituel de passage de la toile blanche à la chair : « *C'était la chair elle-même qui appliquait la couleur au support sous ma direction* », puis de la chair à l'invisible.

En réutilisant le bleu IKB, il reprend la couleur, réutilise l'espace conquis par l'immatériel et évite la ressemblance avec le rose. Klein choisit aussi de ne pas représenter les mains pour les raisons suivantes : « *Il ne fallait pas que les mains s'imprimassent, cela aurait donné un humanisme choquant aux compositions que je cherchais.* » Il réalise ainsi différents triptyques utilisant ces trois couleurs primaires et les réunira également dans des sculptures comme *Ci-gît l'espace* (MNAM, Paris), constituée d'une dalle funéraire recouverte de feuilles d'or, d'une couronne en éponge IKB et de roses. Enfin, son œuvre *Ex-voto* sera la conclusion de son travail, réunissant toutes ses idées en une seule et même œuvre. Cette œuvre est composée de ses trois couleurs, rose, bleu et or, avec une liste des noms de toutes ses œuvres.

Au cycle 1, un travail sur la couleur s'inscrit dans une étude plus large de la lumière et de ses effets sur les surfaces ou matériaux qu'elle éclaire. C'est un thème privilégié pour lier l'éducation artistique - expression et analyse des émotions esthétiques, maîtrise des moyens de s'exprimer de cette façon - et l'éducation scientifique - analyse physique de la relation entre lumière/matière/perception. C'est aussi l'occasion de travailler le langage : la désignation des couleurs, le vocabulaire associé, les moyens dont on dispose pour exprimer des nuances.

L'articulation du langage avec les concepts est importante, car beaucoup de formulations dans le domaine de la couleur traduisent ou véhiculent des confusions conceptuelles. Il nous faut trouver un juste milieu entre l'exactitude et la lourdeur des formulations pour présenter ou faire rectifier les concepts.

Séquence 1 : Différentes nuances dans une même couleur

Cette séquence vise à affiner les perceptions colorées et à enrichir le vocabulaire permettant de communiquer sur le sujet, de repérer les dimensions qui différencient les couleurs.

Prérequis : discerner et nommer les couleurs dès la maternelle.

Un nom de couleur désigne une plage de couleurs plutôt qu'une couleur précise, et les noms attribués ne relèvent pas d'une norme. Dans une plage de couleurs donnée, on distingue des nuances (ou teintes) que l'on essaie de décrire par des qualificatifs et qui constituent des repères culturels communs à ceux qui utilisent une même langue.

La définition de la nuance peut varier d'un dictionnaire à l'autre. On retient ici : « *Chacun des degrés, des tons différents d'une même couleur, ou chacun des degrés intermédiaires entre deux couleurs* » (*Larousse*, 1998). On passe en effet d'une continuité dans les teintes à une discontinuité d'appellation de « couleurs ».

De nombreuses situations de classe permettent de faire le point sur ce que les enfants voient, et de recenser les noms qu'ils connaissent. Elles peuvent se regrouper en différents types d'activités :

- collectes et regroupements ;
- comparaisons, désignations non verbales : classification d'échantillons, collages de gommettes, mais aussi coloriages ;
- désignation verbale, dénomination.

Trier des matériaux selon la couleur, en regroupant différentes nuances : la couleur est un des premiers paramètres que les enfants évoquent. Le classement réalisé par couleur fait apparaître la notion de nuance comme sous-catégorie de « couleur ». Certaines nuances sont difficiles à classer : le vermillon peut être placé dans la famille orange ou dans la famille rouge ; le turquoise dans la famille bleu ou vert.

Séquence 2 : Percevoir la variété des nuances d'une même couleur

Domaine : Percevoir, sentir, imaginer, créer
Nombre de séances : 3
Objectifs : affiner les perceptions colorées, enrichir le vocabulaire, repérer les dimensions qui différencient les couleurs, éprouver des sentiments

Séance 1 : Du blanc, des blancs ?

On peut demander aux enfants de citer les noms de tous les objets qui évoquent, pour eux, la couleur blanche. On peut ensuite réunir un grand nombre d'objets blancs et en comparer les nuances. Si tous peuvent être qualifiés de blancs, ils ne sont pas pour autant « ton sur ton » si on les place côte à côte.

Nourriture	Maison	Hiver
Lait Fromage Filet de poisson Mie de pain Sucre Sel Farine Riz Ail Yaourt nature Crème fraîche Crème chantilly Haricots blancs Chou-fleur Champignon Blanc d'œuf Endive Poireau Poulet cuit	Murs de dehors Couette Réfrigérateur	Neige Flocon Montagne Pôle Nord Glace (on devrait dire givre) Barbe du Père Noël
Nature	**Corps**	**La classe**
Nuage Mouton Marguerite Pâquerette	Os Dents Cheveux blancs Contour des yeux Blanc de l'œil Crème pour soigner	Tableau blanc Crayon de couleur blanc Feuille de papier Craie Barquette Essuie-tout Mouchoir en papier Coton

■ Séance 2 : Réalisation d'une composition

Les enfants peuvent réaliser une composition plane ou en volume à partir d'éléments blancs. Dans l'œuvre *Carré blanc sur fond blanc* (1918), Malevitch a utilisé deux matériaux différents pour une même teinte : les « textures » différentes ne renvoient pas de la même façon la lumière et donnent des valeurs diverses au blanc.

Ils utiliseront pour cela différents matériaux blancs (papiers, cartons, plastiques, bandes plâtrées, etc.), mais aussi de la peinture blanche, des crayons et pastels blancs. Cette activité vient renforcer la prise de conscience que, bien que tous les matériaux utilisés soient blancs, ces blancs sont différents en fonction des supports, des médiums, de l'épaisseur, etc.

■ Séance 3 : Réaliser un tableau d'une seule couleur

Les nuances de bleu

Objectifs : Apprentissage des nuances d'une même couleur ; rôle de la peinture blanche, savoir recouvrir entièrement une surface ; s'exprimer sur une œuvre.

Matériel nécessaire :

• reproduction des monochromes de Klein ;

• feuilles à peindre, blanches, confection d'objets en papier mâché blancs, destinés à être recouverts de peinture (objets fabriqués lors de la séance précédente) ;

• gouache bleu primaire, blanc (de préférence gouache épaisse en flacon) ;

• pinceaux, rouleaux à peindre, éponge de petites tailles.

Déroulement :

• en collectif : observation des œuvres de Klein. Découvrir une surface en deux dimensions, puis un objet en trois dimensions. Commenter, donner son avis, ses sentiments ;

• répartition en groupes et travail en ateliers :

- un atelier découpage dans des catalogues d'une même couleur avec ses nuances et collage de ces découpages sur une feuille blanche,
- un atelier domino des couleurs,
- un atelier avec l'enseignant sur la réalisation d'un tableau ;

• atelier dirigé : décider quel type de surface recouvrir par discussion entre pairs et avec l'enseignant. Chaque élève choisit la surface qu'il souhaite peindre. Comprendre quel outil utiliser pour la recouvrir

entièrement. Préparer le bleu ou ses nuances, ajout de blanc par touches sur le papier ou mélangé directement dans le pot. Essai et choix de l'une ou l'autre méthode selon la préférence de l'enfant :
- essai de différents bleus plus ou moins clairs selon la quantité de blanc ajoutée,
- fabrication d'un nuancier bleu (noter le dosage : une cuillère de bleu, une cuillère de blanc ; une cuillère de bleu, deux cuillères de blanc, etc.),
- apprendre à préparer un bleu outremer ou ultramarin, se rapprochant de celui de Klein (IKB).

Décider si le recouvrement doit être uniforme ou montrer un dégradé de bleu. Séchage des formes et des papiers. Apparition des couleurs au séchage. Observation des résultats obtenus et commentaires des élèves de la classe.

Prolongements :
- fabrication d'autres nuanciers de couleurs différentes. Utilisation des reproductions d'autres monochromes de Klein ;
- collage de formes, réparties dans l'espace, bleues ou concentrées ;
- rechercher les emplacements et l'agencement des différentes formes à coller avant de les coller : en fonction de leur forme mais aussi de leur couleur ; les mêler, les séparer, les ordonner, les disperser...
- observer plusieurs possibilités avant d'en choisir une que l'on collera ;
- utilisation d'autres reproductions (Kandinsky ou Miró et ses trois « bleus ») ;
- lecture de l'album : *Un bleu si bleu*, auteur : Jean-François Dumont, éditeur : Flammarion, collection : « Père Castor ».

LES QUESTIONS POUR L'ENTRETIEN

1. Quelles compétences sont visées par le dessin et les compositions plastiques ?

Au cours de la maternelle, il est intéressant de pouvoir évaluer différentes compétences devant être acquises par l'enfant :
- savoir adapter son geste à un environnement et aux contraintes matérielles (outils, supports, matières) ;
- savoir différencier les techniques et exercer des choix parmi des procédés et des matériaux ;
- utiliser différentes techniques comme moyen d'expression et de représentation ;
- réaliser des compositions en plan mais également en volume ;
- reconnaître des reproductions d'origine et des images créées par les enfants, établir des rapprochements entre deux objets plastiques (une production d'élève et une reproduction d'œuvre) ;

• dire ce qu'on fait, ce qu'on voit, ce qu'on ressent, ce qu'on pense ;
• agir en coopération dans une situation de production collective.

2. Quelle démarche est initiée ?

Elle se décompose en trois étapes principales :
• la première étape relève de l'exploration et concerne les possibilités sensorielles des élèves. Elle peut s'apparenter à la première année d'école maternelle. Il s'agit d'expérimenter des matériaux, des gestes, et de constater leurs effets, afin de se constituer une sorte de capital sensoriel ;
• la deuxième étape consiste à réutiliser consciemment ce répertoire sensoriel, après avoir construit un support visuel. S'y ajoutent des connaissances culturelles et des repères dans l'univers de la création. L'imaginaire de l'enfant est sollicité. On lui permet de développer des moyens d'expression ;
• la troisième étape implique d'avoir intégré les expériences sensorielles de la première étape, de s'être approprié les moyens d'expression de la deuxième tout en ayant à l'esprit les connaissances culturelles, afin de réaliser une production avec une intention. C'est la démarche de création.

Chaque étape est suivie d'un moment de mise en commun, qui permet de visualiser les réalisations, d'oraliser pour mutualiser les actions et les effets. Indispensables, les mises en commun enrichissent les capacités d'expression (plastiques et langagières) des élèves et les amènent à se confronter à des points de vue différents.

3. Quelle différence faites-vous entre imagination et imaginaire ?

L'imagination, c'est la capacité de créer une ou des images mentales originales à partir d'images déjà existantes et engrangées dans la conscience ou l'inconscient. D'après le Larousse :
• faculté de l'esprit d'évoquer, sous forme d'images mentales, des objets ou des faits connus par une perception, une expérience antérieure : un événement qui demeure très vif dans l'imagination ;
• fonction par laquelle l'esprit voit, se représente, sous une forme sensible, concrète, des êtres, des choses, des situations dont il n'a pas eu une expérience directe : un récit qui frappe l'imagination ;
• capacité d'élaborer des images et des conceptions nouvelles, de trouver des solutions originales à des problèmes : manquer d'imagination.

L'imaginaire s'oppose au réel. L'imaginaire peut être défini sommairement comme le fruit de l'imagination d'un individu, d'un groupe ou d'une société, produisant des images, des représentations, des récits ou des mythes plus ou moins détachés de ce qu'il est d'usage de définir comme la réalité.

4. Dites-vous à un élève que ce qu'il a fait est beau ?

D'après la définition du petit Larousse, le beau, c'est ce qui :
• suscite un plaisir esthétique d'ordre visuel ou auditif : une belle fleur. Ce piano a un beau son ;
• suscite un sentiment admiratif par sa supériorité intellectuelle, morale ou physique : une belle démonstration. Il a eu un beau geste ;
• est agréable, qui cause du bien-être : un bel après-midi. Faire un beau voyage ;
• convient bien, qui est satisfaisant : nous sommes heureux de ce beau résultat ;
• est remarquable par sa grandeur, son importance : il a amassé une belle fortune. C'est un beau dégoûtant !
• (familier) est conforme à la bienséance : ce n'est pas beau de se moquer des gens.

Or le beau a aussi ses normes. Au sens originel, en rapport avec la philosophie grecque qui regroupe le Beau, la Sagesse, l'Équilibre et l'Harmonie. Le Beau a des normes (les canons de la beauté) et par là même une certaine rigidité. Cette manière de voir a perduré des siècles et provoque encore des blocages pour s'en affranchir. On vit encore de cet héritage au demeurant plus rassurant, et que l'on est en droit d'admirer mais qui ne correspond pas forcément à notre époque. Aujourd'hui, le beau s'apparente à l'esthétique (cf. ci-avant), c'est-à-dire qu'il a rapport à l'individu et donc au subjectif (l'art par nature n'est pas objectif). Le Beau n'est plus le seul critère pour une œuvre d'art : la créativité l'a remplacé avec comme support le rôle de l'inconscient, l'équilibre, le déséquilibre, l'absurde, la dérision, la provocation.

Dans le sens où l'élève a respecté les consignes, je le féliciterai et si ce qu'il a produit me touche, je me permettrai de lui dire que « c'est beau » en lui expliquant pourquoi.

5. Qu'est-ce que l'art ?

Parmi les définitions du petit Larousse, on trouve celles-ci :
• création d'objets ou de mises en scène spécifiques destinées à produire chez l'homme un état particulier de sensibilité, plus ou moins lié au plaisir esthétique : les révolutions de l'art moderne ;
• ensemble d'œuvres artistiques ; caractère de cet ensemble : l'art italien, l'art du Bénin, l'art roman, l'art du portail occidental de Chartres, l'art de Rembrandt.

Historiquement, l'art existe depuis que l'homme existe même s'il n'a pas toujours été l'objet d'une prise de conscience égale. Il a quelquefois, au cours des âges, été confondu avec la technique de l'artisan, en particulier lorsque l'artiste n'était considéré que comme l'exécutant, la main d'un dieu créateur qui, lui seul, avait du génie.

C'est la pensée grecque qui donne à l'art sa première dignité réelle qu'il reperdra au Moyen Âge. C'est au XVe siècle en Italie, lors de l'avènement de l'Humanisme, que l'on reprendra conscience de la supériorité de l'artiste et de l'homme tout simplement. Ainsi dans une Cène rebaptisée par l'artiste lui-même, Véronèse, *Le Repas chez Levi*, on trouve des éléments de la vie quotidienne de Venise telle qu'une nappe en dentelle de Burano, qui vient juste d'être dépliée, et des verres de Murano. Le peintre s'est représenté sur l'œuvre tout de vert vêtu.

Beaucoup plus tard, au XIXe siècle, la montée en puissance de la bourgeoisie et du matérialisme donnera plus ou moins de considération aux artistes qui vendent ou qui ne vendent pas, et comme ce sont les œuvres académiques et conventionnelles qui ont du succès auprès de ces nouveaux riches peu cultivés, l'artiste n'est plus reconnu par rapport à l'acte de création lui-même.

6. Pourquoi présenter des œuvres d'art aux enfants ?

• Pour enrichir l'imaginaire et la créativité. C'est le moyen privilégié pour que l'enfant ne reste pas au niveau d'images mentales stéréotypées, mais aille vers d'autres modes de représentation originaux.

• Pour éduquer le regard. Une lecture d'image bien menée apprend à poser son regard, à mieux voir, parmi la multitude d'images qui envahissent la vie de l'enfant d'aujourd'hui : lieux, personnages, éléments divers, couleurs, formes, matière, composition, ambiance, thème et sujet de l'œuvre... Ainsi les enfants de grande section sont-ils tout à fait capables de reconnaître les œuvres, donc le style de certains artistes, ce qui est une réelle éducation du regard.

• Pour développer et affiner la sensibilité. Éprouver et retrouver des émotions, écouter l'écho que les images éveillent en nous. S'exprimer, commenter, se souvenir, s'identifier, se projeter.

• Pour un premier accès à la culture, au patrimoine. Connaître et/ou reconnaître quelques œuvres, les nommer, entendre et peut-être se souvenir du nom de l'artiste, voir sa photo ou son portrait, sa maison... Pour que l'art soit accessible à tous et non pas réservé à une élite.

DOSSIER 4| LA DÉCOUVERTE DU VIVANT

LA CLASSIFICATION DES ANIMAUX

Le développement de l'enfant et la notion de classification chez Piaget :
- les opérations logico-mathématiques : elles organisent les quantités, les objets discontinus et sont fondées sur les différences entre les éléments, leurs ressemblances ou leurs équivalences. Elles conduisent aux notions de sériations, de classification et de nombre ;
- les opérations infralogiques : elles portent sur les quantités continues et sont fondées sur les voisinages et les séparations. Elles amènent aux notions d'espace, de temps, de constitution de l'objet en tant que tel, et sont à l'origine de la mesure.

Les structures des opérations concrètes, ou groupements, sont en fait des systèmes de transformation mais ne pouvant être effectuées que par rapport à un invariant. Au stade qui nous intéresse, la conservation de ces invariants est l'un des meilleurs critères de l'opérativité de l'enfant. Les épreuves piagétiennes, et celle que nous avons reproduite ici, permettent justement d'évaluer si l'enfant a acquis ce critère de conservation ou non. Si c'est le cas, au stade opératoire, lorsque l'on soumet un enfant à une épreuve, celui-ci maintient l'invariance de la quantité quelles que soient les transformations apportées. Pour cela, il utilise des arguments solidaires qui sont soit :
- l'argument d'identité : ex. : « C'est pareil parce qu'on n'a rien ajouté ni enlevé » ;
- l'argument de réversibilité : ex. : « On peut refaire la boulette B pour qu'elle redevienne comme la boulette A » ;
- l'argument de compensation : ex. : « C'est pareil parce que B est plus long mais plus mince, et que A est plus court mais plus gros. »

Nous allons maintenant voir les différents concepts auxquels nous mènent les opérations logico-mathématiques.

La classification

Il s'agit de classer les objets, de les grouper, selon leurs critères communs. Le développement de cette notion chez l'enfant se fait selon un processus de différenciation et de coordination simultané entre la compréhension et l'extension des classes. La compréhension étant ce qui rassemble les caractères communs s'appliquant aux objets qui composent une classe, et l'extension étant ce qui concerne l'ensemble des objets auxquels s'appliquent les caractères communs. Le processus cité ci-avant permet d'acquérir la notion de l'inclusion logique des parties dans le tout. Cette dernière suppose la conservation de la classe totale, c'est-à-dire une quantification exacte et durable des relations entre la classe totale et les sous-classes qui la composent.

L'épreuve piagétienne souvent utilisée pour illustrer cette notion est l'épreuve de quantification de l'inclusion. Ex. : avec les fleurs et des primevères : s'il y a un bouquet de six fleurs et six primevères, il faut que l'enfant comprenne qu'il y a plus de fleurs que de primevères et réponde à la question : « Y a-t-il plus de primevères ou plus de fleurs ?, les primevères faisant partie de la classe des fleurs. » Cette notion n'est pas évidente pour l'enfant : il n'est pas facile de comprendre que la partie est plus petite que le tout.

La sériation

Il s'agit d'une construction dont le critère est la compréhension de la transitivité. Ex. : avec 10 bâtonnets de longueurs différentes : avant le stade des opérations concrètes, l'enfant fait des couples de deux ou trois bâtonnets, ou alors il arrive à les classer dans un ordre croissant, mais par tâtonnement. Une fois arrivé à ce stade, il comprend que si $A < B$ et si $B < C$, alors $A < C$; c'est ce phénomène qui est appelé la transitivité. Ainsi, l'enfant arrive à construire du premier coup la série $A < B < C < D < E < F$... en utilisant une méthode systématique.

Qu'est-ce que la classification des espèces ?

Toute classification génère des concepts. Ce sont des ensembles argumentés sur lesquels, à terme, les scientifiques posent un nom. Si l'on comprend cela, on aboutit à : « Ils sont ensemble parce qu'ils ont tous six pattes ; les scientifiques appellent cela "insectes" ». Le nom d'insecte n'émane pas de l'individu donné à observer.

Les objectifs de la classification au primaire et au secondaire sont donc beaucoup plus cognitifs que biologiques :

- distinguer la classification de la clé de détermination ;
- passer, en matière de classification, de l'essentialisme au nominalisme :

- observer une collection contrôlée d'espèces, voire les dessiner ;
- nommer les attributs observables ;
- faire des ensembles en les argumentant sur la base d'attributs partagés ;
- faire des ensembles emboîtés ;
- comprendre que les noms qui y sont apposés sont des conventions créées par des scientifiques.

À l'école primaire, les objectifs sont, sur plusieurs séances :

- décrire les espèces : établir le niveau de description et faire émerger le vocabulaire anatomique ;
- distinguer ranger, trier et classer ;
- faire émerger des critères de classification pour, finalement, classer ce qu'ils ont ;
- provoquer un débat où les observations et les savoirs seront confrontés ;
- faire émerger des ensembles emboîtés.

Observer et décrire

La première étape est un travail d'observation/description. Pour les enfants connaissant peu les êtres vivants, une première étape de description d'animaux et de végétaux à partir de photos est nécessaire afin de faire émerger des énoncés de description, puis, à terme, une abstraction. En effet, on peut regarder une photo d'animal pour ce qu'il est en tant qu'individu, ou bien en tant que représentant d'un groupe déjà assimilé. Par exemple, on peut voir ce rouge-gorge comme quelque chose d'inconnu à gorge rouge ou bien comme un oiseau. Dans la description de ce que les animaux ont, on peut voir émerger que ce chat-là est roux, ou que cet autre chat a une pelote de laine. Pour permettre l'abstraction, une fois des descriptions obtenues, on peut tenter de trier les attributs généralisables des attributs qui résultent de situations particulières en :

- limitant les effets de taille ;
- limitant les couleurs par l'utilisation de photos ou de dessins en noir et blanc ;
- distinguant de qui est propre à la structure physique des organismes de la situation contingente de la photo ;
- multipliant les photos d'individus d'une même espèce pour ensuite, à terme, permettre de percevoir ce qui est propre à une espèce puis ôter les doublons.

On peut tenter de fournir un animal nouveau et de le rattacher à d'autres qu'on aura préalablement décrits. À terme, en évacuant les tailles, les couleurs, les situations, on aura ajusté le niveau de description des espèces et fait émerger du vocabulaire anatomique (tête, yeux, ailes, poils, plumes, membres, pattes, nageoires, antennes...). L'étape suivante consistera à reproduire le même exercice sur un échantillon de composition contrôlée à classer.

Distinguer, trier, ranger, classer

Une collection d'espèces (criquet, coccinelle, hanneton, scarabée, truite, escargot petit-gris, limnée, saint-pierre, homme, lapin, chat, pigeon, poulet, lézard vert) est fournie sous forme de dessins photocopiés sur des feuilles de couleur. On demande aux élèves, par petits groupes, de trier ou classer les espèces selon la couleur de la feuille : ceux qui ont les feuilles roses devront trier, ceux qui ont les feuilles blanches devront classer. Avec des ciseaux et de la colle, chaque groupe réorganise les dessins en fonction de ce qu'il a à faire. Immédiatement, la notion de critère émerge. On va trier sur « ont des poils » ou non, sur « vivent à la ferme » ou non.

On collecte les représentations, on les affiche toutes. On constatera que les deux opérations sont mélangées : certains ont trié en croyant classer et vice-versa. On peut alors redistribuer les feuilles en deux catégories :

- ceux qui ont trié : le tri se fait en fonction de la présence/absence du ou des critère(s). Par exemple, il y a ceux qui ont des poils (chat, lapin, homme) et ceux qui n'en ont pas (les autres). Cette activité est utilisée dans les clés de détermination d'espèces mais ne constitue en aucun cas une classification ;
- ceux qui ont classé : on regroupe sur la base de ce que les espèces ont (et pas sur ce qu'elles n'ont pas) et ces attributs sont appelés les arguments de la classification. Les arguments sont multiples et s'emboîtent les uns dans les autres. Par exemple, au sein de ceux qui présentent quatre pattes, il y a le sous-groupe de ceux qui ont des poils. Des ensembles emboîtés peuvent voir le jour.

Dans le secondaire, une séance particulière est prévue pour utiliser des clés de détermination préexistantes. On utilisera des clés sur les feuilles d'arbre ou sur les plantes à fleurs, plus faciles à gérer en identification qu'en véritable classification.

La classification, ses critères et ses arguments

Après avoir laissé derrière soi les activités de tri, on peut passer à une réelle séance de classification. Dans un premier temps, on va laisser émerger les critères de classification, pour finalement aboutir à la consigne de ne classer que sur la base de ce que les animaux ont. En effet, si on laisse émerger les critères de classification, on va obtenir un mélange de critères hétérogènes. Des animaux vont être classés ensemble parce que :

- ils font la même chose (« ils volent », ou « ils mangent de la viande ») ;
- ils vivent au même endroit (« ils habitent à la ferme ») ;
- ils sont (*a priori*) ceci ou cela (« ce sont des insectes ») ;
- ils servent à la même chose (« ils se mangent ») ;
- ils n'ont pas ceci ou cela (« ils n'ont pas de vertèbres », ou « ils n'ont pas de pattes ») ;
- ils ont ceci ou cela (« ils ont six pattes »).

En primaire, on pourra laisser émerger ces critères et l'on pourra les trier collectivement. Si l'objectif est d'obtenir une classification qui a rapport avec l'histoire évolutive des organismes, la consigne devra être, finalement, de ne classer que sur ce que les animaux ont (le dernier des six ci-avant).

On peut y parvenir de manière directive, mais aussi par le dessin. Il suffit de se mettre à dessiner ce que l'on voit et à légender les parties. Lorsque l'on dessine, on s'attache à observer ce qu'il y a, et on laisse - de fait - tout le reste.

Pour le primaire, une liste collective des organes (ou attributs) observés sur toute la collection est dressée. Un ajustement de vocabulaire est nécessaire (souvent, les « oreilles » sont données pour les « pavillons de l'oreille » ; préférer « membres » à « pattes » chez les tétrapodes ; attention à « ailes » ou à « nageoires » qui font référence à des fonctions, il faudra alors faire préciser les structures avec « ailes membraneuses », « ailes plumeuses », « nageoires rayonnées » ; préférer « tentacules » à « cornes » ou à « antennes » chez les gastéropodes ; le pied de l'escargot n'est pas son ventre, etc.).

Un complément de documentation est toujours possible, puisque la séance a été préparée. Par exemple, l'homme a une queue, mais elle est « rentrée » dans le bassin, c'est le coccyx. De même, les oiseaux ont une queue, mais celle-ci est « tassée », c'est le pygostyle. Attention, les oiseaux aussi ont des écailles soudées, il suffit d'observer leurs tarses. On différenciera les « écailles soudées » des sauropsides des « écailles libres » des téléostéens. Cette étape est déjà contrôlée dans le secondaire puisque le tableau utilise d'emblée le bon vocabulaire.

Puis on fabrique des ensembles argumentés à l'aide des attributs listés. Spontanément, la tendance sera de ne faire que des ensembles disjoints, non inclusifs. Une seconde consigne pourra encourager les jeunes classificateurs à faire surtout des ensembles emboîtés les uns dans les autres. Cela revient à hiérarchiser les arguments : tous ceux qui ont des poils avaient déjà quatre membres, etc. Une manière de démarrer l'emboîtement est de demander aux classificateurs ce que les animaux ont tous. Par exemple, ils ont tous une tête. Sur l'argument de la tête, le groupe le plus inclusif va pouvoir émerger. Les autres groupes seront ainsi nécessairement emboîtés dans le premier. Dans l'option du tableau à remplir, la colonne où il y a le plus de croix est l'ensemble le plus inclusif. On termine l'exercice en épuisant toutes les colonnes du tableau.

En primaire, sur le plan matériel, les mêmes feuilles sont à découper, et les enfants, par petits groupes, devront coller les animaux dans des ensembles argumentés. Dans chaque groupe, les enfants discutent sur ce que les animaux ont. Cette discussion les pousse à observer les images et à confronter leurs savoirs sur ces espèces. Chaque groupe d'enfants produit donc des ensembles avec des arguments. Par exemple, l'ensemble (lapin + chat + homme) va associer les arguments des poils et des mamelles. On demande à chaque groupe d'enfants de dessiner les ensembles (des bulles, au besoin de couleurs différentes) et d'écrire les arguments à côté de l'ensemble. On encourage l'argumentation d'un ensemble sur la base de multiples arguments.

Au besoin, cet exercice va amener les enfants à reformuler leurs arguments lorsqu'ils se trompent de critère, pour les ramener à l'anatomie (c'est-à-dire ce que les animaux ont). Par exemple : on ne dit pas : « Je les mets ensemble parce qu'ils nagent » (je classe sur ce qu'ils font), on dit : « Je les mets ensemble parce qu'ils ont des nageoires rayonnées » (sur l'anatomie) ; on ne dit pas : « Je les mets ensemble parce que ce sont des mammifères » (je classe sur ce qu'ils sont *a priori*) ; on dit : « Je les mets ensemble parce qu'ils ont des mamelles » (sur l'anatomie).

Dans un second temps, tous les arguments de tous les groupes de la classe vont être lus, commentés collectivement et affichés au tableau. Pour l'enseignant, des agrandissements des figures d'animaux peuvent avoir été préalablement découpés sur du papier cartonné et affichés au tableau à l'aide de gomme à fixer. Les ensembles sont reconstitués à l'aide de tous les arguments produits et validés par la classe. On atteint la fin de l'exercice en épuisant la liste des attributs arguments qui avait été dressée.

Ces arguments sont :
• (hanneton, scarabée, coccinelle) : élytres ;
• les précédents avec le criquet : six pattes, antennes, ailes membraneuses (éventuellement squelette à l'extérieur, argument surtout intéressant si on ajoute deux araignées) ;
• limnée, escargot petit-gris : tentacules, coquille, pied ;
• pigeon, poulet : plumes, bec ;
• pigeon, poulet, lézard vert : écailles soudées ;
• chat, homme, lapin : pavillon aux oreilles, poils ;
• chat, homme, lapin, lézard vert, pigeon, poulet : quatre membres ;
• saint-pierre, truite : rayons dans les nageoires ;
• saint-pierre, truite, chat, homme, lapin, lézard vert, pigeon, poulet : squelette à l'intérieur, queue ;
• tous : tête, yeux.

■ LA SÉQUENCE

Objectifs généraux

• Recueillir des informations sur des animaux.
• Approche d'une classification à partir d'un critère de classement.
• Reconnaître une propriété collectisante.
• Reconnaître d'autres éléments possédant la même propriété.
• Connaître du vocabulaire : noms d'animaux, partie du corps (pattes, sabots, griffes, poils/fourrure, écailles...).

Contexte du travail

Les classes de l'école maternelle doivent effectuer un voyage de fin d'année au zoo d'Amnéville. Chaque après-midi, les cinq classes organisent un décloisonnement réunissant tous les élèves de MS et de GS répartis dans les cinq classes. Les groupes changent d'atelier toutes les semaines.

- VHS « Je marche à quatre pattes » et « Je me tiens debout »
- Images des animaux des films et d'autres animaux

Séances 1 et 2 : Observer les animaux dans les films

Durée des séances : 35-40 minutes.

Consigne de départ : « Vous allez voir des animaux, regardez-les bien et décrivez ce que vous voyez. Cherchez ce qui est pareil ou différent entre les animaux. Pour chaque animal, je vais écrire sur une feuille ce que vous avez remarqué. »

Appropriation et explicitation de la question : l'enseignant demande aux élèves d'expliquer ce qu'il faut faire.

Déroulement : les enfants sont assis face à l'écran. L'enseignant passe le film, animal par animal. Chaque séquence concernant un animal passe sans interruption. Dans un second temps, à partir des remarques des enfants, l'enseignant repasse la séquence en marquant des arrêts qui correspondent soit aux remarques des enfants, soit aux points importants que l'enseignante veut mettre en évidence. En fin de séance, les enfants utilisent la partie du film destinée à reconnaître un animal à partir de détails en gros plan.

Rôle de l'enseignant : l'enseignante gère le temps et contrôle le défilement du film. Elle demande aux enfants d'expliciter ce qu'ils ont vu, fixe le vocabulaire en répétant avec les élèves. Au fur et à mesure de l'avancée de la séance, l'enseignante note ce que disent les élèves et fabrique ainsi une affiche par animal. L'enseignante relit chaque affiche et fait le bilan de ce qui a été dit. Elle place le vocabulaire et elle fait reformuler les phrases données par les enfants en y introduisant le vocabulaire spécifique.

Rédiger une fiche pour chaque animal (dictée à l'adulte) au fur et à mesure de l'observation : pattes (nombre, forme), au bout des pattes, oreilles (forme, place), yeux (rapprochés, sur les côtés), ce qui les recouvre (poils, écailles...), autres caractéristiques (cornes, trompe...).

Séance 3 : Effectuer un classement

Situation : les enfants sont en groupe de quatre ou cinq élèves, chaque groupe reçoit une feuille A3, de la colle, des étiquettes correspondant aux animaux vus dans les films.

Déroulement

- L'enseignante présente le travail en grand groupe, puis demande aux élèves d'expliquer ce qu'il faut faire. Au préalable, elle met en évidence les affiches réalisées avec les élèves dans les deux séances précédentes et relit rapidement le contenu des affiches en sollicitant les élèves.
- Les enfants sont répartis par groupes de quatre ou cinq ; ils doivent discuter entre eux pour, à partir d'images des animaux, essayer de réaliser un classement en choisissant un critère ou des critères de classement. Ils doivent grouper les animaux et les coller par groupe.
- L'enseignante passe de groupe en groupe et interroge les élèves afin qu'ils verbalisent leurs critères de classement. Elle inscrit à côté des groupes d'images les critères retenus.
- En fin de séance, chaque groupe présente son classement et explique comment il a fait.

Consigne : « Voici des images des animaux des films, mettez dans un enclos ceux qui ont quelque chose de pareil, qui sont de la même “famille”. Il y a plusieurs manières, mettez-vous d'accord. »

Rôle de l'enseignant : solliciter les enfants pour qu'ils explicitent ce qu'ils ont fait, pour qu'ils utilisent le vocabulaire adapté et pour qu'ils commencent à argumenter. Faire prendre conscience du critère ou des critères retenus en le nommant et en donnant ses différentes valeurs.

Résultats : les enfants ont effectué différents types de classement : pour certains groupes, un seul critère a permis de classer et d'autres ont utilisé deux ou trois critères.

Classement avec un seul critère : les familles des pattes, les familles des yeux, les familles de la peau.

Classement avec plusieurs critères : les élèves ont associé des critères pour former des classements plus élaborés.

Séance 4 : Utiliser les critères de classement avec d'autres animaux

Situation : les enfants sont en groupes de quatre ou cinq élèves, chaque groupe reprend la feuille A3 sur laquelle il a effectué le classement la veille. Il reçoit de la colle, de nouvelles étiquettes correspondant à de nouveaux animaux.

Déroulement

• L'enseignante présente le travail en grand groupe, puis demande aux élèves d'expliquer ce qu'il faut faire.

• Les enfants sont répartis par groupes de quatre ou cinq, ils doivent discuter entre eux pour placer les nouveaux animaux dans le classement établi précédemment.

• L'enseignante passe de groupe en groupe et interroge les élèves afin qu'ils verbalisent leurs critères de classement et expriment les difficultés rencontrées et les solutions trouvées (nouveau critère, nouvelle valeur du critère).

• En fin de séance, chaque groupe présente son tri et explique comment il a fait.

Consigne : « Voici de nouveaux animaux, cherchez si vous pouvez les mettre dans une famille. »

Trace écrite

• Chaque élève reçoit un « cahier d'expériences et d'observation » comprenant au moins cinq feuilles. Ce petit recueil est agrafé et la page de couverture est en couleur. Le contenu change chaque semaine en fonction de la rotation des groupes.

• Feuille 1 : titre.

• Feuilles 2 et 3 : description des animaux des films d'après les affiches des séances 1 et 2, le contenu varie selon les groupes.

• Feuilles suivantes : photocopies des classements effectués en petit groupe lors des séances 3 et 4.

LES QUESTIONS POUR L'ENTRETIEN

1. Pouvez-vous nous expliquer quelle est la posture de l'enseignant dans une démarche d'investigation ?

Un scientifique accepte de ne pas immédiatement trouver une réponse à un problème soulevé, il accepte aussi de remettre en question la validité des questions soulevées. Pour cela, il essaie de mettre en œuvre une démarche comprenant des expérimentations qui, en principe, lui permettront de trouver des éléments de réponse.

L'élève accompagné par le maître se met en situation de recherche. Le maître ne sait pas tout et n'a pas à tout savoir. Il peut dire : « Je ne sais pas. Essayons de trouver ensemble. » Il encourage les enfants à poser des questions, à faire des observations et des recherches bibliographiques pour se familiariser avec leur objet d'étude, à émettre des hypothèses qu'ils testent, à communiquer avec les autres. Le maître n'est pas l'unique détenteur de tout le savoir, il se place en position d'apprendre avec les enfants et il favorise ainsi les apprentissages car « *tous les travaux didactiques montrent à quel point la présentation d'un savoir clos, que l'on peut assimiler au Sujet Sachant [l'enseignant], ne permet guère aux élèves de construire leur propre savoir* » (J. Beillerat, C. Blanchard-Laville, N. Mosconi, *Formes et formations du rapport au savoir*, Paris, L'Harmattan, 2000).

Le maître dispose d'une compétence logique de traitement des informations qui lui permet de cerner ce qui doit être recherché comme information. Il sait où et comment chercher. Il accompagne les élèves dans cette recherche. Une question d'élève peut conduire le maître à proposer d'organiser une recherche, soit par de nouvelles expériences, soit dans la documentation. Le maître doit « maîtriser la situation » sans donner directement la réponse. Pour cela, il prépare les activités de recherche et il structure les travaux en recentrant ceux-ci sur les questions et en favorisant le passage de l'expérience sensible à la conceptualisation.

2. À quoi sert-il de garder une trace du travail fait ?

Il y a plusieurs éléments à prendre en compte : on peut écrire pour soi, et écrire pour les autres.

Écrire pour soi :
- pour prendre conscience de ses représentations personnelles (faire émerger les conceptions mentales peut constituer un outil de travail) ;
- pour agir, se fixer un but à l'action, la planifier et prévoir les résultats attendus (hypothèses, plan expérimental, questionnaire...) ;
- pour retenir, mémoriser une expérience, conserver des traces (communicables ou non), conserver des données (à comparer ensuite), consigner les résultats d'une expérience en cours (importance de dater, de légender, d'étiqueter les expériences et les productions en cours) mais aussi pour ne pas perdre de vue le problème posé ;
- pour comprendre, s'expliquer, décoder le réel, interpréter des faits, s'approprier des connaissances ;
- pour se prendre en charge.

Écrire pour les autres :
- pour faire comprendre ;
- pour expliquer à d'autres ;
- pour faire savoir ce que l'on sait ;
- pour communiquer.

DOSSIER 5| UTILISER, FABRIQUER, MANIPULER DES OBJETS À LA MATERNELLE

LES CONNAISSANCES

Enjeux à l'école maternelle

« *Pour un esprit scientifique, toute connaissance est une réponse à une question. S'il n'y a pas eu de question, il ne peut y avoir connaissance scientifique. Rien ne va de soi. Rien n'est donné. Tout est construit* », Bachelard.

La technologie est souvent peu pratiquée à l'école alors qu'elle est souvent une formidable motivation pour les élèves. Elle fait intervenir les connaissances des élèves dans des réalisations concrètes. L'objectif des programmes de 1985 est de permettre aux élèves d'accéder à la maîtrise intellectuelle et pratique du monde, à travers la discipline « sciences et technologie ». Ces textes mettent en évidence les notions de problématisation et d'expérimentation. Désormais, l'acquisition des comportements et méthodes propres aux démarches scientifiques (observer, problématiser, expérimenter...) et technologiques (concevoir, fabriquer, transformer...) fait partie des compétences visées. La notion d'interdisciplinarité y est évoquée sans pour autant rendre cette initiative obligatoire.

Suite à la mise en place de la loi d'orientation de 1989, les sciences connaissent un essor. Les programmes de 1995, qui en sont le reflet immédiat, désignent les disciplines scientifiques sous l'appellation « découvrir le monde » pour le cycle 1, « découverte du monde » pour le cycle 2 et « sciences et technologie » pour le cycle 3. Les grandes idées des textes de 1985 se retrouvent, mais l'accent est mis davantage, sur la structuration de l'esprit par le biais des démarches scientifiques et technologiques.

Un grand bouleversement fut apporté par G. Charpak, prix Nobel de physique en 1992, qui rapporta des États-Unis des méthodes novatrices. En 1996, il écrit le livre *La Main à la pâte*, crée le mouvement pédagogique éponyme en partenariat avec l'Académie des sciences, et propose des aides techniques aux enseignants du primaire. L'objectif est de privilégier la construction des connaissances par l'exploration, l'expérimentation et la discussion. Une pratique active des sciences est envisagée. Cette démarche aura un fort impact sur l'avancée des sciences.

En 2000 fut créé le PRESTE, le plan de rénovation de l'enseignement des sciences et de la technologie à l'école. La formation scientifique paraît alors indispensable aux futurs citoyens, afin que ceux-ci puissent asseoir une meilleure compréhension du monde. Les grandes idées de cette démarche perpétuent l'esprit de « La main à la pâte » afin de conserver les élèves acteurs de leurs apprentissages. Peu à peu se tissent les principales lignes directrices des derniers programmes en vigueur.

La logique de l'activité technologique

Notre environnement est constitué d'objets naturels et d'artefacts qui ne sont pas naturels ou ne le sont plus dans la mesure où, précisément, ils résultent de l'action de l'homme sur des objets naturels. L'homme génère des artefacts en transformant l'existant de plusieurs façons :
• il attribue des fonctions à des objets naturels (lourdes pierres pour casser ou broyer) ;
• il exploite les ressources des différents espaces de l'environnement (exploitation des sols pour les ressources minières et l'agriculture) ;
• il transforme les matériaux qui les constituent (construction des maisons en matériaux naturels, confection d'outils...).

L'activité technologique est définie par une intention de réalisation. Cette réalisation se met en œuvre sous trois aspects : la conception (réaliser un projet), la fabrication (obtenir un produit) ou l'utilisation (obtenir un effet).

La logique de conception

Concevoir, c'est imaginer un ensemble de fonctions afin de répondre à un besoin. Pour cela, il faut d'abord définir ce besoin. En premier lieu, il faut vérifier s'il n'existe pas déjà un objet qui y répond. C'est en essayant de comprendre pourquoi les objets existants ne sont pas satisfaisants qu'on parviendra à préciser les fonctions requises par l'objet. Au moment de choisir les solutions techniques envisagées, le concepteur doit prendre en compte les contraintes liées à la fabrication (matériels, moyens) et à l'utilisation de l'objet. Cette manœuvre est très difficile car il faut arriver à se projeter et à faire des concessions des deux côtés. Pour centraliser tous ces choix, le concepteur doit rassembler toutes ses réflexions sur un dessin qui sera le lien avec la fabrication. Le travail de conception fait appel à l'analyse, à la recherche, à la décision et à la formulation.

La logique de fabrication

Fabriquer, c'est produire un objet à partir du projet de cet objet. Le fabriquant doit d'abord maîtriser le projet de fabrication livré par le concepteur. Il doit ensuite organiser la fabrication, c'est-à-dire obtenir les outils, les matériaux, réfléchir aux étapes de la fabrication, solliciter les personnes expertes dans les techniques de réalisation. La fabrication proprement dite fait l'objet d'un contrôle régulier pour vérifier que l'objet en cours de fabrication est conforme au projet. Il est enfin soumis à un contrôle final.

La logique d'utilisation

Utiliser un objet, c'est attendre de son emploi la transformation correspondant à sa fonction. On peut ajouter une dernière relation à l'objet, la démarche d'investigation, qui consiste à comprendre le fonctionnement d'objets existants afin d'en tirer des connaissances utilisées dans la conception. Cette démarche peut être adaptée à tous les niveaux de l'activité technologique. Évidemment, les niveaux d'exigence ne seront pas les mêmes suivant les personnes qui la mettront en œuvre. L'application scolaire de cette démarche, par exemple, ne sera qu'une simulation d'activité industrielle.

Quels enjeux ?

La pratique de la technologie, si elle est menée en projet, apporte aux élèves une autre vision de l'activité scolaire, et ainsi motive certains élèves qui voient une finalité immédiate à leur action. Pour une fois, à l'école, on se sert directement des connaissances accumulées dans toutes les disciplines pour réaliser un objet.

Quoi de plus concret ?

La technologie est une activité naturellement pluridisciplinaire. La critique collective des solutions retenues ouvre un débat, la liste des matériaux nécessaires, le mode d'emploi d'un engin réalisé et la notice de montage constituent autant de genres d'écrits sociaux. L'exactitude d'une mesure ou d'un calcul se retrouve directement dans le fonctionnement de l'objet fabriqué.

« *L'école maternelle est le lieu privilégié de familiarisation pratique des jeunes enfants avec des objets, des phénomènes, des procédés, des rôles. Mais il ne suffit pas de manipuler ou de "fréquenter" des "objets scientifiques" ou des "objets techniques" pour faire des sciences ou de la technologie ; encore faut-il que cela débouche sur des connaissances plus précises et que les activités conduites accompagnent efficacement l'évolution d'une pensée en pleine structuration. Car "faire des sciences et de la technologie", c'est aussi accéder à une construction intellectuelle débouchant sur des connaissances objectives, et celle-ci peut et doit être envisagée dès le plus jeune âge.*

Les exemples qui suivent aideront à cerner ces connaissances au mieux et à définir un niveau de formulation adapté à l'âge des élèves, tout en proposant des situations et des modalités de travail qui permettront de susciter, d'observer et de valoriser les évolutions des raisonnements des élèves. Découvrir le monde à l'école maternelle, c'est porter un regard curieux et inventif sur son environnement, tout en "expérimentant les instruments du travail intellectuel" qui, à terme, permettront de raisonner, d'étudier des phénomènes et d'agir sur le monde de la matière et des objets pour comprendre, utiliser, transformer.
L'un des objectifs importants de la première éducation scientifique à l'école maternelle est de confronter les élèves aux "contraintes de la pensée logique" et ainsi de contribuer à la construction de ces instruments intellectuels », Charpak dans les programmes de 2002.

L'utilisation d'objets techniques variés dans des situations fonctionnelles (vie de l'école, alimentation et cuisine, communication, jeux...) conduit à la découverte de leurs usages et au développement de l'habileté de l'utilisateur. Ces situations permettent aussi de tenter de répondre à des questions simples : à quoi servent ces objets ? Comment les utiliser ? D'où viennent-ils ? Quelquefois, l'enfant ne peut que mimer ce qu'il ne parvient pas encore à dire. L'enseignant le conduit à préciser ses gestes, à trouver les mots qui les accompagnent, à dire enfin ou à représenter ce qu'il a compris.

L'ambition de ces activités est limitée. L'enfant prend conscience de l'usage de l'objet, de ses différentes parties. Il constate s'il fonctionne ou non (une analyse méthodique du fonctionnement et des principales pannes est réservée à l'école élémentaire). La fabrication d'objets contribue tout aussi fortement à cette première découverte du monde technique.

La séquence préparée par l'enseignant permet d'articuler projet de réalisation, choix des outils et des matériaux adaptés au projet, actions techniques spécifiques (plier, couper, coller, assembler, actionner...), organisation de l'atelier de fabrication.

(MEN, 2002)

Les attendus institutionnels

À la fin de la maternelle, l'enfant est capable de :

- reconnaître, nommer, décrire, comparer, ranger et classer des matières, des objets selon leurs qualités et leurs usages ;
- connaître des manifestations de la vie animale et végétale, les relier aux grandes fonctions : croissance, nutrition, locomotion, reproduction ;

• nommer les principales parties du corps humain et leurs fonctions, distinguer les cinq sens et leurs fonctions ;
• connaître et appliquer quelques règles d'hygiène du corps, des locaux, de l'alimentation.

À l'école maternelle, l'enfant :
• découvre le monde proche ;
• observe, pose des questions ;
• progresse dans la formulation de ses interrogations ;
• apprend à adopter un autre point de vue que le sien ;
• découvre le goût du raisonnement ;
• ordonne, décrit par le langage et les formes variées de représentation (dessins, schémas) ;
• commence à comprendre ce qui distingue le vivant du non-vivant.

LA SÉQUENCE EN CINQ SÉANCES : FABRIQUER DES TOUPIES EN GS

Objectifs généraux
• Construire une toupie en veillant à son équilibre.
• Être capable d'analyser ses réalisations pour les améliorer.
• Mettre en place une notice pour réaliser une toupie.
• Connaître du vocabulaire spécifique.

Méthode de travail : chaque après-midi, les classes de moyenne et grande sections organisent un décloisonnement réunissant tous les élèves répartis par niveau. Les GS sont accueillis dans une classe, le groupe est divisé en deux groupes, l'un se consacrant à la construction des toupies et l'autre à celle d'hélicoptères.

Matériel nécessaire : crayon, ronds en carton, CD, boîtes de camembert, carton, gabarit de cercles, piques à brochettes, colle forte... Il a été demandé aux enfants d'apporter toutes sortes d'objets qui tournent. Des ateliers libres de manipulation sont installés dans la classe, le matin, à l'accueil.

Étape 1 : trier des objets qui « tournent » et choisir une rotation

Consigne de départ
• À partir des objets apportés par les enfants, trier les différentes rotations.
• À partir des objets que vous avez apportés, essayez-les, faites-les tourner. Puis essayez de mettre ensemble les objets qui tournent de la même manière.

Appropriation de la question : en groupe de cinq, les enfants sont autour de l'enseignant : celui-ci procède par un jeu de questions/réponses. Il prend soin d'organiser, dans un premier temps, une interaction entre les enfants, puis procède à un bilan.

1. Les enfants expriment ce qu'il faut faire.
2. Les enfants renomment les objets.
3. Les enfants utilisent les objets qu'ils ont apportés et testent les rotations.

• Boîte 1 : Parce que c'est des toupies, ça tourne à droite ou à gauche. On prend le bâton en haut et on fait tourner sur place (sur elle-même) le bâton. Ça s'appelle un axe.
• Boîte 2 : Parce qu'il y a des hélices ou une roue qui tourne. Avec le doigt, on peut la faire tourner. Avec le vent dehors, en soufflant dessus.
• Boîte 3 : Les tourniquets. On fait tourner une manivelle et ça fait tourner une roue.
• Boîte 4 : La tortue. Elle roule et elle tourne. Ce sont les roues qui font tourner la boule (la tortue).
• Boîte 5 : Il faut une ficelle, un fil (un lanceur) et ça fait tourner.

À partir de la boîte 1, l'enseignant questionne les élèves : Comment fabriquer une toupie ?

Observation des toupies apportées
• Chaque enfant essaye de faire tourner les toupies.
• Les enfants décrivent les toupies et explicitent comment s'en servir.

Faire ressortir le vocabulaire : axe, tourne sur elle-même.

Aller vers la question de départ : avec le matériel proposé, construire une toupie.

■ Étape 2 : Les enfants observent et manipulent les toupies qui ont été apportées

• Un enfant a même déjà essayé d'en fabriquer une avec du matériel de technologie « CELDA ».
• Les enfants proposent des solutions : l'enseignante note les solutions sur une grande affiche.

■ Étape 3 : Construction

• Préparer tout le matériel qui a été listé par les enfants à la séance précédente et faire construire aux enfants les toupies avec les solutions qu'ils ont proposées.
• Noter ce qui se passe, les réactions, les remarques.
• Faire faire un dessin des productions, faire des photos.

• Dicter à l'adulte ce qui a été réalisé, ce qui se passe.
• Quelles sont vos propositions pour la nouvelle étape ?

Deux solutions :
• ça n'a pas marché : il faut trouver d'autres solutions ;
• ça a marché : on peut fabriquer, améliorer, trouver d'autres idées et faire un mode d'emploi pour que toute la classe construise sa toupie.

Les deux étapes suivantes

Objectif : élaborer une notice explicative pour que les autres enfants puissent construire une toupie.

Activité : sur le même type de fonctionnement que la précédente, jusqu'à l'étape finale : « Répondre à la question : comment construire une toupie ? », chaque groupe élabore une affiche (utiliser une couleur par partie de l'affiche) :
• Question de départ : Comment fabriquer une toupie ?
• Quel matériel faut-il ?
• Comment avez-vous fait ?
• Dessin, photos numériques.
• Quels sont les résultats ? Ce qui fonctionne, ce qui ne fonctionne pas.
• Quelles solutions proposez-vous pour régler les problèmes ?
• Préciser le rôle de chaque objet utilisé.

Quand chaque groupe a trouvé une solution valide pour répondre à la question, on expose les travaux, on complète l'affiche au tableau, et ensuite on passe à la production de l'objet et aux essais.
Rôle de l'enseignant :
• à partir de la seconde séance, l'enseignant rappelle à chaque fois la question de départ, relit les propositions de chacun et rappelle ce qui a été fait ;
• il favorise l'expression des enfants, aussi bien de ceux qui exposent que des autres élèves.

Avant-dernière étape : Fabriquer un mode d'emploi

Toutes les affiches sont au tableau côte à côte :
• les différents essais sont comparés, les difficultés sont repérées ;
• au fur et à mesure, l'enseignante élabore le mode d'emploi pour que l'enfant puisse l'utiliser en autonomie.

Les impératifs :
- faire une partie ronde, avec un trou au milieu ;
- le trou du milieu doit permettre de coincer l'axe ;
- avoir un axe assez court ;
- l'axe doit être en forme de pointe pour tourner ;
- les étapes de fabrication sont explicitées (il peut y avoir plusieurs solutions).

Deux parties dans le mode d'emploi :
- quels objets pour fabriquer ;
- comment fabriquer.

Faire le mode d'emploi pour que l'enfant puisse l'utiliser en autonomie.

Dernière étape : Réinvestissement

Chacun réalise une toupie en suivant le mode d'emploi. Un élève apprend à un autre, qui n'a pas participé à l'atelier, à fabriquer une toupie.

LES QUESTIONS POUR L'ENTRETIEN

1. Quels domaines sont privilégiés par les activités du domaine « découvrir le monde » à l'école maternelle ?

Les activités du domaine « découvrir le monde » contribuent de manière très positive à :
- enrichir le lexique ;
- structurer la syntaxe ;
- utiliser des modèles langagiers construits (formulations, reformulations) à l'oral et vers l'écrit.

Avec l'appui de l'enseignant dont les reformulations (ou formulations) fournissent un modèle pour les élèves, ces derniers apprendront à utiliser :
- des connecteurs logiques, analogiques ou spatiaux pour rendre compte des relations entre ces phénomènes ;
- des marques explicites de la généralité (« toujours », « chaque fois que... »), ou de la condition (« si... alors... ») ;
- des phrases souvent au présent et dont le sujet n'est pas l'expérimentateur mais l'un des paramètres de la situation physique (« L'eau change d'état à 0 °C » est différent de : « On a fait geler de l'eau ; on a vu que la température est égale à 0 °C »).

Les enfants vont progressivement pouvoir produire des énoncés complexes et les articuler entre eux pour « expliquer » un phénomène. Pour qu'ils y parviennent, il faut faire évoluer leurs compétences langagières en même temps que leurs connaissances scientifiques. Le domaine de la découverte du monde est donc très pertinent pour explorer l'univers complexe des écrits, on utilise des traces écrites (au sens large) qui se présentent sous différentes formes et ont chacune des fonctions particulières.

2. Quels prolongements pourriez-vous envisager ?

Il me semble intéressant de recourir aux albums pour favoriser encore le lien entre l'écrit et l'oral et, plus précisément ici, le lien entre faire et dire, dire et écrire.

L'enfant d'aujourd'hui vit dans un monde rempli d'objets usuels, techniques et scientifiques. Il s'approprie de manière empirique et approximative leur usage et leur fonction. Il en fait une utilisation inscrite dans ses habitudes mais non raisonnée. Seuls les dysfonctionnements l'amènent à se questionner sur le « comment ça marche ? ». L'accompagnement sur ce chemin du questionnement permet d'ouvrir les enfants aux réalités du monde technologique et scientifique qui les entoure en les habituant à observer et à raisonner.

L'école maternelle est le lieu de familiarisation pratique avec des objets, des mécanismes. Par des activités de manipulation et d'expérimentation, elle permet au jeune enfant de se questionner pour s'essayer à décrire, raisonner, comprendre. Il s'agit donc de tracer le chemin qui permet de s'éveiller à la connaissance par l'activité, par l'expérience sans cesse renouvelée mais jouée chaque fois sur un registre différent.

Et si c'était dans les histoires qui mettent en scène des objets que l'on pouvait se questionner sur le nom, la place, l'usage, le fonctionnement, la fabrication d'objets proches ? C'est la nécessité de comprendre une histoire qui amène à la réflexion scientifique et technique régnant implicitement dans le récit.

Les sciences techniques et technologiques utilisent un langage spécifique qui doit être maîtrisé et compris dans des situations réelles ou imaginaires. L'exploitation de ces albums en classe alimentera le plaisir de lire soutenu par une compréhension étayée des connaissances disciplinaires intégrées dans le texte ou dans l'illustration. Il ne s'agit donc pas d'un détournement à de seules fins pédagogiques mais bien de lectures qui enrichissent le lecteur et lui permettent d'apprendre autrement. C'est l'histoire qui permet de comprendre le rôle des objets, et ce sont aussi les connaissances techniques que l'on possède déjà qui permettent de mieux comprendre l'histoire.

Pour toutes les activités proposées, il faut garder à l'esprit que l'élève de l'école maternelle est toujours à l'étape d'une énonciation orale et écrite provisoire, et qu'il chemine progressivement vers la formalisation technique et technologique attendue à l'école primaire.

3. À quoi sert le cahier de sciences ?

• Pourquoi un cahier de sciences ? Pour :
- garder une mémoire (tout au long du cycle) des travaux et recherches effectués autour d'un thème ;
- permettre à l'enfant de revenir sur ce qui a été dit, observé et réalisé ;
- structurer la démarche : à partir d'un problème posé (question notée), relever les explications des enfants et les amener à les vérifier par des observations, des expériences, des recherches, des constructions ;
- faire évoluer la trace écrite des enfants : s'appuyer sur les documents réalisés (exemple : les dessins individuels ou apportés par l'adulte) pour améliorer les productions.

• Que trouve-t-on dans le cahier de sciences ?
- une page d'avertissement pour expliquer le fonctionnement du cahier aux parents ;
- des écrits individuels et collectifs ;
- des dessins d'enfants ;
- des dessins ou schémas à compléter ;
- des éléments à relier ;
- des photos ;
- des dessins et écrits de l'adulte (compte rendu) ;
- des photocopies réduites des affiches réalisées collectivement ;
- des images découpées pour illustrer les recherches ;
- des textes scientifiques (« savoir savant »).

DOSSIER 6| ENSEIGNEMENT MORAL ET CIVIQUE

LE PROGRAMME

Les élèves apprennent les règles de politesse et du comportement en société. Ils acquièrent progressivement un comportement responsable et deviennent plus autonomes.

1. Ils découvrent les principes de la morale, qui peuvent être présentés sous forme de maximes illustrées et expliquées par le maître au cours de la journée : telles que « La liberté de l'un s'arrête où commence celle d'autrui », « Ne pas faire à autrui ce que je ne voudrais pas qu'il me fasse », etc. Ils prennent conscience des notions de droits et de devoirs.

2. Ils approfondissent l'usage des règles de vie collective découvertes à l'école maternelle, telles l'emploi des formules de politesse ou du vouvoiement. Ils appliquent les usages sociaux de la politesse (ex. : se taire quand les autres parlent, se lever quand un adulte entre dans la classe) et coopèrent à la vie de la classe (distribution et rangement du matériel).

3. Ils reçoivent une éducation à la santé et à la sécurité. Ils sont sensibilisés aux risques liés à l'usage de l'Internet. Ils bénéficient d'une information adaptée sur les différentes formes de maltraitance.

4. Ils apprennent à reconnaître et à respecter les emblèmes et les symboles de la République (*La Marseillaise*, le drapeau tricolore, le buste de Marianne, la devise « Liberté, Égalité, Fraternité »).

5. Le parcours citoyen est mis en place de la maternelle au lycée dès la rentrée 2015, avec une heure par semaine dédiée à l'école élémentaire.

À travers l'enseignement moral et civique, les compétences 6 et 7 sont particulièrement travaillées.

Compétence 6 : Les compétences sociales et civiques

L'élève est capable de :
- reconnaître les emblèmes et les symboles de la République française ;
- respecter les autres et les règles de la vie collective ;
- pratiquer un jeu ou un sport collectif en en respectant les règles ;
- appliquer les codes de la politesse dans ses relations avec ses camarades, avec les adultes, à l'école et hors de l'école, avec le maître au sein de la classe ;
- participer en classe à un échange verbal en respectant les règles de la communication ;
- appeler les secours ; aller chercher de l'aide auprès d'un adulte.

Compétence 7 : L'autonomie et l'initiative

L'élève est capable de :
- écouter pour comprendre, interroger, répéter, réaliser un travail ou une activité ;
- échanger, questionner, justifier un point de vue ;
- travailler en groupe, s'engager dans un projet ;
- maîtriser quelques conduites motrices comme courir, sauter, lancer ;
- se représenter son environnement proche, s'y repérer, s'y déplacer de façon adaptée ;
- appliquer des règles élémentaires d'hygiène.

LA MORALE

Les connaissances

Différentes conceptions de la morale constituent un apport théorique essentiel pour aborder cette notion dans une classe. Deux grandes conceptions de la morale permettent d'englober les principales doctrines des différents philosophes : les conceptions attractives/les conceptions impératives.

Le concept de morale attractive : le concept de la morale est le bien (Platon, Descartes, Spinoza, Marx, Nietzsche)

La conduite de l'individu doit être morale : « Sois vertueux et tu seras heureux. » La vertu conditionne le bonheur. Ce n'est pas être bon pour se faire plaisir mais pour avoir une vie vertueuse. L'action morale est l'action bonne, conforme à un idéal de vie réussie.

Le concept de morale impérative : le concept de la morale est le devoir (Kant)

L'important est le bonheur pour le plus grand nombre. Le critère n'est pas le plaisir individuel mais celui de tous. On peut donc sacrifier un individu pour le bien de tous. L'action morale est l'action juste. Une action est morale si elle augmente le bonheur de tous. Les actes de l'individu peuvent être interdits ou obligatoires (morale développée à partir du XVIIIe siècle).

Dans l'éducation, nous portons cette histoire. Tous les actes d'enseignement s'appuient sur l'une ou l'autre de ces conceptions. Ce qui est important, c'est de comprendre que la morale définie dans nos textes, la morale commune, celle dont nous avons besoin pour vivre en société, peut et doit s'enseigner. Comme l'écrit André Comte-Sponville, « *on ne naît pas vertueux, on le devient.*

Renoncer à l'éducation morale, ce serait renoncer à l'humanité, à la civilisation, à tout ce qui sépare de la barbarie. Nous n'aurions plus rien à opposer au fric, à l'égoïsme, à la violence, il n'y aurait plus que la force et la peur ».

L'instruction civique et morale constitue un enseignement à part entière, comme le prévoient les programmes de l'école primaire (arrêté du 9 juin 2008, *Bulletin officiel de l'Éducation nationale* hors-série n° 3 du 19 juin 2008). À ce titre, elle fait l'objet d'un enseignement régulier dans toutes les classes. Si l'instruction civique contribue à la formation du citoyen, en faisant connaître les textes, les symboles et les institutions de la République, l'instruction morale postule que l'école se préoccupe de la personne, dans sa liberté individuelle comme dans ses relations avec autrui.

La liberté individuelle, qui se conquiert par l'éducation, est en effet une composante fondamentale de toute société démocratique. C'est pourquoi il convient que les objectifs de l'instruction morale à l'école soient explicités, que son champ de réflexion soit délimité dans l'esprit et la lettre des programmes et que les démarches pédagogiques qu'elle met en œuvre soient clarifiées.

QUELS OBJECTIFS POUR L'ENSEIGNEMENT MORAL À L'ÉCOLE ?

« À l'école, le développement moral de l'enfant doit faire l'objet d'une attention aussi soutenue que son développement intellectuel ou physique. Il s'agit avant tout d'aider chaque élève à édifier et renforcer sa conscience morale dans des situations concrètes et en référence aux valeurs communes à tout "honnête homme". Ainsi se met en place un ensemble de principes, de maximes et de règles qui guident et doivent guider l'action de chacun.

Dans un contexte d'évolution constante des comportements individuels et des usages sociaux, il appartient plus que jamais à l'école, par la voix et l'exemple de ses maîtres, d'asseoir les bases d'un exercice bien compris de la liberté individuelle au sein de la société. En effet, les principes mêmes de la morale veulent que le respect des valeurs et des règles communes s'accomplisse par l'exercice d'une volonté individuelle qui, tout en exerçant les droits qui lui appartiennent, accepte librement des devoirs reconnus par tous et par chacun.

Ces devoirs, s'ils se traduisent par des règles auxquelles il convient d'obéir, ne s'y réduisent pas : ce qui sous-tend la morale, c'est l'idée du bien et les valeurs qui en découlent. Aussi faut-il que la distinction fondamentale entre le bien et le mal s'explicite en même temps que sont instituées les règles morales. C'est cette explicitation qui contribue le plus fortement à la spécificité de l'instruction morale parmi les enseignements de l'école.

Le parcours citoyen et les nouveaux programmes d'enseignement moral et civique

Le "parcours citoyen" a pour double objectif de faire connaître aux élèves les valeurs de la République et de les amener à devenir des citoyens responsables et libres. En cela, il contribue pleinement au domaine 3 du socle commun de connaissances, de compétences et de culture, intitulé "La formation de la personne et du citoyen". Le "parcours citoyen" intègre à la fois la connaissance des éléments de programmes liés aux valeurs de la République et les compétences d'ordre moral et civique que manifeste l'élève au sein ou en dehors de l'établissement. Elles constituent le fondement de l'enseignement moral et civique, mais comprennent aussi l'éducation aux médias et à l'information, nécessaire pour développer une connaissance critique de l'information, décrypter l'image, apprendre à se forger une opinion. La conscience citoyenne et la culture de l'engagement, inhérentes au parcours citoyen, se forgent également par l'éducation à l'environnement et au développement durable et l'enseignement de défense qui a pour objet de renforcer le lien armée-nation tout en sensibilisant la jeunesse à son devoir de défense. L'appréciation de l'attitude de l'élève au sein de l'établissement doit prendre davantage en compte l'engagement de l'élève dans la vie et les projets de l'établissement. Elle se traduit également par les certificats et attestations obtenus au cours de la scolarité (attestation scolaire de sécurité routière et prévention et secours civiques de niveau 1). Elle peut aussi tenir compte des apprentissages construits en dehors de l'école, à travers notamment des portefeuilles de compétences, dont l'application Folios constitue une version numérique.

Les nouveaux programmes d'enseignement moral et civique

Conformément au rapport annexé à la loi d'orientation et de programmation pour la refondation de l'école de la République du 8 juillet 2013, l'enseignement moral et civique est mis en œuvre à la rentrée scolaire 2015. À chacun des niveaux de l'école élémentaire, du collège et du lycée, il se substitue aux enseignements d'instruction civique et morale, d'éducation civique, d'enseignement civique, juridique et social.

L'enseignement moral et civique a pour objectifs :

- *de transmettre et de faire partager les valeurs qui fondent la République et la démocratie : le socle des valeurs communes comprend la liberté, l'égalité – notamment entre les filles et les garçons –, la solidarité, la laïcité, l'esprit de justice, le respect et la lutte contre toutes les formes de discrimination (homophobie, sexisme, racisme, antisémitisme, handiphobie, etc.), c'est-à-dire les valeurs constitutionnelles de la République française, inscrites dans la Déclaration des droits de l'homme et du citoyen de 1789 et dans le préambule de la Constitution de 1946 ;*
- *de favoriser le développement d'une aptitude à vivre ensemble dans une République indivisible, laïque, démocratique et sociale ;*

• *de viser à l'acquisition d'une culture morale et civique, et d'un esprit critique qui ont pour finalité le développement des dispositions permettant aux élèves de devenir progressivement conscients de leurs responsabilités dans leur vie personnelle et sociale.*

L'enseignement moral et civique articule étroitement des valeurs, des savoirs et des pratiques. Il repose sur des méthodes pédagogiques permettant de développer, chez les élèves, des capacités de délibération et de discussion (débats, dilemmes moraux, discussions à visée philosophique, etc.). L'enseignement moral et civique vise également à former un sujet moral capable d'agir dans la relation à l'autre : il repose ainsi sur la coopération, la prise de responsabilités, les pratiques participatives et valorise l'engagement des élèves dans la communauté, à l'école ou en dehors de l'école.

À l'école, au collège et au lycée, les programmes mettent en avant les éléments d'une culture morale et civique qui prend en compte quatre dimensions :
• *la sensibilité qui vise à l'acquisition d'une conscience morale par un travail sur l'expression, l'identification, la mise en mots et la discussion des émotions et des sentiments ;*
• *la règle et le droit qui visent à l'acquisition du sens des règles du vivre ensemble ;*
• *le jugement qui permet de comprendre et de discuter les choix moraux rencontrés par chacun au cours de sa vie ;*
• *l'engagement qui permet la mise en pratique de cet enseignement en insistant sur l'esprit d'autonomie, de coopération et de responsabilité vis-à-vis d'autrui.*

Au collège et au lycée, tous les professeurs - quelle que soit leur discipline - sont susceptibles de prendre en charge tout ou partie de ce nouvel enseignement. En effet, l'enseignement moral et civique revêt une dimension interdisciplinaire essentielle ; il peut donc mobiliser l'ensemble des disciplines d'enseignement.

La maxime morale, support privilégié de la démarche pédagogique
L'usage de la maxime morale, recommandé par les programmes de l'école primaire, vise essentiellement à construire une conscience et un jugement par la réflexion collective et individuelle sur des situations morales. Des lectures, des récits ou des événements présentant une problématique morale peuvent être aussi utilisés comme supports de travail et prendre la forme d'un dilemme ou d'une alternative.
Il est recommandé d'y consacrer un temps régulier et quotidien qui s'articule parfaitement avec d'autres objectifs pédagogiques, notamment la maîtrise de la langue.
Le début de la journée est particulièrement approprié à cet exercice car il permet de placer le travail qui va suivre sous le signe des principes qui auront été dégagés.

L'aptitude à distinguer le bien du mal s'élabore ainsi progressivement, à travers l'analyse de phrases ou de cas mettant en jeu les principes de la morale universelle. Très simples au jeune âge, ceux-ci deviendront plus complexes, pour solliciter ensuite l'exercice d'un véritable jugement moral, en empruntant, si nécessaire, à la vie de l'école.

Le caractère lapidaire des maximes permet une mémorisation aisée des préceptes moraux. Elles autorisent, en outre, une réflexion qui s'étend au-delà d'une compréhension superficielle, limitée au seul bon sens. Elles contribuent ainsi, de manière efficace, à l'acquisition des valeurs que l'on souhaite voir partager et des règles que l'on souhaite voir appliquer. Les maximes dont la fonction est prescriptive ne sauraient se confondre avec les proverbes ou les dictons qui n'ont de caractère que descriptif.

L'intelligence des maximes, à travers une analyse collective guidée par le professeur, ne prend pas la forme d'un cours magistral. Ce sont les échanges entre élèves, appuyés sur une réflexion dont les objectifs sont garantis par le maître, qui permettent d'en faire émerger le sens moral.

Quel que soit le support retenu, il s'agira de mettre en exergue une valeur ou une règle fondamentale. Ainsi les échanges permettent-ils d'expliciter les justifications présentées par les élèves, de les valider ou de les invalider au regard de la morale universelle et, en les classant, de leur donner une pleine qualification juridique, morale ou éthique.

Tout au long de ce travail, la parole du maître doit accompagner l'élève vers une pensée argumentée et justifiée, notamment au cycle des approfondissements.

La maxime peut donner lieu à interprétations. Dans un premier temps, toutes les opinions et tous les points de vue doivent pouvoir s'exprimer. L'interrogation, par chacun, de ses certitudes, le recours à l'argumentation, l'écoute attentive et bienveillante de l'autre, contribuent au respect de soi et d'autrui. Ces temps de commentaire, d'analyse et de réflexion sont favorisés par le dialogue du maître avec ses élèves, comme des élèves entre eux.

Le travail se conclut par une interprétation clarifiée et partagée, qui nécessite une trace écrite et mémorisée. Ultérieurement, son réinvestissement dans la vie de la classe ou de l'école, à l'occasion d'une lecture ou d'un récit historique, permettra de mieux installer les valeurs ou les règles dont elle est porteuse. Le lien avec l'instruction civique sera effectif dès lors que seront abordés les sujets ayant trait au respect dû aux personnes et aux biens, à la loi, à la santé et à la sécurité. Il doit se dégager du travail ainsi accompli le sentiment d'une bienveillante exigence vis-à-vis de l'élève, lui permettant de placer, dès le plus jeune âge, le respect d'autrui au sommet de ses valeurs. »

Pour le ministre de l'Éducation nationale, de la Jeunesse
et de la Vie associative et par délégation

Quatre grands domaines sont proposés à l'étude des élèves.

1. L'introduction aux notions de la morale :
- le bien et le mal ;
- le vrai et le faux ;
- la sanction et la réparation ;
- le respect des règles ;
- le courage ;
- la loyauté ;
- la franchise ;
- le travail ;
- le mérite individuel.

2. Le respect de soi :
- la dignité ;
- l'honnêteté par rapport à soi-même ;
- l'hygiène ;
- le droit à l'intimité ;
- l'image que je donne de moi-même (en tant qu'être humain) ;
- la protection de soi.

3. La vie sociale et le respect des personnes :
- les droits et les devoirs ;
- la liberté individuelle et ses limites ;
- l'égalité (des sexes, des êtres humains) ;
- la politesse ;
- la fraternité ;
- la solidarité ;
- l'excuse ;
- la coopération ;
- le respect ;
- l'honnêteté vis-à-vis d'autrui ;
- la justice ;
- la tolérance ;
- la maîtrise de soi (être maître de ses propos et de ses actes) ;
- la sécurité des autres.

4. Le respect des biens :
- le respect du bien d'autrui ;
- le respect du bien public.

Les différents textes fondateurs de référence pour l'enseignement de la morale sont :
- la Déclaration des droits de l'enfant du 20 novembre 1959 ;
- la Convention internationale des droits de l'enfant (1989), version avec annotations (Unicef) ;
- la Déclaration universelle des droits de l'homme ;
- la Constitution française du 4 octobre 1958 ;
- le discours sur la Déclaration des droits de l'homme et du citoyen : Castellane, Barnave, Malouet (1er août 1789).

La circulaire de 1883 et le programme d'enseignement moral et civique de Jules Ferry, qui est une lettre envoyée par ses soins comme ministre de l'Instruction publique aux instituteurs, sert de base à la réflexion qui se perpétue au fil des années et des gouvernements. En voici quelques extraits.

> « *Monsieur l'Instituteur,*
> *L'année scolaire qui vient de s'ouvrir sera la seconde année d'application de la loi du 28 mars 1882. Je ne veux pas la laisser commencer sans vous adresser personnellement quelques recommandations qui sans doute ne vous paraîtront pas superflues après la première année d'expérience que vous venez de faire du régime nouveau. Des diverses obligations qu'il vous impose, celle assurément qui vous tient le plus à cœur, celle qui vous apporte le plus lourd surcroît de travail et de souci, c'est la mission qui vous est confiée de donner à vos élèves l'éducation morale et l'instruction civique : vous me saurez gré de répondre à vos préoccupations en essayant de bien fixer le caractère et l'objet de ce nouvel enseignement ; et, pour y mieux réussir, vous me permettrez de me mettre un instant à votre place, afin de vous montrer, par des exemples empruntés au détail même de vos fonctions, comment vous pourrez remplir à cet égard tout votre devoir et rien que votre devoir.*
> *La loi du 28 mars se caractérise par deux dispositions qui se complètent sans se contredire : d'une part, elle met en dehors du programme obligatoire l'enseignement de tout dogme particulier, d'autre part elle y place au premier rang l'enseignement moral et civique. L'instruction religieuse appartient aux familles et à l'église, l'instruction morale à l'école.*
> *[...] Mais il y a autre chose dans la loi du 28 mars : elle affirme la volonté de fonder chez nous une éducation nationale et de la fonder sur des notions du devoir et du droit que le législateur n'hésite pas à inscrire au nombre des premières vérités que nul ne peut ignorer.*
> *Pour cette partie capitale de l'éducation, c'est sur vous, Monsieur, que les pouvoirs publics ont compté. En vous dispensant de l'enseignement religieux, on n'a pas songé à vous décharger de l'enseignement moral : c'eût été vous enlever ce qui fait la dignité de votre profession [...].*

J'ai dit que votre rôle en matière d'éducation morale est très limité. Vous n'avez à enseigner à proprement parler rien de nouveau, rien qui ne vous soit familier comme à tous les honnêtes gens [...].

Vous êtes l'auxiliaire et, à certains égards, le suppléant du père de famille ; parlez donc à son enfant comme vous voudriez que l'on parlât au vôtre ; avec force et autorité, toutes les fois qu'il s'agit d'une vérité incontestée, d'un précepte de la morale commune ; avec la plus grande réserve, dès que vous risquez d'effleurer un sentiment religieux dont vous n'êtes pas juge [...].

Mais une fois que vous vous êtes ainsi loyalement enfermé dans l'humble et sûre région de la morale usuelle, que vous demande-t-on ? Des discours ? Des dissertations savantes ? De brillants exposés, un docte enseignement ? Non, la famille et la société vous demandent de les aider à bien élever leurs enfants, à en faire des honnêtes gens. C'est dire qu'elles attendent de vous non des paroles, mais des actes, non pas un enseignement de plus à inscrire au programme, mais un service tout pratique que vous pourrez rendre au pays plutôt encore comme homme que comme professeur [...].

Pour vous, bornez-vous à l'office que la société vous assigne et qui a aussi sa noblesse : poser dans l'âme des enfants les premiers et solides fondements de la simple moralité [...].

Une seule méthode vous permettra d'obtenir les résultats que nous souhaitons. C'est celle que le Conseil supérieur vous a recommandée : peu de formules, peu d'abstractions, beaucoup d'exemples et surtout d'exemples pris sur le vif de la réalité. Ces leçons veulent un autre ton, une autre allure que tout le reste de la classe, je ne sais quoi de plus personnel, de plus intime, de plus grave. Ce n'est pas le livre qui parle, ce n'est même plus le fonctionnaire, c'est pour ainsi dire le père de famille dans toute la sincérité de sa conviction et de son sentiment [...].

Mais, vous le voyez, à ces trois degrés, ce qui importe, ce n'est pas l'action du livre, c'est la vôtre. Il ne faudrait pas que le livre vînt en quelque sorte s'interposer entre vos élèves et vous, refroidir votre parole, en émousser l'impression sur l'âme de vos élèves, vous réduire au rôle de simple répétiteur de la morale. Le livre est fait pour vous, non vous pour le livre. Il est votre conseiller et votre guide, mais c'est vous qui devez rester le guide et le conseiller par excellence de vos élèves [...].

Je serais heureux si j'avais contribué par cette lettre à vous montrer toute l'importance qu'y attache le gouvernement de la République et si je vous avais décidé à redoubler d'efforts pour préparer à notre pays une génération de bons citoyens. »

Repères historiques

Ce panorama historique, fondé uniquement sur les textes officiels, permet de voir les évolutions de ce domaine d'enseignement et des conceptions de la société à chacune des époques évoquées.

Période	Repères historiques	Place dans les programmes	Contenu enseigné	Plan pédagogique
1882 - 1938	Période de grande stabilité : l'investissement des autorités de l'État est très fort.	• En tête des programmes. • La morale est un champ éducatif à part entière et distinct de l'instruction civique. • 1 h 15 à 1 h 30 par semaine.	• Enseigner la « morale universelle » qui n'est pas une morale sans Dieu. • Les programmes comportent explicitement des « devoirs envers Dieu ». • Modèle de morale déontologiste : mise en avant du devoir, de l'obéissance envers les parents, l'instituteur, les camarades, la patrie et la société, mais aussi envers soi-même. • On ne fait jamais appel au concept de « responsabilité ».	• Installer chez l'enfant de bonnes habitudes, indiscutables. • Techniques d'enseignement : par des lectures avec explications, enseignement par cœur.
1923	Léon Bérard. Début du développement des mouvements de réflexion pédagogique. L'enfant aura l'occasion de prendre une décision au sein de la classe.	• Toujours en tête des programmes. • 1 h 15 par semaine	• Les devoirs envers Dieu sont passés sous silence. • Lectures et entretiens sur les principales vertus individuelles : tempérance, amour du travail, sincérité, modestie, courage, tolérance, bonté.	• Au CP formation des bonnes habitudes à partir de courts récits posant de petits problèmes moraux. • CE : la morale est progressivement mise en action. Pas de recours à des livres ou cahiers mais à une « maxime lapidaire ». • Recours à la récompense et à la sanction. • CM : Instruction morale ayant recours à un début de réflexion méthodique.

Période	Repères historiques	Place dans les programmes	Contenu enseigné	Plan pédagogique
1940 -1945	Période de guerre. L'instruction morale est au service de l'État.	L'instruction morale est subordonnée à l'instruction civique.	Programmes brefs insistant sur 3 points • Notion de patrie : l'individu est subordonné à la patrie, obéissance et soumission. • Référence au christianisme : la morale est patriotique. • On part de la patrie et on accède à l'individu en descendant par la famille. L'enfant n'est pas le centre mais l'objectif de la patrie.	
Après 1945		Instructions officielles très réduites.	• La notion de patrie reste au cœur des IO. Le mot « devoir » n'apparaît quasiment plus. • On n'a plus de culte de la personnalité. • Le devoir de natalité est mis en avant.	
2002	Ministre J. Lang	L'instruction civique et la morale ont disparu.	mutation complète, bouleversement de l'instruction morale, elle se confond avec l'instruction civique.	Elle devient une activité transversale puis disparaît.

Période	Repères historiques	Place dans les programmes	Contenu enseigné	Plan pédagogique
2008 - 2015	Ministres : De Robien Darcos Chatel Peillon Hamon Vallaud-Belkacem	Logique de réintroduction de l'instruction civique et morale à l'école. Circulaire du 25 août 2011 qui indique une volonté de changement : premier texte réglementaire spécifiquement consacré à l'instruction civique et morale depuis 50 ans. Après les attentats de janvier 2015, la ministre de l'Éducation nationale, de l'Enseignement supérieur et de la Recherche s'est adressée à tous les enseignants pour les appeler à défendre les valeurs et principes de la République. (http://www.education.gouv.fr/cid85278/lettre-a-la-suite-de-l-attentat-contre-l-hebdomadaire-charlie-hebdo.html)	L'annexe des programmes du 5 janvier 2012 donne les contenus et les progressions des cycles 2 et 3. L'instruction civique et morale vise à consolider les principes du jugement moral en développant l'aptitude à distinguer le bien du mal. Elle est fondée sur les principes de la morale universelle. Le nouvel enseignement moral et civique, mis en place dès la rentrée 2015, concerne tous les élèves et s'inscrit dans un nouveau parcours citoyen construit, de l'école élémentaire à la terminale, pour faire connaître aux élèves les valeurs de la République, mieux lutter contre toutes les formes de discrimination ou de violence, et amener chacun d'entre eux à devenir un citoyen responsable et libre. Le sens et la portée du principe de la laïcité sont une priorité des apprentissages, et chaque parent d'élève est invité à signer la charte de la laïcité à l'école.	• fait partie des programmes comme une discipline d'enseignement • le parcours citoyen est construit autour de l'enseignement moral et civique, de l'éducation aux médias et à l'information, et de l'enseignement aux élèves du jugement, de l'argumentation et du débat dans les classes dès l'école élémentaire. L'enseignement moral et civique est mis en œuvre à raison d'une heure hebdomadaire à l'école élémentaire, bimensuelle au collège et au lycée. Les axes principaux des programmes, dont l'élaboration a été confiée au Conseil supérieur des programmes, se fondent sur les principes et valeurs inscrits dans la Déclaration des droits de l'homme et dans la Constitution de la Ve République.

Reprendre un travail sur l'instruction civique et morale se justifie par l'évolution de la société, très individualiste, l'évolution de notre manière de penser les problèmes en termes socioculturels plutôt qu'individuels. Le statut de l'enfant a changé : s'il était autrefois considéré comme débiteur du parent, c'est le parent qui a désormais un devoir envers lui.

Cet enseignement poursuit donc des finalités de plusieurs ordres :
• des finalités sociales : l'éducation à la citoyenneté doit permettre aux élèves de se situer dans la société, d'intégrer un patrimoine collectif avec ses valeurs, une identité et une mémoire nationales dans un contexte européen et mondial ;
• des finalités civiques : l'école est chargée de transmettre une conception de la citoyenneté qui s'enracine dans une histoire, dans des textes de référence, dans un territoire. C'est la connaissance du cadre de la loi qui me permet de savoir ce que je peux ou non faire, de connaître mes droits et mes devoirs ;
• des finalités intellectuelles : l'éducation à la citoyenneté doit participer à la construction de l'intelligence, elle est l'occasion d'initier les élèves au raisonnement, à la critique, à la liberté de jugement et d'opinion, autant d'éléments qui prennent de plus en plus d'importance à notre époque, dans un contexte de mondialisation qui ouvre sur une grande diversité de modes de vie, de comportements, d'idéologies politiques et religieuses, dans un monde où la dimension économique est quasiment considérée comme une valeur, dans un monde où se développent exagérément l'égoïsme et l'individualisme, nous le voyons au quotidien.

La société est passée d'une philosophie dans laquelle l'individu se demande ce qu'il peut faire pour la société à celle dans laquelle l'individu se demande ce que la société peut faire pour lui. C'est l'individu qui passe avant tout. L'instruction civique et morale permet à chacun de se positionner dans la société.

La séquence

Cette séquence s'adresse à une classe de CE1, et s'appuie sur la recommandation ministérielle : utiliser des maximes. Les élèves découvrent les principes de la morale, qui peuvent être présentés sous forme de maximes illustrées et expliquées par le maître au cours de la journée : telles que « La liberté de l'un s'arrête où commence celle d'autrui », « Ne pas faire à autrui ce que je ne voudrais pas qu'il me fasse », etc. Ils prennent conscience des notions de droits et de devoirs.

La maxime est une proposition importante qui sert de règle dans la conduite ; ce qui domine dans la signification de ce mot, c'est la grandeur, la force. La sentence est une proposition courte qui instruit, enseigne : ce qui domine dans sa signification, c'est l'idée d'opinion, de manière de voir.

Module d'apprentissage (ou séquence d'apprentissage) : la liberté individuelle et ses limites

Sujet du module : La vie sociale et le respect des personnes : la liberté individuelle et ses limites

Domaine disciplinaire : Instruction morale

Cycle et enseignants concernés : Cycle 2

Connaissances et attitudes à faire acquérir aux élèves
- Comprendre ce qu'est la liberté individuelle.
- Connaître que l'on a des devoirs envers les autres.
- Être responsable de son comportement et de ses actes.
- Participer à un échange, argumenter.
- Se familiariser avec la Déclaration des droits de l'homme et du citoyen.

Place de cet enseignement dans la progression

• Exercer sa liberté en pleine conscience des droits de chacun. Pour cela, les élèves doivent être amenés à « *réfléchir aux problèmes concrets posés par la vie en collectivité* ». (cours élémentaire première année)

La liberté individuelle et ses limites : Peut-on faire tout ce que l'on veut au nom de la liberté ?

Objectif : Faire comprendre les liens qui existent entre la liberté personnelle et les contraintes de la vie sociale

Niveau : CE1

Nombre de séances : 3

Durée de chaque séance
- Séance 1 : 20 min.
- Séance 2 : 35 min.
- Séance 3 : 35 min.

Séance 1

Objectif spécifique : Amener les élèves à livrer leurs premières représentations de la liberté

• Lecture silencieuse et individuelle par la classe de quelques strophes du poème « Liberté » de Paul Éluard.

• Lecture par l'enseignant.

• Collectivement, les élèves sont invités à dire et partager leur ressenti, après la lecture du poème.

• Deux traces écrites peuvent être produites : un affichage réalisé par l'enseignant comme trace de tout ce qui a pu être dit et/ou la trace écrite de l'élève, consignée dans le cahier d'instruction morale.

Recommandations

• Le titre du poème n'est pas donné, afin d'effectuer une mise en projet : il sera question, à la fin de la séquence, d'arriver à donner un titre au poème.

• Le poème n'est pas lu dans sa totalité. En effet, les obstacles liés à la compréhension doivent être limités, afin de rester dans le domaine disciplinaire.

• Lors du partage du ressenti, seuls les élèves qui le souhaitent prennent la parole.

• Poser la question : « Qu'est-ce que ce poème a créé chez vous ? » rend possible les expressions des ressentis et évite de laisser les élèves dans la simple explication de texte.

• Avant ce partage collectif, les élèves peuvent laisser une trace de leur ressenti dans leur cahier d'instruction morale.

• Les traces écrites produites sont le recueil de représentations de la notion de liberté.

Séance 2

Objectif spécifique : Faire comprendre la binarité de la maxime

Premier temps : présentation d'une maxime.

« *La liberté consiste à pouvoir faire tout ce qui ne nuit pas à autrui* », article 4 de la Déclaration des droits de l'homme et du citoyen de 1789.

Deuxième temps : explicitation orale de la maxime

Il est question de :

• contextualiser la maxime et de présenter la Déclaration des droits de l'homme et du citoyen ;

• faire comprendre le vocabulaire difficile (« *consiste* », « *nuit* », « *autrui* ») ;

• faire verbaliser la maxime avec des mots d'enfants ;

• recourir aux exemples à l'école, mais aussi dans la vie de tous les jours pour imager la maxime.

Exemple de questions possibles
- Connaissez-vous la Déclaration des droits de l'homme et du citoyen ?
- Savez-vous pourquoi elle a été rédigée ?
- À votre avis, pourquoi cet article 4 a-t-il été rédigé ?
- À votre avis, que veut dire cette maxime ?
- Pouvez-vous donner des exemples qui pourraient expliquer cette maxime ?

Outils en complément :
- un lexique des mots difficiles à proposer à la classe ;
- une affiche de la Déclaration des droits de l'homme et du citoyen.

Troisième temps : production de listes illustrant la liberté

Tout ce que j'ai envie de faire librement	Tout ce que je n'aimerais pas que l'on me fasse
Réponses possibles Manger uniquement ce que j'aime et ce qui me fait envie. Aller à l'école tout seul. Ne pas faire mes devoirs. Me coucher tard. Regarder tout le temps la télévision. Pouvoir jouer avec mes copains dans la rue ou au parc. Dire à la maîtresse qu'elle m'ennuie. Dire à certains que je les déteste. Taper celui qui m'a embêté ou blessé.	*Réponses possibles* Me donner à manger sans tenir compte de mes goûts. Que l'on m'embête sur le chemin de l'école. Que mes parents m'empêchent d'aller à l'école. Que le voisin m'empêche de dormir en faisant du bruit, tard le soir. Que mon ballon me soit pris par mes copains. Que la maîtresse ne fasse pas attention à moi. Que les autres me rejettent. Me faire taper dans la cour de récréation ou ailleurs.

■ Séance 3

Objectif spécifique : Faire comprendre les limites de la liberté individuelle

Premier temps : temps d'appropriation de la maxime

Les élèves mémorisent collectivement la maxime. Puis ils écrivent sur leur cahier d'instruction morale ce qu'ils ont compris de la maxime.

Deuxième temps : temps d'échange en groupe

Cette activité en groupe, à partir d'un support ou d'une tâche bien définie permettant la discussion, facilite le débat à venir. Ce travail préparatoire encourage aux premiers échanges, aux premières confrontations. Avec moins d'appréhension que face au groupe classe, les élèves peuvent commencer à dire leur opinion, à argumenter, à fournir des exemples concrets au sujet de la maxime et de la notion étudiée. Ceux « qui n'ont pas d'idées » peuvent s'approprier celles des autres. Ceux qui en ont beaucoup commencent à écouter celles des autres. L'enseignant circule dans les groupes, pour étayer, pour aider.

Deux activités sont possibles

- **Activité n° 1 : Coche ce qui peut expliquer la maxime**

	Je peux jouer au parc avec mes copains dans les aires de jeu.
	Je peux jouer au ballon dans la rue.
	Je peux circuler dans la rue en utilisant les trottoirs et en empruntant les passages piétons.
	Je peux dire ce que je pense à condition de le dire correctement et poliment.
	Je peux écrire des petits mots sur les arbres.
	Avant de parler, il faut réfléchir aux conséquences de ce qu'on dit.
	Je peux jouer en classe pendant que les autres travaillent.

- **Activité n° 2 : À partir des listes produites lors de la séance 2, demander aux groupes de rédiger leurs propres maximes**

Exemples de maximes à rédiger, à partir du schéma : Tout ce que j'ai envie de faire librement et tout ce que je n'aimerais pas que l'on me fasse

« J'aimerais bien qu'on m'achète un vélo, mais je n'aimerais pas qu'on me le vole. »
« Je voudrais pouvoir dire tout ce que je pense, mais je n'aimerais pas qu'on me rejette. »
« En discutant avec les autres, je propose mon point de vue, mais je dois écouter les autres pour pouvoir être écouté à mon tour. »

« Je veux manger autant de chocolat que je le veux, mais je n'ai pas envie d'être malade. »
« Je n'ai pas les mêmes goûts que les autres, mais je travaille en commun avec les autres. »
« J'aimerais jouer uniquement avec mes amis, mais je n'aimerais pas être rejeté par d'autres. »

Troisième temps : le débat

Exemple de questions possibles :

- Pourquoi est-il nécessaire de jouer dans les parcs sur les aires de jeu ?
- À quoi le code de la route sert-il ?
- Pourquoi est-il dangereux de jouer au ballon dans la rue ?
- Vous avez le droit de vous exprimer à l'école. Pensez-vous que vous pouvez dire tout ce que vous voulez ?
- Qu'est-ce qu'une parole blessante ?
- Qu'est-ce que la liberté ?
- Pourquoi Paul Éluard utilise-t-il de nombreuses fois le mot « *liberté* » dans son poème ?
- À votre avis, la liberté a-t-elle des limites ?
- Pourquoi la liberté a-t-elle des limites ?
- Que comprenez-vous de la maxime ?

REMARQUE

Afin de parvenir à élaborer la trace écrite finale, reflet d'une « interprétation clarifiée et partagée », l'enseignant prendra appui sur les situations concrètes déjà évoquées, dans le but de faire comprendre et analyser des notions abstraites. Il peut être amené à effectuer de multiples retours vers ces situations concrètes. Il prend en compte les paroles des élèves et il doit réguler la prise de parole. Pour cela, il s'appuie sur la trace écrite. La prise de notes au tableau ou sur des affiches, le recours aux affichages déjà élaborés facilitent la régulation de l'enseignant, les échanges entre pairs et l'argumentation des élèves.
Afin de familiariser chacun aux techniques du débat, l'enseignant peut dans un premier temps travailler en demi-groupe.

Quatrième temps : la trace écrite

Elle doit être courte, simple, mais non simpliste. Il est nécessaire d'anticiper cette trace écrite, afin de ne pas verser dans le débat philosophique.

Indications pour la formalisation écrite des connaissances/Exemple de trace écrite « La liberté consiste à pouvoir faire tout ce qui ne nuit pas à autrui »

Chacun d'entre nous apprécie d'être libre et souhaite le rester. Mais la liberté n'autorise pas tout. Faire tout ce qu'on veut peut déranger ou blesser les autres. La liberté de penser n'autorise pas à calomnier quelqu'un. La liberté de circuler obéit à des contraintes. La liberté individuelle ne peut s'exercer que dans le respect des Droits de l'homme.

LES QUESTIONS POUR L'ENTRETIEN

1. Quelles sont les représentations qu'un enfant de 8 ans a de la morale ?

Selon Piaget, l'enfant arrive à passer d'une morale hétéronome basée sur une forme de respect unilatéral dans ses échanges avec l'adulte à une forme autonome, une « *morale de l'intériorité* », basée sur le respect mutuel, la première jugeant par exemple la valeur morale d'une action à partir de ses conséquences plus ou moins fâcheuses et non pas à partir des intentions de la personne qui l'accomplit comme cela sera le cas pour la seconde (passage de la responsabilité « *objective* » à la responsabilité « *subjective* »). La forme de morale hétéronome, dans laquelle les règles de conduite s'imposent de l'extérieur, découle tout à la fois (1) de l'inégalité inévitable du rapport entre enfant et adulte, laquelle se traduit chez l'enfant autant par un besoin d'imiter l'adulte (respect trop absolu de règles mal assimilées) que de s'en protéger (par le mensonge fabulateur par exemple) ; et (2) de la structure intellectuelle particulière du jeune enfant caractérisée par un manque de décentration intellectuelle et donc sociale. Quant au passage de l'une à l'autre des deux formes de morale, il résulte de la progression de l'intelligence enfantine ainsi que de la multiplication des échanges avec autrui, lesquels favorisent une décentration progressive aboutissant, entre autres, à une exigence de véracité, condition de la réciprocité sociale et morale.

Le développement moral se déroule en cinq stades :

- dans le premier, la moralité est orientée de manière purement égocentrique. L'enfant ne conçoit pas et n'est pas capable de comprendre que l'autre ait un point de vue différent du sien. Les notions de bien et de mal n'ont pas pour lui de valeur en soi, mais sont uniquement liées aux conséquences de ses actes. Le petit enfant agit en fonction de ses besoins propres, pulsions, désirs, sans se soucier des conséquences pour autrui. Il ne conçoit pas la nécessité d'avoir à justifier ses actes ;
- dans le deuxième stade, la moralité est orientée par la punition et l'obéissance. L'enfant découvre peu à peu qu'il existe chez l'autre une volonté et des désirs qui peuvent différer des siens. Il ne comprend pas pourquoi, mais peut se soumettre par simple crainte de la punition ;

• dans le troisième stade, la moralité est orientée par la réciprocité. C'est le temps du troc et des premiers échanges. L'enfant va évaluer le bien et le mal en fonction de la qualité de l'interaction avec autrui ;
• dans le quatrième stade, la moralité est orientée vers la convergence. L'enfant découvre alors qu'il peut y avoir un certain intérêt commun à développer et maintenir une alliance avec l'autre et que s'il commet une action dommageable pour l'autre, il risque de subir le même traitement ;
• le dernier stade, enfin, est celui d'une morale orientée vers la satisfaction du bien collectif. L'enfant est alors capable de comprendre qu'il existe des conventions sociales, des lois et que ces dernières sont édictées pour le bien de chaque individu comme du collectif. Il est alors capable de fonctionner comme être social.

2. Qu'apporte le débat dans une classe ?

Le débat est l'occasion d'un échange et il est préférable qu'il soit relativement court, surtout avec des cycles 2. Il rend possibles le consensus et la production de la trace écrite. L'enseignant fait en sorte que la parole de tous soit entendue pour adopter un point de vue commun. Il accompagne les élèves par l'étayage, en maîtrisant les techniques du dialogue avec les élèves. Il guide, régule les moments d'échange et amène vers l'argumentation.

Au cycle 2, le débat ne doit pas excéder 15 minutes. Ce peut être un temps du matin, ritualisé, une fois par semaine. On est sur un enseignement, il faut donc en garder une trace.

Intérêt :
• défendre son opinion devant le groupe, la justifier ;
• écouter les autres, s'enrichir de l'apport de l'autre, prendre le risque de se laisser convaincre.

Déroulement :
• une organisation spatiale ;
• un temps délimité ;
• une trace de ce qui est dit.

Le rôle du maître :
• il donne le thème ;
• il rappelle les règles ;
• il est le garant de la qualité des échanges ;
• il aide à formuler et préciser la pensée des élèves ;

- il relance le débat ;
- il ne donne pas son point de vue mais veille à ce que les élèves ne « dérapent » pas en tenant des propos contraires aux principes républicains.

3. Quels sont les enjeux de l'instruction morale ?

Les valeurs de l'instruction civique et morale sont implantées dans la société. Réfléchir sur l'éducation et les valeurs, c'est réfléchir aux enjeux psychologiques, sociologiques, pédagogiques, historiques, didactiques, éducatifs, moraux.

Quelques points de vigilance :

- tentation de « tout » demander à l'éducation civique et morale. L'école sert à panser les plaies sociales d'une société victime du chômage et de l'insécurité. L'école est le seul lieu où certaines familles sont reconnues. C'est le dernier lien social. Le premier point à l'école est donc de reconnaître les parents dans leur rôle, en tant que parents. L'école réunit la pluralité et les différences sous une même loi. Mais tout ne peut pas passer que par l'école ;
- des conceptions différentes derrière un même mot. La demande d'éducation civique et morale provient de différents acteurs : parents, enseignants, politiques ; mais que demandent-ils ? Les mots ne recouvrent pas toujours les mêmes concepts pour chacun ;
- l'éducation civique dans l'école aujourd'hui demande une réflexion sur la citoyenneté. Il ne peut y avoir de restauration, de retour au bon vieux temps. « Avant c'était mieux. » La citoyenneté est en crise (perte d'engagement dans la cité, perte de confiance dans les politiques). La société pense que la réponse au problème de l'école passe par la citoyenneté. Le concept de réintroduction de la morale et de l'instruction civique se heurte au principe de plaisir que l'on voit grandir dans la société.

À l'école, il est question d'un enseignement de la morale. L'État ne peut se dispenser de transmettre des règles du « vivre ensemble ». Toute éducation repose sur des valeurs que l'on ne peut démontrer.

L'enseignement de la morale va amener nos élèves à réfléchir, et donc les entraîner à penser. Selon Jean Baubérot, historien et sociologue, la morale laïque porte des valeurs de tolérance, de pluralisme et de réflexion. L'enseignement de la morale laïque doit être l'occasion de poser des questions éthiques. Ce n'est pas une morale complète, mais plutôt ce qu'on pourrait appeler une « morale trouée », car elle laisse de la place pour les convictions. C'est une morale du lien social dans une société démocratique.

4. Quelles différences faites-vous entre maxime, adage et sentence ?

Maxime

• Dictionnaire *Larousse* : nom féminin (du latin *maxima sententia*, sentence la plus grande). Formule qui résume un principe de morale, une règle de conduite ou un jugement d'ordre général : maxime populaire.

• Dictionnaire *Petit Robert* : proposition générale qui sert de règle. Au pluriel : recueil de pensées.

• Dictionnaire *Littré* : proposition générale qui sert de règle. Au pluriel, titre donné à certains ouvrages de morale.

• *Dictionnaire de l'Académie française* : règle de conduite, principe d'action que l'on se donne, particulièrement en matière de politique et de morale.

• Par extension, phrase, sentence qui formule un précepte de conduite ou une vérité morale de portée générale. Titre célèbre : *Réflexions ou sentences et maximes morales*, ouvrage plus connu sous le titre des *Maximes de La Rochefoucauld* (1664).

Sentence

• Dictionnaire *Larousse* : nom féminin (du latin *sententia*). Littéraire. Courte phrase d'une portée générale, précepte de morale, maxime : un discours rempli de sentences. Décision d'un arbitre ou d'un tribunal arbitral. Tout jugement (d'une autorité) à caractère décisif : le médecin allait prononcer sa sentence.

• Dictionnaire *Petit Robert* : opinions exprimées de manière dogmatique, jugement rendu par un juge, parole qui renferme un grand sens, une pensée morale.

• Dictionnaire *Littré* : parole qui renferme un grand sens, une pensée morale. Il ne parle que par sentences, se dit d'un homme qui débite à tout propos des généralités, des moralités.

Adage

• Dictionnaire *Larousse* : nom masculin (du latin *adagium*). Énonciation brève et frappante d'une règle de conduite, empruntée au droit coutumier ou écrit (par exemple : « *Nul n'est censé ignorer la loi* »).

• Dictionnaire *Petit Robert* : proverbe, sentence populaire.

• Dictionnaire *Littré* : sentence, dire populaire. « Qui aime bien châtie bien » est un adage.

• *Dictionnaire de l'Académie française* : maxime de portée pratique, largement répandue, empruntée au droit ancien coutumier ou écrit.

• Par extension, proverbe ancien.

• Titre célèbre : *Adages*, d'Érasme (1500 et 1508), recueil de plus de 4 000 proverbes tirés des auteurs de l'Antiquité grecque et latine.

5. Pouvez-vous citer les différentes libertés afférentes à l'individu ?

Il existe plusieurs « types » de libertés au niveau de l'individu :

• la liberté naturelle : l'homme a le droit naturel d'employer ses facultés comme il l'entend ;

• la liberté de mouvement : reconnaît à l'homme le droit d'aller et venir librement sur le territoire national, ce qui inclut la possibilité d'y entrer ou d'en sortir. Cette liberté a été étendue en Europe grâce aux accords de Schengen, permettant la libre circulation des personnes dans l'espace de la Communauté européenne ;

• la liberté de culte ainsi que la liberté de conscience : la liberté de culte permet à chaque individu de pratiquer la religion de son choix, la liberté de conscience permet de ne pas avoir de croyance religieuse. La Déclaration des droits de l'homme et du citoyen en fixe pour limite l'absence de trouble à l'ordre public ;

• la liberté d'opinion consiste en la liberté de pensée associée à la liberté d'expression : elle permet à chacun de penser et d'exprimer ses pensées sans censure préalable, mais non sans sanctions, si cette liberté porte préjudice à quelqu'un. Elle va de pair avec la liberté de la presse, qui est celle d'un propriétaire de journal de dire ce qu'il veut dans son journal ;

• la liberté civile : elle s'inscrit dans le cadre d'un homme citoyen étant libre de ses actes, tant que ceux-ci ne nuisent pas à autrui et ne sont contraires à aucune loi. Cette liberté est très délicate d'application, en particulier en ce qui concerne le droit de la concurrence, puisque toute création de commerce nuit par principe aux commerces antérieurs existant dans le voisinage. On y associe souvent la maxime suivante : « La liberté des uns s'arrête là où commence celle des autres » ;

• la liberté économique : elle permet à chacun de percevoir des revenus de son travail et de pouvoir affecter ces derniers librement : liberté de travailler et de consommer. Nul ne peut se voir refuser par principe un emploi pour des considérations autres que de qualification professionnelle (par exemple sexe, origine ethnique, âge ou religion) ;

• la liberté contractuelle : les individus doivent être libres de définir eux-mêmes les termes des contrats qu'ils passent entre eux.

La liberté civile, la liberté économique et la liberté contractuelle ont un statut particulier, puisqu'il s'agit davantage de libéralisme économique que de libertés. Ces libertés n'ont guère de rapport avec les droits de l'homme. La liberté des prix et des salaires, le droit à la concurrence peuvent engendrer le capitalisme sauvage. Dans ce cas, les plus faibles au plan économique ne sont plus protégés par la loi.

DOSSIER 7 | DÉCOUVRIR LE MONDE DU VIVANT, DE LA MATIÈRE ET DES OBJETS

■ LE PROGRAMME

Les élèves repèrent des caractéristiques du vivant : naissance, croissance et reproduction ; nutrition et régimes alimentaires des animaux. Ils apprennent quelques règles d'hygiène et de sécurité personnelles et collectives. Ils comprennent les interactions entre les êtres vivants et leur environnement, et ils apprennent à respecter l'environnement. Ils distinguent les solides et les liquides et perçoivent les changements d'états de la matière. Ils réalisent des maquettes élémentaires et des circuits électriques simples pour comprendre le fonctionnement d'un appareil.

Il s'agit de la compétence 3 : les principaux éléments de mathématiques et la culture scientifique et technologique :

- observer et décrire pour mener des investigations ;
- appliquer des règles élémentaires de sécurité pour prévenir les risques d'accidents domestiques.

Cours préparatoire	Cours élémentaire première année
Découvrir le monde du vivant • Découvrir ce qui caractérise le vivant (naître, se nourrir, grandir, se reproduire, mourir) : - pour quelques animaux ; - pour quelques végétaux. • Identifier les régimes alimentaires de quelques animaux. • Prendre conscience des besoins vitaux de quelques végétaux. • Observer le développement de quelques végétaux, de la graine au fruit à travers la pratique de plantations. **Interactions entre les êtres vivants et leur environnement** • À partir d'un milieu proche (cour de l'école, jardin, forêt, mare...) : - identifier quelques êtres vivants qui le peuplent ; - observer quelques relations alimentaires entre êtres vivants. **Respect de l'environnement** Savoir que respecter les êtres vivants passe par le respect de l'environnement dans lequel ils vivent.	**Découvrir le monde du vivant** • Connaître le cycle de la vie des êtres vivants : naissance, croissance, reproduction, fin de vie (animaux, plantations). • Identifier quelques régimes alimentaires d'espèces animales (végétarien, carnivore, omnivore). **Interactions entre les êtres vivants et leur environnement** • Identifier et classer différentes relations alimentaires (un végétal mangé par un animal, un animal mangé par un autre animal). • Prendre conscience que les animaux dépendent des plantes pour se nourrir. **Respect de l'environnement** • Être sensibilisé aux déchets produits au cours d'une journée, à l'école, à la maison. • Être sensibilisé à l'importance de l'eau et à la nécessité de l'économiser. La question de l'environnement et du développement durable sera développée au cycle 3 en lien avec les programmes de sciences expérimentales et de géographie.
Découvrir le monde de la matière et des objets solides et liquides Manipuler des solides et des liquides et repérer ce qui permet de les distinguer. **Changements d'états de la matière** • Observer la fusion et la solidification de l'eau. • Savoir que l'eau, sous forme liquide et sous forme de glace, est une même substance.	**Découvrir le monde de la matière et des objets solides et liquides** Identifier quelques ressemblances et quelques différences entre plusieurs solides, entre plusieurs liquides. **Changements d'états de la matière** • Identifier les facteurs de fusion et de solidification de l'eau. • Connaître les états liquide et solide de l'eau dans la nature et en relation avec certains phénomènes météorologiques observés (formation de glace, neige, grêle brouillard).

Cours préparatoire	Cours élémentaire première année
Utiliser des thermomètres pour mesurer la température de l'eau placée dans diverses conditions. **Maquettes élémentaires et circuits électriques simples** • Utiliser quelques objets techniques simples (un manche à air, un mobile suspendu, une lampe de poche...) et identifier leur fonction. • Réaliser une maquette ou un circuit électrique permettant d'assurer des fonctions simples (trouver la direction du vent, équilibrer deux objets suspendus, éclairer).	Savoir que certaines substances peuvent passer de l'état solide à l'état liquide et inversement. **Maquettes élémentaires et circuits électriques simples** • Utiliser quelques objets techniques (balances, jouets électriques, ustensiles de cuisine...) et identifier leur fonction. • Savoir qu'il existe de nombreux objets utilisant l'électricité et les classer selon la source d'énergie utilisée. • Réaliser des maquettes utilisant différents dispositifs (suspension, pivot, poulie, treuil...). • Réaliser quelques circuits électriques simples utilisant des lampes ou de petits moteurs.
Règles d'hygiène et de sécurité personnelle et collective Instruction civique et morale - Éducation à la santé - Éducation à la sécurité	**Règles d'hygiène et de sécurité personnelle et collective** Instruction civique et morale - Éducation à la santé - Éducation à la sécurité

L'ÉDUCATION À LA SANTÉ

Les connaissances

La plupart d'entre nous sont conscients que l'alimentation et l'exercice sont importants pour rester en bonne santé. Une bouche saine est aussi un élément important d'un corps sain. Les problèmes de santé bucco-dentaire peuvent avoir des répercussions sur la qualité de vie. La douleur buccale, les dents manquantes ou les infections de la bouche peuvent avoir un effet sur la façon de parler, de manger et de se conduire en société. Ces ennuis de santé bucco-dentaire peuvent diminuer la qualité de vie d'une personne, car ils affectent son bien-être physique, mental et social.

Les maladies bucco-dentaires, comme les autres maladies, doivent être traitées. Une infection chronique, y compris dans la bouche, est un problème grave qui ne doit pas être pris à la légère. Cependant, les saignements et les douleurs des gencives sont souvent négligés.

Des recherches ont démontré qu'il y a un lien entre les maladies bucco-dentaires et d'autres problèmes de santé comme le diabète, les maladies cardiovasculaires et les accidents vasculaires cérébraux, les maladies respiratoires chez les personnes âgées, ainsi que les naissances prématurées et l'insuffisance de poids à la naissance. Même si les chercheurs commencent seulement à comprendre ces liens, il est prouvé que les maladies bucco-dentaires peuvent aggraver les autres problèmes de santé et que la santé bucco-dentaire est une composante importante d'une vie saine.

Si l'hérédité compte pour beaucoup dans la forme d'un visage, l'environnement joue également un rôle. Le développement dentaire ou odontogenèse est le processus complexe par lequel se forment, grandissent et apparaissent les dents dans la bouche. Afin que les dents humaines se développent dans un environnement buccal sain, l'émail, la dentine (ou l'ivoire), le cément et le parodonte doivent tous se développer aux stades adéquats du développement fœtal.

Les dents de lait (ou déciduales, ou temporaires) commencent à se développer entre six et huit semaines de vie *in utero* et les dents définitives vers la vingtième semaine de grossesse. Si les dents n'ont pas commencé à se développer à ces stades, elles ne pourront plus se développer par la suite. Les processus responsables du déclenchement du développement des dents ont fait l'objet d'un nombre important de recherches. Il est largement admis qu'un certain nombre de molécules (facteurs de croissance, de régulation...) sont indispensables dans les tissus du premier arc branchial pour permettre ce développement.

Il se forme chez l'humain, au cours du deuxième mois de grossesse, une lame labiogingivale par prolifération des cellules ectodermiques locales, au niveau du pourtour de l'orifice buccal primitif, et se prolongeant en fer à cheval dans la cavité buccale à l'emplacement de ce qui sera les futures mâchoires. Cette lame, formée de l'épithélium épidermique qui repose sur un mésenchyme sous-jacent, va se modifier en se creusant dans sa portion externe pour former l'ébauche du vestibule et en formant une crête interne. Des cellules épithéliales du versant labial de cette crête vont ensuite proliférer en 16 puis 20 endroits et s'enfoncer dans le tissu sous-jacent pour former la lame dentaire, puis les bourgeons dentaires, les ébauches des dents déciduales (ou dents de lait). Par la suite, se formeront à partir de bourgeons issus sur le versant lingual des bourgeons déciduaux les 32 ébauches des dents définitives.

La formation d'une dent commence donc par un agrégat cellulaire, le germe dentaire, dérivant de l'ectoderme issu du premier arc branchial de la crête neurale. Ce tissu d'origine ectoblastique va se transformer en un tissu mésenchymateux appelé ectomésenchyme ou mésenchyme ectodermique. Le germe dentaire est divisé en trois parties : le bourgeon dentaire (ou émail, ou encore organe adamantin), issu de l'ectoderme, la papille dentaire et le follicule dentaire, issus du mésenchyme.

Une des premières étapes dans la formation d'une dent visible au microscope est la séparation entre le sillon vestibulaire et la lame dentaire. Le développement dentaire est généralement divisé, par convention, en quatre stades : le stade du bourgeon dentaire, le stade de la cupule, le stade de la cloche et, enfin, le stade de la maturation. Cette division n'est que virtuelle car les changements ont lieu dans les faits de façon continue ; il est souvent difficile de décider quel stade particulier attribuer à une dent en développement. Cette détermination se trouve encore compliquée par l'aspect variable des divers tissus retrouvés sur différentes sections de la même dent en développement, qui peuvent être situés à des stades différents.

• Le stade du bourgeon est caractérisé par l'apparition, sur le pourtour de l'orifice buccal primitif et se prolongeant en fer à cheval dans la cavité buccale à l'emplacement de ce qui sera les futures mâchoires, d'un tas de cellules épithéliales qui se multiplient et s'enfoncent dans le mésenchyme sous-jacent qui formera la future mâchoire. Ce stade a lieu en général lorsque le fœtus a environ six semaines. Le bourgeon dentaire se présente donc comme un amas de cellules au sommet de la lame dentaire.

• Le stade de la cupule : le début de l'agencement des cellules dans le bourgeon dentaire se produit au stade de la cupule. Dans le mésenchyme, tissu conjonctif, un petit groupe de cellules cesse de sécréter le substrat extra-cellulaire qui les entoure, ce qui va se traduire par un rapprochement des cellules entre elles et former la papille dentaire. À ce stade, le bourgeon dentaire se développe autour de cet agrégat, prenant la forme d'une cupule, et devient l'organe de l'émail.

• Le stade de la cloche est celui des différenciations histologiques et morphologiques. L'organe de l'émail y prend une forme de cloche et la majorité de ses cellules forment le réticulum étoilé, nom dû à leur forme en étoile. Les cellules de la périphérie de l'organe de l'émail se répartissent en trois couches importantes : les cellules cubiques situées à la périphérie de l'organe de l'émail forment l'épithélium adamantin externe ou latéral. D'autres événements se produisent au cours du stade de la cloche. La lame dentaire qui relie la dent à l'épithélium buccal se désintègre, séparant complètement les dents en développement de l'épithélium de la cavité buccale. Les deux ne seront à nouveau en contact qu'à l'éruption de la dent dans la bouche. C'est également lors de cette étape que la couronne de la dent prend sa forme, sous l'influence de la forme de l'épithélium adamantin interne. Dans toute la bouche, les dents suivent le même processus. D'autres structures peuvent apparaître dans une dent en développement à ce stade : ce sont les nodules de l'émail ou nodules adamantins, les cordons de l'émail et les niches de l'émail.

• Le stade de la couronne : les tissus minéralisés, comme l'émail et la dentine, vont se développer au cours de l'étape suivante du développement dentaire. Cette étape actuelle est appelée stade de la couronne ou étape de maturation par certains chercheurs. D'importants changements cellulaires se produisent à ce moment-là. Dans les étapes antérieures, toutes les cellules de l'épithélium adamantin interne se sont multipliées pour augmenter la taille globale du bourgeon dentaire, mais cette multiplication par mitose s'arrête pendant le stade de la couronne à l'endroit où les cuspides des dents vont se former. Les premiers tissus minéralisés apparaissent à cet endroit. L'éruption des dents se produit lorsque les dents pénètrent dans la cavité buccale et deviennent visibles. Même si les chercheurs conviennent que l'éruption des dents est un processus complexe, il y a peu d'accord sur l'origine du mécanisme qui contrôle cette éruption. Bien que l'éruption des dents se produise à différents moments selon les personnes, une chronologie générale des éruptions dentaires existe.

En général, les humains ont 20 dents de lait et 32 dents permanentes. L'éruption comporte trois étapes. La première, connue sous le nom de « stade de la dentition primaire », se produit lorsque les dents de lait sont visibles. Une fois la première dent permanente sortie dans la bouche, les deux types de dents sont présents dans la bouche : c'est la dentition mixte. Après que la dernière dent de lait est tombée par un processus connu sous le nom d'exfoliation, on est au stade de la dentition permanente.

La dentition primaire commence à l'arrivée des incisives centrales de la mandibule, habituellement à huit mois, et dure jusqu'à ce que les premières molaires permanentes apparaissent dans la bouche, généralement avant 6 ans. Les dents primaires sortent dans l'ordre suivant : (1) incisive centrale ; (2) incisive latérale ; (3) première molaire ; (4) canine et (5) deuxième molaire. En règle générale, il y a quatre éruptions de dents tous les six mois ; les dents mandibulaires sortent avant les dents maxillaires et l'éruption des dents se produit plus tôt chez les filles que chez les garçons. Au cours de la dentition primaire, les bourgeons dentaires des dents permanentes se développent sous les dents primaires, sur le versant lingual ou palatin.

La dentition mixte commence lorsque la première molaire permanente apparaît dans la bouche, généralement à 6 ans, et dure jusqu'à ce que la dernière dent de lait soit perdue, le plus souvent à 11 ou 12 ans. Les dents permanentes du maxillaire sortent dans un ordre différent des dents permanentes de la mandibule. Les dents du maxillaire sortent dans l'ordre suivant : (1) première molaire ; (2) incisive centrale ; (3) incisive latérale ; (4) première prémolaire ; (5) deuxième prémolaire ; (6) canine ; (7) deuxième molaire ; et (8) troisième molaire. Les dents de la mandibule sortent dans l'ordre suivant : (1) première molaire ; (2) incisive centrale ; (3) incisive latérale ; (4) canine ; (5) première prémolaire ; (6) deuxième prémolaire ; (7) deuxième molaire ; et (8) troisième molaire. Comme il n'y a pas de prémolaires dans la dentition primaire, les molaires primaires sont remplacées par les prémolaires permanentes. Si les dents primaires sont perdues avant que les dents permanentes ne soient prêtes à les remplacer, les dents postérieures peuvent se déplacer vers l'avant et réduire l'espace disponible pour la future dent. Cela peut provoquer des chevauchements et/ou des malpositions des dents permanentes, ce qu'on appelle généralement « malocclusion ». Une orthodontie peut être nécessaire dans de telles circonstances, pour réaligner les dents.

La dentition permanente commence lorsque la dernière dent de lait est tombée, habituellement à 11 ou 12 ans, et dure jusqu'à la fin de la vie d'une personne ou jusqu'à ce que toutes les dents soient perdues (édentation). Durant cette phase, les troisièmes molaires (aussi appelées dents de sagesse) sont souvent extraites en raison d'infections locales, de douleurs à l'éruption ou d'impactions dentaires. Les principales raisons de la perte des dents sont la carie et la maladie parodontale.

Posture et dents : des liens évidents

Le corps est un tout. Tout déséquilibre d'une de ses parties peut retentir sur les autres. Classiquement, un organisme est stable quand les pieds, le bassin, les épaules et la ligne des yeux sont parfaitement horizontaux. De multiples facteurs peuvent fragiliser cet équilibre, entraînant des contraintes sur la mandibule. Et réciproquement, des anomalies dentaires peuvent, par phénomènes de compensation, avoir des répercussions sur la chaîne musculaire de l'ensemble du corps.

Avant 5 ans : prévenir

La lutte contre les infections ORL à répétition, le choix d'une alimentation suffisamment consistante lors de la diversification jouent également un rôle fondamental avec les habitudes données de brossage des dents.

De 5 à 11 ans : éduquer

Lorsqu'un défaut est déjà installé (béance entre les deux maxillaires, rétroprognathisme ou « menton fuyant », dents du haut en avant...), une nouvelle étape se profile : celle de la rééducation. Car à ces âges-là, la croissance de la face n'est pas terminée. L'apprentissage de bonnes techniques de respiration, de mouchage, de mastication, est à même de rééquilibrer les forces qui s'exercent sur les dents et de stimuler adéquatement les os pour permettre à la croissance de s'exprimer sans contrainte. Il s'agit de rompre le cercle vicieux des mauvaises habitudes à l'origine des troubles.

Le pic pubertaire : une période charnière

À ces âges-là, les hormones de la puberté stimulent la « croissance cartilagineuse », et donc les os longs du bas de la face. Les méthodes pour orienter ou stimuler la croissance sont plus lourdes et plus contraignantes. En amont, pendant l'enfance, on agit beaucoup plus sur le maxillaire, dont le développement relève de la « croissance membraneuse » particulièrement sensible aux pressions et aux contraintes de l'environnement.

(www.orthodontie-et-vous.fr/dents-machoires-et-croissance-de-lenfant)

Croissance des dents

Les 20 dents primaires auront apparu avant que l'enfant ait atteint l'âge de 2 ou 3 ans.

Vers l'âge de 6 ou 7 ans, les premières dents permanentes (ou d'adulte) font leur apparition. Elles sont également connues sous le nom de « premières molaires » ou « molaires de 6 ans ». Elles poussent dans le fond de la bouche, derrière les dernières dents primaires (ou dents de lait). Elles ne remplacent aucune dent primaire. C'est entre 6 et 12 ans environ que les racines disparaissent lentement et que les dents primaires tombent.

La séquence : les dents au CP

Module	Le monde du vivant
Cycle : 2 **Classe : CE1**	Les manifestations de la vie chez l'enfant
Programme	Les dents
Compétences visées	• Identifier les caractéristiques du fonctionnement de son corps. (croissance, dents) • Faire prendre conscience à l'enfant de certaines caractéristiques de son corps afin d'introduire quelques règles d'hygiène.
Matériel	• Dentier articulé • Lampe de poche • Miroirs • Pommes • Fiches des annexes • Documents de l'USBD • Pâte à modeler • Moulage

Conditions de réalisation	Salle de classe pour travail en groupe classe/travail par groupes
Nombre de séances : 4	Liste des séances et titre de chaque séance • Séance 1 : Émergence des représentations initiales • Séance 2 : Mes dents • Séance 3 : Rôle des différentes sortes de dents • Séance 4 : Hygiène dentaire • Séance 5 : Dents de lait/dents définitives
Bibliographie pour le maître	• Nos dents (PEMF) • Dents et hygiène (CRES)

Séance 1 : émergence des représentations initiales

Objectifs	
Notionnels • Connaître le nombre de dents (enfant, adulte). • Savoir les décrire et/ou les nommer. • Appréhender les dents dans un système plus large (gencives, mâchoire supérieure, mâchoire inférieure...).	**Méthodologiques** • Faire émerger les représentations initiales des enfants. • Mettre en évidence la relation entre la forme et la fonction de la dent.
Vocabulaire introduit Gencives, mâchoire supérieure, mâchoire inférieure, incisive, molaire, canine	

Déroulement

• Phase individuelle :
- distribuer à chaque enfant une feuille questionnaire ;
- combien avons-nous de dents ?
1. sont-elles toutes les mêmes ? Pourquoi ? Les représenter,
2. quels sont les critères que l'on peut mettre en évidence ?
a) forme
b) nombre
c) taille...

• Phase collective :
- analyse des réponses et des dessins, discussion sur les connaissances des enfants ;
- travail en binôme : chaque enfant observe les dents de l'autre (comptage, observation des formes, dents manquantes...) ;
- tableau récapitulatif.

• Synthèse des observations
Les dents s'organisent sur deux mâchoires qui servent de support : la mâchoire inférieure et la mâchoire supérieure. Les dents n'ont pas toutes les mêmes formes. Les dents des enfants tombent (dents de lait) et sont remplacées par des dents définitives.

Séance 2 : Mes dents

Objectifs	
Notionnels • Mettre en évidence les différentes sortes de dents. • Nommer les différentes sortes de dents.	**Méthodologiques** • Analyser des productions et émettre l'hypothèse qu'il existe plusieurs sortes de dents. • Réaliser des empreintes de mâchoires et les représenter le plus fidèlement possible. • Confronter les productions, les comparer, en déduire qu'il existe plusieurs sortes de dents. • Analyser un moulage. Conforter les déductions faites.
Vocabulaire introduit	
Incisives, canines, molaires, dents de lait, mâchoires	

Déroulement

• Phase collective :
- affichage des productions de la veille : observation des productions ;
- analyse de certaines d'entre elles faisant apparaître différentes sortes de dents : dessins différents ;
- verbalisation : toutes les dents n'ont pas la même forme : certaines sont carrées, d'autres « plus fines » ;
- comment le vérifier ?

• Travail en binôme :
- les enfants travaillent deux par deux et observent leur propre bouche (miroir) et celle de leur camarade (lampe de poche). Ils schématisent les dents présentes ;
- réalisation d'empreintes : représentation. Dans de la pâte à modeler, réaliser l'empreinte des mâchoires. Représentation de l'empreinte réalisée (un enfant sur deux).

• Mise en commun :
- observation des empreintes réalisées, observations des dessins ;
- mise en évidence des dents, des différences liées à la chute des dents, à la mâchoire ;
- discussion sur les dents observées ; remarques ; identification des différents types de dents ; forme des dents ; et leur emplacement dans la bouche (dentier articulé).

• Synthèse : élaboration de la trace écrite. Il y a plusieurs types de dents (incisives, canines, molaires). Elles sont disposées dans un certain ordre dans la mâchoire. Elles n'ont pas la même forme. Travail individuel. Fiche de travail sur les dents d'enfants.

Séance 3 : Rôle des différentes sortes de dents

Objectifs	
Notionnels • Connaître la fonction de chaque type de dents. • Associer les différentes sortes de dents à leur fonction.	**Méthodologiques** • Élaborer une stratégie de recherche. • Justifier ses hypothèses.
Vocabulaire introduit : herbivore, carnivore	

Déroulement

• Phase collective :
- rappel séance précédente ; noms des dents ; nombre ;
- pourquoi les dents sont-elles de formes différentes ?
- émission d'hypothèses : pour mâcher, pour couper, pour écraser...
- dévolution du problème : quel est le rôle de chaque sorte de dents ?

• Recherche en binômes :
- expérimentation en utilisant distinctement chaque type de dent sur des fruits : des pommes. Un enfant est mis en situation d'observateur, l'autre enfant réalise la tâche demandée, puis permutation ;
- consigne : « Vous allez prendre une pomme, puis mordre dedans et avaler le morceau que vous aurez pris. Comment je fais pour manger une pomme ? » ;
- recherche et expérimentation en utilisant distinctement chaque type de dent ;
- chaque groupe notera sur une fiche ses observations et chaque dent pourra être schématisée.

• Synthèse collective
- afficher les fiches de chaque groupe, les enfants expliquent leur travail, exposent leurs remarques ;
- présentation des différents travaux.

• Élaboration commune d'une trace écrite : nous avons constaté que les incisives coupent, les canines percent, déchirent et que les molaires écrasent les aliments. C'est l'action conjointe des dents du haut et des dents du bas qui permet d'écraser, de couper et de déchirer les aliments.

Séance 4

Objectifs	
Notionnels Connaître les règles d'hygiène dentaire (observation de caries, de dents saines...).	**Méthodologiques** • Sélectionner et traiter des informations. • Restituer les connaissances.
Vocabulaire introduit : hygiène dentaire, carie, gencive, plaque bactérienne	

Déroulement

• Phase collective :
- question posée : « Comment avoir de bonnes dents ? » ;
- discussion sur les habitudes d'hygiène et les problèmes rencontrés ;
- noter sur une grande affiche les réponses spontanées des élèves.

• Travail en ateliers :
- recherche documentaire sur différents supports (livres, publications diverses de l'USBD) ;
- les enfants disposent d'une fiche de recherche et relèvent les informations importantes.

• Mise en commun :
- regroupement et échanges de connaissances ;
- discussion : noter les points importants abordés par les enfants (le rôle du sucre, les brossages de dents, les caries, les gingivites, comment brosser ses dents...).

Synthèse et trace écrite : élaboration d'une trace écrite : les cinq conseils du docteur Quenottes.

Séance 5 : Dents de lait et dents définitives

Objectifs	
Notionnels • Savoir qu'il existe une succession de deux dentitions. • Savoir que les dents de lait sont remplacées par des dents définitives	**Méthodologiques**
Vocabulaire introduit : dents de lait, dents définitives, dentition	

Déroulement

• Phase collective :
- repartir des moulages réalisés dans la pâte à modeler ou de moulages d'enfant provenant d'un dentiste ;
- dévolution du problème : « Pourquoi n'avez-vous pas tous le même nombre de dents ? » ;
- réponses spontanées des enfants.

• Travail par groupe :
- chaque groupe dispose d'un moulage enfant et d'un moulage adulte complet ;
- demander d'observer les deux dentitions et de noter les différences sur une affiche (identification des différents types de dents, taille des dents, des mâchoires, comparaison nombre de dents enfant/adulte...).

• Synthèse collective : noter les constats des enfants au tableau puis élaborer un tableau qui met en évidence les différences entre la dentition enfant et la dentition adulte.

• Élaboration de la trace écrite.

Les dents de ma bouche : Sur le schéma, barre en rouge les dents que tu n'as pas.

Complète :
Quand je serai plus grand (un adulte), j'aurai .... dents.
Ce seront des dents.................................. Si je les perds, elles ne repousseront plus.

LES QUESTIONS POUR L'ENTRETIEN

1. Quels prolongements prévoyez-vous à cette séquence ?

On pourrait poursuivre sur le rôle de l'alimentation dans l'hygiène bucco-dentaire, et sur le développement du squelette au cycle 3. Un travail complémentaire pourrait également être mené sur la nourriture, l'alimentation et la composition des repas, et étendre le sujet aux animaux, ce qui correspond, dans les programmes, à « identifier quelques régimes alimentaires d'espèces animales (végétarien, carnivore, omnivore) ».

2. Comment mettez-vous en place la différenciation dans vos séances ? Donnez un exemple précis.

Anita Weber et André de Peretti définissent la pédagogie différenciée comme « *un ensemble d'attitudes, d'ouverture aux jeunes personnalités des élèves, de démarches pédagogiques, de méthodologies de la formation, de techniques et d'instruments didactiques :*
- *qui prennent en compte la diversité, l'hétérogénéité des apprenants ;*
- *qui visent à faire atteindre à tous des objectifs cognitifs de valeur égale ou équivalente* ».

Le groupe classe est composé le plus souvent d'enfants qui arrivent avec des vécus totalement différents, ce qui engendre une disparité des savoirs et des compétences. Il serait donc illusoire de penser le groupe classe comme une homogénéité. Gérer ces différences au sein de la classe est une des tâches les plus importantes et les plus exigeantes pour chaque enseignant soucieux de répondre aux besoins individuels de chaque élève. En effet, l'enseignant doit considérer les caractéristiques personnelles ainsi que les capacités individuelles afin de développer les compétences de chaque élève.

Au niveau de la gestion de classe, il s'agit notamment de gérer les différences entre les élèves au niveau du rythme de travail, de la motivation dans le travail, ou encore du comportement social. Réagir par rapport à cette complexité en classe demande à l'enseignant de mettre continuellement en question ses méthodes d'enseignement et d'adapter systématiquement ses approches pédagogiques pour que chaque élève puisse évoluer dans un milieu d'apprentissage propice à son développement individuel.

Dans une classe, tout est objet de différenciation. Il est possible de varier les outils, les supports, les modes de groupements (travail collectif, travail individuel, travail de groupe et travail en groupe).

POUR ALLER PLUS LOIN : LA PÉDAGOGIE DIFFÉRENCIÉE

La pédagogie différenciée est une pédagogie qui :
- privilégie l'élève, ses besoins et ses possibilités ;
- se différencie selon les besoins des élèves ;
- propose des situations d'apprentissage et des outils variés ;
- ouvre à un maximum d'élèves les portes du savoir, du savoir-faire, du savoir être.

Pour étayer la définition sur la pédagogie différenciée, Bruno Robbes énumère les variables didactiques en jeu permettant la mise en place de séquences d'apprentissage différenciées :
- le cadre spatial ;
- les situations d'apprentissage ;
- les contenus proposés ;
- les dimensions du sens d'un apprentissage ;
- les modes de pensée et les stratégies d'appropriation ;
- les différents supports et outils d'apprentissage ;
- les modes de différenciation et leur alternance ;
- l'organisation temporelle ;
- les attitudes pédagogiques de l'enseignant ;
- l'évaluation des acquis de la séquence pour chaque élève.

On peut aussi distinguer deux formes de différenciation :
- successive qui est le « *souci, dans le déroulement même du cours, d'alterner différents outils et différentes situations d'apprentissage* ». Elle nécessite de la flexibilité, c'est-à-dire « *la capacité d'ordonner à un objectif repéré des outils et des situations diversifiées* » (I. Cauden, F. Cuisiniez, *La Boîte à outils des formations*, 2e édition, Dunod, 2012). Cette organisation peut prendre plusieurs formes : travail en groupe, en binôme, ou individuel, le but étant d'alterner ces situations afin que chacun puisse trouver une situation adaptée où il pourra s'approprier le savoir proposé. En multipliant les formes de travail, on offre aux enfants un éventail de propositions et de stimulations parmi lesquelles ils peuvent construire leurs propres stratégies et ainsi choisir le chemin d'apprentissage qui leur convient le mieux ;

• simultanée est « *le fait que, à un moment donné, dans une classe, les élèves s'adonnent à des activités diverses, précisément définies pour chacun d'eux et correspondant à leurs ressources et à leurs besoins* » (I. Cauden, F. Cuisiniez, *La Boîte à outils des formations*, 2e édition, Dunod, 2012).
Cependant le problème avec ce style de différenciation est qu'il est très complexe à mettre en œuvre parce qu'il faut régler les problèmes matériels (organisation de la classe, des outils...) et que les règles propres au bon fonctionnement de la classe telles que le déplacement ou la prise de parole doivent être strictement respectés.

Dans les séances proposées, le travail en binôme permet la différenciation. En effet, il est utile de composer pour des séances de manipulation, observation et prise de notes des binômes avec un élève plus faible que l'autre, où celui-ci pourra s'appuyer sur les connaissances de son camarde qui joue alors le rôle de tuteur. Le travail en groupe hétérogène est une forme de différenciation.

3. Quels sont les avantages et inconvénients du travail en groupe ?

POUR ALLER PLUS LOIN : POURQUOI TRAVAILLER EN GROUPE ?

Construction du rapport aux autres

Le travail de groupe permet une coopération qui peut être rassurante pour les élèves ayant peur de l'échec. Par ailleurs, les élèves plus à l'aise y verront une situation plus gratifiante car ils seront en position d'aider leurs camarades. Enfin, pour tous, ce mode d'apprentissage sera plus stimulant et donc plus motivant du fait d'une émulation entre pairs.
Ce dispositif favorise l'apprentissage du respect de l'autre ; il est nécessaire de faire des compromis quand on travaille en groupe pour aboutir à des résultats communs. De même, cela développe des compétences individuelles au niveau de l'argumentation pour convaincre les autres du bien-fondé de sa démarche et de ses procédures.

Apprentissage de savoirs et de savoir-faire

Le travail de groupe est un dispositif d'apprentissage. En tant que tel, il permet de développer des savoirs et des savoir-faire :

- apprendre à expliquer sa démarche, à argumenter ;
- comprendre la démarche de l'autre, ce qui peut permettre à l'élève en difficulté de se l'approprier par imitation ;

• apprendre à être plus autonome en sollicitant le moins possible l'aide du maître car le but est de favoriser le travail entre pairs. Ce travail permet de faire émerger des idées et des procédures différentes de celles qui auraient émergé dans le cadre d'une addition de réflexions individuelles.

Un dispositif pertinent

Le travail de groupe peut prendre différentes formes :

• groupes de besoin ;
• travail de recherche sur différents chapitres d'un même thème ;
• travail sur des thèmes différents ;
• travail sur différents objectifs selon les groupes.

Comment travailler en groupe ?

Constitution des groupes

Plusieurs possibilités :

• libre constitution (affinités) : dans des situations de type recherche, où les élèves doivent se sentir à l'aise dans leur rôle ;
• constitution par tirage au sort régulé par le maître ;
• constitution par le maître :
- homogènes,
- hétérogènes ;
• dans des situations de remédiation : modification des groupes. Une fois le groupe constitué sur un projet particulier, attendre d'éventuelles évaluations pour modifier des groupes ;
• toujours dans la limite de la bonne gestion de la classe.

Taille du groupe

Elle est fonction de la situation proposée : réflexion, réinvestissement, recherche... Mais il est préférable de procéder par étapes :

• 1er temps individuel pour appropriation du problème : réflexion personnelle ;
• 2e temps de confrontation : deux élèves ou plus, travail en groupe proprement dit ;
• 3e temps d'approfondissement des stratégies : échanges entre deux groupes.

Les rôles

En théorie : un rapporteur, un secrétaire, un organisateur, un gardien du temps. Danger de laisser les élèves se répartir les rôles : intervention nécessaire du maître et mise par écrit sur tableau ou feuille de travail. Par contre, il y a un intérêt pédagogique évident à faire tourner les élèves sur chacun des rôles pour leur faire travailler les compétences transversales de chacun des rôles et leur faire acquérir la méthodologie propre au travail de groupe.

Organisation de la classe

Inconvénients de garder la disposition du travail en groupe :

- les élèves sont souvent mal à l'aise pour le reste des cours ;
- la disposition est propice aux bavardages.

Inconvénients de l'alternance :

- perte de temps lors de la mise en place ;
- ordre à rétablir après cette mise en place.

Avantage de la formation en U qui permet une mise en place rapide pour le travail en groupe en déplaçant les chaises seulement.

Quand travailler en groupe ?

Divers prérequis doivent être réunis avant de mettre en place un travail de groupe.

Au niveau de l'enseignant

L'enseignant doit tout d'abord bien connaître la personnalité des élèves afin de constituer des groupes de travail efficaces. En outre, il doit avoir acquis une certaine expérience de la conduite de classe. Ainsi, celui-ci pourra placer ces séances à un moment opportun de la journée et de la semaine. Des créneaux tels que le début ou la fin de semaine seront certainement moins favorables à ce type d'activité. De la même façon, la fréquence de ce type de travail devra être savamment dosée.

Au niveau des élèves

Les élèves doivent commencer à maîtriser les compétences transversales inhérentes au travail de groupe (écoute de l'autre, méthodologie, rôles à tenir) et considérer ces moments comme des séances de travail. De plus, au cours de la séance, les élèves devront préalablement avoir bien compris la consigne et le problème à résoudre.

Au niveau disciplinaire

Nous pouvons tout d'abord nous interroger sur l'intérêt du travail de groupe suivant la notion à construire. Ainsi, il semble favorable pour mener des travaux portant sur le sens et la confrontation de procédures individuelles. Pour cela, il faudra que la notion soit problématisée. *A contrario*, une séquence menant à l'apprentissage d'une procédure experte pourra être menée de manière plus frontale, en appliquant une approche déductive. De plus, le travail en groupe sera incontournable durant les phases de recherche. Cependant, au préalable, un travail individuel aura été mené afin que tous les élèves aient eu un temps de réflexion concernant le problème. Également, durant la phase de structuration, on pourra envisager l'utilisation de ce dispositif. Par contre, les phases d'entraînement, de réinvestissement et d'évaluation resteront des moments de travail individuel.

Limites et dérives

Construction du savoir

• Le travail de groupe, pour être efficace, doit conduire à un conflit sociocognitif. Or, ce conflit n'a pas forcément lieu car soit les élèves n'échangent pas leurs avis, soit ils ne tiennent pas compte de l'avis de l'autre.

• Le travail de groupe contribue à la construction du savoir mais ne suffit pas à sa structuration. Pour cela, une institutionnalisation avec le groupe classe est nécessaire. De même, le travail réalisé en groupe ne permet pas d'évaluer les compétences de chaque élève.

Socialisation

• Le travail de groupe nécessite un apprentissage. Il ne peut être plaqué sans travail méthodologique préalable (construction de règles et des savoir être propres au travail de groupe, distribution des rôles). Sinon, on peut assister à des dérives : fonctionnement non démocratique, phénomène de *leader*, installation dans la passivité de certains élèves.

• Un projet qui amènerait un petit groupe à travailler régulièrement ensemble pourrait conduire les élèves à un manque de communication avec le reste de la classe.

Rapport au savoir

• La pratique intensive de ce dispositif peut amener l'élève à penser que le consensus obtenu par la discussion avec les pairs est la vérité. « Si tout le monde est d'accord, alors c'est vrai. »

• L'élève peut également penser qu'il n'a pas, en lui, les ressources nécessaires pour résoudre un problème. De plus, habitué à partager la responsabilité avec les autres, il peut éprouver des difficultés à assumer ses choix.

Rythme de l'enfant

Des travaux de groupe trop fréquents, car cela demande beaucoup d'attention, d'implication et d'énergie, fatiguent les élèves. Il est donc nécessaire d'alterner ces moments avec des phases individuelles où les élèves peuvent se concentrer dans le calme.

DOSSIER 8| DÉCOUVRIR LE MONDE DE LA MATIÈRE ET DES OBJETS

LES CONNAISSANCES : LE MOULIN À EAU

Depuis le néolithique, l'homme cultive les céréales. Il se sédentarise, l'agriculture se développe. La farine devient alors la nourriture de base pour la confection de galettes ou de bouillies. La première technique utilisée fut le concassage : les grains sont écrasés entre deux pierres, puis en roulant une pierre ronde dans une pierre creuse, ensuite avec un pilon et un mortier. Les Égyptiens procédaient encore de cette manière-là. Il est difficile de déterminer quand et où la pierre cylindrique munie d'un manche fit son apparition, mais on en a retrouvé des exemples dans les ruines de Pompéi.

Au cours des siècles, le mouvement circulaire manuel ne cessa de se développer. On imagina introduire le grain par le centre évidé de la meule supérieure ; ce fut le moulin à bras. On inventa des manèges auxquels on attelait des esclaves ou des animaux (chevaux, ânes, vaches) pour faire tourner des meules plus grosses. Ce furent les moulins à sang. On ne sait pas précisément quand et où fut utilisé le premier moulin à eau, ni qui est son inventeur.

Selon Marc Bloch, historien français spécialiste du Moyen Âge, le moulin à eau serait le détournement d'un mécanisme d'irrigation. En effet, l'une des plus anciennes utilisations de l'énergie hydraulique est celle des roues élévatrices qui permettent d'amener une partie de l'eau servant à les mouvoir jusque dans des conduites d'irrigation. La première mention d'un moulin à eau est faite en l'an 18 avant J.-C. dans le palais que Mithridate avait fait construire à Cabire, dans le Pont. Si ce moulin date de la construction du palais, il remonterait aux années 120-63. Un peu plus tard, Vitruve décrit un moulin à roue verticale, puis Pline signale des moulins sur les rivières italiennes. Le moulin à eau est sans doute une invention du bassin oriental de la Méditerranée ; d'ailleurs Vitruve ne le connaît que sous son nom grec : *hydraletes*. Mais on ne possède que très peu de descriptions des mécanismes employés et l'on ne sait pas si ces moulins étaient à roue verticale ou horizontale. On a cependant beaucoup discuté pour savoir si le moulin à eau avait été importé d'Extrême-Orient, les premiers moulins à eau de Chine étant décrits vers l'an 31 de notre ère, ou s'il y avait été exporté par l'Europe occidentale.

La corporation des meuniers, nettement différenciée, apparaît pour la première fois à Rome dans une inscription de 448. Jusqu'au IVe siècle, on ne connaît que des exemples méditerranéens et gaulois, les restes archéologiques étant peu nombreux. Seul un texte d'Ausone, du IIIe siècle, fait mention d'un moulin sur un affluent de la Moselle. Au VIe siècle, en Europe, les moulins à eau peuvent encore se compter sur les doigts de la main : celui de Dijon, celui de Nicet-sur-Moselle, celui de Genève.

En France, le nombre de moulins à eau connaît une extension énorme au Moyen Âge, entre le xe et le xiiie siècle.

La découverte du moulin à eau dans l'Antiquité n'est pas suivie d'une véritable expansion, bien que cette invention constitue un énorme progrès technique. Des facteurs jouent aussi dans cette lente expansion du moulin à eau : la peur des caprices de la nature (gelées, inondations qui empêchent l'utilisation du moulin), la menace d'un siège (les assiégeants peuvent couper les cours d'eau et la ville est en péril si elle ne possède pas de moulins à bras), et enfin les déplacements des populations encore importants à cette époque. C. Parain y ajoute un facteur agricole : l'expansion des cultures céréalières qui se développent sur les terres gagnées par le défrichement et le glissement de la culture des blés vêtus (épeautre) vers les blés non vêtus (seigle, froment) qui se prêtent mieux à la culture.

Diversification des moulins à eau

Le moulin à eau pouvait être utilisé directement par toutes les machines mues par un mouvement circulaire continu. Les moulins les plus anciennement connus sont des moulins bladiers et l'usage le plus courant du moulin à eau durant le Moyen Âge est la mouture. D'autres moulins utilisent ce principe du mouvement circulaire : moulins à huile, moulins à pastel, moulins à tan (écorce de chêne pulvérisée utilisée pour la préparation des cuirs).

Pour adapter le moulin à eau à d'autres industries, il fallait résoudre le problème de transformation du mouvement, ce qui fut rendu possible avec l'invention de la came qui permet de transformer le mouvement circulaire continu en un mouvement rectiligne alternatif. Cette adaptation du moulin à eau a donné naissance aux moulins foulons (foulage des draps pour leur donner de l'apprêt), aux moulins à chanvre, aux moulins à fer, aux scieries hydrauliques, aux moulins à papier (trituration des chiffons dans l'eau pour en faire de la pâte à papier).

Enjeu de la possession du moulin à eau

Au Moyen Âge, la plupart des moulins à eau sont d'origine seigneuriale ou dépendent de monastères, qui doivent nourrir une importante population. En effet, il faut disposer juridiquement du cours d'eau et pouvoir faire face aux frais de construction et d'entretien. Les paysans des alentours semblent trouver commode de venir y moudre leur blé. Cependant, à partir du xe siècle, les seigneurs, usant de leurs pouvoirs de commandement (appelés le ban), instaurent à leur profit certains monopoles. Le plus ancien et le plus répandu de tous est celui du moulin banal : tout le blé récolté dans un certain périmètre du moulin doit y être apporté et moulu contre redevance. Cette redevance s'appelle le droit de banalité, reversée d'une part au maître de l'eau, le seigneur et au maître des meules, le meunier. Mais les meules domestiques, à mains, résistèrent longtemps à ce monopole.

Le meunier ne possède pas le moulin, qui appartient au seigneur, mais celui-ci lui donne des terres à cultiver pour sa propre consommation. Le meunier est tenu de tout le service qui incombe au moulin : entretien du canal, du bâtiment et des meules qui doivent être piquées régulièrement. Les revenus des meuniers ne sont pas très bien connus : on connaît simplement les droits de mouture qu'ils prélevaient. En 1152, un statut des consuls de Toulouse déclare que les meuniers ne pourront prélever qu'un seizième du grain porté à moudre. Ce taux est très fréquent en France. On trouve aussi des taux d'un vingt-quatrième ou d'un trente-deuxième. Il n'est en théorie pas permis aux meuniers de mesurer eux-mêmes leur droit de mouture, mais c'est souvent le cas. Cependant, même à l'époque féodale, certains moulins étaient déjà en d'autres mains que celle des seigneurs. C'est le cas du Bazacle à Toulouse, qui possédait douze moulins au XIVe siècle, et qui avait déjà la structure d'une société par actions : les pariers (actionnaires) possédaient une part du capital mesurée en uchaux (un uchau équivaut à un huitième de meule).

À la Révolution, la vente des biens de l'Église et des nobles permet aux meuniers assez aisés de racheter leurs moulins à l'État. C'est aussi à partir de cette époque et surtout au XIXe siècle que des paysans en construisent pour moudre les céréales du hameau, du village ou parfois simplement pour leur famille.

État des moulins en 1809

Claude Rivals, professeur à l'université de Toulouse-Le-Mirail, publie en 1984 une thèse sur les *Divisions géographiques de la France indiquées par une analyse de l'état des moulins en 1809*. En France, en 1809-1810, la proportion moyenne est de un moulin pour 300 habitants environ (moulins à eau et à vent), mais avec d'importantes disparités : on trouve un moulin pour 100 habitants en Lozère, un pour 105 en Corse, et jusqu'à un moulin pour 5 015 habitants dans la Seine.

La partie qui nous intéresse ici est celle concernant la répartition des moulins à roue horizontale et à roue verticale. Selon lui, le principe de chacune de ces roues est connu partout en France mais on observe une partition du pays en deux suivant le choix du récepteur :

- la France du nord est le pays du moulin à roue verticale : vingt-quatre départements ne comptent pas un seul moulin horizontal. Deux exceptions cependant : le Finistère et la Corse. Le Finistère présente autant de moulins horizontaux que verticaux. Deux raisons à cette présence de moulins horizontaux : le nombre important de petits ruisseaux dans le Massif armoricain est favorable à l'installation de petits moulins à roue horizontale pour des hameaux ou des familles. Par ailleurs, le Finistère est une région de pêche et de commerce, et il se pourrait que le moulin horizontal soit issu d'une longue tradition attachée aux habitudes de construction des premières populations. La Corse, elle, présente un comportement inverse : sur l'île, le moulin vertical est majoritaire alors que sur la côte méditerranéenne, c'est le moulin horizontal qui domine. La Corse ayant été achetée par la France aux Génois, il se peut que le moulin à roue verticale ait été introduit par des administrateurs ou artisans venus de Paris ou de France du nord ;

• la France du sud est le domaine du moulin à roue horizontale. Il est présent exclusivement dans six départements, et majoritairement dans vingt-quatre autres. On constate que, à part quelques départements frontaliers, le domaine du moulin horizontal correspond à l'aire des pays occitans, établie par les linguistes et dialectologues. Le Midi connaît le moulin à roue verticale, il est même utilisé dans certaines installations du Bazacle, mais il ne lui accorde pas sa préférence. Le moulin à roue horizontale, plus simple et plus rustique, n'est pas forcément un signe d'archaïsme.

Par ailleurs, C. Rivals effectue une comparaison entre les moulins à eau et les moulins à vent, qui apparaissent en France au XIIe siècle : en 1809, c'est le moulin à eau qui assure la plus grande partie de la mouture. En effet, le moulin à vent présente deux inconvénients majeurs par rapport au moulin à eau : son pouvoir d'écrasement est plus faible et le vent est une source d'énergie bien plus capricieuse et irrégulière que l'eau.

L'invention de la turbine

La turbine est un nouveau moteur hydraulique, perfectionnement des roues horizontales. Le principe de la turbine est dû à Bélidor, mais c'est M. Burdin, ingénieur des Mines, qui leur a donné ce nom vers 1824 parce qu'elles tournaient à la manière d'une toupie (turbo). Il appliqua le premier une roue de ce genre dans la Manufacture royale d'armes de Saint-Étienne. On peut attribuer à Fourneyron, élève de M. Burdin, la construction de la première turbine d'usage industriel vers 1830. Il y apporta aussi quelques perfectionnements (turbine Fourneyron). Dans ce moteur, l'eau arrive sous pression et, par réaction, en sortant de l'appareil, fait tourner une roue horizontale noyée. Lentement, les turbines remplacent les roues traditionnelles. Cependant, celles-ci résistèrent aux premières turbines du fait de leur rendement comparable et de leur relative simplicité.

Déclin du moulin traditionnel

Au commencement du XIXe siècle, il y avait en France plus de 75 000 moulins et usines hydrauliques fonctionnant avec des roues traditionnelles et il en restait encore 50 000 au début du XXe siècle. La fin de la Première Guerre mondiale voit le début de l'exode rural, les enfants du monde rural partant à la ville profiter du travail dû à l'essor industriel.

En outre, en 1935, une loi fixant un contingent par moulin calculé suivant sa moyenne d'écrasement, puis en 1953 sa transformation en « droit de mouture » achèvent ceux qui ont survécu à la révolution industrielle. Cependant, les moulins particuliers, c'est-à-dire appartenant à une ou plusieurs fermes et dont les paysans s'occupent eux-mêmes pour moudre le grain de leur propre consommation ont survécu à l'invention des turbines et à la révolution industrielle jusqu'à la Première Guerre mondiale. Laissés quelque peu à l'abandon pendant l'entre-deux-guerres, ils ont été utilisés à nouveau pendant la guerre de 1939-1945 et jusque dans les années 1950.

Et aujourd'hui ?

La plupart des moulins à eau ont été abandonnés dans les années 1950-1960 ; très peu ont été conservés en état de marche par manque d'entretien et de rénovation. Les paysans de la génération des moulins à eau se souviennent d'un travail difficile et pénible quand il fallait porter les sacs de blé sur le dos ou piquer les meules, et la génération suivante préfère investir dans des techniques nouvelles plutôt que rénover des machines obsolètes et peu rentables.

Depuis quelques années, des associations se sont créées dans le but de restaurer et de conserver ces moulins abandonnés qui font partie du patrimoine français. La restauration est confiée à des artisans et compagnons qui connaissent les techniques anciennes utilisées pour la construction des moulins.

Description du mécanisme

■ L'alimentation en eau

Les moulins à eau « terriers » (par opposition aux moulins-bateaux) sont construits directement sur le cours d'eau ou, si le tracé du cours d'eau n'est pas propice à la construction, on capte l'eau et on l'amène jusqu'à l'endroit choisi par un canal de dérivation qui peut mesurer jusqu'à plusieurs centaines de mètres. Pour pallier l'irrégularité du débit, certains moulins possèdent des bassins de retenue artificiels sur le canal d'amenée. Un conduit, l'abée, relie le canal d'amenée ou le bassin de retenue au moulin. Ce conduit est fermé en aval par une écluse que l'on ouvre pour actionner la roue.

■ Les roues

Pour que l'eau développe sa force motrice, il faut évidemment la diriger vers la roue qu'elle doit mettre en mouvement, par son poids ou par la manière dont elle en frappe les pales.

• Les roues horizontales sont placées sous le bâtiment percé d'arches pour permettre le passage de l'eau et on ne les voit pas. Dans les moulins à trompe, la roue porte des pièces de bois taillées de façon à présenter à l'eau une surface à la fois oblique et concave, appelées cuillers. L'eau est amenée par une sorte de tuyau en bois dit « trompe ». Les moulins à cuve ne possèdent pas de trompe ; la roue est installée dans un bassin circulaire. L'eau s'y déverse à hauteur de la face supérieure de la roue, créant un tourbillon qui l'entraîne dans un mouvement giratoire.

• Les roues verticales, au contraire, sont souvent visibles au flanc des moulins, parfois à l'abri d'un auvent. Elles ont été nommées « roues en dessus » : l'eau arrive au-dessus de la roue par un petit canal et remplit les auges de la roue, ce qui provoque sa rotation par gravité.

• Les roues de poitrine et de côté : l'eau arrive sur le côté de la roue et elle frappe celle-ci légèrement au-dessus de son axe pour la roue de poitrine (c'est-à-dire à peu près à la hauteur de poitrine d'un homme), ou légèrement en dessous pour la roue de côté. Elles sont, le plus souvent, à aubes planes.

• Les roues en dessous : l'eau libérée par la levée d'une vanne pousse les pales de la roue par le bas.

• La roue Poncelet : c'est la meilleure des roues en dessous. Le vannage est incliné et les augets permettent d'emmagasiner l'eau, ce qui améliore le rendement (jusqu'à 60 % de puissance utile). Mais l'adoption de ce système est restée restreinte à cause du développement des roues de côté, encore plus performantes (jusqu'à 75 %).

Dans les roues en dessus et de côté, l'eau agit dès le début de sa chute jusqu'à sa descente sous l'effet de son propre poids. Dans les roues de types en dessous, l'eau agit par percussion et grâce à la vitesse acquise.

Le mécanisme

Le système est constitué de deux meules. La meule inférieure est fixe. On l'appelle « meule dormante » ou « gisante ». La meule supérieure tourne sur la meule inférieure grâce au mouvement de la roue ; on l'appelle « meule courante », « tournante » ou « volante ».

La roue horizontale est à axe vertical directement branché sur la meule tournante. À la base de l'axe, un pivot en métal très dur repose sur un pas en acier ou en bronze appelé crapaudine. La crapaudine est elle-même fixée sur une poutre horizontale de chêne ou de hêtre appelé banc, qui prend appui sur de grosses pierres enfoncées dans le sol. Le banc est fixe d'un côté et peut se mouvoir verticalement grâce à une tige qui va de son extrémité libre à un levier ou trempure, qui sert à modifier l'écartement des meules. L'arbre traverse la meule gisante dans un boîtard garni de réservoirs de graisse puis se prolonge par une barre métallique aplatie et de section rectangulaire. Celle-ci se loge dans l'annille, pièce métallique en forme de X qui est placée dans des entailles pratiquées dans la face du dessous de la meule tournante. Quand le moulin fonctionne, l'annille permet de transmettre le mouvement de rotation de l'axe à la meule volante.

Le système à roue verticale est plus complexe car il s'agit de transformer le mouvement vertical en mouvement horizontal. La transmission de la rotation s'effectue par l'intermédiaire d'un rouet denté muni d'alluchons fixé sur l'axe de la roue et d'une lanterne composé de fuseaux, qui constituent un système de renvoi d'angle. Le gros fer qui traverse la lanterne repose sur le palier et supporte à son autre extrémité la meule courante par l'intermédiaire de l'annille.

■ La mouture

Le grain est contenu dans une trémie en forme de pyramide renversée, à base rectangulaire. Maintenu à la trémie, l'auget est un organe régulateur de la distribution du grain : les effets de la gravité s'y combinent avec ceux de la trépidation. Celle-ci est imprimée par un frayon (ou babillard), cylindre de bois dur fixé sur l'axe de la meule volante dont les angles sont fortifiés par des touches en fer. C'est le frayon qui est responsable du son caractéristique (« tic-tac ») des moulins.

Le grain est ensuite acheminé vers le centre de la meule, nommé « œillard », où il s'infiltre entre les deux meules dont les faces sont creusées de sillons de manière à faciliter sa progression durant son écrasement. La mouture est expulsée vers l'extérieur par la force centrifuge. Pour qu'elle ne se répande pas partout autour des meules, chacune d'elles est enfermée dans un coffrage de bois circulaire. On récupère donc à la fois la farine et le son, qu'il faut ensuite tamiser pour les séparer. Les techniques s'améliorant, le tri s'effectue à la sortie des meules grâce à un blutoir.

LA SÉQUENCE POUR UNE CLASSE DE CE1

Séquence : À quoi sert un moulin à eau ?	Objectifs de fin de séquence
Compétences de fin de cycle • Utiliser quelques objets techniques (balances, jouets électriques, ustensiles de cuisine...) et identifier leur fonction. • Réaliser des maquettes en utilisant différents dispositifs (CE1). • Émettre des hypothèses. • Faire et comprendre un schéma fonctionnel. • Pratiquer une démarche d'investigation : savoir observer, questionner. • Manipuler et expérimenter, formuler des hypothèses, argumenter. • Exprimer et exploiter d'une recherche en utilisant un vocabulaire scientifique.	• Savoir à quoi sert un moulin à eau. • Savoir réaliser une maquette élémentaire. • Réaliser une maquette permettant d'assurer une fonction simple : rotation à partir de la force de l'eau.

Séquence en quatre séances :

1. se poser une question et émettre des hypothèses : à quoi sert un moulin à eau ? Comment la roue tourne ?
2. expérimenter, observer et tester : construction du moulin à eau ;
3. amélioration des roues et schéma de la maquette ;
4. réinvestissement du vocabulaire, institutionnalisation et évaluation.

Chaque séance fait l'objet d'un rappel de la séance précédente. Des exercices de compréhension sont donnés en séances 3 et 4. À l'issue de chaque séance, les élèves gardent une trace de leur réflexion soit avec une photographie, soit avec un schéma légendé, soit par une trace collective affichée dans la classe.

Matériel :

- feuilles A3 pour les schémas ;
- grande affiche pour écrire le vocabulaire à retenir (enrichi au fur et à mesure des séances) ;
- matériel de construction (boîtes à camembert, verres en plastique, pailles, assiettes, piques en bois, boules en polystyrène, cuillères en plastique, bouchons en plastique et en liège, bouteilles en plastique) ;

- feuilles d'exercice ;
- cahier de sciences.

Séance n° 1

Compétences de fin de cycle :

- utiliser quelques objets techniques (balances, jouets électriques, ustensiles de cuisine...) et identifier leur fonction ;
- réaliser des maquettes utilisant différents dispositifs (CE1) ;
- réaliser une maquette ou un circuit électrique permettant d'assurer des fonctions simples ;
- émettre des hypothèses ;
- savoir exprimer ses observations ;
- savoir conclure à partir d'observations ;
- faire et comprendre un schéma fonctionnel.

Objectifs de fin de séquence :

- savoir à quoi sert un moulin à eau ;
- savoir réaliser une maquette élémentaire.

Objectifs de la séance : savoir qu'une roue de moulin à eau est composée de deux éléments : la partie centrale et les godets. Comprendre que la roue n'est que la partie motrice du moulin.

Matériel :

- grande feuille pour faire une affiche ;
- des photos de moulin à eau ;
- 5 feuilles A3.

■ Étape 1 : Prise de représentations individuelle - 7 min.

Question : « À quoi sert l'eau ? »

Visionnage vidéo + observation de la roue

www.youtube.com/watch?v=XTyKpbLEYxU

- Sur leur fiche de représentation, les élèves écrivent et dessinent leurs idées.
- Mise en commun des idées et propositions des élèves de la classe.

■ Étape 2 : Situation d'entrée - 5 min.

Questionner les élèves en montrant des photos de roues de moulin à eau : « À quoi vous font penser ces photos ? Que fait l'eau qui arrive au moulin ? À quoi sert cette eau ? »

■ Étape 3 : Recherche et réflexion en vue de la construction - 10 min.

Interroger les élèves sur les objets qui pourraient servir à fabriquer la roue (une boîte à camembert, une balle, une assiette, une bouteille en plastique...) ; écrire au tableau les idées et donner un titre : les roues. Attention, ces objets ronds et lisses ne réussiront pas à entraîner l'eau. Que faut-il ajouter à ces objets ronds pour que l'eau puisse les faire tourner ? D'autres objets.

Deuxième liste d'objets : les godets (verre/petite cuillère en plastique ; pot yaourt).

■ Étape 4 : Mise en dessin des idées des élèves - 15 min.

Par groupes, les élèves choisissent un élément à dessiner dans chacune des deux listes : un objet roue et un objet godet. Sur une feuille A3, chaque groupe fait un croquis de ces deux objets combinés pour réaliser une roue à godets.

Consigne : Sur une grande feuille, écrire le nom de chaque élève du groupe. Dessiner la roue, les godets que vous avez choisis, de façon à ce que l'eau puisse les faire tourner comme dans l'exemple. Représenter l'eau qui fait tourner. Légender avec les mots « eau, roue, godets ». Cette affiche doit être lisible de loin.

■ Étape 5 : Confrontation des dessins et trace écrite - 10 min.

Les dessins sont affichés. Analyse pour reconnaître les objets choisis. Coller les dessins dans le cahier.

Séance n° 2

Objectifs de la séance :

- savoir qu'une maquette est un modèle qui permet de comprendre un objet compliqué ;
- connaître des règles élémentaires de sécurité d'un outil.

Matériel :

- dessins de la séance 1 ;
- objets qui vont servir de roue et de godets ;
- 5 axes en bois ;
- bac en métal pour contenir les maquettes/bouteilles d'eau vides ;
- eau.

Étape 1 : Rappel de la séance 1 - 5 min.

Afficher les dessins des groupes de la séance précédente. Nommer les deux objets représentés sur chaque dessin. Expliquer que chaque groupe va réaliser ce qu'il a dessiné.

Étape 2 : Fabrication d'une roue à godets - 30 min.

- Placer une grande tige au centre de la future roue : c'est l'axe.
- Fixer cet axe avec la colle. L'axe doit être solidaire de la roue ; il doit tourner d'un seul bloc avec elle.
- Prendre les godets dessinés par le groupe (minimum six godets sinon la roue tournera trop irrégulièrement).
- Dans quelle position allez-vous mettre ces godets sur la partie ronde avant de venir coller ?
- Où allez-vous mettre ces godets ? Sur le côté, le dessus ? Les incliner ?
- Quand vous aurez décidé, il faudra coller les godets.

Étape 3 : Essai de la maquette - 10 min.

Chaque groupe essaie sa maquette devant les autres.

Étape 4 : Trace écrite - 10 min.

Analyse : Est-ce que ça marche ? Pourquoi ?

Dans chaque groupe : explique ce qui s'est passé lors du test. Est-ce que votre roue a tourné ? oui ? non ? pourquoi ? Argumente.

Mise en commun éventuelle : Quelle roue a tourné ? Pourquoi cette roue n'a pas tourné ?

Séance n° 3 : Amélioration des roues

Objectifs de la séance :
- améliorer les roues ;
- réaliser le schéma de la maquette et légender.

Matériel : cahier de sciences.

Étape 1 : Réactivation de la séance précédente - 10 min.

• Qu'avez-vous fait la dernière fois ? Qu'avez-vous à faire aujourd'hui pour que la roue tourne ? Discussion collective et prise de notes au tableau des certitudes et des questions.
• Trace écrite par groupe des améliorations : une phrase.

Étape 2 : Amélioration des roues et test avec l'eau - 20 min.

• Amélioration des roues par groupe pour qu'elles tournent puis test. Prendre en photo pour trace écrite.
• Dessin individuel de sa roue, légende, titrage : la roue du moulin à eau.

Consigne : Pour garder une trace de votre recherche, vous allez dessiner votre roue qui fonctionne, la légender (mettre des noms aux différentes parties en vous servant des mots du tableau).

Étape 3 : Reprise collective des notions et trace écrite - 20 min.

À copier sur le cahier de sciences.

Pour que la roue tourne correctement, il faut :
- des supports pour tenir l'axe ;
- des pales larges pour que l'eau, en tombant, fasse tourner la roue ;
- orienter les pales pour que l'eau tombe sur la partie large des pales.

Faire compléter la fiche d'exercice collectivement et écrire les réponses au tableau. Puis copier sur le cahier de sciences : Comment l'eau fait-elle tourner le moulin ? L'eau fait tourner la roue dont l'axe (la tige) fait tourner une meule en granit.

Séance n° 4

Objectifs de la séance :
- réinvestir le vocabulaire ;
- légender un schéma ;
- reformuler les étapes du fonctionnement du moulin.

Matériel :
- cahier de sciences ;
- photos des maquettes et fiche avec schéma à légender, et un texte à rédiger.

Étape 1 : Réactivation de la séance précédente - 5 min.

Qu'avez-vous fait la dernière fois ?

Étape 2 : Quelle est la fonction du moulin ? 20 min.

Consigne : L'eau fait tourner la roue. Mais à quoi peut servir cette roue qui tourne ? À quoi sert un moulin ? On va faire une recherche dans le dictionnaire. Les élèves réalisent l'exercice de la deuxième feuille qui leur montre d'autres utilisations du moulin à eau (scier, fabrication de l'huile...).

Étape 3 : Trace écrite - 10 min.

Les élèves copient le texte élaboré en commun.

Étape 4 : Évaluation - 10 min.

Compétences évaluées :
- réaliser une maquette élémentaire ;
- connaître le vocabulaire lié à un objet technique ;
- savoir utiliser un objet technique et identifier sa fonction.

LES QUESTIONS POUR L'ENTRETIEN

1. À quelles compétences du socle commun faites-vous référence ?

Compétence 3 : Les principaux éléments de mathématiques et la culture scientifique et technologique.

Il s'agit de donner aux élèves la culture scientifique nécessaire à une représentation cohérente du monde et à la compréhension de leur environnement quotidien ; ils doivent saisir que la complexité peut être exprimée par des lois fondamentales. Des approches concrètes et pratiques des mathématiques et des sciences, faisant notamment appel à l'habileté manuelle (par exemple travailler un matériau, manipuler des volumes, en réaliser), aident les élèves à comprendre les notions abstraites. Les mathématiques, les sciences expérimentales et la technologie favorisent la rigueur intellectuelle constitutive du raisonnement scientifique.

Les sciences expérimentales et les technologies ont pour objectif de comprendre et de décrire le monde réel, celui de la nature, celui construit par l'homme ainsi que les changements induits par l'activité humaine. Leur étude contribue à faire comprendre aux élèves la distinction entre faits et hypothèses vérifiables d'une part, opinions et croyances d'autre part. Pour atteindre ces buts, l'observation, le questionnement, la manipulation et l'expérimentation sont essentiels dès l'école primaire, dans l'esprit de l'opération « La main à la pâte » qui donne le goût des sciences et des techniques dès le plus jeune âge... Les élèves doivent comprendre que les sciences et les techniques contribuent au progrès et au bien-être des sociétés.

Sont également en jeu :
• la compétence 1 : la maîtrise de la langue française. L'acquisition de cette compétence est une priorité absolue. Elle passe par :
- la capacité à lire et comprendre des textes variés,
- la qualité de l'expression écrite,
- la maîtrise de l'expression orale,
- l'apprentissage de l'orthographe et de la grammaire,
- l'enrichissement quotidien du vocabulaire ;
• la compétence 7 : l'autonomie et l'initiative. L'autonomie et l'initiative s'acquièrent tout au long de la scolarité, dans chaque matière et chaque activité scolaire. On apprend ainsi à :
- être autonome dans son travail,
- s'engager dans un projet et le mener à terme (construire un exposé, rechercher un stage, adhérer à un club ou une association, travailler en équipe),

- construire son projet d'orientation. En développant cette compétence, l'élève se donne les moyens de réussir sa scolarité et son orientation, de s'adapter aux évolutions de sa vie personnelle, sociale et professionnelle.

2. Quelle est la démarche en sciences et techniques ?

La démarche doit inclure la résolution d'un problème ou la réponse à un petit défi, par exemple en montrant l'objet fini sans en révéler le mécanisme. Il est possible de rassembler des objets de même fonction et d'aspects différents (point de vue esthétique). Au-delà de la logique de l'utilisateur, il s'agit d'une première approche de la notion de fonction technique sur la base d'un ensemble d'objets simples.

La recherche de pannes orchestrées par l'enseignant ou par les élèves eux-mêmes les engage peu à peu vers l'un des aspects d'une démarche scientifique, à savoir chercher de quoi dépend un phénomène en faisant des hypothèses et en les testant en ne faisant varier qu'un seul paramètre à la fois.

La démarche particulière en technologie consiste à la fabrication d'un objet qui est l'aboutissement d'un projet.

POUR ALLER PLUS LOIN : LES DÉMARCHES EN TECHNOLOGIE

Démarche 1 : De l'objet existant à l'objet fabriqué

Comprendre le principe de fonctionnement de l'objet existant :

- observation ;
- démontage éventuel ;
- dessins, schémas ;
- élaboration d'une fiche de fabrication ;
- fabrication de l'objet : essais pour valider, régler, ajuster (analyse des dysfonctionnements), modifier, corriger ;
- utilisation.

Démarche 2 : De la fiche technique à la fabrication de l'objet

Consigne écrite associée ou non à des schémas :

- orale ;
- écrite ;
- gestuelle.

Lecture de documents « techniques » (fiches techniques de fabrication).
Réalisation (choix et manipulation d'outils pour la fabrication).
L'objet réalisé devra être rigoureusement identique au modèle.

Démarche 3 : Du besoin à la fabrication d'un objet
Démarche de projet technique.
La notion de projet technique englobe à la fois cette idée de réponse à un besoin (à un défi) et celle de l'anticipation qu'entraîne le projet : point de départ : un besoin ou un défi :
- analyse du besoin, du défi ;
- choix des matériaux et des outils ;
- phases techniques de réalisation (essais/erreurs/ajustements) ;
- vérification de la conformité de l'objet au besoin (ou défi) de départ ;
- évaluation de l'objet fini.

3. Quelles précautions sont à prendre ?

Ce sont les principes élémentaires de sécurité des personnes et des biens dans l'utilisation de l'électricité et de procédés techniques. Les principes de sécurité font l'objet d'une attention particulière à un âge où les enfants restent exposés aux accidents domestiques. Pour l'utilisation de l'électricité, il est utile de leur expliquer et faire savoir que :
- les expériences menées en classe ne doivent pas être reproduites à la maison en utilisant l'alimentation du secteur ;
- ils doivent savoir distinguer, parmi les objets électriques, ceux qui sont alimentés par des piles et ceux qui sont alimentés par le secteur ;
- ils doivent savoir qu'il est dangereux de mettre ses doigts dans une prise électrique et d'utiliser les appareils électriques dans un milieu humide.

4. Quelles sont les finalités de la découverte des objets à l'école primaire ?

- Permettre à l'enfant de développer sa pensée, en relation avec la maîtrise de divers langages et en particulier en verbalisant ses actions, découvrir et apprendre un vocabulaire technique.
- Permettre à l'enfant une première approche du monde construit par l'homme. Des premières réponses à des « comment ? » et des « pourquoi ? » : la question « pourquoi ? » est associée à la recherche d'explications, de relation entre une cause et un effet, et à l'intégration d'éléments dans un ensemble cohérent d'objets ou de notions.

• Adopter des attitudes propres aux scientifiques (chercheurs, ingénieurs, techniciens...) : acquérir une démarche d'investigation, de réalisation et d'utilisation, développer l'émission d'hypothèses, l'anticipation, les essais/erreurs, la vérification...

• Montrer les liens entre les besoins de l'homme et les produits réalisés avec différentes contraintes et l'évolution au cours du temps.

• Acquérir des connaissances, attitudes et capacités en termes :

- de savoirs, par la découverte de son environnement technologique et l'élargissement de ses connaissances ;
- de savoir-faire, par l'appropriation d'une démarche logique, réfléchie et d'une méthode de travail ;
- de savoir être, en développant des comportements susceptibles de favoriser l'intégration sociale et professionnelle.

DOSSIER 9| PRATIQUES ARTISTIQUES ET HISTOIRE DES ARTS

■ LE PROGRAMME

Les pratiques artistiques et les références culturelles liées à l'histoire des arts développent la sensibilité artistique et les capacités d'expression des élèves. Ces activités s'accompagnent de l'usage d'un vocabulaire précis : il permet aux élèves d'exprimer leurs sensations, leurs émotions, leurs préférences et leurs goûts. Un premier contact avec des œuvres les conduit à observer, écouter, décrire et comparer.

Cycles 1 et 2 : l'enseignement de l'histoire des arts se saisit de toutes les occasions d'aborder des œuvres d'art autour de quelques repères historiques. Les œuvres sont choisies de manière « buissonnière » par les enseignants, ce qui permet éventuellement d'ouvrir, de prolonger ou d'éclairer les enseignements fondamentaux. Fondé sur une découverte sensible, cet enseignement construit une première ouverture à l'art.

Progressif, cohérent et toujours connecté aux autres disciplines, l'enseignement de l'histoire des arts vise à :

• susciter la curiosité de l'élève, développer son désir d'apprendre, stimuler sa créativité, notamment en lien avec une pratique sensible ;

• développer chez lui l'aptitude à voir et regarder, à entendre et écouter, observer, décrire et comprendre ;

• enrichir sa mémoire de quelques exemples diversifiés et précis d'œuvres constituant autant de repères historiques ;

• mettre en évidence l'importance des arts dans l'histoire de la France et de l'Europe.

Instructions officielles : « *Il en est de même des images qui sont tour à tour matériaux à utiliser et œuvres à observer.* »

« *Les œuvres d'art sont présentes dans la vie de la classe et contribuent à la formation artistique de l'enfant.* »

P. 134 : « *Les images sont à la fois des matériaux, des documents et des supports d'expression.* »

P. 135 : « *Le musée de classe (collection du groupe) et le musée personnel (collection individuelle) sont des moyens d'aider l'élève à établir des relations entre ce qu'il sélectionne par goût ou par intérêt et ses propres productions.* »

« *Encourageant le penchant naturel des enfants à conserver et à rassembler, l'enseignant propose des reproductions d'œuvres et des réserves d'images.* »

(Source : programmes de l'école élémentaire, 2008.)

Les arts visuels regroupent les arts plastiques, le cinéma, la photographie, le design, les arts numériques. Leur enseignement s'appuie sur une pratique régulière et diversifiée de l'expression plastique, du dessin et la réalisation d'images fixes ou mobiles. Il mobilise des techniques traditionnelles (peinture, dessin) ou plus contemporaines (photographie numérique, cinéma, vidéo, infographie) et propose des procédures simples mais combinées (recouvrement, tracés, collage/montage). Ces pratiques s'exercent autant en surface qu'en volume à partir d'instruments, de gestes techniques, de médiums et de supports variés. Les élèves sont conduits à exprimer ce qu'ils perçoivent, à imaginer et évoquer leurs projets et leurs réalisations en utilisant un vocabulaire approprié.

S'appuyant sur l'apprentissage d'un répertoire d'une dizaine de comptines ou chansons et sur l'écoute d'extraits d'œuvres diverses, l'éducation musicale au CP et au CE1 conduit les élèves à chanter en portant attention à la justesse tonale, à l'exactitude rythmique, à la puissance de la voix, à la respiration et à l'articulation. Ils apprennent à respecter les exigences d'une expression musicale collective ; ils s'exercent à repérer des éléments musicaux caractéristiques très simples, concernant les thèmes mélodiques, les rythmes et le *tempo*, les intensités, les timbres. Ils commencent à reconnaître les grandes familles d'instruments.

En arts visuels comme en éducation musicale, au titre de l'histoire des arts, les élèves bénéficient d'une première rencontre sensible avec des œuvres qu'ils sont en mesure d'apprécier. Selon la proximité géographique, des monuments, des musées, des ateliers d'art ou des spectacles vivants pourront être découverts.

LE PORTRAIT

Les connaissances

Étienne Souriau, dans son *Vocabulaire d'esthétique* (Paris, PUF, 1990), propose une définition très complète : « *Au sens général, représentation d'une personne ; mais la définition du portrait comme concept esthétique appelle quelques précisions.* »

Dans les arts plastiques

Dans les arts plastiques, on n'emploie pas le terme de « portrait » pour la sculpture, et pourtant la chose y existe, mais on dit « tête », « buste » ou « statue » ; « portrait » se dit pour une œuvre en deux dimensions, peinture ou dessin. Le portrait est donc déjà une interprétation et transcription, donc choix, pour rendre l'apparence extérieure d'une personne, quel que soit le degré de réalisme. Bien qu'uniquement visuel, le portrait peut rendre très sensible la personnalité intérieure du modèle, par de nombreux indices tels que la pose, l'expression de la physionomie, etc.

En littérature

En littérature, le portrait est une description, il donne donc en ordre successif ce que la vue représente simultanément, et la réflexion littéraire a été très sensible, dès les théories médiévales, à cette particularité et à l'importance de l'ordre adopté. Le portrait littéraire peut indiquer directement les aspects non visibles de la personne, par exemple donner ses caractéristiques psychologiques. Enfin, il ne faut pas négliger l'existence du portrait musical, qui ne peut rien montrer des traits ou du signalement du modèle, mais qui, peut par des analogies dans l'agogique, le rythme, l'harmonie, évoquer l'allure de la personne, son genre de dynamisme d'action ou de pensée, l'accord ou le désaccord intérieur de son psychisme ; ce n'est ni une représentation, ni une description, mais une évocation.

Une personne réelle ou quelqu'un de fictif

Le fait que le modèle soit une personne réelle ou quelqu'un de fictif n'a aucune importance pour les procédés employés par l'art pour le faire connaître ; mais il en a pour le travail demandé à l'artiste. Le portrait d'une personne réelle demande à l'artiste d'être observateur et même psychologue pour pénétrer la personnalité du modèle. Le portrait d'une personne fictive lui demande une imagination très précise et complète ; et bien souvent les portraits fictifs prennent appui sur l'observation de modèles réels.

Un intérêt pour l'individuel

Le genre du portrait, dans quelque art que ce soit, témoigne d'un intérêt pour l'individuel ; ce n'est pas seulement l'être humain en général, ou tel type de toute une espèce, que rend le portraitiste ; c'est telle personne en tant qu'elle est elle-même (même si au travers de l'individu transparaît une idée de portée générale : le portrait ne s'y réduit pas). Ce caractère existe aussi bien dans le portrait, œuvre autonome, que dans le portrait, morceau d'une œuvre plus large ; si un romancier fait au passage le portrait d'un de ses personnages, si dans une scène à plusieurs personnages la représentation de chacun par le peintre est un portrait, c'est bien l'individu en tant que tel qui y apparaît. Dans la numismatique, il est arrivé souvent que l'on prête une sorte de physionomie symbolique à valeur générique, et non pas ses traits propres, à tel personnage figurant sur une monnaie ; ce n'est donc pas alors un portrait.

Mais les idées de l'époque sur un idéal esthétique humain transparaissent souvent dans le portrait, surtout quand le modèle veut y paraître beau et que le peintre ou l'écrivain le flatte. On voit aussi certains types génériques d'époque chez les portraitistes mondains.

L'autoportrait

Enfin, il faut faire une place à part à l'autoportrait où l'artiste se représente lui-même. Il présente l'avantage pratique qu'on a toujours sous la main son modèle et qu'on ne dépend pas ainsi des autres ; il a l'inconvénient pratique qu'à se voir dans un miroir, on a de soi une image inversée ; il a la difficulté psychique qu'on y est trop directement intéressé pour se voir facilement de manière impartiale. L'autoportrait, surtout quand il est fréquent chez un artiste, est un témoignage du genre d'intérêt qu'on se porte à soi-même. Mais qu'on fasse son propre portrait ou celui d'un autre, le portrait marque toujours qu'on attribue une importance à l'haeccéité du moi, à l'identité personnelle.

De quand date l'art du portrait ?

Le portrait est un genre très ancien. L'Égypte en donne une des interprétations les plus élevées aux IIe et IIIe siècles après J.-C., avec les peintures trouvées dans l'oasis du Fayoum. Par ailleurs, la civilisation romaine sculpte ou peint des portraits dont certains produisent une très forte impression de réalité. Ces œuvres jouent un rôle important dans la vie sociale ; les effigies entretiennent le culte des ancêtres et rendent hommage aux hommes politiques.

Ensuite, le genre connaît des destins variés mais il ne disparaît jamais. La représentation humaine est profondément enracinée dans la culture occidentale. Dès la fin du Moyen Âge, puis à la

Renaissance, elle prend une place majeure, en concordance avec l'intérêt porté à la personne et à l'individu singulier. L'ancien français a forgé le terme de « portrait » à partir de « pour » (préfixe à valeur intensive) et de « traire » dans le sens de « dessiner ». Le terme s'impose dans son acception moderne au XVIe siècle. Cette remarque étymologique indique le lien qui existe entre le désir de fixer les traits d'une personne et la production des images. Le récit légendaire que donne Pline l'Ancien de l'origine de la peinture va dans le même sens. Il raconte de façon poétique l'invention du portrait. Le soir, avant d'aller rejoindre son régiment, un jeune soldat rend une dernière fois visite à sa fiancée. La lampe projette l'ombre du garçon sur le mur et la jeune fille trace cette silhouette sur la paroi pour conserver l'image de celui qui le lendemain sera loin d'elle. Cette histoire condense certainement tout ce qui a donné son importance au portrait dans la civilisation occidentale et que le mythe de Narcisse rappelle lui aussi. Les dieux avaient interdit au héros de la mythologie grecque de se regarder, or il advint un jour qu'il surprit le reflet de son visage dans la rivière et ne put s'en détacher.

Le portrait se place à l'articulation de l'individu et de la société. Tout retentit dans le portrait : les conflits, les doutes... Dans un texte essentiel, Artaud dit chercher en dessinant ses visages « *le secret d'une vieille histoire humaine qui a passé comme morte dans les têtes d'Ingres ou d'Holbein* ». En campant un personnage, l'artiste cherche à représenter la vie, à opposer cette image au « *champ de mort* » que le poète évoque dans le texte cité ci-dessus.

Très vite après son invention, la photographie se consacre au portrait, allant jusqu'à reprendre certaines fonctions qu'assuraient la peinture et les arts graphiques. L'image du daguerréotype (1846) convient parfaitement à ce genre. L'aspect précieux de l'objet évoque les miniatures, les émaux... Sa surface miroitante participe également de l'illusion produite par l'image. D'ailleurs, cette invention n'a-t-elle pas été désignée comme un « miroir qui se souvient » ?

Plus de 150 ans après, les problèmes se sont certainement amplifiés avec l'effritement des certitudes qu'on plaçait dans ce miroir. Ils se sont aussi déplacés : la foi dans la vérité de l'image photographique est perdue. La référence au portrait est contestée par certains photographes : ce genre n'aurait plus cours, il serait trop ancien pour accueillir la création contemporaine. Or une visite des collections du XXe siècle de la Bibliothèque nationale de France révèle immédiatement un grand nombre de portraits très divers. Il a semblé intéressant d'en réunir une sélection pour esquisser une définition actuelle du genre.

« *Les attraits du portrait et les questions qu'il pose restent toujours aussi vifs. La capacité de la photographie à multiplier les représentations d'êtres divers et anonymes correspond aussi à une inquiétude du temps qui cherche à reconnaître la face de l'humanité. Ces photographies interrogent le visage et le corps pour tenter de donner une représentation qui maintienne les différences entre les êtres sans effacer la part humaine, très humaine, commune* » (Philippe Arbaïzar, extrait du catalogue de l'exposition « Portraits, singulier pluriel », Édition Mazan/Bibliothèque nationale de France, 1997).

L'artiste e(s)t le modèle ?

Le portrait est d'abord l'art du peintre. Nombreux sont ceux qui s'expriment sur leur pratique. Léonard de Vinci (1452-1519) énonce quelques préceptes utiles à l'artiste. William Hogarth (1697-1764) et Sir Joshua Reynolds (1723-1792), tous deux peintres et théoriciens de leur art, mettent en garde contre certains risques, tandis qu'Eugène Delacroix (1798-1863) précise les relations au modèle. Ces textes retracent une part du fondement intellectuel sur lequel se développe la pratique artistique du portrait.

Le peintre contemporain, Jean Hélion (1904-1987) analyse la démarche de l'artiste au travail et les rapports qu'il entretient avec le modèle. Revient ainsi une interrogation, déjà présente chez Léonard : le peintre ne se peindrait-il pas lui-même ? C'est en ce sens que Jean-Marie Pontévia, philosophe, s'intéresse aux œuvres de Diego Vélasquez et de Nicolas Poussin.

Le portrait offre de multiples possibilités de croiser les relations du peintre à son modèle. Il donne aussi parfois l'occasion de pénétrer dans l'intimité familiale des artistes. Parmi les œuvres mettant en scène un membre de la famille de l'artiste, il y a celles de Rembrandt et Paul Cézanne, ou encore celles de Pablo Picasso et d'Auguste Renoir. Deux portraits placent le peintre Pablo Picasso en présence de son père qui fut aussi peintre et professeur aux Beaux-Arts de Barcelone, avant de décider d'arrêter la peinture face à la montée en puissance de celle de son fils.

Le travail peut porter sur l'analyse issue de la confrontation des deux œuvres ou de leur comparaison avec des portraits ultérieurs peints par l'artiste (ses enfants, des personnages connus ; des portraits de périodes différentes : époque cubiste, période bleue...). Mais ces œuvres offrent également l'occasion de se mettre en travail face à sa propre famille : comment, par exemple, peindre son père ou le photographier ? Consulter également le texte de Jean Rouault extrait de son dernier roman.

Identifier, reconnaître

Le portrait a été élaboré de face en respectant un axe de symétrie. Découpez-le et faites un collage soit en sauvegardant cette disposition, mais en malmenant l'ordre des éléments composant le visage ; soit en négligeant la symétrie afin d'élaborer une construction qui se tiendrait à la limite de ce qui permet l'identification d'un visage.

• En utilisant des procédures infographiques, faites muter un portrait d'une époque ou d'un lieu à un autre. Travaillez sur l'introduction progressive d'éléments nouveaux et sur une présentation par série.
• Faire un portrait, cela peut s'entendre comme « d-écrire » et « dé-peindre ». En prenant pour point de départ un texte ou une peinture ayant pour objet le portrait, travaillez sur ce qu'impliquent pratiquement ces nouvelles compréhensions des mots.
• Utilisez le jeu qui vous est proposé pour déformer un portrait jusqu'à atteindre le point de rupture où toute ressemblance s'efface et où votre image devient abstraite.
• Utiliser comme point de départ des photographies découpées dans des journaux, des affiches publicitaires, etc. ou une véritable peinture que l'on a soi-même réalisée ou qui a été faite par un autre engage-t-il le travail plastique de même manière ? Tentez différentes approches à partir de consignes identiques.
• De même, utiliser son propre portrait, celui d'une personne connue de tous ou celui d'un être anonyme, occasionne-t-il de mêmes approches ?

■ Fait divers

Nombre d'artistes contemporains essaient de mettre en valeur les rapports que l'individu entretient avec le groupe en rassemblant les portraits d'une même communauté. Cette communauté peut avoir de forts liens culturels ou avoir partagé, dans l'instant, un événement fort.

La séquence au CP

Éléments déclencheurs : exprimer son point de vue sur des événements d'actualité à travers une galerie de portraits que l'enseignant a sélectionnés dans la presse et qui ont été retravaillés.

Proposition de travail :
• sélectionner des portraits de gens ayant vécu cet événement ;
• rassembler ces portraits en réalisant un collage, un montage ;
• utiliser les images telles que vous les avez trouvées ou retravaillez-les à partir de photocopies, d'images scannées...

Discipline	Domaine et notion(s)
Pratiques artistiques et histoire des arts	Arts visuels : Le portrait

Objectifs	• Comprendre ce qu'est un portrait, un autoportrait. • Décrire et comparer des portraits. • Utiliser un vocabulaire précis (parallèle avec le travail d'expression écrite). • Prendre conscience de la grande diversité des visages. • Réaliser une production en fonction d'une consigne. • Reconnaître différents portraits et différentes techniques (Arcimboldo, Warhol, Van Gogh, Picasso...).
Compétences	• Réaliser une production en fonction d'une consigne. • Appliquer une technique (collage...).

Séances	Matériel	Déroulement
1. Le portrait : **Dessiner un visage quelconque**	• 1 feuille A4 • Feutres • Craie	• En collectif, nommer les éléments du visage. • Des exemples seront faits au tableau. • Chaque enfant va dessiner un visage. • Consigne : Dessine un visage.
2. La photographie : **Faire le contour des éléments du visage**	• Une photo par enfant • Un feutre noir • Une feuille claire	• Chaque enfant montre et entoure avec son doigt les éléments. • Il entoure les parties du visage avec le feutre. • Rapidement appliquer l'autre feuille et la retourner. Faire constater l'empreinte des contours. • Consigne : Fais le contour des éléments du visage et plaque la feuille dessus.

Séances	Matériel	Déroulement
3. Les éléments du visage : **Ajouter des éléments sur un visage vide**	• Un portrait vide • Éléments du visage • Colle	• Chaque enfant dispose d'un visage vide. • Il doit y coller des éléments (nez, yeux, bouche, sourcils). • Consigne : Rajoute les éléments du visage.
4. Inversion des traits : **Ajouter des éléments, en changeant l'orientation de certains traits**	• Un portrait vide • Éléments du visage • Colle	• Chaque enfant dispose d'un visage vide. • Il doit y coller des éléments (nez, yeux, bouche). • Consigne : Rajoute les éléments du visage, en les mettant dans un autre sens.
5. Ajouts d'éléments : **Ajouter d'autres éléments (rides, barbe, moustaches)**	• Éléments pré-découpés • Colle	• Sur le visage qu'ils vont réaliser sur une feuille, les enfants vont ajouter des éléments. • Consigne : Faite un grand visage et ajoutez les éléments que vous voulez.
6. Les attitudes : **Disposer des éléments pour trouver une attitude différente**	• Une feuille à 4 visages vides • Éléments du visage • Colle	• Chaque enfant dispose de quatre petits visages vides. • En collectif, recenser les attitudes (triste, gai, peur, colère). Les nommer et faire un exemple au tableau. • Individuellement, reconstituer ces quatre attitudes. • Consigne : Donne à chaque visage les attitudes connues.
7. Le portrait (composition finale) : **Dessiner un visage** **Évaluation**	• Une feuille A4 par enfant • Colle, feutres	• Chaque enfant va dessiner un visage en fonction de ce qu'il a appris. • Consigne : Dessine un visage.

LES QUESTIONS POUR L'ENTRETIEN

1. Quels prolongements sur le même thème pourriez-vous proposer ?

• **Les trois âges de la vie :** on pourrait réaliser un triptyque représentant un personnage à trois périodes de sa vie à travers trois photos ou trois dessins. On peut choisir un personnage réel ou fictif, mort ou vivant, que nous avons rencontré ou dont on a entendu parler. Toutes les techniques graphiques sont à notre disposition (photos, dessins, aquarelle...). On pourrait alors faire le lien avec le temps qui passe et réaliser des portraits de nos grands-parents, parents et de nous, enfants.

• **Collage-montage :** à la manière d'un Arcimboldo contemporain, Erik Dietman intègre dans un visage des éléments du paysage. À notre tour, on pourrait réaliser des portraits à partir de matériaux très divers : fruits, pétales de fleurs, cailloux, coquillages, sable... mais aussi empreintes, pixels éléments de jeux de construction, allumettes, Coton-tige... Il faudrait faire en sorte que les éléments utilisés aient un sens par rapport au portrait final. Ainsi, Arcimboldo ne va pas composer ses portraits avec les mêmes ingrédients selon qu'il cherche à représenter l'eau ou le feu, le printemps ou l'hiver.

2. Quel récit pourriez-vous utiliser en littérature pour évoquer le portrait ?

• Je pense à l'album de littérature de jeunesse de Solotareff : *Les Garçons et les Filles*.
Auteur : Grégoire Solotareff
Illustrateur : Grégoire Solotareff
Éditeur : L'École des loisirs, 1997
Histoire : 36 garçons et filles dans une école un peu particulière. Cet album est une succession de portraits d'animaux ; on y rencontre Benjamin l'éléphant ou Carmen la vache. Sur la page de droite, un grand portrait, sur la page de gauche une description comme un petit recueil d'histoires. Une série de caractères, de petits problèmes quotidiens et de personnalités est décrite de façon bien trempée. C'est un bestiaire plein d'humour qui permet d'aborder le thème des caractères, mais aussi de la différence.

• Dans la série des Agathe, je pense aussi au premier titre de cette auteure. Dans ce premier volume de la série, Agathe se présente de manière originale à l'occasion d'un exercice donné par la maîtresse : il s'agit de faire son autoportrait. Trouvant ennuyeux de respecter la consigne en racontant sa vraie vie, Agathe s'invente une existence de rêve. Elle se fera punir pour excès d'imagination alors qu'elle était terriblement fière de son idée et espérait recevoir des compliments.
Illustrateur : Jean-Philippe Chabot
Auteur : Pakita
Format poche

3. Quels sont les principaux éléments du portrait ?

Caractéristiques physiques. Physionomie générale :

- les yeux, le regard ;
- le nez, la bouche, les traits du visage ;
- la chevelure ;
- la silhouette, la taille ;
- la démarche ;
- l'attitude ;
- les vêtements...

Caractéristiques psychologiques. Environnement du personnage :

- sa maison, son mobilier, ses amis, sa profession...
- son attitude par rapport à la vie, aux autres, au travail, aux traditions, à la famille...

4. Pouvez-vous nous indiquer quelles sont les différentes fonctions du portrait en littérature ?

Le portrait est une forme particulière de la description, qui permet à l'écrivain de montrer le personnage représenté. Ce type de description est souvent associé à une pause narrative et le portrait offre en fait une image d'un personnage pris à un moment précis. Les fonctions du portrait sont différentes selon les buts du romancier. En outre, un même portrait peut remplir plusieurs fonctions.

- Fonction référentielle : le portrait a pour but de permettre au lecteur de se forger une idée précise du personnage, de le visualiser en le rendant vraisemblable.
- Fonction narrative ou explicative : elle sert à mettre en valeur un personnage à un moment précis de son histoire.
- Fonction symbolique : elle montre la portée sociale, morale ou psychologique d'un personnage.
- Fonction esthétique : elle offre une galerie de personnages beaux ou laids selon les critères esthétiques de l'époque.

DOSSIER 10| LA VOIX ET L'ÉCOUTE MUSICALE

LE PROGRAMME

Compétences devant être acquises en fin de cycle

Être capable de :
• chanter juste en contrôlant l'intonation à l'oreille ;
• interpréter de mémoire une dizaine de chansons simples par année, en recherchant justesse, précision et expression ;
• mobiliser, soit de façon autonome, soit sur rappel, les habitudes corporelles pour chanter (posture physique, aisance respiratoire, anticipation...) ;
• écouter les autres, pratiquer l'écoute intérieure de courts extraits ;
• isoler, au travers d'écoutes répétées, quelques éléments musicaux (repérer en particulier des phrases identiques, leur place respective), en mémoriser certains ;
• produire des rythmes simples avec un instrument, marquer corporellement la pulsation ;
• traduire des productions sonores sous forme de représentations graphiques, après appui éventuel sur des évolutions corporelles ;
• commencer à exprimer et justifier ses préférences ;
• exprimer par des enchaînements dansés, personnels ou collectifs, une façon de ressentir une musique.

LES CONNAISSANCES

L'éducation musicale doit collaborer au plein épanouissement des facultés humaines. Il ne s'agit pas de faire l'éducation musicale d'un enfant dans le but de lui fournir une occupation, un divertissement, mais pour développer en lui des éléments de vie qui sont prêts à être utilisés : la musique est l'expression de la vie.

La musique c'est la vie

Les musiques traditionnelles et ethnologiques, non savantes, faites sans l'aide du solfège, le prouvent bien. Elles naissent spontanément, souvent accompagnées de mouvements de danse, pour les fêtes (mariages, fêtes religieuses, changements de saison, etc.) ; ou pour rythmer les gestes du travail (chants pour hisser la voile ou un fardeau, de labour, de chasse, d'appel, pour tisser, pour repiquer le riz, pour piler le maïs, etc.). La musique est donc mouvement. Elle exprime aussi un sentiment. C'est par elle que les peuples crient leur joie et leur douleur (chants d'amour, religieux, de fête, à caractère magique ou divin). Elle fait donc appel à des éléments physiques et psychologiques et n'est pas un exercice intellectuel comme on le considère souvent dans l'enseignement.

Le rythme de la vie intérieure est détruit par le rythme de la vie extérieure. Il est facile de le constater : un enfant a le sens du rythme ; de très nombreux adultes ne l'ont pas et sont incapables de dire, parmi deux sons proches, lequel est le plus haut. Le but de l'éducation musicale est d'éviter d'étouffer ces possibilités chez l'enfant, de les développer et de le préparer à la pratique de la musique. Requérant la participation de l'être humain dans toutes ses dimensions (sensorielles, affectives, spirituelles), elle collabore au développement de ses pleines facultés.

Des éléments qui forment un tout

Recherchons les éléments physiques et psychologiques de la personne qui entrent dans la pratique de la musique. Edgar Willems, dont la méthode active est une référence, propose ce schéma :

Musique	Homme
Art	Intuition et création
Harmonie	Vie mentale
Mélodie	Vie affective
Rythme	Vie physiologique et sensorielle

Chacun de ces éléments a besoin des autres, c'est un tout, une unité. La musique est un fait global. On remarque aussi que la synthèse est de plus en plus poussée de bas en haut. On passe du son à l'intervalle (constituant la mélodie) et à l'accord (constituant l'harmonie) qui contiennent respectivement un, deux et trois sons. Pour bien comprendre ce schéma, il suffit de savoir que le rythme est essentiellement du mouvement, donc un élément physique, et que la mélodie exprimant un état d'âme doit être interprétée avec sensibilité. Enfin, pour pouvoir distinguer les trois sons d'un accord, le cerveau entre nécessairement en jeu.

Comme la langue maternelle

Ce n'est donc pas le solfège que l'éducateur cherchera à enseigner d'abord : la musique s'acquiert comme la langue maternelle. On chante sans avoir conscience des sons ni des rythmes. Peu à peu, on distingue les divers éléments. Enfin on cherche à les écrire. Ainsi, le solfège apparaît en dernier. Il est la transcription symbolique de quelque chose de vivant. À la lecture, il faut retrouver, derrière les notes, la vie et non pas déchiffrer d'une manière mécanique. Débuter par le solfège est un non-sens : processus mental et abstrait, il est vide de signification s'il n'est pas précédé de la pratique.

On aura donc le schéma d'acquisition suivant :

Initiation :
- développement du sens rythmique ;
- développement de l'oreille sensorielle, affective, mentale ;
- pratique des chansons.

Pré-solfège :
- ordonnance des sons, des notes ;
- graphisme ;
- écriture.

Solfège : des exercices basés sur la vie.

Comment développer audition et rythme ? On ne doit pas faire appel à des moyens extra-musicaux qui encombrent la mémoire : pas de couleurs, de dessins, de phononymie, d'histoires, de jeux, mais un matériel auditif varié, des chansons d'intervalles, des frappés, un vocabulaire correct, des mouvements corporels. Au début, il s'agit moins de pousser à la perfection que de permettre à l'enfant d'extérioriser sa vitalité et de développer son esprit d'initiative.

L'audition et le rythme

Sans nous soucier d'ordre pratique, faisons la liste des domaines où doit porter notre éducation. Elle relève de deux grandes rubriques.

1. Les rythmes

- Mouvements naturels : sur une musique, trouver le pas (marche, sautillé, course...). Ou mieux : à partir d'un rythme battu dans les mains en marchant, quelqu'un improvise une mélodie.

- Improvisations rythmiques :

- inventer des rythmes libres, avec des timbres différents. On peut le faire sous forme de questions et réponses. Accompagner d'onomatopées, sans réfléchir ;
- même chose avec des rythmes mesurés : on bat d'abord la mesure et on improvise ;
- quelqu'un bat un rythme mesuré en marchant ; tout le monde reprend. L'éducateur accompagne (par exemple à la guitare) en jouant d'autres rythmes.

- Les rythmes des chansons : battre le temps, la division du temps, la mesure.

2. L'audition

• Le mouvement sonore : faire reconnaître si le son monte ou descend ; faire chanter des montées et des descentes ; demander d'accompagner avec la main ; le représenter graphiquement ; le lire.

• Le grave et l'aigu : écouter, reconnaître des objets sonores divers ; les classer par ordre de hauteur croissante. On peut apprécier jusqu'au centième de ton.

• Le mouvement mélodique :
- reproduire, sur « la » ou avec le nom des notes, des motifs joués par l'éducateur ;
- inventer des motifs musicaux (sous forme de question et réponse) ;
- reproduire, reconnaître des intervalles.

• L'harmonie :
- écouter, reproduire des accords ;
- trouver la tonique d'une chanson ;
- improviser une mélodie sur une suite d'accords.

Savoir captiver

Le but de l'enseignement musical à l'école est d'abord d'intéresser les enfants, de les amener à participer activement, de provoquer leur enthousiasme. On fera donc très souvent appel à l'invention, à l'esprit d'initiative, aux possibilités créatrices de l'enfant. Celui-ci jouera parfois au professeur, en donnant un rythme repris par les autres. Toujours dans le souci de rendre la séance attrayante, battre des rythmes mesurés avec des instruments de percussion (triangle, bâtonnets, etc.). De même pour les exercices d'audition, faire appel à un matériel varié : clochettes et grelots, sifflets, flûtes à coulisse pour les montées et descentes, xylophones... Très souvent, on peut les construire soi-même : bouteille, maracas avec des boîtes d'Ajax, des pots de yaourt, à classer par ordre croissant, etc.

Avec les plus grands

Le but étant toujours de provoquer l'intérêt et l'enthousiasme, on peut utiliser, à la place des chansons enfantines, de jolis chants adaptés à leur âge. On peut pratiquer le chant choral ou étudier un instrument de musique (flûte ou guitare). Mais il ne dispensera pas de chanter, de reproduire les sons. Il sera simplement la motivation de l'éducation musicale. On alterne les séances d'éducation musicale et celles d'instrument ou de chant.

Dans ce dossier, c'est donc l'audition qui nous importe le plus. Donc le son et ses composants. Le son est tout d'abord une sensation.

« Le son est une onde élastique transmise par l'air »

(Alain Boudet, docteur en sciences physiques, thérapeute psycho-corporel, enseignant en éducation vocale)

Ainsi la perception sonore fait-elle intervenir une source de son, c'est-à-dire quelque chose qui produit le son, puis son acheminement jusqu'à l'oreille. Enfin, c'est le fonctionnement du cerveau qui nous permet de le percevoir et d'en prendre conscience.

Le son ne touche pas seulement l'oreille, mais le corps entier et, à travers lui, atteint divers niveaux de notre être, physique, émotionnel, mental, spirituel. Selon les personnes ou les circonstances, c'est un aspect ou un autre qui est mis en jeu. Par exemple, s'il survient un fort coup de tonnerre, une personne éprouvera de la peur, et éventuellement la manifestera. Quelqu'un d'autre va rester paisible, comptant le nombre de secondes entre l'éclair et le tonnerre, intéressé par cet aspect informationnel. Le niveau le plus immédiat est peut-être l'émotion que le son ou la musique nous procurent, de plaisir ou de déplaisir, quelquefois d'extase. Un autre phénomène extraordinaire lié au son est la résonance physique qui se produit dans notre corps et la manière dont cette interaction peut harmoniser ou déséquilibrer les circuits énergétiques de notre corps.

Il y a aussi les sons qu'on émet soi-même. Comment dire l'importance de notre propre voix ? À la fois comme instrument de communication, reflet de notre personnalité et de notre richesse, et comme expression de notre désir de chanter. Envie tout à fait naturelle et vivante, présente chez l'enfant dès le plus jeune âge, émergeant de nos élans intimes, à moins que nous ne soyons entravés par des jugements et que nous ayons honte de notre voix.

Le physicien est bien placé pour décrire les caractéristiques du son. Mais détient-il la vérité ? L'acousticien a un autre point de vue, qui tient compte de la physiologie et de la psychologie de l'auditeur. Ici est décrite l'approche du musicien, basée sur sa sensibilité et sur un système de notation de la musique occidentale. Mentionnons celle aussi du musicothérapeute, qui s'intéresse à l'aspect équilibrant, nourrissant et guérisseur du son. Ce sont toutes des vérités, qui répondent à des interrogations différentes, s'adressent à des plans différents de la personne. C'est la recherche de ce ressenti sensoriel qui va nous guider dans notre découverte de la hauteur, de l'intensité et du timbre des sons.

L'exploration du monde sonore commence en écoutant les voix humaines, sans jugement, juste pour leurs sonorités multiples. On remarque la différence entre les voix de femmes et les voix d'hommes par exemple. Pour la plupart, c'est l'expérience première, puisque nous avons écouté la voix de notre mère et celle de notre père, même à l'intérieur de l'utérus maternel. Les femmes ont des voix plus aiguës, et les hommes des voix plus graves. La qualité sonore qui permet de faire la distinction entre les sons graves et les sons aigus est leur hauteur.

Les hauteurs de sons sont également très perceptibles lorsque nous les prononçons ou les chantons nous-mêmes. On peut généralement identifier si nous chantons dans le bas de notre voix ou dans le haut. Toutefois, ce n'est pas toujours le cas car il existe des défauts de perception liés à des causes le plus souvent psychologiques, rarement physiques. Une éducation permet de retrouver une perception juste (voir l'éducation musicale Willems).

Ondulations

Les mélodies sont composées de notes successives qui sont comme des paliers de sons à différentes hauteurs. « Et si je vous propose de chanter des sons qui montent et descendent de façon continue ? » Cela ne vous semble pas naturel ? Pourtant dans la nature, le vent nous fournit des mouvements continus du son en hauteur, surtout par jour de tempête, des montées et descentes du son. Et il peut être imité par la voix.

Vagues montantes et descendantes

Une sirène, une moto qui démarre avec une forte accélération, une débroussailleuse à fil produisent des sons qui montent et descendent de façon continue. Et avec la voix humaine, ce sont aussi des vagues. Il s'agit des intonations de nos phrases dans le langage, celles qui diffèrent d'un accent régional à un autre par exemple. Encore plus typiques sont les intonations accompagnant l'expression de nos émotions : « oh », « ah », « ah bon ! », « ouah ! », ou encore des gémissements, cris, etc. On peut donner une représentation imagée de ces montées et descentes par des graphiques (cf. la figure ci-avant). Les sons hauts sont dits « aigus » et les sons bas sont dits « graves » (« grave » comme « gravité terrestre »).

Fréquence du son

Depuis toujours, on sait que les sons sont produits par des vibrations. Ainsi, un son peut faire vibrer des objets autour de nous, les vitres de la fenêtre par exemple. Le technicien du son peut observer que les membranes de ses haut-parleurs vibrent lorsqu'elles émettent des sons. Ces vibrations sont lentes pour les sons graves, au point qu'on voit la membrane se gonfler vers l'avant et revenir vers l'arrière de façon répétitive. Les allers et retours deviennent d'autant plus rapides que le son est élevé.

Grâce à des expériences extrêmement simples, les physiciens ont pu relier la hauteur du son à sa fréquence de vibration. Ils mesurent la vitesse de vibration par le nombre d'allers et retours que fait la membrane par seconde, qu'ils nomment la fréquence. Elle est mesurée en un nombre par seconde, encore appelé « périodes par seconde » (abréviation ps) ou Hertz (abréviation Hz). Un hertz correspond à une vibration par seconde. Un kilohertz (kHz) correspond à 1 000 vibrations par seconde et un mégahertz (MHz) à 1 million de vibrations par seconde. L'oreille perçoit les sons sur une échelle de fréquences allant à peu près de 16 hertz (son très grave) à 16 000 hertz (son très aigu). Ces limites d'audibilité ne sont pas strictes et varient en fonction des individus.

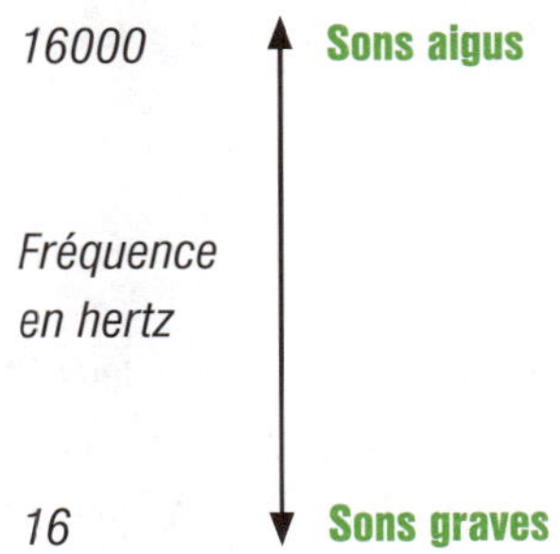

Échelle de fréquence des sons audibles

Cependant, il faut faire une distinction entre la hauteur absolue, mesurée par la fréquence, et la perception de la hauteur. Comme le dit E. Leipp, « *la sensation de hauteur d'un son de fréquence donnée varie avec la hauteur absolue du son, avec son timbre, avec son intensité, avec le contexte musical* ».

Sauts de hauteur sonore et intervalles

Dans les chants, la mélodie se promène par sauts de note en note, contrairement aux chants du vent et de la sirène qui glissent de façon continue. C'est comme si la rampe continue qui permet aux vélos et poussettes de monter la pente avait cédé la place à un escalier composé de marches espacées de façon ordonnée mais pas régulière. Les notes sont comme des paliers, des niveaux de hauteur de sons. En musique, l'écart de hauteur entre deux sons s'appelle un intervalle.

Octaves

La musique est faite d'intervalles variés et innombrables. C'est la présence de certains intervalles plutôt que d'autres qui donne à une musique sa couleur orientale, chinoise, indienne ou occidentale par exemple. Car l'assemblage des intervalles produit les modes et des gammes. Toutefois, il est un intervalle que l'on retrouve dans toutes les gammes et dans toutes les cultures, un intervalle universel, c'est l'octave.

Cet intervalle est universel parce qu'il est naturel, constitutionnel de notre nature. Il est facile de s'en rendre compte en comparant la voix féminine à la voix masculine. Demandons à un homme de chanter une petite mélodie et à sa compagne de chanter la même chose avec lui. Avec sa voix de femme, elle chantera naturellement plus haut que lui : exactement une octave plus haut. Et pourtant, tout en sachant que leurs voix sont différentes, ils auront la sensation de chanter la même chose, d'être ensemble, à l'unisson. Deux sons distants d'une octave, c'est le même son à deux niveaux différents.

Puissance et volume

La comparaison de sons de même hauteur nous livre une deuxième caractéristique, leur force. Telle personne parle avec une petite voix faible, à peine audible, tandis qu'une autre se fait entendre avec une voix trop forte, presque dérangeante. Cette qualité de force ou de puissance du son est nommée « intensité » par les physiciens. L'intensité du son est réglée par le bouton « volume » de notre chaîne hi-fi, autre façon d'indiquer sa puissance.

Cette caractéristique des sons est donc tout à fait perceptible par nos sens, dans les muscles de notre poitrine et de notre ventre, et pas seulement par l'oreille. Elle est reliée à l'énergie mise en œuvre pour produire le son. Le son vibre dans l'air et vient stimuler le tympan. Pour les physiciens, sa puissance peut être exprimée avec des unités liées à l'énergie telle que le watt par mètre carré.

La hauteur d'un son est une caractéristique différente de son intensité. On peut avoir des sons graves qui sont faibles et d'autres qui sont forts, et on peut avoir des sons aigus faibles et d'autres forts.

L'oreille et les décibels

L'oreille n'entend rien en dessous d'un certain seuil d'intensité (seuil d'audibilité). Elle a également une limite supérieure : certains sons sont tellement forts qu'ils sont assourdissants et douloureux. Les seuils d'audibilité et de douleur varient en fonction de la fréquence du son. On peut donc tracer un audiogramme pour les représenter, comme sur la figure ci-avant. Les audiogrammes varient avec les personnes, avec l'état de santé et avec l'âge. Et aussi avec l'attitude mentale de l'auditeur (concentration, refus d'écouter...) !

Les nuances

Le musicien exprime l'échelle de force des sons ou nuances du plus faible au plus fort par les termes italiens *pianissimo* (*pp*), *piano* (*p*), *mezzoforte* (*mf*), *forte* (*f*), *fortissimo* (*ff*), et le passage de l'un à l'autre par les termes *crescendo* et *decrescendo* (ou *diminuando*).

La perception du volume varie selon le contexte

Ce n'est pas parce que le physicien mesure avec précision l'énergie du son et ses modulations qu'il faut s'imaginer qu'on peut définir la perception de sa force en mesurant son énergie. Pour un signal d'une même force, cette perception diffère avec la hauteur, comme on le voit sur la figure qui précède.

Elle varie également avec le contexte. Des esprits rationalistes bien intentionnés ont tenté de codifier les nuances *pp*, *ff*, etc. en leur attribuant des valeurs précises en décibels. Mais ils ont échoué car l'exécutant, guidé par sa sensibilité, ne joue pas un *piano* de la même façon selon le passage où il se trouve. « *L'oreille est un système adaptatif, où la chaîne des osselets joue le rôle d'un potentiomètre d'intensité réglable... Si un son est trop intense, l'auditeur, à son insu, généralement "baisse le niveau" de quelque 20 ou 30 décibels en relâchant les muscles de ses osselets. Si un son est trop faible et qu'il veut l'entendre, il "tendra" l'oreille, c'est-à-dire réglera le système ossiculaire de façon optimale. Dès lors les conclusions sont évidentes : le niveau perçu, "subjectif", sera fonction du niveau du contexte musical immédiat (de l'intensité des sons qui précèdent celui qu'on écoute)* » (E. Leipp, laboratoire d'acoustique musicale, université de Paris-VI, *Bulletin du GAM*, décembre 1978). Les nuances n'ont pas de valeur absolue. C'est une appréciation subjective, et c'est ce qui est recherché en musique.

Le timbre

Pour savoir quel est l'élément responsable du timbre dans le son, les physiciens ont analysé les caractéristiques de l'onde sonore en comparant des sons de même hauteur et de timbres différents. Ils ont découvert que l'onde sonore est composée de plusieurs sons partiels qui se superposent. À la composante de base qui donne au son sa nature de note musicale avec sa hauteur et sa fréquence F se superposent d'autres ondes moins perceptibles dont les fréquences sont des multiples de F : 2F, 3F, 4F, 5F, 6F, etc. On les appelle des « harmoniques ». La notion de timbre semblerait être complètement définie par la physique des harmoniques. Or il n'en est rien. Comme pour la hauteur et l'intensité, l'impression sonore dépend non seulement de l'onde sonore, mais également du fonctionnement de l'oreille et du cerveau, lui-même tributaire de la culture et de l'histoire de la personne.

Sons partiels et bruits

Les bruits tels que claquements, chocs, crissements sont trop complexes pour qu'on puisse leur attribuer une hauteur déterminée. Leur sonagramme révèle des composantes qui ne sont pas des harmoniques, car elles ne sont pas des multiples entiers de la fréquence la plus basse. Un bruit est fait de la superposition d'ondes de fréquences sans rapport entre elles, qu'on appelle des sons partiels. Il s'agit de distinguer plusieurs sons différents dans un complexe de sons. Cela commence par l'écoute de sons complexes où les composantes sont nettes et bien identifiées : les accords. Un accord est l'émission de plusieurs notes simultanées et superposées par tierces.

Une image sonore est celle d'un orchestre jouant une symphonie, dans lequel on peut percevoir la partie séparée de divers instruments. L'oreille possède donc la capacité remarquable de distinguer les sons composants dans un son complexe.

À l'école

■ L'écoute

L'écoute active s'oppose à l'idée reçue qu'il suffit de faire écouter de la belle musique pour que les enfants prennent plaisir à écouter ce type de musique et qu'ils deviennent des adeptes de cette musique. Parallèle avec l'apprentissage des langues étrangères : il suffit d'écouter la langue et de s'en imprégner pour pouvoir la parler... Mais l'apprentissage, quel qu'il soit, demande un effort, un investissement actif de celui qui apprend... L'enfant a besoin de repères, de commentaires pour donner du sens et faire vivre ce qu'il entend. L'écoute active est une écoute analytique, pour comprendre. Elle demande un effort pour appréhender la musique.

Une première appropriation globale de l'œuvre

• Une première familiarisation avec des œuvres.

• Une connaissance « passive » qui peut être réactivée par la suite en primaire puis au collège. Parallèle avec la littérature : les contes qui font partie du patrimoine culturel sont abordés à l'école maternelle puis repris à l'école élémentaire, puis au collège de façon plus approfondie.

Des écoutes répétées de courts extraits

• L'écoute doit être préparée : les élèves doivent être attentifs. Pour obtenir cette attention, le maître peut leur donner des tâches d'écoute.

• La musique est trop souvent utilisée comme fond sonore que l'on subit plus que l'on n'écoute.

• Au cours de ces écoutes, les élèves apprennent à reconnaître des éléments musicaux, ils donnent leur impression et parviennent parfois à fredonner l'air.

■ Culture de l'oreille

L'écoute est une phase importante de la démarche didactique : elle s'articule avec la production et l'invention. Au cycle 2, elle se réalise essentiellement dans l'audition des essais et des reprises successives, et vise à améliorer les productions. Elle contribue, par sa fréquence, à stabiliser et renforcer les habitudes et l'acuité auditives nécessaires à la concentration et la mémorisation des œuvres. Elle concerne l'écoute de soi comme l'écoute des autres.

L'écoute d'œuvres musicales ou d'extraits vient compléter cette première approche. C'est un moyen indispensable pour découvrir la diversité de l'expression musicale. Ainsi, l'élève affirme peu à peu ses goûts propres et se dote de nouvelles références pour accéder au patrimoine culturel. Il repère des éléments saillants qu'il met en lien avec ceux des chansons qu'il interprète. Il identifie des climats particuliers, des univers contrastés, les qualifie selon sa propre sensibilité, les discute ensuite. Il repère instruments, timbres, motifs, moments de plus ou moins grande densité. Il commence à différencier la chaîne des événements successifs de celle des éléments simultanés. Il prend conscience ainsi que toute musique peut être source de plaisir, voire de rejet, mais demeure toujours objet de curiosité et matière à découvertes infinies.

Par ailleurs, l'écoute de morceaux ou œuvres interprétés en direct à l'école ou, mieux, dans des lieux de concert apporte au travail conduit en classe une dimension et des compléments irremplaçables. Les perceptions deviennent plus précises et marquantes lorsqu'on voit qui joue, à quel moment, de quelle façon.

■ Quelles œuvres musicales proposer ?

Des œuvres de référence du patrimoine musical : opposition entre les œuvres savantes et les musiques actuelles.

Les contes et les récits musicaux

- *Pierre et le loup* de Prokofiev
- *Barnabé et les bruits de la vie* de Louis Dandrel

Les musiques du monde

Découverte de langages musicaux différents en comparant les musiques européennes aux autres musiques du monde que les enfants n'ont pas l'habitude d'entendre.

- Exemple de musiques actuelles : « I say hello » des Beatles.
- Exemple de Jazz : « Les p'tits loups n° 9 et 14 » : références à Duke Ellington...

Les œuvres instrumentales

- *Les Quatre Saisons* de Vivaldi

Les œuvres vocales

- *La Flûte enchantée* : opéra de Mozart, œuvre qui peut être exploitée de la maternelle au collège : voyage initiatique des personnages proches des contes de fées traditionnels en maternelle.

Proposition d'une démarche pédagogique d'un extrait d'œuvre musicale

<table>
<tr><th>Audition</th><th>L'enseignant</th><th>Les élèves</th><th>Précisions</th></tr>
<tr><td>1re</td><td>• Ne dit mot durant l'écoute
• Oriente les réactions vers l'atmosphère générale...
• Situe l'extrait dans l'œuvre</td><td>• S'expriment spontanément
• Disent ce qu'ils ressentent</td><td rowspan="5">Utilisation d'un vocabulaire adéquat
• Le mouvement : rapide, lent...
• Le caractère : triste, gai...
• Les timbres : identification d'instruments
• Les nuances : très fort, doux, crescendo ou decrescendo
• Les thèmes : combien de fois entend-on ce thème ?
• la mélodie : une succession de sons
• La hauteur : grave, aiguë</td></tr>
<tr><td colspan="3">Tâches d'écoute</td></tr>
<tr><td>2e</td><td>• Attire l'attention des élèves sur un son, une hauteur de voix, un air, une mélodie...
• À la demande, explique et caractérise le son repéré...</td><td>• Découvrent le son
• Le perçoivent plus clairement</td></tr>
<tr><td>3e</td><td>Invite les élèves à se manifester à chaque audition de ce son, de cette mélodie par un signal visuel : lever la main...</td><td>• Reconnaissent le son, la mélodie, l'isolent
• L'œuvre est mieux connue et devient rassurante</td></tr>
<tr><td>4e</td><td>Invite les enfants à accompagner la musique</td><td>• Fredonnent la mélodie, reproduisent le son
• L'accompagnent avec des gestes, des mouvements du corps</td></tr>
<tr><td colspan="4">À la suite de ces étapes, on peut orienter l'écoute vers une création : transformation du son repéré puis association dans une production collective.</td></tr>
</table>

L'analyse progressive est conduite à partir des productions dans une démarche réflexive basée sur l'échange, la confrontation, l'imitation, la justification, la comparaison. Chaque étude fait l'objet d'une production finale : codage, imitation, accompagnement, reproduction, réalisation plastique, expression écrite, etc. L'écoute active a pour finalité de développer les objectifs suivants :

- objectif rythmique ;
- objectif structural ;
- objectif de superposition ;
- objectif de codage ;
- objectif culturel ;
- objectif de mémorisation.

LA SÉQUENCE AU CE1 EN TROIS SÉANCES

Valse de la 2e suite de jazz » D. Chostakovitch

Description des séances

- L'analyse de l'œuvre s'étale sur deux séances.
- L'objectif est d'étudier la mélodie principale de la 2e suite de jazz de Dimitri Chostakovitch.
- Après une écoute plaisir, une analyse des éléments constitutifs (structure) de cet extrait est réalisée afin d'aboutir à un réel traitement de l'information sonore, à une définition du style musical (valse) en vue de le reconnaître ultérieurement.

Les objectifs spécifiques sont les suivants :

- écouter activement un document sonore ;
- repérer le thème musical (la mélodie principale) ;
- s'exprimer oralement en explicitant son jugement personnel ;
- développer sa sensibilité ;
- s'ouvrir et se familiariser à des styles musicaux vastes ;
- apport culturel (historique, géographique...) ;
- aborder la notion de timbre ;
- identifier les timbres des principaux instruments.

Les compétences transversales mises en œuvre sont les suivantes :

- l'écoute ;
- le langage (communication et échanges) ;
- le respect d'autrui (prise de parole).

Première séance

L'objectif principal de la séance est l'étude de la structure du thème. Portée du début de l'œuvre de Chostakovitch (les quatre premiers points développés ci-dessous).

Cette mélodie comporte plusieurs parties :

1. exposition d'une phrase musicale de 4 notes ;
2. elle est enchaînée à une 2e phrase de 9 notes ;
3. on reprend alors une phrase presque identique au 1. ;
4. puis on enchaîne sur une phrase presque identique au 2. ;
5. le thème se développe en une mélodie de 10 notes ;
6. le thème est plus rythmé et l'orchestre répète trois fois la même structure.

Déroulement

• **Première écoute :** découverte de l'œuvre sans consigne (écoute plaisir). Recueil des impressions : afin de dégager les impressions générales et d'observer s'il y a connaissance ou non du morceau. Le terme « valse » est employé.

• **Deuxième écoute :** les élèves ont pour consigne de retenir un extrait de la mélodie du morceau. Restitution de la mélodie. Elle a pour but d'amener l'élève à prendre conscience de ce qu'il est capable de mémoriser. Écoute du thème et étude de sa structure.

• **Troisième écoute :** elle a pour objectif de vérifier ce qui a été découvert précédemment et d'apporter d'éventuelles précisions aux enfants qui ont encore des difficultés pour repérer les différents moments de la mélodie. Afin de vérifier que les élèves parviennent réellement à identifier le thème, il leur est demandé de lever la main à chaque nouvelle exposition du thème.

■ Deuxième séance

L'objectif de cette séance est d'aborder la notion de timbre.

Déroulement

• Écoute et reprise du thème principal. Il est ensuite demandé aux élèves de s'intéresser aux différents instruments utilisés dans cette œuvre, et notamment de distinguer si un seul ou plusieurs instruments jouent à un moment donné.

• Nouvelle écoute et mise en commun des différentes propositions. Rappels sur la notion de timbre.

• Dernière écoute pour vérifier et valider ce que les enfants ont trouvé. Recherche du titre de l'extrait musical.

• Une trace écrite est faite collectivement sur le saxophone et le cor ainsi que leurs illustrations.

Afin de fixer les idées, des illustrations de saxophone et de cor leur sont montrées. Les enfants savent que le saxophone est l'un des instruments privilégiés du jazz. Enfin, l'autre instrument qui peut poser problème est le cor. Son image peut surprendre car beaucoup s'attendent à voir un cor de chasse, c'est-à-dire sans touches.

Troisième séance

Ces deux séances sont poursuivies par une troisième séance en visant des objectifs complémentaires :

- étude de la structure ;
- superposition d'éléments sonores.

Pour cela, un style complètement différent, une musique contemporaine de P. Henry, est choisi : « Variations pour une porte et un soupir ». La difficulté est de différencier musique et bruit, il faut donc inciter les élèves à une écoute impitoyable, qui passe au crible les moindres détails pour en saisir la signification.

Les objectifs spécifiques :

- écouter activement un document sonore ;
- s'exprimer oralement en explicitant son jugement personnel ;
- développer sa sensibilité ;
- s'ouvrir et se familiariser à des styles musicaux vastes.

Les compétences transversales mises en œuvre sont les suivantes :

- l'écoute ;
- le langage ;
- le respect d'autrui.

Déroulement

- **Première écoute :** découverte de l'œuvre sans consigne (écoute plaisir). Recueil des impressions (afin de dégager les impressions générales) suivi de la question : « Qu'avez-vous entendu ? », afin de lancer la discussion pour leur permettre de différencier le bruit de la musique. Puis se mettre d'accord sur le nombre de bruits différents. On s'intéresse au premier bruit : dire d'où ou de quoi il semble provenir.

- **Deuxième écoute :** relevé des idées et confrontation : les différentes propositions sont notées au fur et à mesure au tableau. Chaque proposition est ensuite sérieusement étudiée par le groupe classe : elle est soit éliminée d'office, soit les avis sont partagés et une nouvelle audition est proposée pour trancher. À la fin, il ne reste plus qu'une seule proposition. On procède de même avec le deuxième bruit. Une fois la véritable origine des bruits trouvée, les élèves sont très attentifs à la dernière audition.

- Validation finale par une **dernière écoute**.

LES QUESTIONS ET LES RÉPONSES

1. Comment choisissez-vous les extraits musicaux ?

Tout d'abord, le choix d'une musique doit répondre à l'objectif que l'on se fixe. En effet, ce choix peut être fait :

- pour le plaisir d'écouter de la musique, pour détendre ou stimuler la classe après un moment d'effort et de concentration : c'est de l'écoute passive ;
- pour écouter une chanson, et s'en imprégner si l'on a l'intention de l'apprendre plus tard : travail de mémorisation ;
- pour faire danser (danse codifiée ou non) : s'approprier le rythme ;
- pour illustrer une période historique, une région de France, un pays, une civilisation, donc en liaison avec un sujet d'étude en histoire-géographie et dans l'intention de donner une dimension culturelle : rattacher une musique à une région du monde ou à un événement historique particulier ;
- pour former l'oreille, améliorer la sensibilité de chacun (timbres...) : c'est de l'écoute active.

En fonction de ces besoins différenciés, on cherche des documents sonores appropriés, on écoute, on compare, on choisit et l'on prévoit le déroulement de la séquence.

2. Vous avez parlé de l'écoute active dans votre dossier. Pouvez-vous nous expliquer ce qu'est l'écoute passive ?

« *Écouter quelque chose, c'est être attentif à un bruit, à un son, à de la musique..., les entendre volontairement* » : définition du *Grand Larousse universel* de 1983. Écouter c'est porter l'attention vers un but précis, c'est également :

- recevoir ;
- exprimer et impliquer un effort ;
- aller vers autrui ;
- porter tout son corps vers l'autre et entendre (au sens de comprendre) ;
- permettre à l'autre acteur de s'exprimer.

Écouter met en œuvre deux fonctions : voir et entendre ; ainsi, le canal visuel et le canal auditif sont prépondérants.

L'écoute passive est une écoute pour le plaisir, pour la détente, le laisser-aller aux sensations. Elle ne requiert pas de compétences musicales particulières. Les musiques utilisées pour faire de l'écoute passive sont des musiques qui font « rêver ».

3. Pouvez-vous nous citer quelques jeux musicaux possibles pour appréhender les différents composants du son ?

• **Silence/sons :** yeux fermés, écouter le silence de la salle, puis on lève la main lorsque le meneur produit un son, etc.
• **Timbres (caractéristiques d'un objet sonore) :** le meneur fait trois sons dans la salle. Le groupe écoute, yeux fermés, puis doit les retrouver dans l'ordre : en précisant geste, support (fait de différents matériaux) et lieu. On caractérisera de la même manière un instrument par le geste qui produit un son (cordes frottées par exemple) et par les matériaux (clarinette en bois et saxophone en métal par exemple pour les sons « soufflés »).
• **Timbres :** boîtes de pellicules photos remplies de différentes matières. Chercher son « jumeau » : celui qui a une boîte dont le son est identique au sien.
• **Intensité :** le groupe en cercle chante et le meneur désigne une personne qui chante un tout petit peu plus fort. La personne « aveugle » au centre devine de qui il s'agit en l'indiquant avec le bras. On continue en changeant de chanteur, puis d'aveugle.
• ***Crescendo-decrescendo*** **:** avec baguettes chinoises, en cercle. Yeux ouverts puis fermés.
• **Accumulation/désaccumulation de sons :** une personne frappe, la seconde entre puis la troisième, etc. On écoute les effets. Puis, quand la dernière est entrée, la première sort. Être à la fois à l'écoute du groupe et à l'écoute de ses voisins.
• **Durée (sons longs, sons courts)/intensité :** avec deux balles, on lance en poussant un cri (son à choisir : a, o...) quand on envoie et quand on reçoit. *Idem* en faisant rouler la balle et le son est tenu tant que l'autre personne ne l'a pas attrapée.
• **Hauteur :** groupe éparpillé dans l'espace. Le meneur chante deux notes (à la quinte : do-sol par exemple). Une partie du groupe chante la première, l'autre partie la seconde. Au signal, les gens se déplacent, se croisent et doivent s'accrocher à tous ceux qui chantent la même note. Au final, il reste deux groupes.

4. Quel prolongement envisagez-vous ?

Invention vocale à partir d'un texte et écoute de productions sonores

• Éléments du programme travaillés
- Percevoir et décrire des contrastes (timbres, intensité, hauteur...)
- Percevoir différents plans sonores
• Perception et appropriation de ces éléments
- Utiliser sa voix
- Réaliser des codages
- Inventer en s'inspirant de principes de compositions et d'éléments du langage musical présents dans les extraits écoutés

Démarche

- 1re étape : exploration
- 2e étape : expérimentation
- 3e étape : structuration

Objectifs poursuivis

- Savoir jouer avec sa voix
- Connaître les paramètres musicaux de base (hauteur, intensité, durée, timbre)
- Savoir répondre à des consignes
- Savoir analyser une production (dépasser l'aspect affectif : « J'aime » ou : « Je n'aime pas »)

Document exploité

Les Petites Aventures musicales Colette Reibel Musiluc (coffret « Musique au quotidien cycle III » dans chaque inspection)

Disposition du groupe

En cercle dans une salle de motricité par exemple

Déroulement prévu

1. Chant : « Miaou, le petit chat triste »
2. Dire « miaou » de toutes les manières possible

- Exemple : rapide/lent
- Saccadé
- Avec des répétitions
- En parlant, en chantant
- Avec des sirènes
- En pensant à différents sentiments...

- Chercher librement dans son coin (exploration)
- En cercle : chacun nous donne une idée différente de celle des autres
- À partir d'une idée : développer en cherchant chacun dans son coin, puis en cercle, donner une idée comme précédemment (expérimentation)
- Le maître donne différentes idées et les enfants les reproduisent
- Redire l'ensemble des phrases travaillées en répartissant les interventions de chacun et enregistrer (structuration)

5. Quel rôle joue la musique dans le développement de l'enfant ?

POUR ALLER PLUS LOIN : LA CONSTRUCTION DE L'ENFANT ET L'AIDE APPORTÉE PAR L'ÉDUCATION MUSICALE

Dès sa naissance, l'enfant est confronté à toutes sortes de *stimuli* appartenant à un monde très riche en informations sensorielles, et en particulier dense en sons de toute nature. Le sujet développe alors tous ses sens tout au long de son enfance. Plusieurs stades sont analysés par les chercheurs concernant ce développement perceptif puisqu'il ne peut en aucun cas être immédiat.

C'est notamment l'écoute et plus particulièrement la construction de la discrimination auditive qui apparaît déterminante chez l'enfant. Pour la favoriser, les chercheurs proposent plusieurs types d'exercices permettant aux enseignants d'aider au mieux leurs élèves en les accompagnant dans la construction de leurs capacités auditives.

L'environnement sonore et culturel de l'enfant y est pour beaucoup dans son développement perceptif. Il influe sur son développement général. De même que le milieu familial conditionne l'enfant à parler une langue donnée et à la parler plus ou moins correctement, il conditionne également ses habitudes d'écoutes sur un plan musical. Les travaux de Piaget datant de 1961 repris par J. Ribiere-Raverlat, font apparaître trois stades concernant les mécanismes perceptifs :

- 1er stade : L'enfant reconnaît une mélodie mais il ne parvient à la chanter que lorsqu'il tient l'image mentale de cette mélodie, ce qui revient à l'assimilation véritable des intervalles. Cette dernière dépend des habitudes perceptives du sujet ;
- 2e stade : L'enfant parvient à assimiler la hiérarchie du système tonal et organise lui-même les sons musicaux en fonction de ce système. Il acquiert ainsi le sens de l'organisation des intervalles qui ne sont pas les mêmes selon les cultures. Cela lui permet d'improviser quelques chants ou productions instrumentales ;
- 3e stade : Le sujet arrive à un important degré d'abstraction et parvient à saisir le sens de l'organisation d'une œuvre.

Piaget observe de la même façon le comportement musical de jeunes enfants selon trois axes :

- jeu sensorimoteur ;
- jeu symbolique ;
- jeu de règles.

Ainsi, avant l'école maternelle, l'enfant manipule tous les objets pour le plaisir de varier les sonorités. Il s'écoute faire du bruit et acquiert une mémoire gestuelle. De 3 à 6 ans, par des jeux symboliques, le sujet continue à imiter des sons ; il devient un personnage ou un objet. C'est ainsi qu'il acquiert une analyse plus fine des sons pour certains paramètres comme l'intensité, la durée, le timbre, la hauteur, mais aussi pour la forme d'un son comme l'attaque.

À l'école maternelle, le temps qui passe commence à être perçu, ce qui permet de sonoriser des histoires, des situations réelles ou imaginaires. À 6 ans, l'enfant peut essayer de petites créations musicales. Il est mis en situation d'invention grâce aux jeux vocaux ou instrumentaux. Il découvre des principes communs à toutes les musiques et développe ainsi sa perception et sa sensibilité tout en abordant le monde de l'imaginaire. Cela permet également de valoriser les enfants.
Dans le même état d'esprit, A. Zenatti parvient aux conclusions suivantes : « *L'éducation musicale est susceptible d'exercer une action primordiale dans le développement musical de l'enfant, depuis les âges de la crèche et de l'école maternelle jusqu'à l'adolescence... des virtualités comportementales s'atrophient lorsqu'elles ne sont pas stimulées... L'enfant sélectionne les informations qui retiennent son attention. Cette attention sélective joue un rôle capital dans le développement cognitif. Savoir susciter l'intérêt est essentiel sur le plan pédagogique, afin de favoriser l'avènement d'une familiarité avec des structures musicales diverses, variant selon la date et le lieu de composition des œuvres. Il ne s'agit pas seulement d'élargir le domaine des connaissances mais, avec des bases cognitives de permettre une formation et une évolution des goûts musicaux, enrichissant ainsi la vie affective* » (1990). Comme le suggère A. Zenatti, l'éducation musicale intervient à plusieurs niveaux dans le processus de construction de l'enfant.

Le développement perceptif de l'enfant n'est en fait qu'une partie du développement général qui s'opère chez le tout-petit. Cependant, le développement perceptif peut être amélioré chez l'enfant et chez l'adulte par l'éducation musicale. Il s'agit de progresser à plusieurs niveaux :

- la maturation neurologique ;
- l'élargissement qualitatif et quantitatif du champ auditif ;
- l'affinement des seuils sensoriels avec abaissement des seuils différentiels de hauteur, de durée et d'intensité ;
- le progrès dans l'exploration et en particulier dans la discrimination ;
- la précision croissante dans les jugements d'estimation.

On peut ici se référer à Willems qui envisage trois domaines : la sensibilité auditive, l'affectivité auditive et l'intelligence auditive. En effet, entre 3 et 7 ans, l'enfant vit en grande partie sur un mode sensoriel. Il a tout avantage à exercer et à affiner cette sensorialité en étant attentif au monde sonore, en écoutant ou en imitant des sons ou des bruits, en les comparant ou en les classant. Pour cela, Willems propose des exercices sensoriels sur les timbres, sur l'intensité, sur les hauteurs de sons. L'enfant confond en effet la hauteur et l'intensité mais aussi la hauteur de timbre. C'est pour cela que Willems préconise de varier les matériaux sonores et les situations de jeux sensoriels pour atteindre des objectifs de différenciation des éléments sonores.

Jusqu'à 6 ans, l'enfant a une perception globale, d'où ses difficultés à intégrer le tout et les parties. Les tâches de discriminations sont rendues très difficiles car le traitement de l'information sonore est une juxtaposition de sensations, sans mise en relation. Cette dernière n'est rendue possible qu'après une certaine évolution qui consiste à modifier progressivement les conduites perceptives rendant l'exploration plus mobile en s'organisant différemment. Deux facteurs essentiels sont responsables de ce changement : l'évolution génétique de l'enfant et sa formation culturelle. L'éducation doit être complémentaire à l'école et en famille car dans ce développement, l'aspect affectif, qui a un effet dynamisant est indissociable de l'aspect cognitif qui, lui, est une forme de structure d'un schème d'assimilation. Ici apparaît la notion de plaisir musical très fortement liée à la compréhension du langage musical.

Le rôle de l'école maternelle est donc de conduire l'enfant dans son développement perceptif en guidant son attention auditive afin de mettre en place ces mécanismes et de donner des repères à l'enfant. D'un point de vue neurobiologique, le développement d'une écoute analytique pourrait se faire dès la grande section de maternelle. Elle pourrait se poursuivre en primaire, au collège et au lycée. Un tel cheminement permettrait à tout adulte, selon Jacquotte Ribiere-Raverlat, de choisir les modalités d'écoute les mieux adaptées aux situations très diverses qui lui sont imposées au cours de son existence et pour lesquelles il a besoin à la fois d'une écoute globale, d'une écoute plaisir et d'une écoute fine.

Doivent s'ajouter à ces considérations les habitudes perceptives. En effet, un Occidental n'a pas les mêmes habitudes perceptives qu'un Oriental ; en cause, le système atonal qui n'est pas le sien. Là aussi, une éducation de l'oreille permet de modifier les modes de perception acquis, d'écouter autrement, de s'approprier et d'apprécier d'autres systèmes musicaux et sonores.

C'est en effet s'ouvrir au monde extérieur dont parlent les instructions officielles que d'apprendre à écouter et à comprendre d'autres langues, d'autres musiques.

DOSSIER 11 | ENSEIGNEMENT MORAL ET CIVIQUE AU CYCLE 3

LE PROGRAMME

Bulletin officiel n° 1 du 5 janvier 2012

	Cours élémentaire deuxième année	Cours moyen première année	Cours moyen deuxième année
Estime de soi, respect de son intégrité et de l'intégrité des personnes • Apprendre à porter secours (APS) • Attestation de première éducation à la route (APER)	**Principales règles de politesse et de civilité, respect d'autrui** • Contraintes de la vie collective : liens entre liberté personnelle et contraintes de la vie sociale • Mettre en place et respecter des règles de vie à l'école et en dehors de l'école • Coopérer avec ses camarades à un projet, en respectant des règles précises • Travailler en groupe, justifier un point de vue	**Principales règles de politesse et de civilité, respect d'autrui** • Contraintes de la vie collective : liens entre liberté personnelle et contraintes de la vie sociale • Réfléchir aux problèmes concrets posés par la vie en collectivité – politesse envers ses pairs et les adultes – utilisation de différents registres de langue – nécessité d'élaborer un règlement de classe et d'école • Respecter les règles de la vie collective, entre autres dans les pratiques sportives	**Principales règles de politesse et de civilité, respect d'autrui** • Contraintes de la vie collective : liens entre liberté personnelle et contraintes de la vie sociale • Respecter ses pairs et les adultes, et notamment appliquer les principes de l'égalité des filles et des garçons • Identifier une situation de maltraitance (harcèlement...) ; être capable d'alerter un adulte en tant que victime ou témoin
	Règles de sécurité **Interdiction des jeux dangereux** • Respecter les principales règles de sécurité de la vie quotidienne • Connaître les objets, les matériels familiers et leurs conditions d'usage (école, maison) pour éviter traumatisme, saignement, brûlure, asphyxie, intoxication. Utiliser les moyens de protection mis à disposition.	**Règles de sécurité** **Interdiction des jeux dangereux** • Savoir adapter sa conduite face à des situations spécifiques pour se protéger et préserver les autres • Savoir lire et respecter les informations, les pictogrammes de danger figurant sur les objets, les matériels, les produits ménagers, les médicaments... Prendre conscience de la nécessité de s'interdire toute violence, verbale comme physique, notamment dans la cour de l'école.	**Règles de sécurité** **Interdiction des jeux dangereux** • Savoir en quoi des comportements sont bénéfiques ou nocifs pour sa santé et celle des autres • Mémoriser les pictogrammes les plus fréquents figurant sur les objets, les matériels, les produits ménagers, les médicaments... Identifier les « jeux dangereux » et connaître leurs conséquences. Savoir si une activité, un jeu ou un geste de la vie courante présente un danger vital.

	Cours élémentaire deuxième année	Cours moyen première année	Cours moyen deuxième année
	Gestes de premiers secours **Prévenir, protéger, alerter, intervenir** • Reconnaître et nommer des objets et des situations pouvant présenter un risque. • Repérer une situation de danger : différencier les dangers à caractère inhabituel. • Identifier les risques dans un environnement plus lointain. • Respecter les consignes données pour éviter un suraccident. • Se mettre hors de danger pour éviter un suraccident. • Être capable d'alerter un adulte, de demander de l'aide, d'expliquer la situation. • Être capable d'alerter le 15 (Samu) de manière structurée (se nommer, se situer, décrire la situation et l'état de la victime). • Savoir qu'il vaut mieux ne pas déplacer un accidenté et donner la priorité à l'alerte et à la protection.	**Gestes de premiers secours** **Prévenir, protéger, alerter, intervenir** • Énoncer quelques mesures de prévention à mettre en œuvre face à un risque, un danger. • Suivre les consignes données par un adulte, par le médecin régulateur du Samu. • Être capable d'alerter le 15 (Samu) de manière structurée (se nommer, se situer, décrire la situation en précisant les parties du corps lésées). • Être capable de protéger autrui des conséquences d'un accident. • Savoir qu'il vaut mieux ne pas déplacer un accidenté en cas de chute ou de choc violent.	**Gestes de premiers secours** **Prévenir, protéger, alerter, intervenir** • Savoir réagir face à un accident en étant capable de mener une alerte adaptée. • Être capable d'intervenir auprès d'une victime en assurant quelques gestes de premiers secours : - être capable de rassurer et de réconforter la personne, de dire ce qui a été fait pour elle ; - savoir qu'il vaut mieux ne pas bouger la partie du corps où siège le traumatisme ; - être capable de refroidir une zone brûlée ; - savoir qu'il faut appuyer sur une plaie qui saigne avec une main protégée ; - être capable de mettre une personne inconsciente sur le côté. • S'impliquer dans des mesures de protection collective (exercices d'évacuation et de mise à l'abri).

	Cours élémentaire deuxième année	Cours moyen première année	Cours moyen deuxième année
	Règles élémentaires de sécurité routière (piéton, passager, rouleur) • Connaître la signification des principaux panneaux routiers et les règles du code de la route, notamment celles qui s'appliquent aux piétons, aux cyclistes et aux passagers. • Respecter les consignes de l'adulte dans un transport scolaire. • Savoir se comporter sur une zone d'attente : – jusqu'à l'arrivée et l'arrêt complet du véhicule ; – après le départ et l'éloignement du véhicule. • Rouler dans l'espace de circulation qui convient à l'engin utilisé, en fonction de l'âge et du code de la route. • Utiliser les équipements de protection (roller, vélo).	**Règles élémentaires de sécurité routière (piéton, passager, rouleur)** • Énoncer quelques conséquences du non-respect du code de la route et des comportements dangereux. • Être capable de traverser seul à un carrefour avec ou sans feux, à un rond-point. • Être capable de faire traverser une personne en respectant et en justifiant les règles de sécurité. • Connaître et respecter le code du passager de transport en commun. • Être capable de rouler dans un espace de circulation partagé (vélo, trottinette, roller). • Comprendre l'utilité des équipements de protection. Vérifier l'état du matériel utilisé.	**Règles élémentaires de sécurité routière (piéton, passager, rouleur)** • Savoir se rendre visible sur la route (vêtements clairs, surfaces réfléchissantes, gilet, dispositifs d'éclairage...). • Connaître et respecter le code du passager de véhicule particulier. • Préparer un déplacement, un parcours dans un environnement complexe : – analyser les dangers et organiser son déplacement en conséquence (conditions de circulation, choix des voies à emprunter...) ; – évaluer la pertinence des choix effectués ; – rouler en groupe, en sécurité, selon l'itinéraire établi. - Participer à un rallye piéton en lien avec les séances d'EPS en respectant les interdictions, la signalisation et les indications gestuelles des agents de circulation.
	Connaissances des risques liés à l'usage de l'Internet Connaître les droits et les devoirs indiqués dans la charte d'usage des technologies usuelles de l'information et de la communication (TUIC) de l'école.	**Connaissances des risques liés à l'usage de l'Internet** Respecter les autres et se protéger dans le cadre de la communication et de la publication électronique.	**Connaissances des risques liés à l'usage de l'Internet** • Savoir qu'il existe des droits qui limitent les conditions d'utilisation des documents trouvés en ligne (textes, images, sons, films...). • Trouver des indices avant d'accorder sa confiance aux informations et propositions fournies sur l'Internet.
	Les compétences à acquérir dans le domaine des technologies usuelles de l'information et de la communication sont définies par le brevet informatique et Internet (B2i).		

	Cours élémentaire deuxième année	Cours moyen première année	Cours moyen deuxième année
	Responsabilité de ses actes ou de son comportement **Interdiction d'atteinte à la personne d'autrui** **Respect des valeurs partagées** Savoir que chacun est responsable de ses actes et de son comportement et qu'il peut encourir une sanction.	**Responsabilité de ses actes ou de son comportement** **Interdiction d'atteinte à la personne d'autrui** **Respect des valeurs partagées** • Identifier des situations dans lesquelles la liberté n'est pas respectée. • Identifier des situations dans lesquelles l'égalité n'est pas respectée.	**Responsabilité de ses actes ou de son comportement** **Interdiction d'atteinte à la personne d'autrui** **Respect des valeurs partagées** Identifier des situations de discrimination contraires aux valeurs de la République (liberté, égalité, fraternité, laïcité).
Importance des règles de droit dans l'organisation des relations sociales	**Notions de droits et de devoirs** **Identifier et comprendre l'importance des valeurs, des textes fondateurs, des symboles de la République française et de l'Union européenne** • Savoir que dans une démocratie les lois respectent les droits des hommes et que pour cette raison les hommes doivent s'y conformer. • Connaître la signification des différents symboles de la République française (La Marseillaise, le buste de Marianne, le drapeau tricolore, la devise « Liberté, Égalité, Fraternité »).	**Notions de droits et de devoirs** **Identifier et comprendre l'importance des valeurs, des textes fondateurs, des symboles de la République française et de l'Union européenne** • Connaître une définition du civisme : participer à la vie politique en votant aux élections, connaître ses devoirs envers l'État (respecter les lois, payer ses impôts...) et ses devoirs envers les autres citoyens. • Connaître le contexte et la date de création de la Marseillaise ; savoir par cœur les 1er, 6e couplets et le 7e, dit « couplet des enfants » ; être capable de l'interpréter dans différentes circonstances.	**Notions de droits et de devoirs** **Identifier et comprendre l'importance des valeurs, des textes fondateurs, des symboles de la République française et de l'Union européenne** Connaître les différents symboles de l'Union européenne et leur signification : drapeau, nombre d'étoiles, hymne européen (dont la musique est extraite du 4e mouvement de la 9e symphonie de Beethoven).

	Cours élémentaire deuxième année	Cours moyen première année	Cours moyen deuxième année
		Déclaration des droits de l'homme et du citoyen • Savoir que les lois adoptées en France sont conformes à la Déclaration des droits de l'homme et du citoyen de 1789. • Connaître l'article 1er de la Déclaration des droits de l'homme et du citoyen et pouvoir l'illustrer au moyen de quelques exemples et contre-exemples... (« *Les hommes naissent et demeurent libres et égaux en droits. Les distinctions sociales ne peuvent être fondées que sur l'utilité commune.* ») • Connaître la devise de la République : « Liberté, Égalité, Fraternité » et pouvoir l'illustrer (article 2).	**Déclaration des droits de l'homme et du citoyen** Connaître et comprendre l'article 29 de la Déclaration des droits de l'homme et du citoyen : « *L'individu a des devoirs envers la communauté dans laquelle le libre et plein développement de sa personnalité est possible.* »
		Connaissance d'adages juridiques Connaître et savoir interpréter quelques adages juridiques : « *Nul n'est censé ignorer la loi* » « *On ne peut être juge et partie* » « *Une même justice pour tous* » « *Souffre que l'on t'applique la loi que tu as faite toi-même* » « *Les mots s'envolent, les écrits restent* »	**Connaissance d'adages juridiques** Connaître et savoir interpréter quelques adages juridiques : « *Nul ne peut se faire justice à soi-même* » « *Tout homme est présumé innocent jusqu'à ce qu'il ait été déclaré coupable* » « *La peine est suffisante si elle empêche le coupable de le devenir de nouveau* » « *La peine est injuste si elle est inutile, ou si elle est trop sévère* » « *Un acte est dit bon lorsqu'il est conforme à la loi et à la raison* » « *Tout ce qui n'est pas interdit n'est pas pour autant convenable.* »

	Cours élémentaire deuxième année	Cours moyen première année	Cours moyen deuxième année
Règles élémentaires d'organisation de la vie publique et de la démocratie	**Refus des discriminations de toute nature** • Identifier quelques droits des enfants et pouvoir les illustrer par des exemples : - être égaux en droits (filles, garçons, quelle que soit leur origine ou celle de leurs parents) ; - pouvoir vivre en famille ; - avoir une identité : un nom, un prénom, une nationalité ; - être correctement nourri et soigné. • Connaître la définition de discrimination : « *Le fait de traiter différemment une personne ou un groupe* en raison de son origine, de sa nationalité, de sa race, de son sexe, de sa religion, d'un handicap...». Connaître la définition de discriminer : « empêcher quelqu'un d'avoir les mêmes droits que les autres ». Reconnaître une situation de discrimination.	**Refus des discriminations de toute nature** • Identifier quelques droits des enfants, en retenir quelques-uns : - droit à l'éducation et aux loisirs ; - droit à la protection contre toutes les formes de violence ; - droit à l'expression et à l'écoute sur les questions qui les concernent ; - droit à ne pas être exploité ; - droit à une justice adaptée à leur âge ; - droit, en temps de guerre, à être protégé et à ne pas devenir soldat. • Connaître le rôle du Défenseur des droits. • Connaître le rôle de l'Unicef (Le Fonds des Nations Unies pour l'Enfance). Citer et illustrer quelques cas simples de discriminations : l'âge, l'origine, l'apparence physique, le sexe, le handicap, la situation de famille, le patronyme.	**Refus des discriminations de toute nature** • Identifier quelques droits fondamentaux de l'homme et en débattre : droit de vote, droit de réunion, droit de se déplacer, droit au travail, droit à la santé, droit de grève... • Savoir que l'on peut avoir recours au Défenseur des droits si on est victime de discrimination. • Citer et illustrer quelques cas concrets de discriminations en fonction des opinions politiques, des opinions religieuses, de l'appartenance à un groupe humain particulier (nation, région, ethnie...).

	Cours élémentaire deuxième année	Cours moyen première année	Cours moyen deuxième année
	Démocratie représentative • Connaître une assemblée représentative des citoyens : le conseil municipal qui gère la commune. • Connaître les caractéristiques de l'élection du maire : les conseillers municipaux élisent le maire.	**Démocratie représentative** • Connaître la définition du mot démocratie : « *C'est grâce au suffrage universel que le pouvoir est confié à plusieurs personnes.* » • Identifier et nommer les élus nationaux désignés en France au suffrage universel direct (président de la République, députés) ou indirect (sénateurs). • Identifier et nommer les élus locaux : conseillers régionaux pour la région, conseillers généraux pour le département.	**Démocratie représentative** • Connaître quelques grands principes de la Constitution de 1958 : la France est une République indivisible, laïque, démocratique et sociale. • Savoir définir ces termes. • Connaître le fonctionnement de l'Assemblée nationale : une assemblée élue pour 5 ans, composée de députés, qui discute, vote les lois et exerce un contrôle fréquent sur la politique du gouvernement. • Connaître le fonctionnement du Sénat : une assemblée élue pour 6 ans, renouvelable en 2 fois tous les 3 ans, composée de sénateurs élus au suffrage indirect, qui discute et vote les lois présentées par le gouvernement, par l'Assemblée nationale ou par l'un de ses membres. Citer quelques domaines gérés par les élus locaux : actions sociales, transport, culture, environnement...
	L'élaboration de la loi et son exécution Savoir qui vote les lois et qui nomme les membres du gouvernement.	**L'élaboration de la loi et son exécution** Connaître les articles 6 et 9 de la Déclaration des droits de l'homme et du citoyen : « *La loi doit être la même pour tous soit qu'elle protège soit qu'elle punisse* » ; « *Tout homme est présumé innocent jusqu'à ce qu'il ait été déclaré coupable [...]* ».	**L'élaboration de la loi et son exécution** • Connaître l'importance et le rôle des lois dans la vie citoyenne. • Connaître le cheminement d'une loi : la navette parlementaire.

	Cours élémentaire deuxième année	Cours moyen première année	Cours moyen deuxième année
	Les enjeux de la solidarité nationale Savoir que la nation garantit la protection sociale et la solidarité intergénérationnelle : Préambule de la Constitution de 1946 « *La nation garantit à tous, notamment à l'enfant, à la mère et aux vieux travailleurs, la protection de la santé [...], le repos et les loisirs. Tout être humain qui se trouve dans l'incapacité de travailler a le droit d'obtenir de la collectivité des moyens convenables d'existence.* »	**Les enjeux de la solidarité nationale** Connaître dans leurs très grandes lignes les recettes et les dépenses de l'État et des collectivités locales.	**Les enjeux de la solidarité nationale** Connaître dans leurs grandes lignes la nature et le fonctionnement des principaux impôts directs et indirects (impôt sur le revenu, taxes locales, TVA).
Traits constitutifs de la nation française	**Caractéristiques du territoire français : la langue nationale** • Savoir que la langue de la République est le français. • Connaître quelques caractéristiques du territoire français à travers les cartes, les symboles, le sport (équipes de France, Jeux olympiques).	**Caractéristiques du territoire français : la langue nationale** • Connaître quelques grandes étapes de la construction de la langue française (divers dialectes, langue d'oïl dans le nord et langue d'oc dans le sud). • Savoir que des langues régionales côtoient la langue nationale.	**Caractéristiques du territoire français : la langue nationale** • Connaître la date de la création de l'Académie française (1635). • Connaître le rôle de l'Académie française : - veiller sur la langue française ; - jouer un rôle de mécénat : décerner chaque année environ 60 prix littéraires, dont le Grand prix de la francophonie qui témoigne du rayonnement de la langue française dans le monde.
	Étapes de l'unification française Savoir que la France s'est constituée très lentement et que ses frontières ont évolué au cours des siècles.	**Étapes de l'unification française** Connaître les territoires français dans le monde, les Drom-Com (départements et régions d'outre-mer, collectivités d'outre-mer).	**Étapes de l'unification française** Connaître quelques grandes étapes de l'unification du territoire en relation avec le programme d'histoire.

	Cours élémentaire deuxième année	Cours moyen première année	Cours moyen deuxième année
			Règles d'acquisition de la nationalité française Connaître les conditions d'acquisition de la nationalité française.
Union européenne et francophonie	**La diversité des cultures et le sens du projet politique de la construction européenne** Savoir que la construction de l'Europe a été motivée par la volonté d'établir une paix durable entre ses pays fondateurs.	**La diversité des cultures et le sens du projet politique de la construction européenne** • Connaître les principaux pays de l'Union européenne et les différentes étapes de la construction de l'Europe. • Comprendre que l'Europe est née de la volonté des États dévastés par la guerre d'unir leurs forces pour construire un espace de paix et de développement économique.	**La diversité des cultures et le sens du projet politique de la construction européenne** • Comprendre la notion de citoyen européen. • Connaître les principes qui en découlent (libre circulation des personnes et des biens, passeport identique, monnaie commune, échanges au niveau de l'éducation...).
	La communauté de langues et de cultures composée par l'ensemble des pays francophones • Savoir que le français est une langue internationale. • Connaître les États où l'on parle français.	**La communauté de langues et de cultures composée par l'ensemble des pays francophones** Connaître la définition de la francophonie : « *Ensemble des 190 millions de personnes parlant français sur les cinq continents.* »	**La communauté de langues et de cultures composée par l'ensemble des pays francophones** • Savoir que l'usage du français dans d'autres pays s'explique en partie par l'histoire coloniale de la France, mais aussi par la présence dans le monde d'un réseau d'écoles et de lycées français. • Savoir que la langue française s'est transformée hors de France et a donné de nouvelles langues appelées créoles.

À ce programme et avant la refonte des programmes de l'école élémentaire, il faut ajouter « le parcours citoyen » appliqué dès la rentrée 2015.

LE DOSSIER : REFUS DES DISCRIMINATIONS DE TOUTE NATURE

Les connaissances

Journée mondiale contre le racisme

Petit historique de la Semaine nationale d'éducation contre le racisme, école, collège, lycée

C'est pour commémorer la mort, le 21 mars 1960, de 70 personnes manifestant contre l'apartheid en Afrique du Sud qu'est née, en 1966, la première Journée internationale pour l'élimination de la discrimination raciale, à l'initiative de l'Assemblée générale des Nations unies. Dans bien des pays, cette journée a donné naissance à une semaine entière de sensibilisation et d'action.

> « **Article premier**
> *Tous les êtres humains naissent libres et égaux en dignité et en droits. Ils sont doués de raison et de conscience et doivent agir les uns envers les autres dans un esprit de fraternité.* »
> (Déclaration des droits de l'homme et du citoyen)
>
> « **Article 2**
> *1. Les États parties s'engagent à respecter les droits qui sont énoncés dans la présente Convention et à les garantir à tout enfant relevant de leur juridiction, sans distinction aucune, indépendamment de toute considération de race, de couleur, de sexe, de langue, de religion, d'opinion politique ou autre de l'enfant ou de ses parents ou représentants légaux, de leur origine nationale, ethnique ou sociale, de leur situation de fortune, de leur incapacité, de leur naissance ou de toute autre situation.* »
> (Convention internationale des droits de l'enfant)
>
> « *J'appelle tout le monde, en particulier les responsables de la classe politique, de la société civile et du monde religieux, à condamner vigoureusement les idées et les messages fondés sur le racisme, la supériorité ou la haine raciales, ainsi que ceux qui incitent au racisme, à la discrimination raciale, à la xénophobie et à l'intolérance qui y est associée.* »
> M. Ban Ki-moon, Secrétaire général de l'ONU

Cette date hautement symbolique commémore un épisode dramatique de l'histoire d'Afrique du Sud. Le 21 mars 1960, à Sharpeville, lors d'une manifestation contre l'apartheid, 60 000 Africains brûlèrent leur laissez-passer devant la police. Il y eut 69 morts et 200 blessés, dont de nombreux collégiens et lycéens.

46 ans après l'institution par l'ONU, à cette date anniversaire, d'une journée internationale pour l'élimination de la discrimination raciale, et 41 ans après le vote unanime par le Parlement français, le 1er juillet 1972, d'une loi instituant le racisme comme délit, la lutte contre ces poisons que sont le racisme sous toutes ses formes et la xénophobie, est toujours d'actualité. La lutte contre les discriminations racistes, dans la France « hexagonale » aussi bien qu'ultramarine reste plus que jamais d'actualité. Elle appelle une mobilisation citoyenne générale.

Le racisme prospère sur les inégalités. Les droits des migrants sont sans cesse remis en cause, au mépris des engagements internationaux de la France et tout particulièrement de la Convention internationale sur la protection des droits de tous les travailleurs migrants et des membres de leur famille adoptée le 18 décembre 1990 par l'assemblée générale des Nations unies, et la convention de Genève du 28 juillet 1951, relative au statut des réfugiés. Les préjugés xénophobes et racistes, notamment antisémites et islamophobes - poussés à l'extrême de la haine dans les doctrines d'extrême droite qui ont envahi l'Europe - continuent d'imprégner les discours politiques On voit aussi monter une tendance au repli au sein de différents secteurs de la société, autour de discours communautaires « excluants », voire racialisés.

Le racisme est un mal insidieux contre lequel il faut lutter sans relâche dans notre vie de tous les jours. La plupart des gens pensent faire preuve de tolérance, et pourtant les vexations et discriminations journalières que supportent les personnes victimes du racisme ordinaire sont encore trop nombreuses. La lutte contre le racisme ordinaire est possible à tous les niveaux ; elle consiste par exemple à s'insurger contre les pratiques discriminatoires d'embauche, à cesser de se faire complice des discours racistes par un silence coupable, à éviter de généraliser à toute une communauté un jugement qui porte sur une personne en particulier... Cet effort peut porter sur la façon de s'exprimer au quotidien mais aussi sur la manière de réagir dans les situations de stress (accident de voiture, attente et queue dans les magasins, conflits de voisinage, etc.).

■ La loi française punit la discrimination raciale

Il faut savoir qu'en France, la loi prévoit que toute discrimination « *en raison de l'origine, du sexe, de la situation de famille, de l'appartenance ou non-appartenance à une ethnie, une nation, une race ou une religion déterminée* » doit être punie. Par ailleurs, les fondements même de la lutte contre le racisme sont inscrits dans la Déclaration universelle des droits de l'homme qui stipule que « *tous les êtres humains naissent libres et égaux en dignité et en droits* », et affirme le droit de chaque individu à vivre dans le respect de ses croyances et de sa culture : « *Toute personne a droit à la liberté de pensée, de conscience et de religion.* »

■ La discrimination raciale

La discrimination raciale et ethnique se manifeste chaque jour, entravant tout progrès pour des millions de personnes dans le monde entier. Le racisme et l'intolérance peuvent prendre diverses formes – depuis le refus aux individus des principes fondamentaux d'égalité jusqu'à l'incitation à la haine raciale qui peut conduire au génocide –, qui toutes sont susceptibles de détruire des vies et de briser des communautés. La lutte contre le racisme est une question prioritaire pour la communauté internationale et se place au centre de l'action du Haut-Commissariat aux droits de l'homme.

L'Organisation des Nations unies se préoccupe de ce problème depuis sa fondation et l'interdiction de la discrimination raciale est inscrite dans tous les instruments internationaux de base relatifs aux droits humains. Elle impose des obligations aux États et les charge d'éliminer la discrimination dans les domaines public et privé. Le principe de l'égalité exige aussi des États qu'ils adoptent des mesures spéciales pour éliminer les conditions qui causent ou aident à perpétuer la discrimination raciale.

En 2001, la Conférence mondiale contre le racisme a produit le programme le plus autorisé et le plus complet de lutte contre le racisme, la discrimination raciale, la xénophobie et l'intolérance qui y est associée : Déclaration et Programme d'action de Durban. En avril 2009, la Conférence d'examen de Durban a passé en revue les progrès d'ensemble réalisés pour venir à bout du racisme et a conclu qu'il restait beaucoup à faire. Sans aucun doute, la plus grande réussite de la conférence a été de renouveler l'engagement de la communauté internationale envers l'agenda de lutte contre le racisme.

■ La Journée internationale

La Journée internationale pour l'élimination de la discrimination raciale est célébrée chaque année le 21 mars, pour commémorer ce jour de 1960 où, à Sharpeville (Afrique du Sud), la police a ouvert le feu et tué 69 personnes lors d'une manifestation pacifique contre les lois relatives aux laissez-passer imposées par l'apartheid. En proclamant la Journée internationale en 1966, l'Assemblée générale a engagé la communauté internationale à redoubler d'efforts pour éliminer toutes les formes de discrimination raciale (résolution 2142 (XXI)).

Le régime d'apartheid de l'Afrique du Sud a depuis lors été supprimé. Les lois et pratiques racistes ont été abolies dans de nombreux pays et nous avons créé un cadre international de lutte contre le racisme se fondant sur la Convention internationale sur l'élimination de toutes les formes de discrimination raciale. Cette convention va bientôt être ratifiée de façon universelle même si dans toutes les régions, trop d'individus, de communautés et de sociétés souffrent encore de l'injustice et des préjugés causés par le racisme.

Rôle de l'éducation

L'éducation doit être un moyen de donner aux enfants comme aux adultes la possibilité de devenir participants actifs de la transformation des sociétés dans lesquelles ils vivent. L'apprentissage doit aussi prendre en compte les valeurs, les attitudes et les comportements qui permettent aux individus d'apprendre à vivre ensemble dans un monde qui se caractérise par la diversité et le pluralisme.

ASPnet

« Briser le silence », le projet éducatif sur la traite négrière transatlantique réunit des écoles des trois régions qui étaient impliquées dans la traite triangulaire des esclaves (l'Afrique, les Amériques et l'Europe). L'objectif du projet est de renforcer la sensibilisation aux causes et conséquences de la traite négrière transatlantique - y compris aux formes modernes d'esclavage et de racisme - grâce à des échanges éducatifs, au partage de bonnes pratiques ainsi qu'à l'élaboration et à la diffusion de matériels éducatifs.

Initialement financé par la Norvège, le projet a facilité les échanges entre enseignants, élèves et décideurs, lors de séminaires de formation, de rencontres de jeunes et du premier symposium sur l'enseignement relatif à la traite négrière transatlantique au niveau secondaire. Quelque 25 réunions ont été organisées, notamment dans des lieux de mémoire emblématiques. Des réunions nationales ont par ailleurs permis de produire de nombreux matériels pédagogiques spécifiques aux pays. Dans le cadre d'une nouvelle phase du projet et avec la contribution financière du département d'État américain, les écoles du réseau sont mobilisées autour des questions relatives à la TNT et ont pour objectif de faire augmenter la communication en ligne et hors ligne entre les écoles des différents pays et régions.

Afrique : Angola - Bénin - Gambie - Ghana - Mozambique - Nigeria - Sénégal
Europe et Amérique du Nord : Danemark - Espagne - États-Unis - France - Norvège - Pays-Bas - Portugal - Royaume-Uni
Amériques/Caraïbes : Barbade - Brésil - Cuba - République dominicaine - Haïti - Jamaïque - Trinité-et-Tobago

L'égalité de traitement est un droit fondamental dans l'Union européenne. Toute discrimination exercée à l'encontre d'une personne en raison de son âge, d'un handicap, de son sexe, de son origine ethnique, de sa religion ou de son orientation sexuelle est contraire à la loi. Pourtant, à peine un tiers des Européens savent qu'ils sont légalement protégés contre ces discriminations.

Pour que les mesures de lutte contre la discrimination portent leurs fruits, il est donc fondamental de faire savoir aux citoyens combien l'Europe est attachée à la diversité et prend les problèmes de discrimination au sérieux. Promouvoir la législation anti-discrimination auprès des citoyens est essentiel à la connaissance, à la compréhension et au bon usage de leurs droits en la matière. Enfin, il est également crucial de favoriser le débat sur les atouts et les enjeux de la diversité au sein de la société.

L'UE soutient la campagne d'information « Pour la diversité. Contre les discriminations », organisée dans toute l'Europe en vue de sensibiliser les citoyens à leurs droits et à leurs responsabilités. Cette campagne se compose notamment d'événements publics, de concours de journalisme et de concours à l'attention des jeunes.

L'Année européenne de l'égalité des chances pour tous a constitué la plus grande campagne de lutte contre la discrimination jamais organisée à ce jour. Les dirigeants politiques se sont engagés à veiller à l'égalité des chances dans leur pays tandis que des centaines de débats, d'expositions et d'événements ont été organisées dans des écoles, sur des lieux de travail et dans la rue, aux quatre coins de l'Europe.

Tous les citoyens de l'UE ont le droit :
- à une protection juridique contre la discrimination directe ou indirecte, fondée sur la race ou l'origine ethnique, en matière d'éducation, de Sécurité sociale, de soins de santé ainsi que d'accès aux biens et services ;
- à une égalité de traitement en matière d'emploi et de formation, indépendamment de l'origine raciale ou ethnique, de la religion ou des convictions, de l'orientation sexuelle, d'un handicap ou de l'âge ;
- de prendre des initiatives visant à lutter contre toute discrimination fondée sur les motifs précités ;
- de bénéficier de l'aide d'un organisme national promouvant l'égalité de traitement et assistant les victimes de discrimination raciale ;
- de porter plainte par voie de procédure judiciaire ou administrative (conciliation) et de compter sur l'application des sanctions appropriées pour les auteurs de discrimination.

Directive contre la discrimination fondée sur la race ou l'origine ethnique

- Protection contre la discrimination basée sur l'origine raciale ou ethnique en matière d'emploi et de formation, d'éducation, de protection sociale, d'appartenance à des organisations, ainsi que d'accès aux biens et services.
- Définitions de la discrimination directe et indirecte et du harcèlement.

• Action positive pour assurer la pleine égalité dans la pratique.
• Droit de porter plainte par voie de procédure judiciaire ou administrative, avec application des sanctions appropriées pour les auteurs des discriminations.
• Exceptions limitées au principe d'égalité de traitement (lorsqu'une différence de traitement basée sur la race ou l'origine ethnique constitue une exigence professionnelle essentielle).
• Partage de la charge de la preuve dans les affaires civiles et administratives : la victime doit fournir la preuve de la discrimination alléguée et le défendeur doit prouver qu'il n'y a pas eu violation du principe de l'égalité de traitement.
• Un organisme dans chaque pays de l'UE pour promouvoir l'égalité de traitement et assister les victimes de discrimination raciale.

Âge, handicap, orientation sexuelle, religion ou convictions en dehors du lieu de travail

Proposition de directive contre toute discrimination fondée sur l'âge, un handicap, l'orientation sexuelle, la religion ou les convictions en dehors du lieu de travail.

Adoptée par la Commission en juillet 2008 et en cours de négociation, cette nouvelle directive propose ce qui suit :
• égalité de traitement dans les domaines de la protection sociale, notamment la Sécurité sociale et les soins de santé, l'éducation et l'accès aux biens et services et la fourniture de biens et services à la disposition du public, y compris en matière de logement. La directive interdira la discrimination directe et indirecte ainsi que le harcèlement et la victimisation ;
• obligation d'assurer aux personnes handicapées une accessibilité générale ainsi que des « aménagements raisonnables ». Cette obligation sera soumise à la condition de ne pas imposer une charge disproportionnée au fournisseur de service.

L'éducation pour agir contre le racisme (ministère de l'Éducation nationale, de l'Enseignement supérieur et de la Recherche)

Le 21 mars a été proclamé Journée internationale pour l'élimination de la discrimination raciale en 1966 par l'Assemblée générale des Nations unies. Le Collectif des semaines d'éducation contre le racisme mène des actions variées dans les établissements scolaires pendant les semaines autour du 21 mars. Ces actions visent à encourager l'implication des élèves des écoles, collèges et lycées, au service de la lutte contre le racisme et toutes les discriminations. L'éducation contre le racisme contribue à :
• promouvoir une société solidaire et du vivre ensemble ;
• reconnaître la diversité humaine et culturelle ;

- favoriser le respect des différences et combattre le repli sur soi ;
- cultiver la tolérance ;
- encourager l'esprit critique et la résistance face à l'injustice ;
- agir dans la durée pour faire évoluer les mentalités et instaurer une société plus fraternelle.

Des ressources pour sensibiliser les élèves

La sensibilisation des élèves au problème du racisme, de l'intolérance et de l'exclusion peut revêtir plusieurs formes :
- débats ;
- projections de films ;
- pièces de théâtre ;
- ateliers ;
- forums ;
- rédaction de cahiers ;
- rencontres sportives ;
- etc.

Le Collectif des semaines d'éducation contre le racisme réalise des outils à vocation pédagogique et des supports de communication. Ce matériel est mis à disposition des enseignants pour accompagner et susciter des activités de proximité et de réflexion autour des semaines. Il est disponible auprès des différentes organisations partenaires des semaines et auprès du CIDEM. En disant « non » au racisme, ces personnes ont contribué à changer le cours de l'histoire.

Lutter contre le racisme en classe

Il y a diverses façons de faire de la salle de classe un lieu d'acceptation et d'intégration entre les races. Les réactions des élèves dépendent de facteurs culturels, comme leur degré d'acceptation du contact visuel, leur réceptivité à la pédagogie de groupe ou leur façon de raconter une histoire ou de mimer une scène. S'il y a un conflit racial dans la classe, il faut l'aborder franchement, sans essayer de l'éluder.

Quelques idées : l'éducation peut favoriser une prise de conscience et cultiver un esprit de tolérance.
- Apprenez aux élèves à reconnaître les comportements qui peuvent renforcer le racisme.
- Étudiez la vie des personnes célèbres qui ont lutté contre la discrimination.
- Parlez de la contribution des hommes et des femmes du monde entier au fonds commun du savoir et de la sagesse de l'humanité.

• Introduisez dans le programme toute la diversité humaine possible : demandez aux parents et à la famille des élèves, ou à leurs amis, de vous aider dans ce domaine. Invitez des personnes d'autres races ou d'autres couleurs qui participent activement à la vie de la collectivité à venir en parler en classe.
• Demandez aux élèves d'envisager une société multiraciale où ils devront vivre sans savoir à l'avance quelle sera la couleur de leur peau.

Parler des minorités

On confond souvent la notion de « groupe minoritaire » avec celle de groupe « ethnique » et, souvent, avec celle de « race ». Le terme de « groupe minoritaire » est plutôt vague et sert aussi à désigner les populations autochtones, les populations déplacées, les travailleurs migrants, les réfugiés, et même les majorités opprimées. Le point commun à tous ces groupes est souvent la pauvreté. Un groupe minoritaire peut cesser d'en être un s'il devient assez puissant.

Les membres des groupes minoritaires ont des droits individuels, mais ils revendiquent aussi en général certains droits collectifs en tant que membres du groupe. Selon les cas, ce sera le droit à l'autodétermination (culturelle et politique), le droit à la terre, le droit de réparation (en cas d'expropriation), le droit de regard sur les ressources naturelles ou le droit d'accès à des sites religieux.

Identification de certains « groupes minoritaires »

Aider les élèves à définir ce que sont les « groupes minoritaires » :
• s'agit-il toujours d'une minorité numérique ?
• en quoi les minorités diffèrent-elles généralement du reste de la population ?

En rassemblant toutes les suggestions des élèves, faire une liste des « groupes minoritaires » contemporains, en commençant par la communauté locale. Ne pas oublier les minorités fondées sur l'origine sociale, les compétences, l'orientation sexuelle et autres facteurs non raciaux.
• Ces minorités souffrent-elles de discrimination ?
• De quelle manière ?

Les élèves plus âgés pourraient faire des études de cas pour déterminer l'importance, l'aire d'implantation, l'histoire, la culture, les conditions de vie et les principales revendications de certains groupes minoritaires. Y a-t-il des circonstances qui favorisent la constitution de groupes minoritaires au sein d'une population (autochtones, immigrants, réfugiés, travailleurs immigrés) ?

Identité et diversité culturelles

Nous avons tous une identité culturelle, même si nous n'en sommes pas toujours conscients, car elle fait partie intégrante de nous-mêmes. Toutefois, dans les pays qui comptent des minorités ethniques, religieuses, linguistiques ou autochtones, le problème de l'identité culturelle se pose souvent en termes de respect des droits de l'homme, notamment quand ceux qui détiennent le pouvoir prétendent imposer leur culture aux groupes minoritaires. La Convention relative aux droits de l'enfant accorde une attention particulière au droit de l'enfant à son identité culturelle. L'article 29 garantit à l'enfant une éducation qui lui inculque le respect de sa langue et de ses valeurs culturelles. L'article 30 en particulier reconnaît aux enfants autochtones, ou appartenant à des groupes minoritaires, le droit d'avoir leur propre vie culturelle et de pratiquer leur religion ou d'employer leur propre langue et l'article 31 leur reconnaît le droit de participer pleinement à la vie culturelle et artistique.

La Déclaration universelle de l'Unesco sur la diversité culturelle (2 novembre 2001) souligne, en son article premier, le lien entre identité et diversité culturelle : « *La culture prend des formes diverses à travers le temps et l'espace. Cette diversité s'incarne dans l'originalité et la pluralité des identités qui caractérisent les groupes et les sociétés composant l'humanité. Source d'échanges, d'innovation et de créativité, la diversité culturelle est, pour le genre humain, aussi nécessaire que la biodiversité dans l'ordre du vivant.* »

Étudier sa propre communauté

- Existe-t-il des minorités culturelles ?
- Leur culture est-elle respectée ?
- Leurs membres participent-ils librement et en public aux activités culturelles de leur communauté, ou bien estime-t-on qu'ils doivent le faire en privé, ou pas du tout ?
- L'école encourage-t-elle le respect de la culture des minorités ?

Discussion :
- Pourquoi le droit à l'identité culturelle est-il si important ?
- Pourquoi importe-t-il de préserver, développer et apprécier les différentes cultures ?
- Pourquoi les groupes dominants cherchent-ils souvent à imposer leur culture aux minorités ?

La séquence au CM2 : quatre séances

La rencontre interculturelle

Compétences disciplinaires :
- instruction civique et morale : réfléchir sur des questions éthiques ;
- français : lire et apprécier des textes variés.

Compétences transversales :
- refus des discriminations de toute nature ;
- exercer son jugement critique.

Intention pédagogique : amener l'élève à prendre conscience de l'enrichissement que représente la rencontre interculturelle.

Objectifs :
- se positionner, de façon réfléchie, au regard d'analyse d'enjeux d'ordre éthique ;
- exercer son jugement critique et son esprit.

■ 1re séance

Questionnement et recueil des représentations initiales en table ronde : les élèves sont réunis encercle sans table ni prise de notes. L'enseignant utilise un *paper-board* pour noter les réponses, les idées afin de les conserver. Voici quelques exemples de comportements racistes dont tu as peut-être été témoin :
- la violence verbale, les injures, les insultes et les blagues déplacées ;
- le rejet, l'exclusion du groupe (refus de jouer avec les membres de certains groupes ou de s'associer à eux) ;
- la violence physique et les mauvais traitements, l'intimidation, les bagarres ;
- le refus d'attribuer une fonction ou d'accorder une récompense ;
- des signes de colère ou de ressentiment, même s'ils se manifestent de manière non verbale ;
- une attitude hautaine envers un groupe ;
- le vandalisme à l'égard des biens personnels d'autrui.

Peux-tu en parler et donner tes commentaires ?

2e séance

Indiquer sur une feuille les lettres correspondantes à leurs réponses.

1. Lorsque je rencontre une personne d'une autre origine ethnique ;
a) je lui souris.
b) je suis un peu méfiant.
c) je la regarde de la tête aux pieds en fronçant les sourcils.

2. En classe, je suis prêt à être en équipe avec :
a) n'importe qui.
b) des gens avec qui j'ai déjà discuté.
c) mes amis seulement.

3. Sortir avec une personne d'une autre origine ethnique, pour moi, c'est :
a) possible si je suis amoureux.
b) possible seulement s'il/elle est né(e) en France.
c) impensable.

4. En entrant dans l'autobus, lorsque tu vois deux sièges libres, tu préfères :
a) t'asseoir entre une Haïtienne et un Espagnol, peu importe.
b) t'asseoir entre une Espagnole et un Québécois.
c) rester debout.

5. Quand je vais dans un commerce ou un restaurant et qu'une employée noire me sert :
a) ça ne change rien.
b) je regarde tous ses gestes.
c) j'attends qu'un autre employé vienne me servir.

Inviter les élèves à réfléchir sur leurs choix de réponses :
- les « a » représentent l'ouverture vers la différence ;
- les « b » se méfient de l'inconnu, paraissent inquiets, craignent la nouveauté ou la différence, mais s'ouvrent s'ils ont confiance. Ils manquent de connaissances sur les diverses cultures et ethnies. Sans nécessairement être racistes, ces derniers peuvent avoir développé de la méfiance à la suite de commentaires racistes dans leur entourage ;
- les « c » représentent des attitudes rigides, des personnes qui sont hostiles à la nouveauté, qui valorisent leur univers et leur culture au détriment de celle des autres et qui semblent démontrer une

attitude et/ou des comportements racistes. En somme, peu importent les résultats, il y a toujours de nouveaux pas à faire dans l'ouverture à l'autre, particulièrement en ce qui concerne la rencontre interculturelle.

3e séance

Voici quelques définitions des termes utilisés dans la situation d'apprentissage donnés aux élèves.

- Diversité ethnoculturelle : apport culturel des diverses ethnies composant l'ensemble d'une population donnée.
- Préjugé : opinion formulée avant même de connaître l'objet auquel elle se rapporte. Les préjugés sont des phénomènes d'attitudes et de perceptions liées à l'ignorance. Ils sont souvent supportés par des stéréotypes.
- Stéréotype : image mentale collective, caricature. Cette image simplifiée et figée d'un groupe ne tient pas compte de la diversité à l'intérieur d'un groupe.

Lisez soigneusement ce texte canadien

À la rencontre des autres cultures

Tout au long de l'histoire de l'humanité, les diverses rencontres entre les peuples ont permis l'échange de valeurs, de savoirs et de biens. Les migrations de personnes, le commerce et l'art ont souvent permis la transmettre de nouvelles idées et de nouvelles coutumes. En effet, la culture du maïs par les Amérindiens, les chiffres arabes, les notions de médecine chinoise ou la démocratie instaurée par la civilisation grecque ne sont que quelques exemples nous permettant de constater la richesse qui se dégage de la rencontre entre les différentes cultures.

Toutefois, avec le recul, certaines rencontres furent plus douloureuses que d'autres. Par exemple, lors de la colonisation européenne en Amérique, des populations autochtones entières furent décimées au contact des maladies venant d'Europe. Encore aujourd'hui, les premières nations des Amériques - maintenant minoritaires sur le continent - doivent lutter pour faire reconnaître leurs droits ancestraux et éliminer le racisme dont ils sont l'objet au quotidien.

De nos jours, au Canada par exemple, la diversité ethnoculturelle constitue un enrichissement important pour le pays. Cette diversité est présente entre autres aux niveaux alimentaire, vestimentaire, musical, religieux, linguistique, sur le marché du travail, etc. Il est primordial de promouvoir cette diversité afin d'éviter l'établissement d'une culture mondiale unique : la culture occidentale « à l'américaine ».

Au Québec, environ 45 000 immigrants font leur arrivée chaque année, ce qui porte actuellement le pourcentage d'immigrants en terre québécoise à près de 11,5 % de la population totale.

Face à cette arrivée massive d'immigrants, certains individus peuvent se sentir menacés et développer des préjugés racistes envers les nouveaux arrivants. Nommons entre autres la peur de se faire voler son emploi, de voir s'instaurer des coutumes différentes des nôtres, que le français disparaisse au profit de l'anglais, que le système de santé soit encore plus engorgé, que le taux de criminalité augmente, etc. À ce niveau, il faut spécifier que les médias ont un rôle très important à jouer : ils doivent éviter de faire la promotion des stéréotypes et des idées racistes préconçues à propos des nouveaux arrivants et ne pas chercher à soulever des controverses raciales non-fondées dans le simple but de vendre des journaux.

En somme, la rencontre entre deux cultures s'avère une expérience enrichissante dans la mesure où chacun est prêt à faire preuve d'ouverture et de compréhension. L'autre, bien que différent de nous, mérite d'abord et avant tout, notre respect, même s'il nous intrigue et parfois nous dérange. Il faut garder en tête que l'on craint généralement ce qu'on ne connaît pas... jusqu'à ce qu'on le connaisse mieux !

Pour faire suite à la lecture du texte précédent, quelle est votre opinion par rapport aux questions suivantes ?

1. Donnez des exemples, autres que ceux contenus dans le texte, d'une rencontre interculturelle ayant permis l'échange d'un savoir, d'une valeur ou d'un bien. Avez-vous déjà vécu une situation semblable dans votre quotidien ?

2. Énumérez des préjugés, autres que ceux contenus dans le texte, qui sont souvent véhiculés à l'endroit des immigrants.

3. Selon vous, pour quelle(s) raison(s) certains cultivent-ils des préjugés envers les diverses communautés culturelles ?

4e séance

Trace écrite

- L'humanité est issue d'un berceau unique qui se trouve en Afrique. En ce sens, le sang qui coule en chacun de nous est un peu africain.
- Chaque année, le 21 mars est la journée internationale pour l'élimination de la discrimination raciale.
- Ce qui peut être différent dans les différentes ethnies :

- perception différente du temps et de l'espace ;
- le rôle et le statut de la femme ;

- les croyances et les pratiques religieuses ;
- les façons d'éduquer les enfants ;
- les codes de politesse différents.

En guise de conclusion, il importe de rappeler aux élèves l'enrichissement que procure la rencontre interculturelle à toutes les sociétés. Par de petits gestes quotidiens comme ceux de pratiquer l'ouverture à l'autre (faire les premiers pas, poser des questions, etc.) et de combattre les préjugés, chacun peut faire en sorte que la rencontre interculturelle porte des fruits pour tous.

Prolongement

Vous participez à la création d'une pièce de théâtre avec vos élèves sur la vie de Céline Dion. Ida est noire. En plus de posséder une voix magnifique, elle est une excellente actrice. Ida adorerait interpréter le personnage de Céline. Annie-Claude, qui s'occupe de la distribution des rôles, refuse de lui accorder le premier rôle en disant qu'Ida ne sera pas crédible (une noire qui interprète une blanche...). Qu'en pensez-vous ? Comment réagissez-vous ?

LES QUESTIONS POUR L'ENTRETIEN

1. Dans votre classe, lorsque vient le temps de former des équipes pour un travail, William refuse que Samir se joigne à lui sous prétexte que ce dernier est irakien. Comment réagissez-vous ?

La discrimination raciale est une atteinte au principe d'égalité, suivant lequel « *les hommes naissent et demeurent libres et égaux en droit* » (art. 1, Déclaration des droits de l'homme et du citoyen de 1789) ; je profiterais donc de cette situation pour réunir les élèves et leur parler du sujet. J'évoquerais bien sûr la Déclaration des droits de l'homme et les lois et sanctions en vigueur dans notre pays. Puis, concrètement, je demanderais à William de s'excuser et d'accepter Samir dans son groupe.

2. Quelle différence faites-vous entre racisme et discrimination raciale ?

Le racisme est un schéma de pensée (conscient ou inconscient), une manière spécifique de concevoir le monde et les êtres humains les uns par rapport aux autres, et qui se traduit par des actes, des paroles, des attitudes ou des comportements. Le racisme a une portée plus large que la discrimination raciale. La discrimination raciale ne se situe pas au niveau d'une idéologie (ensemble des idées, des croyances et des doctrines propres à une époque, à une société ou à une classe ; système d'idées philosophiques du monde et de la vie) comme le racisme, mais au niveau de l'action. Les discriminations raciales sont souvent le résultat des idéologies racistes.

Un acte est raciste s'il remplit les trois critères suivants :
• catégoriser en groupe et généraliser le jugement à l'ensemble du groupe ;
• hiérarchiser : attribuer à ces groupes des caractéristiques spécifiques, évaluées positivement pour les personnes racistes et négativement à l'encontre des victimes ;
• discriminer (le fait de séparer un groupe social des autres en le traitant plus mal, à son détriment) : utiliser cette hiérarchie pour traiter de manière inégale les personnes appartenant au groupe défini.

La combinaison de ces trois critères permet aux personnes racistes de justifier le fait de rabaisser, maltraiter et violenter, ou même d'exterminer lors de génocides (extermination intentionnelle, systématique et programmée d'un groupe ethnique, linguistique, national, religieux ou « racial ») n'importe quelle personne appartenant à un des groupes jugés inférieurs. Ainsi, le racisme se situe au niveau d'une idéologie qui affirme, directement ou indirectement, qu'un groupe est, de façon inhérente, supérieur à un autre. Le racisme a une portée plus large que la discrimination raciale.

Le racisme classe les personnes sur la base de caractéristiques biologiques, génétiques, présumées ou réelles, en races. Ce mécanisme est lié au mythe (qui n'existe pas, pure construction de l'esprit) d'une race supérieure et pure, qui doit être protégée contre les influences et/ou le brassage avec d'autres « races » qui seraient inférieures. Le racisme viole le droit fondamental d'égalité des êtres humains et doit être combattu car tout être humain a droit au respect, quelles que soient son apparence physique, sa religion, sa culture ou son ethnie.

3. Quel document a été publié l'an dernier pour combattre les inégalités à l'école ?

La rentrée scolaire 2013 a été marquée par la diffusion, dans tous les établissements scolaires, d'une charte de la laïcité à l'école. Celle-ci s'accompagnait de documents ressources (textes de référence, bibliographie, et une mise en perspective des mots-clés de la charte avec les programmes d'enseignement de l'école primaire au lycée).

Ce document nous rappelle ainsi que la laïcité trouve ses fondements dans l'histoire, le droit et la philosophie et qu'elle renvoie d'abord aux rapports qu'ont entretenus dans les grandes périodes historiques les pouvoirs temporels et spirituels. Les formes et caractéristiques de la laïcité à la française se sont lentement construites dans les rapports entre le civil et le religieux pour finalement aboutir à la séparation de l'Église et de l'État, donc à la neutralité de l'État vis-à-vis de toutes les religions gravées dans la loi de séparation de 1905. Cette séparation est le fruit d'une longue histoire ayant vu la France passer, non sans heurt, d'une monarchie absolue de droit divin (dans laquelle le roi a toujours pris soin de placer le pouvoir temporel au-dessus du pouvoir spirituel et donc de subordonner l'Église à l'État, et non l'inverse) à une République indivisible, laïque, démocratique et sociale.

4. De quoi parle-t-on lorsqu'on évoque la discrimination systémique dans le système éducatif français ?

La question des discriminations a subi une transformation assez sensible en France ces dernières années. L'accumulation d'enquêtes convergentes a en effet quelque peu dissipé une perspective qu'on peut qualifier, avec le recul, de « grossièrement morale ». L'approche du racisme s'en est trouvée, elle-même, renouvelée : désindexée de la lutte idéologique contre les groupements racistes, elle peut se recentrer sur « *cette somme de petites décisions, de comportements ou d'appréciations qui, enchaînées et répétées de façon routinières quasiment invisibles, composent un système dense d'actes discriminatoires et empêchent l'accès plein et entier à la jouissance des droits d'individus définis par leurs origines ethniques et raciales* », Patrick Simon, 2012.

POUR ALLER PLUS LOIN : LA DISCRIMINATION

On appelle discrimination l'application d'un traitement à la fois différent et inégal à un groupe ou à une collectivité, en fonction d'un trait ou d'un ensemble de traits, réels ou imaginaires, socialement construits comme « marques négatives » ou « stigmates ». Actuellement, la plupart des définitions de la discrimination s'appuient sur une approche juridique de ces questions. Or, il existe des « discriminations légales », et celles-ci varient en fonction de ce qui est considéré comme légalement acceptable ou inacceptable dans un contexte sociohistorique. Par exemple, l'État de l'Algérie française est explicitement inégalitaire dans le traitement des indigènes, mais les discriminations qui seraient jugées normativement totalement inacceptables aujourd'hui étaient légalement instituées comme la norme d'alors, ce qui tend à donner à toute définition légale des discriminations un caractère tautologique : « Est considéré comme discriminatoire ce qui est considéré comme discriminant. » L'approche juridique construit des catégories légitimes de discrimination qui sont toutefois discriminatoires et contribuent à (re)-produire des discriminations systémiques. Par ailleurs, la définition juridique des discriminations tend également à réduire les discriminations à deux catégories : les discriminations directes (motivées par une intention discriminatoire liée à une forme de racisme) et les indirectes (sans intentionnalité), en rendant invisible toute discrimination de nature systémique.
Il y a trois dimensions fondamentales à toute discrimination :

- d'abord son caractère concret (elle est d'abord un processus qui a des effets concrets sur les personnes qu'elle concerne) ;
- ensuite le traitement inégal qui peut être comparé entre des individus ;
- enfin le fait qu'elle distingue ces individus au titre de leur appartenance à des groupes sociaux distinguables et distingués.

Discrimination directe

Une discrimination est qualifiée de « directe » lorsqu'elle consiste en un acte volontaire, intentionnellement discriminatoire d'un individu ou d'un groupe d'individus. La discrimination est le résultat d'un acte concret. Elle suppose un discriminant et un discriminé et, de fait, que le discriminant possède le pouvoir de discriminer. Le plus souvent, on peut considérer qu'il est motivé par un racisme idéologique ou un racisme préjugé, une intention de produire une inégalité de traitement. En refusant sciemment un service ou l'accès à un droit, ou une ressource, en se fondant sur l'origine (qu'elle soit explicite ou implicite, par exemple par rapport à la connaissance d'un nom, etc.), une personne discrimine.

Si tel n'était pas le cas, c'est-à-dire si l'acte était réalisé de façon inconsciente, ou dépendait du hasard, ou de mécanismes dépassant la volonté de l'acteur, alors on aurait affaire à d'autres formes de discrimination. Si elle est faite de façon inconsciente, alors soit l'acteur est travaillé par un racisme préjugé et on revient à la première catégorie – simplement, il discrimine effectivement sans en avoir conscience –, soit ce n'est pas le cas, alors on est placé devant un acte qui n'a pas d'intentionnalité consciente ou inconsciente. Dès lors, elle relève soit du hasard, soit de mécanismes qui échappent à l'acteur.

Si elle relève du hasard, soit ce hasard ne fait pas prévaloir un traitement inégalitaire et on ne parle pas de discrimination (mais d'égalité effective !), soit ce hasard met en évidence un traitement différencié et ce n'est qu'un hasard de façade : il relève en fait de mécanismes spécifiques, qu'on qualifie de discrimination indirecte ou bien systémique.

Un exemple archétypal de la discrimination directe est le refus d'embauche par un employeur d'une personne d'origine étrangère en raison de cette origine, pour des motivations qui lui sont propres.

Discrimination indirecte

Une discrimination peut être considérée comme indirecte lorsqu'il n'y a pas d'intentionnalité raciste (c'est-à-dire qu'on ne peut pas mettre en évidence une intentionnalité basée sur un racisme idéologique ou un racisme préjugé) mais qu'il y a un traitement inégalitaire objectif qui handicape négativement un ou plusieurs individus appartenant au groupe minoritaire. On parle le plus souvent de traitements qui sont orientés par un critère en apparence neutre du point de vue du rapport à l'origine du groupe discriminé, mais qui, dans les faits, produit une inégalité entre les groupes. On peut alors mettre en évidence statistiquement la discrimination. On parle d'ailleurs parfois de « discrimination statistique ».

Un exemple archétypal de la discrimination indirecte est le cas, dans une entreprise donnée, de l'embauche préférentielle des enfants des cadres de l'entreprise pour le remplacement des congés des personnels durant l'été. Ce critère neutre *a priori* donnera préférentiellement un recrutement inégalitaire, si par ailleurs les personnes d'origine étrangère sont sous-représentées parmi les cadres, ce qui est classiquement une caractéristique sociale dans la plus grande majorité des entreprises françaises (sauf dans le cas des entreprises ethnicisées, mais qui sont généralement micro-entreprises dans le secteur de la sécurité, de la restauration, etc. en France). On constatera alors dans la pratique une discrimination à l'embauche des jeunes d'origines étrangère durant l'été par rapport aux autres jeunes dans cette entreprise, sans qu'il y ait aucune intention de le faire. Cette absence d'intention est une caractéristique centrale de la discrimination indirecte.

Discrimination systémique

La discrimination systémique est réduite le plus souvent (lorsqu'elle se fait dans un modèle de pensée qui se situe dans le prolongement d'un paradigme intégrationniste) à la discrimination indirecte (cf. l'exemple de la définition des termes précédents). Penser les rapports entre groupe majoritaire et groupes minoritaires à partir du concept d'intégration ne permet pas de prendre en compte les discriminations systémiques. De même, l'approche juridique des discriminations annule toute forme de constructions permettant de penser cette forme de discrimination.

Le concept de discrimination systémique découle de la reconnaissance de l'existence de déséquilibres socio-économiques ou d'inégalités sociales qui sont historiquement constitués : les discriminations systémiques sont donc constituées par les processus qui produisent et reproduisent les places sociales inégalitaires en fonction de l'appartenance à une « classe », une « race » ou un « sexe », cette appartenance pouvant être réelle ou supposée.

L'essentiel des discriminations à l'œuvre n'est ainsi pas le produit, ni le résultat, d'un hasard immanent ou transcendant, c'est-à-dire n'est pas le résultat de processus externes aux rapports sociaux (c'est, par exemple, le modèle du racisme virus qui contaminerait une société). Elles ne sont pas non plus réductibles à des processus psychologiques ou individuels (individus racistes, contaminés par une pensée raciste individualisée, etc.), mais bien le produit interne des rapports socio-économiques qui président aux rapports sociaux à l'œuvre dans une forme sociale donnée. Même si les discriminations se manifestent par des actes individuels, elles ont un soubassement dans le fonctionnement du système social. Autrement dit, la discrimination systémique n'est pas seulement le fruit de mentalités ou de valeurs racistes, mais le résultat de l'interaction de diverses pratiques sociales qui sont racialement discriminatoires.

Les discriminations systémiques sont donc constituées des processus invisibles d'assignation à une place dans la hiérarchie sociale en fonction d'un critère réel ou supposé (ici de l'appartenance à une « race », essentialisation hiérarchisée, socialement élaborée). Ces processus agissent par le biais des discriminations indirectes et directes et en constituent en réalité le soubassement.

Les trois formes de discrimination sont donc intimement liées dans les processus systémiques de discrimination : discrimination directe et indirecte, inégalité et racisme interagissent et se renforcent mutuellement en contribuant au fonctionnement et au maintien du système. Les discriminations systémiques dissolvent le rapport d'intentionnalité de la discrimination et d'individualité, même si elles n'interdisent pas des individus racistes intentionnellement discriminants. La lutte contre les discriminations racistes, si elle inclut les discriminations systémiques, n'est donc rien d'autre qu'une lutte pour l'égalité sociale.

L'école, en tant qu'institution qui donne l'accès à un certain nombre de droits, et n'étant pas « étanche » aux logiques de fonctionnement de la société dans laquelle elle s'inscrit, n'est évidemment pas à l'abri de pratiques discriminatoires. Comme d'autres institutions, elle est constamment en tension entre une égalité de traitement affichée dans ses principes et une inégalité de traitement qui s'inscrit dans son mode de fonctionnement réel. Cependant, cette inégalité de traitement à l'école ne se donne pas à voir (ou rarement) en fonction de critères prohibés par la loi : tout au plus les statistiques et les analyses montrent-elles une inégalité liée à l'origine sociale des parents. Cette inégalité, toute inacceptable qu'elle puisse être, ne tombe pas sous le coup de la loi. Mais cela veut-il dire qu'il n'y a pas de discrimination en fonction des critères illicites (notamment l'origine supposée et le sexe), ou bien que le déni d'une possible discrimination ethno-raciale à l'école bloque la parole, voire la recherche sur cette question ?

La société française reconnaît progressivement qu'elle est structurée par des fonctionnements discriminatoires dans la plupart des domaines (logement, emploi...). Il n'y a aucune raison que l'école échappe à de tels fonctionnements. N'importe comment, l'école, si elle se veut le vecteur d'une réduction des inégalités dans la société, a tout à gagner à s'interroger sur ce qui pourrait être discriminatoire dans son fonctionnement.

À l'école, toutes les situations où des professionnels différencient leur enseignement, établissent un jugement ou une évaluation à propos d'un enfant, sanctionnent des comportements, organisent des groupes, décident des passages ou des redoublements, de son orientation, mais aussi toutes les situations où ces professionnels sont en interaction avec les parents, sont potentiellement discriminantes. Attention, cela ne veut pas dire qu'il ne faut pas évaluer, organiser des groupes ou avoir des pratiques différenciées ; cela signifie que toutes ces actions professionnelles risquent d'être orientées par des préjugés à propos des critères prohibés comme le sexe ou l'origine ethno-raciale. Et ce risque est évidemment accru quand les professionnels n'ont pas pris conscience qu'ils sont traversés par les préjugés que véhicule l'ensemble de la société concernant les filles et les garçons, les « Blancs » et les « Noirs », les « Arabes » et les « Français », etc.

À titre d'exemple, une étude récente menée pendant deux ans auprès de classes de grande section de maternelle et de CP montre que des enseignants chevronnés n'apprennent pas certaines choses aux élèves qu'ils considèrent comme étant « en difficulté » alors qu'ils l'apprennent aux autres de manière complètement inconsciente. C'est un phénomène problématique en soi, mais il devient discriminatoire quand les travaux de recherche montrent que ces enseignants ont mis ces élèves dans la catégorie « en difficulté » en fonction non pas de leurs capacités réelles mais en fonction de préjugés ethno-raciaux et sexués. Il y aurait donc discrimination inconsciente dans l'accès donné aux apprentissages dans le but, louable, d'aider les plus en difficulté.

Toujours à titre d'exemple, à l'autre bout de la chaîne, une autre étude a montré que des discriminations fondées à la fois sur le genre et l'origine pouvaient avoir lieu dans les conseils de classe de fin de 3e, au moment des décisions d'orientation : à résultats scolaires égaux, une fille supposée d'origine maghrébine se verra plus souvent orientée en seconde générale qu'un garçon supposé de la même origine. Dans les propos des enseignants, on constate la volonté de permettre à la fille de réussir des études pour échapper à un milieu familial qui « opprimerait » les filles.

Les professionnels de l'école ne sont bien sûr pas les seuls responsables : ils agissent au sein d'un système scolaire dont le fonctionnement est foncièrement discriminatoire et qui ne les a pas formés à reconnaître et à lutter contre les discriminations dans leurs pratiques professionnelles. Mais quels sont les éléments systémiques qui favorisent la discrimination ?

- Une ségrégation spatiale de l'habitat qui se traduit par une ségrégation spatiale scolaire : ce phénomène ancien a tendance à s'aggraver du fait de l'assouplissement de la carte scolaire.
- Une mise en concurrence entre les établissements qui les poussent à créer une ségrégation dans la constitution des classes : pour attirer les « bons élèves » (blancs et issus des classes moyennes et favorisés), on crée des filières d'« excellence » (classes européennes, bilingues, à projet artistique et culturel, etc.) qui permettent de constituer des classes où ces élèves ne côtoient pas les élèves des quartiers populaires majoritairement issus de l'immigration.
- Un mode de recrutement et d'affectation des enseignants dont le critère principal est l'ancienneté : les établissements situés dans les zones en difficulté se retrouvent avec des personnels majoritairement jeunes, avec une moindre expérience professionnelle, ce qui entraîne d'autres effets pervers (taux de rotation important des personnels, peu de continuité dans l'élaboration et la mise en œuvre d'un projet pédagogique construit, perte de confiance des familles dans l'école...).
- Une externalisation du travail personnel par le biais des devoirs à la maison, qui favorise les élèves des familles les plus à même de les accompagner et/ou de financer un accompagnement par un tiers.
- Les lacunes de la formation initiale, principalement centrée, notamment pour le second degré, sur les savoirs disciplinaires universitaires et très peu sur la didactique et la pédagogie, favorisent la reproduction d'un enseignement frontal, qui ne se préoccupe pas des problématiques d'apprentissage par les élèves et qui favorise les élèves dont la culture familiale est en connivence avec la culture scolaire.
- Une pédagogie « invisible » : ce problème est lié à la spécificité d'une situation d'apprentissage à l'école qui, au travers d'une tâche concrète demandée aux élèves, vise à leur faire acquérir un savoir par nature abstrait ; or il est extrêmement rare que cette particularité de la tâche scolaire soit explicitement travaillée avec les élèves pour développer leur réflexivité. Encore une fois, cela favorise les élèves dont la culture familiale leur a donné l'habitude de cette réflexivité.

• Un système d'évaluation qui sanctionne l'échec et renvoie à l'élève la responsabilité de cet échec : cela amène chez les élèves une mécompréhension de ce que nécessite l'apprentissage (se tromper, comprendre son erreur, faire une nouvelle tentative) et cela, encore une fois, d'autant plus que le milieu familial ne leur permet pas d'accéder préalablement à la compréhension que ce n'est pas la « note » qui compte, mais ce qui a été effectivement compris et retenu.
• Un mécanisme d'orientation qui fait de l'école un vaste système de tri social : pour accéder aux filières d'élite, il faut choisir la « bonne » école (et donc le « bon quartier »), puis le bon collège, avec les « bonnes » options qui permettent d'être dans la « bonne » classe, ce qui permettra d'avoir le choix de la « bonne » filière dans le « bon » lycée, et ainsi de suite avec, au bout de la chaîne, une ségrégation extrême dans des « grandes écoles » où l'immense majorité des élèves sont des garçons, « blancs », issus des classes sociales les plus favorisées (à l'inverse, on retrouve dans les filières les plus dévalorisées en lycée professionnel des classes où on ne trouve que des élèves issus de l'immigration).

DOSSIER 12| LES RÈGLES DE VIE À L'ÉCOLE. CE2

Le travail mené en classe sur les règles de vie s'inspire du règlement départemental des écoles publiques primaires élaboré par le ministère de l'Éducation nationale, voté par le conseil d'école et distribué à chaque parent d'élève qui le signe. Celui-ci est affiché dans l'école.

LE RÈGLEMENT TYPE DÉPARTEMENTAL DES ÉCOLES

POUR ALLER PLUS LOIN : RÈGLEMENT TYPE DÉPARTEMENTAL DES ÉCOLES MATERNELLES ET ÉLÉMENTAIRES PUBLIQUES

Vu L'avis rendu par le conseil départemental de l'Éducation nationale réuni en séance le 17 juin 2014 ;

Arrête

Le Règlement type départemental des écoles maternelles et élémentaires publiques du département [...] est fixé comme suit :

Préambule

L'école, premier maillon du Service public de l'enseignement, est à la fois le lieu d'acquisition des savoirs fondamentaux et un facteur de socialisation, d'intégration et de construction sociale. Elle repose sur les fondements et les valeurs de la République.

L'article L. 131-1 du Code de l'éducation fixe l'instruction obligatoire pour tous les enfants âgés de six à seize ans. Cette obligation d'instruction postule une égalité d'accès de tous les élèves au Service public d'éducation.

La scolarisation pré-élémentaire (école maternelle, section enfantine) constitue en outre une étape fondamentale dans la scolarisation d'un enfant, elle joue un rôle manifeste en faveur des enfants les moins favorisés devant l'accès au savoir. L'accueil de ces derniers en école maternelle dès l'âge de deux ans et de tous les enfants à partir de trois ans constitue un des objectifs prioritaires de la politique éducative.

La gratuité de l'enseignement, reprise dans le Préambule de la Constitution du 27 octobre 1946, et confirmée dans celle du 4 octobre 1958, apparut longtemps en contrepoint de l'obligation scolaire. Avec les dispositions de l'article L. 132-1 du Code de l'éducation, c'est à tout l'enseignement public, depuis l'école maternelle jusqu'à la fin de la scolarité obligatoire, que s'applique le principe de gratuité.

La laïcité s'est imposée comme un autre principe, constitutionnel depuis 1946, de notre système éducatif. L'exercice de la liberté de conscience, dans le respect du pluralisme et de la neutralité du Service public, impose que l'ensemble de la Communauté éducative soit préservé de toute pression idéologique ou religieuse. Élèves et enseignants sont invités à se conformer au principe de la neutralité de l'enseignement public [...].

Titre 1. Admission et inscription des élèves

1.1 Admission à l'école maternelle

1.1.1

Les enfants dont l'état de santé et de maturation est compatible avec la vie collective en milieu scolaire, peuvent être admis à l'école maternelle, en classe ou en section enfantine d'école primaire. Cette admission est prononcée dans la limite des places disponibles pour les enfants âgés de deux ans révolus au jour de la rentrée scolaire. La scolarisation se fera en priorité dans les écoles situées en éducation prioritaire.

Toutefois, les enfants âgés de 2 ans au plus tard le 31 décembre de l'année scolaire en cours pourront être admis à compter de la date de leur anniversaire, toujours dans la limite des places disponibles [...].

Les enfants âgés de trois à six ans, dont les parents demanderaient l'inscription en cours d'année scolaire, doivent être admis.

1.1.2.

La directrice ou le directeur d'école accueille l'enfant et sa famille et leur remet une fiche de renseignements à compléter.

L'admission est prononcée par la directrice ou le directeur de l'école sur présentation par les personnes responsables :

• du certificat d'inscription délivré par le Maire de la commune dont dépend l'école. Ce dernier document indique, lorsque la commune dispose de plusieurs écoles, celle que l'enfant fréquentera ;

• du livret de famille et de tout acte juridique ayant des incidences sur l'exercice de l'autorité parentale ;

• de tout document attestant que l'enfant a subi les vaccinations obligatoires pour son âge ou justifie d'une contre-indication médicale. En cas de difficulté dans ce domaine, la directrice ou le directeur de l'école contacte le médecin de Protection maternelle et Infantile (PMI) et en informe le maire.

1.1.3.

La scolarisation à l'école maternelle s'effectue jusqu'à la rentrée scolaire de l'année civile au cours de laquelle l'enfant atteint l'âge de 6 ans, âge de l'instruction obligatoire. Le maintien à l'école maternelle ne peut revêtir qu'un caractère très exceptionnel lié à l'existence d'un Projet personnalisé de scolarisation [PPS] ou à une proposition argumentée de l'équipe éducative et après examen de la commission départementale d'appel.

1.2. Admission à l'école élémentaire

1.2.1.

L'instruction est obligatoire pour tous les enfants des deux sexes, français et étrangers, à partir de 6 ans révolus.

Doivent être présentés à l'école élémentaire, à la rentrée scolaire, les enfants ayant six ans révolus au 31 décembre de l'année en cours.

1.2.2.

La directrice ou le directeur de l'école procède à l'admission à l'école élémentaire sur présentation par les personnes responsables :

1. du certificat d'inscription délivré par le maire de la commune, indiquant, si la commune dispose de plusieurs écoles, celle que doit fréquenter l'enfant ;
2. du livret de famille et de tout acte juridique ayant des incidences sur l'exercice de l'autorité parentale ;
3. de tout document attestant que l'enfant a subi les vaccinations obligatoires pour son âge ou justifie d'une contre-indication médicale ;
4. en cas de changement d'école, du certificat de radiation émanant de l'école d'origine ;
5. de la déclaration relative à la communication de l'adresse des parents aux associations de parents d'élèves.

1.3. Dispositions communes [...]

La directrice ou le directeur de l'école communique ou donne accès au Maire, dans les 8 jours qui suivent la rentrée des classes, la liste des enfants fréquentant l'école, ainsi qu'à la fin de chaque mois, l'état des radiations et des nouvelles admissions.

1.3.5.

Lors de la première admission à l'école, les personnes responsables de l'enfant doivent déclarer par écrit si elles autorisent ou non la communication de leur adresse personnelle aux associations de parents d'élèves.

1.3.6. Autorité parentale

L'autorité parentale est l'ensemble des droits et devoirs conférés aux parents sur la personne de l'enfant mineur et sur ses biens. Depuis 1993, l'exercice conjoint par les deux parents de l'autorité parentale est devenu le régime de droit commun pour les parents divorcés et c'est également une situation de plus en plus fréquente pour les parents non mariés, même séparés.

Tous les parents exerçant conjointement l'autorité parentale sur la personne de leur enfant sont également responsables de lui. En conséquence, l'Éducation nationale doit entretenir avec ces deux parents des relations de même nature, leur faire parvenir les mêmes documents et convocations.

Les décisions parentales :

L'exercice en commun de l'autorité parentale donne aux deux parents les mêmes droits et devoirs pour élever et protéger leur enfant [...].

Il appartient aux parents d'informer la directrice ou le directeur de l'école de leur situation particulière, de produire les copies des actes officiels fixant l'exercice de l'autorité parentale et la résidence habituelle de l'enfant. Le cas échéant, d'indiquer la ou les adresses réactualisées à chaque rentrée.

1.3.7. Scolarisation des enfants en situation de handicap

Tout enfant présentant un handicap ou un trouble invalidant de la santé est inscrit de droit dans l'école la plus proche de son domicile qui constitue son école de référence.

L'analyse des besoins des élèves est déterminante pour assurer les meilleures conditions de scolarité. À partir d'une évaluation initiale menée par l'équipe éducative de l'école, les parents ou les représentants légaux de l'enfant peuvent être invités par la directrice ou le directeur de l'école à adresser à la Maison Départementale des Personnes Handicapées une demande de projet personnalisé de scolarisation (PPS) [...].

1.3.8. Scolarisation des enfants atteints de troubles de la santé évoluant sur une longue période ou accidentés

Tout enfant atteint de maladie chronique, d'allergie ou d'intolérance alimentaire, nécessitant des dispositions de scolarité particulières doit pouvoir fréquenter l'école [...].

Titre 2. Fréquentation et obligations scolaires – Aménagement du temps scolaire

2.1. Fréquentation scolaire à l'école maternelle

2.1.1.

L'admission à l'école maternelle implique l'engagement, pour les personnes responsables, d'une fréquentation régulière susceptible de favoriser le développement de la personnalité de l'enfant et de le préparer à recevoir la formation donnée par l'école élémentaire. Les personnes responsables s'engagent aussi au respect des horaires.

2.1.2.

À défaut d'une fréquentation régulière, l'enfant pourra être rayé de la liste des inscrits et rendu aux personnes responsables par la directrice ou le directeur de l'école qui aura, préalablement à sa décision, réuni l'équipe éducative et entendu les responsables de l'enfant.

2.2. Fréquentation scolaire à l'école élémentaire

2.2.1.

La fréquentation régulière de l'école élémentaire est obligatoire. Les obligations des élèves consistent dans l'accomplissement des tâches et activités inhérentes à leur scolarité ; elles incluent l'assiduité et le respect des règles de fonctionnement et de la vie collective des écoles.

2.2.2. Obligations des familles et rôle du Directeur d'école en matière d'absentéisme scolaire

Toute absence doit être signalée le plus rapidement possible aux personnes responsables de l'enfant qui doivent sans délai en faire connaître les motifs à la directrice ou au directeur de l'école.

Les absences sont consignées, chaque demi-journée, dans un registre spécial tenu par l'enseignant. Pour chaque année scolaire, les absences d'un élève, leur durée et leurs motifs sont relevées dans un dossier [...].

2.2.3.

Des autorisations d'absence occasionnelles peuvent être accordées, sur demande écrite des personnes responsables, pour répondre à des obligations de caractère exceptionnel.

S'il y a doute sérieux sur la légitimité du motif, la directrice ou le directeur de l'école invite les personnes responsables de l'enfant à présenter une demande d'autorisation d'absence qu'il transmet au DASEN sous couvert de l'Inspecteur de l'Éducation nationale.

2.2.4.

Si l'absence résulte d'une maladie contagieuse, un certificat médical justifiant l'absence peut être demandé pour les maladies mentionnées dans l'arrêté du 3 mai 1989. Un certificat médical de non-contagion ne peut être exigé au retour à l'école sauf cas particulier mentionné sur le même arrêté [teigne, tuberculose respiratoire, diphtérie, poliomyélite].

2.3. Organisation du temps scolaire

2.3.1. Principes nationaux d'organisation du temps scolaire

La semaine scolaire à l'école maternelle et à l'école élémentaire comporte pour tous les élèves vingt-quatre heures d'enseignement scolaire, réparties sur neuf demi-journées [...].

L'organisation de la semaine scolaire est également fixée dans le respect du calendrier scolaire national prévu à l'article L. 521-1 du Code de l'Éducation et sans que puisse être réduit ou augmenté sur une année scolaire le nombre d'heures d'enseignement ni modifiée leur répartition.

2.3.2. Dérogations aux principes nationaux d'organisation de la semaine scolaire

2.3.3. Expérimentations dérogeant aux principes nationaux d'organisation du temps scolaire

Le Recteur d'académie peut autoriser des adaptations à l'organisation de la semaine scolaire dérogeant aux dispositions des premier, deuxième et quatrième alinéas de l'article D. 521-10 du code de l'éducation.

Les adaptations prévues ne peuvent avoir pour effet de réduire ou d'augmenter sur une année scolaire le nombre d'heures d'enseignement ni de modifier leur répartition [...].

2.3.4. Décisions d'organisation de la semaine scolaire arrêtées par le Directeur académique des services de l'Éducation nationale

Les décisions d'organisation de la semaine scolaire prises par le Directeur académique des services de l'Éducation nationale ne peuvent porter sur une durée supérieure à trois ans. À l'issue de cette période, ces décisions peuvent être renouvelées tous les trois ans après un nouvel examen, en respectant la même procédure [...].

2.3.5. Pouvoirs du Maire

Le Maire peut, après avoir recueilli l'avis de l'Inspecteur de l'Éducation nationale de la circonscription dont relève l'école, modifier les heures d'entrée et de sortie fixées par le DASEN pour prendre en compte des circonstances locales.

Cette décision ne peut avoir pour effet de modifier la durée de la semaine scolaire ni l'équilibre des rythmes scolaires des élèves.

2.3.6. Activités pédagogiques complémentaires

En outre, les élèves peuvent bénéficier chaque semaine d'activités pédagogiques complémentaires organisées en groupes restreints d'élèves :

- pour l'aide aux élèves rencontrant des difficultés dans leurs apprentissages ;
- pour une aide au travail personnel ou pour une activité prévue par le projet d'école, le cas échéant en lien avec le projet éducatif territorial [...].

2.4. Activités périscolaires à l'initiative de l'Éducation nationale

2.4.1. Accompagnement éducatif

Les écoles élémentaires de l'éducation prioritaire proposent un accompagnement éducatif en complément des enseignements obligatoires et des Activités pédagogiques complémentaires.

2.4.2. Enseignements de langue et de culture d'origine (ELCO)

Ces enseignements de langue et de culture d'origine concernent principalement le premier degré. Ils sont organisés, dans la mesure du possible, dans les écoles où une demande des familles existe.

Destinés à l'origine aux seuls enfants de la nationalité concernée, ou dont l'un des parents possède ou a possédé cette nationalité, ils sont ouverts dorénavant à tout enfant dont la famille souhaite l'inscription, dans la limite des places disponibles.

2.4.3. Stages de remise à niveau (SRAN)

Des stages de remise à niveau à l'intention des élèves de CE1, CM1 et de CM2 rencontrant des difficultés en mathématiques et en français peuvent être organisés pendant les congés scolaires (modules de 15 heures à raison de 3 heures par jour).

2.5. Activités périscolaires à l'initiative des collectivités territoriales

2.5.1. Temps d'activités périscolaires (TAP)

Des activités périscolaires peuvent être proposées par les communes en prolongement du service public de l'éducation.

Elles visent à favoriser l'égal accès de tous les enfants aux pratiques culturelles, artistiques, sportives, etc.

2.6. Droit d'accueil des élèves

Tout enfant scolarisé dans une école maternelle ou élémentaire est accueilli pendant le temps scolaire pour y suivre les enseignements prévus par les programmes. Il bénéficie gratuitement d'un service d'accueil lorsque ces enseignements ne peuvent lui être délivrés en raison de l'absence imprévisible de son professeur et de l'impossibilité de le remplacer.

Il en est de même en cas de grève, dans les conditions prévues aux articles L. 133-3 à L. 133-12.

2.6.1. Lorsque l'enseignement est interrompu du fait de l'absence imprévisible d'un enseignant, les élèves sont accueillis dans l'école, par les personnels enseignants présents

2.6.2. Lorsque l'enseignement est interrompu du fait d'une grève :

- le service d'accueil incombe à l'État lorsque le nombre de personnels ayant déclaré leur intention d'y participer est inférieur à 25 % des personnels exerçant des fonctions d'enseignement. Les enfants sont alors pris en charge par les personnels enseignants présents dans l'école ;
- le service d'accueil incombe à la commune lorsque le nombre de personnels ayant déclaré leur intention de participer à la grève est égal ou supérieur à 25 % des personnels exerçant des fonctions d'enseignement [...].

Titre 3. Vie scolaire

3.1. Scolarité - Dispositions générales

3.1.1.

La directrice ou le directeur de l'école veille à la bonne marche de l'école maternelle ou élémentaire et assure la coordination nécessaire entre les enseignants [...].

3.1.2. Laïcité et liberté de conscience

La laïcité, principe constitutionnel de la République, est un des fondements du Service public de l'Éducation.

L'exercice de la liberté de conscience, dans le respect du pluralisme, de la neutralité du service public et du rôle éducatif reconnu aux familles, impose à l'ensemble de la Communauté éducative qu'elle se conforme aux principes de tolérance et de neutralité aux plans politique, syndical, philosophique et religieux, rappelés par les textes.

Le port de signes ou de tenues par lesquels les élèves manifestent ostensiblement une appartenance religieuse est interdit [...].

L'enseignant et les membres de la Communauté éducative s'interdisent tout comportement, geste ou parole qui traduirait indifférence ou mépris à l'égard de l'élève ou de sa famille, ou qui serait susceptible de blesser la sensibilité des enfants.

De même les élèves, comme leurs familles, doivent s'interdire tout comportement, geste ou parole qui porterait atteinte à la fonction ou à la personne de l'enseignant et au respect dû à leurs camarades ou aux familles de ceux-ci.

3.1.3. Droit des enfants (droit à l'image des mineurs)

[...] Personne n'a le droit de fixer, reproduire ou diffuser l'image d'autrui sans son consentement préalable.

Le « droit à l'image » (ou plus exactement le droit à la protection de son image) comporte donc deux attributs : d'une part le droit d'accepter ou non d'être photographié ou filmé et d'autre part le droit d'autoriser une utilisation distincte des images ainsi obtenues, qu'il s'agisse d'images fixes ou animées et ce, quel que soit le support utilisé, y compris le réseau Internet [...].

3.1.4. Obligation de discrétion

C'est à l'Inspecteur de l'Éducation nationale qu'appartient la décision de donner des informations sur les écoles relevant de son autorité. Compte tenu de l'obligation de discrétion professionnelle pesant sur tout fonctionnaire, l'Inspecteur de l'Éducation nationale (ou la directrice/le directeur de l'école d'école dûment autorisé) ne doit parler que des faits en relation avec la vie scolaire.

3.1.5. Sorties scolaires

Les sorties scolaires régulières, correspondant aux enseignements réguliers, inscrits à l'emploi du temps et nécessitant un déplacement hors de l'école, ainsi que les sorties scolaires occasionnelles sans nuitée, même organisées sur plusieurs journées consécutives sans hébergement, sont autorisées par la directrice ou le directeur de l'école.

Les sorties occasionnelles sans nuitée dans les territoires étrangers limitrophes relèvent également de l'autorisation de la directrice ou du directeur de l'école.
Les sorties scolaires avec nuitée(s) sont autorisées par le DASEN.
La participation des élèves aux sorties scolaires est obligatoire quand elles se déroulent sur le temps scolaire ; elles sont dans ce cas gratuites (cf. paragraphes 3.2.1. & 3.2.3.).

3.2. L'école et l'argent

3.2.1. Le principe de gratuité

Le principe de gratuité exige que les activités d'enseignement qui se déroulent à l'école ne soient pas à la charge des parents d'élèves.
Elle ne peut, par ailleurs, donner lieu à une participation financière des familles aux activités obligatoires d'enseignement (c'est-à-dire se déroulant pendant le temps scolaire), qu'elles présentent un caractère régulier ou occasionnel et qu'elles aient lieu dans l'enceinte de l'école ou à l'extérieur à l'occasion d'une sortie (ex. : piscine, théâtre, cinéma, etc.).
L'organisation, par les enseignants, de cours payants ou d'études surveillées dans les locaux scolaires est interdite.

3.2.2. Les fournitures scolaires individuelles

En dehors de ce qui peut être fourni sur le budget municipal, la liste du matériel scolaire dont chaque élève doit être muni est établie et remise aux familles [...].
La liste des fournitures scolaires doit être arrêtée par le conseil d'école.
Le choix des manuels scolaires et des matériels pédagogiques relève de la responsabilité de l'équipe enseignante et peut faire l'objet d'une information en Conseil d'école.

3.2.3. Financement d'activités facultatives

Si le financement d'une activité facultative est nécessaire, son montage devra être assuré préalablement. Il devra s'efforcer de répondre aux situations diverses des familles [...]. Seule la commune est habilitée à gérer des fonds.
Les ventes et collectes s'inscrivent dans le cadre de la réglementation propre aux coopératives scolaires régulièrement déclarées.

3.2.4. Neutralité commerciale

Les écoles doivent respecter le principe de la neutralité commerciale du Service public de l'éducation et y soumettre leurs relations avec les entreprises. Les enseignants et les élèves ne doivent en aucun cas servir directement ou indirectement à quelque publicité commerciale que ce soit.
Par ailleurs, l'école n'est pas habilitée à organiser des ventes régulières.

3.3. Associations de parents d'élèves

3.3.1. Définition

Sont reconnues, au titre d'associations de parents d'élèves, les associations ayant satisfait aux obligations de déclaration prévues par la loi du 1er juillet 1901 dont les activités se limitent à la défense et à la promotion des intérêts moraux et matériels communs aux parents d'élèves des établissements d'enseignement public dans leur champ d'intervention (une école ou un groupe d'écoles) et qui s'interdisent tout prosélytisme de caractère politique, philosophique ou confessionnel [...].

3.3.2. Distribution de documents

En début d'année scolaire, la distribution des documents relatifs aux élections des représentants de parents d'élèves, des bulletins et des professions de foi, doit s'effectuer dans les conditions de parfaite égalité de traitement entre toutes les listes présentes [...].

3.3.3. Affichage de documents

Toutes les associations de parents d'élèves présentes à l'école doivent disposer de boîtes à lettres et d'un panneau d'affichage.

3.3.4. Les propositions d'assurance scolaire

L'inscription d'un enfant à l'école ou sa participation aux activités inscrites dans les programmes scolaires ne peuvent être subordonnées à la présentation d'une attestation d'assurance. Une assurance est cependant vivement recommandée pour les activités obligatoires [...].

L'assurance est requise pour les seules activités facultatives auxquelles participe l'élève pour couvrir à la fois les dommages dont il serait l'auteur (assurance de responsabilité civile) ainsi que ceux qu'il pourrait subir (assurance individuelle, accidents corporels) [...].

3.4. Récompenses et sanctions

3.4.1. Les mesures d'encouragement

Il y a lieu de mettre en valeur les actions des élèves dans différents domaines tels que leurs efforts en matière de travail, leur implication dans la vie de l'école, un esprit de solidarité, de responsabilité tant vis-à-vis d'eux-mêmes que de leurs camarades.

Les mesures d'encouragement appropriées seront définies par chaque école en relation étroite avec son projet d'école et en y associant l'ensemble des membres de la communauté éducative.

3.4.2. Mesures conservatoires susceptibles d'être prononcées à l'école maternelle

L'école joue un rôle primordial dans la socialisation de l'enfant. Tout doit être mis en œuvre pour que son épanouissement y soit favorisé. C'est pourquoi aucune sanction ne peut lui être infligée.

Un enfant momentanément difficile pourra cependant être isolé pendant le temps très court nécessaire à lui faire retrouver un comportement compatible avec la vie du groupe. Il ne devra à aucun moment être laissé sans surveillance.
[...] Une décision de retrait provisoire de l'école peut être prise par la directrice ou le directeur après un entretien avec les parents et en accord avec l'Inspecteur de circonscription.

3.4.3. Sanctions et mesures éducatives à l'école élémentaire
L'enseignant ou l'équipe pédagogique de cycle doit exiger de chaque élève un travail à la mesure de ses capacités.
En cas de travail insuffisant, et après s'être interrogé sur ses causes, l'enseignant ou l'équipe pédagogique de cycle décidera des mesures appropriées.
Tout châtiment corporel est strictement interdit.
Un élève ne peut être privé de récréation à titre de punition ou pour terminer un travail, on évitera également les exercices supplémentaires qui déprécient le travail scolaire et dévalorisent la punition [...].
Il est permis d'isoler de ses camarades, momentanément et sous surveillance, un enfant difficile ou dont le comportement peut être dangereux pour lui-même ou pour les autres. Dans le cas de difficultés particulièrement graves affectant le comportement de l'élève dans son milieu scolaire, sa situation doit être soumise à l'examen de l'équipe éducative (cf. chapitre 8.4.) [...].

Titre 4. Locaux scolaires : Usage, sécurité et hygiène
4.1. Utilisation des locaux scolaires - Responsabilité
4.1.1.
L'ensemble des locaux scolaires est confié à la directrice ou au directeur de l'école, responsable de la sécurité des personnes et des biens, sauf lorsqu'il est fait application des dispositions de l'article L. 212-15 du code de l'éducation qui permet au maire d'utiliser, sous sa responsabilité, après avis du conseil d'école, les locaux scolaires pendant les heures ou périodes au cours desquelles ils ne sont pas utilisés pour les besoins de la formation initiale et continue [...].

4.3. Sécurité incendie - Sécurité civile
4.3.1.
Des exercices de sécurité ont lieu suivant la réglementation en vigueur.
Les consignes de sécurité doivent être affichées dans l'école. Le registre de sécurité présent dans l'école, prévu à l'article R. 123-51 du Code de la construction et de l'habitation, est communiqué au Conseil d'école.
La directrice ou le directeur de l'école veille à ce que les locaux, installations et équipements soient maintenus en conformité avec les dispositions réglementaires [...].

Le protocole de sécurité incendie doit prendre en compte des besoins spécifiques liés à la scolarisation des élèves handicapés.
La directrice ou le directeur d'école, est responsable de la mise en œuvre des dispositions relatives à la sécurité contre les risques d'incendie [...].
L'ensemble des consignes de sécurité est porté à la connaissance de la Communauté éducative par voie d'affichage et de toute personne autorisée à effectuer des activités périscolaires ou extrascolaires [...].

4.3.3. Plan Particulier de Mise en Sûreté
Chaque école élaborera, en liaison avec la municipalité, un Plan Particulier de Mise en Sûreté (PPMS) qui sera présenté chaque année en Conseil d'école [...].
Le PPMS doit tenir compte des besoins spécifiques liés à la scolarisation des élèves handicapés.

4.4. Dispositions particulières
4.4.1.
Il est interdit de fumer dans les écoles y compris dans les lieux non couverts, cette interdiction s'impose à tous les membres de la Communauté éducative (élèves et adultes).

4.4.2.
Il est interdit d'introduire dans l'école des objets dangereux par nature ou par utilisation. Le Règlement intérieur de l'école peut prévoir une liste indicative des matériels ou objets dont l'introduction par les élèves est prohibée.

4.4.3.
Le Règlement intérieur peut énoncer des recommandations relatives à la détention, par les élèves, dans les locaux scolaires, d'objets de valeur ou de sommes d'argent.

4.5. Hygiène des locaux et du matériel
L'hygiène regroupe un ensemble de mesures qui ont pour but de s'opposer à la propagation des maladies transmissibles en interrompant la chaîne de transmission par une action directe sur les germes dans les sites où ils peuvent se rencontrer.
Ces mesures sont simples mais efficaces si elles sont appliquées avec rigueur [...].

Titre 5. Accueil et remise des élèves
5.1. Accueil, sortie et remise des élèves
La directrice ou le directeur d'école veille au strict respect des horaires scolaires arrêtés par le DASEN.

5.2. Dispositions communes à l'école maternelle et à l'école élémentaire.

Tant qu'ils n'ont pas été pris en charge par les enseignants ou les agents communaux, les enfants restent sous la seule responsabilité de leurs parents.

5.3. Dispositions particulières à l'école maternelle.

Dans les classes et sections maternelles, les enfants sont remis, par les parents ou les personnes qui les accompagnent, à l'enseignant ou au service d'accueil de l'école [...].

Titre 6. Surveillance, sécurité et protection des élèves

6.1. Surveillance et sécurité des élèves

6.1.1.

La surveillance doit être constante, effective et vigilante pendant la totalité du temps scolaire, c'est-à-dire pendant toute la durée au cours de laquelle l'élève est confié à l'institution scolaire.

Elle s'exerce dans la limite de l'enceinte des locaux scolaires [...]. C'est à la directrice ou au directeur de l'école qu'incombe l'organisation générale du service de surveillance après consultation du Conseil des maîtres.

Le service de surveillance à l'accueil et à la sortie de la classe ainsi que pendant les récréations est réparti entre les enseignants en Conseil des maîtres de l'école.

6.1.2. Sorties collectives

Durant les sorties en groupe organisées à l'initiative de l'école, qu'elles soient obligatoires ou facultatives, sur le temps scolaire ou hors temps scolaire, les élèves doivent être accompagnés et surveillés de façon constante à l'aller, au retour et pendant les séances [...].

6.1.4. Accès aux locaux scolaires de personnes étrangères au service

Les personnes étrangères au service public de l'enseignement ne peuvent se prévaloir d'un libre accès aux locaux scolaires [...].

6.2. Protection de l'Enfance et politique de prévention

L'École est un lieu privilégié d'observation, de repérage, d'évaluation, des difficultés scolaires, personnelles, sociales, familiales des élèves. Elle offre un cadre sécurisant dans lequel la parole de l'enfant peut-être recueillie et portée par l'ensemble des personnels de la communauté éducative [...].

6.3. Rôles respectifs des enseignants et des participants extérieurs aux activités d'enseignement

6.3.1. Personnel spécialisé de statut communal

Dans les classes et sections maternelles, les agents territoriaux spécialisés des écoles maternelles (Atsem) sont mis à la disposition de l'école. Ils appartiennent à la Communauté éducative [...].

Les Atsem sont chargés de l'assistance au personnel enseignant pour la réception, l'animation et l'hygiène des très jeunes enfants ainsi que de la préparation et la mise en état de propreté des locaux et du matériel servant directement à ces enfants.

Les Atsem participent activement aux soins corporels à donner aux enfants, à la fabrication et à l'entretien du matériel d'enseignement, à la reproduction de documents et à l'accompagnement des élèves ou d'un groupe d'élèves désignés par la directrice ou le directeur de l'école au cours d'activités extérieures.

La participation des Atsem à l'encadrement des sorties scolaires doit faire l'objet d'une autorisation préalable du Maire.

6.3.2. Assistants d'éducation et emplois d'avenir professeur (EAP)

[...]

6.3.3. Auxiliaires de vie individuels, mutualisés ou collectifs pour l'intégration des élèves handicapés

(AVS i - AVS M - AVS CO)

Ce personnel est placé sous l'autorité fonctionnelle de la directrice ou du directeur d'école.

6.3.4. Intervenants extérieurs

La responsabilité pédagogique de l'organisation des activités scolaires incombe à l'enseignant titulaire de la classe ou à celui de ses collègues nommément désigné dans le cadre d'un échange de service ou d'un remplacement. Il en assure la mise en œuvre par sa participation et sa présence effective [...].

6.3.5. Parents d'élèves

En cas de nécessité et pour l'encadrement des élèves au cours d'activités scolaires se déroulant à l'extérieur de l'école pendant le temps scolaire, la directrice ou le directeur de l'école peut accepter ou solliciter la participation de parents volontaires agissant à titre bénévole. Il sera précisé à chaque fois le nom du parent, l'objet, la date, la durée et le lieu de l'intervention.

6.3.6. Autorisation

Toute intervention, quelle qu'elle soit, doit être autorisée par la directrice ou le directeur de l'école indépendamment de l'agrément donné à la personne ou à l'association [...].

Titre 7. Communication avec les familles

Les enseignants et les parents d'élèves tiendront compte de leurs disponibilités respectives pour se rencontrer [...].

L'exercice conjoint de l'autorité parentale implique que les deux parents soient informés et associés aux décisions qui concernent la scolarité de leur enfant.

La directrice ou le directeur d'école réunit, au début de chaque année scolaire, les parents des élèves nouvellement inscrits dans l'école.

Les parents sont régulièrement informés des résultats et du comportement scolaire de leur enfant par l'équipe pédagogique qui a l'obligation de répondre à leurs demandes d'information et d'entrevue [...].

Titre 8. Les instances de concertation

8.1. Le Conseil d'école

8.1.1. Composition du Conseil d'école [...].

8.1.2. Élections des représentants des parents au Conseil d'école

Les modalités et les dates des élections sont fixées annuellement par une circulaire ministérielle [...].

8.3. Le Conseil des maîtres de cycle

8.4 L'équipe éducative [...]

Titre 9. Santé des élèves

9.1. Organisation des soins et des urgences

9.1.1. Chaque école doit disposer :

- d'une ligne téléphonique permettant de contacter le Samu (Service d'Aide Médicale d'Urgence) 15 ou 112 dont l'installation, l'entretien et le fonctionnement relèvent de la responsabilité de la commune ;
- d'une armoire à pharmacie comportant les produits d'usage courant. Elle est fermée à clef et comporte également une trousse de premiers secours pour les sorties (celles-ci doivent contenir les prescriptions médicales, autorisations parentales et médicaments destinés aux élèves atteints de pathologies chroniques) ;
- d'un lit de repos pour accueillir un enfant souffrant, dans l'attente des secours ou de ses parents.

Le PAI et la trousse d'urgence doivent accompagner l'enfant lors de tous les déplacements

9.1.2. Les urgences

Le Samu est joignable 24 heures sur 24 par un numéro d'appel : le 15 ou le 112. Il est chargé de la réponse médicale, des problèmes urgents de santé et du conseil médical [...].

Tous les incidents concernant la santé des élèves et les accidents survenus en milieu scolaire doivent être inscrits dans un registre des soins spécifiques indiquant l'heure, la date, le type d'incident, le nom de l'élève et la suite donnée. Ils sont notifiés par écrit aux parents [...].

Protection de la collectivité

Mesures à prendre en cas de maladie infectieuse

Lorsqu'un cas de maladie contagieuse est suspecté en milieu scolaire, il faut en tout premier lieu faire confirmer le diagnostic. Il convient dans ce cadre de prendre contact avec les « référents santé » locaux.

Un protocole a été établi entre le service médical et l'Agence Régionale de Santé (ARS) pour la mise en place de la conduite à tenir.

Titre 10. Accidents et incidents scolaires

10.1. Déclaration d'accident

La directrice ou le directeur de l'école est tenu d'établir une déclaration d'accident toutes les fois qu'elle ou il est informé(e) d'un incident survenu à un ou des élèves (chute, altercation, etc.) ayant entraîné une lésion, apparente ou non, ou des symptômes constatés et qui ont nécessité une consultation médicale ou un soin hospitalier [...].

Accident scolaire et responsabilité

La responsabilité de l'État est substituée à celle des enseignants et autres membres de l'enseignement public dans tous les cas où la responsabilité de ceux-ci est engagée à l'occasion d'un dommage causé soit par des élèves qui leur sont confiés en raison de leurs fonctions, soit à ces élèves dans les mêmes conditions.

10.3. Incidents scolaires

[...]

Ce règlement intérieur est approuvé ou modifié chaque année lors de la première réunion du Conseil d'école. Il est ensuite porté à la connaissance de chacun des membres de la Communauté scolaire et des familles, ainsi que de l'Inspecteur de l'Éducation nationale de la circonscription qui en vérifiera la validité.

LA SÉQUENCE AU CE2 (9 SÉANCES)

Le règlement d'école présente nos droits et devoirs d'écoliers. Il nous aide à mieux comprendre ce qui est interdit et autorisé à l'école et dans la classe.

- Article 1 : Nous avons le droit d'être respectés et le devoir de respecter les autres (ne pas s'insulter, ne pas se moquer, ne pas se battre...). C'est la loi, à l'école comme partout dans notre pays.
- Article 2 : Nous avons le droit d'être en sécurité à l'école et le devoir de ne pas mettre en danger les autres (ne pas agresser les autres, ne pas apporter d'objets dangereux, ne pas voler...). C'est la loi, à l'école comme partout dans notre pays.
- Article 3 : Nous avons le droit d'apprendre dans de bonnes conditions et le devoir de laisser travailler la classe dans le calme (se déplacer en silence, lever le doigt pour parler, chuchoter avec son voisin...).
- Article 4 : Nous avons le droit d'aller à l'école pour apprendre et le devoir de travailler de notre mieux (être à l'heure, écouter les consignes, apprendre ses leçons, soigner son travail...).
- Article 5 : Nous avons le droit d'être aidés et le devoir d'aider les autres (partager ce que l'on sait et demander ce que l'on ne sait pas, s'entraider, coopérer...).
- Article 6 : Nous avons le droit de nous exprimer et le devoir d'écouter les adultes (ne pas répondre, être poli, se mettre en rang rapidement, faciliter le travail des adultes, s'écouter, ne pas couper la parole...).
- Article 7 : Nous avons le droit d'avoir du matériel pour travailler et le devoir de le respecter (prendre soin de ses affaires et de celles de la classe, ne pas se balancer sur sa chaise, ne pas faire d'échanges...).

Si je ne respecte pas ce règlement, on peut :
- m'isoler quelques instants de mes camarades ;
- m'interdire d'utiliser un matériel ou un jeu ;
- m'obliger à réparer la faute que j'ai faite ;
- me faire copier les articles que je ne respecte pas ;
- convoquer mes parents à l'école.

Si je respecte ce règlement :
- je gagne la confiance des autres ;
- je peux être le président, le secrétaire ou le donneur de parole au conseil ;
- je peux me déplacer plus librement.

Circonstances aggravantes :
- toute atteinte à la sécurité des personnes ;
- le mensonge lors du règlement d'une infraction ;
- la préméditation ;
- se mettre à plusieurs pour commettre une infraction.

Circonstances atténuantes :
- l'inconscience de la réalité d'une infraction ;
- la force majeure (la personne ne pouvait faire autrement tout en ayant conscience des implications de son acte) ;
- la légitime défense.

Comment allons-nous vivre, travailler et apprendre ensemble ?

Séance 1	**Objectif :** Prendre connaissance du règlement de l'école	**Les règles de vie à l'école** • Lecture du règlement de l'école. • Description d'une image où les règles sont bafouées. • Trace écrite (définition du mot règlement, rôle du règlement).
Séance 2	**Objectif :** Comprendre le rôle du règlement de l'école	**Phrase du jour :** « Tout ce qui n'est pas interdit n'est pas pour autant convenable. » Demander aux élèves de reformuler la phrase (notamment le mot « convenable »). Retour sur la lecture du règlement de l'école : les élèves reformulent quelques-unes des règles lues la séance précédente. Débat : Le règlement de l'école nous protège-t-il ou nous enlève notre liberté ?
Séance 3	**Objectif :** Connaître les responsabilités qui seront attribuées dans la classe	**Tous concernés :** Présentation des différentes responsabilités confiées aux élèves dans la classe et distribution des « métiers » (les élèves auront au préalable choisi leur binôme). Les différents métiers sont répertoriés sur une roue, que l'enseignante tourne chaque semaine (lundi matin).

Séance 4	**Objectif :** Élaboration du règlement de la classe	**Les règles de vie de la classe** Débat : Quels droits voulons-nous faire respecter dans la classe ? Quels sont les devoirs des élèves de notre classe ? L'enseignante note au tableau les propositions des élèves, des secrétaires recopient. Chaque élève notera une ou plusieurs règles sur son cahier (celles qui sont le plus importantes pour lui, ou celles qu'il pense avoir du mal à respecter...).
Séance 5	**Objectif :** Prendre connaissance du règlement de la classe	**Phrase du jour :** « Un acte est dit bon lorsqu'il est conforme à la loi et à la raison. » Demander aux élèves de reformuler la phrase (notamment le mot « raison »). À l'aide des notes prises lors de la séance précédente, l'enseignante a mis en forme les règles de la classe, et les a organisées. Elle y a ajouté les sanctions correspondantes. Ce règlement ainsi constitué est lu avec les élèves, qui le signent et le montrent à leurs parents (cahier de liaison).
Séance 6	**Objectif :** Nommer les problèmes existants dans la cour de récréation et proposer des solutions	**Phrase du jour :** « Nul ne peut se faire justice à soi-même. » Après l'écriture et la correction de la phrase, demander aux élèves de définir le mot justice. L'enseignante aide les élèves à reformuler la phrase s'ils éprouvent des difficultés à la comprendre. Demander aux élèves s'ils se sont déjà fait justice eux-mêmes, ou s'ils l'ont subie. Transition avec le sujet du débat. Débat : Quels problèmes se posent dans notre cour de récréation ? Que faire ?
		• L'enseignante note au tableau les différents problèmes évoqués par les élèves, ainsi que les propositions de solutions. Au cas où les élèves ont des difficultés à « se lancer », on pourra leur distribuer les images prévues en séance 7. • En fin de débat, l'enseignante guidera les élèves pour synthétiser ce qui a été dit (isoler les anecdotes, identifier les problèmes liés à la violence physique ou morale, les problèmes liés au non-respect des règles, ceux liés au non-respect du matériel...). Chaque élève notera une ou plusieurs idées fortes qu'il a retenues du débat en fin de séance.

Séance 7	**Objectif :** Comprendre à quoi sert le temps de la récréation	Retour sur le débat (relire les idées fortes) L'enseignante distribue aux élèves des images représentant des élèves sur la cour : les jeux et activités sur la cour, le non-respect des règles, la violence... Elles sont collées dans le cahier. À évoquer : Les activités possibles sur la cour : le passage aux toilettes, les règles à respecter (surligner dans le règlement celles concernant la récréation) et ce qu'il faut faire en cas de violence (si on est acteur, victime ou témoin). **Exemple de trace écrite possible** Le temps de la récréation dure 15 minutes. C'est un temps pour parler, jouer, se détendre... Après cette pause on peut mieux se concentrer en classe. C'est un temps avec des règles : on fait attention aux autres, on respecte le matériel. (image 2) La violence verbale est interdite : il est obligatoire de signaler tout problème à la personne qui surveille.
Séance 8	**Objectif :** Nommer les problèmes existants à la cantine et proposer des solutions	**Phrase du jour :** « Souffre que l'on t'applique la loi que tu as faite toi-même. » Définition du mot « loi ». L'enseignante aide les élèves à reformuler la phrase s'ils éprouvent des difficultés à la comprendre. Retour sur les problèmes rencontrés en récré et évoqués lors du débat. Débat : Que faire pour rendre le temps du repas plus agréable ? L'enseignante prend des notes au tableau (ou des élèves ?)
Séance 9	**Objectif :** Définir les règles de la cantine	**Exemple de trace écrite possible** La cantine est un moment de découverte, où l'on découvre parfois des plats que l'on n'a pas l'habitude de manger chez soi. Les repas sont conçus afin d'être sains et équilibrés. Le moment du repas est un temps d'échanges (discrets) mais aussi un temps avec des règles (partage, propreté, sécurité...).

LES QUESTIONS POUR L'ENTRETIEN

1. Quels sont les quatre principes de la sanction ?

La sanction ne doit pas avoir pour but de faire souffrir ; elle doit aider l'élève à intégrer la règle, à reprendre sa place dans le groupe. C'est un moment d'apprentissage dans lequel le dialogue doit avoir une place essentielle. Elle doit être avant tout éducative. Les quatre principes de la sanction éducative, d'après Erick Prairat :
1. la sanction s'adresse à un sujet, à un individu, et non à un groupe (pas de punition collective) ;
2. la sanction porte sur des actes. On ne sanctionne pas un individu, mais l'acte qui a été commis dans une situation particulière et qui a été constaté : on ne punit pas un voleur mais un vol, pas un tricheur mais une tricherie... En aucun cas la sanction ne peut porter sur des intentions ;
3. la sanction supprime des droits ou des avantages. Privation d'usage, interdiction d'activité, mise à l'écart temporaire... La privation est temporaire, son ressort n'est pas l'humiliation, mais la frustration ;
4. la sanction appelle une réparation matérielle ou symbolique à destination de la victime ou du groupe. La réparation est une tentative d'apaisement, un processus qui se fonde sur la reconnaissance du tort causé. La réparation permet au sujet de se responsabiliser par rapport à ses actes : il les reconnaît et les assume.

2. Qu'est-ce qu'un règlement ?

Pour que les humains puissent vivre ensemble, ils doivent suivre les mêmes règles. À l'intérieur d'un pays, cela s'appelle les lois. Dans l'école aussi, il existe une loi pour préciser les règles à respecter, ce qui est permis et interdit, les droits et les devoirs de chacun. Cette loi de l'école s'appelle le règlement intérieur. Il est fait pour que toutes les personnes de l'école (enfants et adultes) puissent vivre et travailler ensemble, dans le calme, sans risquer que quelqu'un fasse mal à quelqu'un d'autre.

D'après le Larousse, un règlement, c'est :
- action de régler, de terminer, de donner une solution définitive à quelque chose : le règlement d'un conflit ;
- action de fixer ce qui doit être dans un domaine légal : les règlements de police ;
- ensemble des mesures auxquelles sont soumis les membres d'une société, d'un groupe, etc. ;
- action de régler un compte, de payer une dette ; paiement : le règlement d'une facture.
- droit :

– répartition faite entre créanciers, par le juge-commissaire, des sommes provenant d'une saisie, et qui devient définitive si elle ne fait pas l'objet d'un contredit,

- règlement administratif, acte à caractère général et impersonnel ayant pour but d'assurer l'exécution d'une loi ou de réglementer des matières nouvelles et émanant du pouvoir réglementaire,
- règlement amiable, procédure instituée en 1984 faisant intervenir un conciliateur désigné par le tribunal de commerce, et qui a pour but de favoriser le redressement de l'entreprise, notamment par l'obtention d'un accord avec ses créanciers sur des délais de paiement ou des remises de dette,
- règlement intérieur, document écrit émanant du chef d'entreprise et qui précise notamment les mesures d'application de la réglementation en matière d'hygiène et de sécurité, les règles générales et permanentes relatives à la discipline ainsi que la nature et l'échelle des sanctions et les dispositions relatives aux droits de la défense des salariés (son contenu ainsi que son élaboration sont réglementés),
- règlement judiciaire, procédure appliquée à un commerçant en état de cessation de paiements, à laquelle s'est substitué le redressement judiciaire ;
• finances :
- loi de règlement,
- loi de finances ayant pour objet de clore définitivement les comptes d'un exercice budgétaire ;
• militaire : ensemble des règles juridiques ou techniques qui s'imposent aux militaires ou qui doivent inspirer leur action dans les différents domaines de leur activité.

2. Un élève se plaint de violences verbales à son encontre. Que faites-vous ?

Définir la violence verbale

La violence verbale est la violence la plus oubliée. Tout abus verbal peut entraîner une série de problèmes comportementaux, émotionnels et physiques. La violence verbale se traduit par l'utilisation de mots blessants ou humiliants : attribuer un surnom ridicule à quelqu'un, insulter une personne, faire des commentaires racistes ou des taquineries incessantes.
N'importe qui peut être victime de violence, nous sommes tous amenés à un moment de notre vie à rencontrer une de ces situations, violence infligée par des frères, des sœurs, des voisins, des adultes, ou par d'autres jeunes... Certains individus peuvent être victimes de violence très jeunes alors que d'autres peuvent subir ce genre de pression beaucoup plus tard.
« *La violence verbale manipule et contrôle. Il arrive souvent que la personne qui subit de la violence verbale ne se rende pas compte qu'elle est manipulée et contrôlée mais elle s'aperçoit qu'elle est moins heureuse que d'habitude. Quand on vous la jette à la figure, vous vous sentez consterné, abasourdi et désemparé. Vous diminue et rabaisse vos talents. Ce sont des paroles qui peuvent vous amener à croire que vous n'êtes pas correct ou qu'il y a un problème avec vos capacités* » (*Parlons de la violence verbale...*, 2003).
La proximité d'autrui nécessite justement de faire des concessions et d'accepter des comportements d'autrui. « *Mais la violence verbale ne se résume pas uniquement à des gros mots ou un énervement*

excessif. Elle peut se cacher dans votre ton ou votre manière de vous adresser à l'autre. Certaines remarques ou certains mots sont parfois des coups violents. Ceux-ci laissent aussi des blessures, même si elles sont invisibles » (*Halte à la violence verbale*, Amnesty international, 2003).

La violence verbale peut se présenter sous d'autres formes :
- des accès de colère : traiter quelqu'un de tous les noms, blâmer et accuser ;
- du dénigrement verbal : prétendre se soucier d'elle, c'est un pauvre homme dont le but est de la laisser croire qu'il y a quelque chose qui ne va pas chez elle ;
- de la fermeture : la personne qui peut intentionnellement choisir d'ignorer ou de ne pas répondre aux questions de sa femme dans le seul but de la dominer ;
- des farces : quand il fait des farces abaissantes au sujet de choses qui importent à la femme pour la blesser.

La violence verbale se caractérise par ces mécanismes de fonctionnement dont les plus essentiels sont :
- les cris, injures, accusations non fondées ;
- les humiliations et insultes ;
- les attitudes menaçantes ;
- la culpabilisation relativement à l'éducation ou à une faute, ou un échec des enfants ;
- les décisions autoritaires et forcées. Il dicte ses volontés à sa femme qui doit être soumise ;
- le contrôle des dépenses ;
- la manipulation des enfants.

Les brimades impliquent un déséquilibre des relations de pouvoir. Elles comprennent les moqueries, les railleries, l'utilisation de surnoms blessants, la violence physique ou l'exclusion sociale. L'auteur de brimades agit seul ou au sein d'un groupe de pairs. Les brimades peuvent être directes - par exemple lorsqu'un enfant demande à un autre de lui donner de l'argent ou des objets qui lui appartiennent - ou indirectes, par exemple lorsqu'un groupe d'élèves répand des rumeurs à propos d'un autre groupe.

Quelle action ?

Que ce soit pour l'agresseur ou pour l'élève victime de brimades, le cycle de violence et d'intimidation est la cause de difficultés relationnelles et de mauvais résultats scolaires. Les élèves victimes de brimades sont plus souvent que leurs pairs sujets à la dépression, à la solitude ou à l'anxiété et ils ont une mauvaise image d'eux-mêmes. L'agressivité des auteurs de brimades est souvent motivée par les frustrations, l'humiliation, la colère ou encore le ridicule social.

Il faut être une force active et efficace pour en finir avec les brimades. J'engagerais une réflexion entre les enseignants, les délégués des élèves, le personnel scolaire et les membres de la communauté pour élaborer en commun une définition des brimades, afin que les attentes soient les mêmes pour tous. Pour être efficaces, les sanctions :

- sont mineures, de façon à pouvoir être appliquées systématiquement ;
- augmentent en sévérité en cas d'agression répétée ;
- sont prévisibles et immédiates ;
- sont basées sur les mêmes attentes pour tous les élèves.

Et j'apporterais un soutien aux élèves pris pour cibles par les agresseurs.

DOSSIER 13| SCIENCES EXPÉRIMENTALES ET TECHNOLOGIE AU CYCLE 3

LE PROGRAMME

Bulletin officiel du 5 janvier 2012.

	Cours élémentaire deuxième année	Cours moyen première année	Cours moyen deuxième année
Le ciel et la Terre	**Lumières et ombres** • Connaître les conditions d'obtention d'une ombre. • Savoir qu'à plusieurs sources lumineuses correspondent plusieurs ombres. • Vocabulaire : lumière, ombre, écran, source lumineuse.	**Lumières et ombres** • Savoir expliquer la variation de la forme de l'ombre d'un objet en fonction de la distance source lumineuse/objet et de la position de la source lumineuse. • Mobiliser ses connaissances sur Lumières et ombres pour expliquer et comprendre le phénomène d'alternance du jour et de la nuit.	**Lumières et ombres** Mobiliser ses connaissances sur Lumières et ombres pour comprendre et expliquer le phénomène de phases de la Lune. **Le mouvement de la Terre (et des planètes) autour du Soleil** • Différencier les planètes du système solaire (caractéristiques, ordres de grandeur) • Vocabulaire : planète gazeuse/rocheuse.

	Le mouvement de la Terre (et des planètes) autour du Soleil • Mettre en lien l'évolution de la durée du jour au cours de l'année et les saisons. • Définir les termes équinoxe, solstice. • Savoir que le SOLEIL est une étoile, centre d'un système solaire constitué de planètes dont la Terre. • Différencier étoile et planète, planète et satellite (exemple : la Lune, satellite naturel de la Terre). • Vocabulaire : saison, planète, étoile, système solaire, satellite naturel, rotation, révolution. **Volcans et séismes** • Décrire une éruption volcanique terrestre en utilisant un vocabulaire adapté. • Distinguer les différents types d'éruption. • Connaître le phénomène des tremblements de terre. • Vocabulaire : volcan, éruption, projection, cône volcanique, magma, lave, cratère, cendres, tremblement de terre.	**Le mouvement de la Terre (et des planètes) autour du Soleil** • Repérer et comprendre le mouvement apparent du Soleil au cours d'une journée et son évolution au cours de l'année. • Connaître le sens et la durée de rotation de la Terre sur elle-même. • Savoir interpréter le mouvement apparent du Soleil par une modélisation. • Connaître la contribution de Copernic et Galilée à l'évolution des idées en astronomie. • Vocabulaire : solstice, équinoxe, sens et axe de rotation, inclinaison, points cardinaux. **Volcans et séismes, les risques pour les sociétés humaines** • Identifier les risques que représentent les séismes, les tsunamis et les éruptions volcaniques pour la population, notamment en lien avec les événements naturels se produisant au cours de l'année scolaire. • Vocabulaire : croûte terrestre, séisme, échelle de Richter, sismographe.	**Le mouvement de la Lune autour de la Terre** • Connaître les différentes phases de la Lune, savoir que ces phases se reproduisent toujours dans le même ordre et la même durée. • Savoir que les phases de la Lune s'expliquent par la révolution de la Lune autour de la Terre. • Comprendre les phases de la Lune par une modélisation. • Vocabulaire : nouvelle lune, pleine lune, premier/dernier quartier. **Volcans et séismes, les risques pour les sociétés humaines.** • Mobiliser ses connaissances sur les risques sismiques et volcaniques pour faire le lien avec la prévention des risques majeurs, notamment à propos des événements naturels se produisant au cours de l'année scolaire (circulaire n° 2002-119 du 29 mai 2002, pour la prise en compte de la dimension éducative des PPMS). **Géographie - Territoires à différentes échelles** • Les territoires français dans le monde.

La matière	**États et changements d'état** • Connaître les trois états physiques de l'eau. • Savoir que d'autres matières changent d'état. • Mettre en évidence les caractéristiques de différents états physiques observés. • Isoler des paramètres intervenant dans l'évaporation (température, surface libre, ventilation...). • Vocabulaire : état physique, matière, solide, liquide, gazeux, ébullition, évaporation, vapeur, condensation, fusion, solidification, glace. **Le trajet de l'eau dans la nature** • Connaître et représenter le trajet de l'eau dans la nature (cycle de l'eau). • Identifier les changements d'état de l'eau et leurs conséquences dans le cycle. • Vocabulaire : cycle de l'eau, perméable, imperméable, infiltration, nappe phréatique, ruissellement, cours d'eau, évaporation, condensation, précipitations. • Mobiliser ses connaissances sur le cycle de l'eau pour faire le lien avec la prévention des risques majeurs, ici les inondations. • Les déchets : réduire, réutiliser, recycler. **Environnement et développement durable**	**Mélanges et solutions** • Distinguer deux types de mélanges : homogènes et hétérogènes. • Apprendre à séparer les constituants des mélanges par l'expérimentation. • Identifier les procédés permettant de séparer les constituants des mélanges homogènes et hétérogènes. • Connaître quelques caractéristiques des mélanges homogènes (conservation de la masse, saturation). • Vocabulaire : mélange, miscible, solution, soluble, dissolution, saturation, homogène, hétérogène, suspension, décantation, filtration. **L'eau, une ressource, le maintien de sa qualité pour ses utilisations** • Connaître le trajet de l'eau domestique de sa provenance à l'usager. • Différencier eau trouble, limpide, pure, potable. • Connaître des méthodes de traitement permettant d'obtenir de l'eau potable. • Vocabulaire : potable, pure, limpide, décantation, filtration, réseau d'eau, station d'épuration, traitement, domestique, eaux usées, canalisations. **Environnement et développement durable**	**États et changements d'état** • Savoir que les changements d'état de l'eau se font à température fixe (0 °C et 100 °C sous la pression atmosphérique normale). • Découvrir qu'une masse d'eau solide occupe un volume plus important que la même masse d'eau liquide. • Vocabulaire : vaporisation, liquéfaction, fusion, solidification. **L'air et les pollutions de l'air** • Identifier par l'expérimentation des propriétés qui confèrent à l'air un caractère matériel. • Caractériser diverses formes de pollution de l'air. Identifier différentes sources de pollution de l'air. • Vocabulaire : matière, gaz, compressible, résistant, pesant, vent, pollution, qualité de l'air, poussière. **Environnement et développement durable** • Le fonctionnement du corps humain et la santé.

L'énergie	**Exemples simples de sources d'énergie** • Identifier diverses sources d'énergie utilisées dans le cadre de l'école ou à proximité. • Savoir que l'utilisation d'une source d'énergie est nécessaire pour chauffer, éclairer, mettre en mouvement. • Utiliser un dispositif permettant de mettre en évidence la transformation de l'énergie. • Vocabulaire : source d'énergie, électricité, chaleur, mouvement, consommation, transport, transformation. **Les objets techniques**	**Exemples simples de sources d'énergie** • Connaître différentes énergies, leur source et savoir que certaines sont épuisables. • Classer les énergies selon qu'elles soient ou non renouvelables. • Identifier la conversion d'énergie dans une centrale électrique. • Connaître les différents modes de production et de transformation d'énergie électrique en France. • Connaître des exemples de transport de l'énergie sur les lieux de consommation. • Vocabulaire : énergie fossile, renouvelable, uranium, charbon, pétrole, gaz, hydraulique, éolienne, solaire, nucléaire, thermique, géothermique, conduite, ligne électrique, centrale. **Environnement et développement durable** • Comprendre l'impact de l'activité humaine sur l'environnement.	**Besoins en énergie, consommation et économies d'énergie** • Comprendre la notion d'isolation thermique. • Comprendre et mettre en œuvre des gestes citoyens pour faire des économies d'énergie dans les situations de la vie quotidienne (à la maison, dans les transports...). • Vocabulaire : économie d'énergie, isolation, matériau isolant. **Environnement et développement durable** • Comprendre l'impact de l'activité humaine sur l'environnement.

L'unité et la diversité du vivant	**Présentation de l'unité du vivant** • Identifier les différentes caractéristiques du vivant (s'alimenter, se reproduire...). • Découvrir que les êtres vivants ont une organisation et des fonctions semblables. • Vocabulaire : vivant et non vivant, reproduction, alimentation, respiration, cycle de vie (naissance, croissance, maturité, vieillissement, mort), espèce. **Fonctionnement du vivant**	**Présentation de la biodiversité** • Rechercher des différences et des ressemblances entre espèces vivantes (présence de vertèbres, nombre de membres, présence de poils, présence de plumes...). • Proposer des tris en fonction des différentes caractéristiques mises en évidence, justifier ses choix. • Vocabulaire : biodiversité, animaux, végétaux. • Le vocabulaire est enrichi selon les critères retenus par les élèves (mammifère, ovipare, zoophage, phytophage, terrestre, aquatique...).	**Présentation de la classification du vivant** • À partir de petites collections (3 ou 4 espèces), par exemple, animaux, champignons, végétaux : – approcher la notion de caractère commun avec le support de schémas simples (ensembles emboîtés) ; – interpréter les ressemblances et les différences en termes de parenté. • Vocabulaire : caractère commun, parenté. • Le vocabulaire des caractères identifiés est enrichi selon la collection d'êtres vivants proposée aux élèves dans la recherche. • **Présentation de la biodiversité**
Le fonctionnement du vivant	**Les stades du développement d'un être vivant (végétal et animal)** En privilégiant la pratique de plantations et d'élevages : • construire le cycle de vie naturel d'un végétal (de la graine à la plante, de la fleur au fruit, du fruit à la graine) ; • construire le cycle de vie d'un animal, étude de deux cas : - croissance continue ; - croissance discontinue (un animal à métamorphose). • Vocabulaire : germination, fleur, graine, fruit, croissance, métamorphose, œuf, larve, adulte. • Unité et diversité du vivant	**Les conditions de développement des végétaux et des animaux** • Mettre en évidence, par une pratique de l'expérimentation, les besoins d'un végétal en eau, lumière, sels minéraux, conditions de température. • Identifier certaines conditions de développement des animaux (notamment celles liées au milieu). • Connaître, pour un environnement donné, les conditions favorables au développement des végétaux et des animaux. • Vocabulaire : besoins vitaux, milieu, favorable/hostile. **Le fonctionnement du corps humain et la santé** • Les êtres vivants dans leur environnement.	**Les modes de reproduction des êtres vivants** • Distinguer les formes de reproduction végétale sexuée et asexuée. Pour la forme asexuée, identifier les organes responsables (tige, feuille, racine) et découvrir quelques techniques (marcottage, bouturage). • Connaître la principale caractéristique de la reproduction animale : reproduction sexuée (procréation). • Faire des comparaisons entre les types ovipare et vivipare. • Vocabulaire : reproduction sexuée, reproduction asexuée, mode de développement, ovipare, vivipare. **Le fonctionnement du corps humain et la santé**

Le fonctionnement du corps humain et la santé	**Hygiène et santé L'alimentation** • Connaître les actions bénéfiques ou nocives de nos comportements alimentaires. • Connaître les différentes catégories d'aliments, leur origine et comprendre l'importance de la variété alimentaire dans les repas. • Vocabulaire : familles d'aliments (eau, fruits et légumes, produits laitiers, céréales et dérivés, viande-poisson-œuf, matières grasses, produits sucrés), besoins énergétiques. **Le sommeil** • Connaître les besoins en sommeil pour soi et pour les autres (notamment la variabilité selon l'âge). • Prendre conscience des conséquences du manque de sommeil. • Vocabulaire : veille, sommeil, réveil. **Le sport** • Prendre conscience des effets positifs d'une pratique physique régulière. • Rendre compte pour soi de ces effets sur l'organisme (sensation de bien-être, santé, développement physique...). • Vocabulaire : activité physique, santé, bien-être, fatigue, récupération. • Initiative et autonomie, compétence 7 du socle commun, avoir une bonne maîtrise de son corps et une pratique physique (sportive ou artistique). **Les mouvements corporels** • Approcher les rôles des os, des muscles et des tendons dans la production des mouvements élémentaires au niveau des articulations. • Concevoir des modélisations de mouvements de flexion/extension, schématiser, représenter l'amplitude. • Vocabulaire : flexion, extension, os, muscle, tendon, articulation.	**Première approche des fonctions de nutrition** **Digestion** • Connaître l'appareil digestif et son fonctionnement (trajet des aliments, transformation, passage dans le sang) et en construire des représentations. • Vocabulaire : tube digestif, appareil digestif, sucs digestifs, aliments, nutriments, énergie. **Respiration** • Modéliser les mouvements respiratoires (rôle du diaphragme, des muscles...). • Mesurer des rythmes respiratoires et les interpréter pour comprendre les liens entre respiration et activité physique. • Vocabulaire : poumon, diaphragme, cage thoracique, inspiration, expiration, fréquence respiratoire, échanges respiratoires, air inspiré, air expiré, dioxygène, dioxyde de carbone. **Circulation sanguine** • Aborder le rôle de la circulation sanguine dans le fonctionnement des organes à partir des poumons et du tube digestif. • Connaître l'appareil circulatoire humain et son principe de fonctionnement (rôle du cœur et des différents vaisseaux). • Établir des relations entre l'activité physique, les besoins des muscles et la fréquence cardiaque. • Vocabulaire : organes, cœur, sang, vaisseaux sanguins, artères, veines, circulation, pulsations, fréquence cardiaque. • Savoir que les trois fonctions (digestion, respiration et circulation) sont complémentaires et nécessaires au bon fonctionnement de l'organisme.	**Reproduction de l'homme et éducation à la sexualité** • Connaître le mode de reproduction des humains, le situer par rapport aux modes de reproduction déjà étudiés. • Connaître les rôles respectifs des deux sexes dans le processus de reproduction : fécondation, gestation. • Prendre conscience des données essentielles du développement sexuel à la puberté. • Vocabulaire : reproduction, sexué, accouplement, fécondation, organes reproducteurs, spermatozoïdes, testicules, ovule, ovaires, œuf, embryon, fœtus, gestation, grossesse, accouchement, puberté. **Les modes de reproduction des êtres vivants** • Compétences sociales et civiques, compétence 6 du socle commun, respect de la mixité, de l'égalité filles/garçons. **Apprendre à porter secours (7) (APS)** • Réinvestir les connaissances acquises sur – le fonctionnement du corps humain et la santé pour : comprendre les mesures de prévention ; – mettre en œuvre une protection adaptée ; – analyser une situation pour alerter efficacement (apprécier l'état de conscience, la présence de la respiration...) ; – connaître et exécuter les gestes de premiers secours.

Les êtres vivants dans leur environnement	**Places et rôles des êtres vivants ; notions de chaînes et de réseaux alimentaires** • Établir des relations de prédation. • Établir la notion de ressources alimentaires, de peuplement. • Vocabulaire : milieu (forêt, mare, ruisseau...), peuplement, espèces, prédateur, proie.	**Places et rôles des êtres vivants ; notions de chaînes et de réseaux alimentaires** • Mobiliser ses connaissances pour mettre en évidence le rôle et la place des êtres vivants et leur interdépendance dans un milieu donné. • Établir des chaînes et des réseaux alimentaires. • Vocabulaire : maillon, chaînes, réseau alimentaire. • L'unité et la diversité du vivant. • Le fonctionnement du vivant.	**L'adaptation des êtres vivants aux conditions du milieu** • Associer les caractéristiques morphologiques et comportementales des animaux à leur adaptation au milieu (membres/déplacement, becs/alimentation, organes respiratoires/lieux de vie, migration/saisons...). • Vocabulaire : adaptation, comportements. Le vocabulaire est enrichi selon les exemples traités. • Unité et diversité du vivant. **L'évolution d'un environnement géré par l'homme : la forêt** • Connaître la gestion d'un milieu : la forêt. • Connaître les enjeux biologiques et économiques, et les différentes étapes d'évolution de la forêt. • Vocabulaire : essences, feuillus, résineux, plantation, plants, coupe, élagage, bois, gestion raisonnée, parcelle, filière bois, écosystème. • Environnement et développement durable. • Comprendre l'impact de l'activité humaine sur l'environnement. **Unité et diversité du vivant** • La biodiversité.

Les objets techniques	**Règles de sécurité, dangers de l'électricité** • Avoir des notions sur la sécurité dans l'usage de l'électricité au quotidien et savoir que le passage de l'électricité dans le corps humain présente des dangers qui peuvent être mortels. • Distinguer l'électricité de la pile et celle délivrée par le secteur. • Le fonctionnement du corps humain et la santé. • Apprendre à porter secours (se protéger, protéger autrui). • Instruction civique et morale. • Gestes de premiers secours. **Circuits électriques alimentés par des piles** • Analyser le fonctionnement de différents objets techniques de la vie quotidienne (lampes de poche, jouets à pile...). • Effectuer une première distinction entre conducteurs et isolants électriques. Le détecteur de courant sera ici une lampe adaptée à une pile usuelle. • Réaliser des montages ou objets techniques comprenant des composants divers (vibreurs, moteurs, ampoules...). • Construire une première représentation de la notion de circuit électrique : savoir qu'un circuit est constitué d'une pile avec entre ses deux bornes une chaîne continue et fermée de composants et de conducteurs. Savoir que si cette chaîne est rompue, les composants ne fonctionnent plus. • Vocabulaire : circuit électrique, lampe, interrupteur, conducteur, isolant, pile, bornes.	**Circuits électriques alimentés par des piles, règles de sécurité, dangers de l'électricité** • Réaliser et comparer des montages en série et en dérivation alimentant des lampes. • Savoir schématiser des circuits électriques simples. • Approcher la notion de fusible et de disjoncteur. • Réaliser un montage permettant de mettre en évidence la conductivité des solutions et du corps humain. Le détecteur utilisé sera une DEL. • Savoir que les disjoncteurs et les fusibles permettent, dans certaines limites, d'assurer la sécurité dans une installation domestique. • Vocabulaire : circuit ouvert, circuit fermé, série, dérivation, fusible, court-circuit, disjoncteurs, électrocution. **Leviers et balances, équilibre** • Analyser et comparer le fonctionnement de différents objets techniques de la vie quotidienne. • Identifier le levier et ses principes (rapport force/distance à l'axe). • Repérer des objets qui utilisent le principe du levier. • Vocabulaire : axe de rotation, pivot, force, distance, levier.	**Objets mécaniques, transmission de mouvements** • Analyser et comparer le fonctionnement de différents objets techniques de la vie quotidienne dans lesquels un mouvement est transmis ou transformé. • Identifier ces transformations et ces transmissions. • Connaître des dispositifs de transmission du mouvement. • Connaître des dispositifs de transformation du mouvement. • Vocabulaire : transformation, rotation, translation, engrenage, roue dentée.

	Leviers et balances, équilibres • Réaliser des équilibres (mobiles, balance romaine, Roberval...) • Mesurer des masses à l'aide de différents types de balances. • Vocabulaire : balance, masse, équilibre. **La matière** • États et changements d'état.	**Objets mécaniques, transmission de mouvements** • Concevoir et expérimenter un dispositif technique pour soulever ou déplacer un objet. • Vocabulaire : poulie, courroie, transmission. Le vocabulaire est à adapter selon le dispositif produit.	
	Durant les trois années du cycle, les séquences permettront aux élèves : • de repérer une même solution technique assurant des fonctions différentes ; • de repérer différentes solutions techniques assurant une même fonction ; • de préciser des raisons motivant le choix d'un élément de solution (par exemple matériau) pour un objet et un contexte précis ; • d'utiliser un objet en assurant la sécurité ; • de réaliser des objets techniques répondant à une fonction.		
Environnement et développement durable	**Les déchets : réduire, réutiliser, recycler.** • Connaître le circuit des déchets (de son école, de sa commune). • Identifier et décrire différents circuits possibles pour les déchets (de son école, de sa commune). • Savoir que les possibilités de recyclage et de réutilisation dépendent notamment du circuit et du processus de tri et d'autre part des capacités industrielles de traitement. • Savoir trier. • Vocabulaire : matériau, recyclage, collecte, tri. • La matière. **Géographie** • Activités économiques. • Les déchets.	**L'eau : une ressource** • Connaître les modalités de traitement de l'eau et de maintien de sa qualité dans le réseau de distribution. • Identifier des actions de contrôle et de limitation de la consommation d'eau. • Vocabulaire : traitement, station d'épuration. • La matière. **Géographie** • Activités économiques. • L'eau dans la commune, besoins et traitement.	**L'air et les pollutions de l'air** • Mobiliser ses connaissances dans les différents domaines et disciplines et rechercher des solutions alternatives pour agir sur la pollution de l'air. • Vocabulaire : réchauffement climatique, effet de serre. • La matière. • L'énergie.
	Durant les trois années du cycle, les séquences permettront aux élèves de : • comprendre l'impact de l'activité humaine sur l'environnement ; • s'impliquer dans un projet individuel ou collectif en lien avec l'idée de gestion de l'environnement et de développement durable et contribuer activement à sa mise en œuvre. **Les êtres vivants dans leur environnement** • Initiative et autonomie, compétence 7 du socle commun.		

L'ÉNERGIE AU CE2

Les connaissances

Qu'est-ce que l'énergie ?

L'énergie est le moteur du monde. Le mot « énergie » vient du grec *energeia* qui signifie « force en action ». S'il n'est pas vraiment possible de voir l'énergie, ses effets sont là, tout autour de nous. C'est que tout ce qui existe a besoin d'énergie pour fonctionner. Le soleil qui fait pousser les plantes, le vent qui pousse le voilier, le bois qui brûle dans la cheminée, le barrage qui produit de l'électricité. Les actions, les mouvements, la chaleur et l'électricité... tout cela, c'est de l'énergie ! Sans l'énergie, la terre serait froide, sombre et sans vie.

L'énergie se transforme sans cesse

Il existe deux lois fondamentales interplanétaires qui règlent l'énergie. Elles sont toujours vraies, à Tombouctou comme sur la lune. Dans l'univers :

- la quantité totale d'énergie ne change jamais ;
- l'énergie peut se transformer mais elle ne peut pas être créée, ni détruite. Par exemple : l'énergie du soleil fait pousser les plantes. La vache va manger l'herbe et les fleurs. Son lait va servir à fabriquer du fromage. Les enfants vont le manger et ensuite jouer, courir, sauter, réfléchir... À chaque étape, l'énergie s'est transformée. C'est le cycle de la vie de l'énergie.

L'énergie est essentielle à toute activité humaine

Aujourd'hui, la population augmente rapidement et les besoins en énergie sont de plus en plus grands. Les énergies les plus utilisées dans le monde sont polluantes et finiront par être épuisées. Les défis pour la planète sont donc importants !

Comment utilise-t-on l'énergie ?

Depuis toujours, l'humanité a cherché à apprivoiser l'énergie. Il y a déjà des milliers d'années que les populations utilisent le feu pour se chauffer et cuire leurs aliments. L'eau sert à irriguer (arroser) les cultures, le vent à naviguer et les animaux à transporter du matériel. Aujourd'hui, les progrès techniques permettent de maîtriser de nombreuses sources d'énergie. Mais les trois utilisations principales de l'énergie sont restées les mêmes : se chauffer, se déplacer et faire fonctionner des outils !

Se chauffer

L'été ne dure pas toute l'année. Et même dans les pays chauds, les nuits peuvent être fraîches. Dès lors, les feux de cheminée, les chaudières à charbon, à mazout ou à bois, les radiateurs électriques et les pompes à chaleur sont bien utiles !

Se déplacer

Que ce soit pour étudier, travailler ou voyager, nous passons énormément de temps à nous déplacer : en train, en voiture, en tram, à cheval ou en bateau solaire.

Faire fonctionner des outils

Nous vivons entourés de milliers d'appareils et installations gourmands en énergie. Et il en faut, de l'énergie, pour fabriquer, faire fonctionner puis éliminer tous ces appareils qui font notre quotidien !

L'électricité

Quand la nature se déchaîne, elle nous bombarde d'électricité sous forme d'éclairs. Mais nous ne savons pas encore utiliser ces derniers pour allumer la télé. Du coup, la plupart des autres sources d'énergie présentes dans la nature sont utilisées pour produire de l'électricité. Elle fonctionne comme un fantastique transporteur d'énergie (ou vecteur énergétique). Elle se déplace facilement et rapidement, le long des câbles et fils électriques, sans transport par camions. Elle peut se transformer et être utilisée de nombreuses manières : chauffage, transports (bus, trains, voitures) ou appareils ménagers. En plus, elle peut déplacer de l'information, comme avec la télévision ou le téléphone.

■ D'où vient l'énergie ?

L'énergie solaire

L'énergie solaire provient du rayonnement du soleil, que nous ressentons par la chaleur et la luminosité. Ce rayonnement est utilisé pour chauffer et pour produire de l'électricité. Le soleil s'est formé il y a 4,55 milliards d'années. Son centre est une formidable centrale où se produisent en permanence d'innombrables réactions thermonucléaires. Tel un grand feu dans le ciel, le soleil est brûlant. Son cœur peut atteindre plus de 15 millions de degrés ! Il chauffe donc naturellement tout ce qu'il éclaire. Le soleil est également éblouissant. Il émet des ondes électromagnétiques lumineuses qui parviennent sur terre après avoir été filtrées par l'atmosphère. Le soleil est indispensable à la vie. Il permet la pousse des végétaux mais est également à la source de la plupart des autres énergies.

L'énergie éolienne

L'énergie éolienne provient de la force du vent. Le vent est utilisé de nombreuses manières, par exemple : pour naviguer (voiliers), pour voler (cerfs-volants, parapentes), pour actionner des mécanismes (moulins, pompes à eau) et aussi pour produire de l'électricité. Le vent est créé par le rayonnement solaire. En fait, le soleil réchauffe la surface de la Terre de façon plus intense à l'Équateur qu'aux deux pôles. Cela provoque des différences de température et de pression qui engendrent des déplacements d'air.

Les mers et les continents n'absorbent pas non plus la chaleur du soleil de la même façon, ce qui génère également du vent. Une fois réchauffés, mers et continents chauffent l'air qui se trouve au-dessus d'eux ; cet air se met en mouvement car il devient plus volumineux lorsqu'il est chaud. Plus léger, il s'élève et de l'air plus froid le remplace. Ces déplacements d'air sont circulaires : l'air froid et lourd descend, alors que l'air chaud et léger s'élève.

En fait, ce sont les différences de température et de pression qui se trouvent à l'origine du vent. L'instabilité du vent est directement liée aux variations de la température et du relief. Il existe en effet des sites plus ou moins venteux, selon leur emplacement et leur dégagement, mais aussi selon leur incidence sur la pression de l'air. Par exemple, les crêtes de montagne et le bord de mer connaissent des vents plutôt violents : dans ces endroits, il y a en effet peu d'obstacles naturels ou de bâtiments pour retenir le vent.

L'homme utilise l'énergie éolienne depuis la nuit des temps. D'abord pour naviguer. Il y a 3 000 ans, en Océanie (vers l'Australie), certaines pirogues à voile pouvaient transporter 50 passagers sur des milliers de kilomètres en plein océan. Les premières éoliennes remontent au ve siècle avant J.-C. En Grèce et en Égypte, on parvenait ainsi à utiliser la force du vent pour moudre du grain ou remonter de l'eau d'un puits. Quant aux moulins à vent, les premiers ont été installés par les Perses en l'an 600 (dans l'Afghanistan d'aujourd'hui). Là aussi, le vent permettait de moudre du blé pour fabriquer la farine. En 1802, Lord Kelvin, un physicien britannique, a eu l'idée de produire de l'électricité grâce à la force du vent. Mais c'est avec l'invention de la dynamo, en 1850, que naît le principe des éoliennes modernes.

L'utilisation

- La mobilité : la navigation utilise depuis très longtemps la force du vent. Le vent qui s'engouffre dans les voiles fait avancer les voiliers. Le même principe permet aux cerfs-volants de s'élever dans le ciel, ou encore aux parapentes de « voler ».
- L'énergie mécanique : l'énergie éolienne est aussi utilisée pour actionner des moulins. Le vent fait tourner les pales des moulins (sorte d'hélice). Cette rotation actionne une roue, afin de moudre du grain ou de faire fonctionner une pompe à eau.
- L'électricité : les éoliennes permettent de fabriquer de l'énergie électrique. Le principe est le même : le vent fait tourner les pales de l'éolienne. Cette rotation est ensuite transformée en énergie électrique.
- L'énergie hydraulique : l'énergie hydraulique utilise la force de l'eau, si présente dans la nature. Dans les ruisseaux, les rivières et les fleuves, l'eau est toujours en mouvement. Chaque rivière et chaque chute d'eau représentent une réserve d'énergie. L'énergie hydraulique est principalement utilisée pour la production d'électricité.

L'eau est un fluide, la gravité la fait s'écouler de sa source, en altitude, jusqu'à la mer ou l'océan, le point le plus bas. Ainsi se forment, au fur et à mesure, ruisseaux, rivières et fleuves, créant çà et là des lacs. L'eau est donc toujours en mouvement. L'eau est une source d'énergie renouvelable et illimitée. Elle traverse et fait fonctionner les installations, puis retourne à son cours d'eau sans en être modifiée.

L'utilisation de l'énergie hydraulique date de l'Antiquité. Elle a commencé avec les moulins à eau, installés près des cours d'eau. Ils actionnaient des roues permettant de moudre du grain ou de puiser de l'eau (pour arroser les cultures). L'eau était appréciée pour sa force de travail, qui équivalait à celle de nombreux esclaves. Il existe deux manières principales d'utiliser l'énergie hydraulique : au fil de l'eau ou avec des barrages.

Au fil de l'eau

Les installations au fil de l'eau fonctionnent à la manière des moulins à eau, placés le long des rivières et des fleuves. L'eau est captée directement dans la rivière et amenée par une conduite vers la centrale où se trouvent les turbines. Dans cette installation, on ne peut pas choisir quelle quantité d'électricité on veut produire, ni à quel moment. C'est le débit de la rivière qui fixe la quantité d'énergie produite.

Les barrages (à accumulation)

Nous avons besoin de beaucoup d'électricité à certains moments, pour faire les repas par exemple, et moins à d'autres moments, comme la nuit. Comme l'électricité ne peut ne pas être conservée une fois produite, la solution est de créer une réserve d'eau et de l'utiliser quand on en a besoin. Pour créer ces réserves, on construit un barrage à travers une vallée. Derrière lui se crée un lac artificiel. Cette réserve d'eau destinée à la production d'électricité peut aussi être utilisée, dans certains pays, pour l'irrigation des cultures (l'arrosage) par exemple. Lorsqu'on a besoin d'électricité, on ouvre une vanne (une sorte de robinet) et l'eau va pouvoir être amenée jusqu'à la turbine. À la sortie de la centrale, l'eau retourne, inchangée, dans la rivière.

Un barrage, c'est un peu comme un bain. Tu places un bouchon au fond de la baignoire pour retenir l'eau. Le barrage, c'est un « gros bouchon » placé sur une rivière et, derrière lui, l'eau s'accumule jusqu'à former un lac.

■ C'est quoi les enjeux énergétiques ?

Au XXe siècle, la population mondiale s'est multipliée par quatre. Il y avait 1,6 milliard de personnes sur terre en 1900 et 6 milliards en l'an 2000. Dans le même temps, la consommation d'énergie s'est, elle, multipliée par... vingt ! Ces besoins énergétiques sont principalement couverts par les énergies fossiles (80 %) qui sont polluantes. La Terre, notre maison, pourrait-elle le supporter ?

Pourquoi cette augmentation ?

La consommation d'énergie a augmenté cinq fois plus vite que la population ! C'est que l'amélioration des niveaux de vie coûte cher en énergie. Aujourd'hui, les populations se déplacent énormément, on construit plus de logements chauffés, l'industrie produit beaucoup de marchandises et les gens souhaitent être toujours plus connectés. Dans les pays pauvres, les populations n'ont pas toujours d'habitation décente, pas d'éclairage électrique, ni même l'eau courante. Il est bien logique de vouloir améliorer la vie de toutes et tous... mais cela signifie qu'il faut produire encore plus d'énergie ! D'autant que depuis l'an 2000, en à peine plus de dix ans, la population mondiale est passée de 6 à 7 milliards de personnes.

Les conséquences

Ces fortes demandes en énergie ne sont pas sans conséquence. La production épuise les ressources de la Terre, pollue son atmosphère et participe aux changements climatiques. C'est que les énergies les plus utilisées sont le pétrole, le gaz et le charbon qui sont des énergies fossiles. On les brûle pour se chauffer, se déplacer ou produire de l'électricité. Elles rejettent alors des gaz et des poussières dans l'air. Parmi ces gaz, il y a le CO_2 qui est un puissant gaz à effet de serre. Il participe à l'augmentation de la température moyenne de la planète.

Il est déjà possible d'observer les changements climatiques liés à cette augmentation de température :

- fontes de glaces, banquises et glaciers ;
- hausse du niveau des mers ;
- événements climatiques extrêmes (sécheresses, inondations, cyclones) ;
- déplacement et extension des zones de végétation ;
- extension de certaines maladies tropicales infectieuses.

Un double défi

Il est bien légitime de souhaiter que toutes et tous sur Terre puissent avoir le même confort qu'en Europe. Mais si la consommation augmente au Bangladesh, ne devrait-elle pas diminuer aux États-Unis ? En effet, aujourd'hui un Américain consomme en moyenne 30 fois plus qu'un Bangladeshi ! Le partage et la répartition de l'énergie sont encore très variables. Le défi est double pour la planète :

- maîtriser l'augmentation et le partage de la consommation d'énergie ;
- assurer une production d'énergie moins polluante qu'aujourd'hui.

De l'énergie renouvelable pour tous

Certains pays ont beaucoup de sources d'énergie à disposition, mais n'ont pas les moyens financiers ou techniques de les exploiter. Par exemple, il y a beaucoup de soleil au Mali et cette énergie pourrait être récupérée pour faire de l'électricité. C'est pourquoi la plateforme REPIC a été créée : pour promouvoir les énergies renouvelables dans les pays en développement ou en transition. Cette plateforme soutient par exemple la création d'un parc éolien en Roumanie et l'installation de centrales hydrauliques en Indonésie !

Objectif : sortir du nucléaire

La production d'origine solaire, hydraulique, éolienne, géothermique et de biomasse devrait compenser la disparition du nucléaire et nous devons aussi repenser notre manière de consommer l'énergie.

Le projet Solar Impulse est un avion solaire qui peut voler de jour comme de nuit sans polluer. Inventé par deux scientifiques de l'École polytechnique fédérale de Lausanne (EPFL), Bertrand Piccard et André Borschberg, le Solar Impulse a pris son premier envol en 2010. Depuis, il s'est encore amélioré et se prépare à un tour du monde en 2015 ! Pour le créer, il a fallu trouver le moyen d'emmagasiner l'énergie solaire et d'alléger le plus possible la structure de l'avion. L'énergie emmagasinée permet à l'avion de voler jusqu'au lever du soleil.

La séquence au CE2

■ Programme : exemples simples de sources d'énergie (fossiles ou renouvelables)

Compétences du socle commun :
- maîtriser des connaissances dans divers domaines scientifiques et les mobiliser dans des contextes scientifiques différents et dans des activités de la vie courante ;
- pratiquer une démarche d'investigation : savoir observer, questionner.

Objectifs opérationnels (prévoir quatre séances) :
- faire émerger les représentations initiales des élèves ;
- répondre à un questionnaire après avoir visionné un film documentaire ;
- répertorier ce que l'énergie nous apporte dans la vie quotidienne ;
- répertorier les sources d'énergie fossile non renouvelables et les caractériser ;
- répertorier les sources d'énergies renouvelables et les caractériser ;
- comprendre les étapes de la transformation d'une source d'énergie primaire en électricité ;
- légender un schéma.

Support : film documentaire *Nos sources d'énergie*, animations flash d'EDF, manuel scolaire.

■ Déroulement

1. Évaluation diagnostique : distribuer trois bandes de papier à chaque élève et leur demander de répondre aux trois questions suivantes :
- selon toi, que signifie le mot « énergie » ?
- à ton avis où y a-t-il de l'énergie ?
- quelles sont les sources d'énergie ?

Synthèse orale puis écrite de ce qui a été formulé par les élèves.

Projection du film documentaire de 20 minutes : *Nos sources d'énergie* (site TV collection : « Les enquêtes de la luciole »). Fiche d'exploitation du film à compléter, puis débat (comparer les informations du film avec les représentations initiales des élèves - cf. trois questions du début de séquence).

2. Synthèse orale du film :

• à quoi nous sert l'énergie ? L'énergie nous permet de nous chauffer, de nous déplacer, de faire fonctionner nos usines et nos appareils ;

• d'où vient l'énergie ? Les énergies fossiles sont : le pétrole, le charbon et le gaz. Les énergies fossiles sont non renouvelables (il n'y aura plus de pétrole dans 40 ans) et polluantes (elles produisent des fumées nocives, les gaz à effet de serre). Conséquences de cette pollution : montée des océans, dérèglement climatique, problèmes de santé ;

• d'où vient l'électricité ? Les 20 centrales nucléaires françaises produisent 80 % de l'électricité française ;

• comment produire de l'électricité proprement ? En ayant recours aux énergies renouvelables propres et non polluantes : énergies solaire, éolienne, hydroélectrique, géothermique et biomasse. L'énergie hydroélectrique (les barrages) est la première source d'énergie renouvelable utilisée en France ;

• comment économiser l'énergie ? En préférant rouler à vélo, en choisissant des appareils électroménagers consommant peu d'électricité, etc.

3. Les sources d'énergie renouvelables

Distribuer aux élèves la fiche pédagogique suivante (cf. fiche annexe). Observer le document, le lire silencieusement puis à haute voix et légender le schéma. Correction collective.

Fiche annexe - Le fonctionnement d'une centrale éolienne.

Je lis les textes puis je légende le schéma suivant avec : le vent, une pale, une nacelle, un mât, un transformateur, un axe et un alternateur.

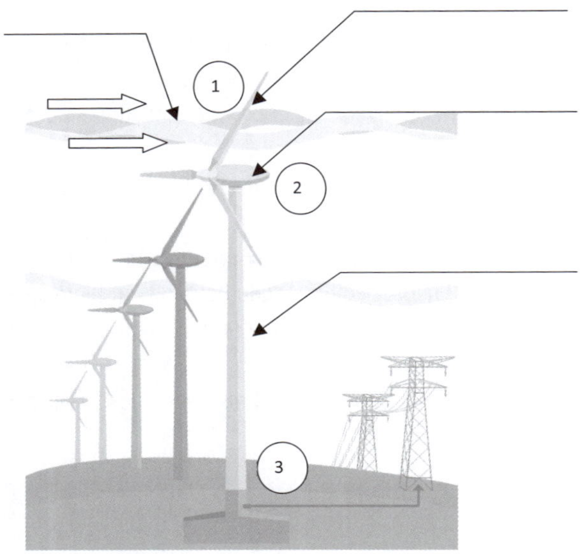

1) La rotation des pales.

Sous l'effet du vent, l'hélice se met en marche.

2) La production d'électricité.

L'hélice entraîne un axe dans la nacelle, relié à un alternateur. L'alternateur produit de l'électricité.

3) L'adaptation de la tension.

Un transformateur situé à l'intérieur du mât élève la tension du courant électrique produit par l'alternateur.

Centrale éolienne du Vauclin.

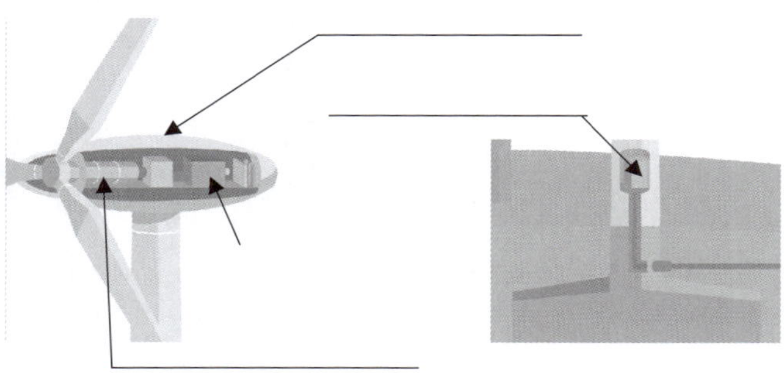

La centrale se situe sur la Commune du Vauclin, au sud du bourg, sur le morne appelé Morne Carrière(4 éoliennes anticycloniques). Le site est techniquement intéressant pour plusieurs raisons : il est largement ouvert vers le vent d'Est dominant, il est éloigné des premières habitations, il est proche du réseau EDF , il est facilement accessible par la route et par des chemins déjà tracés.

Je recherche dans le dictionnaire la définition des mots suivants : une rotation, un mât, la tension et électricité.

Source : animation flash EDF / Conception fiche PEPIN Médéric

4. Comment produit-on de l'électricité ?

• Projeter, à l'aide d'un vidéoprojecteur, les animations flash (source EDF).
• Laisser les élèves verbaliser librement sur les animations observées.
• Dessiner le schéma suivant au tableau pour synthétiser les techniques de production d'électricité.
• Prolongement possible de la séquence (pour approfondir le sujet).
• Vidéoprojeter ces animations flash en séance collective ou demander aux élèves d'aller sur Internet pour les visionner chez eux ou dans la salle informatique.

LES QUESTIONS POUR L'ENTRETIEN

1. Pouvez-vous définir ce qu'est l'énergie géothermique ?

L'énergie géothermique est la chaleur qui se trouve sous la surface de la Terre. L'origine de cette chaleur est double : dans une petite mesure, elle vient du soleil qui réchauffe la surface de la Terre, mais principalement, c'est le magma, qui se situe au cœur de la planète, qui chauffe la croûte terrestre.

Sur Terre, le sol est chauffé par le soleil et le sous-sol par le magma, au cœur de la terre. Cette chaleur se traduit en trois types de géothermie : la géothermie de surface, la géothermie moyenne et la géothermie profonde :
• la géothermie de surface capte la chaleur souterraine peu profonde. Il suffit de creuser jusqu'à 80 mètres pour aller la chercher. La température reste inférieure à 30 °C ;
• la géothermie moyenne exploite la chaleur de gisements d'eau qui se trouvent à des centaines de mètres de profondeur, parfois jusqu'à 2 000 mètres. L'eau souterraine atteint alors les 50 °C ;
• la géothermie profonde utilise de l'eau chaude présente à une grande profondeur. À certains endroits, cette eau chaude remonte naturellement à la surface. Elle est alors utilisée pour alimenter des sources thermales, chauffer des maisons ou même produire de l'électricité. La température est très élevée : de 150 à 250 °C. Et il s'agit ici de creuser particulièrement loin, sur plusieurs kilomètres de profondeur !

Le magma est une forme de roche liquide qui se trouve au cœur de la Terre. Il est extrêmement chaud et permet de chauffer tout le globe terrestre. Partout sur la planète, plus l'on creuse profondément, plus la température augmente. Cela représente une source importante d'énergie. Parfois, le magma sort de la Terre, sous forme de grandes explosions qui jaillissent des volcans (éruptions). La roche brûlante et liquide qu'il crache s'appelle la lave. On peut aussi constater la chaleur du magma avec les eaux thermales et les geysers. L'eau sort de la roche naturellement brûlante, chauffée par le magma.

2. Lorsqu'on étudie les énergies et la géothermie, quelle activité complémentaire pouvez-vous mettre en œuvre ?

C'est l'occasion de parler des volcans et séismes avec les objectifs suivants :
- décrire une éruption volcanique terrestre en utilisant un vocabulaire adapté ;
- distinguer les différents types d'éruption ;
- connaître le phénomène des tremblements de terre.

3. Quel est le vocabulaire spécifique à connaître pour la séquence sur l'énergie au CE2 ?

- **Alternateur (ou générateur électrique) :** un générateur électrique permet de transformer une forme d'énergie en énergie électrique. Il fonctionne par la rotation d'un aimant ou d'un électroaimant. La rotation permet de mettre les électrons en mouvement. Ils sont attirés par un aimant et, en se déplaçant, ils créent un fort courant électrique.
- **Atomes :** les atomes sont les minuscules composants de la matière. Ce sont des sortes de grains infiniment petits qui se combinent chimiquement les uns avec les autres. Un atome est composé d'un noyau entouré d'électrons en mouvement.
- **Changement climatique :** on appelle changement climatique la modification durable du climat de la Terre ou d'une de ses régions. L'augmentation de l'émission des gaz à effet de serre est une des causes du changement climatique.
- **Digesteur :** un digesteur désigne une machine qui transforme des matières organiques (déchets agricoles, déchets industriels, boues urbaines) en biogaz, par un processus appelé méthanisation.
- **Dynamo :** la dynamo est une machine qui convertit l'énergie mécanique en énergie électrique à courant continu. Sorte de générateur, la dynamo fonctionne par la rotation d'aimants opposés.
- **Énergie :** l'énergie est la capacité d'un système à modifier un état, à produire un travail entraînant un mouvement, de la lumière ou de la chaleur. L'unité de mesure est le Joule (J) ou le kilowattheure (kWh).
- **Forage :** un forage est un trou creusé dans le sol pour explorer ou exploiter le sous-sol. Il existe notamment des forages pétroliers ou géothermiques.
- **Gaz à effet de serre :** l'effet de serre est un phénomène naturel qui permet à la Terre de conserver sa chaleur. Les gaz à effet de serre perturbent cet équilibre. En maintenant une trop grande partie du rayonnement infrarouge émis par la surface terrestre, ils contribuent à l'effet de serre.
- **Générateur électrique (ou alternateur) :** un générateur électrique permet de transformer une forme d'énergie en énergie électrique. Il fonctionne par la rotation d'un aimant ou d'un électroaimant. La rotation permet de mettre les électrons en mouvement. Ils sont attirés par un aimant, et en se déplaçant, ils créent un fort courant électrique.
- **Photosynthèse :** la photosynthèse est le processus qui permet aux plantes de transformer la lumière du soleil en énergie chimique pour synthétiser de la matière organique (notamment des sucres).

• **Pipeline :** un pipeline est une canalisation (ou, par extension, un réseau de canalisations) utilisé pour le transport du pétrole. Un pipeline peut transporter des matières sous formes liquide, gazeuse, ou solide.

• **Pression :** la pression est une force qui s'exerce sur une surface.

• **Radioactif :** une matière radioactive est composée d'atomes dont le noyau est instable. Ces atomes se transforment donc spontanément en des noyaux atomiques plus stables. Pendant ce processus, ils dégagent de l'énergie sous forme de rayonnements divers.

• **Rendement :** exprimé en pourcent, le rendement permet de calculer la part d'énergie utilisable par rapport au total d'énergie fournie. Par exemple, avec un rendement de 15 %, les panneaux solaires photovoltaïques « utilisent » 15 % de l'énergie qu'ils ont reçue du soleil pour la transformer en électricité.

• **Renouvelables :** les ressources renouvelables sont des ressources naturelles dont le stock peut se reconstituer sur une courte période (à l'échelle humaine). Elles s'opposent aux ressources non renouvelables qui se recréent très lentement et peuvent donc s'épuiser.

• **Réseau (électrique) :** un réseau électrique est un ensemble d'infrastructures permettant d'acheminer l'énergie électrique des centres de production vers les consommateurs d'électricité. Il est constitué de lignes électriques exploitées à différents niveaux de tension, connectées entre elles dans des postes électriques. Les postes électriques permettent de répartir l'électricité et de la faire passer d'une tension à l'autre grâce aux transformateurs.

• **Turbine :** la turbine est une machine composée d'une roue à ailettes (sorte d'hélice) qui tourne grâce à la force de l'eau, de la vapeur ou du gaz. Elle est généralement reliée à un générateur (alternateur). Ainsi, en tournant, la turbine entraîne le système du générateur qui produit de l'électricité.

• **Uranium :** l'uranium est un élément chimique. C'est un métal lourd radioactif. La forte énergie que la fission de l'uranium dégage en fait la matière première de l'industrie nucléaire.

• **Vapeur :** la vapeur est la forme gazeuse de l'eau. Elle apparaît lorsque l'eau est chauffée et s'évapore.

4. Toujours en liaison avec votre séquence, que pourriez-vous imaginer pour donner encore plus de sens à l'énergie ?

Les moulins à vent (fabrication)

Objectif pédagogique : développer des compétences du socle commun.

Compétence 1 : s'exprimer clairement à l'oral en utilisant un vocabulaire approprié.

Compétence 3 :
- observer et décrire pour mener des investigations ;
- se poser des questions ;
- émettre des hypothèses, expliquer, argumenter ;
- manipuler et expérimenter.

Compétence 4 : commencer à s'approprier un environnement numérique.

Compétence 6 : respecter les autres et les règles de la vie collective.

Compétence 7 :
- écouter pour comprendre, interroger, répéter, réaliser un travail ou une activité ;
- échanger, questionner, justifier un point de vue ;
- travailler en groupe, s'engager dans un projet.

Sujet et problématique : comment fabriquer des moulins à vent qui tournent avec le vent ?

Démarche d'investigation : la démarche d'investigation mise en place est une démarche technologique :
- découverte d'un objet et désir d'en fabriquer d'autres ;
- observation en vue de la reproduction ;
- émission d'hypothèses ;
- établissement du cahier des charges avec comme critère de réussite : « Le moulin à vent doit tourner avec le vent » ;
- fabrication par essais/erreurs ;
- acceptation de tous les moulins à vent qui tournent même si ceux-ci diffèrent légèrement du modèle de départ (pliage différent par exemple).

Observations : démontage du modèle pour comprendre comment il a été réalisé.
- Observation 1 : la feuille de papier doit être de forme carrée.
- Observation 2 : la feuille est découpée et pliée.
- Observation 3 : la feuille est fixée avec une aiguille, c'est pour cela qu'elle peut tourner.

Hypothèses

- Hypothèse 1 : la feuille doit être découpée d'une façon bien précise.
- Hypothèse 2 : la feuille doit être pliée d'une façon bien précise.
- Hypothèse 3 : on peut prendre des feuilles de papier machine (très souples).

Recherches : les élèves ont testé plusieurs découpes de feuilles, plusieurs pliages. Ils validaient par eux-mêmes leurs choix en regardant si le moulin obtenu tournait ou non au vent.

Conclusion : les moulins qui tournent le mieux sont ceux qui ont la même forme finale que le moulin à vent de départ. Cependant d'autres formes de moulins fonctionnent aussi et tournent de façon saccadée. Le choix du matériau utilisé est important : la feuille doit être assez rigide mais pas trop non plus.

Difficultés rencontrées : le vent n'est pas toujours au rendez-vous.

5. Qu'est-ce que le dessin d'observation en sciences ?

POUR ALLER PLUS LOIN : LE DESSIN D'OBSERVATION

- **Définitions préalables :** il s'agit de se mettre d'accord sur un certain nombre de définitions pour avoir un langage commun. Il s'agit de mes propres définitions ; elles n'ont rien d'universel mais il me paraît important de les donner en préalable aux élèves pour qu'ils sachent ce que j'attends d'eux précisément quand je leur demande de faire un dessin d'observation.
- **Le schéma :** c'est une représentation symbolique d'un problème, d'un fonctionnement, d'une organisation. Elle s'articule autour de légendes précises. Un schéma peut contenir des flèches, des formes géométriques, des logos, des abréviations, des croquis.
- **Le croquis :** c'est une représentation simplifiée de la réalité. L'objet représenté est reconnaissable par ses traits généraux qui vont le caractériser. Par exemple, un arbre.
- **Le dessin d'observation :** c'est une représentation fidèle de la réalité. Le dessin d'observation cherche à décrire les détails les plus caractéristiques d'une observation faite lors d'une étude biologique (physiologie, anatomie, détermination). Le dessin fait alors apparaître des légendes précises en lien avec le thème de l'étude. (Le dessin d'observation est un croquis fouillé).
- **Le dessin d'art :** il s'agit d'une représentation artistique très fidèle à la réalité (qui se rapproche de la photo), faisant apparaître le plus de détails possibles (un dessin réaliste est un dessin d'observation fouillé).

Dans l'histoire de l'humanité, le dessin est le premier mode d'expression picturale, avant l'apparition des livres ; il est utilisé dès la préhistoire. Les premiers naturalistes, Aristote, Théophraste, Dioscoride,

Pline l'ancien, utilisent surtout l'écrit pour décrire leurs observations. Les plantes sont connues plutôt pour leurs vertus que pour leur forme. Pendant le Moyen Âge, le dessin est utilisé principalement comme vecteur de connaissance de la Bible et de ses enseignements. Quand les plantes et les animaux sont dessinés, ils véhiculent plutôt l'ensemble des symboles, des mythes qui y sont associés plutôt que les détails d'une réalité objective.

Il faudra attendre l'époque des grandes découvertes pour que les sciences naturelles soient le lieu d'expression des premiers dessinateurs naturalistes. Les découvertes réalisées à l'autre bout du monde sont en dehors de toute référence européenne. Il faut trouver un autre système pour les décrire : on ne sait rien de leur vertu, de leur symbolique... Le numérique n'était pas encore à l'ordre du jour. Le dessin s'impose alors comme support souvenir de ces découvertes. C'est aussi à cette époque que l'on voit fleurir les herbiers, les jardins d'acclimatation et les jardins botaniques.

Dans le développement humain, le dessin prend une place toute particulière. Pour le jeune enfant le dessin est une activité naturelle et normale : il se prête aisément à cet amusement qui lui permet d'exprimer sa créativité, ses représentations du monde avec ses fantasmes et ses angoisses. C'est une technique très utilisée par les pédopsychiatres pour communiquer avec les enfants. Le dessin est avant tout un langage symbolique. Passer au dessin d'observation présuppose d'utiliser le dessin pour passer au réel. Ce passage du symbolique au réel est loin d'être évident car il exige un processus mental à l'opposé du symbolisme s'appuyant sur des formes précises, des angles, des proportions. Expliquer ce changement d'attitude avec des mots est très difficile, c'est pourquoi il est indispensable de passer par des expériences mentales qui font prendre conscience de ces deux « états ».

Le dessin d'observation est un des outils les plus simples et les plus puissants à mettre en œuvre en classe ; il suffit d'une feuille, d'un crayon. À travers la réalisation du dessin, il s'agit d'offrir à l'élève l'occasion de rencontrer le monde vivant d'une façon très prégnante, très intime. Le dessin permet de développer son sens de l'observation, sa capacité à faire le lien avec des aspects théoriques, et permet aussi de mémoriser de façon très efficace une notion car elle va être vécue par deux canaux importants : le canal visuel et le canal kinesthésique. Cependant pour atteindre ces mêmes objectifs, on peut déployer d'autres stratégies : commentaires, QCM, photos légendées, et le dessin d'observation ne s'imposent pas toujours pour répondre à ces mêmes objectifs.

6. Qu'est-ce qu'observer ?

- Observer, c'est, étymologiquement, se mettre devant. Ainsi, observer quelqu'un, c'est le prendre comme « objet ».
- C'est s'accaparer certains éléments du réel et en ignorer d'autres, c'est abstraire, dégager certaines propriétés et en ignorer d'autres.

• L'observation est un processus et non un simple mécanisme (comme la photographie), qui nécessite un acte d'attention conscient d'une part, et un acte intelligent qui implique une sélection d'informations pertinentes d'autre part. Cela implique que ce processus de perception est prémédité (il répond à un objectif défini) et éclairé (il s'insère dans un corps de connaissances, dans un contexte préexistant).
• L'observation est une opération cognitive de production de sens par l'observateur à des fins d'évolution de ses connaissances, de ses actes, de ses attitudes.
• Apprendre à observer, c'est apprendre à mettre en relation des événements vécus et des cadres d'analyse donnant un sens à ces événements.
• Au-delà de voir (avoir des sensations visuelles), au-delà de percevoir (identifier des sensations visuelles), au-delà de regarder (action volontaire pour voir), observer, c'est centrer visuellement son attention sur un objet pour l'analyser le plus objectivement possible afin de le comprendre.
• L'interprétation est inévitable dans l'observation : elle est automatiquement induite par l'expérience personnelle, le système de référence, les connaissances de l'observateur. De ce fait, l'exactitude « dans l'absolu » d'une observation n'est jamais garantie.
• Le terme « observation » recouvre à la fois une méthode/un processus, une démarche de recherche ou un lot d'informations collectées.

En résumé, nous pouvons retenir que l'observation est un processus volontaire de sélection d'informations recueillies par les sens, que l'observateur met en relation avec son corpus de connaissances afin de les analyser, de les interpréter et d'en tirer du sens. L'observation participe à la construction d'opérations mentales telles que :
• « reconnaître », par comparaison aux données que l'on possède déjà ;
• « déduire » : vérifier des lois, infirmer ou confirmer des hypothèses ;
• « induire » : généraliser (avec prudence), imaginer des solutions, établir des relations.

Une observation peut être visuelle, mais également mobiliser tous les autres sens : l'ouïe, par exemple pour identifier un son que l'on ne connaît pas et reconnaître un oiseau ; le goût, notamment lorsque l'on cherche à caractériser et évaluer des vins, des pommes... ; l'odorat, utilisé par exemple pour élaborer et différencier des parfums, évaluer la fraîcheur d'une viande ; le toucher, qui permet de reconnaître différentes essences d'arbres (écorces, grain du bois), d'évaluer la qualité de tissus... Ces sens peuvent être utilisés seuls ou en combinaison. Pour chacun de ces usages, l'on compare ce que l'on observe à une « banque de données » que notre cerveau a accumulées au fil de ses expériences antérieures.

DOSSIER 14| LES PLANTES AU CM1

■ LES CONNAISSANCES

Introduction

En dehors de la multiplication végétative, les étapes de la vie d'une plante à fleurs sont la germination, le développement de l'appareil végétatif (racines, tiges et feuilles) et sa croissance, suivis de la floraison, de la pollinisation et de la fructification. Comme les animaux, les plantes sont sujettes au vieillissement et à la mort. En fonction de leur durée de vie, on distingue des plantes annuelles (cycle de vie d'une année), des plantes bisannuelles (cycle de vie de deux années) et des plantes vivaces (cycle de vie étalé sur plus de deux années).

Étapes de la vie d'une plante

- Germination et émergence des plantilles.
- Période de croissance végétative.
- Phase de transition.
- Période de croissance reproductive.
- Sénescence progressive des organes et maturité du produit récoltable.

Échelles d'étude

- Croissance cellulaire.
- Croissance des ménstèmes correspondant aux futures feuilles, tiges et racines.
- Croissance d'un organe d'une plante - feuille, tige, nœud, inflorescence, grain, racine.
- Croissance d'une plante entière, partie aérienne, partie souterraine.
- Croissance d'un peuplement mono-spécifique ou plurispécifique.

L'ensemble des étapes de croissance et de développement représente le cycle biologique naturel de la plante, qui va ainsi de l'implantation à la maturité. Dans le cas d'une plante annuelle, le cycle biologique se termine par la mort de tous les organes. Lorsque la plante est pluriannuelle, on observe une alternance d'états végétatif et reproducteur. Cette alternance assure la pérennité de la plante étant donné qu'avant la maturité des organes reproducteurs, il y a apparition d'un nouvel état végétatif. La dissémination des plantes se fait par graines, par propagation végétative ou par les deux voies à la fois.

Croissance d'un organe et d'une plante entière

La courbe de croissance typique d'un organe ou d'une plante entière suit une allure sigmoïde qui présente généralement trois phases distinctes :
- une phase initiale de nature exponentielle ;
- une phase linéaire de croissance active ;
- une phase plateau caractérisée par la cessation de croissance.

On observe le même phénomène dans le cas de la croissance d'un peuplement végétal.

Définition

Le développement représente l'ensemble des transformations qualitatives de la plante liées à l'initiation et à l'apparition de nouveaux organes. Contrairement à la croissance, le développement est un phénomène repérable dans le temps. Il s'agit d'événements discrets qu'on peut observer à un instant donné : germination des graines suite à leur imbibition, émergence des plantules, initiation florale, maturité des graines, mort du végétal.

Comme pour la croissance, on distingue la phase de développement végétatif et la phase de développement reproducteur. Durant la première phase et après la germination, la plante passe de l'état juvénile à un état où elle se ramifie et multiplie ses organes végétatifs (feuilles, tiges, racines). La phase de développement reproducteur est marquée par la fabrication d'organes d'accumulation de la matière sèche.

Germination, dormance et viabilité des semences

La germination traduit le fait que lorsqu'une semence viable est placée dans des conditions adéquates de lumière, de température, d'oxygène et d'humidité, elle donne lieu à une plantule qui émerge de la surface du sol, ou de tout autre médium utilisé dans les tests de germination.

Pour la plupart des espèces cultivées et adventices qui se propagent par des graines, 7 à 30 jours après la germination, l'embryon puis la plantule sont entièrement dépendants, sauf pour l'eau de la réserve d'éléments nutritifs stockés dans la semence (amidon, lipides, protéines et acides aminés, minéraux essentiels, etc.). Bien que toutes les semences contiennent des réserves, il existe une grande diversité d'organes de stockage : cotylédons dans le cas des légumineuses, endosperme dans le cas des céréales.

Les principales étapes de la germination

Elles sont les suivantes :
• imbibition :
- gonflement de la semence,
- accroissement des activités métaboliques,
- croissance de l'embryon ;
• émergence des plantules.

La dormance est un phénomène très répandu dans la nature mais difficile à définir avec précision. Si, en conditions adéquates de germination, une semence ne germe pas, elle est soit morte, soit dormante. La semence est dite dormante si, après un traitement qui lève la dormance, la germination a lieu. Si la germination n'a pas lieu, on dira que la semence est morte. La mort d'une semence résulte du fait que son embryon est détérioré par un choc mécanique, thermique ou autre.

Concernant la viabilité, une semence est dite viable si, une fois la dormance levée et les graines placées dans des conditions adéquates de germination, la germination est normale. Sinon la semence est dite morte. Il existe des tests de viabilité qui donnent des résultats fiables.

Développement des feuilles, des tiges et des racines

Les futurs organes de la plante - comme les feuilles, les tiges et les racines - prennent leur origine dans la zone de croissance active, caractérisée par une division cellulaire intense au niveau des méristèmes apicaux. Le stade ultime de cette activité méristématique est l'initiation des primordia de feuilles et des autres organes qui sont des ébauches de ces organes.

On appelle plastochrone l'intervalle de temps séparant l'initiation successive des primordia. Le plastochrone varie entre espèces et sous l'effet des facteurs et conditions de milieu. Mais pour une courte période et un environnement peu changeant (faibles variations de température et d'éclairement), on peut considérer que le plastochrone reste relativement constant.

Floraison et développement reproducteur

La floraison commence par l'induction florale et l'initiation des organes reproducteurs. Le premier signe visible de l'initiation florale est le changement morphologique de l'apex, dont les primordia évoluent du stade rides simples au stade double ride. L'apparition des premières doubles rides marque le début du stade reproducteur. Cependant, les mécanismes qui interviennent dans la phase de transition du développement végétatif au développement reproducteur ne sont pas encore clairement élucidés. Chez les céréales et les graminées fourragères, le nombre de doubles rides augmente rapidement avec le temps à partir de leur apparition ; ces doubles rides évoluent ensuite en inflorescences et épis dont le nombre d'épillets aura été fixé dès la phase végétative de l'apex.

Sénescence, maturité et mortalité des organes

La sénescence est le phénomène par lequel les feuilles perdent progressivement leur chlorophylle, chutent et meurent. La sénescence a généralement lieu durant toute la vie de la plante bien que le processus soit plus accentué en phase reproductrice. En phase végétative, la plupart des graminées maintiennent un nombre de feuilles vivantes relativement constant, impliquant un équilibre entre le taux de formation des feuilles et le taux de leur disparition.

Avec l'avancement du développement reproducteur, la sénescence s'accélère, la chute des feuilles augmente et, au stade ultime, pour une culture comme le blé, il ne reste que la dernière feuille pour assurer la fourniture des assimilats nécessaires au remplissage des grains, avant qu'ils n'atteignent la maturité. Après cette phase, tous les organes d'une culture annuelle meurent alors que les plantes pérennes reprennent leur développement végétatif si les conditions de milieu sont favorables.

Influences des facteurs et conditions du milieu

Facteurs de croissance

Ils sont les éléments internes (liés à la plante) et externes (liés au milieu) qui interviennent dans la fabrication de la matière sèche ; ils ont une action quantitative donnant lieu à un bilan d'énergie et de matière :
- énergie solaire ;
- éléments minéraux ;
- eau ;
- température.

Conditions de croissance

Les processus de fabrication de matière sèche, et donc l'utilisation des facteurs de croissance, peuvent se dérouler sous certaines conditions et être limités sous d'autres. Exemples :
- température suffisante permettant de déclencher les processus comme la germination, le développement foliaire et l'extension racinaire ;

- régulation thermique, conditions hydriques et ouverture stomatique ;
- aération autour des racines pour la diffusion de l'oxygène ;
- état structural permettant la croissance des racines ;
- forte concentration en sels entraînant la toxicité des plantes.

Les végétaux ne sont pas tous égaux devant leur développement : certains peuvent vivre plusieurs décennies, voire traverser plusieurs générations, comme le chêne, d'autres ne vivront qu'une ou deux années ; c'est le cas des plantes annuelles ou bisannuelles. De ce fait, certaines plantes ont une croissance lente, normale ou rapide. Par exemple, pour les arbustes ou les arbres :

- la croissance lente, c'est moins de 20 à 30 cm par an ;
- la croissance normale, c'est plus de 30 à 60 cm par an ;
- la croissance rapide, c'est plus de 60 cm par an.

Quant aux vivaces :

- la croissance lente est de 4 à 5 ans ;
- la croissance moyenne est d'environ 3 ans ;
- la croissance rapide est de 2 ans ; avec une espérance de vie qui se situe entre 10 et 60 ans de longévité selon les variétés.

Lente : la plante (arbre) atteint sa maturité en plusieurs décennies. Elle a donc un faible développement. C'est le cas de certaines plantes comme :

- l'agave qui met plusieurs années avant de fleurir ;
- l'olivier au feuillage persistant qui a une longévité hors du commun et peut vivre des siècles ;
- le buis à petites feuilles qui a une croissance très lente, car il atteint 1 m de hauteur au bout de 10 ans ;
- la bruyère qui atteint sa taille adulte en 3 ans et vit entre 10 et 15 ans.

Normale : la plante atteint sa maturité en quelques années. Cependant, la croissance peut être moyenne (normale), ou moyenne puis lente, voire moyenne à rapide. C'est le cas de :

- l'arbre de Judée qui a une croissance moyenne puis lente - sa longévité est de 300 ans ;
- le poirier a une croissance moyenne et une longévité de 100 ans, voire plus ;
- le tilleul a une croissance moyenne à rapide et une longévité de 500 ans et plus.

Rapide : la plante atteint sa maturité en quelques mois. Le végétal se développe bien souvent en milieu instable et occupe donc l'espace rapidement pour mieux capter la lumière. Les arbres ou arbustes sont généralement de large amplitude. Certains végétaux persistants ont une croissance rapide. La plante à croissance rapide se développe en pleine lumière et préfère les sols frais, mais certaines d'entre elles résistent bien aux sols secs et pauvres.

LA SÉQUENCE : LES PLANTES CM1

Suite à la visite des serres municipales, les élèves sont impatients de mettre en terre les plantes rapportées. Ils souhaitent à présent planter d'autres types de « fleurs ». Les enfants apportent alors des graines achetées en grande surface : des graines de haricot, de tournesol... ils sont prêts à tout pour que leur jardin soit le plus fourni possible. Cependant, Camille, une élève de la classe dont le père possède un jardin, nous explique que l'on ne peut pas tout planter et surtout pas à n'importe quel moment.

Objectifs :

- mettre en commun les représentations des enfants sur la germination des graines ;
- imaginer et réaliser un dispositif expérimental susceptible de répondre aux questions que l'on se pose, en s'appuyant sur des observations, des mesures appropriées ou un schéma ;
- recommencer une expérience en ne modifiant qu'un seul paramètre ;
- mettre en relation les données et en faire une représentation schématique et l'interpréter.

Étape 1 : Recueil des hypothèses : Comment faire germer une graine ?

Phase écrite et individuelle :

- sur leur cahier d'expérience, les élèves notent les propositions ;
- lors de la mise en commun, l'enseignant note les propositions au tableau en les triant de façon à obtenir des grands axes de recherche.

Phase orale et collective : mise en commun : propositions recueillies : placer la graine :

- à la lumière ;
- dans la terre ;
- au soleil (la température) ;
- dans un endroit avec beaucoup d'espace ;
- dans un endroit où il y a du bruit ;
- dans de l'engrais ;
- avec de l'oxygène.

On admettra facilement que la graine a besoin d'eau pour germer puisqu'elle ne germe ni dans la boîte, ni à l'extérieur de la boîte.

Étape 2 : Conception et mise en place des protocoles expérimentaux : phase écrite par groupe de deux

Expériences : « Par groupe de deux, vous allez choisir un paramètre et proposer une expérience qui validera ou non votre hypothèse de départ. » Les élèves dessinent le protocole expérimental élaboré pour tester chaque hypothèse.

Phase écrite par groupe de deux : les élèves dessinent et écrivent leurs observations au fil des jours et en tirent la conclusion.

Étape 3 : Mise en commun des expériences

Un tableau affiche est distribué aux élèves. Il constituera la trace écrite de cette séance. Chaque groupe passe au tableau pour faire un compte rendu des observations. Après le passage des groupes, on remplira au fur et à mesure le tableau suivant.

Sans espace + eau	Espace + eau	Sans espace + sans eau	Chaleur + eau	Chaleur sans eau	Froid + eau	Froid sans eau	Lumière + eau (à 20°)	Obscurité + eau (à 20°)	Avec engrais	Sans engrais	Avec oxygène	Sans oxygène
+	+	0	+	0	0	0	+	0	+	+	+	0
+	+	0	+	0	0	0	+	0	+	+	+	0
+	+	0	+	0	0	0	+	0	+	+	+	0

La conclusion est faite à l'oral, puis écrite sur le cahier d'expérience : « La graine a besoin de chaleur, de lumière et d'oxygène pour germer. » Les élèves observent leur plant de haricot pousser. L'enseignante s'aperçoit qu'aucune question n'émerge spontanément ; elle demande alors d'où proviennent les différentes composantes de la plante : la tige, les racines et les feuilles.

« De la graine. » « Il ne peut pas y avoir de feuille dans une graine ! » « On pourrait regarder à l'intérieur pour le savoir. »

Problème : Que trouve-t-on dans la graine ?

Objectifs :

- mettre en commun les représentations des enfants sur le contenu des graines ;
- rechercher les réponses aux questionnements dans les livres documentaires, par le biais d'Internet, par l'observation au microscope.

Étape 1 : Représentations

Les élèves dessinent ce qu'ils imaginent trouver dans une graine. Certains pensent que les graines sont constituées de petites graines, d'autres de petits vaisseaux, d'autres de feuilles...

Étape 2 : Mise en commun : orale et collective

Cette mise en commun donnera lieu à l'émergence de nouvelles hypothèses sur le rôle de chacune de ces parties. Les enfants notent alors de nouvelles hypothèses :

- la partie 1 va devenir...
- la partie 2 va devenir...
- la partie 3 va devenir...

Étape 3 : Recherche au questionnement sur Internet

- Le nom des trois parties de la graine.
- Leur rôle.

Si le nom et le rôle de chaque partie sont maintenant connus, il nous reste à connaître le devenir de ces trois parties. Pour cela, nous allons faire des expériences qui nous permettent d'observer la germination et la croissance de la nouvelle plante.

Problème : Que vont devenir les cotylédons, le tégument et la plantule ?

Objectifs :

- observer le développement des racines ;
- réaliser un protocole expérimental qui permet d'observer le développement des racines.

À l'oral, déjà quelques protocoles sont proposés :
- placer les graines sur un buvard ;
- placer les graines à l'intérieur d'un « plateau flottant » ;
- placer les graines dans un pot transparent avec de la terre mais veiller à ce qu'elles se trouvent contre la paroi afin que l'on puisse observer la germination.

Étape 1 : mise en place du protocole expérimental

L'enseignante distribue ensuite des protocoles d'expériences (un par groupe de quatre élèves) en fonction des propositions recueillies. Les élèves lisent et comprennent le déroulement de l'expérience. Ensuite, les élèves notent le matériel nécessaire et se déplacent au fond de la classe pour le récupérer. Ils réalisent l'expérience, placent leur dispositif dans le coin réservé aux sciences.

Étape 2 : observations

Les élèves s'aperçoivent que les racines poussent en premier, puis la tige.

Étape 3 : conclusion (orale et collective puis écrite et individuelle)

Un retour à la question de départ est effectué à partir de l'observation d'un plant de haricot sur lequel apparaissent nettement les cotylédons, le tégument et la plante. Une synthèse collective est tout d'abord effectuée, puis une synthèse individuelle écrite. Celle-ci fera office d'évaluation.

Suite... observations complémentaires.

Étape 4 : Le cycle du haricot : élaboration collective d'une affiche

Les élèves sont invités à remettre dans l'ordre des schémas et des photos du plant de haricot aux différents stades sur une affiche préremplie. À tour de rôle, les élèves placent l'image au bon endroit et décrivent le stade correspondant. Il y a donc réinvestissement du vocabulaire. Des hypothèses sont émises quant au devenir de la plante. Apparition de :
- la fleur de haricot (une seule proposition) ;
- le haricot (la majorité des élèves).

L'expérience nous confirmera ces propositions ainsi que l'ordre d'apparition des différentes composantes. Nous plaçons donc un point d'interrogation concernant la fin du cycle. Le mot « cycle » n'est pas encore écrit, nous l'ajouterons lorsque celui-ci sera effectué entièrement.

(Source site « La main à la pâte », manuels de SVT 6)

LES QUESTIONS POUR L'ENTRETIEN

1. Pouvez-vous expliquer comment se reproduit une plante ?

La reproduction des végétaux est le moyen pour les plantes de se développer et pour les arbres de faire des fruits. Dans un sens plus large, c'est l'ensemble des moyens qu'ont les plantes pour produire de nouvelles plantes.

D'où vient la graine ?

Chez les angiospermes, la fleur possède des parties mâle et femelle. La fécondation se fait d'une plante à l'autre. Il est indispensable d'avoir deux fleurs de deux plantes individuellement différentes (mais appartenant bien sûr à la même espèce) pour que se rencontrent les pollens et les ovules. La formation de la graine nécessite le dépôt de pollen (élément mâle) sur le pistil (partie femelle) de la fleur. Cela a lieu pendant la reproduction sexuée du végétal. C'est une reproduction qui utilise des parties mâles et des parties femelles. Seules les plantes sans fleurs, comme les algues, les fougères, les mousses ne possèdent ni pollen ni ovules et se reproduisent par des cellules uniques, les spores.

Le transport de la graine...

Ce sont les insectes pollinisateurs qui assurent le rôle de la rencontre car les fleurs ne se déplacent pas ! Ces insectes nombreux sont par exemple les abeilles ou les papillons.

La pollinisation

La pollinisation est, chez les plantes à fleurs, le transport du pollen (poudre contenant les cellules mâles) produit par les étamines sur le pistil qui renferme les ovules (cellules femelles). Elle sera suivie de la fécondation, c'est-à-dire de l'union des cellules mâles et des cellules femelles. À la suite de la fécondation, les ovules se transforment en graines et le pistil en fruit.

Contrairement aux animaux qui se déplacent pour accomplir la fécondation, les plantes, qui ne se déplacent pas, ont plus de difficultés pour obtenir la rencontre entre cellules mâles et femelles. En dehors des insectes, certaines plantes sont fécondées par l'intermédiaire d'oiseaux, de chauve-souris, de rongeurs, de l'eau, ou bien encore tout simplement du vent.

2. Qu'est-ce qu'une plante et comment sont-elles classées ?

Les plantes (*plantae*) sont des êtres multicellulaires à la base de la chaîne alimentaire. Elles forment l'une des subdivisions (ourègne) des eucaryotes. Elles sont, classiquement, avec les algues (y compris les cyanobactéries) et les champignons, l'objet d'étude de la botanique. Le nombre d'espèces de plantes est difficile à déterminer, mais en 2010, il existerait entre 300 000 et 330 000 espèces décrites, dont la grande majorité, entre 260 000 et 290 000, serait spermatophyte.

Les plantes sont l'un des deux groupes dans lequel les espèces vivantes sont traditionnellement réparties ; l'autre groupe étant les animaux. La division remonte aux environs du temps d'Aristote (384 av. J.-C.-322 av. J.-C.) qui différenciait les plantes, celles-ci ne se déplaçant pas, des animaux, souvent en mouvement pour attraper leurs proies. Beaucoup plus tard, lorsque Linnaeus (1707-1778) crée la base du système moderne de classification scientifique, ces deux groupes deviennent des règnes, végétal et animal. Un certain nombre d'espèces anciennement considérées comme des plantes, tels les champignons, ont depuis été exclus de ce groupe pour former des catégories propres. Hors des contextes scientifiques, le terme de « plante » implique une association de certaines caractéristiques, notamment le fait qu'elles sont multicellulaires.

La première classification connue est l'œuvre de Théophraste (370-285 av. J.-C.) qui classa 480 plantes selon leur port (arbre, arbuste ou lierres) et certaines caractéristiques florales. Au XVIe siècle, des botanistes, notamment les frères Jean et Gaspard Bauhin, entament une réflexion sur le classement des plantes. Ils cherchent à établir des groupes naturels de plantes à partir de leurs ressemblances. En effet, la découverte de nouvelles plantes rendait un nouveau classement nécessaire. Il faut savoir que jusqu'alors, les plantes étaient classées en fonction de leur taille, du lieu où elles poussaient ou de leurs ressemblances.

John Ray (1628-1705), naturaliste anglais, propose d'établir un nouveau système de classification ayant pour fondement le plus grand nombre possible de caractères de la fleur, du fruit ou de la feuille. Puis Pierre Magnol (1638-1715), inventeur du terme « famille », répertorie 76 familles de plantes. Joseph Pitton de Tournefort (1656-1708) établit un classement des végétaux suivant la structure des fleurs et introduit les notions d'espèce et de genre. Enfin, Carl von Linné (1805-1878), botaniste du roi de Suède, codifie la nomenclature binominale des végétaux et des animaux. Ce système utilise deux noms en latin : le premier indique le genre, et le second l'espèce de la plante ou de l'animal. En revanche, son « système sexuel », basé sur le nombre d'étamines, ne fait pas progresser la classification des plantes.

3. Pourquoi étudier les plantes à l'école ?

Leur étude contribue à faire saisir aux élèves la distinction entre faits et hypothèses vérifiables d'une part, opinions et croyances d'autre part. Observation, questionnement, expérimentation et argumentation sont indispensables pour atteindre ces buts : c'est pourquoi les connaissances et les compétences sont acquises dans le cadre d'une démarche d'investigation. Les élèves apprennent à être responsables face à l'environnement, au monde vivant, à la santé. Ils comprennent que le développement durable correspond aux besoins des générations actuelles et futures.

Compétence 3 (second palier, fin de cycle 3)

L'élève est capable de :

• pratiquer une démarche d'investigation : savoir observer, questionner ;

• manipuler et expérimenter, formuler une hypothèse et la tester, argumenter ;

• mettre à l'essai plusieurs types de solutions ;

• exprimer et exploiter les résultats d'une mesure ou d'une recherche en utilisant un vocabulaire scientifique à l'écrit et à l'oral ;

• maîtriser ses connaissances dans divers domaines scientifiques ;

• mobiliser ses connaissances dans des contextes scientifiques différents et dans des activités de la vie courante ;

• exercer des habiletés manuelles, réaliser certains gestes techniques.

4. Comment définir un être vivant ?

Tous les êtres vivants sont constitués de cellules. Ils sont caractérisés par une structure qui a la capacité de reproduire leur organisation. Les êtres vivants construisent de la matière vivante. Les êtres vivants transforment de l'énergie pour construire cette matière vivante.

Le vivant provient du vivant

Tout être vivant s'inscrit dans l'espace et sur la flèche du temps : il est caractérisé par son âge et par sa place dans l'histoire de l'univers. La vie ne se maintient que dans certaines conditions du milieu extérieur. Les fonctions du vivant (nutrition, relation, reproduction) permettent le maintien et l'évolution de l'espèce. Donc on étudie le vivant pour :

• le caractériser (les êtres vivants naissent, se nourrissent, grandissent, se reproduisent, meurent) ;

• expliciter les fonctions du vivant (les êtres vivants se nourrissent, se reproduisent, perçoivent des informations sur leur environnement...) ;

• approcher son unité et sa diversité (espèce, biodiversité...) ;

• comprendre les interactions entre les êtres vivants et leur environnement (milieux, relations alimentaires...).

DOSSIER 15 | SAVOIR PRÉVENIR TOUT RISQUE D'ACCIDENT ET PROTÉGER

LES CONNAISSANCES

Les enfants, en raison de leur âge, sont une population vulnérable. Ainsi, les plus jeunes sont exposés à des risques qu'ils ne maîtrisent pas et les plus âgés adoptent des comportements qui accentuent le danger. Ils sont donc particulièrement touchés par les accidents de la vie courante. Les campagnes de sensibilisation et de prévention ont permis de diminuer la mortalité et la morbidité. Cependant des efforts restent encore à faire. Près d'un décès sur cinq chez les enfants de 1 à 4 ans est dû à un accident de la vie courante (Centre d'épidémiologie sur les causes médicales de décès - CépiDc -, 2006). Le domicile ou ses environs immédiats sont particulièrement à risque car 73 % des accidents dont sont victimes les enfants de moins de 4 ans surviennent dans l'environnement domestique.

Une campagne de prévention des accidents domestiques a été menée par l'INPES (Institut national de prévention et d'éducation pour la santé) entre 2000 et 2005. Elle révèle que 97 % des parents d'enfants de moins de 6 ans pensent, et à juste titre, qu'un grand nombre d'accidents domestiques pourraient être évités. 26 % des parents déclarent qu'un de leurs enfants a été ou ont failli être victimes d'un accident domestique grave. Près de 74 % des parents se disent « énormément » ou « beaucoup » préoccupés par les accidents dont pourraient être victimes leurs enfants au domicile. Elle révèle également que l'adoption des gestes de prévention est inégale. Ainsi, environ 33 % des parents disent ne jamais laisser un enfant seul près d'une fenêtre ouverte, 37 % rangent les produits ménagers hors de portée des enfants et seuls environs 22 % des parents, les médicaments.

L'OMS (Organisation mondiale de la santé) définit l'accident comme « *un événement indépendant de la volonté humaine provoqué par une force extérieure agissant rapidement et qui se manifeste par un dommage corporel et/ou mental* ». Les accidents (ou traumatismes non intentionnels) sont répartis en :

- accidents de la circulation ;
- accidents du travail ;
- accidents de la vie courante.

Les accidents de la vie courante sont répartis en :

- accidents domestiques : se produisant à la maison et ses abords immédiats (jardin, cour, garage et autres dépendances) ;
- accidents survenant à l'extérieur (magasin, trottoir, à proximité du domicile...) ;

- accidents scolaires ;
- accidents de sport ;
- accidents de vacances et de loisirs.

Il peut y avoir recoupement entre les différentes catégories.

Les accidents de la vie courante sont très nombreux et constituent un problème majeur de santé publique. En France, ils sont à l'origine d'environ 20 000 décès par an, soit 3 fois plus que les accidents de la circulation et 20 fois plus que les accidents de travail. On retrouve quatre facteurs en cause : l'enfant, son entourage familial, l'entourage humain, puis l'agent « vulnérant » par lequel survient l'accident. L'accident domestique traduit un défaut ou un relâchement de la vigilance de l'homme en face d'une agression soudaine d'une force extérieure, et qui provoque un dommage (corporel et/ou mental).

Les données de mortalité en France sont issues de la base nationale des causes médicales de décès établie à partir des certificats de décès de l'Inserm. Les données sur les accidents de la vie courante sont issues de l'enquête permanente sur les accidents de la vie courante (Epac) réalisées par l'INVS (Institut de veille sanitaire). Elles reposent sur l'enregistrement des recours aux urgences dans certains hôpitaux et comportent des indications sur la personne accidentée, les caractéristiques de l'accident et le produit impliqué.

Pour les tout petits enfants, c'est l'intérieur de la maison qui représente le lieu privilégié de la survenue des accidents, donc il s'agit bien d'accidents domestiques (plus de 80 % des accidents). Chez les enfants de moins de 1 an, de nombreux accidents ont lieu dans la salle de bains, ce qui incite à renforcer les conseils de surveillance auprès des parents. Avec l'âge, les accidents à l'intérieur de la maison diminuent et ceux à l'extérieur augmentent (plus de 19 % pour les 6 à 7 ans).

À chaque âge, de nouveaux risques apparaissent ; ainsi, les enfants et leurs parents doivent s'adapter. L'enfant de moins de 5 ans est en plein développement psychomoteur avec la découverte de l'environnement, la conquête de l'autonomie, les explorations, les expériences nouvelles. L'apprentissage du risque fait partie de la vie. La prise de risque est inconsciente et permanente. Chez l'enfant, la tête fait une taille disproportionnée et son centre de gravité est sans cesse dévié, d'où les chutes sur la tête. Un enfant ne sait pas estimer la vitesse d'un objet en mouvement. Il apprend au fur et à mesure à reconnaître, à repérer les sons, mais aussi à être attiré par eux, mais il a du mal à s'orienter dans l'espace.

Notre environnement est adapté aux adultes. Lorsqu'il y a des enfants, il faut donc adapter notre environnement aux enfants pour prévenir les risques. Mais les conditions de vie des enfants varient et donc les risques également. Il faut en permanence s'adapter à l'enfant selon sa personnalité.

Environnement affectif : les parents sont les principaux acteurs de la surveillance et de la protection des enfants. L'éducation doit être permanente. Les enfants ne seront éduqués que si les parents l'ont été. Ainsi, une approche de la sécurité doit être réalisée par le personnel de la petite enfance.

Environnement matériel : c'est la multiplicité des lieux à risques qui entre en ligne de compte, et des circonstances inhabituelles. Il est donc nécessaire de repenser l'organisation et l'agencement de la maison. Ainsi, à l'arrivée d'un enfant : protège fenêtres, protège prises électriques, produits ménagers en hauteur, anti « pince doigts » aux placards, protection des angles... peuvent être installés. La grande majorité des produits utilisés quotidiennement, y compris les cosmétiques, contiennent des substances dangereuses si elles sont avalées, respirées, ou en contact avec la peau, les yeux, ou la bouche. L'action de ses produits peut être rapide sur les fonctions vitales de l'enfant, avec une perte de connaissance. L'enfant peut ingérer des médicaments, des produits ménagers (eau de Javel...), de l'alcool, des produits agricoles (mort aux rats, insecticides...), des végétaux (laurier-rose, champignons...). L'enfant est malheureusement victime de sa curiosité et gourmandise (des boules antimites prises pour des bonbons).

L'enfant est plus souvent de sexe masculin et l'âge de prédilection est moins de 4 ans. L'enfant veut souvent imiter l'adulte est c'est ainsi qu'il s'intoxique avec les produits ménagers. Il peut également être intoxiqué par le monoxyde de carbone (CO). Souvent, cette intoxication est collective ou familiale (15 % des cas concernent des enfants). Elle provoque des maux de tête, vertiges, nausées, vomissements, fatigue importante, mais aussi troubles de la mémoire, de la conscience, convulsions, etc.

Attention également aux plantes car un grand nombre d'entre elles contient des produits actifs responsables d'allergies, de troubles digestifs, cardio-vasculaires ou neurologiques. Plantes d'intérieur ou plantes d'extérieur : les jeunes enfants sont les plus touchés de par leur curiosité à découvrir le monde. La clinique est polymorphe : troubles du sommeil, irritation cutanée, hypersensibilité à la lumière du jour, crampes, vomissements, diarrhées pouvant s'avérer mortelles.

LA SÉQUENCE

Objectif APS : compétence 3 : savoir prévenir tout risque d'accident et protéger

Compétences APS « L'élève sait ou sera capable de : »	Activités proposées (liste non exhaustive)	Domaines d'enseignement concernés
Reconnaître des objets ou aliments pouvant présenter un risque	• Commenter, à partir de collections de divers objets posés sur une table, ceux qui présentent un danger (prévoir fiche élève) • Commenter une photo, un article de presse • Rechercher sur différents emballages les pictogrammes annonçant les produits dangereux • Identifier des risques domestiques liés à l'alimentation (plantes, fruits, champignons...)	• Français • Instruction civique et morale • Arts plastiques • Sciences expérimentales et technologie

Une séance sur les risques alimentaires

Compétences visées :
- recherche documentaire (supports variés : journaux, livres, web) ;
- utiliser un vocabulaire scientifique ;
- confronter connaissances et résultats de la recherche ;
- utiliser des illustrations bien à propos ;
- rédiger un dossier ou préparer un exposé illustré, ou des panneaux d'exposition.

Déroulement :
- répartir les différentes maladies dans les groupes (obésité, diabète, anorexie, boulimie, etc.) ;
- laisser un temps pour la recherche documentaire ou organiser une séance au CDI ;
- donner une grille préparatoire d'analyse des différents documents (voir ci-après) ;
- laisser un temps pour la réalisation du dossier, de l'exposé ou des panneaux.
- présenter l'exposé ou les panneaux à l'ensemble de la classe.

Nom de la maladie	
Type de maladie (carence, excès, etc.)	
Type de population touchée (âge, catégories, etc.)	

Quel déséquilibre alimentaire est en jeu ?	
Quels sont les facteurs de risques ?	
Symptômes	
Risques pour la santé	
Soins	
Prévention	
Lois	

LES QUESTIONS POUR L'ENTRETIEN

1. Quelles sont les conséquences de l'hygiène sur le corps humain ?

Une sensibilisation aux questions d'hygiène et de santé permet aux enfants de comprendre la nécessité de respecter l'intimité de chacun, l'intégrité de son corps et de celui des autres, mais aussi de prendre conscience des conséquences à court terme de leurs comportements (notamment dans l'alimentation). Il est important de faire réfléchir les enfants sur leurs comportements en matière d'hygiène afin qu'ils prennent conscience du lien entre une mauvaise hygiène et le risque d'être malade.

L'enseignant peut aider la classe dans ce cheminement grâce au questionnement et à la discussion collective. Il peut commencer par demander ce que l'on fait pour garder son logement propre (laver le linge sale, jeter les ordures dans la poubelle, ne pas laisser traîner le doudou, passer l'aspirateur, etc.), puis réfléchir au lavage de son corps : « Que fait-on pour être propre ? Quand se lave-t-on ? Pourquoi se lave-t-on ? » L'enseignant anime la discussion pour permettre aux élèves d'évoquer la nécessité de se laver pour des raisons esthétiques (pour sentir bon, pour être beau, etc.), mais surtout, pour des motifs d'hygiène (transmission éventuelle de maladies infectieuses).

Beaucoup de microbes se répandent en effet d'un individu à l'autre par contact des mains. L'enseignant fait remarquer que les mains sont souvent sales parce qu'elles touchent beaucoup d'objets. Il insiste en demandant à la classe : « Quelles sont les situations dans une journée où on se lave habituellement les mains ? » Avant et après les repas, après être allé aux toilettes, avant de cuisiner, après avoir touché un objet sale... Il fait remarquer notamment qu'il est important de se laver les mains même si on n'a pas l'impression d'avoir les mains sales.

Ce travail peut être prolongé par l'évocation du nettoyage et de la coupe des ongles (une brosse à ongles peut d'ailleurs être présentée aux élèves lors de la séance suivante, « Quand se brosser les dents ? »).

2. Comment faites-vous le lien entre hygiène et nutrition ?

En cycle 3, dans le domaine « Éducation à la santé », en lien avec l'approche de la fonction de nutrition (digestion, respiration, circulation), les conséquences de notre hygiène alimentaire sont travaillées. En effet, c'est par la connaissance des organes et de leurs fonctions que les élèves pourront mieux comprendre le rôle de l'hygiène alimentaire et ainsi justifier des règles de comportement. Conséquences à court et à long terme de notre hygiène, actions bénéfiques ou nocives de nos comportements, notamment dans l'alimentation. Conséquences du comportement qui ne seront visibles qu'à long terme : pour maintenir le bon fonctionnement de son corps le plus longtemps possible, des règles de vie doivent guider le comportement quotidien, depuis le plus jeune âge :

- diversifier son alimentation : les repas, pris à heures régulières, apportent des aliments bâtisseurs (viandes, œufs, poissons, produits laitiers et certains légumes comme les haricots et les lentilles) ;
- des aliments qui protègent (fruits frais, légumes cuits) ;
- des aliments qui apportent de l'énergie (pain, pâtes, pommes de terre, sucres et matières grasses) ;
- les matières grasses et les boissons sucrées consommées en trop grande quantité nuisent à la santé, tout comme une alimentation trop importante qui conduit à un surpoids.

Cela suggère quelques pistes de travail :

- rôle des aliments ;
- lecture d'étiquettes, d'emballages ;
- entretiens avec des nutritionnistes (attachés aux restaurants scolaires).

3. Pouvez-vous donner les tableaux des compétences à acquérir dans le domaine des APS en lien avec les autres disciplines ?

Objectif APS. Compétence 3 : Protéger (pour éviter le suraccident)

Compétences APS « L'élève sait ou sera capable de : »	Activités proposées (liste non exhaustive)	Domaines d'enseignement concernés
Respecter les consignes données pour éviter le suraccident	• Travailler sur photo, image : - que s'est-il passé ? - que se passera-t-il si je ne fais rien ? - qu'est-ce que je peux faire ? • Travailler d'après des scénarios • Travailler d'après des articles de presse	• Français • Instruction civique et morale : APER
Se protéger et protéger les autres des conséquences d'un accident	Travailler d'après scénarios, images, photos ou articles	• Français • Instruction civique et morale
Connaître les mesures de protection collective	• Mettre en situation en faisant écouter les différentes sirènes et trouver les différences (incendie, mise à l'abri, alertes particulières) • Identifier les risques spécifiques dans l'environnement proche • Répartir les rôles à tenir lors d'une mise à l'abri (exemple de la classe unique)	• Instruction civique et morale • Pratiques artistiques : musique • Géographie : environnement économique immédiat de l'école, de la maison... • Sciences expérimentales et technologie : risque nucléaire...
Repérer une situation de danger	• Commenter une photo • Mettre en scène (théâtre) • Travailler les règles de Code de la route	• Français • Instruction civique et morale
Identifier des risques dans un environnement plus ou moins familier (maison, quartier, rue école...)	Respecter des consignes de sécurité lors d'activités sportives (parade, zone de sécurité...)	Éducation physique et sportive
Suivre des consignes données par un adulte présent		Instruction civique et morale
Énoncer les mesures de prévention à mettre en œuvre face à un risque, un danger	Établir une procédure à suivre lors d'une alerte incendie, d'une mise en sécurité	• Instruction civique et morale • Français • Éducation physique et sportive

Objectif APS. Compétence 3 : Savoir donner l'alerte

Compétences APS « L'élève sait ou sera capable de : »	Activités proposées (liste non exhaustive)	Domaines d'enseignement concernés
Demander de l'aide • en sollicitant un adulte • en composant le 15 (Samu) • en appelant le service le mieux adapté (15, 17, 18)	• Travailler d'après scénario • Découvrir des métiers qui sont au service des autres (santé, secours, protection)	• Français • Instruction civique et morale
Téléphoner pour alerter • en disant son nom • en se situant • en décrivant ce qui se passe	• Faire l'appel « Nom - prénom » • Énoncer son nom et son prénom • Décrire le trajet « domicile – école » • Se repérer dans l'école • Étudier le plan de son quartier, de son village ou de sa ville • Se situer en donnant une adresse précise et complète • Faire réaliser le « portrait-robot » d'une représentation graphique, d'une scène de la vie quotidienne, d'une pièce de la maison...	• Français • Géographie • Éducation physique et sportive
Décrire une situation, guidé par un questionnement, et pour cela : • nommer les parties du corps • décrire une lésion (sa nature, son aspect) • décrire l'état de conscience d'une personne • décrire l'état de la ventilation d'une personne inconsciente	• Travailler d'après scénario • Situer les bras, les avant-bras, le tronc, la poitrine, les cuisses, les jambes, la tête... sur une planche anatomique • Connaître le nom des articulations, les situer • Construire un pantin articulé • Étudier les grandes fonctions vitales du corps humain : ventilation, circulation sanguine • Savoir identifier de la conscience • Apprendre les gestes spécifiques de la recherche de la conscience et de la ventilation	• Sciences expérimentales et technologie • Instruction civique et morale

DOSSIER 16 | LA PRATIQUE ARTISTIQUE ET L'HISTOIRE DES ARTS AU CYCLE 3

■ LE PROGRAMME

L'histoire des arts donne lieu à un ensemble de documents officiels à connaître :
- le *BO* hors-série n° 32 du 28 août 2008, « Organisation de l'enseignement de l'histoire des arts » : http://media.education.gouv.fr/file/32/09/0/encart_33090.pdf
- des ressources sur le site ministériel Éduscol : http://eduscol.education.fr/D0246/ecole.htm
- une présentation d'un cahier d'histoire des arts numérique et de cahiers imprimés, frises, passeports culturels.

Programme du cycle 3

La sensibilité artistique et les capacités d'expression des élèves sont développées par les pratiques artistiques, mais également par la rencontre et l'étude d'œuvres diversifiées relevant des différentes composantes esthétiques, temporelles et géographiques de l'histoire des arts.

1. Arts visuels

Conjuguant pratiques diversifiées et fréquentation d'œuvres de plus en plus complexes et variées, l'enseignement des arts visuels (arts plastiques, cinéma, photographie, design, arts numériques) approfondit le programme commencé en cycle 2. Cet enseignement favorise l'expression et la création. Il conduit à l'acquisition de savoirs et de techniques spécifiques et amène progressivement l'enfant à cerner la notion d'œuvre d'art et à distinguer la valeur d'usage de la valeur esthétique des objets étudiés. Pratiques régulières et diversifiées et références aux œuvres contribuent ainsi à l'enseignement de l'histoire des arts.

2. Éducation musicale

L'éducation musicale s'appuie sur des pratiques concernant la voix et l'écoute : jeux vocaux, chants divers, en canon et à deux voix, en petits groupes ou en formation chorale. Ces pratiques vocales peuvent s'enrichir de jeux rythmiques sur des formules simples jouées sur des objets sonores appropriés. Grâce à des activités d'écoute, les élèves s'exercent à comparer des œuvres musicales, découvrent la variété des genres et des styles selon les époques et les cultures.
La perception et l'identification d'éléments musicaux caractéristiques de la musique écoutée prolongent le travail engagé au CP et au CE1.
Pratiques vocales et pratiques d'écoute contribuent à l'enseignement de l'histoire des arts.

3. Histoire des arts

L'histoire des arts porte à la connaissance des élèves des œuvres de référence qui appartiennent au patrimoine ou à l'art contemporain : ces œuvres leur sont présentées en relation avec une époque, une aire géographique (sur la base des repères chronologiques et spatiaux acquis en histoire et en géographie), une forme d'expression (dessin, peinture, sculpture, architecture, arts appliqués, musique, danse, cinéma), et le cas échéant une technique (huile sur toile, gravure...), un artisanat ou une activité créatrice vivante.

L'histoire des arts en relation avec les autres enseignements aide les élèves à se situer parmi les productions artistiques de l'humanité et les différentes cultures considérées dans le temps et dans l'espace. Confrontés à des œuvres diverses, ils découvrent les richesses, la permanence et l'universalité de la création artistique.

En arts visuels comme en éducation musicale, au titre de l'histoire des arts, les élèves bénéficient de rencontres sensibles avec des œuvres qu'ils sont en mesure d'apprécier. Selon la proximité géographique, des monuments, des musées, des ateliers d'art, des spectacles vivants ou des films en salle de cinéma pourront être découverts. Ces sorties éveillent la curiosité des élèves pour les chefs-d'œuvre ou les activités artistiques de leur ville ou de leur région.

L'enseignement d'histoire des arts s'articule sur les six périodes historiques du programme d'histoire ; il prend en compte les six grands domaines artistiques suivants :

- les arts de l'espace : architecture, jardins, urbanisme ;
- les arts du langage : littérature, poésie ;
- les arts du quotidien : objets d'art, mobilier, bijoux ;
- les arts du son : musique, chanson ;
- les arts du spectacle vivant : théâtre, chorégraphie, cirque ;
- les arts visuels : arts plastiques, cinéma, photographie, design, arts numériques.

L'enseignement de l'histoire des arts est obligatoire pour tous les élèves de l'école primaire au lycée. Il est défini par :

- un horaire au cycle 3 (20 heures) et un programme (*BO* n° 3 du 19 juin 2008) ;
- une organisation, de l'école au lycée (*BO* n° 32 du 28 août 2002) ;
- 6 périodes historiques du programme d'histoire pour l'école ;
- 6 grands domaines artistiques ;
- une liste ministérielle d'œuvres de références pour l'école ;
- des ressources ministérielles : pistes d'étude et repères proposés aux professeurs à titre indicatif, liste de sites ressources élaborée par le ministère.

Six périodes historiques du programme d'histoire pour l'école :
- la préhistoire ;
- l'Antiquité ;
- le Moyen Âge ;
- les Temps modernes ;
- la Révolution française et le XIXe siècle ;
- le XXe siècle et notre époque.

Six grands domaines artistiques :
- les arts de l'espace : architecture, urbanisme, jardins, paysage aménagé, etc. ;
- les arts du langage : littérature écrite et orale (roman, nouvelle, fable, légende, conte, mythe, poésie, théâtre, essai, etc.) ; inscriptions épigraphiques, calligraphies, typographies, etc. ;
- les arts du quotidien : objets d'arts, design, mobilier, bijoux, etc. ;
- les arts du son : musique, chanson, bruitage ;
- les arts du spectacle vivant : théâtre, musique, danse, mime, arts du cirque, arts de la rue, marionnettes, arts équestres, feux d'artifice, jeux d'eaux, etc. ;
- les arts du visuel : architecture, peinture, sculpture, dessin, illustration, bande dessinée, photographie, cinéma, vidéo, dessins animés, design, arts numériques.

« *L'enseignement de l'histoire des arts est fondé sur l'étude des œuvres. Cette étude peut être effectuée à partir d'une œuvre unique ou d'un ensemble d'œuvres défini par des critères communs (lieu, genre, auteur, mouvement...). Les œuvres sont analysées à partir de quatre critères au moins : formes, techniques, significations, usages. Ces critères peuvent être abordés selon plusieurs plans d'analyse notamment :*
- *formes : catégories, types, genres, styles artistiques ; constituants, structure, composition, etc.*
- *techniques : matériaux, matériels, outils, supports, instruments ; méthodes et techniques corporelles, gestuelles, instrumentales, etc.*
- *significations : message (émis, reçu, interprété) ; sens (usuel, général, particulier ; variations dans le temps et l'espace) ; code, signe (signifiant/signifié) ; réception, interprétation, décodage, décryptage, etc.*
- *usages : fonction, emploi ; catégories de destinataires et d'utilisateurs ; destination, utilisation, transformation, rejets, détournements, etc.* » (texte du *BO* de 2008).

LES ARTS DU QUOTIDIEN AU CE2

Connaissances : *La tapisserie* La Dame à la licorne

La Dame à la licorne : ce sont six tapisseries exécutées à la fin du XVe siècle par l'un des plus grands artistes, le Maître de Moulins, qui imagina cet ensemble à la demande de Jean IV Le Viste, président de la Cour des aides. Fondée sur un accord fondamental de bleu et de rouge, elle offre l'image d'une femme mystérieuse, aux gestes précis et d'une rare élégance. Une dame associée à un animal dont l'invention remonte à plusieurs millénaires, dans l'écrin de verdure d'une île bleue, entourée d'une faune et d'une flore abondante et variée.

La tenture se compose de cinq pièces évoquant les cinq sens : la vue, le goût, l'ouïe, le toucher, l'odorat ; ainsi que d'une sixième, plus complexe par sa composition et sa signification. Celle-ci, dite « pièce de la dame à la tente », en raison du pavillon derrière elle, a été également nommée plus simplement « À mon seul désir », du nom de la devise inscrite au fronton dudit pavillon.

La découverte

Les différents propriétaires, depuis Jean Le Viste qui la commanda au cours des années 1480 ont toujours reconnu dans la tenture un ensemble exceptionnel. Ils ont fait en sorte d'en conserver l'intégralité, ce qui est unique dans l'histoire de la tapisserie médiévale. C'est ainsi qu'elles étaient conservées au château de Boussac. En 1835, l'héritière du château, devenue par mariage Mme de Ribeyris, se décida à les vendre à la commune de Boussac. En 1841, au cours d'une séance de la Commission des monuments historiques, Prosper Mérimée signale l'état d'abandon des tapisseries et propose leur acquisition par la Bibliothèque royale. La subvention accordée pour restauration fut finalement détournée par la commune qui l'affecta au seul château. L'état de la tenture empira. Rien ne bougea jusqu'au jour où un émissaire des Rotschild proposa son acquisition en 1877 pour 25 000 francs. Aussitôt, Edmond du Sommerard, directeur du musée des Thermes et de l'hôtel de Cluny, fut chargé de reprendre les négociations. Elles aboutirent lorsque la commission des Monuments historiques accepta de payer cette somme le 9 juin 1882. Le 21 avril 1883, la commission l'inaugura en grande pompe, après qu'elle eut subi une première restauration aux Gobelins. Une seconde dut intervenir en 1889.

La légende

La tenture était arrivée à Paris, entourée d'un halo de légende et d'épopée. Ces légendes remontaient sans aucun doute à une époque très ancienne, probablement à l'arrivée des pièces au château de Boussac. C'est vraisemblablement en 1600 qu'elles y prirent place, lors du mariage de Jeanne de La Roche-Aymon, héritière de la tenture, et de François de Rilhac, propriétaire du château. Quoi qu'il en soit, la légende était parfaitement constituée au début du XIXe siècle et s'appuyait sur trois constats qui se renforçaient mutuellement : les croissants qui, dans les armoiries, évoquaient irrésistiblement l'Orient ; le coffret dans la pièce « À mon seul désir » qui faisait songer à un cadeau de mariage ; le fait qu'à l'époque de la réalisation de la tenture, le prince Zizim, frère du sultan Bajazet II, se trouvait prisonnier à Bourganeuf. Comme cela arrive très souvent, l'histoire et le nom des Le Viste avaient laissé place à une interprétation plus proche de la sensibilité du moment.

Le prince Zizim était l'un des fils de Mahomet II. Celui-ci avait réussi en 1453 à s'emparer de Constantinople, dont il fit aussitôt sa capitale avant de poursuivre ses immenses conquêtes. Il échoua devant l'île de Rhodes, défendue par les chevaliers de Saint-Jean de Jérusalem, et mourut peu après, en 1481. Bajazet lui succéda et chassa aussitôt son frère Zizim qui lui disputait le pouvoir. Ce dernier trouva refuge à Rhodes auprès du grand maître, Pierre d'Aubusson. Il fut par la suite transféré de prison en prison, avant d'être remis au pape et de mourir en 1495. Il avait trouvé entre-temps un refuge provisoire à Bourganeuf, non loin du château d'Aubusson, dans la demeure du grand prieur d'Auvergne. Il s'y trouvait logé avec ses femmes, ses compagnons d'infortune, ses trésors. Il y aurait rencontré Marie de Blanchefort, nièce de Pierre de Bourganeuf, pour laquelle il aurait eu une grande passion.

À son intention, et dans les ateliers d'Aubusson, il aurait fait tisser la tenture en donnant les traits de Marie à la dame située devant la tente. La tenture trouvait ainsi une explication dans chacune de ses pièces, mais surtout dans les différents éléments qui la constituaient : pavillon turc, croissants, vase, aiguière et bassin. Ces deux derniers évoquaient de surcroît le baptême donné à Zizim, qui lui aurait permis de réaliser son vœu le plus cher : épouser Marie, une chrétienne. Cette belle histoire a été depuis abandonnée, mais on en a conservé l'idée erronée que la tenture aurait été tissée en cadeau de mariage.

La réalité : Jean IV Le Viste

Les recherches conduites depuis 1882 sur la famille Le Viste ont abouti à mieux la connaître et à cerner le commanditaire de la tenture. Implantés à Lyon dès la fin du XIIIe siècle, les Le Viste se livrent au milieu du siècle suivant au commerce du drap et entrent dans l'oligarchie urbaine en se faisant élire au consulat. En 1458, l'héritier de la famille, Jean IV, se trouve riche d'un important patrimoine. De plus, il bénéficie de relations importantes auprès des ducs de Bourbon qui continuent d'aider les Le Viste dans leur étonnante ascension sociale. Cependant, pour passer de cette noblesse virtuelle à une noblesse graduelle, le service du roi est indispensable. Il est vraisemblable que le duc de Bourbon a servi d'intermédiaire auprès de Louis XI. De fil en aiguille, alors que le roi est mort depuis six ans, Jean IV est nommé président de la cour des aides, le 4 décembre 1489. Cette charge en fait un des hauts personnages de l'État ; elle entraîne en principe l'accès à la noblesse.

Les émoluments - environ 1 000 livres tournois par an - lui permettent d'acquérir de nouveaux domaines. Son mariage avec Geneviève de Nanterre renforce encore cette position sociale. Il meurt le 1er juin 1500, laissant trois filles. Aucune ne pouvant relever les armoiries, elles le furent par un petit-neveu, Antoine, fils de son frère Jean III. Si la tenture marque cette obsession nobiliaire, l'inscription funéraire de Jean IV ne mentionne pourtant aucun titre de noblesse : ardemment souhaités, ces titres ne furent vraisemblablement pas obtenus. Plus tard les consuls de Lyon les refusèrent également à Antoine.

C'est à Jean IV qu'il revient d'attribuer la commande de la tenture de *La Dame à la licorne*, en raison de la date qu'on peut lui attribuer. Pour des raisons de style, elle doit en effet se situer au cours de la décennie 1480. Jean IV Le Viste a joué un rôle capital dans l'œuvre de *La Dame à la licorne*, il en a choisi l'iconographie, a voulu la traduire dans la laine, a cherché un artiste capable de traduire sa pensée, dont l'interprétation devait se situer à plusieurs niveaux de lecture. Il est difficile de retrouver l'acte originel de l'artiste qui peut être interprété, voire occulté par les praticiens : le licier chargé de traduire dans la laine le carton, le cartonnier qui a agrandi le dessin à la dimension de la tapisserie, le maquettiste qui a traduit dans un dessin de dimensions relativement modestes la demande du commanditaire. Chacune de ces différentes opérations obéit à une stratégie propre, et n'est pas, comme on l'a trop cru, liée aux autres, comme on le voit aujourd'hui dans une chaîne de montage. Les hommes peuvent être éloignés par l'espace ou par le temps, chacun apportant sa contribution. Dans l'action de chacun d'entre eux se pose la question de la fidélité ou de la trahison, d'autant plus difficile à résoudre que l'on ne connaît que le point d'aboutissement, la tapisserie.

Le tissage

Il est lié à des habitudes d'ateliers, à un matériel spécifique, à des colorants particuliers. Les centres de production se situaient en cette seconde moitié du XVe siècle dans les villes du Nord qui se sont reconverties, au cours du XIVe siècle, de l'industrie drapante dans celle de la tapisserie afin d'éviter de laisser des bras sans emploi. Audenarde, Arras, Bruges, Lille, Tournai et surtout Bruxelles s'affirmèrent bientôt comme des hauts centres de fabrication. Les liciers de Bruxelles se firent une spécialité de la tapisserie à mille-fleurs agrémentée d'animaux, d'arbres et de feuillage. Ils utilisaient ou réutilisaient ces fonds passe-partout, laissant aux peintres le soin de la partie créative demandée par le commanditaire. Il est vraisemblable que la tenture de *La Dame à la licorne* relève d'un tel partage des tâches : l'île bleue et ses mille fleurs, le fond rouge et ses différents animaux appartiennent à l'atelier. Dans certains cas, les cartons sont courants, comme les lapins parfois inversés, d'autres au contraire sont plus subtils, comme les animaux exotiques, d'un dessin plus assuré.

La signification des scènes...

Beaucoup de spécialistes et d'historiens ont étudié les différentes scènes de cette tenture... Ici encore, plusieurs interprétations existent. Cependant, toutes sont unanimes sur la signification des cinq premières tapisseries : c'est la représentation des cinq sens. Par ces quelques indices, voici l'explication des sens.

Le goût : la dame prend dans un drageoir, tenu par sa servante, une dragée. Le goût est aussi représenté par le singe, en bas, qui porte cette confiserie à sa bouche.
L'odorat : la dame tresse un collier de fleurs parfumées.
L'ouïe : la dame joue de l'orgue pendant que la servante actionne les soufflets.
Le toucher : la dame prend délicatement la corne de la licorne de sa main gauche.
La vue : la dame tient un miroir dans lequel se reflète la tête de la licorne.

La signification de la dernière tapisserie reste plus mystérieuse. Plusieurs interprétations ont ainsi été faites. L'une d'entre elles est particulièrement intéressante. « À mon seul désir », tel est le nom attribué à cette merveilleuse tapisserie. Sur cette pièce, la dame remet dans le coffre à bijoux le collier qu'elle portait sur les autres tapisseries. La signification la plus souvent retenue est celle du refus de la tentation, et de la renonciation aux cinq sens précédemment énoncés.

Histoire de la tapisserie

L'art de traduire des figures sur le métier est presque aussi ancien que les peintures murales. En effet, il apparaît sur les bords du Nil plusieurs milliers d'années avant notre ère, dans l'Asie et dans la Grèce. Aux peuples nomades, elle fournit les principaux éléments de l'ameublement de la tente. Les nations sédentaires s'en servent pour compléter l'aménagement de leurs palais et de leurs temples. Le rôle principal, l'élément générateur appartient à cette époque à la draperie. D'après certains historiens, il est le principal art dominant, chaque nouvelle matière ou couleur est source de création, de nouvelle texture ou motif. Envelopper, déguiser, cacher est le souci essentiel des constructeurs primitifs. Sans aller trop loin, on admet sans difficulté que la destination première de ces tissus était de protéger tout à tour contre le soleil et le froid, de créer des séparations, de servir de portière.

L'Égypte, berceau de tant d'industries, a connu de bonne heure l'art textile en tissage, broderie et teinture. Les peintures de l'hypogée de Beni-Hassan 3 000 ans avant notre ère représentent un métier qui se rapproche nettement du métier utilisé aux Gobelins, tous les éléments le composant sont représentés. Quant à sa qualité, elle n'avait rien à envier à l'industrie contemporaine. Hérodote décrit la cuirasse que le roi Amasis envoya aux Lacédémoniens, une cuirasse en lin et ornée de figures d'animaux en or et coton et, chaque fil quoique très fin, était composé de 360 filets.

C'est chez les Babyloniens que la tapisserie brilla de laine et soie. En effet, malgré le travail du temps, c'est sur les bas-reliefs en albâtre autrefois peints qui couvre toutes les parties de Ninive que l'on peut voir des Aubusson ou des Gobelins rosette carrée, damassée, etc. L'habileté de ces artistes babyloniens égalait la magnificence des compositions qu'ils tissaient. Les amateurs de Rome achetaient ces tentures au poids de l'or. Il ne faut pas oublier bien sûr l'Orient et l'Empire du milieu qui, 3 000 ans avant notre ère, possédait déjà des tissus de soie. Puis plus près de nous lorsque l'empire chinois se divisa, en 1200 avant J.-C. avec les K'o'sseu, l'art textile explose, chaque État tentant de surpasser l'autre par la richesse des vêtements, des tentures et des nuances.

Plus près de nous encore une ville comme Alexandrie rivalise avec Pergame qui, dans le domaine du grand art, aurait par le roi Attale deux siècles avant notre ère inventé l'art d'insérer des fils d'or les « attali ca ». Du IIe siècle au IXe siècle après J.-C., on peut dire que la tapisserie prend tout son essor, les Grecs ayant pris le meilleur de l'art des Babyloniens, ceux-ci ayant appris le meilleur de l'Orient. Les Romains recueillent et commandent sans aucun doute les plus belles tapisseries qui sont riches et nobles ; c'est également le cas pour la civilisation arabe jusqu'à la rencontre de ces dernières par leur conquête respective. C'est le temps des croisades et de la médiocrité ; il faudra attendre près de cinq siècles avant de retrouver une production de tapisserie de grande qualité.

En France vient l'époque de Charles V avec Nicolas Bataille et *L'Apocalypse* de la cathédrale d'Angers. On peut dire que c'est à cette époque que les cours royales possèdent des tisseurs pour les commandes d'États. C'est en 1664 que Colbert officialisera la naissance des manufactures royales : Beauvais, les Gobelins et Aubusson. Sous les manufactures royales, des grands maîtres comme Watteau, Oudry, Boucher. Et Jean-Baptiste Pillement, inspiré de l'Orient, donne à la verdure un goût exotique. En France, cette tradition de la tapisserie va perdurer jusqu'à la Révolution où, synonyme de bourgeoisie et de noblesses, les tapisseries seront détruites, volées, découpées et brûlées. En effet, on estime à près de 70 % la disparition du patrimoine détruit. De la Révolution à nos jours, la tradition se perpétue de père en fils et ce n'est qu'à l'aube du XXe siècle qu'a lieu le renouveau de la tapisserie grâce à des artistes comme Jean Lurçat, Dom Robert, Jean Picart Le Doux et, plus tard, des artistes comme Toffoli, Le Guen et, plus récemment, Thomas Collet, Jean Louis Dhuit.

La séquence au CE2

Histoire des arts et pratique artistique - Tenture de *La Dame à la licorne* - « La vue »

Période : Moyen Âge, art gothique, tapisserie du xve siècle.

Contexte historique et culturel

Le xve siècle est un siècle charnière entre le Moyen Âge et la Renaissance. Premiers contacts d'Européens avec les Américains : trois premiers voyages de Christophe Colomb. Cette tapisserie murale serait une commande de la famille Le Viste, que l'on peut identifier grâce au blason qui apparaît dans toutes les tentures. Sans doute inspirée d'une légende allemande du xve siècle, la tapisserie illustre les cinq sens corporels, dont elle semble faire l'éloge.

Contexte artistique

La tapisserie est une forme d'art textile, traditionnellement tissé sur un métier vertical, mais qui peut être aussi pratiquée sur un métier horizontal à plat. Au Moyen Âge, déployées sur les murs des églises, des châteaux et des résidences seigneuriales, les tapisseries, souvent de grandes dimensions, isolaient du froid, mais surtout décoraient et affichaient la richesse et le faste (parfois tissées de fil d'or et d'argent, elles pouvaient constituer une réserve de capital, un cadeau diplomatique ou encore de mariage). *La Dame à la licorne* est une tenture composée de six tapisseries datant de la fin du xve siècle, que l'on peut voir au musée national du Moyen Âge (thermes et hôtel de Cluny, à Paris).

Séance n° 1 : Dessiner, imaginer

• Décalquer au préalable l'arrière-train de la licorne présente dans l'image à découvrir (la partie inférieure de l'abdomen, les pattes arrière et la naissance de la queue).
• Photocopier sur un support A4 de papier à dessin blanc.
• Inviter les élèves à continuer le dessin tout en veillant à apporter le plus de détails possibles et à nommer leur animal.
• Afficher et confronter les différentes productions. Orienter au fur et à mesure le regard sur les détails apportés et constater les effets produits (aspect général, caractères propres à l'animal dessiné...).

Séance n° 2 : Découvrir l'image en trois temps

1er temps

• Occulter l'ensemble de la scène centrale à l'aide d'un cache pour ne dévoiler que le fond de la tapisserie pour bien mettre en évidence la richesse du décor.
• Insister sur la surabondance de fleurs et de rameaux qui parsèment un fond monochrome rouge. Relever le caractère décoratif qui en émane.
• S'intéresser aux animaux, les identifier et noter qu'ils se côtoient dans le même espace, qu'ils soient sauvages ou domestiques.
• Achever en s'interrogeant sur le drapeau qui se fond dans le décor et anticiper sur la partie cachée.

2e temps

• Découvrir la moitié gauche de la scène centrale où apparaissent le lion qui tient l'étendard, le bouquet d'arbres, les lapins.
• Échanger ses impressions, ses interprétations.
• Observer le miroir dans lequel on devine le reflet de la tête d'un animal. Solliciter l'imagination et la curiosité : de quel animal s'agit-il ? Qui est assis dans l'herbe fleurie ? Pourquoi ce reflet dans le miroir ?

3e temps

• Dévoiler l'ensemble de l'œuvre et attirer l'attention sur la licorne et la décrire.
• Mettre en avant sa blancheur, son attitude en la comparant au lion.
• Revenir sur cet animal composite donc imaginaire et retrouver les origines de ses particularités : emprunts au cheval, à la chèvre, au narval, en s'appuyant sur des images d'animaux réels.
• Reprendre le questionnement quant à la mise en scène : le paysage, la dame assise, la licorne, le lion tenant l'étendard, le miroir et raconter l'histoire. Préciser qu'il s'agit d'une tapisserie murale et la resituer dans la série des cinq sens (cf. : le cartel de l'œuvre).
• Terminer en confrontant les dessins réalisés au cours de la séance n° 1 par les élèves avec la licorne.

Séance n° 3 : Questions pour interroger l'œuvre sur différents plans

Questions sur la forme

• Quels sont les personnages présentés ? La dame, une licorne, un lion, des animaux familiers.
• Comment sont-ils placés ? La dame est au centre et s'inscrit dans un triangle. Les animaux fabuleux sont mis en évidence sur sa droite et sa gauche (lion et licorne). Les animaux familiers, placés de façon aléatoire, peuplent son univers (lapins, oiseaux, singes, chiens, renards, etc.).

• Comment peut-on décrire la dame ? C'est une personne élancée et stylisée. Elle est précieuse et élégante dans ses attitudes délicates et ses vêtements. Elle est richement coiffée et habillée. Elle tient dans sa main gauche un miroir et caresse la licorne de sa main droite. Sa tête est inclinée vers l'animal qu'elle regarde avec tendresse.
• Quel est le sens présenté dans cette tenture ? La vue. La dame tient dans sa main gauche un miroir. Dans une attitude familière, la licorne a posé ses pattes de devant sur les genoux de la dame et se contemple dans le miroir que lui tend celle-ci.

Question sur les techniques

• Comment est représenté l'espace ? Il n'est pas réaliste et il n'y a aucune perspective : tous les objets sont placés sur le même plan. Le ciel et l'horizon sont absents. C'est un monde imaginaire et onirique (du domaine du rêve).
• Comment est occupé cet espace ? En dehors des figures principales, il y a un foisonnement décoratif appelé « mille-fleurs » : un grand nombre d'éléments sont présents et inspirés de la faune et de la flore.
• Quelles sont les couleurs utilisées ? À quoi servent-elles ? Elles sont limitées : le rouge est la couleur dominante, les bleus et verts servent surtout à faire ressortir les personnages. Leurs nuances à travers les trames de fils rendent l'ensemble très lumineux et harmonieux.

Question sur le sens

• Que représentent le lion et la licorne ? Le lion est le symbole de la puissance terrestre, de la force. La licorne est le symbole de la puissance divine, de la pureté. Sa corne évoque un rayon solaire, une flèche, ou l'épée de Dieu. Elle a des pouvoirs magiques : sa corne sépare les eaux polluées et détecte les poisons. Elle aide la justice royale en frappant les coupables de sa corne.

Question sur les usages

À quoi servait l'œuvre ? Tendues sur les murs des châteaux, les tentures étaient le signe de la richesse des nobles, mais servaient aussi à réchauffer les grandes pièces glaciales des châteaux, à protéger de l'humidité

Mise en réseau

• Tapisseries : *Tapisserie de Bayeux*, *Tenture de l'Apocalypse d'Angers*...
• Musées : musée de Cluny ; musée départemental de la tapisserie d'Aubusson ; manufacture des Gobelins (Paris)
• Musique : *Le chant des oiseaux* de C. Janequin

LES QUESTIONS POUR L'ENTRETIEN

1. Quelle démarche mettre en place une séance d'arts visuels au cycle 3 ?

Il s'agit de mettre en place une démarche de création. La conduite créatrice se caractérise par des mises en relation et par des confrontations de procédés plastiques, d'œuvres d'art, d'images. Il est nécessaire d'enrichir la culture artistique des enfants pour leur donner l'envie et les moyens d'agir. Il ne s'agira pas d'imiter des œuvres, mais d'imiter des actions.

Le schéma suivant est inspiré de Daniel Lagoutte.

S'APPROPRIER LE MONDE	ASSOCIER (mots, formes, sonorités, rythmes)	EMMENER « AILLEURS » Solliciter, mettre en attente, fasciner
Et ce faisant construire des compétences		
BUTS		**OBJECTIFS GÉNÉRAUX**
Apprendre à écouter, regarder		1. La perception : les 5 sens ; regarder, écouter, sentir, toucher
Récolter		2. La réalisation d'un répertoire d'actions ; récolter
Exercer des opérations (essentiellement de 4 ordres)		3. La pratique des pouvoirs d'expression ; faire
Élaborer		4. L'approche des techniques ; apprendre
Exercer des opérations mentales spécifiques...	de déduction	5. L'apprentissage des procédés ; tirer parti
	d'induction	6. La découverte d'un champ culturel (littéraire, plastique, musical) ; connaître
	de divergence	7. Le développement des capacités de création ; inventer
	de dialectique	8. L'évaluation des réalisations

2. Quels sont les différents temps de la séance d'arts visuels ?

- Le premier temps est le temps de l'imaginaire.
- Le deuxième temps est le temps de la récolte, de l'expression spontanée. L'élève va apprendre à regarder le monde qui l'entoure, puis, à partir d'une idée prétexte, rechercher des matériaux.
- Le troisième temps est le temps de la création. Il va effectuer diverses opérations de transformation qui trouveront le support de techniques afin d'élaborer une réalisation qui sera donnée à regarder ; ce faisant, des opérations intellectuelles sont mises à l'épreuve.

3. Quels sont les enjeux de la pratique des arts à l'école ?

POUR ALLER PLUS LOIN : UN RETOUR HISTORIQUE SUR L'ENSEIGNEMENT DES ARTS EN FRANCE

Entre la Révolution et la IIIe République, la part du sensible, de l'imaginaire, du questionnement critique mais aussi de la démocratisation de l'accès à l'art est oubliée dans l'œuvre de démocratisation de l'enseignement menée par Guizot puis par Ferry.
Émergence de l'éducation artistique dans les écoles, notamment en Europe du Nord. L'imagerie populaire (Épinal, Wissembourg) est employée à des fins instructives. Champfleury (écrivain, critique) soutient l'éducation artistique dans les écoles : « *La plus petite parcelle de beau perçue par l'enfant prédispose à la délicatesse, à la formation du goût* », *Les Enfants, éducation, instruction*, 1872.

1879 : Violet Le Duc recommande de décorer avec soin les écoles de Paris afin que les enfants aient des œuvres d'art sous les yeux, s'appuyant sur les textes de Shiller, *Textes sur l'éducation esthétique de l'homme*, 1795. « *Le beau, parce qu'il est harmonieux, aide à la construction morale.* »
1880 : Ferdinand Buisson, inspecteur général de l'instruction publique, proche de Jules Ferry, recommande d'« *éduquer par la vue incessante de beaux ouvrages* ». Il faut alors « *organiser la rencontre de l'élève avec le beau* », afin de contribuer à l'éducation morale. Il sollicitera Félix Rafaisson (conservateur au musée du Louvre) et Charles Lévêque (philosophe et auteur de *La Science du beau*) pour rédiger les articles « art » vantant les vertus du beau dans son dictionnaire de pédagogie. Cependant, à cette même période et bien qu'en charge des beaux-arts, Jules Ferry ministre de l'Instruction publique, introduira des éléments du dessin, du modelage et de la musique en dernière position des programmes officiels de l'école primaire, juste après les... travaux d'aiguille des jeunes filles.
1887 : Ferdinand Buisson crée la Société de l'art à l'école. En 1914, elle compte 60 000 membres ; son action se poursuivra jusqu'à la Seconde Guerre mondiale. Ses objectifs : une école saine, aérée, rationnellement construite et meublée, attrayante et ornée. La question de l'éducation esthétique de l'enfant ressurgit après la Seconde Guerre mondiale.

À partir de 1945 : on voit apparaître le mouvement de l'éducation nouvelle (GFEN) avec Roger Cousinet et Célestin Freinet, dans une mouvance pédagogique basée sur l'expérimentation, le travail de groupe, l'accompagnement du potentiel de la jeunesse, qui promeut l'idée de l'« enfant artiste » : l'enfant compose lui-même son décor.

1959 : la Direction générale des arts et lettres est transférée à André Malraux. Le ministre d'État chargé des Affaires culturelles a pour mission de rendre accessibles les œuvres capitales de l'humanité au plus grand nombre, d'assurer la plus vaste audience au patrimoine culturel et de favoriser la création des œuvres d'art et de l'esprit. Se détournant de l'Éducation nationale pour ne s'intéresser qu'aux beaux-arts, Malraux ne revendiquera même pas l'enseignement du dessin et de la musique, s'interdisant par là d'avoir une influence sur l'éducation des enfants. Pour Malraux, la mission de l'école est de conserver et éventuellement de transmettre un patrimoine du passé alors que la culture, synonyme de plaisir contre l'ennui de l'enseignement, donne vie à ces œuvres.

1968 : colloque Pour une école nouvelle : l'éducation artistique doit commencer à l'école primaire, s'ouvrir au monde contemporain et privilégier le contact avec les artistes. Intégrée à l'enseignement général, elle doit concerner tous les enseignants et se prolonger, hors de l'école, dans des activités culturelles.

1969 : institution du tiers-temps pédagogique dans les écoles élémentaires, consacré aux disciplines d'éveil et à l'éducation physique.

1971 : mise en place des conseillers pédagogiques en musique et arts plastiques dans le primaire, mise à disposition d'enseignants dans les services éducatifs des musées, extension du tiers-temps pédagogique au second degré.

1972 : création du baccalauréat de technicien musique F11. Une option musique est ajoutée au baccalauréat traditionnel. L'enseignement universitaire est assuré par les conservatoires nationaux supérieurs de musique.

1973 : mise en place du 10 % pédagogique consacré à des activités éducatives choisies par les maîtres et les élèves, le programme des autres disciplines étant allégé d'autant.

1974 : création des classes à horaires aménagés en primaire et au collège.

1982 : mise en place des classes patrimoine sur le modèle des classes de neige.

1984 : extension du principe des classes patrimoine aux arts plastiques avec les classes arc-en-ciel qui deviendront, en 1985, les classes culturelles, ouvertes à tous les domaines de la création et de la culture. Ouverture des ateliers de pratiques dans une dizaine de disciplines. Institution d'une épreuve obligatoire au concours d'entrée à l'école normale pour les arts plastiques et la musique.

1985 : les options cinéma et théâtre font l'objet d'une épreuve au baccalauréat. Ouverture des sections A3 dans ces mêmes domaines.

1991 : lancement de l'opération Collège au cinéma.

1992 : jumelages entre des équipements culturels sous tutelle du ministère de la Culture et les partenaires concernés par les activités des jeunes dans le temps scolaire et périscolaire.

1993 : création, à titre expérimental, de l'option histoire des arts au lycée.

1995 : initiation quotidienne à la musique dans le premier degré : une chorale dans chaque école.

1999 : dans le cadre de la réforme des lycées sont institués les ateliers d'expression artistique, à côté des enseignements artistiques facultatifs.

2001 : mise en œuvre des classes à parcours artistique et culturel, dans le primaire, les collèges et les lycées professionnels.

2002 : mise en place des chartes pour une éducation au patrimoine : adopter son patrimoine.

2005 : installation du Haut conseil de l'éducation artistique et culturelle. Didier Lockwood vice-président.

2006 : première conférence mondiale sur l'éducation artistique organisée par l'Unesco à Lisbonne.

2008 : apparition d'une nouvelle « matière » à part entière : l'histoire des arts, dans les programmes de l'école primaire.

2011 : épreuve d'histoire des arts obligatoire pour le DNB (diplôme national du brevet).

Les enjeux : il s'agit d'un véritable enseignement, obligatoire, fondamental et universel, à horaire dédié et évalué. L'histoire des arts, en relation avec les autres enseignements (en pluridisciplinarité), aide l'élève à se situer parmi les productions artistiques de l'humanité et les différentes cultures considérées dans le temps et dans l'espace. Elle s'inscrit logiquement dans le pilier 5, celui de la culture humaniste qui permet aux élèves d'acquérir tout à la fois le sens de la continuité et de la rupture, de l'identité et de l'altérité. Les grandes œuvres d'art, les valeurs, les idées font partie de l'héritage que nous avons collectivement reçu en partage. Donner accès à cet univers culturel, c'est enrichir la perception des élèves ; la fréquentation des grandes œuvres du patrimoine mondial peut faciliter la compréhension de ce qu'il y a d'universel et donc d'essentiel dans toutes les cultures humaines.

L'élève acquiert des connaissances, des capacités, des attitudes. Il est capable de mobiliser ses nouvelles connaissances acquises pour échanger, dans un esprit de dialogue, en utilisant des critères simples, pour, avec l'aide de l'enseignant, identifier les œuvres par leur titre, le nom de l'auteur, l'époque à laquelle cette œuvre a été créée.

Les attitudes souhaitées, qui donnent à chacun l'envie d'avoir une vie culturelle personnelle, impliquent :

- curiosité et créativité artistiques ;
- initiation au dialogue et à l'échange ;
- découverte de la diversité culturelle, du respect.

« *Elles ne sont pas inférieures, elles sont autres* », pour reprendre les propos du maréchal Lyautey, au début du siècle dernier, évoquant les cultures indigènes d'Afrique du Nord.

Le suivi, l'évaluation et la validation sont seuls garants d'un investissement éducatif qualifié. À l'école primaire, il n'est pas question d'une certification lors d'un examen, mais d'une validation aux paliers définis dans le livret de compétences et de connaissances, et d'une évaluation spécifique et concentrée à chaque niveau scolaire, utilisant les supports d'évaluation en usage, sous forme de bulletin et de livret scolaire.

Le suivi s'exprime dans un cahier personnel d'histoire des arts qui matérialise de façon claire, continue et personnelle le parcours suivi en histoire des arts tout au long de la scolarité primaire. Ainsi, il est gardé mémoire.

Pour faciliter l'acquisition progressive de la maternelle à la fin du CM2, il est nécessaire de mobiliser des ressources multiples, éparses...

DOSSIER 17 | LES ARTS PICTURAUX POUR LES CM1

■ LES CONNAISSANCES : *GUERNICA* DE PABLO PICASSO

Présentation de l'auteur

Pablo Picasso est né à Malaga en Espagne le 25 octobre 1881. Il est décédé le 8 avril 1973 à Mougins, en France. Symbole du xxe siècle, immense artiste, Pablo Picasso est à la fois peintre, sculpteur, graveur et céramiste. Venu en France au début du siècle, il deviendra le chef de file du mouvement cubiste avec son ami Georges Braque. Doté d'une exceptionnelle soif de créativité, il touche à tous les courants picturaux du xxe siècle : surréalisme, expressionnisme ou néo-classicisme, pour devenir un des maîtres incontestés de l'art moderne.

■ Artiste dès le plus jeune âge

Pablo Picasso est le fils de Don José Ruiz y Blanco, peintre et professeur de dessin, et de Maria Picasso y Lopez. Picasso peint son premier tableau à l'huile à l'âge de huit ans. Encouragé par son père, il étudie à la Guarda à La Corogne puis à l'école des Beaux-Arts de Barcelone. Lors de l'exposition des beaux-arts et de l'industrie de Barcelone, son tableau *La Première Communion* est présenté. Bien que non primé, il est salué par un grand journal.

En 1900, Picasso se rend pour la première fois à Paris avec son ami Casagemas. Il découvre les œuvres de Toulouse-Lautrec, Cézanne, Degas et Gauguin. On commence à lui acheter quelques toiles en France et en Espagne. Son tableau *Derniers instants* (qui plus tard sera recouvert par *La Vie*) est présenté à l'Exposition universelle de Paris. L'année suivante, l'artiste décide d'abandonner le nom de son père (Ruiz Blanco) au profit de celui, désormais mondialement connu, de sa mère : Picasso.

Casagemas se suicide en 1901. Très touché par cet événement, Picasso réalise plusieurs portraits de son ancien ami qui inaugure la période bleue. Picasso s'installe dans l'atelier de Casagemas à Paris.

■ Période bleue (1901-1903) et période rose (1905-1906)

On surnomme l'époque entre 1901 et 1903 « période bleue » car cette couleur domine les toiles de l'artiste. Ce bleu est utilisé pour retranscrire la vision que le peintre a du monde, mélange d'angoisse de la vieillesse, de la pauvreté et de la mort. Après un retour à Barcelone en 1902, Picasso s'installe définitivement à Paris au Bateau-lavoir en 1904. Il tombe amoureux de Fernande Olivier, ce qui égaiera quelque peu ses toiles. Il s'intéresse au monde du cirque, peint des arlequins, des jongleurs et acrobates dans une teinte rose qui évoque une certaine mélancolie. Cette période rose s'achève en 1906, date à laquelle Picasso commence à créer des peintures beaucoup plus géométriques.

La naissance d'un mouvement : le cubisme (1906-1914)

Alors qu'il entre dans sa vingt-cinquième année, Picasso change son style de peinture. Il décompose et reproduit les objets en formes géométriques simples. Cézanne, l'art primitif africain et la sculpture ibérique seraient les sources d'inspiration du peintre au moment de ce tournant vers le cubisme. C'est avec *Les Demoiselles d'Avignon* que ce nouveau style explose en 1907. Cette même année, il fait la connaissance de Georges Braque avec lequel il développera le courant du cubisme. Les deux hommes travailleront étroitement ensemble.

Pour répondre au problème de représenter ce qui existe en trois dimensions sur une surface à deux dimensions, Braque et Picasso apportent une nouvelle réponse. Ils remplacent les codes habituels de couleurs, de volume et de perspective par un système des signes géométriques. Ils y ajouteront, dans une phase ultérieure (le cubisme synthétique), l'utilisation de morceaux de divers matériaux (sable, papier, tôle, bois, tissu, carton...) pour ne pas tomber dans l'art abstrait. Picasso abandonne le cubisme en 1915.

Retour au classicisme (1916-1924)

Sur la demande de Cocteau, Picasso crée les décors et costumes pour les Ballets russes de Diaghilev. Il rencontre la ballerine Olga Koklova, qu'il épousera, et lui donnera un fils. L'artiste retourne un temps à l'art figuratif et réaliste quelques portraits de famille. À partir des années 1920, les tableaux du peintre tendent vers le surréalisme. Il peint de grandes baigneuses aux corps disloqués. En 1927, apparaît une nouvelle femme dans les toiles de Picasso. C'est sa maîtresse, Thérèse Walter. Il en fera de nombreux portraits et sculptures.

Guernica ou l'horreur de la guerre

En 1937, alors qu'une guerre civile déchire l'Espagne, Picasso est très touché par le bombardement de la ville de Guernica. Il choisit donc, pour honorer la commande du gouvernement espagnol pour l'Exposition universelle de Paris, de représenter la tragédie de cette ville. À travers ce tableau monumental, qui est l'un des plus connus du peintre, Picasso exprime toute sa colère et sa révolte. C'est le premier engagement politique de Picasso. *Guernica* symbolise de façon universelle l'horreur de la guerre. Dans cette lutte pour la paix, Picasso peindra en 1949 la magnifique *Colombe pour la paix*.

Malgré le climat austère de l'Occupation, la créativité de Picasso ne faiblit pas. Il écrit une pièce de théâtre, *Le Désir attrapé par la queue*, en 1941. Il peint des œuvres sombres sur le thème de la déraison humaine comme *Le Charnier*. En 1944, il devient membre du parti communiste. Cette période s'illumine en 1946 lorsque le peintre s'éprend de Françoise Gilot. Cet amour naissant ainsi que l'euphorie de la Libération redonnent de la gaieté au peintre qui exécute le tableau *La Joie de vivre*.

En 1948, l'artiste se penche sur un nouveau moyen artistique, la céramique. En 1954, il rencontre Jacqueline Roque qu'il épousera en 1955 après le décès d'Olga. Il s'attache un temps à la réinterprétation d'œuvres de grands maîtres tels que *Le Déjeuner sur l'herbe* de Manet ou *Les Femmes d'Alger* de Delacroix. Picasso part s'installer en 1961 à Mougins en compagnie de Jacqueline Roque. Il s'éteint le 8 avril 1973 à l'âge de 91 ans, à la suite d'une embolie pulmonaire.

Artiste protéiforme et prolifique (on estime qu'il a réalisé plus de 30 000 œuvres), Picasso a bouleversé l'art moderne. Avec George Braque, il donna naissance au cubisme. *Les Demoiselles d'Avignon* fut la première œuvre significative de ce mouvement. Peintre, sculpteur, graveur et céramiste, son génie fut reconnu de son vivant et aujourd'hui une dizaine de musées dans le monde lui sont exclusivement consacrés.

Il a produit une œuvre foisonnante et variée, ne négligeant aucune forme de création : peinture, dessin, sculpture, gravure, céramique, collage (dont il est l'inventeur avec la fameuse *Nature morte à la chaise cannée* en 1912). Il était avide d'explorer toutes les nouveautés et trouvailles de son époque. Il fut aussi l'instigateur de certaines d'entre elles (cubisme et collage).

Historique

Guernica est une municipalité et une ville de la province de Biscaye, située dans la Communauté autonome du Pays basque, en Espagne. Capitale historique et spirituelle du Pays basque, elle est particulièrement célèbre pour sa destruction, le 26 avril 1937, par les aviateurs de la légion Condor, envoyée par Hitler afin de soutenir le général Franco.

Le bombardement : le 26 avril 1937, jour de marché, quatre escadrilles de la légion Condor, protégées par des avions de chasse italiens, procèdent au bombardement de la ville de Guernica afin de tester leurs nouvelles armes. L'attaque commence à 16 h 30, aux bombes explosives puis à la mitrailleuse, et enfin aux bombes incendiaires. Après avoir lâché quelque 50 tonnes de bombes incendiaires, les derniers avions quittent le ciel de Guernica vers 19 h 45. Après le massacre, 20 % de la ville était en flammes, et l'aide des pompiers s'avérant inefficace, le feu se propagea à 70 % des habitations.

Ce bombardement a été longtemps considéré comme le tout premier raid de l'histoire de l'aviation militaire moderne sur une population civile sans défense. Selon le journaliste britannique C. L. Steer, correspondant à l'époque du *Times*, 800 à 3 000 des 7 000 habitants de Guernica périrent. Le chiffre donné par le gouvernement basque fait état de 1 654 morts et de plus de 800 blessés.

Les réactions : ce bombardement a marqué les esprits non seulement à cause de l'ampleur du massacre mais aussi et surtout à cause de la valeur terroriste qui lui a été attribuée, du fait de l'apparente faible valeur stratégique militaire que représentait la ville et de l'énorme disproportion entre les capacités de riposte des défenseurs et la violence de l'attaque. « *La peinture n'est pas faite pour décorer les appartements. C'est un instrument de guerre offensif et défensif contre l'ennemi* » (Picasso).

■ Présentation du tableau

Nature du document : reproduction de l'œuvre de Pablo Picasso (1881-1973), intitulée *Guernica*, datant de 1937, huile sur toile, aux dimensions considérables puisqu'elle mesure environ 3,50 m de hauteur et 7,80 m de largeur.

Contexte historique : la guerre civile éclate en Espagne en 1936 entre les républicains et les nationalistes dirigés par Franco (combat entre démocratie et dictature). Le 26 avril 1937, les bombardiers nazis (allemands), appelés par Franco, détruisent la petite ville de Guernica. L'œuvre de Picasso *Guernica* est la représentation d'une scène de ce massacre. Il s'agit donc d'une œuvre d'art engagée, d'une œuvre d'art politique, d'une peinture d'histoire.

Description

• Au premier plan : de gauche à droite : une femme avec un enfant dans les bras, un taureau, un homme allongé avec une épée dans la main droite, un cheval, une lampe au plafond, une femme apparaissant à une fenêtre et brandissant une lampe à pétrole, une femme s'enfuyant, un personnage en proie aux flammes d'une habitation. Les expressions sont fortes (femme criant de douleur, cheval terrorisé, soldat mort...), et accentuées par la déformation de l'ensemble des personnages.
• Au deuxième plan : des architectures intérieures alternent avec des vues extérieures, des portes, des fenêtres, des flammes, des toits, un dallage, une colombe. La visée est horizontale.

La lumière

• Dénotation : il y a plusieurs sources lumineuses : la lampe du plafond, la lampe à pétrole, les ouvertures vers l'extérieur (portes et fenêtres). La lumière divise la scène en deux parties (gauche et droite). Les contrastes de valeurs mettent en évidence les personnages du premier plan par rapport au second plan, mettant en évidence l'action et les expressions des personnages.
• Connotation : le rôle de la lumière : le plafonnier symbolise les bombes, donc la destruction ; la lampe à pétrole symbolise la résistance, l'espoir ; l'éclairage extérieur symbolise la vérité, donc la représentation et la lumière sont séparés.

La couleur/la matière

• Dénotation : absence de couleurs. Utilisation du noir et blanc, et d'une variété de gris (ainsi que des gris colorés). Les personnages sont mis en évidence par une teinte plus claire que les décors. Les gris sont obtenus avec des aplats ou par graphismes (cheval). L'absence de couleur est volontaire.
• Connotation : le rôle du noir et blanc : dramatisation de la scène, accentuation de l'idée de mort. Les croquis préparatoires étaient, eux, en couleur. Le noir et blanc fait également référence aux coupures et aux images de journaux que Picasso a utilisées dans ses recherches.

La composition, l'espace

• Dénotation : un axe vertical divise le tableau en deux grandes parties, ainsi que la lumière (partie gauche beaucoup plus sombre que la partie droite). Quatre parties correspondent aux différents groupes de personnages :
- femme à l'enfant (l'enfant mort dans les bras de sa mère se rapproche-t-il d'une autre image à portée universelle : celle d'une *pietà* ?) et taureau (symbole de la force brute, de la cruauté) ;
- cheval (symbole du peuple sacrifié) et lampe (symbole de l'espoir) ;
- les deux femmes ;
- le personnage bras en croix dans les flammes (référence au *Tres de Mayo* de Goya).

Composition classique de type pyramidale, délimitée, à droite, par la femme qui s'enfuit, et à gauche, par le soldat mort ou plus exactement par la ligne imaginaire qui part de sa main ; ces deux personnages permettent d'unifier l'ensemble des parties du tableau. À la base de la pyramide, il y a la mort représentée par le soldat, et au sommet, la promesse de revanche symbolisée par la lampe brandie. Il y a une opposition entre l'élan de la femme de droite qui se dirige vers la lumière et le taureau qui s'en détourne.

• Connotation : l'horizontale évoque la mort, au contraire de la verticale qui signifie l'élan vers la vie. Le mouvement, qui part dans plusieurs sens différents, est figé.
• Le rôle de la composition : fragmenter l'espace et donner une impression de désordre (désordre organisé).

Jeux de regards

Attirer le regard vers la lampe (espoir, revanche). Quant au taureau, il symbolise la brutalité, la violence, et représente les nationalistes, la lampe du plafond (les éclats, les bombes), les flammes, représentent la domination de l'ennemi. Les regards convergent vers ces éléments, sauf le taureau qui nous regarde : manière d'introduire le spectateur dans l'œuvre ou représente-t-il une menace ? La colombe, elle, est dans l'ombre, et montre le désespoir de la population. Elle fait écho au personnage de droite et au cheval (symbole du peuple) inspiré d'une crucifixion réalisée en 1930 : *Sacrifice du peuple républicain espagnol.*

■ Interprétation

Cette œuvre dénonce le massacre d'innocents par les nationalistes, aidés des nazis. L'œuvre dégage une sensation d'horreur. Picasso, par la déformation des personnages, vise une expression accrue. Le noir et blanc ajoute à la dramatisation de la scène. Picasso utilise une caractéristique propre au style cubiste : la représentation simultanée face/profil ; il fragmente l'espace au maximum afin d'amplifier l'idée de désordre.

Portée de l'œuvre : l'œuvre, encore aujourd'hui, peut s'avérer dérangeante puisqu'elle rappelle les horreurs de la guerre. Elle est présentée aujourd'hui au musée de la Reine-Sofia à Madrid depuis 1981 seulement. En effet, elle se trouvait aux États-Unis depuis 1937, Picasso ayant refusé que l'œuvre rejoigne l'Espagne tant que celle-ci était sous le joug de la dictature franquiste (Franco meurt en 1975).

■ LA SÉQUENCE : *GUERNICA* AU CM1

Contexte historique et culturel

Le 26 avril 1937, la petite ville de Guernica (7 000 habitants) est rasée par l'aviation de la légion Condor, le corps expéditionnaire nazi au service de Franco. C'est la première fois qu'une ville est délibérément écrasée sous des bombes. On compte près de 1 700 morts et 800 blessés. Les objectifs « stratégiques » comme le point de Guernica ou l'usine d'armes ne sont pas atteints, mais les colonnes de fuyards sont mitraillées. La guerre d'Espagne est alors pour l'Allemagne qui teste son armement une sorte de répétition générale de la Seconde Guerre mondiale : Guernica préfigure la destruction de Rotterdam en 1940, puis celle d'innombrables cités.

Contexte artistique

À partie de 1909 et jusqu'en 1914, Picasso fut, avec le peintre Georges Braque, l'un des personnages dominants du développement du cubisme puis, après la Première Guerre mondiale, il prit part au renouveau du classicisme. En 1925, il se joignit aux surréalistes et, après la Seconde Guerre mondiale, il passa à la céramique.

L'œuvre

L'œuvre est projetée sur un grand mur blanc. Premières impressions : que vous inspire ce tableau ? Quelqu'un le connaît-il ? Après avoir recueilli les premiers sentiments, procédons à l'analyse de ce tableau. Analysons cette œuvre ; quelles questions peut-on se poser ?

Que peut-on dire des dimensions du tableau ? Il est immense (3,50 m de hauteur pour presque 8 m de longueur), et cette taille démesurée implique que Picasso a dû utiliser une échelle pour peindre la partie supérieure.

■ Étude en détail des personnages et symboles

Lumière électrique : l'unique ampoule du plafond éclaire l'horreur nocturne d'une pièce. Les bords dentelés de sa lueur suggèrent une explosion de lumière, référence aux bombes incendiaires qui tombèrent sur Guernica. Ce luminaire ressemble aussi à un œil énorme qui observe tout, symbolisant peut-être l'œil de Dieu.

La mère et l'enfant : le visage incohérent de la femme éveille une impression d'angoisse profonde. Sa tête est rejetée en arrière dans un cri de désespoir ; Picasso a peint une pointe pour figurer sa langue, une forme qui exprime l'acuité de sa douleur. Un écho de l'image chrétienne de la souffrance, la *pietà*, apparaît dans la manière dont elle berce son enfant sans vie sur ses genoux.

Un personnage dans les flammes : à genoux, les bras tendus, ce personnage est environné de flammes. En écho au visage de la femme, à l'extrémité du tableau, l'homme ou la femme - rien ne le dit - crie vers le ciel. Les flammes lèchent la fenêtre devant le personnage, suggérant que le reste de la ville subit également l'attaque.

Le cheval : lorsqu'on lui demandait comment il interprétait les images du tableau, Picasso disait que ce cheval hennissant représentait le peuple innocent. Sa tête et son cou déformés donnent une image dramatique de la panique. Il porte au côté une blessure, comme une entaille dans la toile. L'animal semble pousser un hurlement d'agonie : sa langue est une pointe, comme celle de la mère affligée.

Un soldat à terre : le soldat tombé, au premier plan, est peut-être l'image la plus difficile à interpréter. Sa tête et son bras ont été séparés de son corps. Sa main démembrée tient une épée brisée et une fleur délicatement dessinée semble pousser à cet endroit, représentant peut-être une dernière lueur d'espoir. Dans la paume ouverte de l'autre main, une blessure rappelle les stigmates du Christ.

Le taureau : symbole culturel important en Espagne, représente souvent la force ; l'artiste a utilisé de nombreuses fois le motif du taureau ou du Minotaure dans son œuvre. Selon Picasso, qui refusait, en principe, d'analyser sa propre imagerie, le taureau de *Guernica* est le symbole de la brutalité. Celui-ci, cependant, n'apparaît pas particulièrement agressif. Mais peut-être l'image est-elle intentionnellement ambiguë.

La queue du taureau : il est difficile de savoir si le taureau bouge la queue ou si celle-ci est en flammes. Le fier animal apparaît presque désespéré devant le carnage et il regarde le spectateur avec une expression singulièrement humaine.

Une femme flotte : un personnage féminin entre dans la pièce en volant, une bougie ou une lampe dans la main. Cette femme flottante, dont le style rappelle l'œuvre surréaliste de Picasso, apporte peut-être des éclaircissements à la scène. Mais la flamme de la bougie est tout proche de l'ampoule électrique (qui représente la guerre) et attire l'attention sur la signification de ces symboles juxtaposés.

■ Question sur les techniques

Quelles sont les couleurs utilisées ? Cette toile grand format est en noir et blanc pour mieux souligner que toutes les couleurs de la vie ont disparu.

■ Question sur le sens

• Pourquoi Picasso a-t-il peint ce tableau ? Au début de 1937, Picasso avait reçu la commande d'une peinture murale pour décorer le pavillon national de l'Exposition universelle de Paris mais il n'avait pas choisi le thème de l'œuvre. Suite au bombardement de Guernica, l'émotion suscitée par le massacre est vive. Le tableau décrit moins un fait historique que l'effet de cet événement sur l'esprit de Picasso. L'exposition internationale lui fournira l'occasion d'attirer l'attention du monde sur les atrocités infligées à la population de Guernica : il conçoit l'œuvre dans ce sens.

• Quels sentiments vous inspire ce tableau ? *Guernica* est une vision de cauchemar de la violence, de la souffrance et du chaos. Par des formes anguleuses et fragmentées et des visages déformés, Picasso crée une atmosphère de panique et de terreur. Le tableau provoque un choc violent, tant émotionnel que physique.

Mise en réseau

Musées : musée Picasso d'Antibes, de Paris, de Malaga, de Vallauris, de Lucerne, de Barcelone

Prolongement

Poème étudié en classe : « La Victoire de Guernica » de Paul Éluard, 1938.

LES QUESTIONS POUR L'ENTRETIEN

1. Qu'est-ce que le cubisme et par qui a-t-il été initié ?

Le cubisme est un mouvement artistique qui s'est développé de 1907 à 1914 à l'initiative des peintres Georges Braque et Pablo Picasso. Le cubisme est sans doute le mouvement le plus décisif de l'histoire de l'art moderne. Héritant des recherches de Cézanne sur la création d'un espace pictural qui ne soit plus une simple imitation du réel, et des arts primitifs qui remettent en cause la tradition occidentale, le cubisme bouleverse la notion de représentation dans l'art. Comme le dit John Golding, historien de l'art et spécialiste de ce mouvement, « *le cubisme est un langage pictural absolument original, une façon d'aborder le monde totalement neuve, et une théorie esthétique conceptualisée. On comprend qu'il ait pu imprimer une nouvelle direction à toute la peinture moderne* ».

Le cubisme comprend plusieurs étapes. Les protagonistes du mouvement conduisent d'abord une recherche qui pose la question de l'unité de la toile et du traitement des volumes en deux dimensions. Cette première phase du cubisme, nommée « cubisme cézannien », se situe entre 1908 et 1910. Une fois conquise l'autonomie du tableau, la question de l'espace se précise, pour devenir une sorte de déconstruction du processus perceptif. Cette étape appelée « cubisme analytique » se poursuit jusqu'en 1912. Enfin, après avoir frôlé l'abstraction et l'hermétisme, les artistes réintroduisent des signes de lisibilité dans l'espace de la toile, des éléments issus du quotidien, des papiers et objets collés, orientant ainsi le cubisme vers une réflexion esthétique sur les différents niveaux de référence au réel. Cette dernière étape a été baptisée « cubisme synthétique ».

Les deux premières phases sont menées par Georges Braque et Pablo Picasso qui, voisins à Montmartre dans les ateliers du Bateau-Lavoir, travaillent en étroite collaboration. Ils sont rejoints par Juan Gris en 1911 et le sculpteur Henri Laurens en 1915. Le cubisme influence aussi la jeune génération de peintres des années 1910. Robert Delaunay, Fernand Léger, Albert Gleizes, les frères Duchamp (Raymond Duchamp-Villon, Jacques Villon, Marcel Duchamp) y prennent une impulsion qui les conduira à de grandes découvertes. Enfin l'influence du cubisme se fait sentir dans toute l'Europe, débouchant aussi bien sur les *ready-made* que sur la peinture abstraite. L'abstraction de Piet Mondrian, le constructivisme russe, le suprématisme de Kasimir Malevitch, et même le futurisme, qui sera en rivalité avec le cubisme, tous sont redevables des innovations originairement mises en place par Braque et Picasso.

Après la Première Guerre mondiale, le mouvement s'essouffle, avant de s'éteindre vers les années 1920.

Chronologie

1907

- Une grande rétrospective Paul Cézanne est organisée au Salon d'automne. C'est l'occasion de la publication de la correspondance du peintre avec son ami Émile Bernard.
- Picasso, dans son atelier du Bateau-Lavoir à Montmartre, réalise *Les Demoiselles d'Avignon*. Georges Braque lui rend visite et découvre le tableau.

1908

- En écho aux *Demoiselles*, Braque peint sa grande *Baigneuse*. Il séjourne ensuite à L'Estaque où il réalise une série de toiles déterminantes pour l'histoire de l'art moderne : exposées dès l'automne à Paris chez Daniel-Henri Kahnweiler, elles suggèrent au critique d'art Louis Vauxcelles le néologisme de « cubisme ». La préface du catalogue est rédigée par un ami de Braque, Guillaume Apollinaire.
- Juan Gris s'installe dans un atelier du Bateau-Lavoir.

1909

- Albert Gleizes rencontre Jean Metzinger et procède à une géométrisation des formes dans sa peinture.
- Fernand Léger s'installe dans les ateliers de la Ruche près de Montparnasse. Il y rencontre Alexandre Archipenko, Robert Delaunay, Guillaume Apollinaire, Blaise Cendrars, puis Henri Laurens : un nouveau groupe cubiste se constitue.

• Kahnweiler organise une exposition des peintures de Picasso, Braque, André Derain et Kees Van Dongen.

1910

• Les frères Duchamp, Gaston, dit Jacques Villon, Raymond et Marcel, peignent des toiles dans l'esprit du cubisme.

• Avec les autres cubistes, ils exposent au Salon des indépendants. Picasso et Braque présentent des toiles de format ovale.

• Une exposition Braque-Picasso est organisée dans une galerie à Munich : le cubisme se diffuse ainsi à l'étranger.

• À la fin de l'année a lieu, chez Ambroise Vollard, une rétrospective des œuvres de Picasso.

1911

• Fondation du groupe de la Section d'or à Puteaux par les frères Duchamp : Gleizes, Delaunay, Francis Picabia... les rejoignent.

• Seuls les cubistes de Montparnasse et de Puteaux exposent au Salon des indépendants : Metzinger, Delaunay, Henri Le Fauconnier, Gleizes, encouragés par Apollinaire. De même pour le Salon d'automne. Leur salle soulève une vive polémique.

• Juan Gris peint ses premières toiles cubistes qui séduisent Kahnweiler.

1912

• Gris expose pour la première fois.

• Picasso commence à utiliser le pochoir et les papiers collés. Il quitte Montmartre pour s'installer boulevard Raspail. Il se rapproche ainsi de Montparnasse.

• À la Galerie La Boétie, une exposition de la Section d'or est organisée : les frères Duchamp, Braque, Picasso, Gris, Léger, Picabia, Kupka, Delaunay, Gleizes, Metzinger, Louis Marcoussis, Roger de La Fresnaye, André Lhôte... y participent.

• Gleizes publie avec Metzinger *Du cubisme*, premier ouvrage théorique sur ce mouvement.

1913

• Apollinaire publie un recueil de textes, *Les Peintres cubistes* (méditation esthétique).

• Picasso, Braque et Marcel Duchamp participent à la grande exposition de New York, L'Armory Show. C'est ainsi que leur travail est introduit auprès du public américain.

1914

• Picasso réalise une série de sculptures qui porte à son apogée la problématique cubiste de la référence au réel : la série des *Verres d'absinthe* (une vraie cuillère vient couronner chacune des épreuves).

- Braque, Léger, Gleizes, Metzinger, Villon sont mobilisés pour la guerre.
- Picasso reste à Paris tandis que Gris s'installe à Collioure et se rapproche de Matisse.

1915
- Henri Laurens commence à réaliser des sculptures cubistes.
- La rumeur court que Picasso réalise des dessins dans le style d'Ingres.
- Braque, blessé à la tête, doit être rapatrié ; mais il ne reprendra la peinture qu'en 1917.
- Marcel Duchamp, réformé, part pour New York, où, avec Picabia, il crée la section américaine de Dada.

1917
- Braque reprend la peinture et poursuit ses recherches autour du thème de la nature morte.
- Picasso peint le rideau de scène de l'opéra Parade dans un style néoclassique.

Les grands noms du cubisme
- Alexander Archipenko (1887-1964)
- Constantin Brancusi (1876-1957)
- Georges Braque (1882-1963)
- Robert Delaunay (1885-1941)
- Sonia Delaunay (1885-1979)
- Marcel Duchamp (1887-1968)
- Raymond Duchamp-Villon (1876-1918)
- Albert Gleizes (1881-1953)
- Juan Gris (1887-1927)
- Henri Laurens (1885-1954)
- Fernand Léger (1881-1955)
- Louis Marcoussis (1878-1941)
- Piet Mondrian (1872-1944)
- Pablo Picasso (1881-1973)
- Paul Cézanne (1839-1906)
- Henri Matisse (1869-1954)

2. Quel est le concept du cubisme ?

Le cubisme prend sa source dans une lettre de Cézanne à Émile Bernard, de laquelle sera tirée une phrase souvent répétée pour justifier les théories cubistes : « *Traitez la nature par le cylindre, la sphère, le cône, le tout mis en perspective, soit que chaque côté d'un objet, d'un plan, se dirige vers un point chaque côté d'un objet, d'un plan, se dirige vers un point central.* » C'est donc vraisemblablement sur un malentendu qu'à partir de 1907 et *Les Demoiselles d'Avignon* (considérées généralement comme le premier tableau cubiste), Picasso et Braque appliqueront leurs théories, non seulement aux paysages, mais aussi aux natures mortes et à la figure humaine.

À partir de 1910, avec ce que l'on nommera le « cubisme analytique », ces deux peintres vont affirmer une rupture avec la vision classique déjà entamée depuis quatre ans. Ils abandonnent l'unicité de point de vue du motif pour en introduire de multiples sous des angles divers, juxtaposés ou enchevêtrés dans une même œuvre. Ils s'affranchissent de la perspective pour donner une importance prépondérante aux plans dans l'éclatement des volumes.

Le cubisme, qui décompose les objets, est proche de trois mouvements :
- le futurisme, qui décompose le mouvement ;
- l'orphisme, qui décompose la lumière ;
- le rayonnisme : synthèse du futurisme, de l'orphisme et l'impressionnisme.

3. Quel est le vocabulaire utilisé pour les arts ?

Les principaux termes généraux sont les suivants.

- Cartel : désigne la carte d'identité d'une œuvre dans un musée. Il comporte nécessairement le nom de l'artiste, le titre de l'œuvre, l'année de réalisation, la technique, les dimensions et le nom du propriétaire (privé, musée ou galerie).
- Démarche : la démarche artistique est la manière dont un artiste effectue son itinéraire de création par rapport à des choix (thèmes, engagements, supports, techniques, formats...), voire en travaillant avec le hasard. La démarche est très importante, elle détermine et singularise l'œuvre, elle caractérise l'artiste.
- Format : il caractérise la forme (rectangle, carré, ovale...), les dimensions (taille), les proportions (rapport entre les dimensions), l'orientation (vertical, horizontal...) d'un support ou d'une œuvre.
- Manifeste : livre, théorie ou œuvre que l'on considère comme l'origine d'un mouvement artistique.
- Mouvement artistique : tendance artistique, culturelle, intellectuelle, regroupant un certain nombre d'individus dont les travaux et les recherches vont dans la même direction (cubisme, impressionnisme, dadaïsme, minimalisme, *arte povera*...).
- Support : c'est ce sur quoi l'œuvre est réalisée. Le support peut être le papier, la toile, le carton...
- Technique : en arts plastiques, c'est le procédé qu'utilise l'artiste ou le plasticien pour réaliser son œuvre (peinture, collage, photographie...).
- Technique mixte : se dit à propos d'une œuvre qui est réalisée à l'aide de plusieurs techniques.

Pour la peinture

• Genre : en arts plastiques, il désigne des grandes familles d'œuvres, par exemple, les portraits, les paysages, les natures mortes... selon l'Académie au XVIIe siècle, les genres majeurs sont la peinture d'histoire, la peinture religieuse et l'allégorie. Les genres mineurs sont le portrait, la nature morte, le paysage et la peinture de genre. Cette classification a eu pour conséquence de contraindre les artistes à être des spécialistes de tel ou tel genre, majeur ou mineur, et de déterminer aussi le format du support : très grand pour les genres majeurs et beaucoup plus modeste pour les genres mineurs. Le XIXe puis le XXe siècle mettent un terme à cette hiérarchie. On appelle « scène de genre » ou « peinture de genre » une œuvre qui représente un sujet populaire, ordinaire ou intime (un repas, une réunion familiale...).

• Allégorie : personnification d'une idée abstraite (la liberté, l'amour, la justice...) sous les traits d'un personnage ou d'un animal. La mort, par exemple, est souvent représentée sous forme d'un personnage squelettique tenant une faux.

• Nature morte : se dit d'une œuvre qui représente des objets inanimés, par exemple une corbeille de fruits, des éléments de vaisselle et autres objets du quotidien, ou un gibier tué à la chasse.

• Vanité : nature morte qui présente des objets tels qu'un crâne, une bougie, une bulle de savon... qui rappelle au spectateur qu'il est mortel et que son passage sur la terre n'est qu'éphémère. On appelle aussi ces œuvres des *memento mori* (« Souviens-toi que tu es mortel »).

Pour la représentation

• Abstrait (art abstrait) : désigne une tendance artistique qui ne cherche pas à représenter la réalité visible. Une œuvre abstraite, ou non figurative, ne représente rien que l'on puisse reconnaître. L'abstraction apparaît au début du XXe siècle.

• Figuratif : se dit d'un art qui représente un sujet reconnaissable comme la peinture d'un objet, d'un paysage...

• Anamorphose : image ou partie d'image volontairement déformée qui retrouve son aspect normal lorsqu'elle est regardée à partir d'un certain point de vue ou lorsqu'elle est réfléchie par un miroir généralement courbe (cylindrique ou conique).

• Anthropomorphe : se dit d'une forme qui rappelle celle de l'humain.

• Canon : c'est l'ensemble des règles qui déterminent les proportions du corps humain à une époque donnée et selon les critères esthétiques propres à chaque culture. Par extension, un canon est un modèle aux proportions idéales. Les canons de beauté servent de référence pour toutes les créations du même type. L'*Apollon du belvédère* (musée du Vatican), par exemple, a été considéré à la renaissance comme le canon de beauté masculine hérité de la Grèce antique.

• Cerner : en peinture, cerner est une opération qui consiste à marquer plus ou moins fortement un contour, celui d'un personnage ou d'une forme.

- Contour : c'est la ligne qui marque le tour d'un corps, d'un objet ou d'une figure. Le contour est une limite.
- Espace : lieu d'investigation de l'artiste : espace bidimensionnel, tridimensionnel, ou encore espace social, culturel. Il existe plusieurs types d'espaces : l'espace littéral est l'espace physique (réel) offert par le support brut. On parle de l'espace littéral d'une feuille de papier ou d'espace plan. Cet espace limité possède des dimensions et une matérialité propres qui dépendent totalement du support. L'espace suggéré est la profondeur représentée sur un support bidimensionnel (papier, carton, toile, etc.) par différents moyens comme la perspective, la succession des plans, etc.
- Estomper : estomper consiste à dégrader, à adoucir, à atténuer les contours ou les parties d'un dessin.
- Illusionnisme : pratique qui cherche à créer l'illusion d'espaces réels par des effets comme la perspective ou le trompe-l'œil (plafonds baroques, par exemple).
- Mise en abyme : se dit, par exemple, lorsque deux miroirs, face à face, se reflètent à l'infini. On parle également de mise en abyme pour désigner une œuvre citée ou visible à l'intérieur d'une autre (un tableau dans un tableau...).
- Réalisme : au sens commun, caractère de ce qui tend à ressembler à la réalité. Ne pas confondre avec le réalisme en histoire de l'art. Ce dernier correspond à un mouvement artistique né vers 1830 et qui se prolonge jusqu'à la fin du XIXe siècle.
- Repentir : partie d'une œuvre modifiée durant son exécution à la suite d'un changement d'aspiration ou de motivation de l'artiste.
- Sujet : il s'agit de ce qui est représenté dans l'œuvre.

DOSSIER 18| L'ÉDUCATION MUSICALE AU CYCLE 3

LE PROGRAMME

Compétences devant être acquises en fin de cycle 3 :
- pratiquer des activités concernant la voix et l'écoute : jeux vocaux, chants divers, en canon et à deux voix, en petits groupes ou en formation chorale ;
- pratiquer des jeux rythmiques sur des formules simples, joués sur des objets sonores appropriés ;
- pratiquer des activités d'écoute. Les élèves s'exercent à comparer des œuvres musicales, découvrent la variété des genres et des styles selon les époques et les cultures ;
- pratiquer des activités vocales et d'écoute en lien avec l'enseignement de l'histoire des arts.

Objectifs pour l'année :
- s'exercer à des pratiques concernant la voix et l'écoute : jeux vocaux, chants divers, en canon, à deux voix, en petits groupes ou en formation chorale ;
- réaliser des jeux rythmiques sur des formules simples, joués sur des objets sonores appropriés ;
- grâce à des activités d'écoute, s'exercer à comparer des œuvres musicales, découvrir la variété des genres et des styles selon les époques et la culture : trouver un rapport entre histoire de l'art et pratique artistique ;
- percevoir et identifier des éléments musicaux caractéristiques de la musique.

1re année	2e année	3e année	Compétences du socle commun
S'exercer à des pratiques concernant la voix et l'écoute : jeux vocaux, chants divers, en canon, à deux voix, en petits groupes ou en formation chorale • Travail de dernière période pour le spectacle de fin d'année • Pratique de jeux vocaux (maîtrise de la respiration) • Apprendre divers chants • Mémoriser le texte, la mélodie des chansons • Chanter en canon, à 2 voix...) • Vivre pleinement les exigences de l'interprétation • Réaliser des jeux rythmiques sur des formules simples, joués sur des objets sonores appropriés	S'exercer à des pratiques concernant la voix et l'écoute : jeux vocaux, chants divers, en canon, à deux voix, en petits groupes ou en formation chorale • Travail de dernière période pour le spectacle de fin d'année • Pratique de jeux vocaux (maîtrise de la respiration) • Apprendre des chants en petits groupes (rechercher différents tons) • Contrôler sa voix et son attitude corporelle • Réaliser des jeux rythmiques sur des formules simples, joués sur des objets sonores appropriés	S'exercer à des pratiques concernant la voix et l'écoute : jeux vocaux, chants divers, en canon, à deux voix, en petits groupes ou en formation chorale • Travail de dernière période pour le spectacle de fin d'année • Pratique de jeux vocaux (maîtrise de la respiration) • Apprendre des chants en formation chorale • Tenir sa voix et sa place, notamment dans un chant polyphonique • Réaliser des jeux rythmiques sur des formules simples, joués sur des objets sonores appropriés	• Distinguer les grandes catégories de la création artistique (musique, danse) (compétences à acquérir en fin de cycle 3 CM2) • Interpréter de mémoire une chanson, participer avec exactitude à un jeu rythmique ; repérer des éléments musicaux caractéristiques simples (compétences à acquérir en fin de cycle 3 CM2) • Inventer et réaliser des chorégraphies ou des enchaînements, à visée artistique ou expressive (compétences à acquérir en fin de cycle 3 CM2)

• Reproduire, marquer un rythme avec une partie du corps (frapper dans les mains, taper du pied, se balancer...) • S'impliquer avec plus d'autonomie dans une danse en fonction de la structure du caractère expressif de la musique (chorégraphie ou enchaînement) • Grâce à des activités d'écoute, s'exercer à comparer des œuvres musicales, découvrir la variété des genres et des styles selon les époques et la culture • distinguer et mémoriser des œuvres musicales • Enrichir son répertoire : connaître des œuvres de création contemporaine et quelques œuvres populaires du patrimoine • Reconnaître une œuvre du répertoire travaillé • Percevoir et identifier des éléments musicaux caractéristiques de la musique • Repérer les différents instruments (famille...) • Mémoriser l'organisation des éléments d'une œuvre musicale dans leur ordre et leur superposition (hauteur, intensité, vitesse...) • Nommer les sons (lexique) : recourir au codage et à la partition	• Participer à un jeu rythmique sur des formules simples (avec un objet sonore approprié) • Témoigner de son aisance dans une danse collective • Grâce à des activités d'écoute, s'exercer à comparer des œuvres musicales, découvrir la variété des genres et des styles selon les époques et la culture • En lien avec l'éducation musicale : musique religieuse (un chant grégorien) et musique profane (une chanson de troubadour) • Situer dans le temps les œuvres et leur compositeur • Écoute et reconnaissance : connaître des œuvres de la musique classique, des opéras, des oratorios (œuvres lyriques dramatiques) • Porter un jugement esthétique sur une œuvre du répertoire : justifier ses goûts et les faire partager • Percevoir et identifier des éléments musicaux caractéristiques de la musique • Mémoriser l'organisation des éléments d'une œuvre musicale dans leur ordre et leur superposition (hauteur, intensité, vitesse...)	• Jeux rythmiques sur plusieurs instruments différents (qui peuvent être fabriqués en lien avec l'initiation technologique) • Initiation à l'orchestration • Assumer son rôle dans un travail d'accompagnement d'une chanson • Exprimer son appréciation pour qualifier une réalisation dansée, chantée ou jouée, à la fois comme acteur ou spectateur • Grâce à des activités d'écoute, s'exercer à comparer des œuvres musicales, découvrir la variété des genres et des styles selon les époques et la culture • Écoute des musiques du monde (approche culturelle des musiques dans le monde) • En lien avec l'éducation musicale/expression corporelle : des musiques du XXe siècle • Inscrire des références d'œuvres musicales dans sa mémoire à long terme • Écoute et reconnaissance • Répertoire baroque (Vivaldi...) et classique (Mozart...) • Connaître d'autres formes musicales (symphonies et opéras ; XXe siècle ; jazz ; musique de film...) • Situer une œuvre dans son contexte de création • Percevoir et identifier des éléments musicaux caractéristiques de la musique • Prendre conscience des différents plans sonores d'une œuvre musicale • Mémoriser l'organisation des éléments d'une œuvre musicale dans leur ordre et leur superposition (succession, simultanéité, rupture) • Nommer et caractériser les sons (lexique) : recourir au codage et à la partition	

LE CHANT CHORAL

Les connaissances

Préhistoire

Le sens du sacré, né dès l'origine du monde de l'angoisse de l'homme devant le mystère de l'univers, fit infailliblement s'éveiller dans l'humanité primitive le sens musical. Seul être doué du privilège de la voix articulée, l'homme, qui a toujours été une espèce sociale, a éprouvé de bonne heure le besoin de chanter collectivement. À l'époque de la pierre polie, lors de l'institution des premiers chantiers ou ateliers, ou encore, au-delà des temps et des âges, dès que les hommes eurent l'idée d'organiser les premières assemblées civiles ou religieuses, les mêmes manifestations vocales s'imposaient à tous les membres du groupe, du clan, ou de la tribu. Ainsi donc, en tout temps et en tout lieu, quand des hommes se trouvèrent réunis ensemble dans l'intention de conjurer les dangers qui les entouraient, ou dans le but de se concilier les esprits du monde invisible, le chant choral dut s'organiser, d'une manière spontanée, sous forme d'invocations ou de litanies avec reprises en chœur, de même qu'au chantier ou à l'atelier, un motif choral rudimentaire a pu scander le geste ou l'effort des travailleurs. Lorsque les premières représentations figurées de chanteurs firent leur apparition, il y avait déjà de longs siècles que le chant collectif était cultivé dans le monde habité, avec une intuition évidente de l'influence que la musique pouvait exercer sur les hommes par une sorte de pouvoir magique.

Mais l'évolution des sociétés primitives ne s'accomplit pas sans rivalités ni luttes fratricides, alors les hommes inventèrent des chants de guerre pour l'appel aux armes, des lamentations pour pleurer les morts, et des chants épiques pour célébrer les exploits des braves. Virgile, décrivant les peuples guerriers de l'Italie préhistorique, n'a-t-il pas nommé ceux du Socrate et des monts Ciminiens qui marchaient en chantant ? Ainsi donc, accompagné ou non de la danse, et associé comme élément organique aux actes de la vie religieuse et de la vie profane, le chant en solo et en chœur peut être considéré comme l'une des premières institutions sociales.

Antiquité

Les bas-reliefs, les fresques ou les papyrus de l'ancienne Égypte suggèrent l'idée d'une culture musicale déjà avancée ; de même, les anciens monuments des Assyriens, des Chaldéens et des Hittites nous montrent la musique chorale associée à la musique instrumentale et pénétrée par la vie religieuse, guerrière ou civile. Environ 3 000 ans avant notre ère, chez les Sumériens, un rôle important était réservé à la musique chorale dans les cérémonies religieuses au cours desquelles étaient exécutées des hymnes, des lamentations et des litanies dialoguées, formes primitives du lyrisme spirituel.

Chez les Perses, dès leur jeune âge, les enfants apprenaient par le chant les exploits des dieux et des hommes illustres. Les Hindous considéraient la musique vocale comme la plus importante ; la littérature védique n'a-t-elle pas conservé le texte de cantilènes liturgiques suivies d'un refrain destiné à être chanté en chœur ? À Jérusalem, 11 siècles avant la venue du Messie, plusieurs chœurs se répondaient l'un à l'autre dans le temple, pour chanter les louanges de Javeh sur des tons extrêmement diversifiés en raison du sujet, historique ou moral ; c'était précisément l'époque où le roi David venait d'organiser la musique sacrée, et son institution devait durer jusqu'à la ruine de la ville sainte.

Chez les Grecs, « *toute la musique, même celle que nous appelons profane, était inspirée par un souci religieux et moral* » (Mario Meunier). En Grèce, de bonne heure, la musique chorale était devenue véritablement une affaire d'État. Les Pélasges déjà, si l'on en croit une vieille légende attique chantaient et dansaient, les jours de fête, au pied de l'Acropole, là même où de longs siècles plus tard, d'immenses foules viendraient se presser aux concours musicaux organisés à l'occasion de grandes solennités religieuses et des représentations dramatiques. Cet exemple devait être suivi à Olympie, à Delphes, à Sparte, à Délos, à Thèbes, à Corinthe, à Mégare, et dans toutes les cités aristocratiques de la Doride et des îles ioniennes. Là, de grands ensembles composés d'amateurs distingués, instruits et dirigés par un maître de chœur, accompagnaient le culte de Dionysos.

Au ve siècle, les Étrusques avaient déjà acquis en Italie une solide réputation musicale. Dans la Rome primitive, des chœurs nombreux prenaient part au chant des processions ; en l'an 346 furent donnés les Jeux séculaires, grand festival avec chœurs et danses sacrées que l'empereur Auguste tenta de faire revivre en l'an 17 avec le concours du poète Horace. En Extrême-Orient, au IIIe siècle, la musique des rites majeurs religieux et palatins, chez les Chinois, comprenait des hymnes chantés en chœur avec accompagnement d'instruments. On sait qu'au IIe siècle, chez les Gaulois, les fêtes comportaient des représentations dramatiques ; leurs bardes, écrit Ammien Marcellin, chantaient en vers héroïques les exploits des héros.

La Rome impériale ne fit d'abord qu'imiter l'art grec ; mais le public était plus sensible à la quantité qu'à la qualité des exécutants. Sénèque rapporte qu'il y a plus de chanteurs dans les théâtres de son temps qu'il n'y avait de spectateurs dans les théâtres d'autrefois. Les empereurs, de Néron à Alexandre Sévère, ont été presque tous des amateurs de musique zélés et éclairés ; cependant ils ne purent empêcher l'art vocal d'évoluer dans un sens peu artistique, sous l'influence de professionnels et d'un public imbus uniquement de cet esprit de virtuosité, qui a toujours été la brillante folie des périodes de mauvais goût ou de décadence.

Jusqu'à l'édit de Milan (313), les chrétiens persécutés n'eurent guère la possibilité d'organiser le chant choral au cours des cérémonies du culte, mais dès que l'ère de la liberté eut sonné pour l'Église, l'art vocal collectif fut pratiqué partout. La psalmodie à deux chœurs, pratiquée avec succès à Antioche dès le milieu du IVe siècle, passa rapidement dans toutes les églises, d'Orient en Occident ; et l'hymnodie syrienne, après s'être répandue dans l'Église grecque, fut révélée à l'Église latine par un Gaulois exilé, Hilaire, évêque de Poitiers, lequel, après avoir été mêlé aux disputes suscitées par l'arianisme, et banni en 356 par l'empereur Constance, avait pu ensuite revenir dans son diocèse. Vers 540, l'empereur Justinien, qui sut donner à l'architecture religieuse de Constantinople un essor incomparable, s'affirmait également comme protecteur du chant choral en s'occupant de la réorganisation de la *schola* dans la basilique Sainte-Sophie.

Moyen Âge

Au milieu du VIe siècle, saint Germain, évêque de Paris, décrit avec exactitude l'organisation liturgique dans sa cathédrale, et Venantius Fortunatus, auteur de l'hymne « Vexilla Regis » aumônier de Sainte-Radegonde, puis évêque de Poitiers, dans ses pièces écrites à l'honneur du clergé de Paris sous le pontificat de saint Germain, signale le chant des enfants et loue la qualité de leur voix.

À cette époque, où commençait l'indépendance de la France sous le gouvernement de princes semi-barbares, mais dont quelques-uns furent amis de la musique (Chilpéric notamment et son frère Gontran, roi de Bourgogne), les évêques, seuls gardiens des beaux-arts, s'intéressaient tout particulièrement à l'organisation de la musique dans leurs écoles épiscopales. Les enfants y étaient occupés d'abord à chanter l'office, à servir les cérémonies sacrées puis à étudier les lettres.

L'organisation presque complète du chant liturgique à Paris date du siècle de Dagobert (1638) ; dans sa *Vie de saint Éloi*, saint Ouen nous l'apprend ; on célébrait alors selon le rite gallican ; mais déjà au IXe siècle, la maîtrise de Notre-Dame avait adopté les livres grégoriens. À Paris, dans le cloître de Notre-Dame, se développait un art nouveau : celui du contrepoint vocal, sous la direction des maîtres déchanteurs et organistes de la basilique nationale.

Le XIVe siècle fut un siècle bouillonnant de musique. Jean de Muris, Philippe de Vitry et Guillaume de Machaut enrichiront encore l'héritage de leurs prédécesseurs en exerçant une influence considérable non seulement en France, mais encore à l'étranger, notamment en Italie, à Florence, puis à Padoue, à Bologne et à Pérouse.

La Renaissance

Dès le premier quart du XVe siècle, quatre grandes chapelles musicales se disputent la prééminence la chapelle du pape ; celle du roi de France ; celle du roi d'Angleterre et celle des ducs de Bourgogne, des comtes de Flandre, dont la cour brillante était rivale de la cour de France.

Martin Luther, en adoptant la forme du cantique populaire pour la célébration des offices du culte réformé, doit compter parmi les apôtres les plus zélés du chant choral. Il s'intéressa personnellement, en effet, à la fondation de nombreuses sociétés chorales (*Kantoreigesellschaffen*), non moins qu'à l'institution de groupes de jeunes élèves et étudiants des écoles (*Kurrenden*) capables d'exécuter à l'église les nouveaux chants liturgiques et même des pièces polyphoniques.

Saint Philippe Néri, en instituant la congrégation de l'oratoire, donna un grand élan au chant populaire en favorisant l'éclosion de *laudi spirituali*, spécialement composés pour le chœur des fidèles qui les exécutaient au cours des réunions de cette pieuse association. En France, en Italie, en Espagne, en Hongrie, en Bavière et en Autriche, les collèges des Jésuites deviendront autant de foyers d'art choral.

Le XVIe siècle fut, en France, une époque privilégiée pour le développement du chant choral. La vie de cour italienne transportée chez nous favorisait l'éclosion de divertissements musicaux de bonne compagnie, auxquels prenaient part des rois chevaliers et toute une noblesse revenue des guerres d'outre-monts. À la ville et dans les châteaux retentissaient les chansons de nos maîtres de la Renaissance ; il n'était alors de gentilhomme ou de gracieuse dame qui ne fût capable de tenir sa partie dans un quatuor vocal, et l'on ne voit guère dans toute notre histoire de moment où la musique et la poésie se soient trouvées dans une plus étroite dépendance réciproque. Enfin, dans toutes nos églises, vers le même temps, retentissait une musique appropriée.

Depuis la fin du XIVe siècle, la chapelle du pape était peuplée en grand nombre de chanteurs français et flamands, tous compositeurs et capables de diriger le répertoire polyphonique.

■ XVIIe et XVIIIe siècles

Au XVIIe siècle, l'invention de la basse chiffrée (basse continue) et la création de l'opéra et de l'oratorio marquèrent dans l'évolution de la musique chorale une ère nouvelle. L'harmonie moderne tonale était née ; elle allait passer aussitôt au premier plan et servir de base au contrepoint ; la mélodie elle-même sous-entendrait des « accords » ; par contrecoup, les vieilles échelles modales allaient tomber l'une après l'autre en désuétude, et l'écriture se renouveler en opposant, dans une heureuse diversité, le style vertical au style horizontal ; de plus, l'orchestre en se mêlant aux voix, viendrait ajouter un élément puissant de soutien et de séduction.

Monteverdi et Carissimi, Cesti et Cavalli, Henry Dumont et Marc-Antoine Charpentier, Lully et Lalande, Schütz et Buxtehude, Hammerschmidt et Praetorius, Viadana et Purcell, tels sont les principaux maîtres qui ont illustré la première génération des grands classiques de cette renaissance musicale. Avec Alessandro Scarlatti, J.-S. Bach, Haendel, Campra, Rameau, Glück, Haydn et Mozart, le XVIIIe siècle connaîtra l'apogée du style classique, en même temps qu'il verra le triomphe universel de l'opéra italien.

À l'encontre des compositeurs d'outre-monts qui, dans leurs opéras, avaient réduit les chœurs à un état rudimentaire, les musiciens français réservaient aux grands ensembles vocaux un rôle fort important dans leurs tragédies lyriques tout comme dans leurs motets.

Temps modernes

Le XIXe siècle est le siècle de la musique chorale. La musique fait officiellement partie de toutes les fêtes et tend à prendre dans la vie une place aussi grande que la littérature. Dans toute l'Europe, l'art choral est désormais du domaine public, puisqu'il répond si bien au besoin d'association particulier aux sociétés modernes. De fait, lorsque vers 1860, Gounod, Bazin et Pasdeloup prirent la direction générale de l'orphéon, il y avait en France plus de 3 200 sociétés groupant environ 150 000 chanteurs. C'était déjà un beau résultat.

Le mouvement scout et celui des Jeunesses musicales ont fait éclore un peu partout des chorales de bonne volonté qui s'acheminent courageusement vers le grand art en partant de la résurrection des vieilles chansons populaires de nos provinces.

Conclusion

Cet exposé très sommaire de l'activité chorale universelle fait bien voir que l'art du chant collectif tire sa substance de la vie sociale, et qu'il est le seul art véritablement populaire. Il s'ensuit que l'enseignement musical, partie importante d'une éducation bien comprise, et quand il s'agit d'une éducation du goût, élément indispensable de formation, doit être donné, dès le début des études enfantines, par des maîtres pénétrés de leur devoir de faire de leurs élèves des amateurs éclairés, lesquels, toute leur vie, conserveront le goût artistique puisé dans les leçons de l'école ou du lycée.

La séquence

Cycle 3- Discipline/Domaine : éducation musicale				Nombre de séances : 4
Compétence de fin de cycle visée : interpréter de mémoire une chanson, participer avec exactitude à un jeu rythmique ; repérer des éléments		**Objectif :** interpréter de mémoire une chanson ; participer avec exactitude à un jeu rythmique ; soutenir une écoute prolongée		
Séances Environ 40 minutes	1	2	3	4
Compétences disciplinaires	Tenir sa voix et sa place en formation chorale et notamment dans une polyphonie. Contrôler volontairement sa voix et son attitude corporelle pour chanter. Écouter l'exécution d'un morceau pour y repérer un rythme, les instruments utilisés. Assumer son rôle dans un travail d'accompagnement.			
Compétences transversales	Respiration, positionnement du corps, utilisation du corps, langage			
Matériel/Support	Poste CD, enregistreur, CD, paroles			
Grands types de tâche des élèves	Apprendre par cœur le chant Bambali	Apprentissage d'un ostinato rythmique	Apprendre à chanter en polyphonie (ostinato et mélodie)	Jouer un ostinato rythmique avec des percussions qui accompagnent le chant
Observations		Écoute de « Couleur café » de Serge Gainsbourg	Écoute de « Boby » de Mac Ferrin	

LES QUESTIONS POUR L'ENTRETIEN

1. Qu'est-ce que développe chez l'élève la pratique du chant ?

Quel qu'en soit le cadre, la pratique vocale collective contribue à structurer la personnalité de l'élève :
- en développant la sensibilité au service d'une production musicale maîtrisée ;
- en apportant une expérience physiologique et psychologique particulière ;
- en proposant une relation originale à l'espace et au temps (gestion anticipée des événements, réminiscences, mémoire) ;
- en développant le travail de la respiration et, plus généralement, celui du geste vocal ;
- en permettant une prise de risques où le chanteur s'expose, s'implique et se dépasse ;
- en apportant l'expérience de l'émotion et de sa maîtrise ;
- en développant l'esprit d'équipe et de collaboration ;
- en procurant, par le biais de la représentation publique, le plaisir d'un travail collectif reconnu dans le cadre scolaire et en dehors de celui-ci.

2. Pouvez-vous dire ce qu'est une classe à horaires aménagés ?

Une classe à horaires aménagés musique (CHAM) est, en France, une classe d'enseignement général du niveau élémentaire ou secondaire dans laquelle sont regroupés les élèves qui suivent pendant le temps scolaire un enseignement spécialisé d'éducation musicale et instrumental en conservatoire. Organisées dans les écoles élémentaires ou les collèges associés aux conservatoires géographiquement proches, ces classes permettent aux élèves d'approfondir leurs connaissances musicales tout en poursuivant une scolarité normale. Cette organisation entraîne un allégement des horaires de certaines matières, au choix de l'établissement, aucune matière ne pouvant être totalement supprimée. Suivant les années et la dominante (vocale ou instrumentale), la pratique musicale hebdomadaire varie de trois à six heures trente.

Les classes à horaires aménagés peuvent être organisées dans les écoles élémentaires et les collèges pour permettre aux élèves de recevoir, dans le cadre des horaires et programmes scolaires, un enseignement artistique renforcé. Les domaines artistiques visés sont la musique, la danse, et, depuis 2009, le théâtre. Ces dispositifs spécifiques sont construits en partenariat avec des institutions culturelles. Ils prennent appui sur une équipe motivée et volontaire constituée autour d'un projet pédagogique global. Ils sont intégrés au projet d'école ou au projet d'établissement. L'ouverture d'une classe à horaire aménagé s'effectue dans le cadre de la carte scolaire. Elle s'inscrit dans les schémas départementaux pour les enseignements artistiques mis en place avec les collectivités territoriales.

La formation dispensée dans ces classes fait l'objet d'une évaluation régulière qui s'exerce au sein de l'école ou du collège et au niveau académique. La concertation entre l'ensemble des partenaires intervenant dans la formation concourt à la mise en place d'une observation continue de l'élève (MEN).

3. Comment mettre en place une chorale à l'école ?

Préparation de l'activité

• Critères de choix : niveau de classe (texte et mélodie), complexité polyphonique (en s'appuyant sur les chants appris pendant l'année). Choix de la tonalité, du *tempo*.
• L'activité chorale : il faut un « meneur de chant ».
• Rituels de l'activité à mettre en place :
- installation, place et rôle de chacun (élèves et adultes) ;
- attitudes.
• La responsabilité individuelle de la cohésion du groupe passe par une attitude d'écoute mutuelle où l'individualisme n'a pas de place.
• Pour conduire à une attitude de concentration et d'attention et assurer la cohésion du groupe, les élèves, en position debout : droits, pieds ancrés dans le sol, jambes légèrement écartées et fléchies, yeux ouverts (les fermer pour vérifier l'équilibre : balancements), genoux non bloqués, bras le long du corps ou dans le dos, lâcher les épaules sans lever le menton, silencieux, regard dirigé vers le meneur. Image évocatrice : pantin accroché par le sommet du crâne, détendu mais tonique.
• Le meneur doit être visible par tous. Il s'assure d'avoir une attitude dynamique et tonique qui capte le regard de chacun. Il utilise une gestuelle.

Avant de chanter, l'échauffement

• Le corps : la colonne d'air doit être parfaitement libérée. Échauffement pour favoriser la disponibilité corporelle et mentale :
- sollicitation en douceur des articulations (épaules, cou, bassin, genoux, colonne) ;
- rotations, enroulement, tensions, relâchements ;
- jeux de lèvres (Brrr...) bâillements, résonances, tapotements du visage ;
- massages : malaxer, tapoter la nuque, des trapèzes, tapotements du thorax ;
- déverrouillage des épaules.
• Le souffle :
- travailler toujours dans la détente ;
- inspirer et expirer sans violence, naturellement ;
- ouverture de cage thoracique ;
- chercher la respiration abdominale (pour cela, on vide tout l'air et on le laisse entrer naturellement) ;

- rôle essentiel du diaphragme : imaginer le diaphragme descendant à l'inspiration sur l'abdomen et montant à l'expire ;
- poser une main sur le ventre pour sentir ses mouvements ;
- poser les mains sur les côtes flottantes à l'arrière des reins pour sentir l'ouverture de la cage thoracique (se calmer sur la respiration de l'autre).

• Jeux possibles :
- inspirer et expirer par petits jets impulsés par le diaphragme ;
- gérer son souffle : inspirer et expirer en variant les durées pour gérer la durée du souffle ;
- accompagner les mouvements respiratoires par des mouvements de bras : à l'inspire, baisser les bras, à l'expire, monter les bras (pour éviter de monter les épaules) ;
- inspirer et expirer en produisant des sons sur « s ».

• La voix : échauffement à choisir en fonction des chants :
- suite aux exercices sur le souffle : expirer en produisant une voyelle ;
- travail de la couleur du son (enrichissement) : placer le son dans la gorge, au fond du palais, à l'avant, dans le nez... le déplacer dans ces différents lieux ;
- apprendre à arrondir le son en baissant la mâchoire ;
- apprendre à moduler l'intensité du son en gérant sons souffle (chanter haut ne veut pas dire chanter fort) ;
- vocalises « classiques » : monter en descendant la gamme par petites ou grandes marches, faire des fusées ;
- on se passe un son (tuilage) ;
- exercice adapté à des pratiques de petits groupes (classe ou petite chorale) : trouver l'unisson à partir d'un cluster. Chacun choisit une note dans le grave ou l'aigu et, par très petits paliers, va aller rejoindre une note médium commune en se rapprochant ainsi de l'unisson.

• Techniques d'apprentissage (en fonction du chant) : unisson, polyphonie, canon :
- à l'écoute : imprégnation : nécessité de bien écouter avant de reproduire (support enregistré, chant de l'adulte) ;
- Apprentissage :
  phrase par phrase par répétition,
  en installant tout de suite les respirations et césures aux bons endroits,
  des paroles parlées sur le rythme, en alternance avec l'apprentissage de la mélodie ;
- apprendre les différentes paroles des strophes lors de la répétition des phrases musicales ;
- introduire des variantes pour consolider les apprentissages et éviter la monotonie : jouer sur :
  l'intensité, le *tempo* (vitesse), la hauteur,
  les paroles, le bruitage, le rythme,
  par groupes, en solo, de face, de dos,
  alterner chant et chant intérieur, passer la mélodie (« furet »)...

• Support de l'écrit :
- lecture de la partition, lecture d'image, compréhension visuelle et spatiale, en particulier :
organisation horizontale ou verticale (polyphonie ou canon),
recherche de blocs semblables, différents, parallèles, décalés (pour les départs) ;
- construire un musicogramme individuel/collectif, pour transcrire la chanson, en enrichir l'interprétation ;
• Polyphonie et canon :
- apprendre le canon à l'unisson ;
- soit tout le monde apprend toutes les voix d'une polyphonie, soit chaque classe apprend une voix (grande chorale, les plus jeunes enfants),
- repérer les départs des différents groupes, (rôle de la partition et/ou du musicogramme),
- répéter les départs,
- changer souvent le groupe qui commence le canon (vigilance),
- adulte référent pour les plus petits,
- pour éviter qu'un groupe accélère, faire chanter avec un léger balancement du corps.
• Le concert : il clôt l'activité « chorale » de l'année.

4. Quelles difficultés pourriez-vous rencontrer avec vos élèves ?

Difficulté mélodique

• Scinder la phrase pour faciliter la mémorisation en tenant compte du sens du texte quand même et répéter les fragments, en le chantant sans texte bouche fermée, sur « la, la »...
• Repérer les fragments de phrases identiques, différents...
• Intervalles ascendants ou descendants difficiles à reproduire : on peut utiliser les sirènes en partant de la première note de l'intervalle en faisant des sirènes avec les plus petits escaliers possibles jusqu'à la deuxième note.
• Reproduire uniquement en notes brèves les bornes de l'intervalle.
• Replacer rapidement le passage difficile dans le phrasé afin qu'aucune inertie ne s'installe.

Difficulté rythmique

• Retrouver la pulsation.
• Mémoriser la cellule rythmique sans texte avec des onomatopées.
• Frapper dans ses mains en boucle (ou autre percussion corporelle le rythme difficile).
• Ralentir ou accélérer le *tempo*.
• Retrouver une cellule rythmique identique dans le chant.
• Replacer la ligne mélodique dès que le rythme est mémorisé.

Hétérogénéité du groupe de chanteurs

Les chanteurs doivent toujours entendre leurs voisins, ce qui, très vite, va réguler l'intensité des productions vocales du groupe. Travailler les départs communs, les respirations communes, les attaques, les durées, les suspensions, les ralentissements, les arrêts avec le plus d'exigence possible.

Manque de nuances dans l'interprétation

- Lorsque les apprentissages sont terminés et que le travail d'interprétation commence, travailler sur le sens de la chanson (les chants fonctionnels : berceuse, chants à danser, chants de travail, chansons d'ailleurs...).
- Travailler au plus près du phrasé, de la respiration, de l'intensité en fonction de l'intention artistique, des mouvements induits par l'écriture (vagues, vent...) en communiquant avec les chanteurs par une gestuelle adaptée.

DOSSIER 19| LES ARTS PLASTIQUES

LA TECHNIQUE ET L'HISTOIRE DE LA MOSAÏQUE

Qu'est-ce qu'une mosaïque ?

C'est une décoration composée de petites pierres ou de petits cubes de couleur (appelés tesselles), juxtaposés et tenus par un ciment ou un mastic.

Quels matériaux utilise-t-on pour réaliser une mosaïque ?

Les tesselles (cubes ou parallélépipèdes) peuvent être en pierre, marbre, calcaire, silex, cailloux, brique, pâte de verre, émaux, or... elles sont plus ou moins grandes selon les exigences du dessin. Les tesselles peuvent être appelées « smalts » : dénomination pour les émaux en Italie, les smalts peuvent être colorés dans la masse, dorés, argentés...

La fabrication des smalts pour fond d'or ou d'argent : les mosaïques les plus prestigieuses sont sur fond d'or. L'or n'est pas dans la masse, il est placé en feuille très mince sur le smalt et recouvert d'une pellicule de verre blanc. On prend un disque de verre incolore très mince et légèrement bombé, dans le creux on applique une feuille d'or et on fait chauffer. On coule ensuite sur l'or la matière des smalts en fusion (émail), on aplatit, on remet au four et après la recuisson, on laisse refroidir.

Les smalts de couleur opaque sont, eux, colorés dans la masse de la pâte, par l'addition d'oxyde : manganèse pour le violet, cobalt pour le bleu, cuivre pour le vert et le rouge...

Sur quels supports réalise-t-on les mosaïques ?

Les supports les plus utilisés sont les sols, les murs et les plafonds mais on peut en trouver aussi sur des meubles, des bijoux. On dit même que Hiéron II, tyran de Syracuse, en fit composer une sur le pont d'un navire ; César en décorait le sol de sa tente.

Comment réalise-t-on une mosaïque ?

La technique directe

C'est la plus utilisée : on pose les tesselles une à une en les orientant et en les inclinant différemment sur un mortier frais. Travail du maître mosaïste : la surface à décorer est enduite d'une ou deux couches de ciment sur lesquelles on trace les grandes lignes de la composition. On applique une nouvelle couche de mortier fin sur une surface correspondant au travail que l'on peut effectuer en une seule journée (quand le mortier est pris, on ne peut plus travailler). Sur cette surface restreinte, on peint l'image dans tous ses détails et avec les couleurs voulues, tesselle par tesselle. Ensuite on choisit la tesselle en fonction de la couleur du dessin et on la retaille éventuellement pour la placer sur le canevas peint. En général, les tesselles sont posées à plat (chez les Romains), mais, dans certains cas, elles sont inclinées pour être mieux vues du spectateur et intensifier les reflets de la lumière (chez les Byzantins).

La pose indirecte (ou en atelier)

Elle consiste à maintenir les tesselles sur un carton (support provisoire) avec une colle soluble à l'eau en sachant que la surface collée sera l'endroit après la pose sur le mortier. Ensuite, on retourne l'ensemble et on applique les tesselles dans le mortier ou dans le mastic (le support définitif). Il ne reste plus qu'à éliminer le papier avec une éponge humide. Cette façon de procéder à un gros inconvénient : l'exécutant ne voit pas l'effet réel et il ne peut pas personnaliser son dessin.

Comment a évolué l'art de la mosaïque ?

La mosaïque est un art décoratif où l'on utilise des fragments de pierre colorée, d'émail, de verre, de pierre (marbre, granito) ou encore de céramique, assemblés à l'aide de mastic ou d'enduit, pour former des motifs ou des figures. Quel que soit le matériau utilisé, ces fragments sont appelés des tesselles.

Très utilisée pendant l'Antiquité romaine, la mosaïque reste en usage tout au long du Moyen Âge, en particulier chez les Byzantins, continuateurs des Romains (basilique San Vitale de Ravenne), et de la Renaissance. Après avoir quasiment disparu pendant plusieurs siècles, cet art est réapparu au grand jour avec le mouvement Art nouveau. Aujourd'hui, la mosaïque est utilisée tant par des artistes du mouvement Op-Art tels que Carlos Cruz-Diez, Vasarely, que pour des projets du quotidien en architecture et décoration. On y représentait des scènes d'agriculture, de divinités et des scènes de la vie quotidienne.

On distingue trois principaux styles de mosaïques anciennes :

- la mosaïque romaine, faite de pierre et de marbre ;
- la mosaïque byzantine, puis vénitienne : émaux et pâtes de verre ;
- la mosaïque florentine : pierres semi-précieuses extrêmement imbriquées les unes dans les autres.

Cette technique florentine a été déclinée en Russie vers 1848 (mosaïque russe), et adaptée par des maîtres lapidaires, pour le placage sur des objets d'art de minces lamelles de pierres semi-précieuses, comme la malachite, le jaspe, la rhodonite ou le lapis-lazuli. La mosaïque est un art très ancien : les mosaïques les plus anciennes ont été découvertes en Mésopotamie, elles datent de 3000 av. J.-C. L'Égypte et la Crète auraient aussi connu cet art.

On peut diviser l'art de la mosaïque en deux grandes parties : la mosaïque de pavement et la mosaïque murale.

La mosaïque de pavement (sur les sols)

Elle peut être divisée en trois grandes périodes.

• Du VIIIe au IIIe siècle avant J.-C. : la mosaïque de galets est née en Asie mineure (Gordion). Il s'agit de dessins géométriques avec des galets de couleur blanche et noire, puis rouge. Cette technique s'est ensuite répandue en Grèce et en Sicile à partir du VIe siècle av. J.-C., avec des motifs géométriques ou figuratifs, généralement à deux tons, dessin clair sur fond sombre. Ces mosaïques ressemblent par le style aux peintures des vases à figures rouges.

• Du IIIe au Ier siècle av. J.-C. : la mosaïque de tesselles révolutionne l'art de la mosaïque ; on peut ainsi réaliser un travail plus soigné et utiliser une gamme de couleurs beaucoup plus grande comme en peinture. En effet, les tesselles taillées avec soin et jointes étroitement les unes aux autres permettent de réduire au minimum les interstices, et les pâtes de verre opaques ou translucides donnent des nuances de couleur infinies. Les Romains aiment les mosaïques et deviennent des experts de cet art. Ils donnent des dénominations différentes aux mosaïques selon leur agencement. Quelques exemples de techniques :
- *l'opus tessellatum*, à cubes réguliers de 1 à 2 centimètres carrés, technique utilisée pour la mosaïque courante ;
- *l'opus vermiculatum*, à cubes de dimensions parfois minuscules (1 mm^2) et organisés en lignes sinueuses, technique utilisée pour les scènes figurées ;
- *l'opus sectile*, utilisation de grandes tesselles.

Les tableaux particulièrement soignés sont exécutés à l'atelier dans un châssis de bois à charnières pour être insérés au centre d'une surface en *opus tessellatum* ; on les désigne du terme grec *emblema*.

• Du Ier siècle av. J.-C. jusqu'au VIIe siècle ap. J.-C. : c'est la période de la pleine expansion de cet art qui se caractérise alors par une quasi-industrialisation (organisation rationnelle des équipes et des méthodes de travail). La mosaïque s'implante alors dans toutes les provinces de l'Empire romain (exemple : la villa romaine du Casale en Sicile). Des écoles locales (Afrique du Nord, Gaule, Germanie, Angleterre...) modifient les modèles reçus de Rome, les enrichissent de couleurs et d'ornements nouveaux.

La mosaïque murale (sur les murs ou les voûtes)

L'histoire de la mosaïque murale est différente de la mosaïque de pavement. Elle est née beaucoup plus tard, au Ier siècle avant J.-C., sans doute à Rome. De là, elle se répand dans l'Empire au IIe et au IIIe siècles. Elle est d'abord utilisée sur des surfaces réduites comme les fontaines (nymphées) car elle résiste mieux à l'eau que les peintures, puis elle couvre des voûtes d'une certaine importance. On en trouve dans les belles demeures des cités, les grandes villas rurales, et les thermes. Cependant, ce n'est que dans des monuments du IVe siècle que des mosaïques de revêtement d'une étendue plus considérable sont conservées (église Sainte-Constance à Rome). Les mosaïques de Ravenne marquent un tournant dans l'histoire de la mosaïque.

La mise au point par les verriers vénitiens de pâte de verre coloré a complètement transformé la technique de la mosaïque. L'allégement du matériau (les smalts) permet des réalisations sur le plan vertical ou sur la voûte et les possibilités chromatiques du verre mettent à disposition tous les coloris. Désormais, la mosaïque est un art indépendant (ce n'est plus seulement l'imitation de la peinture) dont toutes les possibilités sont explorées : inclinaison des tesselles afin d'y faire jouer la lumière, intégration de matériaux précieux comme l'or, adaptation à l'architecture intérieure des lieux de culte, dont elle devient l'élément primordial de décoration.

Après la crise iconoclaste, à partir du IXe siècle, la mosaïque redevient la marque de l'Empire et de la religion byzantine, elle s'intègre totalement à l'édifice du culte byzantin par excellence : l'église à coupole sur plan cruciforme, avec au centre de la coupole, le Christ *pantocrator* (Kiev, Saint-Marc à Venise au XIe siècle, Sainte-Sophie VIe-Xe siècle et Saint-Sauveur *in Chora* à Istanbul, XIVe siècle). De beaux exemples sont aussi réalisés sous la domination des Normands en Sicile (Palerme, Monreale, Cefalu), sur les bords de l'Adriatique, sur les rives du Bosphore et dans les principautés de Russie d'Europe. Par ailleurs, la mosaïque a été largement pratiquée dans les contrées conquises par l'islam, comme en témoignent la coupole du Rocher à Jérusalem (691) et la grande mosquée de Cordoue (971), où ont travaillé des artistes byzantins.

Le Moyen Âge marque aussi, en Occident catholique, une certaine renaissance de la mosaïque, influence de Ravenne dans l'Empire carolingien (Aix-la-Chapelle, Germigny-des-Prés), travail des ateliers des Cosmati, des Vassalletto à Rome aux XIIe et XIIIe siècles. Par la suite, la mosaïque sera peu à peu abandonnée au profit d'autres arts de décoration. L'aube du XXe siècle connaît un regain d'intérêt pour la mosaïque, avec Gustav Klimt (palais Stoclet, Bruxelles), Antonio Gaudí, (Parc Güell, Barcelone). Par la suite, de nombreux artistes ont renoué avec cet art (Marc Chagall, Zack, Bissière, Fernand Léger, Joan Miró).

LA SÉQUENCE : LA MOSAÏQUE CE2/CM1 : 3 SÉANCES

Objectifs

- Savoir lire une œuvre artistique.
- Connaître une technique : la mosaïque.
- Réaliser une œuvre collective décorative.
- Réaliser une œuvre personnelle :

- peindre avec un nouvel outil ;
- aborder la notion de rythme et d'espacement.

Socle

- Distinguer les grandes catégories de la création artistique (littérature, musique, danse, théâtre, cinéma, dessin, peinture, sculpture, architecture).
- Reconnaître et décrire des œuvres préalablement étudiées.
- Pratiquer le dessin et diverses formes d'expression visuelles et plastiques.

Déroulement des séances

- Séance 1 : Histoire des arts et première approche d'arts visuels ; 50 min.
- Séance 2 : Mise en pratique de la mosaïque ; 30 min.
- Séance 3 : L'œuvre individuelle ; 40 min.

Matériel

- Power Point mosaïque, vidéoprojecteur, carrés individuels (feuille Canson), compas, éponge tampon, peinture.
- Utilisation de l'ouvrage Histoire des arts et arts visuels cycle 3, Paris, Retz.

Séance 1 : Découverte d'une œuvre du patrimoine et d'une technique. Mosaïque Saint-Romain-en-Gal

Contexte historique

Après la défaite d'Alesia en - 52, la Gaule est rattachée pendant 400 ans à l'Empire romain. C'est le début de la civilisation gallo-romaine. Les Gallo-Romains bénéficient alors des avancements de la civilisation romaine dans les domaines urbains (thermes, aqueducs, théâtre, arènes), sociaux et institutionnels. L'œuvre que l'on va découvrir est une mosaïque trouvée en 1891, à Saint-Romain-en-Gal (diapositive carte de France) et ornait le sol d'une riche villa.

Contexte artistique

Les artisans gaulois maîtrisent avec art le travail du bois, du métal, de l'argile. Les Romains leur font connaître celui de la pierre et du verre. Dans l'art de la mosaïque, de la céramique ou de l'argenterie, toute la création est d'influence romaine ou grecque.

Regard sur l'œuvre (15 min.)

Diapositive : Cueillette des pommes

Questions sur la forme

• De quels matériaux l'œuvre est-elle composée ? Petites tesselles taillées dans la pierre posée sur du mortier.

• Quel est le thème de la mosaïque ? C'est la cueillette de pommes. Un personnage est dans l'herbe, l'autre dans l'arbre, tous deux sont vêtus de tuniques de laine. Cela relève de l'art « plébéien » qui rendait compte du pittoresque des activités quotidiennes et agricoles. Cette œuvre se détache de la recherche d'idéal grec. Il s'agit de représenter le plus fidèlement possible la réalité dans sa simplicité.

Question sur les techniques

Y a-t-il une dominante colorée dans cette œuvre ? On retrouve des couleurs de terre en dégradés.

Question sur le sens

Pourquoi cette technique et ces matériaux ? C'est un art privilégié pour sa grande solidité et sa pérennité (qui ne se dégrade pas dans le temps) au niveau technique.

Question sur les usages (diapositive de l'œuvre complète)
À quoi servait l'œuvre ? Il s'agit d'un calendrier rustique pour vanter le travail agricole, les rites religieux et les saisons. Pour lire l'œuvre, il faut partir du centre (diapositive 4) qui représente quatre anges chevauchant des animaux qui symbolisent chaque saison (sanglier = hiver, lion = été, tigre = automne, taureau = printemps). Chaque saynète est orientée de façon à être vue en tournant autour de l'œuvre.

■ La technique de la mosaïque (5 min.)

Diapositive technique mosaïque : *Lectures en histoire*, Hachette éducation, lecture et observation des illustrations

Séance 2 : Réaliser une œuvre collective

Matériel
- Exemple d'œuvre collective : Lion, British Museum, Londres.
- Feuilles individuelles (brouillon + œuvre).
- Éponges tampon et peinture.
- Compas

Présentation de l'œuvre du musée de Londres
Que pouvez-vous me dire de l'espace qu'il y a entre deux morceaux de tesselle ? Il est petit, il est régulier. C'est un aspect important de l'art de la mosaïque : si on ne respecte pas ce rythme régulier, alors on ne peut pas reconnaître le motif représenté par l'artiste.

Explication de ce qui va être fait
- Nous allons faire une œuvre collective de ce type (montrer d'autres exemples d'œuvre collective).
- Il va falloir réaliser les arcs de cercle au compas, d'abord prendre l'angle d'ouverture maximal du compas et tracer les deux, puis réduire de 2 cm et tracer les deux autres arcs de cercles.

Entraînement et mise en œuvre
Avant de réaliser votre apport pour l'œuvre collective, vous allez vous entraîner sur une feuille à respecter un rythme entre deux poses de peinture puisque nous allons travailler avec des empreintes de peinture à l'éponge.
Les élèves s'entraînent et, lorsque la notion de rythme semble comprise, ils peuvent passer à leur apport pour l'œuvre collective. Les élèves choisissent deux couleurs :
- une pour l'extérieur de l'arc de cercle ;
- une pour l'intérieur parmi quatre couleurs proposées (rose pale, jaune, orange, rouge).

Puis les élèves vont mettre à sécher leur œuvre au fond de la classe et vont nettoyer les éponges et les barquettes utilisées.

Séance 3 : L'œuvre individuelle

Objectifs

- Réaliser une œuvre individuelle.
- Perfectionner la manipulation de l'outil et la notion d'espacement.

Durée : 40 minutes

Matériel : Modèle, crayon, peinture, éponges tampons.

Pratique artistique

- 40 min. : réinvestissement.
- Présentation du modèle d'œuvre individuelle et explication des étapes.
- Distribution des feuilles, les élèves écrivent leur prénom au dos.
- Faire le cadre.
- Dessiner le motif choisi.
- À l'aide des éponges tampons, poser la peinture sur l'œuvre.
- Déposer son œuvre au fond de la salle pour qu'elle sèche.

LES QUESTIONS POUR L'ENTRETIEN

1. Quelle est l'origine du mot « mosaïque » ?

L'origine étymologique du mot vient du latin *musivum* qui veut dire « grottes des muses ». Cela est lié à l'emploi de mosaïques pour orner des grottes consacrées aux muses. Ensuite le terme s'est étendu pour désigner les mosaïques murales puis la technique elle-même. Définition de la mosaïque : c'est un assemblage, au moyen d'un mortier de pose, de petits éléments généralement en pierre, en pâte de verre ou en terre cuite constituant un revêtement pour une surface plane ou courbe.

2. À quel autre art associe-t-on la mosaïque ?

C'est le plus souvent en association avec l'architecture que la mosaïque a trouvé son emploi, et c'est dans ce champ d'application qu'elle a peut-être atteint sa forme d'expression la plus haute.

La mosaïque part à la conquête des façades

Même si l'Art déco s'est peu intéressé à l'architecture, il s'est néanmoins particulièrement attaché aux entrées :

- portails ;
- portes ;
- halls ;
- cages d'ascenseurs et escaliers.

Les devantures de boutiques s'habillent de mosaïque car elles sont en contact étroit avec la rue et ses passants, et se doivent d'être accueillantes, inviter le client à entrer. La mosaïque des devantures s'inscrit dans une tradition de revêtements muraux servant la cause de l'architecture en soulignant ses structures, sa composition, et notamment les lignes verticales qui donnent de la hauteur. Ainsi, les mosaïques mettent en valeur :

- les appuis de fenêtres et *bow-window* ;
- le décor sous les corniches des toits ;
- les balcons ;
- les éléments en saillie ;
- les travées symbolisant les différents étages.

3. Quel est l'intérêt d'un travail en arts visuels, et plus particulièrement sur la mosaïque, avec les élèves ?

Trois intérêts majeurs :

- approche artistique : développement de la créativité dans l'effort de composition : le dessin, son adaptation à la mosaïque, la juxtaposition des tesselles, l'exploration des formes, des couleurs et des textures ;
- approche humaine : développement de la minutie, de la précision et de la patience en respectant un principe de chronologie. L'assemblage des différentes sections permet d'inscrire le projet individuel dans une finalité de groupe ;
- approche historique : la mosaïque est une forme d'expression artistique née dans la civilisation grecque (mosaïques de pavement en galets), qui a trouvé ses lettres de noblesse grâce aux Romains et tout au long de l'ère chrétienne, abandonnée au XVIIIe siècle, puis remise au goût du jour au début du XXe siècle avec l'apparition de nouveaux matériaux manufacturés.

4. Avec la réalisation d'une œuvre avec de la mosaïque, pouvez-vous donner les étapes qui seraient alors nécessaires pour la mise en chantier ?

Il serait nécessaire de travailler sur :

- le dessin : recherches, propositions puis adaptation du dessin à la mosaïque (les lignes ont dû être simplifiées, voire stylisées) ;
- le choix des couleurs : travail de réflexion à partir de la roue des couleurs : les couleurs primaires, secondaires, et complémentaires, les couleurs chaudes, froides et neutres ;
- qu'est-ce qu'une teinte ?
- qu'est-ce qu'une valeur ?
- le choix des matériaux : recherche sur la matière et la texture : les matériaux manufacturés (céramique, pâte de verre, grés cérame, billes de verre) ;
- les techniques de coupe et les outils : démonstration des techniques de coupe. Les enfants ont manipulé la pince mosaïste, dite « pince japonaise » pour découper leurs tesselles ;
- l'opus : ce terme décrit l'organisation des tesselles, c'est l'équivalent de la touche du pinceau du peintre. En élaborant à partir de formes précises (rectangles, carrés, cercles) des dispositions tout aussi précises, on introduit une certaine dynamique mettant en valeur le sujet traité ;
- la pose : à l'école, les tesselles ont été posées avec soin sur du filet suivant les lignes du dessin. Une fois la mosaïque terminée, les différentes sections ont été juxtaposées pour raconter une histoire, en respectant les principes suivants :

- tracé de la surface à encoller,
- préparation du support (primaire d'accroche),
- pose de chaque section de mosaïque dans le ciment-colle,
- joint de finition,
- nettoyage de la mosaïque.

DOSSIER 20 | LA CULTURE HUMANISTE : L'HISTOIRE AU CYCLE 3

■ LE PALÉOLITHIQUE

Âge de la pierre taillée

Le paléolithique est l'une des grandes périodes de la préhistoire (comme le néolithique ou l'âge des métaux). Il commence il y a 3 millions d'années lorsque les premiers hommes apparaissent et travaillent des pierres pour en faire des outils. Cette période est divisée chronologiquement en trois périodes : le paléolithique inférieur, moyen et supérieur. Toutefois ces séparations sont générales et ne sont pas identiques dans toutes les régions du monde. Par ailleurs, contrairement aux idées reçues, le passage d'une culture à l'autre n'est pas brutal. Sur certains sites, plusieurs cultures différentes ont été présentes au même moment. Les cultures se succèdent et parfois se chevauchent.

Comme pour le néolithique, c'est John Lubbock qui créa le terme de paléolithique, âge de la pierre (*lithos*) ancienne (*paléo*). Le paléolithique se termine il y a 10 000 à 12 000 ans selon les régions du monde.

Chronologie du paléolithique

<table>
<tr><th>De
Limite supérieure</th><th>À
Limite inférieure</th><th colspan="3">Les différentes périodes</th></tr>
<tr><td>- 35 000 environ</td><td>de - 10 000 environ</td><td>Paléolithique supérieur</td><td rowspan="3">Pléistocène</td><td rowspan="4">Préhistoire</td></tr>
<tr><td>- 100 000 environ</td><td>- 35 000 environ</td><td>Paléolithique moyen</td></tr>
<tr><td>- 3 000 000 environ</td><td>- 100 000 environ</td><td>Paléolithique inférieur</td></tr>
<tr><td>- 7 000 000 environ</td><td>- 3 000 000</td><td>Période Pré-Paléolithique archaïque</td><td>Pliocène</td></tr>
</table>

Avant le paléolithique : de 7 millions d'années à 3 millions d'années BP (*before present*)

Cette période commence à la fin de l'ère tertiaire, il y a 7 millions d'années environ. C'est le début des hominidés et de la branche qui mènera à l'homme : Tomai (7 millions d'années), Orrorin (6 Ma) sont actuellement les prétendants au titre de plus ancien ancêtre connu. Mais cette période est surtout représentée, ensuite, par les australopithèques comme *Australopithecus anamensis* ou *Australopithecus afarensis* (Lucy).

Ces premiers hominidés vivent encore partiellement dans les arbres (arboricoles), mais la bipédie est déjà utilisée comme moyen de locomotion. Omnivores, ils se nourrissent de fruits, de feuilles, de plantes, de petits animaux et pratiquent sans doute le charognage. Il n'a pas été trouvé d'outils datant de cette période. Elle se poursuit pour certains australopithèques (paranthropes) jusqu'à il y a 1 000 000 d'années. Ils sont alors contemporains des premiers hommes. Hominidés de la période : *Sahelanthropus tchadensis*, *Australopithecus africanus*, *Australopithecus afarensis*, *Paranthropus aethiopicus*.

Le Paléolithique inférieur : de 3 000 000 à 300 000 ans BP

L'Oldowayen : de 3 000 000 à 1 600 000 BP du site éponyme d'Odulvai (Afrique). Certains australopithèques sont encore présents mais semblent être peu à peu supplantés par la lignée des premiers homo. Les premiers outils de la préhistoire apparaissent peu travaillés. L'homme préhistorique a « seulement » détaché un ou deux éclats sur un galet. Ces outils sont retrouvés dans les gorges d'Olduvaï, en Tanzanie, par Leakey. Il n'y a pas de restes humains associés à l'industrie oldowayenne. Beaucoup de scientifiques pensent que l'auteur de ces outils est *Homo habilis* tandis que d'autres les attribuent aux autralopithèques.

Hominidés de la période : *Homo rudolfensis*, *Homo habilis*, *Homo ergaster*.

Site caractéristique : gisements de l'Omo.

Homo habilis

L'acheuléen : de 1 700 000 BP à 100 000 ans BP du site éponyme de Saint-Acheul (Somme, France). Si les premières traces de l'acheuléen sont datées de - 1,8 million d'années en Afrique, elles se sont rapidement diffusées vers l'Europe (dès 1 700 000 à Dmanissi, en Géorgie), puis vers l'Europe méditerranéenne et l'Asie. Ces hommes travaillent maintenant la pierre de manière plus habile : c'est la naissance du biface (une amande à double tranchant) et des hachereaux (avec un tranchant acéré à une seule extrémité). Tous ces hommes sont bien sûr bipèdes. Ce sont les *Homo erectus* (au sens large du terme) qui ont été retrouvés en association avec l'industrie acheuléenne.

La maîtrise du feu : c'est également pendant l'Acheuléen que les premières traces de feu maîtrisé ont été retrouvées, datées de - 400 000 ans, en France, en Hongrie et en Chine.

Hommes de la période : *Homo erectus*, *Homo heildebergensis*, *Homo antecessor*. À partir de 500 000 ans environ, certains *Homo erectus* d'Europe sont dits pré-néandertaliens (Tautavel).

Sites caractéristiques : lac Turkana (Kénya), sites d'Olduvai (Tanzanie), Tabelbala-Tachenghit (Algérie), Nadaouiyeh I (El Kowm, Syrie), Keumgul Ynxian (Chine), Saint-Acheul (France), Terra Amata (France), et surtout Tautavel (France) et Atapuerca (Espagne).

L'Acheuléen

- Le Chelléen, l'Abbevillien sont des terminologies et divisions qui ne sont plus utilisées.
- À la fin de l'Acheuléen, une culture spécifique est identifiée : le Micoquien (du site éponyme de La Micoque). Cette industrie est caractérisée par des bifaces plus allongés, dont la pointe est fine et la base bombée.

Le paléolithique moyen : de 300 000 à 35 000 ans BP

Le Moustérien

De 100 000 à 30 000 ans BP, du site éponyme de l'abri du Moustier. Les hommes de cette période sont *Homo sapiens* et *Homo neandertalensis*. C'est à ce dernier que l'on attribue la majorité de la production lithique moustérienne. Cette culture est caractérisée par le travail sur éclats de pierre retouchés. Les racloirs et les pointes sont les outils les plus fréquemment retrouvés, mais les bifaces sont encore présents. La méthode Levallois est la technique la plus sophistiquée. Elle permet d'obtenir à partir d'un bloc de silex brut une forme d'outil prédéterminée. L'ouvrier doit donc prévisualiser la forme souhaitée avant de travailler la pierre avec une série de nombreux petits impacts.

La chasse : grâce à un outillage de plus en plus élaboré, les hommes de cette période s'attaquent à des animaux de plus en plus grands. On retrouve donc des restes de grands herbivores : bisons, aurochs, rennes...

Graphisme et ornements corporels : le plus ancien graphisme primitif est retrouvé sur un bloc d'ocre à Blombos (Afrique) et daté de 70 000 ans. C'est dans le même site que l'on a découvert des coquillages percés qui devaient être montés sous forme de collier.

Les sépultures : c'est également pendant le Moustérien que l'on découvre les premières véritables sépultures, preuves d'une prise de conscience de l'humanité et de la mort.

Les Néandertaliens sont les descendants des *Erectus*, bloqués en Europe par les glaces au nord et l'océan à l'ouest. Les proto-Cro-Magnons sont apparus en Afrique (Éthiopie), il y a près de 200 000 ans, puis en Palestine, il y a 100 000 ans. L'*Homo floresiensis* serait un des derniers *Erectus*, demeuré dans une île d'Indonésie jusque vers 20 000 ans et nanifié du fait de cette évolution isolée.

Hommes de la période : *Homo neandertalensis*, *Homo sapiens*, *Homo floresiensis*.

Sites caractéristiques : La Ferrassie, La Quina, La Chapelle-aux-Saints, Isturitz (France), Krapina (Croatie), l'abri Romaní, grotte de Gabasa, grotte de Fuente del Trucho (Espagne), sites de Kébara, Tabun et Amud, Retaïmia, Brézina (Moeyn-Orient). Qafzeh et Skuhl sont des sépultures de Cro-Magnon anciens de Palestine vivant à la Moustérienne (- 100 000 ans).

■ Le paléolithique supérieur : de 35 000 à 10 000 ans BP

Le Châtelperronien

De 35 000 à 30 000 ans BP, du site éponyme de la grotte des Fées, à Châtelperron (Allier). Évolué à partir du Moustérien, dont il a conservé en partie le mode de débitage, le Châtelperronien est caractérisé par des lames à dos courbe. Les couteaux de Châtelperron en sont l'exemple typique. Cette culture était attribuée autrefois aux premiers *Homo sapiens* d'Europe (Cro-Magnons). Elle est considérée aujourd'hui plutôt comme l'œuvre des derniers Néandertaliens (site de Saint-Césaire).

Les Châtelperroniens semblent être les premiers fabricants de pendeloques faites de dents percées. Pendant plusieurs milliers d'années, les derniers néandertaliens ont été contemporains des premiers Cro-Magnons, mais rien ne prouve qu'ils se sont mélangés. On ne sait pas exactement pourquoi les Néandertaliens ont disparu.

Hommes de la période : *Homo sapiens*, *Homo neandertalensis*.

Sites caractéristiques : La Ferrassie, Saint-Césaire, Combe-Capelle, Arcy-sur-Cure.

L'Aurignacien

De 37 000 à 24 - 22 000 ans BP du site éponyme de la grotte d'Aurignac (Haute-Garonne). L'Aurignacien est caractérisé par la production d'outils de silex en forme de longues lames retouchées vigoureusement (retouches écailleuses), mais également par l'utilisation des ossements d'animaux et des bois de cervidés pour créer ses outils.

L'industrie lithique de l'Aurignacien est généralement attribuée à l'homme de Cro-Magnon (*Homo sapiens*). Néandertal vivait encore à cette même époque... Ce sont des *Homo sapiens* venus du Proche-Orient qui se répandent peu à peu sur toute l'Europe et l'Asie, ne laissant à *Homo neandertalensis* qu'un territoire morcelé, et finalement réduit à quelques sites de la péninsule Ibérique.

Les débuts de l'art : c'est en Europe que des représentations artistiques apparaissent il y a 35 000 ans : grotte Chauvet et grotte de Pair-non-Pair, blocs ornés des abris des Eyzies. La parure et l'art mobilier se développent avec les premières statuettes, notamment en Allemagne.

Sites caractéristiques : Abri Pataud, La Ferrassie.

Le Gravettien (ex-Périgordien supérieur)

De 28 000 à 22 000 ans BP, du site éponyme de la Gravette en Dordogne. L'industrie lithique est caractérisée par la fabrication de lames étroites et allongées. Le silex est débité sous forme de pointes qui étaient fixées sur une hampe (en bois). On retrouve également de nombreuses pointes de petit format (microlithisation). On note la disparition des derniers néandertaliens en Espagne, il y a 25 000 ans. Les causes de cette extinction sont certainement multiples. C'est la première fois de l'histoire du monde que l'humanité n'est plus représentée que par une seule espèce : *Homo sapiens*.

L'art explose : les reproductions figuratives se multiplient, utilisant toutes les techniques et les supports. De nombreuses statuettes féminines en ivoire ou en pierre ont été sculptées à cette époque, ainsi que sur des éléments mobiliers.

Sites caractéristiques : La Gravette, abri Pataud, Cro-Magnon et grottes ornées aujourd'hui bien datées : Gargas, Cussac, Pech-Merle, Cougnac, Arcy-sur-Cure, Cosquer (les mains).

Le Solutréen

De 22 000 à 19 000 ans BP, du site éponyme du Crot du Charnier, à Solutré. Cette culture est géographiquement réduite : le sud-ouest de la France et l'Espagne. On peut parler d'une maîtrise totale de la taille de pierre : les artisans du Solutréen obtiennent une finesse jamais égalée : feuilles de laurier, feuilles de saule. Pour parvenir à une telle perfection, les silex sont chauffés et travaillés par pression. Complétant l'outillage de couture (poinçons, perçoirs), les Solutréens inventent l'aiguille à chas en os qui va permettre d'assembler des pièces de cuir. L'invention du propulseur est également attribuée aux Solutréens. De belles sculptures sont exécutées sur des rochers. Cette culture est intégralement attribuée à *Homo sapiens*.

Sites caractéristiques : Roche de Solutré, Laugerie Haute, Roc de Sers, Fourneau du Diable, grotte de la Vache (Ardèche), grotte Cosquer.

Le Magdalénien

De 17 000 à 10 000 ans BP, du site éponyme de la Madeleine, Dordogne. L'industrie lithique du Magdalénien est très différenciée : pointes, burins, grattoirs... mais la belle retouche recouvrante solutréenne a disparu. On doit aux Magdaléniens l'invention du harpon et les améliorations du propulseur qui est maintenant orné.

Comme tous les peuples du paléolithique supérieur, les Magdaléniens sont semi-nomades, exploitent leur environnement (chasse, pêche, cueillette) au fil des saisons, et leurs campements peuvent être utilisés à plusieurs reprises d'une année sur l'autre. L'art du Magdalénien est très riche. Après la période très originale de Lascaux, Villars et Gabillou, les représentations animalières sur les parois des grottes sont de plus en plus naturalistes et animées. L'art mobilier est très abondant : tous les supports possibles (objets utilitaires ou non) sont utilisés et gravés de manière très précise.

Hommes de la période : *Homo sapiens*.

Sites : La Madeleine, Laugerie-Basse, Pincevent et Etiolles, la grotte de la Vache (Ariège), Lascaux, Villars, Gabillou, Font-de-Gaume, les Combarelles, Niaux, Rouffignac, Altamira, Cap Blanc.

LA SÉQUENCE AU CE2

Préhistoire : le paléolithique

Séances	Objectifs	Déroulement
1	• Découvrir les australopithèques et connaître le critère qui caractérise la lignée humaine. • Situer le berceau de l'humanité en Afrique. • Définir les caractéristiques et la chronologie des premiers hommes (*homo*).	**L'apparition des premiers hommes** • Activité 1 : lecture du doc. Ap16 (des connaissances qui évoluent) + doc Bp16 (Lucy). - Quelles parties du corps sont conservées ? - À ton avis, ce squelette est-il complet ? - Que manque-t-il ? - Pourquoi le squelette n'a-t-il pas été découvert dans son intégralité ? Observe la représentation de Lucy : - ressemble-t-elle aux hommes d'aujourd'hui ? - quelles différences perçois-tu ? Informations pour le maître : Lucy a entre 18 et 20 ans, elle mesure 1 m 20. Elle est végétarienne ou omnivore. • Activité 2 : distribuer le doc. 1 annexe : il s'agit d'une série d'étiquettes représentant l'évolution de l'homme à replacer dans le bon ordre : du plus ancien au plus récent d'après leurs caractéristiques physiques (nudité, pilosité, taille, outils...). Puis écrire leurs noms en-dessous : - *Homo habilis* - *Homo erectus* - Homme de Néandertal - *Homo sapiens* (ou homme de Cro-Magnon) • Activité 3 : étude de la carte D (les premiers déplacements). Situer le berceau de l'humanité en Afrique puis observer les migrations vers les autres continents.
Trace écrite	**L'apparition des premiers hommes** Lucy est un australopithèque qui vit en Afrique, environ 3,5 millions d'années avant Jésus-Christ. Les australopithèques appartiennent à la lignée humaine, mais ne sont pas nos ancêtres directs. Ils ont évolué et ont changé d'apparence : la taille, les poils, les vêtements, les armes et outils (pierre taillée à pierre polie). Puis ils se sont installés progressivement sur tous les continents. L'*Homo sapiens* est notre ancêtre direct.	

2	Découvrir les premiers outils et les premiers habitats des hommes préhistoriques. En déduire le mode vie des hommes préhistoriques.	**Le mode de vie** • Activité 1 : études d'images (livre cycle 3) : regrouper les images selon 3 thèmes : art, outils (harpon, biface, aiguille, couteau), habitation + compléter le tableau (lire texte). En dégager quelques informations sur le mode de vie des hommes préhistoriques. • Activité 2 : lecture des doc. 4 (taille du silex) et 2 (reconstitution de l'utilisation de certains outils).

Mots-clés : Lucy, Australopithèque, homme de Néandertal, Cro-Magnon, harpon, sagaie, nomade, chasse, pêche, cueillette, *Homo habilis*, *erectus*, Tautavel, galet, biface, silex, Lascaux, animaux, empreinte, grotte.

Compétences du socle commun

• Identifier les principales périodes de l'histoire étudiée, mémoriser quelques repères chronologiques pour les situer les uns par rapport aux autres en connaissant une ou deux de leurs caractéristiques majeures.
• Lire et utiliser différents langages : cartes, croquis, graphique, chronologie, iconographie.

Plan de la séquence : le paléolithique

(Film : Youtube « cet outil préhistorique » ; documents : *Histoire* des Éditions Belin)

		À quoi sert chaque outil ? Distribuer le doc. 3 à compléter. • Activité 3 : après la copie de la trace écrite, compléter le doc. 4 annexe qui est une reconstitution d'un campement avec des mots à replacer sur l'image.
Trace écrite	**Le mode de vie** Les premiers hommes vivent de la chasse, de la pêche et de la cueillette. Ils habitent sous des huttes de branchages, des tentes en peau de bêtes, ou à l'entrée des grottes. Ils sont nomades et se déplacent pour suivre le gibier. Ils fabriquent des outils en pierre taillée (bifaces), en os ou en bois d'animal.	

3	Prendre conscience de l'importance de la maîtrise du feu dans l'histoire de l'homme.	**La maîtrise du feu** • Activité 1 : film (2 min.) pour une première approche de la découverte du feu par les hommes préhistoriques. Que change l'utilisation du feu pour les premiers hommes ? - Éloigner les bêtes sauvages : Un feu entretenu, ou une simple torche enflammée suffisent à effrayer ou éloigner les animaux sauvages. - Se chauffer : neige, pluies et longues périodes de froid, nos ancêtres ont rapidement dû préférer la proximité d'un foyer aux rigueurs du climat. Positionné à l'entrée d'une grotte, le feu permettait de chauffer rapidement l'espace. - S'éclairer. - Cuire les aliments : hasard, accident, on ignore comment nos ancêtres ont pu découvrir la cuisson des aliments... - Fabriquer des outils plus solides Activité 2 : étude du doc. 5 sur les techniques d'allumage du feu. Expliquer le fonctionnement. - La friction : en frottant deux bâtons pour obtenir de la chaleur. - La percussion : en frottant deux silex pour obtenir des étincelles.
Trace écrite	**La maîtrise du feu** La découverte du feu est une révolution dans la vie des hommes. Elle date d'il y a 600 000 ans environ. Maintenant, ils peuvent : • éloigner les bêtes sauvages ; • se chauffer ; • s'éclairer ; • cuire les aliments ; • fabriquer des outils plus solides. Il existe 2 techniques pour allumer un feu : La Friction : En frottant deux bâtons pour obtenir de la chaleur La Percussion : en frottant deux silex pour obtenir des étincelles	
4	Savoir que l'Homo Sapiens invente l'art.	**La naissance de l'art** (Cf. histoire des arts/arts visuels) • Rappel du cours d'histoire des arts sur la préhistoire : grotte de Lascaux, animaux, couleurs, techniques, éclairage... • Activité 1 : situer les 3 grottes sur une carte (Doc6). • Activité 2 : lecture du dossier sur les sculptures + questionnaires.

Trace écrite	**La naissance de l'art** Il existe de nombreuses traces de la préhistoire en France laissées par les hommes de Cro-Magnon. La plus célèbre est la grotte de Lascaux (en Dordogne). Sur les parois des grottes, les hommes représentaient surtout des animaux (mammouths, chevaux, rennes, bisons, aurochs, ours...). Leurs significations restent inconnues car il n'existe aucun texte écrit de l'époque.	
5		Évaluations (Cf. classeur des évaluations)

Exemples d'évaluation

Connaître le mode vie des hommes de la période paléolithique.

Vrai ou faux ? Corrige lorsque c'est faux.

- Les peuples vivaient toute l'année au même endroit.
- Les hommes fabriquaient des outils en pierre, en bois de renne, en os.
- Les hommes vivaient grâce à la pêche, à l'élevage et à la cueillette.
- Les hommes vivaient au fond des grottes.
- La maîtrise du feu remonte à - 600 000 ans environ. Grâce au feu, les hommes pouvaient fabriquer des outils plus solides.

LES QUESTIONS POUR L'ENTRETIEN

1. Les hommes de Néandertal étaient-ils des primitifs ? Et en quoi l'homme moderne est-il un homme nouveau ?

Ce sujet reprend un débat qui a connu des évolutions récentes. L'homme de Néandertal mesurait environ 1,65 m et sa boîte crânienne est 10 % plus volumineuse que celle de l'homme moderne. L'homme de Néandertal fut le plus robuste des hommes. Et il le fallait pour débusquer les fauves les plus féroces jusque dans leur tanière et oser s'attaquer aux ours des cavernes ou aux mammouths.

Véritables « hommes des bois » à la carrure et la démarche imposante, quoi qu'on en dise, les hommes de Néandertal étaient adaptés à leur environnement. Il ne faut pas oublier qu'ils vécurent plus de 200 000 ans - six à sept fois plus longtemps que notre espèce -, et essentiellement dans des conditions climatiques très difficiles, subissant les effets du refroidissement de l'âge interglaciaire : humidité, vents glacés, neige et intempéries étaient leur lot quotidien.

En 2010, une équipe internationale de généticiens et de paléontologues dirigée par le généticien suédois Svante Pääbo de l'Institut Max-Planck d'anthropologie évolutive de Leipzig (MPG) a mis en évidence qu'entre 1 et 4 % de notre ADN est identique à celui de l'homme de Néandertal. Cette surprenante conclusion fait suite à la découverte d'os appartenant à trois femmes de Néandertal vieilles d'environ 38 000 ans dans la grotte de Vindija, en Croatie, vers 1980. En 2006, Svante Pääbo avait annoncé qu'il voulait reconstruire l'ADN de l'homme de Néandertal, ce qui donna naissance au Néandertal Genome Project. Selon Svante Pääbo, cette proximité génomique n'a qu'une seule explication : c'est la preuve qu'il y eut des croisements entre Néandertal et *Homo sapiens*.

La conclusion est donc évidente : soit les deux populations se sont rencontrées, soit il y a eu convergence. Pour appuyer la première hypothèse, rappelons qu'en 1998, un squelette métissé d'enfant fut découvert au Portugal (Lagar Velho) ; à la fois Néandertalien (par la robustesse de ses os et de ses mandibules) et *Homo sapiens* (par l'anatomie de son crâne, ses dents, radius et pubis), il ne peut être classé dans une espèce précise, à moins qu'il s'agisse d'un juvénile aux caractères encore mal définis. Dans tous les cas, des croisements entre Néandertal et *Homo sapiens* ont donné une descendance fertile, des petits *Neandertalis sapiens* il y a plus de 80 000 ans, et en nombre suffisant pour laisser des traces dans notre génome.

Il faut donc revenir sur la définition d'espèce telle que Buffon la proposait au XVIIIe siècle : « *Une même espèce est celle qui, au moyen de la copulation, se perpétue et conserve la similitude de cette espèce.* » Cette définition sous-entend que tout accouplement stérile interdit de classer les parents dans la même espèce (exemple du cheval et de l'ânesse dont le bardot est stérile). Inversement, que l'union de deux espèces ne peut pas engendrer de descendance fertile ni maintenir leur spécificité. En effet, depuis le milieu des années 1990, les biologistes ont relevé de nombreuses exceptions qui viennent mettre en pièces le concept d'espèce. L'exemple le plus simple d'espèce hybride donnant une population féconde est celui du loup et du coyote du nord des États-Unis, qui donne naissance à des individus fertiles qui restent deux espèces bien distinctes.

S'il n'était pas évident au début du siècle dernier de classer les espèces successives à l'origine de l'homme moderne, aujourd'hui, la frontière entre les espèces est encore plus difficile à définir. Malgré les grandes avancées faites par les paléontologues, généticiens et biologistes, cette nouvelle découverte va forcer les scientifiques à revoir leur système de classification depuis le préhumain au faciès simiesque et écervelé jusqu'à l'homme moderne. Cette découverte risque de relancer le débat dans l'esprit de certains opposants à la théorie de l'évolution.

Après avoir survécu, un être à part dans le règne animal est né, l'homme moderne. Aujourd'hui biologistes, ethnologues et paléontologistes pensent que les derniers descendants de cette espèce vivent toujours sur Terre : il s'agit du peuple Bushmen dont les derniers représentants vivent dans le désert du Kalahari en Afrique du Sud. Ils présentent en effet une morphologie primitive et un mélange de traits européens (peau fine, traits fins), africains (cheveux crépu, peau plus ou moins sombre) et asiatique (pommettes hautes des Mongols et yeux en amande des Asiatiques). En observant ces hommes, nous découvrons à quoi ressemblaient les plus anciens représentants d'*Homo sapiens*.

Heureusement, malgré les avatars du climat, la fin de la période de glaciation de Würm (d'origine astronomique) marqua l'époque à partir de laquelle l'homme sortit à proprement parler d'une lente hibernation. Il ne vivait plus à une époque ancestrale où il était isolé et où seuls les plus forts survivaient. Vivant dans des tribus aux rites codifiés, les hommes de Néandertal apprirent à s'unir pour survivre, ce qui leur permit de s'épanouir et de traverser les difficultés de la vie.

Bien que rustre et parfois un peu « tête brûlée » quand on l'énerve, l'homme de Néandertal cache malgré tout un « bon fond ». On sait par exemple qu'il éprouvait de la compassion, au point de subvenir aux besoins d'un vieillard perclus d'arthrite déformante et ayant perdu pratiquement toutes ses dents. Plutôt que de rejeter un chasseur devenu inutile à la collectivité, il le protégeait, lui donnant les produits de sa chasse et mastiquant ou attendrissant les aliments pour lui. Il protégea également les membres handicapés du clan, aidant par exemple dans la vie quotidienne un chasseur amputé d'un bras ou les vieillards à qui on réservait le soin de tanner les peaux de bêtes. À une autre époque, du temps de Lucy ou de l'*Homo erectus*, il l'aurait laissé mourir de faim. Les contraintes de la survie dans un monde peuplé de mammifères de grande taille (ours des cavernes, félins, bisons, mammouths...) n'auraient pas permis de prendre en charge les infirmes et de risquer ainsi la survie de la tribu.

On a beaucoup écrit et spéculé sur l'intellect, les concepts et les croyances des « hommes des cavernes ». Une chose est certaine. Arrivé au crépuscule de sa vie, l'homme, qu'il soit moderne ou primitif, accepte difficilement le fait qu'il va mourir. Aussi invente-t-il des mythes qui, très tôt dans son histoire, ont défini la topographie du monde inconnu dans lequel il allait évoluer après la mort. Monde irrationnel, mais à l'image du monde terrestre, certains peuplèrent ce monde de « bons » et de « méchants », d'élus, de sages, de rois, de danseurs ou de fous, asexués ou non, épris d'une compassion infinie, où la musique était divine, les parfums subtils et la nourriture abondante, où parfois les esprits étaient placés en fonction de leur rang terrestre et les damnés jetés en enfer.

On peut donc en conclure que le défunt restait animé d'une mystérieuse force vitale qui conduisit les vivants à en prendre soin et à célébrer son souvenir, attitude qui révèle les prémices du culte des morts. Les mêmes traditions se retrouveront plus tard en Australie du Sud (Roonka, 18 800 ans) lorsque l'*Homo sapiens* sera parvenu aux antipodes. Entre-temps, la pensée religieuse se structura et les premières grottes sanctuaires firent leur apparition il y a plus de 30 000 ans.

Ailleurs, des animaux ont été enterrés et recouverts d'ocre, collectionnés tels des trophées de chasse ou placés dans des niches naturelles de grottes : une antilope au Liban, un ours en Dordogne, des restes de feux entourés de crânes de mammouths en Ukraine, etc. Ces rites, que l'on retrouve encore aujourd'hui chez certaines tribus de chasseurs de Sibérie ou d'Amazonie, sont le signe d'une vénération envers les animaux mythiques ou dangereux. Ces ossements devaient servir à des fins divinatoires, mais également comme instrument de magie (gri-gri, talisman) ou simplement fonctionnels, simples parures ou signes de puissance.

Il ressort de tout ce que les archéologues et paléontologues ont découvert que l'homme primitif du Moustérien se posait déjà d'innombrables questions qu'il tentait de résoudre dans les modestes limites de ses capacités. En enterrant ses morts ou en portant des ossements en trophée, il modifia son comportement intellectuel, développa une nouvelle conception du monde en recherchant une symbiose avec la nature et le monde de l'au-delà. Ces phénomènes forgèrent leurs propres rituels, le sens artistique des « initiés » et la pensée religieuse.

Pendant 100 000 ans, l'homme n'a cessé d'exprimer sa peur du lendemain, sa relation à autrui, sa joie de vivre, sa soif de savoir, au point de transformer son bagage intellectuel en un acquis spécifique qui contribue à lui donner des caractéristiques génétiques et culturelles que nulle autre espèce ne possède : la parole articulée et la faculté de se projeter dans l'avenir.

La coexistence des premières populations humaines fut très importante dans l'histoire de nos origines. Quand on découvrit les premiers fossiles de Néandertaliens, les paléontologues constatèrent que les crânes avaient été soit perforés par une arme, soit fracassés. Ils ont de suite imaginé que les *Homo sapiens* avaient massacré les Néandertaliens, ce qui conduisit à leur extinction. Mais l'étude récente du génome néandertalien a forcé tous les chercheurs à revoir leur copie. En fait, plusieurs théories concourent sans s'exclure pour expliquer l'extinction des Néandertaliens au profit de l'homme de Cro-Magnon.

La première théorie considère les luttes tribales. Les hommes de Cro-Magnon se sont probablement répandus au détriment des hommes de Néandertal, ces derniers protégeant leurs biens au risque de leur vie. Car si l'homme de Cro-Magnon est plus sage que son ancêtre dit primitif, il n'a pas de raison de l'attaquer sans motif. Aussi, pour expliquer les guerres tribales entre populations et la présence d'objets sculptés par l'*Homo sapiens* chez les Néandertaliens, la situation inverse s'est certainement produite plus souvent : victimes des rapines et des larcins incessants des hommes de Néandertal, et peut-être également par peur de leurs ennemis, les hommes de Cro-Magnon ont vraisemblablement fini par décimer leurs populations.

L'homme moderne, jugé pourtant plus intelligent et plus sage encore, n'a pas agi différemment envers les populations autochtones et cependant souvent amicales qu'il découvrait au cours de ses voyages à travers le monde. La défense de notre territoire (et parfois de nos idées), si elle est en soi légitime, conduit à la guerre et fait malheureusement partie de notre bagage génétique au même titre que l'amour et l'instinct de survie.

Seconde théorie : avant l'étude génétique des Néandertaliens, on pensait que l'homme de Néandertal disparut également du fait de son inadaptation au climat, sa spécialisation, et son manque d'intelligence face aux facultés de notre ancêtre. Aujourd'hui, cette théorie a été abandonnée.

Ces deux théories sont insuffisantes car elles n'expliquent pas pourquoi nous avons de l'ADN de Néandertal en nous. En réalité l'étude génomique a révélé qu'étant sur le déclin, les Néandertaliens ont probablement disparu du fait de leur hybridation avec les *Homo sapiens*. Nous avons même hérité des Néandertaliens des hybridations génétiques qui ont renforcé notre immunisation face à certaines maladies.

En conclusion, l'homme de Cro-Magnon doit sans doute son expansion à une évolution génétique plus complète certainement, incorporant des gènes de Néandertal, plus souple aussi, rendant son adaptation plus facile sous différents climats. Ce patrimoine génétique aujourd'hui intégré dans notre sang et dans toutes nos cellules nous permet d'être mieux armés pour lutter contre les microbes, le froid et l'humidité notamment. Cet héritage est inestimable.

2. Le vocabulaire utilisé est très précis. Que proposez-vous à vos élèves pour le retenir ?

Je propose un mini-dictionnaire des termes particuliers et spécifiques à l'histoire, ainsi qu'en géographie et en sciences expérimentales avec une définition courte et claire.

Cela pourrait prendre cette forme :

Agriculture	L'ensemble des activités de culture du sol et d'élevage des animaux.
Aligné	Placé en ligne droite.
Alliage	Un mélange de métaux.
Alphabet	Un système d'écriture simplifié, qui permet d'écrire tous les mots avec peu de signes (lettres). Notre alphabet comprend 26 lettres.
Archéologue	Un savant qui étudie les traces laissées par les hommes du passé.
Artisan	Une personne qui fabrique des objets avec des outils simples.
Artisanat	La fabrication d'objets avec les mains ou des outils simples.
Aurochs	Bœuf préhistorique qui a disparu au Moyen Âge, victime d'une chasse intensive.
Biface	Une pierre (silex) taillée sur deux faces pour obtenir un bord tranchant.
Bison	Un animal sauvage qui ressemble à un gros taureau à crinière.
Caune	Mot de la région de Languedoc servant à désigner une grotte.
Cromlech	Cercle de pierres dressées.
Défricher	Couper les arbres et arracher la végétation naturelle pour rendre un terrain cultivable.
Dolmen	Un monument de pierre constitué d'un ou plusieurs blocs, qui a la forme d'une table de pierre.
Domestiquer	Apprivoiser un animal.
Élevage	L'activité qui consiste à apprivoiser, nourrir et soigner les animaux.
Fossile	Empreintes ou débris d'animaux anciens conservés dans la pierre.
Foyer	Un endroit où l'on fait du feu.
Galet aménagé	C'est le premier outil. Il a été fabriqué par les australopithèques.
Gibier	Les animaux que l'on chasse pour manger.

Glaciation	Très longue période de froid pendant laquelle la terre est parfois recouverte de glace. Lors de la dernière glaciation, le nord de l'Europe était enfoui sous une couche de glace de plusieurs centaines de mètres d'épaisseur. Elles sont dues aux variations de l'inclinaison de l'axe de rotation de la terre. Explication : la terre tourne sur elle-même en 24 heures et en 365 jours 1/4 autour du soleil. Mais la terre n'est pas « droite », elle est « penchée », et elle se « penche » plus ou moins, ce qui donne les glaciations.
Hominidés	Famille des grands singes qui comprend les espèces humaines depuis la préhistoire jusqu'à nos jours.
Interglaciaire	Période de réchauffement climatique entre deux glaciations.
Inventeur	Personne qui découvre un site archéologique.
Lacustre	Qui est en relation, à proximité d'un lac. Les habitations du néolithique pouvaient être lacustres, c'est-à-dire construites sur des pilotis (troncs d'arbres) et reliées entre elles par des passerelles.
Loi	Une règle que tous les habitants d'un pays doivent respecter.
Magdalénien	C'est l'époque où l'art du paléolithique est le plus beau. Cette époque, située à la fin de la dernière glaciation, va de 18 000 à 10 000 AP. Le mot « magdalénien » provient du nom de l'abri de la Madeleine, en Dordogne. Cet abri a été fouillé en 1863. L'époque magdalénienne se caractérise par des peintures polychromes dans les grottes et par un travail plus élaboré des outils en os. Plus de 80 % des peintures retrouvées datent de cette époque.
Mammouth	Un animal du passé qui ressemble à un éléphant poilu.
Mégacéros	Cerf géant de la préhistoire ayant disparu il y a environ 11 000 ans.
Mégalithe	Un monument de pierre.
Menhir	Un monument de pierre dressé verticalement et constitué d'un seul bloc.
Monument	Une construction intéressante.
Mouflon	Un animal qui ressemble au bouquetin.

Néolithique	Âge de la pierre polie ou de la pierre nouvelle. C'est la période de la préhistoire qui vient après le paléolithique. Elle a commencé il y a 10 000 ans et s'est terminée il y a 5 000 ans. Lors de cette période, de grands progrès ont été faits, par exemple l'agriculture.
Nomade	Qui n'a pas d'habitation fixe et qui se déplace sans cesse.
Nucléus	Bloc de roche dure dont on extrait des éclats pour fabriquer des outils.
Paléolithique	L'âge de la pierre taillée ou de la pierre ancienne. Cette période a commencé il y a 3 millions d'années et s'est finie il y a 10 000 ans.
Pariétal	Des peintures pariétales sont des peintures tracées sur les parois d'une caverne.
Percuteur	Outil utilisé pour frapper une pierre et en tirer des éclats tranchants et pointus.
Pigment	Couleur.
Pirogue	Embarcation faite avec un tronc d'arbre creusé. Pour avancer sur l'eau, il faut utiliser une pagaie (rame).
Polychrome	Qui comprend plusieurs couleurs.
Préhistoire	Cette période couvre l'histoire des hommes jusqu'à l'écriture, il y a 5 000 ans environ.
Propulseur	Baguette utilisée pour augmenter la puissance d'une lance.
Religieux	Qui a un rapport avec la croyance en un ou plusieurs dieux. Le chamanisme était une croyance religieuse de la préhistoire.
Rupestre	Des peintures rupestres sont réalisées sur une paroi rocheuse.
Sédentaire	Qui a une habitation fixe.
Sépulture	Emplacement où l'on enterre les morts. Tombe.
Tumulus	C'est une quantité de terre plus ou moins importante que l'on mettait sur une tombe. Cela ressemble à une petite colline artificielle. Au pluriel, on dit des tumuli.
Vannerie	Ce sont des objets tressés en osier.
Vestiges	Ce sont des traces du passé.

3. Pouvez-vous préciser et décrire la séance de fabrication des outils ?

Objectif général : connaître les premières traces de vie humaine, la maîtrise du feu et les débuts de l'agriculture, l'apparition de l'art.

<table>
<tr><th colspan="2">Histoire : le paléolithique</th><th>45 minutes</th><th>CE2</th></tr>
<tr><td colspan="4">Compétences : comprendre que les hommes préhistoriques étaient intelligents, fabriquaient des outils. L'importance de la découverte du feu.</td></tr>
<tr><td colspan="4">Matériel : document sur un biface, sa fabrication, un propulseur, une sagaie, un racloir, un harpon, une scie, un perçoir, un ancien foyer (de feu) (Les Ateliers hachette histoire géo CE2 p. 18 à 21).</td></tr>
<tr><td colspan="4">Place dans la séquence : deuxième séance sur la préhistoire (après origine et vie des hommes).</td></tr>
<tr><td>5'</td><td colspan="3">Rappel de ce qui a été vu la semaine précédente.
• Qui étudie la vie des premiers hommes ? historiens et archéologues.
• Comment s'appellent les premiers hommes ? et nos ancêtres ? ou a-t-on trouvé Lucy ?
• Comment vivent les hommes ? Où ?</td></tr>
<tr><td>10'</td><td colspan="3">• Observe ces documents et répond aux questions par deux, d'abord à l'oral puis à l'écrit.
Ce qui est important est que vous répondiez à l'oral à toutes les questions.
• Quels sont les différents outils que tu vois sur ce document ?
• À quoi servent-ils ?
• Les hommes ont trouvé comment faire du feu, à quoi leur sert-il ?
• À l'aide de ton livre p. 23, explique comment on fait le feu.</td></tr>
<tr><td>20'</td><td colspan="3">• Mise en commun, réponses, questions.
• Noter les réponses des enfants au tableau pour créer la leçon en commun (nom des outils et armes et utilité). Demander aux enfants de mimer leur utilisation (rappel du mime : pas de bruits).
• Pour les questions sur le feu, noter au tableau les différents usages du feu.
• Expliquer que les hommes connaissaient le feu depuis beaucoup plus longtemps mais qu'ils n'ont su le fabriquer que vers 600 000 av. J.-C. Comment connaissaient-ils alors le feu ? (Orage par exemple)</td></tr>
<tr><td>10'</td><td colspan="3">Idée de trace écrite : Les outils et le feu
Les hommes du paléolithique apprennent à tailler la pierre, en particulier le silex pour faire des outils : le biface pour couper, le harpon pour attraper les poissons, la sagaie, qui est une flèche pour prendre les animaux, le racloir pour couper ou racler les peaux.
Ils ont appris à faire le feu en frottant ensemble deux silex ou deux morceaux de bois. Le feu est vrai évolution pour l'homme car il leur permet de : se chauffer, s'éclairer, cuire les aliments, fabriquer des outils plus solides, éloigner les bêtes sauvages, rassembler les hommes autour du foyer.
Biface : galet taillé sur ses deux faces</td></tr>
</table>

DOSSIER 21 | CONFLITS ET ÉCHANGES EN MÉDITERRANÉE

LES CONNAISSANCES

C'est un état du monde au XIIe siècle, au moment où les relations entre chrétiens d'Occident, chrétiens d'Orient et musulmans se modifient. Si la Sicile, Cordoue et Tolède apparaissent alors comme les carrefours pacifiques des trois civilisations, la *Reconquista* et les croisades vont ériger un monde contre un autre et dessiner un nouvel ordre mondial. Composée autour de 1160, la géographie se situe entre la deuxième et la troisième croisade, quand quatre États latins sont déjà fondés en Orient : Antioche, Édesse, Tripoli et Jérusalem. Trois civilisations sont confrontées.

L'Empire byzantin

L'héritier de l'Empire romain

Depuis la chute de l'Empire romain d'Occident en 476, l'héritage impérial est assuré par l'empereur d'Orient à Constantinople, « deuxième Rome ». L'ancien nom grec de la ville, Byzance, désigne cet empire à la fois chrétien et oriental. Mais leurs différences linguistiques et culturelles opposent l'Occident latin et l'Orient grec. De plus, pratique et doctrine religieuses diffèrent, et l'Église orthodoxe s'éloigne peu à peu de l'Église romaine. L'incompréhension et les prétentions rivales à l'universalité conduisent au schisme en 1054. L'Église d'Orient est dirigée par le patriarche de Constantinople, nommé par l'empereur. À la différence de l'Occident où pape et empereur sont en conflit, à Byzance, Église et pouvoir impérial se soutiennent mutuellement pour défendre l'orthodoxie. Les moines jouissent d'une grande popularité auprès de fidèles, passionnés depuis des siècles par les questions théologiques. Ils manifestent une grande ferveur pour les icônes et les reliques. Toute cérémonie religieuse orthodoxe doit évoquer et exalter la splendeur de l'au-delà. Construites sur un plan en croix grecque symbolisant la structure du monde - le carré au sol pour la Terre, surmonté d'une coupole pour le Ciel -, les églises byzantines sont d'une richesse impressionnante, couvertes de marbre et de mosaïques sur fond d'or.

Byzance joue un rôle essentiel dans la transmission de l'héritage gréco-latin. Le maintien du grec classique comme langue écrite permet aux savants de copier et de s'imprégner des œuvres littéraires et philosophiques antiques. La culture latine subsiste surtout à travers le droit romain. Souverain de droit divin, l'empereur - le *basileus* - détient un pouvoir absolu. Vêtu de pourpre, insigne de la souveraineté byzantine, il est l'objet d'un véritable culte dans son luxueux palais. L'instabilité politique caractérise cependant l'empire. Après une période de troubles, la dynastie des Comnènes reste au pouvoir pendant un siècle (1081-1185). Elle réorganise l'empire au profit de l'aristocratie foncière, ce qui favorise le conservatisme et conduit au déclin économique.

Un empire en crise

Les principales ressources de l'empire proviennent de l'agriculture et du commerce. Ruinés par des mauvaises récoltes, les petits paysans ne fournissent plus ni impôts ni contribution militaire et tombent sous la coupe de véritables tyrans locaux. Ces derniers se constituent de vastes domaines privés autonomes. Ainsi contribuent-ils à l'affaiblissement et au démembrement de l'empire.

Carrefour des routes maritimes et terrestres entre Orient et Occident, Constantinople est une plaque tournante du commerce mondial. Particulièrement actifs, les marchands vénitiens obtiennent de nombreux avantages commerciaux au détriment des négociants byzantins. Les profits du commerce échappent à l'empire et la monnaie subit une forte dépréciation. Constantinople cherche alors à favoriser les Génois et les Pisans au détriment des Vénitiens. En représailles, ces derniers se détournent des grands ports byzantins dont l'activité s'étiole et la population diminue.

Un empire assiégé

En 1071, les Normands expulsent définitivement les Byzantins d'Italie. La même année, la défaite de Mantzikert face aux Turcs seldjoukides prive l'empire des deux tiers de l'Asie Mineure. Pendant tout le XIIe siècle, la dynastie des Comnènes résiste fort difficilement aux envahisseurs de tous les côtés : Occidentaux à l'ouest, Orientaux à l'est et peuples d'Europe centrale au nord. Face à l'incessante pression turque, l'empereur, dont les revenus diminuent, demande l'aide de l'Occident. Convoité par les croisés, l'empire ne peut résister en 1204 à l'attaque de la quatrième croisade détournée par Venise. Le pillage de Constantinople consacre la rupture définitive entre chrétiens d'Orient (orthodoxes) et chrétiens d'Occident (catholiques). L'empire tentera vainement de restaurer sa puissance et son prestige jusqu'en 1453, où il tombe aux mains des Ottomans.

Le monde islamique

Diversité politique et religieuse

Moins d'un siècle après l'hégire de Mahomet (570-632), en 622, le monde islamique s'étend de l'Espagne à l'Inde. Tous les territoires sont rassemblés sous l'autorité d'un chef religieux et politique, appelé le calife. La nomination du quatrième calife Ali entraîne une forte contestation politique qui aboutit aux premiers schismes de l'islam : les kharidjites et les chiites constitueront une opposition constante au pouvoir central d'obédience sunnite. Aux Omeyyades, installés à Damas aux VIIe et VIIIe siècles, succèdent en 750 les Abbassides qui fondent une nouvelle capitale, Bagdad. Aux IXe et Xe siècles, l'Empire musulman connaît un développement économique et culturel sans précédent. Mais très vite, certaines régions s'émancipent du pouvoir central et créent leurs propres dynasties, comme les Omeyyades en Espagne et les Fatimides de tendance chiite en Égypte. Le califat s'affaiblit de plus en plus et le véritable pouvoir est exercé par des dynasties régionales, autonomes et rivales, qui minent progressivement l'empire. D'origine turque, les Seldjoukides ont conquis une partie de l'Iran. Ces sunnites constituent un rempart contre l'avancée fatimide en soutenant militairement le califat abbasside. Ils confisquent le pouvoir politique, prennent le titre de sultan et relèguent le calife à un rôle spirituel.

Quand les croisés débarquent en terre d'Islam au XIe siècle, l'Empire seldjoukide est divisé en petits émirats rivaux. Cette situation politique est une des causes de leur succès. Il faudra attendre Saladin (1138-1193) pour que l'Empire islamique retrouve une unité contre les croisés. À la mort du dernier calife fatimide en 1171, Saladin prend le pouvoir en Égypte où il rétablit le sunnisme, puis en Syrie. Ses successeurs, les Ayyoubides, règnent jusqu'au milieu du XIIe siècle. Ils sont renversés par les Mamelouks, d'origine turque. Au milieu du XIIIe siècle, les Mongols, peuple nomade d'Asie centrale conduit par Gengis Khan (1155, 1162 ou 1167-1227), font irruption au Proche-Orient et détruisent Bagdad en 1258. L'Empire islamique comprend désormais trois grands ensembles : l'Égypte et la Syrie des Mamelouks, l'Asie mineure des Turcs divisée en émirats, l'Iran des Mongols auquel se rattache à présent l'Irak. Au milieu du XIVe siècle, les Turcs ottomans dominent toute l'Asie mineure. Ils prennent Constantinople en 1453 où ils fondent Istanbul, capitale de leur empire qui succède à Byzance. Au XVIe siècle, Soliman le Magnifique (1494-1566) est maître de la quasi-totalité des pays arabo-musulmans.

La rivalité entre califats a une incidence directe dans l'Occident musulman. Réfugiés en Espagne, les Omeyyades fondent un émirat autonome avec Cordoue pour capitale et prennent, eux aussi, le titre de califes au Xe siècle. Deux grandes dynasties d'origine berbère dominent ensuite le Maghreb : les Almoravides (1056-1147) et les Almohades (1130-1269). Ces derniers se sont imposés en Espagne. Après la prise de Tolède en 1085 par le roi de Castille, ils gardent Grenade jusqu'en 1492. Leur chute au Maghreb au XIIIe siècle laisse la place à trois émirats en Tunisie, Algérie et Maroc. Seul le Maroc échappera à la domination des Ottomans.

Unité linguistique et culturelle

Malgré ses divisions politiques, cet immense empire tire son unité de la prééminence de l'islam et de l'utilisation de la langue arabe, instrument de l'administration et d'une nouvelle culture. L'expansion islamique s'est faite dans la tolérance, sans conversion forcée. Tout en réservant le pouvoir aux musulmans, le Coran accorde aux « gens du livre » un statut légal qui détermine leurs droits et leurs devoirs. Juifs et chrétiens pratiquent leur culte librement et vivent en harmonie avec les musulmans.

La civilisation arabo-musulmane, urbaine et marchande, brille par sa culture. Elle a intégré les héritages grec et persan. Intellectuels, savants, artistes et ingénieurs font la renommée de villes prestigieuses comme Bagdad, Damas, Le Caire, Alexandrie, Cordoue ou Grenade. Grâce au développement des techniques d'irrigation, les campagnes sont verdoyantes et abondantes. La prospérité des pays d'islam et la présence des marchands arabes dans toute la Méditerranée et jusqu'en Chine favorisent le rayonnement de cette civilisation.

L'Occident chrétien

L'Empire romain d'Occident s'est effondré en 476. Hormis la tentative de restauration d'un empire sous le règne de Charlemagne (771-814), l'Occident ne connaît qu'un pouvoir émietté, menacé par les invasions, la famine et les épidémies. Malgré sa division en duchés et royaumes, la chrétienté occidentale est en plein essor, démographique, économique et politique, à partir du XIIe siècle.

Une société féodale

La société occidentale est formée de trois ordres : les clercs prient ; les nobles et chevaliers protègent et combattent ; les paysans, artisans et marchands travaillent. Les deux premiers ordres possèdent les seigneuries par le système du fief, selon lequel le suzerain - le roi ou le duc - concède un bien à son vassal - comte ou baron. La société médiévale, très hiérarchisée, repose donc sur les liens personnels qui unissent fortement les hommes et sur leur rapport à la terre, qu'ils possèdent ou qu'ils travaillent : c'est le système féodal.

La brutalité caractérise les rapports sociaux. Entre les nobles et les paysans, mais aussi entre nobles eux-mêmes, dont les rivalités créent tensions et violences. L'autorité publique se trouve éclatée dans une multitude de fiefs où le seigneur est seul maître et détient tous les droits. Mais les souverains imposent progressivement leur pouvoir sur des territoires plus ou moins étendus : l'empereur germanique dans le Saint-Empire, le roi de France, le roi d'Angleterre, le roi de Castille. Parallèlement, de véritables cités-États s'instaurent dans les pays méditerranéens, notamment en Italie où les républiques de Venise, Gênes ou Pise voient leur influence économique et politique grandir.

Dynamisme économique et politique

Les grandes invasions cessent après l'an mil. L'Occident est alors en pleine croissance démographique et connaît un essor économique important. Dans les campagnes, de grands défrichements permettent d'améliorer les rendements agricoles. Cette croissance bénéficie à l'artisanat et aux échanges commerciaux. Les cités italiennes, Venise en tête, développent autour de la Méditerranée un commerce actif. L'accumulation des richesses et l'enthousiasme religieux favorisent le développement de l'art roman.

Le dynamisme de l'Occident chrétien se manifeste surtout par son expansion militaire, d'abord en Italie, où les Arabes et les Byzantins sont chassés par les Normands, puis en Espagne avec la *Reconquista*. Par l'ampleur des forces militaires engagées et le déplacement massif des personnes et de leurs biens, les croisades restent la grande aventure politique, économique et spirituelle de la chrétienté. Elles favorisent la suprématie de l'Occident sur la Méditerranée.

Le pape contre l'empereur

L'Église est le ciment de l'Occident médiéval. Dans le village ou en ville, la paroisse est le cadre de vie essentiel. La foi religieuse est intense et de nouveaux courants spirituels se développent. À Rome, le pape cherche à s'imposer comme le chef de la chrétienté. En lançant son appel à la croisade en 1095, Urbain II espère bien renforcer son pouvoir temporel en rassemblant sous la bannière de l'Église les chevaliers les plus turbulents d'Occident. Mais la primauté et l'indépendance du pape sont toujours contestées par certains souverains. Au nom de l'héritage romain, les empereurs germaniques refusent de voir leur prééminence remise en cause. Ce n'est qu'en 1176, avec la défaite de Frédéric Barberousse, que la papauté s'impose et formule l'idée d'une théocratie pontificale.

Points de contact

La Sicile

Enlevée de longue lutte aux Arabes par les Normands à la fin du XIe siècle, la Sicile offre, moins d'un siècle plus tard, une synthèse politique et culturelle des trois grandes civilisations méditerranéennes. Sur le plan politique, le royaume normand conserve de l'Occident la nature féodale du rapport entre seigneur et paysan. Sa forme institutionnelle est empruntée à l'Orient byzantin et musulman. Le roi s'appuie sur une administration et une armée en grande partie arabes. Chaque communauté religieuse pratique librement son culte et garde ses lois. En cas de différend avec le seigneur, le paysan musulman est ainsi jugé par un cadi, le juge coranique.

Palerme est un brillant foyer culturel qui accueille intellectuels et artistes. Plusieurs langues y sont parlées couramment, ce qui permet la diffusion des connaissances grecques et arabes. La vie à la cour emprunte au faste byzantin. Les poètes chantent en arabe la gloire d'un roi chrétien. L'art mélange toutes les modes et tous les genres : palais et jardins arabo-musulmans, églises d'inspiration occidentale et de décoration byzantine.

Cette synthèse culturelle et politique unique dure un peu plus d'un siècle. Elle s'éteint définitivement avec le dernier roi normand, à la toute fin du XIIe siècle. Pour s'imposer roi de Sicile en 1197, Frédéric de Hohenstaufen n'hésite pas à prendre des mesures extrêmes, comme le massacre et la déportation massive de populations musulmanes.

L'Espagne musulmane

En 711, les Arabes franchissent le détroit de Gibraltar et conquièrent presque toute la péninsule Ibérique où ils fondent une nouvelle province musulmane : al-Andalus. L'Espagne musulmane devient vite l'une des régions les plus importantes du monde islamique et le second pôle de sa civilisation. Au Xe siècle, savants et lettrés de tous horizons affluent à Cordoue, siège d'un brillant califat ne comptant pas moins d'une vingtaine d'écoles et une importante bibliothèque. Juifs et chrétiens vivent en parfaite intelligence. Beaucoup se sont arabisés, linguistiquement et culturellement, deviennent bilingues ou biculturels : ce sont les mozarabes, véritables intermédiaires culturels dont le rôle dans la transmission des savoirs est considérable.

Ainsi est-ce dans cette Espagne, musulmane ou récemment reconquise, qu'ont lieu aux XIe et XIIe siècles les contacts les plus fructueux entre la brillante civilisation islamique et l'Occident chrétien. Prise aux Arabes en 1085 par Alphonse VI (1042-1109), roi de Castille, Tolède s'impose comme le centre des échanges culturels. Les groupes religieux se côtoient pacifiquement : les minorités protégées, musulmanes et juives, les chrétiens, répartis en plusieurs groupes, mozarabes, Castillans, Francs et les nouveaux convertis. « Empereur des Espagnes », Alphonse VII (1105-1157) se fait également appeler « empereur des trois religions ».

Dans ce climat pacifié et tolérant, les savants de toutes confessions débattent et échangent entre eux. À l'initiative des membres de l'ordre de Cluny commencent les grandes traductions de l'arabe en latin. Une véritable équipe de traducteurs professionnels, mozarabes, juifs et francs, met à la portée de l'Occident le savoir grec antique revu par l'islam. Philosophie, médecine, astronomie ou mathématiques... toutes leurs traductions vont jouer un rôle décisif dans le renouveau intellectuel de l'Occident aux XIIe et XIIIe siècles.

La Reconquista

Au VIIIe siècle, presque toute la péninsule Ibérique est musulmane. Seuls quelques petits royaumes catholiques subsistent dans le nord : Asturies, Castille, León, Navarre, Aragon, Catalogne. Au nom de la foi chrétienne, ces petits États entreprennent la reconquête du territoire : c'est la *Reconquista*.

■ Quatre siècles de reconquête

L'effondrement du califat omeyyade de Cordoue au XIe siècle et son émiettement en une multitude de royaumes - les taïfas - permettent une avancée de la *Reconquista*. Alphonse VI de Castille (1042-1109) occupe Tolède en 1085. Mais les Almoravides, musulmans venus du Maroc, repoussent les Castillans. Malgré l'arrivée massive de chevaliers français et la vaillance du célèbre Cid, Valence demeure capitale musulmane jusqu'en 1238. Cependant, les progrès des chrétiens sont continus : reconquête de Saragosse et de la vallée de l'Èbre en 1118. Mais les rivalités entre royaumes chrétiens favorisent l'intervention des Almohades berbères qui infligent une défaite au roi de Castille.

Au début du XIIIe siècle, les royaumes chrétiens unissent leurs forces. Soutenus par une croisade venue de France, ils remportent la victoire de Las Navas de Tolosa en 1212. Les musulmans sont refoulés dans le sud de la péninsule et forment le royaume de Grenade. Ils se maintiendront pendant près de deux siècles à la faveur des rivalités entre les royaumes de Portugal, de Castille et d'Aragon. L'unification de l'Espagne en 1474, à la suite du mariage d'Isabelle de Castille et de Ferdinand d'Aragon, est décisive. Après un siège de plusieurs mois, Grenade tombe en janvier 1492. Les musulmans sont définitivement expulsés d'Espagne.

■ Une nouvelle Inquisition

Les années 1480 marquent la fin de la tolérance religieuse en Espagne. L'Inquisition, tribunal ecclésiastique instauré au XIIIe siècle pour lutter contre les hérésies, est alors relancée. Le grand inquisiteur Torquemada (1420-1498) poursuit les juifs et les musulmans, même convertis, dans toute la péninsule Ibérique avec une intransigeance telle qu'il reste aujourd'hui encore un symbole du fanatisme.

■ Les croisades

Pèlerinage armé, la croisade fait la synthèse entre le pèlerinage à Jérusalem - lequel vaut rémission des péchés - et la « guerre juste » contre les ennemis de l'Église. Pour le pape, c'est aussi le moyen de rassembler sous la bannière de l'Église la chevalerie d'Occident et d'imposer sa prééminence sur toute la chrétienté. Huit croisades se sont succédé entre 1095 et 1270, engageant plusieurs centaines de milliers de chrétiens.

Quatre États latins en Orient

En 1095, l'empereur byzantin sollicite l'aide militaire de mercenaires occidentaux contre les Turcs. Au même moment, des récits de mauvais traitements qu'auraient subis les pèlerins en route vers Jérusalem se répandent. Au concile de Clermont, le pape Urbain II (1042-1099) décide alors de prêcher la croisade, promettant la remise de pénitence à tous ceux qui endosseront la croix du Christ pour reprendre le Saint-Sépulcre aux musulmans. Cet appel remporte immédiatement un très grand succès, autant auprès des chevaliers que des classes populaires, galvanisées par des prédicateurs comme Pierre l'Ermite (1050-1115). Certains de ces groupes s'en prennent aux communautés juives des villes qu'ils traversent mais plusieurs seront dispersés en route. Seules les armées constituées arrivent à Constantinople, en 1096. L'année suivante, elles se dirigent vers la Syrie. La croisade se transforme alors en une véritable entreprise de conquête.

Dès mars 1098 sont fondés le comté d'Édesse et la principauté d'Antioche. Puis les croisés s'emparent de Jérusalem qu'ils mettent à sac l'année suivante. Ils conquièrent l'ensemble du pays et des ports du littoral. Godefroy de Bouillon (1061-1100) prend la tête du royaume de Jérusalem, Raymond de Saint-Gilles (1042-1105) celle du comté de Tripoli. Constamment menacés par les Turcs, les quatre États latins résistent victorieusement au cours des décennies suivantes.

L'offensive de Saladin

Les exactions commises par les croisés émeuvent les musulmans et l'Islam se mobilise, stimulé par la menace chrétienne. En outre, les États latins occupent le littoral méditerranéen et gênent la Syrie dans ses relations économiques. L'émir Zengî (1084-1146) reprend la lutte et prône le rassemblement des musulmans pour défendre l'islam : c'est l'appel au *djihad*. Il s'empare d'Édesse en 1145. Ce revers important conduit quelques mois plus tard à une deuxième croisade. C'est un échec : le comté d'Édesse est définitivement perdu en 1151.

Chargé du gouvernement de l'Égypte et de la Syrie à partir de 1175, l'émir Saladin (1138-1193) se fait le champion de la guerre sainte. Il multiplie, à partir de 1181, les raids destructeurs puis écrase l'armée chrétienne en 1187 à Hattin. Peu après, Jérusalem est à nouveau aux mains des musulmans.

La chute de Jérusalem

Dès que la nouvelle du désastre est connue en Occident, le pape décide d'appeler à une nouvelle croisade. Saladin est défait. Une trêve, conclue en 1192, laisse la côte aux chrétiens et garantit la liberté de pèlerinage à Jérusalem. La troisième croisade empêche donc l'effondrement total de la Syrie franque. Mais la plus grande partie des territoires conquis un siècle plus tôt est perdue.

Le pape Innocent III (1160-1216) ordonne la prédication d'une quatrième croisade. Elle est détournée de son objectif au profit des Vénitiens. L'expédition se termine par la prise de Constantinople, mise à sac par les croisés en 1204, alors que Jérusalem reste aux mains des infidèles.

Dernières croisades

Les autres croisades, mal dirigées, sont compromises par les divisions entre les chefs chrétiens. Les derniers fiefs latins résistent jusqu'aux attaques des Mamelouks d'Égypte.

La huitième croisade, dirigée par saint Louis (1214-1270), assiège Tunis au lieu de se porter vers la Terre sainte. Le roi de France meurt en Afrique et les derniers territoires latins d'Orient tombent les uns après les autres. Seule Chypre demeure chrétienne. À la fin du XIIIe siècle, l'élan religieux des premières expéditions a totalement disparu.

Quel bilan ?

Au-delà des expéditions militaires et de leur échec final, les croisades ont été l'occasion d'échanges multiples entre des mondes étrangers. Les zones de contact – l'Espagne, la Sicile et la Palestine – deviennent des régions très dynamiques tant du point de vue commercial que du point de vue culturel. Cependant, les conséquences sont inégales selon les civilisations. L'idée de croisade est restée totalement étrangère à la mentalité byzantine.

À l'égard du monde musulman, les croisés sont apparus comme des ennemis et des envahisseurs. Ils sont tenus pour des barbares, ignorants et vulgaires, auxquels seule la qualité de combattants est reconnue. Les musulmans s'emparent de Constantinople en 1453. Ils camperont devant Vienne en 1529.

La communauté juive a également vécu les croisades comme une agression. À partir de la fin du XIIe siècle, l'hostilité envers les Juifs se développe en Europe. Des massacres sont perpétrés dans l'Empire germanique au départ des deux premières expéditions et tout au long des chemins.

En revanche, pour l'Occident, les bénéfices, autant matériels que culturels, semblent énormes. L'Europe a déjà réalisé au début du XIIe siècle de remarquables progrès dans les domaines technique, économique et militaire. Son expansion est le résultat de cette importante mutation.

LA SÉQUENCE EN CM1 (3 SÉANCES)

Pilier n° 5 : La culture humaniste (palier n° 2)

• Identifier les principales périodes de l'histoire étudiée, mémoriser quelques repères chronologiques pour les situer les uns par rapport aux autres en connaissant une ou deux de leurs caractéristiques majeures.
• Lire et utiliser différents langages : cartes, croquis, graphique, chronologie, iconographie.

Séance 1 : Comment l'Islam se développe-t-il autour de la Méditerranée ?

• Savoir que le prophète Mahomet fonde une nouvelle religion monothéiste au VIIe siècle : l'islam.
• À partir de différentes œuvres d'art, appréhender la richesse de la civilisation arabo-musulmane.

Séance 2 : Pourquoi la Méditerranée devient-elle un terrain d'affrontement ?

• Connaître les trois grands conflits : dans la péninsule Ibérique, en Terre sainte et dans l'Empire byzantin.
• Connaître le déroulement d'une croisade (la première croisade en particulier).

Séance 3 : Qu'est-ce qui fait de la Méditerranée un carrefour d'échange commercial et culturel ?

• Savoir que les échanges se développent et mettent en contact l'Occident avec l'Orient. Évaluation et trace écrite.
• Vocabulaire : croisades, échanges, mosquée, musulman, prophète.
• La découverte d'une autre civilisation, l'Islam : savoir que le prophète Mahomet fonde une nouvelle religion monothéiste au VIIe siècle. Elle s'étend rapidement de l'Inde à l'Espagne ; pour étudier cette question, lire et utiliser une carte historique.
• À partir de différentes œuvres d'art, appréhender la richesse de la civilisation arabo-musulmane.

Développement de la première séance

Objectif(s)

• Connaître les trois grands conflits : dans la péninsule Ibérique, en Terre sainte et dans l'Empire byzantin.
• Connaître le déroulement d'une croisade (la première croisade en particulier).

Déroulement de la séance

Représentations initiales : 5 min., individuel, écrit

Consigne : « Avez-vous déjà entendu parler de la *Reconquista* ? (réponse attendue : non) ? »
• Essayer de deviner l'origine du mot (espagnol) et de traduire en français (reconquête). Qu'est-ce que ça peut vouloir dire ? (reconquérir quelqu'un, quelque chose).

Enluminure sur la reconquête : 10 min., collectif, oral ; diaporama

Consigne : « À quoi reconnaît-on les musulmans et les chrétiens ? Regarde leurs armes, leurs vêtements... »
• Laisser les élèves travailler puis corriger. Faire un lien avec les hypothèses des séances précédentes (les chrétiens ont une armure, les musulmans ont des turbans, des croissants de lune sur leur bouclier, ils ont tous des lances, des boucliers, des chevaux).
• Depuis le VIIIe siècle, l'Espagne est sous domination musulmane presque totale. Les chrétiens commencent sa reconquête à partir des petits royaumes restés indépendants dans le nord de l'Espagne. Cette reconquête se termine en 1492 par la chute de la ville de Grenade.

Les croisades : 15 min., collectif, oral

Consigne : « Mais il y a eu d'autres guerres en même temps, sur un autre territoire. Avez-vous déjà entendu parler des croisades ? Savez-vous ce que c'est ? Je vais vous distribuer un document et vous allez répondre aux questions suivantes. »
• Corriger puis réfléchir ensemble au sens du mot « croisade » (croix, guerre sainte au nom de la religion).
• Au XIe siècle, des Turcs musulmans dominent la Palestine. Le pape demande alors aux chrétiens de reprendre les lieux saints. Des expéditions militaires nommées croisades s'organisent. Jérusalem est prise par les croisés en 1099 et des États chrétiens appelés « États latins » sont fondés. C'est un échec : après sept autres croisades, les chrétiens ne possèdent plus que quelques ports.

Trace écrite : 10 min., individuel, écrit

Trois grands conflits entre chrétiens et musulmans ont perturbé la Méditerranée au Moyen Âge : la *Reconquista* espagnole, les croisades (expéditions militaires) et la prise de l'Empire byzantin par les Turcs.

À l'oral uniquement : les chrétiens orthodoxes de l'Empire byzantin et les chrétiens d'Occident s'étaient séparés en 1054 parce qu'ils s'entendaient mal. Le pillage de Constantinople en 1204 par les croisés les brouille définitivement. Les Byzantins sont désormais très affaiblis et ne peuvent résister aux Turcs qui prennent Constantinople en 1453. L'Empire byzantin disparaît alors.

Évaluation

Trois civilisations autour de la Méditerranée vers l'an mil : tableau à renseigner.

	Politique	Religion	Langue	Civilisation
Le monde des chrétiens d'Occident	Territoires gouvernés par des rois ou des empereurs. Société organisée autour des seigneurs.	Religion chrétienne catholique. Le pape à Rome est le chef de l'Église.	Le latin	Peu peuplé et pauvre au début du XIe siècle, l'Occident se développe, les famines reculent et les échanges s'intensifient.
Le monde des chrétiens d'Orient	Capitale : Constantinople. Dirigé par un empereur.	Religion chrétienne différente du catholicisme. Ils n'obéissent pas au pape de Rome.	Le grec	L'agriculture est la principale ressource. Les villes sont développées. Nombreux monuments et églises splendides.
Le monde musulman	Espace conquis par Mahomet qui fonde une nouvelle religion : l'islam.	l'islam (livre sacré : le Coran).	L'arabe	Civilisation qui brille par sa culture (savants, artistes, ingénieurs). Campagnes prospères et commerce très développé.

LES QUESTIONS POUR L'ENTRETIEN

1. Qui a lancé le premier appel pour les croisades et pourquoi ?

L'appel à la croisade du pape Urbain II

Le 27 novembre 1095, à l'issue du concile de Clermont, le pape s'adresse aux évêques, pour demander d'aller au secours des chrétiens orientaux. Cet appel a été retranscrit, plusieurs années après, par Foucher de Chartres, sans doute témoin de l'homélie (allocution sur des matières religieuses). Présent en Terre sainte en 1096, ce dernier est devenu le chapelain de Baudouin de Boulogne avant de mourir à Jérusalem en 1127. De 1100 à 1127, il a rédigé un récit de la première croisade, *Historia Hierosolymitana*, pour inciter les chevaliers occidentaux à se croiser. La croisade est conçue comme un pèlerinage pénitentiel pour racheter les chrétiens désunis, mais aussi comme un moyen de détourner la violence des chevaliers vers une lutte contre les « païens ».

Au XIIe siècle, le contact entre les trois civilisations de la Méditerranée est avant tout marqué par la violence. Or, avec les croisades, un nouveau type d'affrontement apparaît : la guerre sainte. La chrétienté prêche la croisade pour reprendre le Saint-Sépulcre aux musulmans. La volonté de défendre la chrétienté justifie l'utilisation de la violence et procure le salut à ceux s'y livrent. La croisade représente donc une des manifestations les plus achevées de l'engagement chrétien dans le siècle, même si des facteurs économiques et politiques expliquent aussi son déclenchement. Au début du XIIe siècle, les musulmans ne considèrent pas la croisade comme un événement nouveau et particulier, mais comme le prolongement des guerres avec Byzance. Plus tard, avec la prise de conscience du danger chrétien, la notion de *djihad*, participation collective à la lutte pour l'expression ou la défense de l'islam, reprend vigueur. En effet, dans la civilisation musulmane, guerre et religion sont étroitement associées.

L'historiographie moderne occidentale comptabilise huit croisades du XIe au XIIIe siècle, qui ont vu la création provisoire de quatre États latins. À cette époque, on évoque plutôt les « pèlerinages de Jérusalem », le terme de « croisade » né de l'expression « *cruce signati* » – « marqués du signe de la croix » – n'apparaîtra qu'à partir du XVe siècle.

2. Quel(s) savoir-faire développez-vous pendant les séances d'histoire ?

Savoir :

- identifier des documents représentatifs des époques traitées (monuments, miniatures – enluminures de manuscrits –, manuscrits, écrits divers...) ;

- traiter ces documents, c'est-à-dire tirer les informations qu'ils contiennent ;
- compléter un tableau.

3. Quelle autre forme d'évaluation (autre que le tableau à compléter) pourriez-vous concevoir pour une séance d'histoire ?

On pourrait donner un texte assez court aux élèves, et des questions auxquelles ils devront répondre ; les réponses permettront de juger du niveau de compréhension des leçons vues.

EXEMPLE : LE TEXTE DE FOUCHER

Il importe que, sans tarder, vous vous portiez au secours de vos frères qui habitent les pays d'Orient et qui déjà bien souvent ont réclamé votre aide.

Les Musulmans ont envahi leur pays. Ils se sont avancés jusqu'à la mer Méditerranée. Ils s'étendent continuellement au détriment des terres des chrétiens, après avoir vaincu ceux-ci à sept reprises en leur faisant la guerre. Beaucoup sont tombés sous leurs coups ; beaucoup ont été réduits en esclavage. Ces Musulmans détruisent les églises.

Je vous supplie, chevaliers ou piétons, riches ou pauvres, de vous rendre à temps au secours des chrétiens et de repousser ce peuple néfaste loin de nos territoires. Le Christ l'ordonne.

À tous ceux qui y partiront et qui mourront en route, que ce soit sur terre ou sur mer, ou qui perdront la vie en combattant les païens, leurs péchés seront pardonnés.

Qu'ils aillent donc au combat contre les Infidèles, ceux-là qui jusqu'ici se combattaient en guerres privées ! Qu'ils soient désormais des chevaliers du Christ, ceux-là qui n'étaient que des brigands ! Qu'ils luttent maintenant, à bon droit, contre les barbares, ceux-là qui se battaient contre leurs frères et leurs parents ! Ce sont les récompenses éternelles qu'ils vont gagner. Ici, ils étaient les ennemis du Seigneur ; là-bas, ils seront ses amis !

D'après Foucher de Chartres (1100-1127)

Questions

1. Quelle est la nature du document ?
2. Qui parle et à qui ?
3. Que se passe-t-il dans le document ?
4. Comment sont décrits les musulmans ?
5. Qui doit partir en croisade ?
6. Quelles récompenses sont promises en cas de mort ?

4. Sur quoi vous appuyez-vous pour construire une séance en histoire ?

Je m'appuie sur des sources et des documents. L'histoire se fait avec des sources Un document : exemple : l'appel à la croisade d'Urbain II et le commentaire de ce document.

POUR ALLER PLUS LOIN : QU'EST-CE QUE L'HISTOIRE ?

L'histoire, dans son acception courante, est à la fois le passé des hommes et la connaissance que nous en avons. Mais le passé est révolu, nous ne l'observons pas. Il n'en a pas pour autant totalement disparu. Il nous a laissé des traces par lesquelles nous pouvons le connaître. L'histoire est donc la connaissance du passé par les traces qu'il nous a laissées.

Pour Charles Seignobos, « *il n'y a [...] pas de faits historiques par leur nature ; il n'y a de faits historiques que par position. Est historique tout fait qu'on ne peut plus observer directement parce qu'il a cessé d'exister. Il n'y a pas de caractère historique inhérent aux faits, il n'y a d'historique que la façon de les connaître* » (Charles Seignobos, *La Méthode historique appliquée aux sciences sociales*, Paris, Félix Alcan, 1901, cité par Antoine Prost, *Douze leçons sur l'histoire*, Paris, Gallimard, coll. « Folio Histoire », 1996, p. 69).

Henri Moniot, comme bien d'autres, l'a affirmé à son tour : « *L'histoire se fait avec des restes – on préfère dire, de façon plus distinguée : avec des documents, ou avec des sources* » (Henri Moniot, *Didactique de l'histoire*, Paris, Nathan, 1993, p. 49).

Pas de traces, donc pas d'histoire. C'est le sens de ces propos définitifs de Charles Victor Langlois et de Charles Seignobos : « *L'Histoire se fait avec des documents. Les documents sont les traces qu'ont laissées les pensées et les actes des hommes d'autrefois. Parmi les pensées et les actes des hommes, il en est très peu qui laissent des traces visibles, et ces traces, lorsqu'il s'en produit, sont rarement durables : il suffit d'un accident pour les effacer. Or, toute pensée et tout acte qui n'a pas laissé de traces, directes ou indirectes, ou dont les traces visibles ont disparu, est perdu pour l'histoire : c'est comme s'il n'avait jamais existé. Faute de documents, l'histoire d'immenses périodes du passé de l'humanité est à jamais inconnaissable. Car rien ne supplée aux documents : pas de document, pas d'histoire* » (Charles Victor Langlois et Charles Seignobos, *Introduction aux études historiques*, Paris, 1898, rééd., Paris, Kymé, 1992, liv. I, chap. I, cité dans Charles-Olivier Carbonnell et Jean Walch, *Les Sciences historiques de l'Antiquité à nos jours*, Paris, Larousse, 1994, p. 171).

Mais ces documents, quels sont-ils ?

Selon Lucien Febvre, « *l'histoire se fait avec des documents écrits, sans doute. Quand il y en a. Mais elle peut se faire, elle doit se faire, sans documents écrits s'il n'en existe point. Avec tout ce que l'ingéniosité de l'historien peut lui permettre d'utiliser pour fabriquer son miel, à défaut des fleurs usuelles. Donc avec des mots, des signes. Des paysages et des tuiles. Des formes de champs et de mauvaises herbes. Des éclipses de lune et des colliers d'attelage. Des expertises de pierres par des géologues et des analyses d'épées en métal par des chimistes. D'un mot, avec tout ce qui, étant à l'homme, dépend de l'homme, sert à l'homme, exprime l'homme, signifie la présence, l'activité, les goûts et les façons d'être de l'homme. Toute une part, et la plus passionnante sans doute de notre travail d'historien, ne consiste-t-elle pas dans un effort constant pour faire parler les choses muettes, leur faire dire ce qu'elles ne disent pas d'elles-mêmes sur les hommes, sur les sociétés qui les ont produites – et constituer finalement entre elles ce vaste réseau de solidarités et d'entraide qui supplée à l'absence du document écrit* » (Lucien Febvre, *Combats pour l'histoire*, Paris, Armand Colin, 1953, p. 428 cité par Antoine Prost, *Douze leçons sur l'histoire*, Paris, Gallimard, coll. « Folio Histoire », 1996, p. 82). À cette liste nous ajouterions aujourd'hui les documents audiovisuels, les témoignages écrits ou oraux, les œuvres d'art...

Le document, ou pour mieux dire, la source, fait-il cependant l'histoire ?

Ce serait une erreur de le penser. Le document n'existe pas avant l'intervention de l'historien. « *Il n'y a pas [...] de document sans question. C'est la question de l'historien qui érige les traces laissées par le passé en sources et en documents* » (Antoine Prost, *Douze leçons sur l'histoire*, Paris, Gallimard, coll. « Folio Histoire », 1996, p. 81). Faire de l'histoire, c'est avant tout poser des questions au passé puis découvrir ou créer les sources qui permettent d'y répondre. Ainsi, « *l'initiative de l'historien se lit dès les sources mêmes. Rien n'est trace par nature, avant que ses dispositions d'esprit et ses questions lui fassent remarquer ce qui peut l'informer, et qui prend, alors, le statut de "source"* » (Henri Moniot, *op. cit.*, p. 50).

L'histoire est un mode de connaissance par traces

Ces traces, soumises au questionnement de l'historien deviennent des sources, dont les documents écrits sont certes les plus connus, mais ne constituent qu'une des multiples variétés. Tout est source à qui sait l'interroger. Ces sources, il faut encore les étudier, les confronter en mettant en place une procédure de vérité, la démarche critique. On peut alors énoncer des faits qui s'organisent en récit. On n'atteint pas là la vérité, d'autres questionnements et l'invention de nouvelles sources pouvant remettre en cause les acquis qui ne sont jamais définitifs. L'histoire n'énonce donc pas des vérités intangibles, mais elle met en place une procédure scientifique qui lui permet de dire vrai en fonction des sources dont elle dispose.

Reproduire ou citer des documents nécessite un minimum de rigueur. On ne peut demander, en effet, d'être cru sur parole. Il est donc nécessaire d'indiquer clairement la provenance des documents cités. La règle est d'indiquer le nom de l'auteur, le titre de l'ouvrage qui est écrit en italiques, le lieu d'édition, l'éditeur, l'année de publication et la page. On aura ainsi par exemple : Henri Moniot, *Didactique de l'histoire*, Paris, Nathan, 1993, p. 49. Si l'on cite à plusieurs reprises le même ouvrage, et qu'aucune confusion n'est possible, on peut se limiter, après le nom de l'auteur, à indiquer *op. cit.* (opuscule cité). On aura alors : Henri Moniot, *op. cit.*, p. 50. Il peut arriver aussi de citer un auteur lui-même cité dans un autre ouvrage. On procède de la manière suivante : Lucien Febvre, *Combats pour l'histoire*, Paris, Armand Colin, 1953, p. 428, cité par Antoine Prost, *Douze leçons sur l'histoire*, Paris, Gallimard, coll. « Folio Histoire », 1996, p. 82. Pour citer une œuvre d'art, il est nécessaire d'en nommer l'auteur, la nature, le lieu de conservation et les éventuels droits à l'image afférents. On n'oubliera pas la dimension de l'œuvre, sinon, comment, sur une reproduction, savoir si l'on a affaire à une statuette ou à une statue monumentale, à une miniature ou à un tableau d'envergure ?

Toute citation, pour être authentique, doit être en tout point conforme à l'original. On s'interdira donc toute modification, allant même jusqu'à reproduire les fautes d'orthographe, où les graphies aujourd'hui abandonnées figurant dans le document. Toute coupure, aussi minime soit-elle, doit être ainsi signalée. Ainsi, dans la citation de d'Antoine Prost faite précédemment : « *Il n'y a pas [...] de document sans question. C'est la question de l'historien qui érige les traces laissées par le passé en sources et en documents* » (Antoine Prost, *Douze leçons sur l'histoire*, Paris, Gallimard, coll. « Folio Histoire », 1996, p. 81), seul le mot « *davantage* » avait été retiré du texte original.

Les programmes du cycle 3 de l'école élémentaire font référence à plusieurs reprises à l'étude de documents. Il est indiqué dans le programme d'histoire que « *l'élève doit déjà être capable de comprendre la spécificité de l'histoire, cette "connaissance par traces" qui, pour l'historien, sont des sources ou des documents. Il doit donc pouvoir commencer à en comprendre le travail : rassembler des documents autour d'un sujet, en donner la nature, la date, et l'auteur* ».

On peut lire de même un petit peu plus loin que « *ces hommes et ces femmes, comme les événements, sont présentés aux élèves à travers des récits de l'époque. Ces textes, différents des textes de fiction, peuvent ainsi aider les maîtres à "raconter" l'histoire. Ils fournissent aussi la matière d'ateliers de lecture historique* ». Les récits dont il est question sont clairement des documents qui, pour faire l'objet d'ateliers de lecture, doivent avoir une longueur conséquente.

Est-il raisonnable, en effet, sous prétexte de se mettre à la portée des enfants, de ne leur présenter que de pseudo-documents de quelques lignes et d'espérer les initier ainsi au travail de l'historien ? Les documents proposés devront être mis en relation les uns avec les autres puisque les élèves doivent être capables, en fin de cycle, de « *classer des documents selon leur nature, leur date et leur origine* ».

L'un des objectifs de l'enseignement de l'histoire est, selon les termes du programme, de pouvoir, « *avec l'aide du maître, comprendre un document historique simple (texte écrit ou document iconographique) en relation au programme, en lui donnant son statut de document* ». Cela implique d'apprendre à l'enfant à réfléchir à la nature des documents historiques et à les initier à leur critique. Le programme précise enfin que « *pour l'époque actuelle, l'historien peut faire appel à des documents oraux relevant des mêmes exigences critiques que le document écrit, et qui conduisent donc les élèves à porter un regard différent sur les paroles* ». On notera qu'à aucun moment il n'est fait allusion dans le programme aux documents audiovisuels, ce qui est probablement une omission de ses rédacteurs.

Il est donc nécessaire de présenter des documents aux enfants, textes mais aussi images, graphiques, tableaux et de leur apprendre à en tirer des informations à caractère historique. Le jeune âge des élèves n'interdit pas de leur présenter des documents dignes d'intérêt.

DOSSIER 22 | LA VIOLENCE DU XXE SIÈCLE

■ LES DEUX CONFLITS MONDIAUX, L'EXTERMINATION DES JUIFS ET TZIGANES PAR LES NAZIS : UN CRIME CONTRE L'HUMANITÉ

Les deux conflits mondiaux mobilisent la totalité des ressources des belligérants, engagent des armées de millions d'hommes dans une violence extrême, et sont accompagnés de violences massives contre les civils (génocide arménien pendant la Première Guerre mondiale, des Juifs et des Tziganes pendant la Seconde Guerre mondiale) qui imposent l'enjeu de mémoire face à ce nouveau crime : le crime contre l'humanité. Que furent les deux conflits mondiaux ? Quelles en ont été les conséquences ? Quels en sont les enjeux mémoriels ?

La Première Guerre mondiale (1914-1918)

■ Les origines du conflit

• Hostilité franco-allemande : la France a perdu l'Alsace et la Moselle en 1870, l'esprit revanchard de la population souhaite récupérer ces trois départements.
• Deux systèmes d'alliances sont en place, dus aux climats de tension en Europe (concurrence impérialiste entre Grande-Bretagne/France/Allemagne pour les colonies du Soudan et du Maroc ; l'Allemagne est la deuxième puissance économique mondiale derrière les USA mais devant la Grande-Bretagne et la France) et la montée des nationalismes (Slaves notamment en Serbie qui souhaite unifier les Slaves du sud sous domination austro-hongroise et turque) :
- Triple entente : France//Royaume-Uni//Empire russe ;
- Triple alliance : Empire d'Allemagne//Empire d'Autriche-Hongrie//Italie.
• L'attentat de Sarajevo : le 28 juin 1914 l'archiduc François-Ferdinand, héritier de l'empereur d'Autriche, est assassiné par un Serbe à Sarajevo. L'Autriche-Hongrie déclare la guerre à la Serbie, soutenue par la Russie ; par le jeu des alliances, le conflit devient européen. En France toutes les forces politiques, à part Jaurès, se rallient à la guerre, à l'« union sacrée » évoquée par le président Poincaré début août.

■ Le déroulement de la guerre

• Août-novembre 1914, la guerre de mouvement : les Allemands traversent la Belgique pour attaquer la France par le nord, la contre-offensive française les stoppe en septembre lors de la bataille de la Marne, grâce notamment à la réquisition des taxis parisiens pour transporter rapidement les troupes.

• 1915-1917, la guerre de position : l'équilibre des forces en présence conduit les armées adverses à s'enterrer dans les tranchées, guerre de position en face à face sur un front s'étirant de la mer du Nord à la Suisse ; bombardements et grandes offensives meurtrières sont les deux stratégies pour tenter de percer le front, coûteuses en vie humaines (en 1916 a lieu la bataille de Verdun, symbolisant les plus terribles batailles de la Première Guerre mondiale, la France sort victorieuse mais compte près de 400 000 victimes et presque autant dans l'autre camp), les conditions de vie dans les tranchées sont extrêmement difficiles (climat, hygiène, boue, rats, poux...).
• 1918, la guerre de mouvement : l'armée russe se retire du conflit en 1917 (révolution russe) et signe avec l'Allemagne le traité de Brest-Litovsk en mars 1918. L'armée allemande se concentre sur le front de l'Ouest et fait reculer les armées française et britannique, mais grâce à l'entrée en guerre des Américains (avril 1917, suite à l'agression par les sous-marins allemands de leur flotte commerciale) et aux chars Renault, l'armée allemande recule et l'Armistice de la « Grande Guerre » est signé le 11 novembre 1918 à Rethondes.

La paix

• La conférence de la paix : elle se réunit début 1919 à Paris pour rédiger les traités de paix dessinant un nouveau visage à l'Europe ; Clemenceau, chef du gouvernement français, souhaite une paix destinée à affaiblir l'Allemagne. Les USA de W. Wilson souhaitent appliquer le « *droit des peuples à disposer d'eux-mêmes* ».
• Le traité de Versailles : signé le 28 juin 1919, il rend à la France l'Alsace et la Lorraine, démilitarise la Rhénanie, réduit son armée à 100 000 hommes ; il impose également à l'Allemagne de reconnaître sa position d'agresseur et elle doit ainsi verser des indemnités à la France. Pour les Allemands, ce traité est une humiliation, un *Diktat* (= chose dictée).
• La carte de l'Europe et modifiée par les traités de Saint-Germain (1919, partage l'empire d'Autriche-Hongrie) et de Sèvres (disparition de l'Empire ottoman, réduit à la seule Turquie, tandis que ses possessions sont administrées par les Français).
• Liban et Syrie, Irak et Jordanie ; de nouveaux États naissent de l'éclatement de l'Empire austro-hongrois (Yougoslavie, Hongrie, Tchécoslovaquie, Autriche) et de l'éclatement de la Russie (Pologne, Lituanie, Estonie...).

Pourquoi est-ce une guerre totale, mobilisant l'ensemble des ressources des pays engagés ?

• L'arrière est sollicité pour l'effort de guerre ; les conditions de vie se dégradent, le rationnement des produits alimentaires s'installe pour conserver le maximum de ressources pour le front ; les femmes

remplacent les hommes aux champs mais aussi dans les usines (ce sont les « munitionnettes ») ; les ressources des empires coloniaux sont également utilisées (matières premières et troupes).
• L'économie est tournée vers l'effort de guerre : l'industrie adapte sa production aux besoins de la guerre (munitions, matériel, armes) comme Renault en France, fabriquant des obus, chars, moteurs d'avions ; les États font appel aux emprunts auprès des populations (emprunts de la défense nationale par exemple, « ils donnent leur sang, donnez votre or »).
• Libertés et esprits contrôlés : la presse est censurée pour éviter de faire connaître la réalité des combats, les pertes militaires ; par le « bourrage de crâne », on annonce de fausses nouvelles minimisant les horreurs de la guerre, les courriers privés de soldats sont également lus et censurés.

■ Le bilan

• Humain : les pertes sont considérables et atteignent un niveau jusqu'alors inconnu : 10 millions de morts, ainsi que les victimes de la grippe espagnole de 1918, les millions de blessés, de mutilés appelés en France les « gueules cassées ». Le traumatisme est immense et des monuments aux morts sont construits dans chaque commune, le soldat inconnu est inhumé sous l'Arc de triomphe le 11 novembre 1920, la loi du 24 octobre 1922 fait du 11 novembre une journée de commémoration. Le dernier poilu, Lazare Ponticelli, est décédé en 2008.
• Matériel : les combats ont ravagé et détruit les régions du nord et du nord-est de la France, grandes régions industrielles françaises qui entretenaient l'économie.
• Financier : les États sont endettés et connaissent l'inflation, l'économie a du mal à se ressaisir là où les régions industrielles sont touchées.
• Une paix insatisfaisante : le *diktat* de Versailles, le jeu de déplacement des frontières redessinant l'Europe place des minorités nationales dans un autre pays ; la Première Guerre mondiale prépare la Seconde, avec ses rancœurs et la généralisation d'une culture de guerre.

La Seconde Guerre mondiale (1939-1945)

■ La marche à la guerre

Alors que la Première Guerre mondiale devait être la « der des der » et que la paix mondiale était assurée depuis la Société des Nations, un faisceau d'éléments permet d'expliquer l'avènement de la Seconde Guerre mondiale :
• la crise économique et financière des années 1930 : les années 1920 sont sous le signe de la prospérité économique, les secteurs de l'automobile, de l'électricité se modernisent. Pourtant, une crise économique partie des USA en 1929, l'effondrement de la bourse de New York (le *krach* boursier), la surproduction et les prix en baisse vont déstabiliser les économies mondiales ;

• les visées expansionnistes de l'Allemagne nazie : en 1918 l'Allemagne vaincue met en place un régime démocratique, la République de Weimar (où le gouvernement est responsable devant le Parlement, le Reichstag). Celle-ci est accusée par les petits partis d'extrême droite d'avoir accepté le *diktat* de Versailles. Le NSDAP (parti national-socialiste) de Hitler se développe sur ce créneau ainsi que sur les conséquences de la crise économique (chômage notamment). Ce dernier est emprisonné en 1923, après que son parti et les chemises brunes (les SA) échouent dans leur tentative de coup d'État. Hitler projette d'arriver au pouvoir de façon légale, en se présentant aux élections, promettant la fin de la misère, la suppression du chômage et, jouant sur le sentiment national, de restaurer la grandeur de l'Allemagne. Les partis traditionnels n'arrivent pas à endiguer la crise, le NSDAP remporte 33 % des élections en 1932 au Reichstag, mais il n'y a pas de majorité. Le 30 janvier, le président de la République le nomme chancelier. L'incendie du Reichstag (lors d'élections en 1933, par les nazis bien que les communistes soient accusés) lui permet d'adopter un décret de suspension des libertés individuelles (correspondance, presse, téléphone). Faussant la campagne électorale, dont le NSDAP sort vainqueur avec 44 % de voix, il obtient les pleins pouvoirs et peut faire les lois sans prendre l'avis de l'Assemblée élue. Le NSDAP est le parti unique, dont l'objectif est la guerre.

En rédigeant *Mein Kampf* en prison en 1925, Hitler expose ses théories sur la race supérieure aryenne qui a besoin d'un espace vital plus important, ainsi que l'entretien de la pureté de cette race supérieure qui ne doit plus être en contact avec les races inférieures, particulièrement les Juifs. Hitler va ainsi remettre en question les clauses du traité de Versailles : rétablissement du service militaire en 1935 (alors que l'armée doit être limitée à 100 000 hommes), remilitarisation de la Rhénanie en 1936, réalisation de l'*Anschluss* (annexion de l'Autriche) en 1938.

On assiste à la passivité et à la démission des démocraties : lors de la conférence de Munich en septembre 1938, Daladier et Chamberlain (président du Conseil français et Premier ministre britannique) acceptent qu'Hitler annexe les Sudètes, région de Tchécoslovaquie peuplée d'Allemands, fidèle à son projet de grande Allemagne réunissant les peuples de race et langue allemandes. Les démocraties sont frileuses par crainte de la guerre ; pourtant la volonté expansionniste d'Hitler se poursuit en revendiquant la Bohème (actuelle République tchèque), puis le corridor de Dantzig qui appartient à la Pologne. Le pacte de non-agression signé avec l'URSS (prévoyant également le partage de la Pologne) le 23 août 1939 lui permet d'envahir la Pologne le 1er septembre 1939 (à l'ouest, l'est étant envahi le 17 par l'URSS).

La France et la Grande-Bretagne ne peuvent laisser faire. Elles déclarent la guerre à l'Allemagne le 3 septembre.

Un conflit en deux temps

• **1939-1941 : victoires de l'Axe (Allemagne//Italie) :** la stratégie de la *blitzkrieg* - guerre éclair - est payante, associant attaques aériennes (la Luftwaffe, armée de l'air) et par divisions blindées (Wehrmacht, armée de terre), elle permet d'écraser rapidement l'armée polonaise, puis le Danemark, la Norvège et enfin la France, qui patiente pendant cette période surnommée la « drôle de guerre », attaquée depuis la Belgique le 10 mai 1940. Battue en cinq semaines, la France signe l'armistice le 22 juin 1940. L'Angleterre est le seul allié invaincu, les bombardements opérés durant l'été 1940 restent vains (c'est la bataille d'Angleterre).

Le conflit se mondialise en 1941 : le 22 juin, Hitler rompt le pacte germano-soviétique et entreprend l'invasion de l'URSS (opération Barbarossa), en moins de trois mois. Par une progression rapide, l'armée allemande occupe jusqu'à Leningrad et Moscou. Le 7 décembre 1941, le Japon, souhaitant chasser les États-Unis du Pacifique, déclenche l'attaque surprise de Pearl Harbour, provoquant l'entrée en guerre des USA.

• **1942-1945 victoires des alliés :** l'année 1942 est un tournant de la guerre. Dans le Pacifique, les Américains sont à l'œuvre, les Anglais gagnent une victoire en Égypte (Al-Alamein), tandis que les Alliés débarquent en Afrique du Nord, et surtout l'armée soviétique encercle et capture l'armée allemande devant Stalingrad en février 1943, faisant reculer l'armée allemande. Suit une série de débarquements alliés (Sicile, 1943, Normandie, 6 juin 1944, Provence, 15 août 1944) qui engagent l'armée allemande sur deux fronts (est avec l'armée rouge, ouest avec les alliés), entraînant la capitulation sans conditions à Reims le 8 mai 1945, puis à Berlin le lendemain. L'armée japonaise capitule le 6 septembre après les bombardements atomiques de Hiroshima et Nagasaki.

Le bilan de la guerre, guerre totale

• Toutes les ressources sont mobilisées pour l'effort de guerre, la production d'armement ; la science est mise à contribution (arme atomique, avions V1 et V2 en Allemagne) ; des millions de personnes sont raflées pour travailler en Allemagne.

• Bilan humain : 50 millions de morts, conflit le plus meurtrier de l'histoire, civils compris (bombardements, génocide, la Pologne perd 15 % de sa population en 1945 par rapport à 1939). Brutalisation et mépris de la vie humaine (torture, camps de concentration, massacres dans des petits villages comme Oradour-sur-Glane, travail forcé). Honte de la collaboration en France, du passé nazi en Allemagne.

• Bilan économique : déjà entamée par la Première Guerre mondiale, l'Europe sort du conflit encore plus affaiblie. Destructions matérielles considérables sur le continent (chemins de fer, ports, routes, bâtiments) ; les villes allemandes sont rasées à 70 %.

• Bilan géopolitique : les USA sont les grands vainqueurs de la guerre, leur capacité de production industrielle est intacte : ils détiennent l'arme atomique. Les accords de Bretton Woods ont mis en place un système monétaire faisant du dollar la seule monnaie véritablement mondiale. En février 1945, la conférence de Yalta réunit Churchill, Roosevelt, Staline, se mettant d'accord sur le sort à réserver à l'Allemagne, le redécoupage de l'Europe, et la création d'une organisation de maintien de la paix. La carte de l'Europe et du monde change, l'URSS gagne des territoires (Pays baltes, Finlande, Roumanie...).

La France durant la guerre

La France occupée, le régime de Vichy

Envahie rapidement, la France signe l'armistice avec l'Allemagne le 22 juin 1940. Le maréchal Pétain, vainqueur de Verdun en 1916, est le chef du gouvernement. La France est coupée en deux : au Nord de la ligne de démarcation se trouve la zone occupée, au sud la zone dite « libre », et amputée de l'Alsace et de la Lorraine, annexées par l'Allemagne. Rappelant le traité de Versailles, la France est condamnée à payer de très lourds frais d'occupation, son armée est réduite à 100 000 hommes, et 1,4 million de soldats restent prisonniers en Allemagne.

En juillet 1940, le gouvernement français s'installe à Vichy et donne les pleins pouvoirs au maréchal Pétain. En charge de promulguer une nouvelle Constitution, il est à la tête d'un nouveau régime qu'il nomme « *l'État français* », signant la fin de la IIIe République. Ce nouveau régime n'est plus démocratique, il contrôle les trois pouvoirs. Partis politiques et syndicats sont dissous, la grève est interdite, les assemblées ne sont plus réunies et le suffrage universel n'est plus exercé ; les libertés publiques sont suspendues. La nouvelle devise de la France est alors « Travail, famille, patrie », son nouvel emblème la francisque. Son souhait est de redresser la France en créant un ordre nouveau grâce à sa politique de révolution nationale s'appuyant sur des valeurs traditionnelles : catholicisme, paysannerie, vertus morales, famille. Un culte de la personnalité se met en place, utilisant la propagande (affichage, hymne...) pour le diffuser.

■ Vichy fait le choix de la collaboration

• Politique : Pétain choisit comme second Pierre Laval, qui croit en la victoire de l'Allemagne. Celui-ci organise en octobre 1940 à Montoir une rencontre entre Pétain et Hitler, où s'échange une poignée de main et où l'annonce de la voie de la collaboration est faite officiellement. L'espoir est d'être partenaire du Reich, et d'en tirer certains avantages, dont une place dans la future Europe allemande qui devrait succéder à la guerre.

• Militaire : l'armée est limitée à 100 000 hommes afin d'assurer la tranquillité des troupes allemandes. Certains s'engagent dans les légions des volontaires français, combattant sous l'uniforme allemand en URSS, ou dans la division SS française Charlemagne.

• Économique : la France fournit denrées et produits industriels, l'économie est mise au service de la machine de guerre allemande, incitant les travailleurs à partir travailler en Allemagne, trois travailleurs partants devant permettre le retour d'un prisonnier. Ce dispositif s'avérant insuffisant, le régime de Vichy crée en 1943 le STO, décrétant le départ de plusieurs classes d'âge vers l'Allemagne. Pénurie et rationnement alimentaire apparaissent alors.

• Policière : devançant avec zèle les directives allemandes, un commissariat aux affaires juives est créé, de même que, le 3 octobre 1940, un « statut des Juifs » est promulgué, les excluant de nombreuses professions. L'obligation du port de l'étoile jaune est étendue à la zone libre, la police et la gendarmerie françaises aident au placement des Juifs étrangers dans des camps d'internement. Ce sont aussi elles qui arrêtent 13 000 Juifs lors de la Rafle du Vel' d'Hiv le 16 juillet 1942, participant à leur déportation.

■ La Résistance française

Face à la défaite de juin 1940, le général de Gaulle, réfugié à Londres, refuse la signature de l'armistice et lance un appel radiodiffusé à la résistance le 18 juin 1940. Il ne reste que le texte de l'appel du 18 juin et l'enregistrement du 22 juin. Ces documents ainsi que l'affiche « À tous les Français » sont classés « Mémoires du monde » par l'Unesco. Cet appel devint le symbole de la résistance contre tout ordre immoral ; en France depuis 2006, c'est un jour commémoratif non chômé. Peu entendu, de Gaulle est reconnu par le gouvernement britannique comme le chef de file de tous les Français libres. La France libre se constitue donc de soldats qui, refusant l'armistice, ont rejoint de Gaulle en Angleterre et d'une partie de l'empire colonial (Tchad, Cameroun), qui refusent l'autorité de Vichy. Dans un premier temps, ils sont intégrés aux bataillons anglais, puis sont créées des unités exclusivement françaises financées et équipées par les Britanniques, les Forces françaises libres (FFL). Elles interviennent en Afrique du Nord, en Italie, au débarquement de Normandie, puis à la libération de la France (ex. : deuxième division blindée du général Leclerc).

À l'intérieur du pays, la Résistance est d'abord minime et les hommes sont isolés, les moyens d'actions sont limités et sans coordination. Mais l'été 1941 constitue un tournant car l'attaque de l'URSS amène dans ses rangs le PCF. Souvent développée dans des réseaux organisés autour de journaux clandestins (*Libération*, *Francs-tireurs*), elle manque de coordination. De Gaulle fait parachuter Jean Moulin en 1942 afin de le représenter pour réaliser l'unification de la Résistance. Celui-ci institue le Conseil national de la résistance (CNR) en 1943, unifiant les maquis dans les Forces françaises de l'intérieur (FFI) et proposant un programme politique et social pour l'après-guerre. Les actions de la résistance dont variées : sabotages, attentats, diffusion de tracts et journaux, organisation de filières d'évasion pour les Juifs, lutte armée dans les maquis, etc. Malgré l'arrestation de Jean Moulin en juin 1943, elle continue l'œuvre, renforcée par les réfractaires au STO.

La Libération

De nombreuses villes sont complètement rasées à la Libération, suite au débarquement de Normandie (Caen, Saint-Lô, Lorient par exemple), et font des dizaines de milliers de victimes. Les résistants libèrent Paris le 25 août 1944 avec l'aide de la deuxième division blindée du général Leclerc. De Gaulle installe à Paris le gouvernement provisoire de la République Française, rassemblant des ministres issus de tous les courants de la Résistance. Pétain et ses ministres sont envoyés par les SS en Allemagne, puis rapatriés pour être jugés. L'urgence est de rétablir la démocratie dans un pays en proie aux règlements de compte : 10 000 victimes de l'épuration « sauvage », 767 personnes condamnées à mort légalement, dont Pétain, pour lequel de Gaulle commue la peine à la perpétuité.

La Seconde Guerre mondiale a d'abord suscité une volonté d'oubli, de dénégation de la participation de Vichy à la collaboration. Dans l'urgence d'une France à reconstruire, les déportés dérangent, l'*American way of life* entraîne la liesse et l'insouciance. Puis les années 1970 voient la sortie de travaux universitaires et cinématographiques (Robert Paxton, *La France de Vichy*, film *Le Chagrin et la Pitié* - documentaire franco-suisse de Marcel Ophuls - et *Lacombe Lucien*, de Louis Malle). Il faut attendre 1995 pour que le président Chirac reconnaisse la responsabilité de l'État et proclame la « *dette imprescriptible* » de la France à l'égard des Juifs.

L'extermination des Juifs et Tziganes : un crime contre l'humanité

Défi moral et enjeu mémoriel de cette partie du programme, ce n'est pas l'interprétation des chiffres qui est débattue, mais l'interprétation des crimes.

■ Rappel des faits

Avant guerre, on estime la population juive en Europe à 9,5 millions de personnes, et seulement 3,5 après guerre. Le terme hébreu « Shoah », signifiant « catastrophe », désigne l'extermination systématique des individus. Les Tziganes, peuple nomade venu d'Asie, sont 700 000 avant guerre. Entre 250 000 et 500 000 furent exterminés par les nazis. Ce génocide porte le nom de « Samudaripen ». Ils furent parqués dans des camps d'internement en France à cause de cette différence culturelle.

• Persécutions avant guerre : l'idéologie nazie est clairement antisémite. Dès 1933, les nazis appellent au *boycott* des magasins juifs, révoquant universitaires et hauts fonctionnaires juifs. Les premiers camps de Dachau et Oranienburg reçoivent les opposants politiques, les *Nacht und Rebel*, « Nuit et brouillard ». En 1935, les lois Nuremberg leur ôtent la nationalité allemande et interdisent le mariage avec des Allemands. En 1938, la situation s'aggrave : il leur est interdit la fréquentation de certains lieux publics et d'exercer certains métiers. Le 9 novembre, c'est le *pogrom* de la Nuit de cristal : les militants nazis incendient les synagogues et massacrent des centaines d'individus. Rendus responsables de la situation, les Juifs commencent à être internés en camps de concentration.

• L'extermination de masse commence dès le début de la guerre. Les nazis parquent les Juifs polonais dans des ghettos comme à Lodz ou Varsovie, quartiers clos où les conditions de vie sont effroyables. 8 millions de personnes y meurent de faim, privations, maladies.

• Avec l'invasion de l'URSS, l'extermination se fait à la capture des villages, où les prisonniers juifs sont exécutés collectivement, en forêt, par les *Einsatzgruppen*. C'est ce que l'on appelle la « Shoah par balle », faisant 1,3 million de morts.

• Le premier camp d'extermination est ouvert en décembre 1941 à Chelmno en Pologne, en janvier 1942. La solution finale est élaborée à la conférence de Wanssee : les ghettos, les Tziganes sont évacués en masse vers les camps d'extermination de Belzec, Treblinka, Sobibor, Maidanek. Si le camp de concentration a pour objectif le travail forcé (où les internés sont victimes de mauvais traitements), le camp d'extermination a pour but de permettre le massacre de masse organisé. Ces camps sont localisés à l'est du Gand Reich, en Pologne annexée. Le plus grand est Auschwitz-Birkenau, dirigé par Rudoph Hoess. Les Juifs y arrivent en train, voyageant plusieurs jours dans des wagons à bestiaux sans manger ni boire. Ils sont triés à l'arrivée, les vieillards, les jeunes enfants accompagnés de leurs mères sont envoyés à la douche pour y être exterminés par injection dans la chambre à gaz de zyklon B. Les autres, valides, mourront de mauvais traitements, malnutrition, travail, ou dans les salles d'expériences médicales.

• Le système utilise une main-d'œuvre gratuite, réservoir pour l'industrie allemande (Krupp, Siemens), main-d'œuvre réduite en esclavage, humiliée et exterminée car jugée trop faible et inférieure. La gestion de l'extermination est rationalisée et déshumanisée, les prisonniers sont des numéros dont la mort exploitée rapporte de l'or (dents), des vêtements, de l'engrais.

Plusieurs milliers de personnes qui ont survécu aux camps meurent dans les « marches de la mort » organisées par les SS devant l'avancée de l'armée rouge qui libère Auschwitz le 27 janvier 1945. À la fin de la guerre, les nazis et certains collaborateurs essaient de détruire les camps et les preuves des chambres à gaz.

L'interprétation

Le débat entre préméditation et engrenage de circonstances fait débat chez les historiens. Pour les « intentionnalistes », la guerre permet à Hitler de mener plus loin la politique qu'il mène et a théorisée dans son ouvrage, puisqu'on retrouve dans des discours antérieurs l'annonce de la solution finale. Certain de sa victoire, il peut mettre son dessein à exécution. Pour les fonctionnalistes, le régime n'est pas dominé par Hitler mais divisé entre forces rivales (le parti, l'industrie, l'administration, l'armée) dont il ne maîtrise pas la dynamique. La responsabilité est ainsi plus partagée, et la solution finale vue comme une opportunité plutôt qu'une autre.

Juger les tortionnaires

Le procès de Nuremberg se tint à Nuremberg du 20 novembre 1945 au 1er octobre 1946. 24 responsables politiques, militaires et économiques Allemands sont mis en accusation, devant un tribunal militaire international. Il définit trois chefs d'inculpation :
• le crime contre la paix, c'est-à-dire la préparation et la poursuite d'une guerre en violation des traités ;
• les crimes de guerre, c'est-à-dire les violations des lois et coutumes de la guerre (assassinats, mauvais traitements, déportation, exécution, etc.) ;
• le crime contre l'humanité : « *l'assassinat, l'extermination, la réduction en esclavage, la déportation et tout acte inhumain commis contre toutes les populations civiles, avant ou pendant la guerre, ou bien des persécutions pour des motifs politiques, raciaux ou religieux* ». Ce crime est différent du crime de guerre en ce qu'il est déclaré imprescriptible, c'est-à-dire qu'on peut poursuivre ses auteurs tant qu'ils sont vivants. On peut définir le crime contre l'humanité plus simplement

et reprendre la définition simple et judicieuse de Frossard en 1987 : « *C'est tuer quelqu'un sous prétexte qu'il est né.* » Cristallisant de nombreuses passions, la définition de cette qualification ne s'est faite que lentement au cours des années postérieures à la Seconde Guerre mondiale.

Aujourd'hui, le crime contre l'humanité est devenu un chef d'inculpation beaucoup plus large et mieux défini grâce à l'article 7 du statut de Rome de la Cour pénale internationale, mais il demeure sujet à controverses. Un crime contre l'humanité est une infraction criminelle comprenant l'assassinat, l'extermination, la réduction en esclavage, la déportation et tout acte inhumain commis contre une population civile.

Le 8 mai a été déclaré jour férié de commémoration en France le 20 mars 1953. Le président Charles de Gaulle supprime le caractère férié de ce jour par le décret du 11 avril 1959. Pour se placer dans une logique de réconciliation avec l'Allemagne, le président Giscard d'Estaing supprime également la commémoration de la victoire alliée en 1945. C'est le président François Mitterrand qui rétablira à la fois cette commémoration et ce jour férié le 1er juin 1981.

■ LA SÉQUENCE AU CM2

Le xxe siècle. Un siècle de conflits

La Première Guerre mondiale

- Les acteurs et les raisons de la guerre
- Les aspects de la guerre : mondiale, longue, dévastatrice
- Les dates importantes du conflit

La Seconde Guerre mondiale

- La montée des violences, dates et acteurs
- La France dans la guerre : entre collaboration et résistance
- La Shoah : des discriminations au génocide
- La fin de la guerre

Connaissances

- Le vocabulaire historique : guerre mondiale, tranchées, armistice, nazisme, déportation, camps d'extermination, Résistance, débarquement, bombe atomique.

• Les événements et leurs dates :
- 1914-1918 : Première Guerre mondiale
- 11 novembre 1918 : armistice de la Première Guerre mondiale
- 1939-1945 : Seconde Guerre mondiale
- 6 juin 1944 : débarquement des alliés en Normandie
- 8 mai 1945 : armistice de la Seconde Guerre mondiale

• Le rôle des personnages et des groupes : les poilus dans les tranchées, les femmes au travail, résistantes et résistants, Charles de Gaulle, Jean Moulin, Anne Frank.

(Documents du tableau ci-après : « C'est pas sorcier », guerre de 14-18, Les docs Magellan *Géographie* cycle 3, Cartes et paysages, CD Rom collection : Magellan, auteur(s) : Sophie Le Callennec, date de parution : juillet 2012)

Séances	Temps	Déroulement
Séance 1 : 40 mn	10'	Situation sur la frise, rappel de l'époque : la Belle Époque, inventions, créativité, insouciance. Pourtant, il y a des tensions. Que peuvent se disputer les pays ? colonies, territoires, ressources.
La Première Guerre mondiale	20'	Document 1 : carte d'Europe. Colorier les pays de la Triple alliance et de la Triple entente. Leçon
Les acteurs de la guerre Les raisons	10'	Le 20e siècle : l'époque contemporaine La 1re guerre mondiale En 1914, l'Allemagne, l'Autriche et l'Italie déclarent la guerre à la France, au Royaume-Uni et à la Russie. Ils se disputent des territoires et des ressources. La France, qui avait perdu une guerre au 19e siècle, veut se venger de l'Allemagne.
Séance 2 : 50 mn	5'	Rappels sur la leçon
	15'	Document 2 : images et textes de la guerre. Que nous apprend chaque document ?
Les aspects de la guerre	20'	Cette guerre est un événement majeur de notre époque. Elle est mondiale : des pays de tous les continents participent. Elle est longue. Les soldats se positionnent dans des tranchées (les Français sont appelés les Poilus). Les nouvelles armes (avions, chars) tuent des soldats mais aussi des civils (10 millions de morts). Le rôle des femmes change : elles travaillent désormais dans les usines.

Séance 3 : 50 mn Les dates importantes du conflit	5' 15' 10'	Rappels de la leçon Document 3 : lire les documents et répondre aux questions En 1917, les États-Unis s'unissent à la France et au Royaume-Uni. Le 11 novembre 1918, l'Allemagne signe l'armistice : c'est la fin du conflit. Le traité de paix est signé en 1919 à Versailles.
Séance 4 : 40 mn La 2de guerre mondiale La montée des violences Dates et acteurs	5' 25' 15'	Contexte : la 1re GM finie, les Allemands sont-ils contents ? La vie est-elle facile après la guerre ? Documents : texte sur l'installation des dictatures en Europe + carte Europe 1939 : colorier les pays et légende. La seconde guerre mondiale La montée des violences Après la 1re guerre, des dictatures s'installent en Allemagne, en Italie et en Russie. Dans ces pays, les libertés sont supprimées. Hitler, qui dirige l'Allemagne, veut régner sur l'Europe. L'Allemagne, l'Italie et le Japon sont alliés : ils forment l'Axe. L'Allemagne envahit une partie de l'Europe de l'Est en 1938 et 1939.
Séance 5 : 50 mn La France dans la guerre : entre collaboration et résistance	5' 20' 15'	Rappels Lecture document : carte de France coupée en 2. Qui occupe la partie nord de la France ? Que signifie annexé ? Quelle est la capitale de la zone libre ? La Savoie était-elle occupée ? La vie des civils français : rationnement, conditions très difficiles La France dans la guerre En 1939, La France et le Royaume-Uni (les Alliés) déclarent la guerre aux pays de l'Axe. Mais dès 1940, la France est battue et envahie par l'armée allemande. La France est coupée en 2 : le Nord est occupé, le Sud est encore libre. La vie est très dure pour les Français.

Séance 6 : 50 mn La France dans la guerre : entre collaboration et résistance	5' 15' 15'	Rappels Lecture document : résistants et collabo : Qui voit-on sur le doc.1 ? Qui étaient De Gaulle et Moulin ? Quelles opérations pouvaient organiser les résistants ? Leçon : Pétain, qui gouverne la France libre, collabore avec Hitler. Les Français collaborateurs obéissent aux Allemands. D'autres Français résistent aux Allemands : ils se regroupent dans des maquis, organisent des sabotages et aident les Anglais qui sont toujours en guerre.
Séance 7 : 40 mn La Shoah : des discriminations au génocide L'idéologie Nazie	5' 15' 15'	Rappels Lecture des documents : De qui parle-t-on ? Qui sont les juifs ? À quoi sert l'étoile jaune ? Qu'ont le droit de faire les juifs ? Qu'est-ce qui leur est interdit ? Pourquoi les arrête-t-on ? La Shoah Hitler pensait que les Allemands étaient des êtres supérieurs. Les Juifs, les Tziganes, les handicapés étaient jugés différents, n'avaient pas les mêmes droits. Puis, ils ont été arrêtés et déportés. On les emmenait dans des camps où les conditions étaient très dures. 6 millions de personnes y sont mortes : c'est un crime contre l'humanité.
Séance 8 : 50 mn La fin de la guerre	5' 10' 15' 30'	Rappels Analyse des images : si on les mettait dans l'ordre ? Comment a-t-on fini la guerre ? Pourquoi cette guerre est-elle si traumatisante encore aujourd'hui ? La fin de la guerre Les États-Unis et la Russie rejoignent les Alliés. Le 6 juin 1944, les Américains débarquent en France et libèrent le pays. L'Allemagne capitule le 8 mai 1945. Les survivants des camps sont libérés. Le Japon capitule aussi après le lancement par les États-Unis de 2 bombes atomiques. C'est pas sorcier : la 2de guerre mondiale
Séance 9 : 50 mn		Évaluation

LES QUESTIONS POUR L'ENTRETIEN

1. Que signifie le terme « les racines du comportement génocidaire contemporain » ?

La naissance de ce que B. Bruneteau nomme le « *comportement génocidaire* » s'articule autour de quatre temps forts qui facilitent cette distanciation avec la mort de « l'autre ». La violence du XXe siècle a été préparée.

La première étape est liée à l'époque coloniale et à ses massacres de conquête ou de domination des indigènes. Les massacres coloniaux peuvent parfois prendre la forme de « génocide sociétal ». Un cas diffère, celui des Hereros, dans le Sud-Ouest africain, quasi anéantis par les troupes coloniales allemandes en 1904-1906, puisque l'on retrouve les critères génocidaires fondamentaux : l'intentionnalité de l'extermination, la politique de préparation de l'exclusion juridique et économique du « groupe victime », et l'élaboration d'un discours idéologique les présentant comme une menace, une race inférieure de paresseux, un obstacle au progrès.

La diffusion du darwinisme social par Ernst Haeckel, le premier à proposer une classification des races, constitue le second point et confère à des mouvements politiques très en vogue à la fin du XIXe siècle une caution scientifique. Cette idéologie raciste à travers la sociologie et l'anthropologie politique « appliquée » naissante constitue le terreau d'une culture belliciste qui justifie le droit du plus fort à anéantir le plus faible et autorise l'État à rechercher tous les moyens afin de produire une race plus forte, plus noble. Tous les germes de l'idéologie nazie sont donc présents.

La Première Guerre mondiale vient « parfaire » ce cheminement en inaugurant une pédagogie de la violence extrême. En effet, le concept de guerre totale s'accompagne de la destruction absolue de l'ennemi. Donner la mort doit apporter du plaisir. Le civil peut donc être considéré comme un « ennemi objectif ». Le détruire, c'est détruire la société. On assiste à un processus de déshumanisation de l'autre qui rend l'individu indifférent à la mort. La violence peut alors faire son entrée en politique avec le bolchevisme et sa terreur d'État.

2. Le XXe siècle est-il défini par les conflits qui l'ont traversé ? Quelle est la spécificité des deux guerres mondiales ?

Ce siècle a en effet été le siècle des extrêmes, c'est-à-dire celui des deux guerres mondiales et celui des totalitarismes. La Première Guerre mondiale (1914-1918) et la Seconde Guerre mondiale (1939-1945) sont les pires conflits de toute l'histoire de l'humanité. Par l'ampleur des destructions humaines et matérielles – 10 millions de morts pour le premier conflit, 50 millions de victimes pour le second, l'Europe et l'Asie totalement ou partiellement détruites -, par la nature de la violence qu'elles engendrèrent - en particulier les génocides arméniens, juif et tzigane -, ces deux guerres n'ont aucun équivalent.

Les deux guerres mondiales ont également donné naissance à l'espoir d'un nouvel ordre mondial fondé sur la paix et la résolution à l'amiable des conflits entre nations. C'est cet espoir qui est à la base de la création de la SDN (Société des Nations) puis de l'ONU (Organisation des Nations unies). Mais cet espoir fut rapidement déçu par la montée des totalitarismes de l'entre-deux-guerres puis par la Guerre froide (1947-1989) qui opposa les États-Unis et l'URSS.

La chute du communisme et de l'URSS en Europe centrale et orientale, loin d'annoncer le triomphe généralisé de la démocratie et de la paix, a contribué à engendrer un monde plus instable, aux menaces plus diffuses dont le terrorisme international est la manifestation la plus claire.

3. Rappelez en quelques phrases le contenu des accords de Munich.

À la suite des exigences formulées par Hitler sur la région des Sudètes, peuplée de germanophones, à l'instigation du Premier ministre britannique Neville Chamberlain, les Britanniques et les Français acceptent de signer avec Hitler et Mussolini un accord où ils cèdent les Sudètes au dictateur nazi, sans même consulter leur allié tchécoslovaque.

4. Comment expliquer brièvement l'ampleur de ces pertes ?

Ce n'est pas une guerre classique : chaque camp tente de (re)conquérir les positions ennemies en cherchant l'anéantissement. Cela passe par le mépris des « lois de la guerre », notamment de la convention de Genève de 1929 qui fixait les règles de traitement des prisonniers de guerre. Par exemple, l'armée allemande a tué 3,5 millions de prisonniers soviétiques. Les prisonniers de guerre sont aussi particulièrement maltraités par l'armée japonaise : 12 000 prisonniers employés à la construction de voies ferrées en Thaïlande et en Birmanie entre 1940 et 1944 meurent de mauvais traitements et de privations, 5 600 prisonniers américains et philippins privés d'eau pendant plusieurs jours meurent pendant la « marche de la mort » à Bataan aux Philippines en avril 1942.

Les civils représentent donc 62 % des victimes totales, soit environ 42 millions de personnes. C'est la première fois dans l'histoire d'une guerre que les victimes sont en majorité des civils. C'est aussi la première fois qu'une guerre fait autant de victimes. Dans ce total, on peut remarquer un net déséquilibre : en effet, plus de 75 % des victimes civiles viennent des pays alliés, la Chine et l'URSS ayant payé le plus lourd tribut. Dans le camp de l'Axe, ce sont les civils allemands qui sont les principales victimes de la guerre.

Les civils sont devenus des cibles de la guerre, vouées à l'anéantissement, victimes d'un niveau effroyable de violence lors des invasions, des occupations des pays vaincus par les puissances de l'Axe, des retraites de ces armées et lors des bombardements aériens. Par exemple, les villes sont prises comme cibles de bombardements : Londres pendant le Blitz ou Dresde anéantie par les bombardements Alliés du 12 au 13 février 1945.

5. Quels sont les principaux facteurs de l'anéantissement ?

L'ampleur de la mobilisation des économies et des sociétés est encore plus importante que pendant la Première Guerre mondiale. La mobilisation des combattants est inédite : 87 millions d'hommes en tout. L'ampleur géographique du conflit est également inédite. Mais cette ampleur n'est pas une explication suffisante, il faut envisager d'autres facteurs.

• La science et la technologie ont été, plus encore que pendant la Première Guerre mondiale, mises au service de l'anéantissement : la mobilisation industrielle est sans précédent. L'Allemagne mobilise à elle seule 34 millions de personnes dans l'industrie en 1940 ; elle est capable de produire 38 000 avions et 27 000 chars en 1944. La même année, les États-Unis mobilisent 9 700 000 personnes et sont capables de produire 40 000 avions. De nouvelles armes sont mises au point. Les États-Unis produisent des avions bombardiers capables de transporter plus de 9 tonnes de bombes et de parcourir de longs trajets. L'Allemagne produit les terribles fusées V1 et V2 qui bombardent Londres. Enfin, les États-Unis sont le seul pays capable de concevoir et d'utiliser l'arme atomique, élaborée dans le plus grand secret, sous le nom de code de « Projet Manhattan », par une équipe de scientifiques dirigée par le physicien Robert Oppenheimer.

• La Seconde Guerre mondiale obéit à une logique de totalisation encore plus poussée que la Première Guerre mondiale. Il n'existe plus de limite claire entre le front et l'arrière. Les civils sont des acteurs à part entière du conflit. Ils peuvent être visés afin de briser le moral du pays ennemi ou pour économiser des vies de soldats. C'est dans cette logique que le Président des États-Unis, Harry Truman, décide d'utiliser la bombe atomique contre le Japon, les cibles visées par cette bombe, les villes d'Hiroshima et de Nagasaki étant des cibles civiles.

• Enfin, les civils sont les victimes d'une violence idéologique inédite, développée par les États totalitaires. Ces derniers avaient déjà exercé ce type de violence sur leur propre sol, avec la déportation et l'exécution des opposants politiques. Cette violence se diffuse donc aux territoires qu'ils occupent. Cette violence totalitaire explique le fait que l'immense majorité des victimes civiles se comptent chez les Alliés.

Certaines catégories de population, considérées par l'idéologie nazie comme des « sous-hommes » à éliminer, sont visées explicitement. Les nazis exterminent 70 000 handicapés mentaux, 240 000 Tziganes (34 % des Tziganes d'Europe) et 5,8 millions de Juifs.

6. Quelle est la démarche pédagogique utilisée en histoire ?

Les situations problèmes pour enseigner l'histoire et la géographie

C'est une mise en crise des représentations sociales des élèves. L'élève a une tâche à accomplir. Cette tâche fait problème :

- parce que l'élève ne dispose pas pour le moment de tout ce qui lui est nécessaire pour la résoudre ;
- ou parce que les savoirs dont il dispose sont insuffisants ou peu performants ;
- ou parce qu'il y a un conflit entre une représentation « déjà là » et une seconde qui contredit la première.

Il faut aussi donner conscience à l'enfant, avec l'aide de l'adulte, qu'en résolvant tel problème, il a appris quelque chose, il a fait évoluer ses procédures. L'élève dispose des ressources nécessaires pour s'acquitter de sa tâche : ressources personnelles, ressources constituées par ses pairs, ressources offertes par le maître (documents, indications, pistes de recherche...).

Le maître vise une idée historique ou géographique mais il ne dévoile pas immédiatement le sens de la recherche. Il propose une question et laisse aux élèves un temps de réflexion. Il souhaite connaître les acquis préalables sur la question et mise autant sur l'échange que sur l'étude documentaire. En fin de parcours, une synthèse est bien sûr nécessaire, faisant clairement apparaître des réponses, mais aussi les limites du problème posé.

Démarche	Exemples
Une problématique Une question Présentation collective	Pays pauvres, pays riches, comment les distinguer ? Des climats dans le monde ? Napoléon : deux légendes contradictoires ? Le colonialisme : une œuvre civilisatrice ?
Représentations des élèves Question ouverte Classement de documents Textes contradictoires (avec guide de lecture)	Groupe 1 : Comment reconnaît-on un pays riche ? Groupe 2 : Comment reconnaît-on un pays pauvre ? Classer les photos de paysage dans un tableau des zones climatiques. Groupe 1 : Le coup d'état du 18 brumaire Groupe 2 : Le créateur de la France moderne

Démarche	Exemples
Synthèse collective Chaque groupe expose ses travaux On opère un premier tri (ce dont on est sûr, ce qui pose encore problème)	Ce dont on est sûr : les États-Unis sont un pays riche - en Afrique, il y a beaucoup de pays pauvres, beaucoup de loisirs dans les pays riches... la photo du Groenland est en zone polaire. Ce qui pose problème : il y a beaucoup de monde dans les pays riches - dans les pays pauvres, les enfants ne vont pas à l'école... je ne sais pas où placer la photo...
Nouvelle phase de recherche Le choix des documents est essentiel De l'abstraction à la réalité Un essai de réponse aux questions en suspens Un complément d'informations	Classement de photographies : riche/pauvre/intermédiaire selon des critères visuels. Justification.
Vers une conceptualisation Formalisation Exposé et apports du maître Document synthèse Retour aux conceptions initiales : évolution des connaissances	Dans quel pays ou quelle région la photo a-t-elle été prise ? Localisation sur un planisphère (nomenclature) Observation et premières conclusions Qu'a-t-on appris ? Qu'apprendra-t-on plus tard ?
Approfondissement Limites de la synthèse	Les paysages de la pauvreté et de la richesse se côtoient. Paysages urbains d'un même pays (quartier riche de Johannesburg et baraques de Soweto ; centre de Rio et *favelas*)

La séance de type « démarche scientifique »

L'enseignant veut faire acquérir un certain nombre de notions, savoirs et savoir-faire suivant un fil conducteur : idée historique ou géographique. Voir programmation. Il utilise des documents choisis (si possible de nature différente) pour étayer cette hypothèse de départ. Les élèves sont amenés à lire les documents, les interroger, les légender... pour produire une courte synthèse.

La somme des synthèses provenant de l'étude de chaque document doit faire émerger l'idée directrice et le titre de la leçon. Le maître aide au raisonnement, complète la compréhension par le récit et traduit en langage historique les propositions des élèves. La trace écrite est construite au fur et à mesure.

Démarche	Remarques
Une idée directrice mais qui n'est pas donnée	Ex. : Les paysans sont dépendants du seigneur. Les hommes sont inégalement répartis sur la terre. Les diversités des paysages de France. Le XIXe est un siècle de progrès scientifiques.
Étude du premier document **Phase d'observation (oral)** Nature et provenance Lecture attentive Guide de lecture Questionnaire Échanges	Gravure, tableau de données, photographie, texte... Le maître oriente la compréhension. Remarque : le document est parfois insuffisant et le maître peut avoir recours à des explications annexes, des récits complémentaires, des anecdotes.
Étude du premier document **Phase de synthèse (écrit)**	L'étude permet de dégager une première idée ou synthèse traduite par la légende et le titre. C'est le minimum à mémoriser. Suivant la nature du document, d'autres compétences méthodologiques sont utilisées (résumer, construire un schéma ou un tableau, classer, compléter une frise, etc.).
Même démarche pour les documents suivants (si possible de nature différente)	Remarques : il est intéressant de laisser parfois un temps de recherche individuel de l'élève (sur un cahier d'essai) avant de commencer l'échange collectif. Les synthèses successives sont laissées au tableau.
Synthèse finale	Elle consiste en une relecture des différentes synthèses construites à partir des documents pour dégager l'idée directrice de la séance. Un court résumé reprend en termes choisis les notions importantes. Le titre est donné.

POUR ALLER PLUS LOIN : CONSTRUIRE UNE LEÇON D'HISTOIRE

Partant d'un thème défini par la programmation, on peut déterminer :

- l'idée historique à faire passer (une ou deux par séance) ;
- les deux ou trois notions fondamentales nécessaires pour comprendre la situation ;
- les deux à cinq documents supports qui vont être utilisés pour mettre en évidence l'idée historique ;
- les deux ou trois savoir-faire que l'on va utiliser.

Mener la leçon

Le thème choisi et l'idée historique qui lui est liée servent de fil directeur à la leçon et doivent apparaître dans le titre inscrit au tableau et sur les cahiers. Le déroulement de la leçon repose sur l'étude des documents.

Quelques remarques

Le contenu du cours ne se limite pas à ce qu'apportent les documents. Dans leur étude, il faut distinguer deux phases :

- une phase d'observation, qui permet l'appropriation du document par l'élève (identification, lecture, explication...) ;
- une phase d'interprétation qui permet à l'élève de raisonner, de répondre à une question (toujours bien veiller à ce que l'élève soit effectivement en situation d'y répondre).

Le maître devra, si nécessaire, apporter des compléments pour permettre de nouveaux acquis ou faciliter un raisonnement. Prévoir en cours de séquence quelques synthèses partielles qui serviront à faire le point et à relancer l'activité. Garder quelques minutes pour faire avec les élèves une courte synthèse finale pour rappeler ce qui a été vu et ce qu'il faudra mémoriser (insister sur les notions essentielles et les mots-clés).

La trace écrite

Construire la trace écrite au fur et à mesure que la leçon se déroule favorise une bonne attention des élèves par l'alternance des activités orales et écrites, collectives et individuelles. Un outil à privilégier : le tableau

Évaluer

On ne peut évaluer que ce qui a été présenté et pratiqué en classe. L'évaluation porte :

- sur les savoirs (vocabulaire, raisonnement) ;
- sur les savoir-faire (utilisation des supports).

On peut se référer au document « Aide à l'évaluation des élèves », vol. II, MEN, 1992.

Quelques autres démarches possibles

La situation problème : la tâche fait problème :

- parce que l'élève ne dispose pas pour le moment de tout ce qui lui est nécessaire pour la résoudre ;
- ou parce que les savoirs dont il dispose sont insuffisants ou peu performants ;
- ou parce qu'il y a un conflit entre une représentation « déjà là » et une seconde qui contredit la première.

Ce qui manque à l'élève : c'est précisément ce que l'on a prévu comme apprentissage dans un contexte global de résolution de problèmes. Les situations problèmes doivent permettre à l'élève d'utiliser ses compétences disponibles pour comprendre ce qu'il doit trouver et l'amener à prendre conscience de l'inadéquation ou de l'insuffisance de ces mêmes connaissances. Sans ces deux conditions, le problème n'est pas un moyen d'apprentissage. L'adulte doit aussi donner conscience à l'enfant qu'en résolvant tel problème, il a appris quelque chose, il a fait évoluer ses procédures. L'élève dispose des ressources nécessaires pour s'acquitter de sa tâche : ressources personnelles, ressources constituées par ses pairs, ressources offertes par le maître (documents, indications, pistes de recherches...). Il s'agit donc, en lien avec la recherche documentaire :

- d'utiliser les ressources que sont les livres, les TIC, les témoignages, le patrimoine local ;
- en s'appuyant sur des documents, de résoudre un problème par débat argumenté, recherche individuelle ou collective.

La séance de synthèse

Elle consiste à faire le point sur ce qui a déjà été étudié et retenu. Elle est l'occasion de mettre en perspective les savoirs et savoir-faire et de mettre en lumière quelques concepts clés en histoire.

Méthodologie

Événement, critique de témoignage, point de vue, contradiction, rupture et continuité, causalité...

Politique

Pouvoir, nation, État, république, démocratie, empire, aristocratie, absolutisme, monarchie...

Économie

Capitalisme, mercantilisme...

Civilisation, culture, mentalités, idéologie, société...

Le dossier d'étude

Il s'agit de traiter de manière plus approfondie (donc sur une durée plus longue) un thème ou élément du patrimoine local ou national. Le dossier d'étude peut avoir une vocation pluridisciplinaire développant l'idée de parcours culturel.

DOSSIER 23 | GÉOGRAPHIE AU CYCLE 3

■ LE PROGRAMME

BO *n° 1 du 5 janvier 2012.*

	Cours élémentaire deuxième année	Cours moyen première année	Cours moyen deuxième année
Les principales caractéristiques de la géographie de la France dans un cadre européen et mondial			
Territoires à différentes échelles	**Des réalités géographiques locales à la région où vivent les élèves** Partir de l'étude de l'échelon local (village, ville, quartier) pour appréhender le département, la région. • Savoir de quelle manière le territoire français est organisé (commune, département, région). • À partir d'exemples concrets, avoir quelques notions sur les compétences de chaque échelon et la manière dont les décisions sont prises. • Savoir que des communes sont regroupées en communauté de communes (intercommunalité). • Vocabulaire : préfet, conseil municipal, général, régional, État, communauté de communes.	**Le territoire français dans l'UE** Les grands types de paysages et la diversité des régions françaises • Par la lecture de paysages et l'étude de cartes, identifier les principaux caractères du relief, du climat et de l'hydrographie en France et localiser les principaux repères géographiques étudiés. • Connaître les principales caractéristiques des grands ensembles régionaux français : les régions du Nord et de l'Est, les régions du Grand Ouest (Arc atlantique), les régions du Sud, les régions du Centre de la France et la région parisienne. • Connaître le découpage administratif de la France (départements, régions). • Vocabulaire : montagne, plaine, colline, vallée, plateau, falaise, littoral, rivière, fleuve, climat, agriculture, industrie, capitale.	**La France dans le monde** Les territoires français dans le monde • Par la lecture de paysages et l'étude de cartes, identifier les principaux caractères du relief et du climat dans le monde et localiser les principaux repères géographiques étudiés. • Vocabulaire : globe, planisphère, nord, sud, est, ouest, continent, océan, équateur, pôle, hémisphère, tropique, méridien, latitude, longitude. • Connaître les différents territoires français dans le monde (Drom-Com, départements et régions d'outre-mer, collectivités d'outre-mer). • Connaître quelques-unes de leurs activités économiques (agriculture, tourisme...). • Connaître quelques caractéristiques communes à ces territoires (population jeune, population urbaine et littorale...).

Territoires à différentes échelles (suite)		**Les frontières de la France et les pays de l'Union européenne** • Par la lecture de paysages et l'étude de cartes, identifier les principaux caractères du relief, du climat et de l'hydrographie en Europe et localiser les principaux repères géographiques étudiés. • Savoir situer les frontières européennes. • Connaître les pays de l'Union européenne. • Savoir les situer sur une carte, en lien avec l'histoire et l'instruction civique et morale. • Vocabulaire : échelle, légende, continent, frontière, espace Schengen.	• Savoir que les territoires ultramarins sont exposés aux risques naturels (cyclones, séismes) et que des politiques de prévention sont nécessaires. • Connaître quelques actions de prévention des risques naturels (PPRN) : gestes, zones d'habitation... • Vocabulaire : ultramarin, métropolitain, Drom-Com (départements et régions d'outre-mer, collectivités d'outre-mer), risques naturels, cyclones. **Sciences et technologie** Le ciel et la Terre - Volcans et séismes, les risques pour les sociétés humaines

La répartition de la population	**Des réalités géographiques locales à la région où vivent les élèves Paysages de village, de ville et de quartier** • Savoir caractériser à partir de cartes et de photographies l'espace dans lequel vit l'élève : village ou ville, espaces ruraux ou urbains, densément ou faiblement peuplés. • Vocabulaire : paysages ruraux, urbains, péri-urbains ; centre-ville, quartier, lotissement, urbain, rural, équipements.	**Les Français dans le contexte européen** **La répartition de la population sur le territoire national et en Europe** • Savoir et comprendre pourquoi la population française est inégalement répartie sur le territoire. • Savoir identifier par l'étude de cartes les zones denses et vides en France et en Europe. • Savoir que le développement des activités tertiaires au XXe siècle a renforcé la concentration des populations dans les villes. • Vocabulaire : foyers de peuplement, densité, activités tertiaires, agglomération. **Les principales villes en France et en Europe** • Savoir localiser sur une carte quelques grandes villes de France et d'Europe. • Savoir lire le paysage d'une ville française ou européenne, du centre historique aux zones périurbaines, en identifiant notamment quelques traces du passé (monuments historiques, cathédrales) et les quartiers récents.	**La France dans le monde** **Zones denses et vides de population** • Savoir et comprendre pourquoi la population est inégalement répartie sur la surface de la Terre : déserts humains et zones densément peuplées. • Identifier sur une carte les principaux foyers de peuplement et les espaces vides de peuplement. • Connaître quelques éléments expliquant la répartition de la population : relief, climat, histoire, activité économique, migrations. • Vocabulaire : désert humain, riziculture, migration. **Espaces riches et pauvres à l'échelle de la planète** • Comprendre à partir de l'étude de documents géographiques (cartes, statistiques, paysages que les richesses sont inégalement réparties entre le Nord et le Sud mais aussi sur un même continent ou un même pays. • Savoir situer les zones riches et les zones pauvres dans le monde. • Savoir localiser sur un planisphère les principales métropoles.

La répartition de la population (suite)	·	• À partir de cartes et de documents variés, pouvoir mettre en évidence que le territoire européen est dominé par des métropoles reliées entre elles par de nombreux axes de communication. • Vocabulaire : banlieues, communes périurbaines, étalement urbain, métropole, quartier d'affaires.	
Circulation des hommes et des biens	**Des réalités géographiques locales à la région où vivent les élèves** **La circulation des hommes et des biens** • À partir d'exemples concrets, connaître quelques raisons de déplacements des habitants et les moyens de transport existants, de l'échelle locale à l'échelle régionale (travail, nourriture, loisirs...). • Connaître quelques moyens de transport de voyageurs et de marchandises, les axes de circulation adaptés et les lieux de débarquement et d'embarquement des passagers et des marchandises (gares, aéroports, ports, station de bus, de métro).	**Se déplacer en France et en Europe Un aéroport** • À partir de plans et de cartes à différentes échelles, de photographies et de graphiques, mettre en évidence les principales caractéristiques des liaisons aériennes. • Connaître l'organisation d'un aéroport : liaison avec les transports terrestres, hébergement, zones commerciales et espaces propres au transport aérien. • Vocabulaire : terminal, fret, tour de contrôle, correspondance aérienne, aiguilleurs du ciel. **Le réseau autoroutier** Connaître l'organisation du réseau autoroutier en France et en Europe par l'étude de cartes.	**La France dans le monde** **Se déplacer entre la métropole et les territoires ultramarins** • Mettre en évidence l'importance des liaisons aériennes pour assurer la liaison entre la métropole et les territoires ultramarins, et l'importance des liaisons maritimes commerciales. **La langue française dans le monde La francophonie** • Savoir que la langue française est présente sur les cinq continents et employée par 182 millions de personnes. • Comprendre que la présence de la langue française s'accompagne aussi d'une diffusion de notre culture.

Circulation des hommes et des biens (suite)	• Lire un plan de transport urbain, une carte des voies de communication, la carte des grands axes de circulation de sa région. • Vocabulaire : usager, covoiturage, voies ferrées, routes maritimes, voies navigables, transports en commun, couloirs aériens.	• Connaître quelques alternatives au transport par la route (par exemple le ferroutage). • Vocabulaire : réseau, autoroute, trafic, péage, saturation, échangeur. **Le réseau ferré à grande vitesse en France et en Europe** • À partir de cartes et de différents documents, comprendre l'importance du réseau de lignes à grande vitesse en France : aménagement du territoire. • Nommer quelques grandes villes desservies par le TGV et savoir que des gares ont dû être construites en périphérie des villes (Valence, Avignon, Aix-en-Provence). • Connaître des lignes spécifiques (Eurostar...) et les principaux projets en cours en France et reliant la France au reste de l'Europe. • Vocabulaire : TGV, LGV, Eurostar, connexions.	• Vocabulaire : francophonie, créole, langue de communication, ambassade, centre culturel.

Activités économiques	**Des réalités géographiques locales à la région où vivent les élèves** **Les principales activités économiques** • À partir de l'étude de documents géographiques variés, en particulier de photographies, mettre en relation paysages et activités économiques. • Savoir caractériser les trois grands secteurs d'activité : primaire, secondaire ou industriel, tertiaire ou activités de services. • Savoir compléter ou réaliser un schéma retraçant le chemin ou la fabrication d'un produit industriel ou agroalimentaire choisi en fonction de la production locale. • Vocabulaire : activités agricoles, activités industrielles, activités de services, agriculteur, ouvrier, zone d'activités, industrie, agriculture, activité agroalimentaire. • Première approche du développement durable en relation avec le programme de sciences expérimentales et de technologie Les déchets, réduction et recyclage.	**Première approche du développement durable en relation avec le programme de sciences expérimentales et de technologie L'eau dans la commune, besoins et traitement** • À partir de différents documents, en particulier diagrammes ou graphiques, comprendre que les activités humaines nécessitent des besoins en eau importants et variés. • Connaître le circuit de l'eau que l'on consomme (stockage de l'eau potable, station d'épuration) et les acteurs impliqués dans la gestion de l'eau. • Être sensibilisé à la réduction de la consommation et à la pollution des eaux. • Vocabulaire : pollution, engrais, assainissement, pesticides, station d'épuration. **Sciences et technologie** - Environnement et développement durable - L'eau : une ressource	**Étude d'un espace d'activités Une zone industrialo-portuaire** • Connaître quelques activités d'une zone industrialo-portuaire et savoir retracer le circuit d'une matière première ou d'une marchandise jusqu'à son lieu de consommation (par exemple, des pétroliers à la station-service). • Savoir expliquer pourquoi des activités industrielles sont installées sur le littoral et réaliser un croquis simple. • Connaître quelques risques provoqués par ces activités (incendie). • Vocabulaire : zone industrialo-portuaire, usine sidérurgique, raffinerie de pétrole, conteneurs, portique. **Un centre tertiaire** Connaître les caractéristiques d'un quartier d'affaires (par exemple, la Défense) : activités tertiaires, services et sièges sociaux d'entreprises françaises et étrangères.

Activités économiques (suite)	• À partir de différents documents, en particulier diagrammes ou graphiques, observer que les activités humaines produisent de plus en plus de déchets. • Identifier les conséquences de l'augmentation des déchets sur l'homme et sur son environnement. • Connaître l'importance de la collecte des déchets et les acteurs impliqués dans cette collecte.		• Connaître le rôle joué par un centre d'affaires sur une ville et une région : transformation du paysage, emploi, organisation des transports… • Identifier quelques problèmes liés au développement des centres d'affaires, par exemple l'engorgement des transports. • Vocabulaire : siège social, commerce de proximité, RER, ville nouvelle, activités tertiaires. **Un espace agricole** • Connaître les caractéristiques d'un espace agricole en France, transformation des paysages, productions, acteurs du monde agricole. • Connaître l'organisation d'une exploitation agricole.

QU'EST-CE QU'UNE VILLE ?

Les connaissances

Les critères de définition de la ville varient considérablement d'un pays à l'autre. Le nombre d'habitants agglomérés est le critère le plus répandu, mais il peut couvrir des différences : en France, une ville est, au sens de l'Insee, une commune de plus de 2 000 habitants ; au Danemark, le seuil minimal est fixé à 200 habitants, au Japon, à… 50 000. Dans d'autres pays – au Royaume-Uni, en Union sud-africaine, en Tunisie… –, c'est l'organisation administrative qui sert de principe de définition. Certains pays combinent les deux critères : c'est le cas des États-Unis, du Canada, de la Turquie ou de la Norvège. Le facteur économique n'est pas toujours absent : en Italie, par exemple, les communes dont la population active est majoritairement agricole ne sont pas des villes. Au risque de rendre encore plus difficile les approches comparatives, des pays prennent en considération l'aspect urbain (Israël) ou modifient leur classification (les États-Unis, dans l'après-guerre).

À l'heure de la mondialisation, Venise, Amsterdam, Gênes... le rôle des cités-États et des villes-monde dans l'émergence du capitalisme a été amplement souligné par l'historien Fernand Braudel.

À la suite des travaux pionniers de l'économiste anglais A. Marshall (1842-1921) sur les districts industriels et les économies d'agglomération, économistes et géographes s'attachent depuis une vingtaine d'années à montrer les atouts que présenteraient de nouveau les villes - en fait, les plus grandes d'entre elles : les métropoles, les mégapoles, les mégavilles... - dans le contexte de mondialisation et de remise en question de l'économie nationale., comme cadre d'analyse.

À la suite de P. Aydalot, tout un courant de recherche s'attache à montrer le rôle des villes dans la production et la diffusion de l'innovation. Dotées de réseaux d'entreprises et de centres de recherche, certaines villes s'apparentent à de véritables milieux innovateurs ; enfin, l'analyse spatiale des réseaux (de transports ou de l'information) montre que si l'extension des flux transnationaux remet en cause les États nationaux, elle renforce en revanche le poids des villes situées dans les nœuds de communication.

La ville comme acteur

À force d'aborder les enjeux de société à l'aune de l'État ou de la société, on avait fini par l'oublier : la ville peut être aussi un acteur susceptible d'intervenir dans les domaines économique, social ou politique. Plusieurs tendances relevées par l'Observatoire du changement social en Europe occidentale depuis au moins les années 1970 sont venues le rappeler :

- la mobilisation accrue des communes dans le domaine économique : afin d'attirer les investissements des entreprises ou les subventions de l'État, les villes se sont lancées dans ce que l'économiste D. Harvey qualifie de « *compétition interurbaine* » (création de zones industrielles, de lotissement pour les cadres, de technopoles...) ;
- en réponse aux restructurations industrielles des années 1970 et 1980, les villes concernées ont mis en place des dispositifs sociaux. Par la suite, les politiques urbaines lancées dans la plupart des États européens en ont fait des partenaires ;
- parallèlement, on a assisté au renforcement des relations internationales entre villes, à travers le renouvellement des jumelages, la conclusion d'accords de coopération, la constitution de réseaux de villes... Certains de ces réseaux ont reçu le soutien des institutions européennes (le réseau quartiers en crise, par exemple) ; ils sont pour certaines grandes villes l'occasion de raviver un passé prestigieux, antérieur à la constitution des États nations.

Vers la gouvernance urbaine ?

Toutes ces tendances nourrissent un débat théorique parmi les géographes, les économistes et les spécialistes de sociologie ou de politique urbaine autour de la notion de gouvernance urbaine entrepreneuriale. En vogue dans les pays anglo-saxons, cette notion souligne l'importance de plus en plus grande des formes de partenariat entre les collectivités locales et le secteur privé en lieu et place des formes de régulations étatiques traditionnelles.

Pour d'autres spécialistes, l'affirmation de la ville comme acteur collectif est loin de signifier la relégation de l'État. Face à l'exclusion sociale, les villes n'ont pas eu d'autre solution que de se tourner vers l'État providence, celui-ci contribuant au financement des politiques urbaines.

Dans certains pays, les échelons administratifs intermédiaires (les régions en France, les Länder en Allemagne...) peuvent restreindre le pouvoir des villes. Pour l'économiste et sociologue italien Amaldo Bagnasco, si le renforcement du pouvoir politique et économique des villes est un phénomène général à l'Europe, il s'exprime différemment selon que le pays a une forte tradition centralisatrice ou non.

La ville, objet de recherche

Réalité tout à la fois économique, territoriale, politique, urbanistique, historique, la ville constitue de longue date un important champ de recherche des sciences humaines. Toutes ou presque l'ont successivement investi à partir de la fin du XIXe siècle en donnant naissance à des sous-disciplines : la sociologie urbaine, (développée dans l'entre-deux-guerres par l'École de Chicago), la géographie urbaine, dont les premiers manuels paraissent dans l'après-guerre à l'initiative de G. Chabot (*Les Villes*, 1958) ; sans oublier l'ethnologie urbaine, l'histoire urbaine, l'économie urbaine... Au cours des dernières années, le développement de la législation sur la ville a donné lieu à la publication d'ouvrages de « droit urbain » tandis que l'évaluation des politiques urbaines a justifié l'intérêt de la science politique, et tout spécialement des spécialistes des politiques publiques. Renouant avec les interrogations autour de la cité, les philosophes font également un retour remarqué. En témoigne la publication récente de *La Troisième Ville*, du philosophe Olivier Mongin. Il n'est pas jusqu'à la sémiologie qui ne se soit intéressée à la ville comme objet à décrypter à partir des années 1960-1970 (F. Choay, *Le Sens de la ville*, Seuil, 1972). Enfin, les villes s'internationalisant, les études comparatives complètent les traditionnelles monographies.

Ces dernières années, l'heure est à la pluridisciplinarité. En réponse aux demandes croissantes exprimées par les élus locaux et l'État dans le cadre des politiques urbaines, des programmes de recherche ont été mis en place. Réunissant des spécialistes de différents horizons disciplinaires et professionnels (chercheurs, travailleurs sociaux, élus, consultants...). Ils privilégient une approche transversale des enjeux urbains.

En France, le programme Pir-Villes illustre cette orientation. Créé en 1992 dans le sillage du Comité interministériel de la ville, ce programme de recherche couvre des thèmes aussi différents que la cohésion sociale et la dynamique des territoires, le bien-être urbain ou les valeurs de la ville.

Texte issu de la revue Sciences humaines, *n° 70, mars 1997, p. 26-27.*

Autres définitions de la ville

George Duby, Histoire de la France urbaine, *Paris, Seuil, 1981.*

Qu'est-ce qu'une ville ? La réponse est moins simple qu'il n'y paraît. Suffit-il de se référer à deux critères, l'un démographique, l'autre économique ? On le fait encore communément. On considère la taille : telle agglomération, dit-on, bascule hors de la ruralité dès que le nombre de ses habitants dépasse un certain seuil - mais où situer précisément ce point critique ?

On considère l'activité : urbaines sont les localités où le commerce et la fabrication prédominent sur le travail de la terre. Dans nos manières de juger, cette double définition s'est solidement installée. Elle a pour elle d'être commode, notamment aux administrateurs (p. 11).

Tout au long de son histoire, la ville ne se caractérise donc ni par le nombre, ni par les activités des hommes qui y font résidence, mais par des traits particuliers de statut juridique, de sociabilité et de culture. Ces traits dérivent du rôle primordial que remplit l'organe urbain. Ce rôle n'est pas économique. Il est politique. *Polis*, l'étymologie n'est pas trompeuse. La ville se distingue du milieu qui l'environne en ce qu'elle est, dans le paysage, le point d'enracinement du pouvoir.

L'État crée la ville. Sur la ville l'État prend assise (p. 13).

Lavedan Pierre, Géographie des villes, *Librairie Gallimard, Paris, 1936.*

Le mot « ville », bien que son sens puisse paraître évident, est un des plus complexes de la langue française. Maintes définitions en ont été proposées. La plus simple, purement quantitative, est celle de la Statistique administrative française (depuis 1846), de l'Institut international de statistique depuis 1887, qui classe comme ville toute agglomération comptant au moins 2 000 habitants.

Très longtemps on a objectivé qu'une population agglomérée de 2 000 habitants pouvait avoir un caractère tout rural et qu'une commune de moins de 2 000 âmes pouvait être essentiellement industrielle. C'est faire appel à un second principe de définition tiré du genre de vie des habitants, ce que nous appellerons la définition sociologique. « *Il y a ville*, ont dit Jean Brunhes et P. Deffontaines, *toutes les fois que la majorité des habitants emploie la majorité de son temps à l'intérieur de l'agglomération ; il y a village toutes les fois que la majorité des habitants emploie la majorité de son temps à l'extérieur de l'agglomération* ». « *La ville,* dit R. Maunier (*L'Origine et la fonction économique des villes*), *est un établissement complexe formé d'une multitude de groupes sociaux distincts.* » Ces définitions refuseront donc le caractère urbain à la « Cité » de Londres occupée le jour par deux millions d'hommes, qui forment un seul groupe social, et dont presque aucun n'y habite.

Pour d'autres, la ville se distingue du village par certaines particularités d'aménagement ; la ville du Moyen Âge, dira-t-on, est ce qui possède un mur d'enceinte ; de même pour la période actuelle, on pourra reconnaître la ville à la hauteur de ses maisons : c'est ce que nous appellerons la définition architecturale. Enfin, un quatrième mode de définition n'a rien de théorique, puisqu'il est appliqué encore aujourd'hui dans certains pays comme l'Angleterre : la ville est l'agglomération qui possède un certain statut juridique ou municipal ; déjà au Moyen Âge, un des caractères distinctifs de la ville est le droit de tenir un marché.

Conclusion

Il y a ville là où l'agglomération atteint une certaine densité, où il y a des immeubles en béton, où il y a des ascenseurs, où il y a des cinémas, où il y a des égouts, où il y a des piscines, où il y a des transports en commun, où il y a une police de la circulation, etc.

La définition de la ville par opposition au village semble tenir dans une double formule :

- il y a ville quand l'homme domine la nature et réussit à s'en affranchir. La ville est ce qui échappe à son milieu physique. La nature commande le village, c'est l'inverse pour la ville ;
- ces difficiles et continuelles victoires sur la nature ne peuvent être remportées par l'individu agissant isolément. D'où le second caractère de la ville, rançon du premier : un organisme où rien ne compte devant l'intérêt collectif exprimé par une loi, où une règle est imposée à tous.

La séquence au CE2

Les milieux de vie ; le paysage urbain (la ville)

Mots-clés

Plan, symbole, légende ; ville ancienne, monuments historiques, rues étroites, circulation automobile, administrations, commerces, services, cinémas, restaurants, Lille, Paris, Strasbourg, Grenoble, Lyon, Nice, Toulon, Marseille, Toulouse, Bordeaux, Nantes, Rouen, centre commercial, autoroute, résidences, grands ensembles.

Compétences du socle commun

Identifier sur une carte et connaître quelques caractères principaux des grands ensembles physiques et humains de l'échelle locale à celle du monde

Lire et utiliser différents langages : cartes, croquis, graphiques, chronologie, iconographie.

Séances	Objectifs	Déroulement
1	Décrire et analyser des paysages urbains.	**Qu'est-ce qu'une ville ?** • Annoncer : « À la sortie des classes, hier, un enfant de l'école (habitant en banlieue d'une grande ville) m'a dit qu'il allait "en ville". Mais... il était déjà en ville, non ? Alors, qu'est-ce qu'une ville ? » • Activité 1 : procéder au relevé des représentations. Après que les élèves ont répondu à la question posée (une ville, c'est...), comparer et classer collectivement leurs propositions : quelles définitions peut-on regrouper ? Pourquoi ? (certaines renvoient à l'idée de grande taille, d'autres à l'idée de services ou d'activités...). Distribuer un dessin de ville à comparer avec un dessin de campagne. • Activité 2 : chercher les aménagements de l'homme dans la ville de Dijon selon les domaines : transport/administration et santé/sport, culture et loisir/enfance et enseignement/commerce et divers. Commerce et divers : boulangerie, épicerie, pharmacie. • Trace écrite

Séances	Objectifs	Déroulement
Trace écrite	**Qu'est-ce qu'une ville ?** Une ville est un regroupement de plus de 2 000 habitants dont les habitations sont rassemblées. On utilise le mot « urbain » pour nommer ce qui se rapporte à la ville. Au contraire, ce qui concerne le village ou la campagne est rural. Les hommes construisent des équipements qui abritent les activités dont ils ont besoin pour leur vie quotidienne.	
2	• Savoir interpréter les informations portées sur un plan. • Comprendre les différents usages des plans.	**Lire un plan** • Activité 1 : étude de trois plans de la ville de Marseille (plan de circulation, plan touristique, plan cycliste). Lecture de chaque plan et de ses symboles. Recherche des points en commun et les différences. • Activité 2 : exercices sur un plan simplifié (localiser des endroits et dessiner un trajet). • Trace écrite.
Trace écrite	Un plan est une représentation simplifiée de la réalité. Il donne les informations nécessaires à l'utilisateur (plan de circulation, plan touristique, plan cycliste...). Un plan sert surtout à se déplacer en ville et à retrouver un endroit précis.	
3	• Comprendre l'organisation d'une ville. • Découvrir les fonctions des quartiers dans une ville.	**Le centre-ville** • Activité 1 : étude de 2 photographies de la Grand-Place de Lille (une actuelle et l'autre ancienne), répondre aux questions et comparer. Centre-ville = centre historique. • Activité 2 : étude de documents pour découvrir les quartiers qui entourent le centre-ville. • Activité 3 : exercices. • Trace écrite.
Trace écrite	**Le centre-ville** Le centre-ville est souvent le quartier le plus ancien de la ville (centre historique) avec des constructions pouvant dater de plusieurs siècles. Il est entouré de différents quartiers : • quartier d'habitation ; • quartier de commerce ; • quartier d'affaires. De nombreuses villes ont rénové leur centre-ville pour attirer les touristes : elles ont détruit ou restauré les quartiers vétustes, et créé des zones piétonnes ainsi que des parkings.	

Séances	Objectifs	Déroulement
4	**L'agglomération**	
5	• Comparer les différents paysages de banlieue. • Comprendre l'organisation de la banlieue. • Dresser une liste des aménagements propres à la banlieue.	**La banlieue** • Rappel : qu'est-ce que le centre-ville ? (centre historique, pas beaucoup de place). Que faire quand la population augmente ? → aller ailleurs mais pas trop loin de la ville importante. Quelle est la grande ville la plus proche de chez nous ? (Lyon) • Activité 1 : étude du document (extension d'une grande ville en cercle) + question (plus on s'éloigne de la ville, plus il y a d'espace disponible pour construire : maisons et centres commerciaux). Légender le schéma. • Activité 2 : observer les photographies 1-2-3 du manuel pour distinguer les différents types d'habitation : pavillon, lotissement, tour, barre. Faire fiche récapitulative. • Activité 3 : demander aux élèves qui a des parents qui travaillent sur Paris. Observer que beaucoup sont dans ce cas. Les gens habitent la banlieue mais le travail se trouve surtout dans le centre-ville. Compléter le dessin sur les déplacements ville-banlieue. Quelle est la conséquence de ces déplacements ? (embouteillages et pollution). • Trace écrite.
Trace écrite	**La banlieue** La population urbaine augmente chaque année, c'est donc en banlieue (autour des villes) qu'une partie des gens s'installe mais ils travaillent dans le centre-ville. Parfois, cela demande du temps dans les transports ou bien il faut prendre la voiture grâce aux autoroutes. Mais elles provoquent souvent des embouteillages et de la pollution. Les aménagements typiques de la banlieue sont : le centre commercial, l'autoroute, les parkings, centre administratif, les zones pavillonnaires, les lotissements, les immeubles...	
6		Évaluation (cf. classeur)

LES QUESTIONS POUR L'ENTRETIEN

1. Pouvez-vous nous dire à quand remontent les premières villes ?

Qu'est-ce que la cité ? Comment a-t-elle commencé ? Quelles ont été les phases de son développement ? Son rôle, ses buts ? Elle est apparue sous des formes multiples qui ne permettent pas une définition unique. On ne la décrit pas aisément parce qu'elle se transforme : à l'origine, c'est un noyau social infime, puis elle connaît les étapes complexes de la maturité ; enfin elle vieillit, elle s'effrite. Ses origines sont obscures : trop souvent les traces de son passé se sont effacées, et il nous est difficile de prévoir son avenir. Il semble, sur la base de nos connaissances actuelles, que les villes aient fait leur apparition au cours de la dernière phase de la période néolithique. Il semble qu'un progrès révolutionnaire de la technique agricole, marqué par l'invention de la charrue, la sélection des semences et la pratique de l'irrigation, ait exercé une influence profonde, à long terme déterminante, provoquant la formation de tout un réseau d'institutions et de contrôles, forme caractéristique de la « civilisation ».

Le village, avec ses rites et ses objectifs limités, n'aurait pu se transformer en cité, du seul fait de l'accroissement de sa population. Un changement plus profond devait intervenir, afin que les regards se dirigent vers d'autres buts que les soucis originels de la nourriture et de la reproduction. Cette mutation n'allait toucher en fait qu'une faible partie de la population du monde. Jusqu'à la période moderne d'urbanisation généralisée, les habitants des villes n'ont représenté qu'un pourcentage fort limité du peuplement global.

Cette transformation urbaine s'accompagnait, et fut peut-être précédée, par une sorte d'effervescence intéressant le domaine spirituel et les représentations collectives. Les divinités locales, toutes proches et familières, se trouvaient détrônées, ou à tout le moins surclassées, par les incarnations des puissances de la terre et du ciel, dieux du soleil et de la lune, des eaux créatrices, de la tempête et du désert. Le chef local était devenu le grand roi, défenseur des lieux sacrés, se parant ainsi de la majesté divine ou quasi divine. Il pouvait regarder de haut les habitants des villages ; ceux qui avaient été ses familiers et ses égaux devenaient ses sujets ; des fonctionnaires militaires ou civils étaient chargés de les encadrer et de diriger leur vie : gouverneurs, vizirs, collecteurs d'impôts, soldats, tous représentants du pouvoir royal.

L'archaïque culture villageoise allait ainsi s'incliner devant la civilisation urbaine : amalgame complexe de force créatrice et de domination, d'expression et de répression, de tension et de relâchement, que les réalisations de la cité historique allaient matérialiser. La cité manifeste dès l'origine cette aptitude à créer et à diffuser tous les produits de la « civilisation », elle concentre, dans un espace restreint, une énorme réserve de force productive ou destructive, mais elle peut aussi étendre ses constructions et son emprise à la mesure des besoins nouveaux d'une société sans cesse plus complexe...

2. On parle de plus en plus d'économie durable. Savez-vous ce qu'est une ville durable ?

La ville durable est, de manière paradoxale, difficile à définir car elle constitue plutôt un projet qu'une théorie. Cependant, on peut s'appuyer sur les trois principes que met en évidence C. Emelianoff pour tenter de clarifier quelques principes :

- la ville durable est une « *ville capable de se maintenir dans le temps* » grâce à une distance critique par rapport au présent. C. Emelianoff souligne ainsi la capacité de la ville à se redéfinir ;
- la ville durable est une ville qui offre une qualité de vie en tous lieux et des différentiels moins forts entre les cadres de vie. L'un des principes de constitution de cette ville est la mixité fonctionnelle (contre la séparation des fonctions prônée par l'urbanisme des années 1960), l'émergence de nouvelles proximités et la diminution de la mobilité contrainte ;
- la ville durable est une ville qui se réapproprie un projet politique collectif.

La ville durable est ainsi une ville qui met en jeu un projet environnemental, économique et social. On retrouve là les trois piliers du développement durable. Mais l'organisation de la vie urbaine introduit également une dimension politique non négligeable, puisque la gouvernance locale fait également partie des enjeux de la ville durable. C'est pourquoi le quartier est souvent présenté comme l'échelle pertinente pour penser la ville durable. Il permet la prise de parole, les débats, les relations d'interconnaissances. Nous nous intéresserons donc surtout au quartier dans la suite de ce travail, sans perdre de vue toutefois que cela pose des problèmes, notamment en termes de séparation sociale.

Habitat à basse consommation et mixité fonctionnelle

La principale caractéristique de ces quartiers est la réinscription dans un fonctionnement écologique planétaire. Ainsi, ces quartiers engagent une recherche d'autonomie énergétique, pour développer les potentiels d'énergie renouvelable et l'isolation thermique des bâtiments. Mais les aspects techniques ne sont pas les seuls à répondre aux nouvelles exigences environnementales. « *La compacité, la densité, la mixité fonctionnelle et la mobilité douce véhiculent des préoccupations énergétiques dans l'urbanisme, tout en fabriquant des environnements dont les caractéristiques ne se réduisent pas à l'économie de ressources* » (Emelianoff). C'est donc l'organisation urbaine qui permet de répondre aux défis environnementaux. La recherche de la mixité fonctionnelle implique par exemple la présence de services sociaux, d'équipements éducatifs, culturels et sportifs, de commerces de proximité, de locaux associatifs qui encouragent une vie sociale.

Mixité sociale et entre-soi

Si la mixité fonctionnelle est une composante centrale des quartiers durables, qu'en est-il de la mixité sociale ? Une analyse de la composition de la population des écoquartiers montre que celle-ci est majoritairement composée de classes moyennes supérieures (Guyonnet). Ainsi, la reconquête de zones en déprise urbaine (zones portuaires, friches industrielles...), souvent à l'origine de projets d'écoquartiers, conduit à leur gentrification, selon un scénario classique de renouvellement. « *L'absence de mixité sociale réduit le développement durable à une durabilité écologique* » (Emelianoff). La maîtrise du foncier semble alors être un outil pour garantir un minimum de mixité sociale.

Par ailleurs, ces quartiers développent une vie en communauté, ce qui accentue le risque d'entre-soi. En effet, l'implication des résidents dans la gestion des espaces communs, dans l'organisation d'événements communs, dans l'auto-construction risque de se transformer en implication dans le maintien d'un entre-soi, souvent fondé sur la différenciation sociale.

3. Qu'est-ce que la politique de la ville ?

La politique de la ville désigne la politique mise en place par les pouvoirs publics afin de revaloriser les zones urbaines en difficulté et de réduire les inégalités entre les territoires. Cette politique a été initiée, en France, il y a une trentaine d'années, alors que le « problème des banlieues » émergeait. Dès le début des années 1970, les pouvoirs publics prennent conscience des difficultés des « grands ensembles » d'habitat social : en 1973, la circulaire Guichard limite la construction d'ensembles de plus de 2 000 logements, et en 1977, le rapport Peyrefitte sur la violence est publié.

Plusieurs mesures et dispositifs se sont ainsi succédé et superposés. Un millefeuille administratif et réglementaire qui a rendu la politique de la ville peu lisible et, dans certains cas, peu efficace. Pour qu'elle atteigne son objectif initial de réduction des inégalités territoriales et d'action en faveur des quartiers en difficulté, la politique de la ville devait être réformée. C'est ce qu'a entrepris le ministre François Lamy, quelques semaines après son arrivée au gouvernement, ce qui a débouché, dans le courant du premier trimestre 2014, sur la promulgation de la loi de programmation pour la ville et la cohésion urbaine.

La politique de la ville est mise en œuvre par les collectivités territoriales. Les préfets passent des contrats avec les maires ou les présidents d'EPCI (établissements publics de coopération intercommunale) qui définissent un projet de développement pour chaque quartier. Sur la période 2007-2013, 2 492 quartiers prioritaires ont fait l'objet des contrats urbains de cohésion sociale (Cucs).

Dans le cadre du projet de loi pour la ville et la cohésion urbaine, de nouveaux contrats de ville succéderont aux Cucs fin 2014, pour une durée de six ans (soit la durée du mandat municipal et intercommunal). Les intercommunalités en assureront le pilotage stratégique : elles animeront et coordonneront la démarche. Les communes conservent un rôle de pilotage opérationnel et de garant de la prise en compte des réalités de proximité.

4. Quels sont les avantages et obstacles à l'étude des paysages, et notamment de la ville ?

Commencer le programme de géographie par l'espace proche des élèves. Cela permet de débuter avec un espace sur lequel ils ont des représentations (certes à organiser, nuancer voire corriger) et, pour les premiers cours d'une matière qui n'a pas toujours été abordée de manière résolument géographique dans leur cursus antérieur, de s'appuyer sur des lieux qui leur sont assez familiers ou, du moins, où ils ont des repères. Cela se double d'un engouement lié à la personnalisation des lieux (« C'est ma maison ! », « J'y suis allé ce week-end ! ») dont il ne faut cependant pas abuser sous peine de débordements d'enthousiasme ou bien d'une fixation sur le particulier qu'il faut savoir, à un moment donné, dépasser pour prendre en compte l'espace proche des autres, de la classe...

La séquence réalisée sur ce premier thème ouvre la porte à des questionnements qui peuvent être envisagés comme des articulations fortes ou des éléments structurants du programme. À titre d'exemple : Qu'est-ce qu'habiter ? Dépasser le « où » et aller vers le « comment » et le « pourquoi ici et pas ailleurs » ? Habite-t-on son espace de la même manière ailleurs ?

Il faudra donc veiller à être mesuré dans ses ambitions et à articuler la séquence autour de quelques objectifs essentiels. Et, même avec ces précautions, beaucoup d'enseignants constataient, lors des stages, avoir dépassé le temps qu'ils avaient envisagé. Deux grandes options se dégagent :
- l'importance de la dimension espace vécu, où qu'elle intervienne dans la séquence (représentations initiales, enquête, sortie...), apparaît comme le principal dénominateur commun des approches. Certains enseignants s'appuient sur une sortie dans l'espace très proche du collège (celui-ci englobant ou non, selon les cas, l'habitat des élèves) ;
- d'autres optent prioritairement pour une enquête (ou des représentations) sur la façon dont les élèves pratiquent leur espace proche et élargissent volontiers cet espace aux villes voisines, surtout si le collège est dans une petite ville située dans des sphères d'attractions plus importantes.

Risques de dérives :
- ne pas, ou pas assez, s'appuyer sur son espace proche ;
- se contenter d'études de paysages ;
- ne pas situer l'espace proche à différentes échelles.

5. Quels sont les rôles fondamentaux de la ville ?

La ville a été depuis toujours le lieu idéal de rencontre, l'endroit où la vie communautaire et sociale est possible, institution historique où ont été élaborées les règles de la vie en société. Avec la notion matérielle, archéologique, topographique et d'urbanisme, on retrouve la notion juridique de communauté d'hommes politiquement organisés pour la réalisation d'objectifs communs. La ville a été toujours un pôle d'attraction, où l'on allait pour chercher du travail, du bien-être, des réponses à quelques interrogations posées par les individus, par les familles, pour lutter contre la pauvreté, l'insécurité et la famine.

La ville garde, de son côté, la mémoire historique, qui la rend identifiable à ses habitants, et représente un patrimoine de culture qui doit être mis en valeur. Dans la ville se développent différentes fonctions qui peuvent être changées, adaptées, améliorées pour répondre à des nouvelles nécessités. La ville joue encore un rôle fondamental dans la démocratie, étant le lieu le plus proche du citoyen, où il peut agir plus directement. La plupart des gens, aujourd'hui, vivent et ont affaire, directement ou indirectement, avec la ville, qu'elle soit grande, petite, moyenne ou encore métropole. La ville est, à tout effet, l'institution où les citoyens peuvent mieux se connaître, se retrouver, où ils peuvent prendre leurs responsabilités ; c'est le lieu privilégié de la démocratie.

La démocratie, étant une forme de gouvernement où la souveraineté appartient au peuple qui l'exerce, ou bien directement ou bien indirectement par des représentants, joue un rôle important dans la réalité ville. La ville est le fondement de tout régime démocratique, niveau politique important, reconnu d'ailleurs dans le traité de l'Union (Maastricht). La ville doit donc assurer son organisation, l'exercice de ses fonctions, assumer des responsabilités. Elle doit être en mesure de régler des affaires publiques de sa compétence en faveur de la population. Toute politique que l'on fait dans la ville est réputée affaire publique. La ville doit donc être organisée en vue de son fonctionnement, de sa gestion, avec le système démocratique et de l'autonomie.

La ville peut être prise comme organisme vivant, exactement comme un être humain : elle se développe, elle change, elle devient triste ou heureuse, belle ou méchante, selon et avec les hommes et les femmes qui l'influencent, la consomment, par des interventions, par des atteintes. La ville est le reflet des hommes et des femmes qui l'animent, qui donnent des contributions, qui y créent des problèmes, qui cherchent à donner des solutions appropriées. La ville est donc, comme la société, quelque chose qui appartient à tout le monde. Elle n'est pas quelque chose d'abstrait qui touche les autres, qui est étrange.

DOSSIER 24| LES FRONTIÈRES DE LA FRANCE ET LES PAYS DE L'UNION EUROPÉENNE

LES CONNAISSANCES

Le concept de frontière politique est étroitement lié à la notion d'État, notion née en Europe même. Les frontières de la France avec les États voisins ont été historiquement des limites conflictuelles et hermétiques ; elles sont un compromis entre les exigences de l'histoire et de la géographie. La France est un vaste territoire. Celui-ci est au contact des autres espaces nationaux et supporte un certain nombre d'influences.

Une frontière est une limite, une césure. C'est une séparation plus ou moins nette entre deux espaces, deux sociétés, deux modes d'organisation de l'espace. Souvent une discontinuité politique, économique, culturelle. On distingue :

- les frontières politiques (qui séparent un État des pays voisins) : souvent il s'agit d'une limite très nette, surveillée, qui entrave la circulation des hommes et des marchandises mais parfois (c'est le cas dans une partie de l'UE et notamment en France), on passe la limite sans même s'en apercevoir) ;
- les frontières maritimes, quasiment invisibles. Elles sont définies au niveau international par la loi des 200 milles marins qui met en évidence la ZEE.

Les frontières sont des héritages de l'histoire fixés par des traités avec les pays voisins. Ces frontières sont toutes politiques et non naturelles. Même si les frontières de la France sont bien matérialisées, il y a des particularités : Llivia (enclave espagnole totalement en territoire français) ; le pays Quint, Kintoa en basque, ou Quinto Real en espagnol, est un territoire situé en zone frontalière franco-espagnole, au sud de la vallée des Aldudes en Pays basque, appartenant à l'Espagne, mais exploité par la France... Le territoire de la France se constitue par l'histoire.

La frontière ne s'inscrit pas dans l'espace uniquement sous la forme d'une ligne mais elle peut posséder une épaisseur. En effet, à la faveur des échanges économiques, des mariages, des différents tracés de la frontière au cours de l'histoire, les populations vivant de chaque côté ont pu se rapprocher. Elles parlent ainsi la langue du voisin (en Alsace, au Pays basque) et une sorte de syncrétisme s'est opéré.

La France en Europe et dans le monde

La France se trouve à l'extrémité ouest de l'Europe. Cette position offre un double avantage : une large façade maritime et une situation d'isthme (espace terrestre entre deux mers) entre l'océan Atlantique, la Manche et la mer Méditerranée. Elle est ainsi un territoire charnière entre l'Europe, l'Amérique et l'Afrique et un carrefour d'échanges économiques et humains.

La France métropolitaine a une superficie d'environ 550 000 km^2. Elle est le troisième plus vaste État d'Europe après la Russie et l'Ukraine. Sa forme évoque un hexagone. Environ 1 000 km séparent les extrémités nord et sud du pays et 900 km les extrémités ouest et est. La France est aussi largement ouverte sur le reste du monde grâce à ses territoires situés hors d'Europe (départements et collectivités d'outre-mer). Ce sont des héritages de ses conquêtes coloniales. Ils permettent à la France de maintenir une présence, notamment militaire et culturelle, sur tous les océans et sous toutes les latitudes.

■ Une situation géographique particulière

La France, extrémité de l'Europe, avancée sur l'Atlantique est le Finistère de l'Europe. La France est un isthme entre l'Europe du Nord et l'Europe méditerranéenne. Sept pays limitrophes encadrent la France : Royaume-Uni, Belgique, Luxembourg, Allemagne, Suisse, Italie et Espagne. Des frontières maritimes importantes sur l'Atlantique, la Manche, la mer du Nord et la Méditerranée. Des lignes de crête des Pyrénées (barrière difficile à franchir) et des Alpes (massif ouvert par les vallées).

■ Des frontières héritées de l'histoire : la construction et l'unité du territoire

La France est un État nation constitué dès la fin du Moyen Âge comme l'Espagne et le Royaume-Uni. Les frontières ont ensuite connu des retraits et progrès aux époques moderne et contemporaine. Le territoire français s'est construit progressivement au cours des siècles. À partir d'un noyau central constitué autour de Paris dès le Xe siècle, il s'étend progressivement vers l'est et le sud. Il prend pratiquement sa forme actuelle au XVIIe siècle, sous le règne de Louis XIV. Cependant, les frontières définitives ne datent que de 1919. Depuis le Moyen Âge, l'État français a poursuivi sans relâche une politique d'unification du pays. Ce centralisme, qui s'est accéléré au XIXe siècle, a permis la création d'une véritable nation. Les Français partagent une histoire commune et parlent tous une même langue. Les identités régionales, bien qu'affaiblies, se sont en partie maintenues. Des coutumes locales demeurent vivaces, et les langues régionales n'ont pas entièrement disparu. Certaines restent importantes (alsacien, corse), d'autres renaissent progressivement (catalan, basque, breton, occitan).

Les frontières précises actuelles ont été complétées au XXe siècle. Par exemple, l'Alsace et la Moselle ont réintégré la France, sur la rive droite du Rhin, à la victoire de 1918. La frontière avec l'Italie, intégrant en France les communes de Tende et La Brigue a été définie en 1947.

Des frontières plus ouvertes

La libre circulation des marchandises et des capitaux : la création du marché commun par le traité de Rome en 1957 a ouvert la libre circulation des marchandises, capitaux et services dans la Communauté économique européenne (ou CEE) fondée par les six : Allemagne, Italie, France, Belgique, Pays-Bas et Luxembourg. La construction européenne n'a pas encore pour objectif de supprimer les frontières entre les États membres, mais de lever les obstacles à leur franchissement par les individus, les marchandises, les capitaux et les services comme le prévoyait l'Acte unique de 1986. Dans ce cadre, les frontières deviennent des limites administratives que ne marquent même plus les postes douaniers.

La fin des contrôles des marchandises aux postes frontières est devenue effective au 1er janvier 1993 comme le prévoit le traité de Maastricht. La libre circulation des personnes dans l'espace Schengen (25 pays) : la convention de Schengen, signée en 1985 par cinq pays, prévoit la libre circulation des personnes. Au 1er janvier 2008, les États adhérant à l'Union européenne en font partie à l'exception de cinq d'entre eux : la Roumanie, la Bulgarie, le Royaume-Uni, l'Irlande et Chypre. Par ailleurs, trois États extérieurs à l'UE (Norvège, Islande, Suisse) ont signé les accords. La convention pose le problème du libre franchissement des frontières, et elle n'est appliquée que partiellement depuis mars 1995. Elle suppose une harmonisation des politiques d'immigration et de délivrance des visas, du droit d'asile et de lutte contre le terrorisme et le trafic de drogue.

La coopération transfrontalière : les eurorégions réunissent des régions transfrontalières sur la base de projets de coopération soutenus par l'UE. Ce sont des zones privilégiées de coopération internationale, avec des échanges de travailleurs frontaliers quotidiens. Les frontières ne sont plus des barrières infranchissables mais marquent les limites, des États, à l'intérieur desquels la souveraineté nationale s'exerce toujours. La citoyenneté européenne s'ajoute à la citoyenneté nationale, sans amoindrir cette dernière. Il n'y a pas de frontières naturelles mais historiques ou politiques. Certaines frontières sont terrestres ou maritimes.

Quelques spécificités

À l'échelle européenne, la France conserve des particularités.

- La France est le seul État européen à avoir une ouverture sur la mer du Nord, l'Atlantique et la mer Méditerranée.

• La France est en position intermédiaire entre l'Europe du Nord-Ouest et l'Europe de l'Est (c'est un élément de continuité à l'échelle européenne).

Les pays de l'Union européenne

En Europe pourquoi peut-on dire qu'il y a des frontières qui se créent et d'autres qui disparaissent ?

C'est surtout la création de l'espace Schengen qui rend visible l'apparition et la disparition de frontières. Même s'il ne s'agit pas d'une réelle frontière, il nous faut mentionner la mise en place de la zone euro qui délimite elle aussi un nouvel ensemble au sein de l'Union. Une réflexion géographique sur l'élargissement de l'UE : ses logiques spatiales, ses questions (jusqu'où ?). Quels sont les critères économiques, sociaux, culturels et politiques pour faire ou non partie de l'UE ?

L'Union européenne continue le processus de regroupement des États nations européens autour de valeurs de la démocratie et des principes de l'économie de marché. Toutefois en adhérant à l'UE, les États ne fusionnent pas : s'ils délèguent une part importante de leurs pouvoirs aux institutions communautaires, ils gardent leur identité et leurs différences. La construction européenne a exercé une forte attraction sur les pays nouvellement indépendants d'Europe de l'Est. Bon nombre ont été intégrés à l'UE en 2004, la Bulgarie et la Roumanie les ont rejoints en 2007. Toutefois, la poursuite de l'élargissement suscite un vif débat, des réticences, voire des reports. La validité des candidatures à l'UE est examinée sur la base du respect des principes démocratiques ; or tous les candidats n'en font pas la preuve : exemple de la Turquie.

Une réflexion géographique sur les divisions de l'UE (monnaie unique, Schengen, politique étrangère...)

- Quelles sont les limites de la zone euro ?
- Quelles sont les limites de l'espace Schengen ?

Études régionales sur les relations entre les régions frontières de la France et leurs voisines de l'UE

Dans le contexte de la construction européenne, les échanges entre les pays membres se sont intensifiés. Les régions frontalières occupent une place stratégique pour développer des partenariats, des projets avec les régions des pays voisins. Le Nord-Pas-de-Calais profite de sa situation au cœur de l'Europe pour développer des coopératives transfrontalières avec trois régions belges et britanniques.

Carterbury fait l'objet d'un programme Interreg (programmes financés par la Commission européenne et qui permettent à l'UE de soutenir les coopérations transfrontalières. Ces programmes cofinancent des axes de transport transfrontaliers ou des projets de formation universitaire communs à plusieurs pays), de mise en valeur du patrimoine à des fins de développement touristique concernant plusieurs villes du Kent et du Nord-Pas-de-Calais.

Les eurorégions, des constructions géopolitiques nouvelles ?

Avec la constitution d'un territoire européen sans frontière, les régions existantes ont multiplié les échanges, voire les coopérations. Des régions transfrontalières se constituent alors : les eurorégions. Il en existe une centaine. Une eurorégion est une association de régions appartenant à différents États membres de l'UE. Ainsi, une des plus anciennes, la Saar-Lor-Lux, regroupe, depuis le milieu des années 1980, la Sarre, le Luxembourg et la Lorraine.

L'Union européenne favorise ces constructions géopolitiques : les fonds Interreg servent le développement des eurorégions en finançant les projets facilitant les échanges et la coopération entre les régions. Il s'agit de créer de véritables espaces transfrontaliers au sein desquels la frontière ne constitue plus un obstacle. Ainsi, dans l'agglomération de Lille, la frontière franco-belge n'a pas empêché l'émergence d'un espace urbain transfrontalier structuré par des réseaux de transports communs à la France et à la Belgique.

Les eurorégions ont un succès inégal. Certaines, comme la Saar-Lor-Lux, s'appuient sur des solidarités anciennes. Depuis longtemps, des milliers de Lorrains franchissent tous les jours la frontière pour aller travailler en Allemagne ou au Luxembourg. Exemples d'eurorégions : Pamina : coopération entre Bas-Rhin, Alsace, Bade Würtemberg et Rhénanie-Palatinat. Exemples d'eurorégions à l'est : Pomérania entre la Pologne et l'Allemagne, Tatras entre Slovaquie et Pologne.

LA SÉQUENCE EN CM1

Domaine : La France dans l'UE
Pilier n° 5 : La culture humaniste (palier n° 2)

- Identifier sur une carte et connaître quelques caractères principaux des grands ensembles physiques et humains de l'échelle du monde.
- Lire et utiliser différents langages : cartes, croquis, graphiques, chronologie, iconographie.

Problématique de la séquence

Idées directrices

- Les frontières sont les limites entre deux pays.
- Les frontières de la France sont souvent des frontières naturelles (montagnes, fleuves, mers que l'on nomme et situe sur une carte sans avoir à les mémoriser).
- Le passage des frontières est plus ou moins contrôlé (libre circulation entre les pays dans l'espace Schengen en Europe).
- La France ressemble à un hexagone.
- La France est en Europe (zone géographique) et fait partie de l'Union européenne (union politique et économique de 27 pays).
- Faire le lien avec le programme d'histoire (la construction européenne).
- Lecture de carte ; différencier Europe et Union européenne, situer les principaux pays de l'UE, notamment les pays frontaliers de la France, et le Royaume-Uni.
- Le relief et les fleuves de l'Europe sont divers.
- Lecture de paysage : décrire un paysage de montagne européenne, un paysage de plaine européenne, un paysage de plateaux et collines en Europe. Situer les principales montagnes d'Europe sur une carte (Alpes, Pyrénées, Oural...), sans avoir à les mémoriser.
- Situer les principaux fleuves européens sur une carte, sans avoir à les mémoriser.

Séance 1 : Qu'est-ce que l'Europe ?

Objectifs

- Définir l'Europe.
- Localiser les frontières européennes.
- Lire et utiliser différents langages : carte.
- Être capable de donner les limites de l'Europe.
- Appréhender la diversité des langues et des cultures.
- Être capable de reconnaître des traits culturels communs.
- Analyser les valeurs communes.
- Approcher ce qui fait l'identité de l'Europe.

Séance 2 : À quoi ressemble l'Europe, vue du ciel ?

Objectifs

- Lire une image satellitale.
- Identifier sur une carte et connaître les principaux caractères du relief européen.

- Participer à l'examen collectif d'un document en justifiant son point de vue.
- Établir la légende d'une carte de géographie.

Séance 3 : Quels sont les différents paysages européens ?

Objectifs

- Distinguer différents éléments du relief européen.
- Définir ces éléments : plaines, littoraux et fleuves.
- Situer sur la carte les principaux pays européens.
- Appréhender la diversité des paysages de l'Europe.
- Reconnaître les grandes disparités de l'Europe.
- Prendre conscience que tous ces paysages sont profondément humanisés
- Être capable de différencier des paysages de l'est à l'ouest et du nord au sud.
- Connaître les utilisations par les hommes des côtes, des massifs montagneux, des plaines et des mers.

Séance 4 : Quel est le climat du continent européen ?

Objectifs

- Repérer et connaître les différents types de climat en Europe.
- Connaître le vocabulaire spécifique : climat, températures, précipitations, diagramme ombrothermique.
- Lire, interpréter et réaliser un graphique.
- Comprendre les influences climatiques.

Séance 5 : Comment l'Union européenne s'est-elle construite ?

Objectifs

- Définir l'Union Européenne.
- Connaître les différentes étapes de sa création.
- Connaître le nom des pays membres.
- Lire et utiliser différents langages : réaliser une carte pour synthétiser des informations.
- Prendre conscience du fait que l'Union européenne est une construction politique.
- Connaître les pays de l'Union européenne et les situer, situer les principales villes d'Europe.
- Appréhender les inégalités de richesse entre ces pays.
- Prendre conscience que l'Union européenne est un espace solidaire.

Évaluation de la séquence

- Mémoriser les connaissances et le vocabulaire indispensables.
- Identifier les principaux caractères du relief, du climat et de l'hydrographie en Europe.
- Savoir situer les frontières européennes.
- Connaître les pays de l'Union européenne.
- Localiser les principaux repères géographiques étudiés.

LES QUESTIONS POUR L'ENTRETIEN

1. Pouvez-vous développer la deuxième séance ?

Les objectifs de cette séance sont :
- lire une image satellitale ;
- identifier sur une carte et connaître les principaux caractères du relief européen ;
- participer à l'examen collectif d'un document en justifiant son point de vue ;
- établir la légende d'une carte de géographie.

Le déroulement :
- représentations initiales ; 5 min. ; individuel, écrit. Consigne : « Que voyez-vous sur cette image ? Que montrent les nuances de couleur ? » Les élèves répondent individuellement sur leur cahier. Diaporama 1 ;
- mise en commun ; 5 min. ; collectif, oral. Les élèves indiquent ce qu'ils ont identifié sur la photo. Le professeur des écoles montre au fur et à mesure et apporte des précisions. Le vert très foncé indique les forêts, le vert moyen les paysages de plaines, le vert très clair les plateaux. Le marron clair indique les montagnes anciennes, le marron foncé les montagnes jeunes ou hautes montagnes. Le bleu ou le blanc sur les terres indiquent les hauts sommets glacés ou enneigés. L'Europe propose un relief très diversifié ;
- étude de documents ; 10 min. ; groupes, écrit. Consigne : « Ouvrez votre manuel p. 108 et 109. Lisez la page 108 attentivement. Lisez le questionnaire de la p 109. Puis, par groupes de deux, répondez aux questions. » Manuel : *Histoire Géographie Histoire des Arts CM1*, Collection Odyssée + doc. 3 ;
- mise en commun ; 5 min. ; collectif, oral. Elle vise à montrer que les montagnes occupent un espace important en Europe (1/4 du territoire) et que les chaînes alpines occupent toute la partie sud-ouest. On y trouve à la fois des montagnes anciennes et des montagnes jeunes. Animation flash : le relief en Europe en support des explications ;

• synthèse : élaboration d'une carte ; 15 min. ; collectif, écrit. Consigne : « Voici la carte du relief en Europe. Les cartes de géographie respectent un code de couleurs particulier. Quelles sont les couleurs que nous allons utiliser pour compléter la légende ? Rouge pour les très hautes montagnes, marron foncé pour les hautes montagnes, marron clair pour les montagnes anciennes, vert pour les plaines et plateaux, bleu clair pour les mers et océans. Les principaux sommets sont en noir et les volcans en rouge » (doc. 4). Avec l'aide du professeur des écoles, les élèves complètent la légende. Puis ils colorient la carte aux crayons de couleur individuellement en étant très précis et soigneux. Évaluation formative par le professeur des écoles ;

• trace écrite ; 15 min. ; individuel, écrit. L'Europe offre un relief très varié. Les montagnes couvrent un tiers du territoire. La plus importante concentration est la chaîne des Alpes au sud-ouest du continent. Au nord se trouvent les hautes terres du Nord, à l'est le Caucase et au nord-est les monts Oural. Le reste du territoire est occupé par de vastes plaines qui permettent de nombreux aménagements.

2. Avec l'Union européenne, vous touchez de près à un autre domaine. Quel est-il ? Et comment y est étudiée l'UE ?

Il s'agit du domaine de l'instruction civique et morale. Dans les programmes en CM1, sont étudiés les points suivants :

• la diversité des cultures et le sens du projet politique de la construction européenne ;

• connaître les principaux pays de l'Union européenne et les différentes étapes de la construction de l'Europe ;

• comprendre que l'Europe est née de la volonté des États dévastés par la guerre d'unir leurs forces pour construire un espace de paix et de développement économique

3. Pouvez-vous donner en quelques mots des informations sur l'UE ?

L'Union européenne (UE) est un partenariat économique et politique unique entre 28 pays européens qui, ensemble, couvrent la plus grande partie du continent. L'UE a fait ses premiers pas au lendemain de la Seconde Guerre mondiale. Son premier objectif était de renforcer la coopération économique, en partant du principe que les pays liés par des échanges commerciaux deviennent économiquement interdépendants, et sont donc moins enclins à entrer en conflit. La Communauté économique européenne (CEE) a donc été créée en 1958, instaurant une coopération économique de plus en plus étroite entre six pays : l'Allemagne, la Belgique, la France, l'Italie, le Luxembourg et les Pays-Bas. Depuis, un immense marché unique a vu le jour, qui continue à se développer pour donner toute sa mesure.

Ce qui avait débuté comme une union purement économique s'est transformé en un partenariat portant sur de nombreux domaines, depuis l'aide au développement jusqu'à l'environnement. Pour refléter cette évolution, la CEE a changé de nom pour devenir l'Union européenne (UE) en 1993. L'Union européenne est fondée sur l'État de droit : toutes ses actions reposent sur les traités européens, auxquels tous les États membres adhèrent démocratiquement et de leur plein gré. Ces traités définissent les objectifs de l'UE dans de nombreux domaines.

Facteur de paix, de stabilité et de prospérité depuis plus d'un demi-siècle, l'Union européenne a contribué à élever le niveau de vie des Européens et a donné naissance à une monnaie unique, l'euro. Grâce à la suppression des contrôles aux frontières entre les pays de l'UE, il est aujourd'hui possible de circuler librement sur presque tout le continent. Il est devenu beaucoup plus facile de vivre et travailler dans un autre pays de l'UE. Le marché unique ou intérieur de l'UE, qui permet la libre circulation des marchandises, des services, des capitaux et des personnes, est le principal moteur de l'économie européenne. Un des autres grands objectifs de l'UE est de développer cette immense ressource afin que les Européens puissent pleinement en bénéficier.

Un des principaux objectifs de l'UE est de promouvoir les droits de l'homme, aussi bien dans l'Union que dans le reste du monde. Les valeurs fondamentales de l'UE sont la dignité humaine, la liberté, la démocratie, l'égalité, l'État de droit et le respect des droits de l'homme. Depuis la signature du traité de Lisbonne en 2009, tous ces droits sont réunis dans un même document : la Charte des droits fondamentaux de l'UE. Les institutions européennes ont l'obligation légale de la respecter, de même que les États membres, dès lors qu'ils appliquent la législation européenne.

Alors qu'elle continue à accueillir de nouveaux pays, l'UE s'attache à rendre ses institutions toujours plus démocratiques et transparentes. Ainsi, les pouvoirs du Parlement européen, qui est élu au suffrage universel direct, sont étendus, et le rôle des parlements nationaux, qui travaillent aux côtés des institutions européennes, est renforcé. Quant aux citoyens européens, ils disposent de plus en plus de moyens pour participer au processus d'élaboration des politiques.

DOSSIER 25| LES GRANDS CONTRASTES SUR LA TERRE

LES CONNAISSANCES

Les principaux contrastes de la planète : zones denses et vides de population. Ensembles climatiques vus du point de vue humain. Les climats expliquent-ils les grands contrastes de peuplement de la planète ?

La terre, qui compte aujourd'hui environ 6,7 milliards d'habitants (2008) est très inégalement peuplée. À l'échelle de la planète, les contrastes de densité sont forts entre les gros foyers de peuplement et les espaces quasiment vides d'hommes. Quelle est la part du climat, et plus largement des facteurs physiques, dans l'explication de ces discontinuités spatiales du peuplement ?

Définir les grands contrastes de peuplement de la planète

Quelques foyers de peuplement rassemblent la majorité des hommes. Quatre principaux foyers de peuplement mondiaux rassemblent plus de 65 % des hommes. Il s'agit de l'Asie orientale (Chine orientale, Corée, Japon), de l'Asie du Sud (le sous-continent indien), de l'Europe de l'Ouest et de l'Asie du Sud-Est. La planète compte plusieurs foyers de peuplement secondaires (Europe orientale, Proche et Moyen-Orient, littoral du golfe de Guinée, nord-est de l'Amérique du Nord, sud-est brésilien...). Les foyers asiatiques associent de fortes densités rurales et urbaines, tandis que les foyers d'Europe ou d'Amérique sont essentiellement urbains.

Ces foyers de peuplement sont séparés par des espaces très faiblement peuplés ou au peuplement très lâche : une grande partie du continent nord-américain ou sud-américain (Amazonie), le nord de l'Eurasie (Sibérie occidentale et orientale), le Groenland ou l'Antarctique, les régions désertiques (d'Afrique - Sahara -, d'Asie ou d'Australie...) ainsi que la majorité des espaces de haute montagne (d'Asie - Himalaya -, d'Amérique du Nord - Rocheuses -, d'Europe - Alpes).

Quel rôle jouent les facteurs physiques, et plus particulièrement les climats, dans ces contrastes de densité à l'échelle de la planète ?

Si les facteurs physiques, et le climat en particulier, jouent un rôle manifeste dans la répartition de la population mondiale, ils expliquent surtout les grands vides de la planète. Les espaces les moins peuplés de la planète correspondent, presque partout, à un milieu et à un climat contraignant. Le climat impose en effet les limitations les plus strictes en matière de peuplement. C'est le cas dans les régions froides des hautes latitudes (climats polaires ou subpolaires, froids et secs toute l'année) ou des régions arides (climats secs de la zone tropicale par exemple), généralement vides d'hommes ou au peuplement très ponctuel. Tout déterminisme physique, qui consisterait à associer une zone climatique à un type de densité, est néanmoins à éviter. Certains milieux aux caractéristiques physiques et climatiques identiques, comme certaines régions tropicales (climat tropical ou équatorial de la zone chaude), supportent des densités de population très différentes. Alors que les densités sont généralement faibles en Amazonie ou en Afrique équatoriale, les régions équatoriales et tropicales d'Asie du sud-est (Indonésie) supportent de très fortes densités de population. Les explications de l'inégale répartition des hommes sur la planète sont en réalité très diverses et complexes.

Si le poids des facteurs « naturels » (ici climatiques) n'est pas à négliger dans le cas des espaces vides d'hommes, il faut souligner l'importance des facteurs historiques et sociaux. L'histoire des sociétés, les modes d'utilisation de l'espace que les sociétés ont mis en place depuis longtemps, la maîtrise des techniques (agricoles souvent) et la capacité à innover expliquent la mise en place et la permanence des grands foyers de peuplement. Les grands foyers et les fortes densités rurales asiatiques, par exemple, correspondent à des systèmes spatiaux basés sur la pratique millénaire de la riziculture et la maîtrise des techniques hydrauliques.

Si les facteurs climatiques expliquent les vides absolus ou relatifs de la carte de la répartition de la population mondiale, il convient de relativiser le poids et l'influence du milieu « naturel » (du climat, mais aussi du relief...). Les facteurs historiques, sociaux, économiques et politiques sont essentiels pour expliquer les grands contrastes de densité à l'échelle de la planète.

Comment expliquer les grands contrastes de peuplement sur la planète ?

La population mondiale est inégalement répartie. Sa distribution spatiale présente de grands contrastes, de fortes discontinuités. Aux zones ou aux régions densément peuplées s'opposent des « vides » qui correspondent à de très faibles densités de population. Pourquoi l'œcoumène présente-t-il de telles disparités de peuplement ? Quels sont ces grands contrastes ? Ce sont d'abord les « pleins » et les « vides », autrement dit les régions de forte densité de population (elles correspondent aux grands foyers de peuplement) et les régions de faibles ou très faibles densités de population. Il est nécessaire d'illustrer les « pleins » et les « vides » par quelques exemples précis (localisation). Il faut donc distinguer les principaux foyers de peuplement (asiatiques et européen) et quelques foyers secondaires. Plus de la moitié de la population mondiale est asiatique.

La moitié de la population mondiale est désormais urbaine. Et sa croissance va s'accélérer dans les prochaines décennies.

Le poids prédominant des facteurs humains

Le schéma de la boucle du riz peut illustrer le fait que dans l'histoire, les « sociétés hydrauliques » (Inde, Chine du Sud) ont des densités de population beaucoup plus élevées que les sociétés pastorales, par exemple (Sahel). Si les facteurs naturels ont parfois une influence réelle, ce sont les facteurs humains qui expliquent souvent la répartition du peuplement. Cette affirmation est une remise en cause du déterminisme physique et/ou climatique. Il faut abandonner les explications mono-causales et privilégier la notion de « faisceau de facteurs » pour expliquer la foisonnante diversité du peuplement de la planète.

Document pour réfléchir

« *La géographie de la population vise à décrire et à comprendre la société par l'étude des rapports entre la population et l'espace : distribution dans l'espace, mouvements dans l'espace et différenciation dans l'espace [...]. La géographie de la population s'intéresse en premier lieu à l'inégale occupation de la terre par les sociétés humaines, [...] et aux processus qui ont engendré les distributions constatées [...]. Parmi les approches thématiques menant à la connaissance des organisations spatiales, la géographie de la population est assurément l'une des plus importantes. On ne saurait être surpris, dans ces conditions, de trouver un tableau de la répartition spatiale des hommes en tête de la plupart des traités de géographie humaine, aussi bien des maîtres du passé comme P. Vidal de La Blache, que chez les promoteurs de la nouvelle géographie comme P. Claval [...].*

Si la description de la répartition d'une population constitue une tâche assez simple, son explication l'est beaucoup moins et il arrive qu'elle soit vraiment ardue [...]. Sur ce thème important de la connaissance géographique, les études ont été assez nombreuses [...] ; on est malheureusement très loin encore de bien comprendre tous les aspects de la répartition spatiale des populations [...]. De la lecture des analyses faites jusqu'à présent sur le problème des densités, on retire toujours la même impression : les facteurs explicatifs sont nombreux et variés », D. Noin, *Géographie de la population*, Paris, Masson, 1999.

■ LA SÉQUENCE AU CM2 EN 5 SÉANCES

Séquence GÉOGRAPHIE – Les grands contrastes sur la Terre		
Niveau : **CM**	**Durée :** **5 x 1 h** **+ Évaluation**	**Référence(s) aux programmes :** Par la lecture de paysages et l'étude de cartes, identifier les principaux caractères du relief et du climat dans le monde et localiser les principaux repères géographiques étudiés. Zones denses et vides de population. **Compétence(s) du socle commun :** • identifier sur une carte et connaître quelques caractères principaux des grands ensembles physiques et humains de l'échelle du monde ; • lire et utiliser différents langages : cartes, croquis, graphiques, chronologie, iconographie.
Pilier n° 5 : La culture humaniste **Domaine : Géographie - La France dans le monde**		

Séances Objectifs	Déroulement	Matériel
Séance 1 • Formuler ses propres représentations concernant la répartition de la chaleur dans le monde. • Lire et comprendre un document spécifique au climat : le diagramme ombrothermique. • Repérer les grandes zones de climat du monde.	**Le soleil chauffe-t-il la Terre partout de la même manière ?** • Observation d'un bulletin météo Consigne : « Voici un document. De quoi s'agit-il ? Quelles informations peut-on y lire ? Qu'ont en commun les deux cartes ? Qu'ont-elles de différent ? Pourquoi ce genre d'information est-il intéressant ? Connaissez-vous d'autres documents qui parlent du temps qu'il fait ? » L'enseignant fait lire la légende qui permet d'identifier l'icône du soleil, des nuages, de la pluie ainsi que le chiffre désignant les températures. Il s'agit de cartes météo pour la France, que l'on peut trouver dans les journaux ou voir à la télévision. • Étude d'un document lié au climat Consigne : « Voici un nouveau document. Quelles informations peut-on y lire ? » Grâce au questionnement de l'enseignant, les élèves sont amenés à repérer les informations de l'abscisse, de l'ordonnée, de la courbe des températures. Il s'agit d'un diagramme ombrothermique. • Représentations initiales Consigne : « Sur l'ensemble de la Terre, le climat ressemble-t-il à celui de la France ? » Mise en commun : Les propositions des élèves sont notées sur une affiche sans commentaire. • Étude de documents Consigne : « Ceci est un document de synthèse sur les climats dans le monde. Vous devez le compléter. » Le professeur des écoles accompagne d'abord le coloriage de la flèche et des globes, en commençant par la zone tempérée nord (où se trouve la France), en hiver et en été, afin que les élèves aient des représentations du climat correspondant. Il accompagne ensuite le remplissage du tableau pour cette zone. Le reste de l'activité se poursuit en autonomie.	• document 1 • document 2 • document 3

		Trace écrite En France, le temps varie tout au long de l'année : en hiver il fait froid, en été il fait chaud. Les températures sont l'une des caractéristiques du temps. Chaque année, on retrouve les mêmes caractéristiques : on parle alors de climat. Le diagramme (graphique) retrace le temps qu'il fait dans l'année en indiquant les températures et les précipitations (pluies) relevées. Suivant sa position sur la planète, un pays ne connaîtra pas le même climat qu'un autre.	
Séance 2	• Définir les trois grands types de climats à la surface de la Terre et les localiser sur le planisphère. • Repérer sur des paysages variés des indices permettant d'identifier le climat (relation végétation /climat).	**Quelles sont les grandes zones de climat dans le monde ?** Remise en mémoire. Reprise de ce qui avait été noté sur l'affiche. Étude de documents Consigne : « Chaque groupe va recevoir des documents. Vous travaillez pour une agence de voyages et vous enquêtez pour conseiller les clients dans le type de vêtements à emporter. Des questions vont vous guider dans vos recherches. » Mise en commun Chaque rapporteur présente le travail effectué par le groupe. L'enseignant note en synthèse ce qui est dit. Synthèse Consigne : « Compte-tenu des résultats, y a-t-il des lieux que l'on peut regrouper par leurs climats ? » Réponse attendue : le Cap et Bordeaux, Kuala Lumpur et Bamako, Kerguelen et Anchorage. L'enseignant pose les aimants sur les lieux concernés sur le planisphère. 3 zones de climat apparaissent : une chaude autour de l'équateur, une froide autour des pôles, une tempérée entre les deux. Institutionnalisation Consigne : « Voici le document de synthèse. À vous de repérer les grandes zones de climat du monde et de les colorier en rouge, orange et bleu. » Trace écrite Il existe trois grands types de climat sur la Terre : le climat tropical, très chaud, autour des tropiques. le climat tempéré, ni trop chaud, ni trop froid, entre les tropiques. le climat polaire, très froid, entre les pôles. On les retrouve tous les 3 sur chacun des deux hémisphères.	• les documents des 5 groupes • le tableau récapitulatif/ groupe • 6 aimants pour le planisphère (2 bleus, 2 jaunes, 2 rouges) • document 4

<table>
<tr>
<td>Séance 3</td>
<td>• Situer les foyers de peuplement de la Terre.

• Situer les grandes métropoles mondiales sur le planisphère.

• Distinguer la taille d'un pays de son nombre d'habitants.

• Savoir lire différentes cartes géographiques et les mettre en relation.</td>
<td>
Où vivent les hommes sur la planète ?
Représentations initiales
Consigne : « Voici un planisphère. Coloriez la France en rouge. Maintenant, entourez les 5 endroits du monde où vous pensez qu'il y a le plus grand nombre d'habitants. »

Mise en commun : une liste des zones les plus peuplées, d'après les élèves, est établie au tableau et conservée pour mémoire.

<table>
<tr><th rowspan="2">Villes</th><th rowspan="2">Continent</th><th rowspan="2">Particularité du climat</th><th colspan="2">Dans les valises</th></tr>
<tr><th>en janvier</th><th>en juillet</th></tr>
<tr><td>Bordeaux</td><td>Europe</td><td>chaud l'été ; plus froid l'hiver</td><td>Vêtements chauds</td><td>Vêtements légers</td></tr>
<tr><td>Le Cap</td><td>Afrique</td><td>chaud l'été ; plus froid l'hiver</td><td>Vêtements chauds</td><td>Vêtements légers</td></tr>
<tr><td>Kuala Lumpur</td><td>Asie</td><td>chaud et humide toute l'année</td><td>Vêtements légers</td><td>Vêtements légers</td></tr>
<tr><td>Bamako</td><td>Afrique</td><td>chaud et humide toute l'année</td><td>Vêtements légers</td><td>Vêtements légers</td></tr>
<tr><td>Kerguelen</td><td>Océanie</td><td>très froid l'hiver ; été frais</td><td>Vêtements chauds</td><td>Vêtements chauds</td></tr>
</table>

Étude de documents
Consigne : « Voici un nouveau planisphère. Que représente-t-il ? Quels sont, d'après lui, les 5 endroits du monde les plus peuplés ? »
Mise en commun : Comparaison des réponses avec celles qui avaient été données à la première étape. Quelles sont les points communs ? Les différences ?

Synthèse et institutionnalisation
La taille d'un pays ou d'un continent n'a pas de rapport avec sa population. Ainsi, un continent comme l'Afrique ou un pays comme l'Australie sont relativement dépeuplés par rapport à leur superficie alors que l'Europe ou les États-Unis sont proportionnellement surpeuplés si l'on considère leur superficie.

Recherche : les grandes métropoles mondiales
Consigne : « En binômes, vous allez compléter le document suivant. »
Le placement des métropoles sera favorisé par la culture personnelle des élèves, la quasi homonymie (ville/pays) de certains noms, et la recherche dans le dictionnaire (noms propres).
Mise en commun : les métropoles seront validées à l'aide du planisphère mural.

Trace écrite
La Terre compte près de 7 milliards d'habitants, répartis de manière très inégale. La population se concentre en Asie (Chine et Inde), en Europe de l'ouest et en Amérique du Nord (États-Unis). A l'inverse, certains pays très vastes comme la Russie, le Canada ou l'Australie sont dépeuplés. La concentration de la population dans les zones urbaines de certains pays permet à des « villes géantes » de se développer : elles deviennent des métropoles (différent de capitale ex. New York).
</td>
<td>• document 5
• document 6
• document 7
• des dictionnaires</td>
</tr>
</table>

Séance 4	• Savoir se repérer sur un planisphère. • Savoir lire une image : photographies de paysages, image satellitale et en déduire des informations précises. • Associer une photographie à la région du monde qui lui correspond. • Réaliser une carte	**Où vivent les hommes sur la planète ? (2)** Remise en mémoire Consigne : « Observez ce document. Qu'est-ce qu'il représente ? À quoi correspondent les espaces lumineux ? Les espaces sombres ? Quels renseignements nous apporte-t-il ? Étude de documents Consigne : « Pourquoi y a-t-il des zones très peuplées et des zones vides d'hommes sur la Terre ? À partir des documents que je vous donne, et par groupes, vous allez essayer de trouver des réponses. » Mise en commun : Les rapporteurs viennent situer les photographies sur le planisphère mural et indiquer s'il s'agit de zones vides ou peuplées. Raisons pour des zones peuplées, Raisons pour des zones vides Institutionnalisation et traces écrites Le maître synthétise la séance, le tableau faisant office de traces écrites. Il revient sur les inexactitudes de la carte satellite (Europe et Amérique plus brillants bien que moins peuplés que l'Asie), la concentration des populations près des côtes, les explications pour les variations de peuplement : conditions de vie, climats, végétation, relief, mais aussi les causes historiques dont les élèves ne peuvent avoir conscience (dépeuplement de l'Afrique Noire - esclavage -, les causes économiques (maîtrise technologique comme mise en valeur d'un territoire), ou culturelles (zones à risques). Les justifications sont données et placées dans un tableau.	• diapo 1 : la Terre vue du ciel • document 8
Séance 5		**Les populations dans le monde sont-elles égales ?**	• diapo 2 : paysages • document 9 • diapo 3
Évaluation		Connaître les trois grandes zones de climat du monde. Situer les grandes métropoles mondiales sur une carte. Situer les zones denses et vides de population du monde. Mémoriser les connaissances et le vocabulaire indispensables	

LES QUESTIONS POUR L'ENTRETIEN

1. Merci de présenter votre séance 5 dans le détail.

(Avec les docs issus de Les docs Magellan *Géographie* cycle 3, Cartes et paysages, CD Rom, collection : Magellan, auteur(s) : Sophie Le Callennec)

Les objectifs sont les suivants :
- décrire une photo, un paysage ;
- justifier son point de vue ;
- construire un graphique ;
- connaître la répartition des richesses sur la Terre.

Représentations initiales

Consigne : « Qu'est-ce que la richesse ? Comment la mesure-t-on ? »
Mise en commun : le professeur des écoles relève les critères proposés au tableau. Renforcement et aide individuelle si nécessaire.
Consigne : « Observez ces photos et dites si elles évoquent pour vous la richesse ou la pauvreté, et pourquoi. » Le professeur des écoles projette les diapositives (les diapositives sont aussi sur le site Cned, Académie en ligne) une par une ; il laisse quelques secondes aux élèves pour répondre.
Mise en commun (la diapositive est animée pour la correction) : il existe différents aspects pour mesurer la richesse d'un pays ; on ne la mesure pas qu'en « or » (valeur argent). Ce peut être la fertilité de la terre pour la culture, la présence d'un littoral pour la pêche et les échanges avec le monde, la présence de richesses souterraines, l'accès aux soins médicaux ou à l'éducation. Certains pays ne possèdent aucune de ces richesses, ou pas suffisamment pour subvenir aux besoins de leur population. On dit alors qu'il s'agit de pays pauvres.

Construction d'un graphique

Consigne : « En binômes et à l'aide du texte du document 9, vous allez représenter la population du monde sous la forme d'un graphique. »
Mise en commun : Les proportions ont été conservées. Le texte de synthèse complété correctement. Sur la Terre, 21 % de la population est « riche », 79 % de la population est « pauvre ». En Europe et en Océanie, la population est essentiellement riche. En Afrique, la population est essentiellement pauvre. En Amérique, seulement 50 % de la population est riche. En Asie, 89 % de la population est pauvre. Les endroits du monde les plus riches sont : Amérique du Nord, Europe, Australie, Japon.

Institutionnalisation

À l'aide de la diapositive 3, faire observer la répartition des richesses sur la Terre afin de dégager l'opposition Nord/Sud. Faire observer le paradoxe représenté par les graphiques, sur le partage des richesses.

Trace écrite

Les richesses ne sont pas partagées de façon équitable sur la Terre. Pour être riche, un pays doit permettre à ses habitants un niveau de vie correct (eau, nourriture, ressources naturelles, soins, éducation). Dans les pays pauvres, la population n'a pas les ressources nécessaires pour vivre dignement. Dans le monde, 20 % de la population se partage 80 % des richesses. Pour réduire la pauvreté dans le monde, des politiques d'entraide internationale ont été mises en place.

2. Quelle progression pourriez-vous proposer en géographie au cycle 3 ?

« *Le programme de géographie a pour objectifs de décrire et de comprendre comment les hommes vivent et aménagent leurs territoires. Les sujets étudiés se situent en premier lieu à l'échelle locale et nationale ; ils visent à identifier, et connaître les principales caractéristiques de la géographie de la France dans un cadre européen et mondial. La fréquentation régulière du globe, de cartes, de paysages est nécessaire. Le programme de géographie contribue, avec celui de sciences, à l'éducation au développement durable* » (programmes pour l'école élémentaire, 2012, MEN).

La progression est construite autour de principes de fonctionnement et concepts de base de la géographie classique : décrire, situer, localiser et expliquer les éléments naturels ou résultants de l'activité humaine (édifices, infrastructures...). Elle est déclinée sur l'année et sur le cycle. Sur l'année : six grands modules sont l'objet d'une programmation périodique.

- Module 1 : Où sommes-nous ?
- Module 2 : Quels sont les principaux caractères des milieux et paysages ?
- Module 3 : Quelles sont les caractéristiques principales des populations dans leur cadre de vie ?
- Module 4 : Quelles sont les voies de communication ?
- Module 5 : Quelles sont les activités économiques ?
- Module 6 : À quoi sert le développement durable ?

Certaines compétences apparaissent d'une manière transversale. Elles doivent être construites ou renforcées en permanence dans tous les modules :

- observer, lire, enquêter, décrire, situer en ayant recours à l'observation directe de paysages ou par l'étude de documents ;
- utiliser le vocabulaire géographique approprié ;
- analyser, débattre et comprendre les caractéristiques du milieu ou des phénomènes étudiés ;
- élaborer une trace écrite à différents moments de l'activité.

Cependant, certains éléments de la progression sont laissés au choix du maître et/ou des enseignants de cycle pour leur programmation. Il s'agit d'une part du type de paysages et de documents (textes, cartes, croquis, tableaux, diagrammes, photo...) utilisés dans les différents modules et, d'autre part, de la nature des traces écrites utilisées ou élaborées durant l'année scolaire ou le cycle (résumé, croquis simples, schéma, tableau...), l'objectif étant d'ancrer les apprentissages dans la durée et de permettre une construction large et solide des compétences attendues.

Exemple : le maître peut choisir de travailler sur les tableaux et les graphiques pendant une période et favoriser les photos et les croquis dans une autre période.

Au niveau du cycle

La progression est construite du CE2 au CM2 selon une hiérarchie des dimensions des territoires explorés. Les espaces proches et familiers sont le point de départ. L'élargissement à des espaces de plus grandes dimensions ou plus lointains (national, continental, mondial) permet d'initier les élèves à l'étude et à la compréhension de phénomènes, de leur ordre de grandeur, et des interférences entre ces niveaux d'échelle.

Niveau de classe	Échelle	Surfaces
CE2	Échelle locale : quartier, village, ville, département	Quelques hectares à quelques milliers de km^2
CM1	Échelle régionale : région, France, Europe	Milliers de km^2 à millions de km^2
CM2	Échelle mondiale : continent, globe	Dizaines de milliers de km^2 à millions de km^2

3. Quels sont les enjeux de la géographie à l'école élémentaire ?

Finalités, enjeux de l'enseignement de la géographie :

- finalités pratiques : se repérer, trouver son chemin, organiser un voyage (se vêtir) ;
- finalités économiques : acheter, vendre (le commerce) ;

• finalités culturelles : connaître le monde, développer sa curiosité ;
• finalités morales : le sens de l'inconnu (il existe quelque chose ailleurs de différent de « mon monde », grands explorateurs), le sens du fait objectif (qu'on ne peut pas discuter, c'est à tel endroit), l'humanisme (un intérêt pour la vie des hommes ailleurs) ;
• finalités civiques : connaître son territoire, son pays pour donner son point de vue (aménagement, environnement).

La géographie veut décrire et comprendre comment les hommes vivent, produisent, occupent, utilisent, organisent, aménagent, transforment les territoires par, pour leurs activités. La nouvelle géographie se veut plus scientifique et plus complète : il ne s'agit pas uniquement de décrire la diversité des lieux et des paysages et de mettre les facteurs naturels en premier. Il existe des facteurs physiques certes, mais c'est d'abord une géographie sociale car l'aménagement de l'espace terrestre dépend de l'action des hommes. Cela pose donc le problème de la place de l'étude de la géographie physique qui ne doit pas être une fin en soi ou bien un préalable mais doit être étudiée en lien avec les activités humaines. Par exemple, on mettra en relation la carte du relief de la France avec l'étude de l'organisation des transports pour faire sens.

POUR ALLER PLUS LOIN : LA GÉOGRAPHIE EN LIEN AVEC LES AUTRES DISCIPLINES

À l'école

Les élèves doivent acquérir des connaissances (des savoirs) sur la construction de repères géographiques et sur le lexique spécifique, pour être préparés à partager une culture nationale mais aussi européenne. On ne peut pas viser l'exhaustivité. L'élève doit connaître et mémoriser quelques repères qu'il aura construits au cours de différentes séances, mais également des capacités (des savoir-faire) : lire et utiliser différents langages (images, cartes, graphiques...), se situer dans l'espace et développer des attitudes : curiosité, envie d'avoir une culture personnelle. Ces capacités et ces attitudes seront transférables : sur un autre sujet d'étude, dans une autre discipline. Et c'est ce qu'on doit évaluer également.

Les liens avec la démarche scientifique :

• partir d'un document, d'une sortie, d'une question pour dégager une situation problème ;
• s'interroger, se poser des questions ;
• formuler des hypothèses ;
• observer, comparer/opposer, mettre en relation des informations ;
• rechercher des explications en se documentant (identifier le document, l'analyser) ;
• schématiser, conceptualiser ;
• organiser une synthèse.

On doit s'appuyer sur d'autres disciplines pour enseigner la géographie :

- les maths (lecture de graphiques, notion d'échelles, étude des grands nombres, estimation de mesures) ;
- les sciences (problèmes liés à l'environnement) ;
- l'histoire (exemple : l'évolution d'une ville...) ;
- l'histoire des arts (exemple : la représentation de la ville par les peintres, l'architecture des gares...) ;
- et bien sûr la maîtrise de la langue.

Les programmes indiquent qu'ils peuvent être étudiés dans l'ordre de leur présentation.

CE2	CM1	CM2
Réalités géographiques locales	Le territoire français dans l'UE	Produire en France La France dans le monde

Mais des progressions spiralaires construites au sein de l'école sont possibles. Avantages progressions spiralaires :

- réactivation de notions, de connaissances ;
- progression et continuité des apprentissages (on tient mieux compte des capacités des élèves en proposant ce qui est jugé comme plus difficile au CM2) ;
- utilisation de toutes les échelles (de la dimension locale à la dimension mondiale) chaque année ;
- intéressant pour la gestion des classes à double-cours.

Dans tous les cas, les programmations demandent un travail de concertation de l'équipe.

Rappel des compétences du socle commun

Pilier 5 : sur la culture humaniste

- Identifier sur une carte et connaître quelques caractères principaux des grands ensembles physiques et humains de l'échelle locale à celle du monde.
- Connaître quelques éléments culturels d'un autre pays.
- Lire et utiliser différents langages : cartes, croquis graphiques, chronologie, iconographie. En sachant d'où viennent la France et l'Europe et en sachant les situer dans le monde d'aujourd'hui, les élèves se projetteront plus facilement dans l'avenir. La culture humaniste enrichit la perception du réel, ouvre l'esprit à la diversité des situations humaines, contribue à la formation du jugement.

Pilier 6 : compétences sociales et civiques
- Reconnaître les symboles de l'UE.
- Prendre part à un dialogue.
- Justifier un point de vue.

Quels outils utiliser ?
- Des photographies et des images satellite (Google earth, Géoportail, IGN, site Union européenne, posters Yann Arthus Bertrand...).
- Des cartes (murales, IGN différentes échelles, différentes utilisations – routières, touristiques...).
- Des transparents, des vidéos (CRDP, Documentation photographique, images de l'INA, Site TV, « Curiosphère la 5 », « C'est pas sorcier »...)
- Des textes (récits de voyage, littérature jeunesse, articles de presse).
- Des manuels.
- Des revues (*TDC*, *JDI*...).
- Des chiffres, des documents statistiques, des graphiques (Insee, Unicef...).
- Des sites institutionnels (éducation nationale, union européenne).
- Des sites enseignants (les Clionautes, Clio photos, Géoconfluence).

Quelle trace écrite ?
Elle est à organiser tout au long de la séance sous forme de synthèses partielles. Elle contient les mots-clés, les notions incontournables. Elle peut être rédigée par groupes à partir de sous-titres écrits au tableau au fur et à mesure de la séance (en deux ou trois phrases). Elle se présente sous de nombreuses formes : synthèse rédigée, tout document complété, légendé (cartes, schémas, croquis, graphiques, tableaux...).

Quelle évaluation ? Comment apprendre sa leçon ?
Elle doit être anticipée en amont de l'unité d'apprentissage et permet de valider des éléments majeurs de connaissances (à mémoriser) mais aussi des capacités : lecture d'un document écrit ou iconographique, d'une carte, la comparaison de deux documents simples, la légende d'un document, la réalisation d'un croquis ou d'un schéma.

Capacités transférables sur un autre document, une autre situation, dans une autre discipline
L'enseignant se doit d'aider l'élève à développer une méthodologie pour apprendre et à travailler en classe la mémorisation (fin séance, début séance suivante). L'ardoise est un bon outil. Il faut rendre explicite ce qu'on attend des élèves : Je sais ma leçon si je sais faire... et si je connais..., ce que l'on va évaluer. On peut se servir des grilles de référence pour l'évaluation et la validation des compétences du palier 2.

5 DOSSIERS D'ANNALES CORRIGÉS, SESSION 2015

PARTIE V

DOSSIER 1 | INSTRUCTION CIVIQUE ET MORALE : LA DISCRIMINATION AU CM2

Académie de Besançon

Ce dossier professionnel a pour objet la présentation d'une séquence portant sur le refus des discriminations de toute nature au cycle 3, au sein d'une classe de CM2. La réflexion menée par les élèves sera principalement orientée autour des discriminations liées au handicap. Même si aucune discrimination n'est à négliger, on relèvera qu'un rapport de l'Insee datant de 2010 révèle que la proportion de jeunes handicapés à avoir subi des discriminations est huit fois supérieure à celle de jeunes ne présentant aucun handicap.

Aussi l'organisation de cette séquence permettra aux élèves de revenir sur la définition de la discrimination et de nommer les différents critères de discrimination. Seront ensuite recherchés les divers types de handicap et les multiples domaines et formes de discrimination qui y sont liés. Enfin, seront étudiés les moyens qui peuvent être mis en œuvre pour lutter contre les discriminations.

SYNTHÈSE DES FONDEMENTS SCIENTIFIQUES

Discrimination : définition et cadre législatif

Le terme vient du latin *discriminare*, de *crimen*, point de séparation. La discrimination est la distinction, l'isolement de personnes ou d'un groupe de personnes par rapport à un ensemble plus large. Elle consiste à restreindre les droits de certains en leur appliquant un traitement défavorable. Qu'elle soit volontaire ou inconsciente, la discrimination porte atteinte à l'égalité des droits, des chances, mais aussi des devoirs de chacun. Si l'étymologie du mot discrimination est le fait d'opérer une séparation, l'acception courante du terme désigne une différence faite de manière condamnable, et s'opère sur des critères prohibés.

Discrimination : ce que dit la loi

Plusieurs textes de loi définissent et sanctionnent la discrimination.

• L'article 225-1 du code pénal liste 20 critères de discrimination prohibés : l'origine, le sexe, la situation de famille, la grossesse, l'apparence physique, le patronyme, l'état de santé, le handicap, les caractéristiques génétiques, les mœurs, l'orientation sexuelle, l'âge, les opinions politiques, les activités syndicales, l'appartenance ou la non-appartenance, vraie ou supposée, à une ethnie, une nation, une race ou une religion déterminée.

• La discrimination est punie, selon l'article 225-2 du code pénal, jusqu'à cinq ans d'emprisonnement et 75 000 euros d'amende.

Par ailleurs, tout comportement abusif relié à un critère prohibé ne constitue pas pour autant une discrimination. Ainsi, une injure, une violence, même lorsqu'elles sont l'expression d'un rejet délibéré de l'autre, sont des délits punis par la loi mais ne sont pas des discriminations. Ces délits sont appréhendés par d'autres cadres juridiques tels que, par exemple, le délit d'injure raciale, les violences aggravées par un motif homophobe. Ainsi, pour qu'il y ait juridiquement une discrimination, il faut qu'il y ait un refus de droit dans l'emploi ou en matière d'accès à un bien ou à un service en raison d'un motif prohibé par la loi.

Le handicap : définition et genèse

L'Organisation mondiale de la santé (OMS) définit comme handicapée « *toute personne dont l'intégrité physique ou mentale est passagèrement ou définitivement diminuée, soit congénitalement, soit sous l'effet de l'âge ou d'un accident, en sorte que son autonomie, son aptitude à fréquenter l'école ou à occuper un emploi s'en trouvent compromises* ».

La loi n° 75-535 du 30 juin 1975 est la loi de référence de l'intégration des enfants handicapés. Cette loi pose un principe moral : celui de l'éducabilité des personnes handicapées. Elle marque l'importance de la prévention et du dépistage des handicaps, et, pour la première fois, elle fait état de l'obligation éducative pour les enfants et adolescents handicapés.

La loi n° 2005-102 du 5 février 2005 marque, elle, une avancée considérable dans la prise en charge et la reconnaissance du handicap.

En effet, cette loi élargit la définition du handicap et introduit une rupture dans la reconnaissance et la prise en compte du handicap : « *Constitue un handicap, au sens de la présente loi, toute limitation d'activité ou restriction de participation à la vie en société subie dans son environnement par une personne en raison d'une altération substantielle, durable ou définitive d'une ou plusieurs fonctions physiques, sensorielles, mentales, cognitives ou psychiques, d'un polyhandicap ou d'un trouble de santé invalidant* ». La notion sociale prédomine sur la notion médicale. Depuis cette loi, il ne s'agit plus d'intégrer l'enfant handicapé à l'école mais de l'inclure en tant qu'élève à part entière. Là, où l'intégration scolaire permettait à l'enfant handicapé de fréquenter d'autres enfants de son âge afin de construire sa sociabilité, l'inclusion scolaire admet des objectifs d'apprentissage qui sont ceux du socle commun. Dans l'école inclusive, la dimension de savoir est majeure.

Six catégories majeures de handicap sont répertoriées dans la loi de 2005.

	Des handicaps mentaux qui correspondent majoritairement à un déficit intellectuel et qui sont à distinguer des handicaps psychiques.
	Des handicaps psychiques ils renvoient à des troubles et maladies d'ordre psychique ;les capacités intellectuelles sont dites normales voir au-dessus de la moyenne.
	Des handicaps cognitifs qui se manifestent par des difficultés à acquérir, traiter et intégrer les informations et également par des fonctions de la mémoire défaillantes.
	Des handicaps physiques qui englobent les handicaps moteurs, mais aussi les défaillances de certains organes (insuffisances cardiaques ou respiratoires, par exemple).
	Des handicaps sensoriels dont les plus répandues sont les déficiences auditives et visuelles.
	Enfin le polyhandicap qui combine plusieurs handicaps généralement des déficiences motrices et intellectuelles sévères, auxquelles peuvent s'ajouter d'autres types de défaillances.

La loi de 2005 énonce trois grands principes :

- le premier englobe toutes les compensations liées au handicap, notamment les aides individuelles comme un logement adapté, l'octroi d'une auxiliaire de vie et/ou d'une auxiliaire de vie scolaire, la mise en place d'aménagements spécifiques nécessaires pour les examens ;
- le deuxième principe renvoie au droit à l'école, désormais la scolarisation de l'enfant ou de l'adolescent dans l'établissement scolaire le plus proche de son domicile constitue un droit ;
- enfin le troisième grand principe est l'obligation à l'accessibilité de tous les lieux sans rupture.

Discrimination et handicap

Les discriminations se manifestent dans 6 principaux domaines :

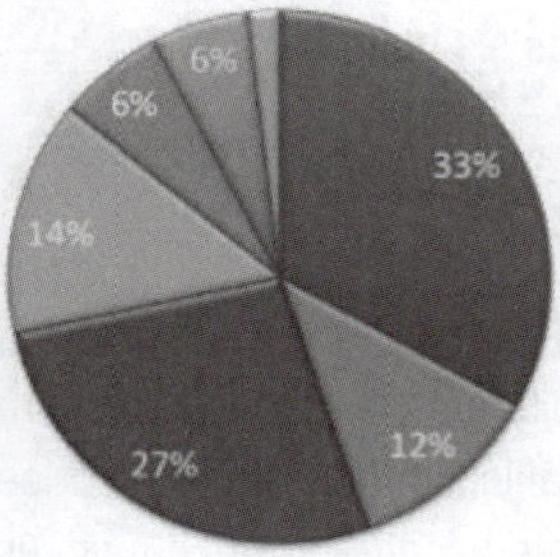

1. l'emploi, secteur privé (33 %) ;
2. les biens et les services (12 %) ;
3. l'emploi, secteur public (27 %) ;
4. les services publics (14 %) :
5. le logement (6 %) ;
6. l'éducation (6 %) ;
7. la formation (2 %).

Ces discriminations se traduisent principalement par des refus de droit et/ou d'accès, des mises à l'écart, des injures ou des moqueries.

Les recours possibles en cas de discrimination

En ce qui concerne l'emploi, le travailleur handicapé peut s'adresser à l'inspection du travail, à un délégué syndical ou à une association de lutte contre la discrimination. Il peut en outre saisir le conseil de prud'hommes afin d'obtenir des dommages et intérêts.
Plus généralement, la personne victime de discrimination peut également s'adresser au Défenseur des droits. Si ces recours ne suffisent pas, la personne pourra agir au plan pénal.

Les Maisons départementales des personnes handicapées (MDPH) jouent aussi un rôle central. Ce sont des structures de proximité dans lesquelles les personnes handicapées ainsi que leurs familles sont accueillies et conseillées sur l'accès à la formation et à l'emploi, sur l'orientation vers un établissement ou un service.

Encore aujourd'hui, la lutte contre les discriminations attachées au handicap est majoritairement basée sur des recours ou des rappels à la loi, le plus souvent par l'intervention du Défenseur des droits ou de ses délégués. L'objectif final visé est un changement de mentalité, la reconnaissance des compétences et qualités de chacun qui se feraient sans considération de sa validité totale ou partielle. On note, en dépit des efforts de l'État et des multiples associations, que les préjugés concernant les personnes handicapées perdurent. Les efforts à faire par la société passent aussi par l'éducation dès le plus jeune âge. Effectivement, il apparaît primordial de préparer les enfants, futurs acteurs de la société, à la rencontre et à l'entendement de l'autre. Pour ce faire, il semble essentiel de ne pas s'arrêter à un enseignement théorique mais, très tôt, d'organiser des rencontres et de construire des actions communes avec les personnes porteuses de handicap. Il s'agit de vivre des moments d'échanges et de collaboration forts qui resteront ancrés dans les mémoires.

La prise en charge du handicap à l'école et par l'école

Devant la diversité et la complexité des handicaps, l'école se doit de former ses enseignants, de se prémunir d'outils adaptés afin de permettre l'accessibilité matérielle de ses établissements à ces élèves aux besoins particuliers. Mais elle se doit aussi de travailler en lien étroit avec les professionnels de la santé, les établissements spécialisés et tous les intervenants extérieurs privés ou publics qui participent à la prise en charge du handicap de l'élève.

En outre, on notera la contribution de deux acteurs majeurs dans la scolarisation de l'élève handicapé.

• L'enseignant référent : il s'agit d'un enseignant spécialisé qui a pour mission de favoriser les échanges. En concertation avec l'équipe enseignante, les parents et les personnels de la MDPH, il se charge de la rédaction du projet personnalisé de scolarisation. Il a aussi pour mission de réunir et d'animer les équipes de suivi de scolarisation et d'assurer la continuité du parcours de l'élève handicapé tout au long de sa scolarité.

- L'auxiliaire de vie scolaire (AVS), nouvellement appelé accompagnant des élèves en situation de handicap (AESH), apporte un soutien individuel ou mutualisé pour l'inclusion scolaire des élèves handicapés. Il participe à la mise en œuvre et au suivi des projets personnalisés de scolarisation.

Ces dernières années, le ministère de l'Éducation nationale a fait de la lutte contre toutes les discriminations une priorité et l'inclusion scolaire des élèves handicapés entre dans le cadre de cette lutte. L'école doit rester un espace bienveillant qui permet à chaque enfant d'y trouver sa place et de s'épanouir. Les enseignants sont placés en première ligne dans ce combat contre les discriminations de toute nature. Ils doivent, par conséquent, rester attentifs et à l'écoute de tous les élèves afin de prévenir toute forme de violence discriminatoire. Des signes peuvent donner l'alerte : l'anxiété, la dépression, l'isolement, une mauvaise estime de soi, mais également une chute des résultats, des maux de tête, de ventre ou des vomissements à répétition.

Conséquences des discriminations liées à l'état de santé ou à un handicap chez les jeunes repérés en situation de handicap, en France métropolitaine

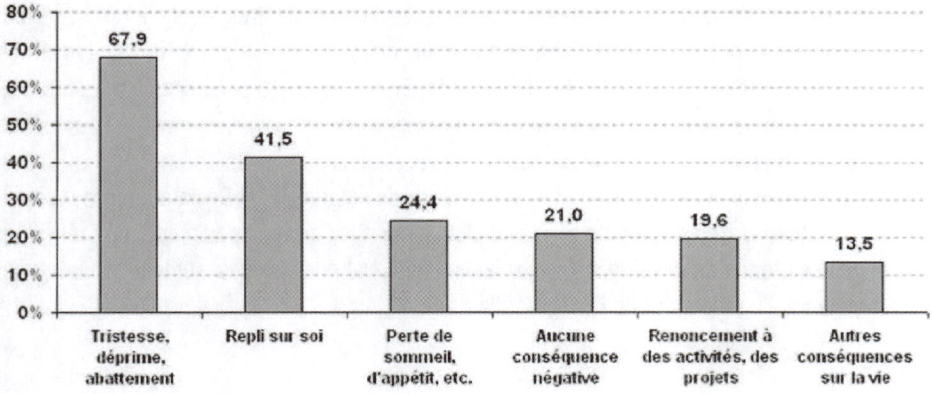

Source : Insee, enquête Handicap-Santé, volet Ménages 2008.

En ce sens, les professeurs ont un rôle essentiel de sensibilisation mais également d'éducation « au vivre ensemble ». C'est dans le domaine de l'enseignement de l'instruction civique et morale que le professeur va principalement intervenir. Le refus de toutes les discriminations prend alors tout son sens, il apparaît comme l'une des clés d'une vie harmonieuse et apaisée dans une école ouverte à tous. C'est par la connaissance de nos ressemblances mais également de nos différences que l'on parvient à l'acceptation et au respect de l'autre. Chaque élève peut alors trouver sa place au sein du groupe et se sentir un citoyen en devenir. Les enfants découvrent dans la vie en groupe les prémices d'une vie en société. Ils peuvent ainsi préjuger de la citoyenneté ou de la qualité de citoyen qui permet à chaque individu d'être reconnu comme membre d'une société et de participer activement à la vie de celle-ci. Ainsi, une séquence d'enseignement sur le refus des discriminations de toute nature apparaît essentielle à la construction de la citoyenneté.

Avant d'exposer la séquence, il est de rappeler ce que préconisent les textes officiels.
Le socle commun de connaissances et de compétences intègre cette mission fondamentale, il s'agit de préparer les élèves à vivre en société et à devenir des citoyens responsables, conscients des principes et des règles qui fondent notre démocratie. Cette séquence permet aussi de travailler d'autres compétences du socle commun.
Compétence 1 : La maîtrise de la langue française, notamment s'exprimer correctement à l'oral comme à l'écrit et utiliser ses connaissances pour réfléchir sur un texte.
Compétence 3 : Les principaux éléments de mathématiques et la culture scientifique et technologique, notamment lire, interpréter des tableaux et graphiques simples.
Compétence 4 : La maîtrise des techniques usuelles de l'information et de la communication, s'informer, se documenter, présenter un travail.
Compétence 6 : Les compétences sociales et civiques, respecter les autres, appliquer les principes de l'égalité des filles et des garçons, prendre part à un dialogue, prendre la parole devant les autres, écouter autrui, formuler et justifier un point de vue, coopérer avec un ou plusieurs camarades.
Compétence 7 : L'autonomie et l'initiative, notamment respecter des consignes simples en autonomie, s'impliquer dans un projet individuel ou collectif.
En outre, cette séquence est à mettre en lien avec des acquis antérieurs : la Déclaration des droits de l'homme et du citoyen (article 1, article 29). Plus globalement les élèves appuieront leurs réflexions sur les notions de droit et de devoir dans l'organisation des relations sociales, sur leur connaissance et leur compétence du respect et de l'intégrité d'autrui.

DESCRIPTION D'UNE SÉQUENCE PÉDAGOGIQUE

Progression de la séquence : Le refus des discriminations de toute nature – focus sur le handicap		
Cycle : 3	Niveau : CM2	Période : 3 Nombre de séances : 6
Compétences des programmes-progression 2012 : • Identifier quelques droits fondamentaux de l'homme : droit de se déplacer, au travail, à la santé. • Savoir que l'on peut avoir recours au Défenseur des droits si on est victime de discrimination. • Citer et illustrer quelques cas concrets de discrimination. **Objectifs spécifiques à la séquence :** • Comprendre la diversité des formes de discrimination à travers la presse, la caricature, le livre, la chanson. • Découvrir le handicap et prendre conscience de la responsabilité de chacun vis-à-vis de propos ou d'attitudes discriminatoires. • Connaître les différents moyens de lutter contre les discriminations.		
N° séance	**Durée**	**Description synthétique de la séance**
1	45 min	Entrée dans la séquence à partir d'un album. Questions : « Comment est accueilli Alex par ses nouveaux camarades ? », « Pourquoi ? ». Recueil des conceptions des élèves. Rappel des définitions des termes de discrimination et discriminer. Émergence des principaux critères de discrimination.
2	50 min	À partir de l'analyse de deux documents, les élèves sont amenés à comprendre les obstacles que rencontrent les personnes en situation de handicap. Définir le handicap et répertorier les principales catégories de handicap à partir de documents (slam, caricatures, pictogrammes).
3	50 min	Rappel du problème initial : les discriminations. À partir des caricatures de la séance 2 et d'un graphique (chiffre clés des domaines de discrimination), dégager les différents domaines de discrimination. À quels droits fondamentaux font-ils référence ?
4	50 min	À partir de l'étude d'un scénario, débat sur la responsabilité de chacun face à des situations discriminatoires. Réinvestissement : repérer le critère et le domaine de discrimination. Réflexion : que pensez-vous de la réaction de Franck ? de Myriam ? Comment réagiriez-vous dans une telle situation ?
5	50 min	Après un rappel des réactions et actions positives définies en séance 4, une réflexion est menée sur les moyens de lutter contre les discriminations. Comme support à cette réflexion, le scénario de la séance 4. 3 documents sont soumis à l'analyse des élèves.
6	50 min	Évaluation sommative : une partie écrite individuelle, une correction collective et un devoir à la maison transmis en fin de séance 5.

<table>
<tr><th colspan="2">Séance 1 : Zoom sur la discrimination liée au handicap</th></tr>
<tr><td>Objectifs spécifiques de la séance :
• Évaluer les connaissances et faire émerger les représentations initiales.
• Reconnaître une attitude discriminatoire.
• Établir une liste des principaux critères de discrimination.</td><td>Compétences transversales :
• Lire et comprendre un texte.
• Participer activement à un débat argumenté.</td></tr>
<tr><td colspan="2">Prérequis à la séance : Connaître la définition de discrimination et discriminer en principe abordée en classe de CE2.</td></tr>
<tr><td colspan="2">Matériel à prévoir : Dans la série Max et Lili, collection « Ainsi va la vie », l'album n° 44, Alex est handicapé, écrit par Dominique de Saint-Mars et illustré par Serge Bloch, sera découvert lors de cette séance. L'extrait choisi constitue le début de l'album (annexe 1), pages 7 à 11.</td></tr>
<tr><td colspan="2">1) Mise en route, appropriation de l'extrait choisi (5 min, oral). Support : extrait de l'album Alex est handicapé.
Groupe classe. Lecture de l'extrait par 4 élèves reprenant chacun l'un des protagonistes. Explication du vocabulaire autour du handicap : valide, IMC.</td></tr>
<tr><td colspan="2">2) Rappel (5 min, oral). Définitions de discrimination et discriminer.</td></tr>
<tr><td colspan="2">3) Activité débat (20 min, oral et écrit).
Le professeur des écoles guide le débat par des questions portant sur le texte : « Comment est accueilli Alex par ses nouveaux camarades ? », « Pourquoi réagissent-ils ainsi ? », « Qu'est-ce qu'être différent ? ».
Travail individuel : « En vous appuyant sur les définitions, pensez-vous que l'extrait révèle une discrimination ? »</td></tr>
<tr><td colspan="2">4) Conceptualisation et institutionnalisation (10 min, oral et écrit). Les élèves font la synthèse de ce qui a été vu avec l'aide du maître. Les critères de discrimination.</td></tr>
<tr><td colspan="2">5) Mémorisation – pause métacognitive (5 min, écrit). Chaque élève prend le temps d'écrire avec soin ce qui a été validé par le groupe et l'enseignant. Un document où sont listés les 20 critères de discrimination prohibés est remis aux élèves.</td></tr>
</table>

Séance 2 : Le handicap et ses différentes catégories
Objectifs spécifiques de la séance. À la fin de la séance, l'élève doit être capable de : • Reconnaître les difficultés rencontrées par les personnes handicapées, notamment les discriminations subies. • Définir le handicap. • Reconnaître les différentes formes du handicap.
Prérequis à la séance : Être capable de travailler en équipe.
Matériel à prévoir : vidéoprojecteur, deux graphiques (annexe 2), étude Insee (annexe 3), slam (annexe 4a), caricatures (annexe 5), pictogrammes (annexe 6), paperboard.
1) Mise en route - mobilisation attentionnelle (5 min, oral). Supports : deux graphiques (annexe 2) et un extrait d'une étude Insee (annexe 3). Groupe classe : projection des deux graphiques. Lecture des graphiques et de l'extrait de l'étude, appropriation des documents.
2) Analyse des documents (10 min, écrit et oral). Dans ces documents, que dit-on des personnes en situation de handicap ?
3) Activité recherche (20 min, écrit et oral). Support : extrait des paroles du slameur Grand Corps Malade, *Sixième sens* (annexe 4a), une série de caricatures (annexe 5) et des pictogrammes des différents handicaps (annexe 6). À partir des documents et par petits groupes, recherche d'une définition du handicap.
4) Conceptualisation et institutionnalisation (10 min, oral et écrit). Les élèves font la synthèse de cette recherche avec l'aide du professeur des écoles, écriture commune d'une définition du handicap. Le professeur des écoles donne ensuite la définition correspondant à la loi de 2005. Création d'un répertoire des différents handicaps avec pictogrammes correspondants.
5) Recentrage des connaissances et retour au calme (5 min, écrit). Écoute du slam en musique (annexe 4b).

<table>
<tr><th colspan="2">Séance 3 : Les discriminations. Formes et domaines.</th></tr>
<tr><td>Objectifs spécifiques de la séance. À la fin de la séance, l'élève doit être capable de :
• Citer les principaux domaines de discrimination.
• Nommer les différentes formes que peuvent prendre les discriminations.
• Mettre en lien des situations de discrimination avec certains droits fondamentaux.</td><td>Compétences transversales :
• Comprendre et interpréter une caricature, un graphique.
• Argumenter, défendre son point de vue.</td></tr>
<tr><td colspan="2">Prérequis à la séance : Les valeurs de la République, les droits de l'homme et du citoyen, les droits de l'enfant.</td></tr>
<tr><td colspan="2">Matériel à prévoir : Reprise de l'annexe 5 de la séance 2, les chiffres clés des domaines de discrimination en image (annexe 7), paperboard, vidéoprojecteur, cahier de recherche, cahier d'instruction morale et civique.</td></tr>
<tr><th colspan="2">Modalités de travail – Activités et consignes – Traces et/ou réponses attendues</th></tr>
<tr><td colspan="2">1) Mise en route (5 min, oral). Groupe classe : projection des caricatures, description et interprétation.</td></tr>
<tr><td colspan="2">2) Rappel des séances 1 et 2 (5 min, oral). Support : cahier d'instruction civique et morale. Groupe classe et échanges informels, puis lecture des précédentes traces écrites.</td></tr>
<tr><td colspan="2">3) Activité recherche (15 min, écrit et oral). Supports : Caricatures (annexe 5) et les chiffres clés des domaines de discrimination en image (annexe 7), cahier de recherche.
Travail individuel :
• Dans quels lieux se déroulent les scènes des caricatures ?
• Quelle est la réaction des personnes face au handicap ?
• D'après le graphique, dans quels autres domaines sont constatées les discriminations ?
Réponses attendues :
• Dans une entreprise, dans un supermarché.
• Refus d'un emploi, mis à l'écart.
• L'école, le transport, le logement.
Recueil des réponses en groupe classe et émergence de certains droit fondamentaux : droit au travail, à l'éducation, droit à se loger, se déplacer.</td></tr>
<tr><td colspan="2">4) Conceptualisation et institutionnalisation (10 min, oral et écrit). Supports : Cahier IMC et paperboard. Les élèves font la synthèse de cette recherche. Avec l'aide du professeur des écoles, élaboration d'une trace écrite :
• 6 domaines de discrimination : l'emploi, l'éducation, le logement, les services publics, les biens et services, la formation. Il peut aussi s'agir de discrimination dans la sphère privée.
• Les discriminations peuvent prendre plusieurs formes :
- refus de droit : droit au travail, à l'éducation, à se loger, droit à se déplacer ;
- moqueries, insultes, mises à l'écart.</td></tr>
<tr><td colspan="2">5) Mémorisation et réinvestissement (10 min). En binôme, écriture d'un petit scénario mettant en scène une personne handicapée dans une situation discriminatoire.</td></tr>
</table>

<table>
<tr><th colspan="2">Séance 4 : La responsabilité de chacun face aux discriminations</th></tr>
<tr><td>Objectifs spécifiques de la séance. À la fin de la séance, l'élève doit être capable de :
• Prendre conscience de la responsabilité de ses actes ou de son comportement.
• Prendre position et agir lorsqu'il est victime ou témoin d'une discrimination.</td><td>Compétences transversales :
• Comprendre et interpréter une situation.
• Argumenter et défendre son point de vue.</td></tr>
<tr><td colspan="2">Prérequis à la séance : Maîtriser les notions de respect d'autrui, de tolérance et les règles de civilité.</td></tr>
<tr><td colspan="2">Matériel à prévoir : Scénario (annexe 8), paperboard et feutres, cahier de recherche, cahier d'instruction morale et civique.</td></tr>
<tr><th colspan="2">Modalités de travail – Activités et consignes – Traces et/ou réponses attendues</th></tr>
<tr><td colspan="2">1) Évaluation sommative (10 min, écrit et individuel). Cas pratique : étude de plusieurs situations (annexe 9). Pour chacune d'elles, il est demandé à l'élève de relever : le critère, la forme et le domaine de discrimination.</td></tr>
<tr><td colspan="2">2) Appropriation et analyse du scénario (10 min, écrit et oral). Supports : scénario, cahier de recherche, paperboard. Groupe classe : des élèves lisent le scénario.
Par petits groupes, rechercher la ou les situations de discrimination.
Réponses attendues :
• la moquerie et l'insulte de Franck ;
• le refus du club de foot d'inscrire Ilan dans l'équipe.</td></tr>
<tr><td colspan="2">3) Activité recherche (15 min, écrit et oral). Support : le scénario.
Réflexion individuelle :
• Que pensez-vous de l'attitude de Franck ?
• de la réaction de Myriam ?
• Et vous, comment auriez-vous réagi devant cette situation ?
Groupe classe : recueil des observations des élèves, confrontation, questionnement, argumentation.
• Franck : il est idiot / cruel / méchant / impatient / il aurait dû s'excuser / il aurait dû être puni.
• Myriam : c'est bien / elle a défendu Tom / elle peut être fière.
• Les élèves : j'aurais fait comme Myriam / je ne sais pas si j'aurais osé intervenir / j'aurais averti un adulte.</td></tr>
<tr><td colspan="2">4) Conceptualisation et institutionnalisation (10 min, oral et écrit). Supports : cahier IMC et paperboard. Avec l'aide du professeur des écoles, les élèves font la synthèse des différentes perceptions et rédigent les savoirs à retenir :
• Chacune de nos actions a des conséquences. Nos actes nous appartiennent mais leurs conséquences aussi.
• Il arrive que l'on soit responsable de ce que l'on n'a pas choisi.
• Être responsable signifie être capable de prendre des décisions face à une situation, c'est aussi répondre de ses actes et en assumer les conséquences.</td></tr>
<tr><td colspan="2">5) Réflexion individuelle (5 min, écrit). Écriture d'une citation de l'abbé Pierre « La responsabilité de chacun implique deux actes : vouloir savoir et oser dire. »</td></tr>
</table>

<table>
<tr><th colspan="2">Séance 5 : Les moyens de lutte contre les discriminations</th></tr>
<tr><td>Objectifs spécifiques de la séance :
• Citer les principaux moyens de lutte contre les discriminations.
• Distinguer les discriminations au sens légal refus de droit, d'accès.</td><td>Compétences transversales :
• Comprendre et interpréter un document.
• Participer activement à un débat argumenté.</td></tr>
<tr><td colspan="2">Prérequis à la séance : Les droits et devoirs, les droits de l'homme et du citoyen, les droits de l'enfant.</td></tr>
<tr><td colspan="2">Matériel à prévoir : Les associations pour l'insertion des handicapés (annexe 10), l'article 225-2 du code pénal (annexe 11), reprise de l'annexe 8, ordinateurs.</td></tr>
<tr><td colspan="2">1) Mise en route (5 min, oral). Rappel de la séance 4. Groupe classe : nouvelle lecture du scénario par les élèves, suivi d'un court échange entre pairs.</td></tr>
<tr><td colspan="2">2) Analyse des nouveaux documents (10 min, écrit et oral). Supports : a) Annexe 10 b) Annexe 11 c) Recherche internet, ordinateur, paperboard.
a) De quoi s'agit-il ? b) Lecture collective et explication du vocabulaire : entraver, licencier, subordonner c) Recherche internet : « Lutte contre les discriminations »</td></tr>
<tr><td colspan="2">3) Activité recherche (20 min, écrit et oral). Par petits groupes : Comment peut se défendre Tom des moqueries de son camarade ? du refus que lui a opposé le club de foot ?</td></tr>
<tr><td colspan="2">4) Conceptualisation et institutionnalisation (10 min, oral). Les élèves font la synthèse de cette recherche, le rôle du Défenseur des droits, des associations.
Différence entre moqueries, insultes et refus de droit ou d'accès, ce que dit la loi.
Conclusion : Tous différents mais tous égaux.</td></tr>
<tr><td colspan="2">5) Mémorisation (5 min). Support : Cahier IMC. Écriture et relecture collective des connaissances à retenir. En fin de séance, le professeur des écoles remet aux élèves un travail de recherche à faire à la maison. Lecture collective de la consigne, précision et reformulation si nécessaire, il précise que ce travail sera noté (annexe 12).</td></tr>
</table>

Séance 6 : Évaluation sommative
Objectifs : Réinvestir les compétences acquises au cours des séances précédentes à partir de situations diverses. **Compétences à réinvestir :** • Connaître la définition et les différentes formes du handicap, les autres critères de discrimination. • Reconnaître une situation de discrimination (formes et domaines). • Connaître les principaux moyens de lutte contre les discriminations. • Être capable d'adopter une attitude responsable face à une situation de discrimination.
Modalités d'évaluation
Matériel à prévoir : Fiches d'évaluation, stylos bleu et vert, règle, surligneur.
Travail individuel à l'écrit (20 min) : distribution des sujets d'évaluation (annexe 13) par les élèves responsables, lecture collective des consignes de chaque exercice avec des précisions apportées par l'enseignant. Les élèves répondront aux questions sur la fiche d'évaluation, ils devront rédiger leurs réponses en construisant des phrases. Correction (15 min) : travail collectif, correction de la copie d'un camarade, correction collective : un élève (à tour de rôle) propose sa réponse et le groupe classe (in)valide. Écoute des plaidoiries des élèves volontaires et échanges entre pairs (15 min, travail fait à la maison) : annexe 12.

Prolongement

Cette séquence entre dans le cadre d'un projet classe dont la finalité est une rencontre sportive avec un club pratiquant le handisport. Il est primordial que les enfants puissent partager de vrais moments avec des enfants handicapés et évaluer leur réelle capacité à aller vers l'autre.

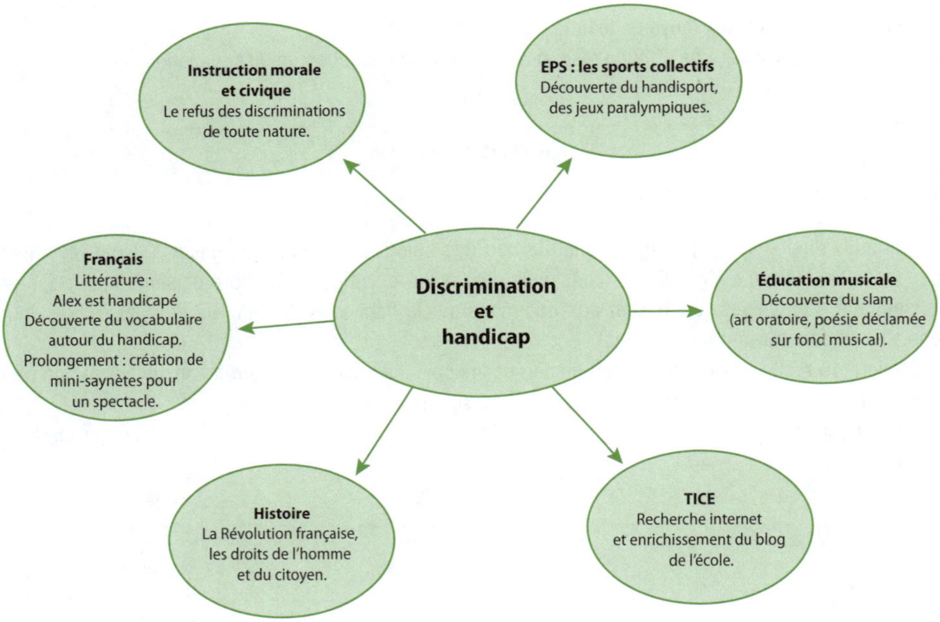

Bibliographie et sitographie

Références scientifiques :

– « Les Discriminations liées au handicap et à la santé », Gérard Bouvier et Xavier Niel, Insee, *Première* n° 1308, juillet 2010.
- Loi n° 2005-102 du 11 février 2005 pour l'égalité des droits et des chances.
– *Les Discriminations*, Éric Pélisson, Paris, Ellipses, 2007.
– Défenseur des droits : rapport d'activité 2013
– http://www.liberation.fr/societe/2012/09/04/l-instruction-civique-fete-ses-130-ans_843972
– http://www.lefigaro.fr/actualite-france/2012/09/02/01016-20120902ARTFIG00196-en-trente-ans-de-l-instruction-civique-aux-valeurs-morales.php

Références didactiques :

– Éduscol, lutte contre les discriminations.
– Education.gouv.fr, la scolarisation des élèves handicapés.
– Circulaire n° 2011-131 du 25 août 2011 relative à l'instruction morale à l'école primaire.
– *50 activités pour enseigner l'instruction morale et civique aux cycles 2 et 3*, François Braud, Oscar Brénifier, Sylvie Espécier, Nicolas Olivier Moreau, CRDP Midi-Pyrénnées, 2013.

Annexes

Annexe 1

© DR

Annexe 2

L'enquête a répondu à 258 offres d'emploi, ce qui correspond à l'envoi de 1 800 CV. Les candidats ont postulé à des postes de commerciaux : chargés de clientèle, commerciaux, technico-commerciaux de niveau BTS.

L'enquête a répondu à 258 offres d'emploi, ce qui correspond à l'envoi de 1.806 CV. Les candidats ont postulé à des postes de commerciaux : chargés de clientèle, commerciaux, technico-commerciaux de niveau BTS.

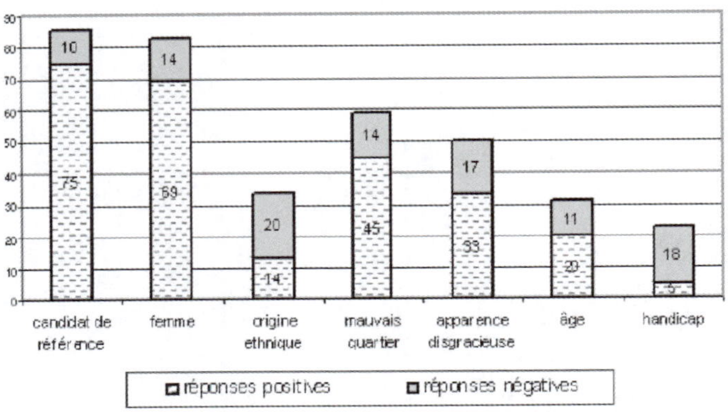

Source : observatoire des discriminations, Paris I, Jean-François Amadieu (selon une enquête réalisée en 2004)

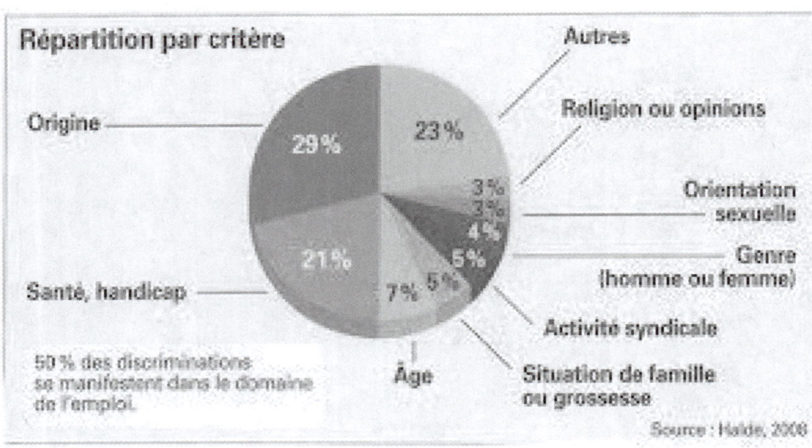

Annexe 3

Les Discriminations liées au handicap et à la santé

Gérard Bouvier et Xavier Niel, division Enquêtes et études démographiques, Insee

Résumé

Parmi les jeunes de 10 à 24 ans, 5 % déclarent être touchés par des déficiences et des limitations d'ordre moteur, sensoriel ou cognitif, pouvant les mettre en situation de handicap. 41 % d'entre eux déclarent avoir subi au cours de leur vie une discrimination à cause de leur état de santé ou d'un handicap. C'est huit fois plus que chez les jeunes sans handicap.

Les jeunes atteints d'une déficience d'ordre cognitif se plaignent plutôt de mises à l'écart. Les handicapés moteurs dont la scolarité a été perturbée ou interrompue pour des raisons de santé évoquent plus fréquemment des refus de droits. À l'école, les jeunes ayant une déficience auditive ou visuelle déclarent plus souvent subir des injustices ou des refus de droit que les jeunes handicapés moteurs ; ces derniers sont plus fréquemment sujets à des moqueries ou des insultes.

Les adultes de 25 à 54 ans sont deux fois plus touchés par le handicap que les jeunes. Mais le handicap ou l'état de santé ne provoquent des discriminations que chez un quart d'entre eux.

Les chômeurs atteints d'une déficience sensorielle ou cognitive mentionnent fréquemment des injustices et refus de droits. Dans le cadre du travail, ce sont plutôt les handicapés moteurs qui déclarent avoir subi de telles discriminations.

Annexe 4a

Extrait des paroles du slam *Sixième sens* de Grand Corps Malade

« *Souviens-toi de ces sourires, ce sera plus jamais les mêmes*
Le temps s'est accéléré d'un coup et c'est tout mon futur qui bascule
Les envies, les projets, les souvenirs, dans ma tête y a trop de pensées qui se bousculent
Le choc n'a duré qu'une seconde mais ses ondes ne laissent personne indifférent
"Votre fils ne marchera plus", voilà ce qu'ils ont dit à mes parents
Alors j'ai découvert de l'intérieur un monde parallèle
Un monde où les gens te regardent avec gêne ou avec compassion
Un monde où être autonome devient un objectif irréel
Un monde qui existait sans que j'y fasse vraiment attention
Ce monde-là vit à son propre rythme et n'a pas les mêmes préoccupations
Les soucis ont une autre échelle et un moment banal peut être une très bonne occupation
Ce monde-là respire le même air mais pas tout le temps avec la même facilité
Il porte un nom qui fait peur ou qui dérange : les handicapés »

Annexe 5

© DR

Annexe 6

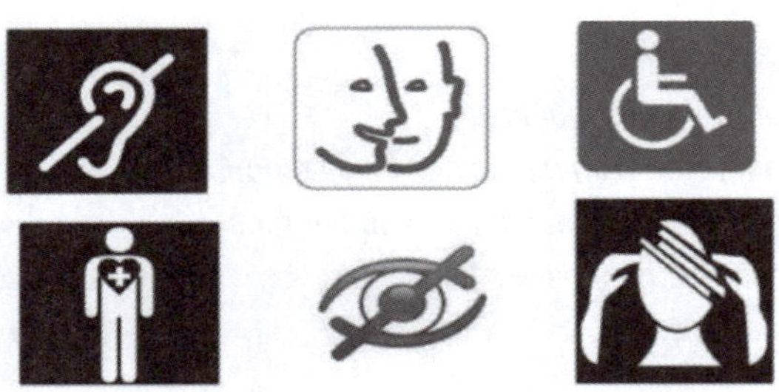

Annexe 7

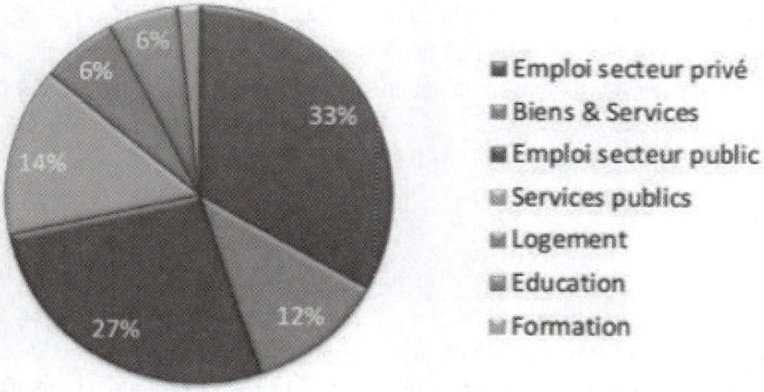

Annexe 8
Scénario :

Le restaurant scolaire. De nombreux écoliers sont dans la file d'attente. Il y a Ilan, 9 ans, un garçon très attachant, il est trisomique, Franck 10 ans et Myriam 9 ans. Ils se suivent dans la file, chacun avec un plateau. Ilan hésite devant les desserts. Il en prend un et le pose, en choisit un autre et le pose à nouveau. Il choisit finalement une tarte aux fruits.
Franck : « Hé, tu ne crois pas qu't'es assez gênant comme ça ? En plus, tu nous fais attendre !?
Rires dans la file d'attente
Ilan (regardant son plateau) : – Occupe-toi de tes affaires !
Franck (fort) : – Mais c'est qu'il est susceptible le bizarre !
Ilan : – Arrête de m'appeler comme ça !
Franck (fort) : – Si t'es bizarre, j'y peux rien ! »

Observant la scène avec attention, Myriam intervient : « Franck, tu ne crois pas que c'est plutôt toi l'idiot ? Tu es toujours à te moquer des autres !
Franck (fort) : – Je plaisante... de toute façon, j'ai trop faim !
Franck quitte la file. Ilan paraît blessé. Myriam se penche vers lui.
Myriam (cordiale) : – Ne t'occupe pas de lui... Il est toujours comme ça.
Ilan : – De toute façon, ce n'est pas ma semaine.
Myriam (étonnée) : – C'est ton horoscope ? Moi aussi, c'était mauvais.

Ilan (souriant) : – Je voulais m'inscrire au club de ma ville. J'avais le certificat médical mais l'entraîneur m'a dit que je ne pourrais pas m'intégrer dans l'équipe et qu'ils voulaient gagner le championnat ! Il veut bien m'accepter mais comme juge de ligne. Pas dans l'équipe.
Myriam : – C'est nul ! C'est de la discrimination ! Il faut te défendre !
Ilan (fataliste) : – Je ne sais pas si c'est de la discrimination, mais juge de ligne... c'est plutôt moi qu'on juge ! »

Annexe 9

Évaluation formative

Dans cet exercice, il est proposé aux élèves de s'entraîner au raisonnement et de réinvestir les connaissances acquises dans les séances précédentes. Pour cela, il leur est demandé de prendre connaissance d'un exemple simple et de compléter un tableau.

Consigne : À partir des situations proposées, complète les tableaux.

Situation 1 :

Maëlle organise une fête pour son anniversaire, son père refuse qu'elle invite son camarade Lokman parce qu'il est d'origine albanaise.

Critère de discrimination	L'origine
Forme de discrimination	Mise à l'écart
Domaine de discrimination	Sphère privée

Situation 2 :

Une boulangerie recherche une vendeuse. Sophie se présente. Sa candidature est refusée car, malgré son CAP de vente, le boulanger estime que sa clientèle n'est pas habituée à voir une vendeuse trisomique.

Critère de discrimination	Le handicap
Forme de discrimination	Refus de droit : droit au travail
Domaine de discrimination	L'emploi

Situation 3 :

Répondant à une annonce pour un appartement à louer de 500 euros par mois, trois candidats se présentent. Le premier est un couple de jeunes de moins de 25 ans avec des revenus de 2 500 euros. Le second est un couple en fauteuil roulant avec des revenus de 3 000 euros. Le troisième est un couple valide avec des revenus de 2 000 euros. L'appartement est loué au troisième candidat.

Critère de discrimination	L'âge et le handicap
Forme de discrimination	Refus de droit : droit de se loger
Domaine de discrimination	Le logement

Annexe 10

Collectif Associatif Handicap du Secteur Public Français

Collectif HANDIPUBLIC

Ensemble, favorisons l'insertion scolaire, professionnelle et sociale, des personnes handicapées et de leurs familles

Réseau ALPHA-ESPOIR	ANAS ALPHA-ESPOIR : Association Nationale Action Sociale – Amitié Liaison Police Handicapé Actif Personnels de la Police Nationale et du ministère de l'Intérieur Créée dès 1949 dans un esprit solidaire, elle apporte un soutien moral et technique aux policiers atteints de handicap et à leurs familles. Elle agit pour le maintien dans l'emploi et le respect des droits. Elle milite pour une réelle médecine de prévention au sein du Ministère. Le réseau ALPHA-ESPOIR s'occupe plus particulièrement des personnels et familles concernés par le handicap et les maladies invalidantes.	ANAS ALPHA-ESPOIR 18, quai de Polangis, BP 81 94344 JOINVILLE LE PONT Tél 01 48 86 37 81 Fax 01 48 86 18 85 [illegible] Site : [illegible]
APAHF	APAH – FINANCES Association Pour l'Aide au Handicap au sein du ministère des FINANCES Depuis 1987, l'association se donne pour objectifs d'apporter un appui aux parents d'enfants handicapés, et de représenter auprès du ministère toute personne touchée, à titre personnel ou parental, par le handicap. Elle mène des actions de sensibilisation.	APAH – FINANCES 5, place des vins de France 75573 PARIS Cedex 12 Tél 01 53 44 28 19 Fax 01 53 44 24 75 contact@apahf.org Site : www.apahf.org
dthd	ATHA Association des Travailleurs Handicapés de LA POSTE & France TELECOM [illegible]	ATHA 47-49, rue Bernoult 75013 PARIS Tél 01 40 78 13 13 Fax 01 40 78 13 14 [illegible] Site [illegible]
EH	ENTRAIDE HANDICAP IEG : [illegible]	EHIEG Tour Pleyel - 30ème étage 153 Boulevard Anatole France 93521 SAINT-DENIS Cedex Tél [illegible] Fax [illegible] [illegible]

Handi Public

Collectif Associatif Handicap du Secteur Public Français

Collectif HANDIPUBLIC

Ensemble, favorisons l'insertion scolaire, professionnelle et sociale, des personnes handicapées et de leurs familles

HANDI ACTIONS LA FORCE D'UNE CONNEXION	HANDI ACTIONS Conseil et assistance auprès des agents RATP concernés par le handicap. Depuis 1973, elle facilite l'insertion par l'appui à l'intégration professionnelle et scolaire, l'intervention auprès des employeurs... Elle se mobilise pour aider ceux qui sont trop souvent exclus de la société à faire valoir leurs droits.	HANDI ACTIONS 18, rue de Saint [illegible] 75 014 Paris Tél 01 58 77 38 83 Fax 01 58 77 38 84 handi-actions@ratp.fr
HandiJustice	HANDIJUSTICE : Association d'entraide des agents handicapés et parents d'enfants handicapés du Ministère de la Justice Association de conseil et d'assistance auprès des agents du ministère de la Justice concernés par le handicap, elle se veut être une force de proposition et d'action, pour assurer la promotion de l'emploi de la personne handicapée spécialement au Ministère de la Justice et initier et inscrire dans la durée des projets collectifs pour l'ensemble de ses adhérents.	HANDIJUSTICE D. GIAVATTI APU 30 rue du château des rentiers 75013 PARIS Tél 01 53 94 88 53 ou 06 82 74 20 63 handijustice@wanadoo.fr Site : www.handijustice.fr
HANDIRAIL Association Nationale des Cheminots Handicapés	HANDIRAIL : Association nationale des cheminots handicapés. Créée en 2005, l'association œuvre à améliorer l'emploi et à faciliter le déplacement des personnes handicapées. Elle a pour objectifs l'intégration professionnelle, la diffusion de l'information (cassettes audio, site Internet) et l'accessibilité (des gares, des trains, conseils aux AO, aux Villes...)	HANDIRAIL 1, Impasse d'Amsterdam 75008 PARIS Tél : 01 53 25 94 95 Fax : 01 53 25 94 94 handirail@sncf.fr Site www.e-convergence.asso.fr
CHMEN	LE CHEMIN Le CHMEN, Collectif des personnels Handicapés et Malades de l'Éducation Nationale, dit LE CHEMIN, est né à Montpellier en 2005. Local puis national, grâce à des actions d'information, de sensibilisation et de formation, il vise à faciliter l'accès et le maintien dans l'emploi de tous les personnels en situation de handicap ou de maladie invalidante au sein de l'Éducation Nationale. L'association s'est donné pour mission de les informer, les conseiller, les accompagner, les représenter.	LE CHEMIN 14, rue des [illegible] 34170 CASTELNAU LE LEZ lechemin.chmen@gmail.com Blog et site : http://handipublic.over-blog.org http://handieducation.free.fr

Annexe 11

Article 225-2

Modifié par loi n° 2012-954 du 6 août 2012 - art. 3

La discrimination définie aux articles 225-1 et 225-1-1, commise à l'égard d'une personne physique ou morale, est punie de trois ans d'emprisonnement et de 45 000 euros d'amende lorsqu'elle consiste :

1° À refuser la fourniture d'un bien ou d'un service ;

2° À entraver l'exercice normal d'une activité économique quelconque ;

3° À refuser d'embaucher, à sanctionner ou à licencier une personne ;

4° À subordonner la fourniture d'un bien ou d'un service à une condition fondée sur l'un des éléments visés à l'article 225-1 ou prévue à l'article 225-1-1 ;
5° À subordonner une offre d'emploi, une demande de stage ou une période de formation en entreprise à une condition fondée sur l'un des éléments visés à l'article 225-1 ou prévue à l'article 225-1-1 ;
6° À refuser d'accepter une personne à l'un des stages visés par le 2° de l'article L.412-8 du code de la sécurité sociale.

Lorsque le refus discriminatoire prévu au 1° est commis dans un lieu accueillant du public ou aux fins d'en interdire l'accès, les peines sont portées à cinq ans d'emprisonnement et à 75 000 euros d'amende.

Annexe 12

Activité d'élèves, plaidoirie (à partir du scénario)

Travaux de recherche à faire à la maison.
Convaincu par Myriam qu'il a été discriminé au motif de son handicap, Ilan demande de porter plainte pour discrimination.

À l'aide des documents du cours, des éléments de définition, des textes de lois et des peines prévues, vous devez prononcer une plaidoirie pour obtenir la condamnation du club de football. Vous pouvez effectuer ce travail de manière individuelle ou avec un de vos camarades.

Pour cela, vous devez :
- Expliquer en quoi Ilan a subi une discrimination.
- Décrire les conséquences pour lui de cette situation.
- Argumenter également sur les conséquences psychologiques et morales, et l'injustice vécue par Ilan.

Annexe 13

Consignes : Pour chaque dilemme, surligne la réponse qui te semble la plus adaptée et réponds aux questions posées.

Dilemme 1
Alex, nouvel élève dans la classe, est handicapé moteur. À l'heure de la récréation, il reste seul dans la classe. Personne ne veut jouer avec lui.

Que dois-je faire ?

- Faire comme s'il n'était pas là et continuer d'aller jouer au foot avec mes amis.
- **En discuter avec mes camarades et lui proposer d'arbitrer le match.**

Question : Est-ce qu'il s'agit d'une discrimination de la part de l'ensemble de la classe ? Si oui, quelle forme prend cette discrimination ?
Réponse attendue : Oui, il s'agit d'une mise à l'écart d'Alex.

Dilemme 2

Mme Inès se présente à un entretien d'embauche pour un poste de chef d'équipe dans une usine automobile. Le chargé de recrutement lui explique que, malgré son expérience et ses diplômes, il s'oriente vers un autre candidat car les responsabilités et les voitures sont plutôt une affaire d'homme.

Comment doit réagir Mme Inès ?

- Elle accepte les remarques du recruteur qui lui paraissent justifiées. Après tout, le domaine automobile, c'est fait pour les garçons. La prochaine fois, elle postulera dans une entreprise de cosmétiques (produits de beauté).
- **Elle donne son point de vue au recruteur. Les femmes comme les hommes peuvent prétendre à des postes à responsabilité et peuvent être passionnées d'automobile. Elle lui rappelle que la loi lui interdit de se baser sur ce critère pour le recrutement.**

Question : À quel critère Mme Inès fait-elle référence ?
Réponse attendue : Elle fait référence au critère lié au sexe de la personne.

Question : Quel est le domaine et la forme de discrimination ?
Réponse attendue : Il s'agit du domaine de l'emploi et la discrimination prend la forme d'un refus de droit, le droit à l'emploi.

Question : À qui Mme Inès peut-elle demander de l'aide pour défendre ses droits ?
Réponse attendue : Elle peut faire appel au Défenseur des droits.

Dilemme 3

Lyna est autiste, ses parents ont décidé de l'emmener voir un film au cinéma. Ils achètent les tickets au guichet mais, au moment d'entrer dans la salle, le responsable leur refuse l'entrée sous prétexte que leur fille pourrait perturber la séance.

Comment doivent réagir les parents ?

- **Expliquer au responsable qu'il ne peut pas refuser l'accès de la salle à leur fille et qu'elle a le droit comme tout le monde d'aller au cinéma.**
- Partir sans se faire remarquer et demander le remboursement de leurs tickets.

Question : Quels sont le domaine et la forme de discrimination ?
Réponse attendue : Le domaine est celui des biens et services, la forme de cette discrimination est un refus d'accès.

Question : Qui faire intervenir si le responsable ne veut rien entendre et refuse Lyna dans son cinéma ?
Réponse attendue : Des associations en faveur de l'insertion des personnes handicapées, le Défenseur des droits, les parents peuvent aussi porter plainte et aller en justice.

DOSSIER 2| INSTRUCTION CIVIQUE ET MORALE : LES EMBLÈMES ET SYMBOLES DE LA RÉPUBLIQUE AU CE1

Académie de Besançon

La rentrée 2013 a été l'une des premières étapes dans la rénovation des modalités de transmission des valeurs qui sont au fondement de la citoyenneté républicaine. La devise de la République ainsi que les drapeaux français et européens sont désormais apposés sur la façade de tous les établissements du premier et du second degré. Ces symboles permettent ainsi aux élèves d'avoir une représentation de l'État français et de ses valeurs au sein de leur école. Ces symboles qui ont une portée plus large et plus abstraite que les emblèmes se doivent d'être reconnus, adoptés et respectés dès le cycle 2. Avant d'envisager l'enseignement de ces derniers au CE1, il convient de voir quels sont ces symboles, leurs origines et leurs significations.

■ SYNTHÈSE DES FONDEMENTS SCIENTIFIQUES

Notre Constitution actuelle, adoptée en 1958, expose dans son article 2 une série de symboles représentant la République française.

« La langue de la République est le français.
L'emblème national est le drapeau bleu, blanc, rouge.
L'hymne national est *La Marseillaise*.
La devise de la République est Liberté, Égalité, Fraternité.
Son principe est : gouvernement du peuple, par le peuple et pour le peuple. »

Ces symboles trouvent leurs racines dans la période révolutionnaire (1789-1799) avec la volonté de marquer une rupture avec l'Ancien Régime et en opposition aux symboles de la monarchie, notamment la fleur de lys et le drapeau blanc et or. Les événements révolutionnaires ont donné rapidement naissance à de nouveaux symboles et emblèmes. Presque cent ans plus tard, la Troisième République consacrera beaucoup de ces principes révolutionnaires et mythes fondateurs afin de marquer les esprits en officialisant ces symboles. Ils permettront de lier les jeunes générations aux anciennes et renforceront le sentiment d'appartenance à une nation française.

Quels sont aujourd'hui les symboles et emblèmes qui représentent la République française et permettent d'identifier notre nation au-delà de nos frontières ?

Le drapeau tricolore

Le drapeau tricolore est l'emblème national de la République française. Il trouve son origine sous la Révolution française.

Durant cette dernière, les combattants de Paris arboraient une cocarde bleu et rouge, couleurs de la ville. Quelques jours après la prise de la Bastille, l'idée fut d'intégrer le blanc (symbole du royaume de France) dans cette cocarde, qui remporta tout de suite un vif succès.

À l'automne 1790, l'assemblée constituante décide que tous les vaisseaux de guerre et navires de commerce français porteront un pavillon avec ces couleurs, le rouge était alors placé vers la hampe. Les Pays-Bas ayant adopté un drapeau aux couleurs identiques à bandes horizontales près d'un siècle auparavant, drapeau parcourant déjà les mers du monde, le sens vertical des bandes du drapeau français s'est naturellement imposé.

Ce n'est que le 15 février 1794 (27 pluviôse an II) que le drapeau tricolore prend la forme que nous lui connaissons aujourd'hui. La forme actuelle serait due au peintre Jacques-Louis David qui décida de placer la couleur bleue près du mât avec « le rouge flottant dans les airs ».

Le retour de la monarchie de 1814 à 1830 (pendant la période de la Restauration) entraîne avec elle la disparition du drapeau tricolore jusqu'à ce que ce dernier renaisse sur les barricades des « Trois Glorieuses » (en juillet 1830) pour marquer l'opposition à Charles X. Son successeur Louis-Philippe (roi des Français de 1830 à 1848, durant le régime de la monarchie de Juillet) réaffirmera cette bannière comme étant celle de la France. On lui prête notamment la formule « la nation reprend ses couleurs ». Depuis cette date, le drapeau bleu, blanc, rouge est l'emblème officiel de la France.

De nos jours, le drapeau tricolore subsiste comme emblème national dans la Constitution de la Ve République.

L'hymne national : La Marseillaise

Les six premiers couplets ont été écrits par Claude Joseph Rouget de Lisle en 1792 pour l'armée du Rhin à Strasbourg à la suite de la déclaration de guerre de la France à l'Autriche en avril. Dans ce contexte originel, *La Marseillaise* est un chant de guerre révolutionnaire, un hymne à la liberté et une exhortation au combat contre la tyrannie et l'invasion étrangère. Initialement intitulé *Chant de guerre pour l'armée du Rhin*, ce chant est repris par les fédérés de Marseille se rendant à Paris pour participer à l'insurrection des Tuileries le 10 août 1792. Son succès est tel qu'il s'impose progressivement pour être par la suite déclaré chant national le 14 juillet 1795 par le Comité de salut public.

La Marseillaise sera par la suite interdite sous l'Empire et la Restauration avant d'être remise à l'honneur par la monarchie de Juillet. La Constitution de la IIIe République la consacrera comme hymne national. En 1887, une version officielle est adoptée.

Pendant la période du régime de Vichy, bien qu'elle soit toujours l'hymne national, elle est souvent accompagnée par le chant *Maréchal, nous voilà !*
En zone occupée, le commandement militaire allemand interdit de la jouer et de la chanter.

Son caractère d'hymne national est à nouveau affirmé dans la Constitution de 1946, ainsi que dans la Constitution de la Ve République de 1958 en son article 2.

Marianne

C'est sous la Révolution française qu'apparaissent les premières représentations d'une femme coiffée d'un bonnet phrygien, allégorie de la liberté et de la République.

L'appellation de Marianne n'est pas certaine, mais ce prénom était très populaire au XVIIIe siècle, notamment dans les milieux populaires, et représentait par conséquent le peuple. Les contre-révolutionnaires reprirent à leur compte ce prénom pour dénigrer la République naissante. L'utilisation de ce prénom comme symbole serait donc née d'un consensus entre les partisans et les adversaires de la République, puis rapidement acceptée par tout le peuple français.

Porté par les esclaves affranchis en Grèce et à Rome, le bonnet phrygien est le symbole de la liberté. Ce bonnet coiffait les marins et les galériens de la Méditerranée et aurait été repris par les révolutionnaires venus du midi.

C'est sous la IIIe République (septembre 1870-juillet 1940) que des statues et surtout des bustes de Marianne apparaissent, en particulier dans les mairies pour remplacer celui de Napoléon III.

De nos jours, Marianne ne figure plus seulement au sein des mairies ou des écoles. Ainsi est-elle représentée sur nos timbres-poste, pièces de monnaie ainsi que sur le logotype de nombreux services de l'État, accompagnée bien souvent de la devise de la France.

La devise

La devise de la France « Liberté, Égalité, Fraternité » trouve son origine au siècle des Lumières parmi beaucoup d'autres. Ainsi, la liberté et l'égalité trouvent leur fondement dans l'article 1er de la Déclaration des droits de l'homme et du citoyen, qui est l'un des trois éléments du bloc de constitutionnalité. La fraternité arrive un peu plus tard : le 14 juillet 1790, le mot apparaît sur les drapeaux des fédérés lors de la Fête de la Fédération au Champ-de-Mars.

Au cours d'un discours, en décembre 1790, Robespierre évoque l'idée que les mots « peuple français » et « Liberté, Égalité, Fraternité » soient inscrits sur les uniformes et les drapeaux. Mais son projet ne sera pas adopté.

Comme de nombreux symboles apparus sous la Révolution, la devise ne sera plus employée sous l'Empire et la Restauration. Elle sera adoptée officiellement en France une première fois en 1848 par la Deuxième République, puis lors du 14 juillet 1880. Par la suite, elle sera inscrite dans chaque nouvelle constitution organisant le fonctionnement de l'État.

La fête nationale et les grandes dates commémoratives historiques

La fête nationale symbolise le plus souvent la naissance d'une nation. En France, ce n'est qu'à partir de 1879, quand les Républicains contrôlent l'ensemble des pouvoirs (Assemblée nationale, Sénat, Gouvernement, présidence de la République), qu'ils cherchent une date pour servir de support à une fête nationale et républicaine.

Après que d'autres dates eurent été envisagées, une proposition de loi est déposée. Cette dernière tend à adopter le 14 Juillet comme jour de fête nationale annuelle. Si le 14 juillet 1789 (prise de la Bastille) est jugé par certains parlementaires comme une journée trop sanglante, la Fête de la Fédération du 14 juillet 1790, elle, permet d'atteindre un consensus. Cette date « à double approbation » permet d'unir tous les Républicains.

Promulguée quelques jours avant cette date, la loi précise simplement que « La République adopte le 14 Juillet comme jour de fête nationale annuelle », sans indiquer d'année de référence. À l'image de certaines fêtes religieuses, cette première journée est déclarée chômée afin de permettre une application sur l'ensemble du territoire mais également l'adhésion de tous.

Tout comme notre fête nationale qui est fériée, les dates commémorant la fin des combats des deux conflits mondiaux font l'objet d'un hommage de la nation.

C'est à la onzième heure du onzième jour du onzième mois de l'année 1918 que la Grande Guerre prend fin. Cette guerre qui concernait au départ uniquement les grandes nations européennes a fini par s'étendre à de nombreux pays sur tous les continents. L'Allemagne, à l'origine de la demande de la fin des hostilités, se voit imposer, après un mois de négociations, des conditions très dures qui s'apparentent à une capitulation.
L'armistice est signé dans le wagon de commandement du maréchal Foch stationné à Rethondes, en forêt de Compiègne, et mettra ainsi fin au conflit le plus sanglant que la France ait connu (1,4 million de victimes sur 10 millions au total). La paix ne sera signée que le 28 juin 1919 par le traité de Versailles.

La libération de la France a débuté en 1942 en Algérie, puis l'année suivante en Corse. Mais c'est véritablement le débarquement du 6 juin 1944 sur les côtes normandes qui marque la fin de l'occupation nazie et du régime de Vichy. C'est le 7 mai 1945, à Reims, que l'armée Allemande signe sa première capitulation au siège du général Einsenhower, entraînant la fin des combats en Europe de l'Ouest le lendemain. À la demande des Soviétiques, le maréchal Keitel signe à son tour, le 8 mai, la reddition inconditionnelle de son pays désormais vaincu. La Seconde Guerre mondiale prend fin en Europe mais continuera encore jusqu'au mois d'août dans le Pacifique.

Les symboles constitutifs de notre République sont issus pour la plupart de l'émancipation du peuple français contre l'arbitraire royal. Ces symboles facilement identifiables ont rapidement été adoptés car ils sont porteurs des valeurs de la République. Ces valeurs sont également célébrées à l'occasion de dates commémoratives. C'est ainsi que s'exprime également la volonté du peuple français de vivre libre et en paix. C'est donc pour ces raisons qu'il est primordial que les élèves reconnaissent et comprennent la signification de ces symboles et emblèmes dès le cycle 2.

Bibliographie :

– *La République en France. État des lieux*, Claude Nicolet, Le Seuil, 1992.
– *Les Lieux de mémoire*, Pierre Nora (dir.), Gallimard, 1986.
– *Guide républicain. L'idée républicaine aujourd'hui*, Gilles Lipovetsky, Delagrave, 2004.
– *Dictionnaire de l'histoire de France*, Jean-François Sirinelli (dir.), Larousse, 2006.

DESCRIPTION D'UNE SÉQUENCE PÉDAGOGIQUE

Cette séquence a pour objectif de mettre en place une situation d'apprentissage pour des élèves de cycle 2 (CE1) et de voir, à travers des documents, les différents symboles constitutifs de la France.

Voici ci-dessous une proposition de progression, suivie des fiches de préparation de la première séance et de la séance d'évaluation.

Fiche de préparation : séquence

Domaine : Instruction civique et morale (C6)	Discipline : Instruction civique et morale
Titre de la séquence : Les emblèmes et symboles de la République française	
Cycle : Cycle 2	Questionnement : Quels sont les emblèmes et symboles de la République ? Pourquoi est-il important de les respecter ?
Classe : CE1	Nombre de séances : 5 (évaluation incluse)
Place dans la programmation : Cette séquence interviendra au cours de la cinquième période au mois de mai ou de juin. Le drapeau tricolore ne sera abordé qu'à titre d'illustration dans l'introduction de la première séance car ce thème aura été étudié durant l'année de CP.	
Rappel des compétences socle commun : Compétence n° 6 – Compétences sociales et civiles.	
Reconnaître et respecter les emblèmes et les symboles de la République (*La Marseillaise*, le drapeau tricolore, le buste de Marianne, la devise « Liberté, Égalité, Fraternité »).	
Un objectif général : Se familiariser avec les symboles et emblèmes de la République.	
Les objectifs de connaissances et les notions travaillées : À l'issue de la séquence, l'élève devra être capable d'identifier *La Marseillaise*, d'identifier Marianne, de savoir que le 14 Juillet est le jour de la fête nationale et que les 8 mai et 11 novembre correspondent à la fin des deux guerres mondiales. La devise de la nation devra être connue et pourra être expliquée avec les propres mots de l'élève.	
Notions : symbole, emblème.	
Les capacités : savoir reconnaître un symbole ou un emblème sur un document, reconnaître la nature du document proposé, savoir travailler en groupe, être capable de reformuler.	
Les attitudes : écoute mutuelle, respect des autres...	

Séance	Titre de la séance	Objectif général	Description rapide de la séance (documents utilisés, dispositif pédagogique)
1	*La Marseillaise*	• Reconnaissance de l'hymne. • Savoir dans quelles circonstances il est interprété. • Comprendre pourquoi il faut le respecter.	Introduction à la séance, présentation d'une courte vidéo. Faire réagir les élèves sur ce qu'ils ont vu et entendu. Écoute de l'hymne. Explication du sémantique et historique par le maître. Nouvelle vidéo et nouvelle écoute. Mise en commun et trace écrite.
2	Marianne	• Identifier Marianne. • Savoir ce qu'elle signifie. • Où pouvons-nous la trouver ?	Travail en petits groupes hétérogènes sur différents supports où est représentée Marianne (timbre, pièce de monnaie, logographe de différents documents officiels de l'État). Mise en commun et trace écrite.
3	La devise de la République	• Identification de la devise « Liberté, Égalité, Fraternité ». • Être capable de l'expliquer avec ses mots.	Écriture au tableau de la devise. Demander ce qu'est une devise, à quoi elle correspond, quelle pourrait être la devise de la classe ? Où est-ce qu'on peut retrouver la devise de la France et expliquer les termes. Mise en commun et trace écrite.
4	Le 14 Juillet et les autres dates commémoratives	Les élèves devront être capables de situer dans l'année les dates de la fête nationale, du 8 mai et du 11 novembre et de savoir à quoi elles correspondent.	De petits groupes hétérogènes seront constitués pour trouver les dates importantes de la République à l'aide d'un calendrier. Par la suite, ils rechercheront la signification de ces dates. Mise en commun en groupe classe puis trace écrite.
5	Évaluation de la séquence	Vérifier que les élèves savent reconnaître les emblèmes et symboles de la République et qu'ils connaissent les dates historiques du calendrier.	Questions écrites.

Fiche de préparation : Séance

Domaine : Instruction civique et morale	Titre de la séquence : Les emblèmes et les symboles de la République
Titre de la séance : *La Marseillaise* (séance 1/5)	
Cycle : Cycle 2	Durée de la séance : 35 minutes
Classe : CE1	
Problématique : Faire identifier l'hymne national aux élèves et leur faire respecter	

Objectif général : Savoir reconnaître et respecter les symboles de la République.

Objectifs de la séance :
À l'issue de la séance, les élèves devront être capables de connaître la signification de *La Marseillaise* et savoir pourquoi elle doit être respectée.

Objectifs de connaissances et notions travaillées :
L'élève sera amené à :
- remobiliser ses connaissances sur le drapeau français en début de séance ;
- identifier *La Marseillaise* ;
- comprendre ce que représente un hymne, pourquoi le respecter ;
- observer une courte vidéo, répondre aux questions de l'enseignant concernant cette vidéo ;
- savoir écouter les réponses des autres élèves et argumenter en cas de désaccord ;
- savoir lire à voix haute devant la classe ;
- comprendre les notions de respect des symboles de République.

Vocabulaire :
Hymne, *La Marseillaise*, symbole, République.

Capacités attendues : savoir reconnaître un symbole ou un emblème sur un document, reconnaître la nature du document proposé, savoir travailler en groupe, être capable de reformuler

Attitudes : écoute mutuelle, respect des autres...

Phases de la séance et durée	Objectif	Situation pédagogique (déroulement) : rôle du maître, rôle des élèves, consignes	Documents utilisés, questions envisagées
1re phase 10 min	Découverte de l'hymne et de deux exemples où *La Marseillaise* est interprétée à l'aide d'une vidéo. Instauration d'un dialogue entre les élèves suite à la diffusion pour connaître leur ressenti et savoir ce qu'ils connaissent déjà.	Phase collective : l'enseignant diffuse aux élèves une vidéo et leur demande d'être très attentifs à ce qu'ils voient et entendent. Cette dernière concerne l'hymne national joué pendant un match de l'équipe de France de Football. Suite à l'observation et l'audition attentive des enfants, ils vont être amenés à réagir et échanger ensemble sur ce qui a été vu et entendu sous le contrôle du maître. Les réflexions des élèves seront notées au tableau pour servir de trace écrite. Pour compléter si besoin, l'enseignant pourra poser des questions plus précises à l'ensemble de la classe. Les réponses seront notées au tableau et serviront de trace écrite. La vidéo sera montrée de nouveau pour valider les indices présentant *La Marseillaise* et le lien qui est fait avec la France.	Il s'agit avant tout de faire réagir les élèves. Des questions pourront venir par la suite pour apporter des précisions aux propos tenus si nécessaire. Les questions pourront être les suivantes (non limitatives) : • Quel objet présent dans la vidéo permet de savoir qu'il s'agit de l'équipe de France ? • Qu'entend-on ? • Connaissez-vous le titre de cette chanson ? • Pourquoi les joueurs et le public chantent-ils ? • Pourquoi les joueurs ne commencent-ils pas tout de suite à jouer ?

2e phase 10 min	Comprendre à quelle occasion on chante *La Marseillaise*.	Question posée aux élèves pour savoir s'ils ont déjà entendu chanter *La Marseillaise* ? À quelle occasion ? Pourquoi ? Ce chant sera alors relié à des événements ou commémorations importantes. Présentation du travail à faire en petits groupes de 2 ou 3 élèves (les documents sont d'abord regardés et identifiés en commun) puis énoncé de la consigne : relevez dans les documents tous les événements où *La Marseillaise* est chantée. Synthèse en collectif : échange entre les groupes et le maître : quels événements ont-ils reconnu sur les documents ? Le maître fait préciser et note au tableau.	Montage de documents montrant des événements durant lesquels *La Marseillaise* est chantée
3e phase 10 min	Prendre conscience du contenu du chant, l'associer aux combats, éventuellement à la Révolution française.	Question posée aux élèves pour savoir s'ils sont capables de chanter *La Marseillaise* ou si l'un d'entre eux voudrait essayer ? On peut arriver à la conclusion que c'est un texte difficile. Diffusion d'une seconde vidéo : de quoi parle ce chant ? Leur faire relever des mots à l'écoute, l'associer au thème de la lutte... Noter ces mots au tableau.	Seconde vidéo
4e phase 5 min	Bilan de la séance	Faire le bilan sur ce qui a été appris Reprise de ce qui a été noté au tableau pour constituer la trace écrite.	

Contenu attendu de trace écrite :
Elle comportera un court résumé réalisé avec les élèves rappelant que l'hymne de la France s'appelle *La Marseillaise*, qu'elle représente notre pays et qu'on peut l'entendre lors de grandes occasions. Quelques documents montrés en classe seront joints pour illustrer ce résumé.

Fiche de préparation : Séance d'évaluation

Domaine : Instruction civique et morale	Titre de la séquence : Les emblèmes et les symboles de la République
Titre de la séance : Évaluation (séance 5/5)	
Cycle : Cycle 2	Durée de la séance : 20 minutes
Classe : CE1	

Objectifs de la séance d'évaluation :
Vérifier que chaque élève reconnaît les symboles de la République et connaît leur signification.

L'élève sera évalué sur les critères suivants :
- Reconnaître la devise de la France.
- Savoir comment s'appelle notre hymne national, comprendre ce que représente un hymne ainsi que des exemples de situation ou il peut être interprété.
- Savoir reconnaître Marianne, savoir où on peut la trouver.
- Connaître les dates commémoratives qui figurent sur notre calendrier.

L'évaluation sera présentée aux élèves pour s'assurer de la bonne compréhension des questions.
Le bilan pour chaque élève se traduira par une appréciation sur le degré d'acquisition des compétences vérifiées.

Différenciation
Les élèves ayant une plus grande aisance écrite ou ceux avec de bonnes connaissances préalables pourront se voir proposer une évaluation moins visuelle et demandant des connaissances plus précises. Le maître peut apporter une aide ponctuelle aux élèves en difficulté au cours de l'évaluation.

Remédiation
Un moment pourra être prévu après l'évaluation pour revenir sur les points non compris par les élèves. Cela pourra se faire par petits groupes.

DOSSIER 3| LA POLYPHONIE AU CM1

Académie de Dijon

Supports

- Partition *Le Lion est mort ce soir*, Henri Salvador
- Tableau d'aide à l'écoute

Supports audio

Piste 1 - *Pange Lingua Gloriosi Lauream*, Chant grégorien
Piste 2 - *Par un matinet l'autrier*, Manuscrit de la Clayette, Phonema
Piste 3 - *Hora*, A Monti
Piste 4 - *Le Lion est mort ce soir*, Henri Salvador
Piste 5 - *Le Lion est mort ce soir*, Version musicale
Piste 6 - *Le Lion est mort ce soir*, Pow Wow
Piste 7 - *Denko* - Sagna Guire Ramata, Thiemo Guire Ramata
Piste 8 - *Chœur D'Hommes*, Manimbon
Piste 9 - *Quand Je Marche*, Camille
Piste 10 - *Le Canon de Pachelbel*, Guy Lukowski
Piste 11 - *Circlesong One*, Bobby McFerrin

« *La partition est une chose, le chant en est une autre.*
Ce qu'il faut, c'est avoir la musique en tête et la chanter avec le corps. »
Luciano Pavarotti (1935 - 2007)

SYNTHÈSE DES FONDEMENTS SCIENTIFIQUES

La musique existe depuis toujours d'abord monodique, surtout connue au Moyen Âge par les chants grégoriens, elle s'enrichit à partir du xe siècle et devient polyphonique.

Monodie et polyphonie

La monodie ou monophonie (ou encore unisson) est une « *musique faite d'une succession ordonnée de sons isolés, qui, par sa dimension linéaire et mélodique, s'oppose à la polyphonie*[1] ». Ainsi, on chante une monodie quand on chante la même chose ; c'est-à-dire une musique à une voix,

1. *Dictionnaire de la musique vocale, lyrique, religieuse et profane*, Larousse.

à une seule et même mélodie, issue d'un chant collectif qui peut mélanger des voix d'hommes, de femmes et d'enfants. C'est le cas en classe lorsque les élèves chantent tous ensemble sans accompagnement.

Par opposition, la polyphonie est « *la superposition de deux ou plusieurs lignes mélodiques simultanées formant un ensemble homogène tout en conservant un intérêt propre*[2] ». Dans son sens le plus restreint, la mélodie signifie « *chant fait d'un assemblage de fragments musicaux. Il se définit comme une suite de sons formant une ou plusieurs phrases musicales*[3] ». Ce serait donc des sons avec des hauteurs variées mis ensemble. Lorsqu'ils se succèdent, on parle de mélodie (au sens très large) et lorsqu'ils sont simultanés, on parle d'harmonie.

Bourdon et ostinato

Le bourdon est une note tenue. Cette notion renvoie au vol de l'insecte qui évoque un timbre grave, et qui sert de base d'accompagnement dans certains instruments tels que la cornemuse ou la vielle à roue. Le chant traditionnel a beaucoup employé et continue à utiliser fréquemment le soutien du chant, qu'on appelle également en musique pédale.

Cette note tenue est généralement la tonique, permettant d'asseoir les évolutions du chant et d'organiser les phrases mélodiques en fonction de ce repère fondamental. L'ostinato est un « *motif mélodique ou rythmique répété obstinément, généralement à la basse d'une œuvre*[4]. » L'ostinato emprunte au bourdon son caractère permanent et répété. On pourrait dire que c'est un bourdon mélodique intermittent : il se compose de courtes phrases récurrentes, sur lesquelles vient s'imbriquer la mélodie principale[5].

Pulsation et rythme

La pulsation est un rythme particulier en ce sens qu'elle est régulière et invariable. Elle représente la mesure de la durée des sons.

Le rythme se définit comme la superposition de deux éléments : la pulsation qui constitue le fondement de base, fixe, régulière et invariable et des sons d'une durée variable. La superposition

2. *Dictionnaire de la musique vocale, lyrique, religieuse et profane*, Larousse.
3. *Dictionnaire de la musique vocale, lyrique, religieuse et profane*, Larousse.
4. *Dictionnaire de la musique vocale, lyrique, religieuse et profane*, Larousse.
5. *Les voix du monde. Une anthologie des expressions vocales*, p. 124.

de ces deux éléments donne le rythme de la musique. Plus la durée des sons sera courte et plus le rythme sera rapide, inversement, plus la durée des sons sera longue et plus le rythme sera lent.

Circle Song

Le *Circle Song* est un principe de chant en groupe simple et ancien selon lequel un groupe de chanteurs disposés en cercle « fait tourner » un motif chanté de base, inspiré d'influences africaines, latines, groove, folklore traditionnel ou jazz. Les chanteurs improvisent tour à tour. Le *Circle Song* offre aux chanteurs un contexte privilégié d'écoute, de partage, et d'improvisation vocale[6].

DESCRIPTION D'UNE SÉQUENCE PÉDAGOGIQUE

La séquence développée vise à aborder, avec les élèves de CM1, la polyphonie à travers un travail de découverte d'écoute de sa propre voix et du travail collectif de la voix afin qu'ils réalisent collectivement l'arrangement de la chanson *Le Lion est mort ce soir*.
Cette séquence s'insère, pour plusieurs raisons, dans les programmes du cycle 3 et dans les compétences à atteindre du palier 2 du socle commun[7].

Chaque séance débute par l'écoute de « voix » : des chants, grégoriens, traditionnels africains, en canon ou à plusieurs voix, de morceaux classiques ou actuels, l'attention des élèves sera attirée sur la voix et la polyphonie contribuant ainsi à « *développer la curiosité de l'élève à toutes sortes de musiques, développer sa sensibilité et son goût artistique et affiner sa perception auditive* ». La nécessité d'une écoute active et participative est indispensable à l'implication et à la progression des élèves en lien avec leur évolution[8]. Ainsi, au cycle 3, l'écoute se fait plus analytique : l'élève devient capable de distinguer, comme de mémoriser, l'organisation des éléments dans l'ordre mais aussi dans la superposition[9]. Il commence à faire des comparaisons entre les œuvres, des aller-retour volontaires entre différents plans sonores. Le recours au codage et à la partition devient utile. Il est important de lui donner un lexique musical précis qui lui permettra de nommer et caractériser les sons comme les divers aspects d'une musique[10]. Cela contribuera au développement de la compétence de formation esthétique et maîtrise de la langue « *exprimer ses émotions et ses préférences en utilisant ses connaissances et un vocabulaire approprié.* » Mais également à celles liées à l'écoute « *être capable de soutenir une écoute prolongée en utilisant des consignes*

6. Source internet : http://improvisation-vocale.com/circle-song
7. *BO* n° 3 du 18 juin 2008.
8. *Enseigner la musique à l'école*, Isabelle Lamorthe, Hachette éducation.
9. *Polyphonie au quotidien. Cycles 2 et 3*, Annie Bachelard, Daniel Coulon, Joseph Roy, Canopé CRDP de Dijon, p. 11-12.
10. Tableau d'aide à l'écoute, annexe numérique.

d'écoute ; de repérer des éléments musicaux caractéristiques, les désigner et caractériser leur organisationnel faisant appel à un lexique approprié. » L'élève pourra ainsi ressentir les sensations et comprendre les œuvres, autre source de satisfaction.

Au cycle 3, la pratique musicale doit être en lien avec « *la voix et le chant : jeux vocaux, chants divers, en canon et à deux voix, en petits groupes ou en formation chorale. Des pratiques instrumentales mises en œuvre en accompagnement du chant, des jeux rythmiques utilisant un ou plusieurs instruments*[11]. » La séquence proposée décline ces étapes de l'entrée en polyphonie, elle met notamment en œuvre des pratiques vocales accompagnées de percussions corporelles, à partir de l'apprentissage du chant *Le Lion est mort ce soir* d'Henri Salvador et répond ainsi à la compétence des programmes « interpréter de mémoire une chanson ».

Enfin, la production finale de la séquence, autour d'un réarrangement mélodique et rythmique de la chanson étudiée, fera entrer leur production dans le champ de la compétence « *inventer et réaliser des textes, des chorégraphies ou des enchaînements, à visée artistique ou expressive* ».
Le projet sera enregistré pour permettre d'augmenter l'implication et la motivation des élèves mais également leur permettre d'avoir une écoute « critique » et une autoévaluation qui les aidera à envisager des remédiations. Elle permettra également l'évaluation finale.

La séquence présentée est ainsi construite avec une progression dans les apprentissages, par le biais de l'écoute d'extraits musicaux, les élèves découvrent progressivement l'unisson, les différentes formes d'ostinatos, les bourdons et la superposition de tous ces éléments et font ainsi l'expérience de la polyphonie. Il s'agira de leur faire réinvestir ces acquis à travers la création d'une version du *Lion* qui sera propre à la classe.

Cette séquence trouvera par ailleurs de nombreux prolongements disciplinaires. Par exemple en arts plastiques, ce sera l'occasion de faire le parallèle entre l'expression musicale et la peinture à travers certains artistes et leurs courants en s'appuyant sur les œuvres écoutées et le tableau d'aide à l'écoute complété.
Il est également possible d'envisager, en sciences expérimentales et technologie, la création d'une œuvre polyphonique entièrement créée sur informatique, soit par le biais de lignes de sons enregistrées et superposées par les élèves, soit grâce à des logiciels comme Garage Band, qui permettent de superposer des sons électroniques.
Enfin, le travail rythmique et de groupe, pourra être l'occasion d'un réinvestissement à travers la création d'une chorégraphie collective.

11. *BO* du 20 février 2008.

Séance 1, 45 min

Objectifs : Repérer dans un morceau les éléments caractéristiques de la monophonie ou unisson et de la polyphonie. Suivre la direction de l'enseignant
Matériel et supports : Support audio « *Pange lingual gloriosi lauream* » et « *Par un matinet l'autrier* » issu du Manuscrit de la Clayette ; tableau d'analyse

Durée	objectifs	Situation d'apprentissage	Compétences
10min	Faire émerger la notion de monodie (ou unisson) et la notion de polyphonie à travers l'écoute de chants médiévaux	**Ecoute - découverte** • Entrée dans la séance par l'écoute de *Pange lingual gloriosi lauream* , et *Par un matinet l'autrier* , issu du Manuscrit de la Clayette • Question ouverte pour amorcer la verbalisation : « Qu'avez vous remarqué? » Relevé des représentations des élèves et de leurs ressentis- inscription des mots clés au tableau	• Soutenir une écoute prolongée • Dépasser des réactions affectives du type « j'aime, je n'aime pas » en utilisant un vocabulaire spécifique pour parler des oeuvres entendues
15min	Relever dans les oeuvres écoutées les éléments relevant de la monodie et ceux de la polyphonie	**Ecoute guidée** • Questions précises de l'enseignant : Nous allons réécouter les deux extraits et je veux que vous me disiez combien de voix vous entendez? Chantent- elles la même chose? Aidez vous du tableau d'analyse • Echange et débats autour des réponses des élèves • Validation par la réécoute de certains passages • Construction avec les élèves d'une définition des concepts de monodie et polyphonie	• Repérer des éléments musicaux caractéristiques, les désigner et caractériser leur organisation en faisant appel à un lexique approprié(unisson, a capella, timbre, hauteur, mélodie) • Exprimer ses émotions face à une oeuvre d'art, en utilisant ses connaissances
5-10min	Par le biais d'une chanson connue « Frère Jacques », travailler les départs et l'articulation	**Echauffement Activité corporelle** • La classe est divisée en deux groupes , le groupe 1 chante «Frère Jacques… » et le groupe 2 doit se déplacer. il appartient au groupe 2 de regarder l'enseignant qui l'invitera par un geste du bras à se tenir prêt, puis en battant la mesure lui indiquera à quel moment marcher. De même il devra être attentif à un mouvement circulaire du bras indiquant qu'il faut s'arrêter. • Le groupe 1 devra chanter à l'unisson et en boucle en accentuant la diction des voyelles. Les deux groupes intervertiront les actions.	• Interpréter de mémoire une chanson apprise • Contrôler volontairement sa voix et son attitude corporelle pour chanter • Chanter en petits groupes • Réagir au signal du chef
10min	Travailler la justesse. Travailler la précision mélodique Travailler le phrasé	**Production vocale** • L'enseignant gardant le groupe 1 et 2 fera chanter « Frères Jacques » à l'unisson en veillant au phrasé et à la justesse. Puis il les fera chanter à tour de rôle en leur précisant bien d'être attentifs à son signal. • Il les fera chanter alternativement puis ensembles	• Tenir compte des autres pour intervenir au bon moment • Savoir se repérer dans la trame d'un chant • Contrôler volontairement sa voix et son attitude corporelle pour chanter • Réagir au signal du chef

Séance 2, 45 min

Objectif : Repérer dans un morceau les éléments caractéristiques de l'ostinato et chanter avec l'accompagnement d'un ostinato. Tenir un rythme
Matériel et supports : Support audio « *Hora* » de A. Monti » « *Le lion est mort ce soir* » de Henri Salvador et « *Denko* » dans Les comptines du baobab; tableau d'analyse

Durée	objectifs	Situation d'apprentissage	Compétences
5min	Connaître le vocabulaire introduit ou réinvesti lors de la séance précédente: monodie, unisson, polyphonie, a capella, timbre, justesse et mélodie	**Rappel de la séance précédente** • Question de l'enseignant : Qu'avons nous abordé lors de la séance précédente ?	• S'exprimer à l'oral comme à l'écrit dans un vocabulaire approprié et précis
7min	Faire émerger la notion d'ostinato	**Ecoute- découverte** • Nous allons écouter un morceau de musique et ensuite vous me direz à quoi ce morceau vous fait rêver? • Relevé des représentations des élèves et de leurs ressentis- • Inscription des mots clés au tableau • Remplir les cases du tableau d'analyse que je vous ai donné	• Exprimer ses émotions face à une oeuvre d'art, en utilisant ses connaissances
10min	Relever dans l' oeuvre écoutée les éléments relevant des ostinatos parlé, frappé ou rythmiques	**Ecoute guidée** • Questions précises de l'enseignant : Nous allons réécouter l'oeuvre et je veux que vous me disiez quelle est la structure de l'oeuvre? Quel élément on retrouve avec des timbres différents? Et quel est son tempo? Aidez vous du tableau d'analyse • Echange et débats autour des réponses des élèves • Validation par la réécoute de certains passages , si besoin • Construction avec les élèves d'une définition des concepts d'ostinato sous trois formes, ostinato parlé, frappé puis chanté	• Repérer des éléments musicaux caractéristiques, les désigner et caractériser leur organisation en faisant appel à un lexique approprié(tempo, timbre structure, rythme) • Exprimer ses émotions face à une oeuvre d'art, en utilisant ses connaissances
15min	Apprendre à tenir un rythme Apprendre le refrain et le premier couplet de la chanson et chanter en groupe classe	**Mise en condition corporelle et production vocale** • Aujourd'hui nous allons apprendre une chanson sur un lion. Vous ferez deux rondes une plus petite représentera l'ostinato et l'autre , plus grande représentera • La voix chantée. L'ostinato dira « Wee-o-Wim-o-weh » tandis que la grande ronde chantera « Dans la jungle , terrible jungle , le lion est mort ce soir. » On marquera la pulsation marchant sur place puis en se déplaçant chaque ronde dans un sens différent. Apprentissage du refrain et du premier couplet du chant « *Le lion est mort ce soir* »	• Interpréter de mémoire une chanson • contrôler volontairement sa voix et son attitude corporelle pour chanter • Tenir sa voix et sa place en formation chorale
5min	Relever dans l'oeuvre écoutée le type d'ostinato entendu	**Bilan de la séance** • Ecoute de Denko dans Comptines et berceuses du baobab Récolte des réponses à mains levée et correction en groupe • Remédiation éventuelle	• Repérer des éléments musicaux caractéristiques et les désigner en faisant appel à un lexique • S'autoévaluer

Séance 3, 45 min

Objectif : Etre capable de percevoir le bourdon ou « ostinato bourdon » dans une oeuvre musicale. Etre capable de tenir sa voix sans se laisser entraîner par le groupe.
Matériel et supports : Support audio chant indonésien « *Choeur d'Hommes*» de Manimbo dans Les voix du monde; « *Quand je marche* » de Camille ; « *Le lion est mort ce soir* » de Henri Salvador; tableau d'analyse, feuille blanche.

Durée	objectifs	Situation d'apprentissage	Compétences
5min	Connaître le vocabulaire introduit ou réinvesti lors de la séance précédente: ostinatos parlé, frappé et chanté, tempo, structure, timbre et rythme	**Rappel de la séance précédente** • Qu'avons nous entendu la semaine dernière?	• S'exprimer à l'oral comme à l'écrit dans un vocabulaire approprié et précis
10min	Faire émerger et identifier la notion bourdon ou ostinato bourdon	**Ecoute guidée** • Quel est l'élément nouveau dans ces deux extraits , comment le décririez-vous?Traduisez graphiquement les sensations que vous procurent ces extraits à travers un codage lignes tirets points et courbes sur une feuille blanche. Vous choisirez un des deux extraits au choix et indiquerez lequel. • Ecoute de « *Choeur d'Hommes* » indonésien, puis de « *Quand je marche* » de Camille • En vous mettant par groupe de 5 vous remplirez le tableau • Mise en commun et comparaison des reproductions graphiques • Définition de la notion de bourdon	• Repérer des éléments musicaux caractéristiques, les désigner et caractériser leur organisation en faisant appel à un lexique approprié (bourdon, polyphonie vocale, note tenue, base mélodique) • Exprimer ses émotions face à une oeuvre d'art, en utilisant ses connaissances • Soutenir une écoute prolongée
10min	Apprendre à tenir le rythme Chanter juste une note bourdon	**Mise en condition: exercices de respiration et réveil vocal, clusters** • Les élèves sont debouts, les deux jambes bien campées au sol et les épaules détendues, la tête droite. Ils effectuent des exercices de respirations sur les consonnes « sss »puis « ch », ils doivent expirer de plus en plus longtemps. • Réveil vocal par le biais des clusters; au signal de l'enseignant les élèves doivent émettre des sons droits tenus, chacun choisissant sa voyelle et sa hauteur qu'il conserve tout au long de son émission. Jeu en variant les voyelles , la durée suivant les geste de direction de l'enseignant, puis entrées successives : l'enseignant donne des départs individuels et chaque élève doit proposer un son tenu différent de ceux déjà présents	• Contrôler volontairement sa voix et son attitude corporelle pour chanter • Tenir compte des autres pour intervenir au bon moment • Réagir au signal du chef
10-15min	Revoir le refrain et le premier couplet, apprendre la fin de la chanson du Lion Chanter en groupe classe Chant avec ostinato	**pratique vocale** • Ecouter la chanson chantée par Henri Salvador une première fois , la réécouter et chanter dessus puis la reprendre ensembles, la chanter debout façon concert. Quand les enchainements se font correctement diviser la classe en 3 groupes « a » « o » et « i ». • Faire démarrer les trois groupes ensembles. A l'issu du premier couplet , le groupe « a » tient un bourdon sur sa voyelle « a » pendant que les autres continuent à chanter . A l'issue du deuxième couplet le groupe « o » tient un ostinato parlé sur sa voyelle tandis que « i » finit son couplet . L'enseigant arrête la classe pour le refrain qu'ils chantent en choeur. • Laisser la classe improviser en gardant la répartition en groupe et voyelle et en les aidant en battant le tempo.	• Interpréter de mémoire une chanson • Contrôler volontairement sa voix et son attitude corporelle pour chanter • Tenir sa voix et sa place en formation chorale • Tenir compte des autres pour intervenir au bon moment • Savoir se repérer dans la trame d'un chant
5min	Revenir sur les différents ostinatos y compris ostinatos bourdon	**Bilan de la séance** • Bilan sur l'improvisation : points positifs, points nécessitant des remédiations	

Séance 4, 45 min

Objectif : Affiner la perception auditive de l'élève, lui faire prendre conscience de sa voix au sein du groupe
Matériel et supports : Support audio «*Le canon de Pachelbel* »

Durée	objectifs	Situation d'apprentissage	Compétences
4min	Connaître le vocabulaire introduit ou réinvesti lors de la séance précédente : différents ostinatos , bourdon , note tenue, base mélodique , tempo	**Rappel de la séance précédente** • Qui peut me rappeler ce que nous avons fait la dernière fois?	• S'exprimer à l'oral comme à l'écrit dans un vocabulaire approprié et précis
10min	Développer la curiosité de l'élève à tous styles de musiques Faire émerger et identifier la notion de canons chantés à deux voix Ecouter et coder l'accompagnement musical.	**Ecoute-guidée** • Qui pourrait me dire ce qu'est un canon? En musique? Quels pourraient être les points communs? • Mise en commun des propositions et hypothèses de définition • Vérification par l'écoute d'un extrait du« *Canon de Pachelbel* » • Compléter d'abord la partie instrumentale du tableau • Deuxième écoute : la classe est divisée en trois groupes , les cordes , les cuivres et les bois. Chaque groupe a les étiquettes avec les noms des instruments de sa famille. chaque groupe se lève quand il entend un instrument de sa famille • Collage d'étiquettes comportant les noms des instruments en faisant apparaître l'alternance et la superposition	• Repérer des éléments musicaux caractéristiques, les désigner et caractériser leur organisation en faisant appel à un lexique approprié (canon, fragment mélodique, structure, alternance et superposition) • Soutenir une écoute prolongée • Traduire graphiquement et corporellement une oeuvre
15min	Maîtriser les techniques du dialogue et de l'imitation	**Pratique vocale** • Chant en alternance : Sur la base de « Frère Jacques », déjà vue en début de séquence, la classe est divisée en deux groupe A et B et chaque groupe chante une moitié de phrase « Frère Jacques »que l'autre finit « « Frère Jacques » • Chant en imitation: Le groupe 1 chante une première fois, seul la partie B « Sonnez les matines ». La deuxième fois l'enseignant chante aussi la partie B mais en commençant après les enfants, le décalage s'apparente à un canon. Le groupe 2 écoute avec attention. Les deux recommencent pour que le groupe 2 puissent repérer le moment exact du départ. L'enseignant fait chanter à deux voix cette partie puis fait enchainer les parties A et B	• Interpréter de mémoire une chanson • Contrôler volontairement sa voix et son attitude corporelle pour chanter • Tenir sa voix et sa place en formation chorale • Tenir compte des autres pour intervenir au bon moment • Savoir se repérer dans la trame d'un chant
10min	Réaliser une production collective en réarangeant la chanson « *le lion est mort ce soir* » et en réinvestissant les pratiques polyphoniques pratiquées	**Adaptation vocale du chant (étape 1)** • Choix de l'univers vocal « *Le lion est mort ce soir* «« Version CM1 » avec un bourdon vocal. • Premier essai, la classe se met en cercle en se donnant la main et tout le monde chante Wee-weh tout doucement . L'enseignant montre l'exemple en commence une petite improvisation sur les paroles de la chanson : par exemple « lala jungle, lalajungle, ou ou aa », répété plusieurs fois puis l'élève qui de trouve à se cotés, fait de même, et ainsi de suite	• S'impliquer dans un projet collectif • Coopérer avec un ou plusieurs camarades • Réemployer des savoirs-faire au profit d'une production musicale commune
5min	Revenir sur les notions de canon, et de circlesong	**Bilan de la séance** • Rappeler que la séance suivante le chant créé sera enregistré, les encourager à revoir les paroles du « Lion »	

Séance 5, 45 min

Objectif : Faire un arrangement polyphonique d'une chanson connue « *Le lion est mort ce soir* »
Matériel et supports : support audio « *Circlesong one* » de Bobby MacFerryn dans Circlesongs

Durée	objectifs	Situation d'apprentissage	Compétences
3min	Connaitre le vocabulaire introduit ou réinvesti lors de la séance précédente : le canon, fragment mélodique, alternance, superpositions et circlesong	**Rappel de la séance précédente** • Qu'avons nous fait la dernière séance? • Rappel qu'aujourd'hui nous allons enregistrer la chanson	• S'exprimer à l'oral comme à l'écrit dans un vocabulaire approprié et précis
5min	Développer la curiosité de l'élève à tous les styles de musique Développer sa curiosité et son goût artistique	**Ecoute plaisir** • Ecoute d'un extrait de « *Circlesong one* » de Bobby MacFerryn, improvisations vocales autour d'un bourdon	• Soutenir une écoute prolongée • Exprimer ses émotions face à une oeuvre d'art en utilisant ses connaissances
10min	Tenir une hauteur Travailler la justesse et la précision Tenir juste une note bourdon	**Echauffement activité corporelle** • Jeu de la balle de son, se faire passer une balle et créer une ligne de sons • Suivre la balle en deux positions , haute son aigu, bas son grave puis constitution de deux groupes avec deux balles et chaque groupe suit son son : deux hauteurs • Circle song: se mettre en cercle en se donnant la main, puis tendre les bras et lâcher les mains. Reprendre le bourdon sur la base du Wee-Weh et laisser le groupe classe improviser sur les paroles de la chanson « *Le lion est mort ce soir* »	• Chanter en petits groupes • Prendre la parole face à un groupe • Contrôler volontairement sa voix et son attitude corporelle pour chanter T • Savoir se repérer dans un chant
20min	Réaliser une production collective sur le thème de la polyphonie en réinvestissant les différents aspects étudiés	**Adaptation vocale et Production vocale** • Lors des improvisations du Circle song, il sera gardé un ostinato rythmique vocal. • Consigne : un groupe de 5 élèves « tenant » bien les notes plus graves sera regroupé sur la droite pour faire le bourdon, un autre groupe de 5 sur la droite chantera l'ostinato retenu, 3 élèves feront un ostinato rythmique en tapant des mains suivant un rythme simple, le reste du groupe classe chantera au centre face à l'enseignant . Les élèves entreront dans la polyphonie vocale d'après le schéma décrit. Il conviendra d'attendre que la chaque ligne mélodique soit bien installée avant d'y superposer la suivante. • enregistrement audio pour enrichir la mémoire de la classe, garder une trace pérenne de la production , et permettre des exploitations futures.	• S'impliquer dans un projet collectif • Coopérer avec un ou plusieurs camarades • Réemployer des savoirs-faire au profit d'une production vocale collective
8min	Institutionnaliser le savoir sur les pratiques polyphoniques	**Bilan** • Réécoute et analyse de la chanson des éleves • Chaque ligne mélodique a-t-elle bien tenue ? Le rythme est-il bien en place? • Autoévaluation et proposition de remédiations éventuelles • Institutionnalisation de la notion de polyphonie	• Avoir une conscience de sa voix mélangée à d'autres • Connaître le vocabulaire introduit lors de l'étude de chaque oeuvre

■ ANALYSE DE LA SÉANCE 5 : RÉALISER UN ARRANGEMENT POLYPHONIQUE DE LA CHANSON « *LE LION EST MORT CE SOIR* »

L'objectif de la séance 5 est de réaliser un travail de création collective reprenant les diverses expériences d'écoute et de chant vécues durant la séquence.

La progression choisie

En commençant la séance par une activité d'écoute plaisir, l'idée est de faire rentrer les élèves dans la création de façon instinctive, le choix de Bobby McFerrin, *Circlesong One* est délibéré, il permet un apaisement des élèves, probablement excités à l'idée de l'enregistrement et, dans un même temps, de s'imprégner de ce processus naturel de création. Les élèves arrivent dans de bonnes conditions pour l'échauffement vocal.

Ce dernier se décompose en deux parties, un travail d'échauffement vocal axé sur la qualité du son, sa justesse, et la voix est déjà mise en résonance avec celle du groupe. La deuxième partie permet de rentrer dans le processus de création polyphonique par le biais des *Circle Song*. Cet exercice, abordé lors de la séance précédente et fraîchement entendu, devrait être bien réinvesti. Il est très fédérateur et demande beaucoup de concentration et d'écoute de l'autre ; présupposées nécessaires à la mise en place du chant polyphonique.

Le réarrangement de la chanson est le fruit de choix de lignes mélodiques résultant des élèves. Toutes sont en lien avec le texte initial mais c'est aux élèves qu'il appartient de coopérer pour choisir les ostinatos rythmiques tapés et chantés.

En laissant la liberté créatrice aux élèves et en les laissant confronter leurs idées, l'enseignant se place en retrait, c'est un guide qui leur apprend à travailler ensemble, à défendre leur point de vue et à confronter leurs idées. Sa bienveillance doit permettre aux élèves de se sentir en confiance, responsables, motivés et avec l'envie de réussir. Cela permet de souder le groupe classe et d'en faire de futurs citoyens.

Les difficultés à envisager

Il est possible que certains élèves éprouvent des difficultés à ne pas se laisser emporter par la voix du groupe. Il appartiendra alors à l'enseignant d'être vigilant et de mettre ces élèves dans le groupe principal. L'enseignant devra bien veiller à rappeler les consignes de « chef d'orchestre » : départ pour les différentes voix, arrêt et les gestes correspondant à la baisse ou hausse du volume sonore.

En effet, certains groupes, enthousiastes, pourraient chanter trop fort, et d'autres très bas pour ne pas être entendus. Si l'enseignant se rend compte que les élèves ont trop de difficultés, il faudra néanmoins procéder à l'enregistrement, à titre d'évaluation sommative et permettre aux élèves de s'écouter et de s'autoévaluer. Ils pourront proposer des remédiations qui seraient mises en place lors d'une séance supplémentaire.

DOSSIER 4 | INSTRUCTION CIVIQUE ET MORALE : LA FRANCE, UNE DÉMOCRATIE REPRÉSENTATIVE AU CM1

Académie de Besançon

■ SYNTHÈSE DES FONDEMENTS SCIENTIFIQUES

La démocratie représentative

La démocratie est le régime politique dans lequel le peuple est souverain. La démocratie représentative est l'une des formes de démocratie dans laquelle la souveraineté est exercée par des représentants élus, choisis librement par les citoyens pour exercer le pouvoir. C'est le système politique dans lequel nous vivons en France. Elle s'oppose à la démocratie directe dans laquelle le peuple exerce par lui-même sa souveraineté.

La démocratie représentative se caractérise par des échéances électorales régulières. Ce principe permet de limiter dans le temps les mandats (pas de charge à vie et pas d'héritage). Aucun gouvernement n'est jamais installé définitivement. L'opposition est considérée comme une force légitime et toutes les tendances sont admises à s'exprimer.

La citoyenneté s'exerce au travers du droit de vote des représentants du peuple

■ La citoyenneté

La citoyenneté est intimement liée à la démocratie. Être citoyen implique que l'on fasse partie d'un corps politique, d'un État. En France, la Constitution de la ve République définit comme citoyens, donc électeurs, « tous les nationaux français majeurs des deux sexes, jouissant de leurs droits civils et politiques » (article 3).

■ Le droit de vote

Le droit de vote est à la base de la démocratie. Établi en France par la Déclaration des droits de l'homme et du citoyen de 1789, il n'a été effectif pour l'ensemble de la population qu'en 1944 avec la reconnaissance du droit de vote aux femmes. Il est ainsi accordé à toutes les Françaises et à tous les Français âgés de 18 ans et plus, inscrits sur les listes électorales et qui ne sont frappés d'aucune incapacité électorale.

Le droit de vote permet aux citoyens d'exprimer leur volonté. Ils peuvent élire leurs représentants (parlementaires) et leurs gouvernants (président de la République), et participer directement à la prise de décision politique lorsqu'un texte est présenté à leur approbation par la voie du référendum. Pour être démocratique, le vote doit être égal et secret afin d'éviter toute pression sur le résultat.

Si le vote n'est pas obligatoire en France, le citoyen qui néglige ce droit laisse d'autres décider à sa place.

Les différents modes de suffrages et de scrutin

Les modes de suffrage

Le suffrage est l'acte de vote par lequel on exprime son opinion. Le suffrage universel est donc le vote de l'ensemble des citoyens, il est l'expression de la souveraineté populaire et de la volonté générale dans un régime démocratique.

Il peut revêtir deux formes :
- **suffrage direct** lorsque le corps électoral désigne directement son, ou ses, représentant(s). En France, le suffrage universel est direct pour l'élection du président de la République (depuis 1962), des députés, des conseillers municipaux, des conseillers départementaux, des conseillers régionaux et des députés européens ;
- **suffrage indirect** lorsque le corps électoral élit un collège restreint de « grands électeurs », qui à son tour désigne le, ou les, représentant(s) du peuple. Tel est le cas des sénateurs qui sont en effet élus, non pas directement par les citoyens, mais par des personnes qui, elles, ont été élues au suffrage universel. Dans chaque circonscription (département, collectivité d'outre-mer), le collège électoral est formé des députés, conseillers régionaux, conseillers départementaux et conseillers municipaux, ces derniers représentants 95 % des électeurs des sénateurs.

Les modes de scrutin

Le mot scrutin désigne l'ensemble des opérations de vote et des modes de calcul destinés à départager les candidats aux élections.

Selon la nature des élections, le mode de scrutin change : le scrutin peut être uninominal (vote pour un seul candidat) ou de liste (vote pour une liste de candidats), majoritaire à un ou deux tours, proportionnel ou mixte (mélange des scrutins majoritaire et proportionnel).

Les différentes élections

■ Les élections à portée nationale

L'élection présidentielle

Clé de voûte des institutions de la ve République, le président de la République est élu au suffrage universel direct, mode de désignation lui conférant une légitimité démocratique en rapport avec l'étendue de ses pouvoirs. C'est en effet à lui qu'il incombe de veiller au respect de la Constitution, d'assurer le fonctionnement régulier des pouvoirs publics et de garantir l'indépendance nationale et l'intégrité territoriale. Il est également le garant de l'indépendance de l'autorité judiciaire.

Il est élu au scrutin uninominal majoritaire à 2 tours. L'exercice de la fonction présidentielle est limité à deux mandats successifs, mandat d'une durée de 5 ans depuis le référendum du 24 septembre 2000.

Peut être candidat à l'élection du président de la République toute personne de nationalité française ayant 18 ans révolus et ayant satisfait aux obligations imposées par le code du service national.

Trois formalités doivent par ailleurs être remplies :
- le recueil des signatures de 500 élus, d'au moins 30 départements ou collectivités d'outre-mer différents, sans que plus d'un dixième d'entre eux puissent être les élus d'un même département ou collectivité d'outre-mer (procédure dite de présentation des candidats qui vise à favoriser les candidats ayant une véritable envergure nationale) ;
- la remise au Conseil constitutionnel, sous pli scellé, d'une déclaration de situation patrimoniale, de manière à satisfaire à l'exigence de transparence de la vie politique ;
- la tenue d'un compte de campagne dans les deux mois suivant l'élection et dont la régularité sera vérifiée par la Commission nationale des comptes de campagne et des financements politiques (CNCCFP).

Les élections législatives

Elles permettent l'élection des députés qui siègent à l'Assemblée nationale. Ils participent au travail législatif et au travail de contrôle du gouvernement.

Les 577 députés sont élus au suffrage universel direct (scrutin uninominal majoritaire à deux tours) dans le cadre de circonscriptions. Le député ne représente pas uniquement sa circonscription, chacun d'entre eux est en effet investi d'un mandat national et représente à ce titre la nation toute entière.

La durée de leur mandat a été fixée à cinq ans selon la Constitution de la ve République. Cette durée correspond à celle de la législature mais elle peut être abrégée si le président de la République décide de dissoudre l'Assemblée nationale.

Pour être éligible à l'Assemblée nationale, il faut posséder la nationalité française et être âgé d'au moins 18 ans. Des incompatibilités et des limitations au cumul des mandats sont également prévues.

Les élections sénatoriales

La spécificité du Sénat réside dans le rôle de représentation des collectivités territoriales que lui attribue l'article 24 de la Constitution. De ce rôle découle le mode de désignation des sénateurs, élus au suffrage universel indirect par un collège d'environ cent cinquante mille grands électeurs. Ce système aboutit à une très forte représentation des petites communes rurales puisqu'on compte environ trente mille communes de cette nature en France.

Le Sénat compte 348 sénateurs élus pour 6 ans, il se renouvelle par moitié tous les trois ans. Le mode de scrutin diffère selon les circonscriptions : scrutin majoritaire à deux tours dans les circonscriptions élisant moins de trois sénateurs et scrutin à la représentation proportionnelle, avec application de la règle de la plus forte moyenne pour la répartition des restes, dans celles élisant trois sénateurs ou plus. Le rôle du Sénat est de voter la loi et de contrôler le Gouvernement.

Les élections locales

Les élections régionales

Les régions sont administrées par un conseil régional élu au suffrage universel direct qui forme l'organe délibérant de la région. Les assemblées régionales sont élues pour six ans, avec renouvellement intégral. Le scrutin est de liste à deux tours avec représentation proportionnelle et avantage à la liste qui obtient la majorité absolue au premier tour ou arrive en tête au second.

Depuis la loi du 11 avril 2003, les listes sont déposées au niveau régional mais les candidats sont répartis entre les départements constituant la région afin de rapprocher les élus du citoyen.

Le nombre de sièges attribué à chaque département est proportionnel à sa démographie et une stricte alternance des candidats de chaque sexe sur les listes est imposée pour favoriser la parité.

Les élections départementales (ex-cantonales)

Elles permettent d'élire, tous les 6 ans, le conseil départemental (ex-général) qui gère le département. Depuis la loi n° 2013-403 du 17 mai 2013 relative à l'élection des conseillers départementaux, des conseillers municipaux et des conseillers communautaires, l'assemblée qui dirige le département a pris le nom de conseil départemental en remplacement de la précédente appellation de conseil général.

Les conseillers départementaux (au lieu des anciens conseillers généraux) sont élus lors d'élections départementales. Ces élections ont désormais lieu tous les six ans pour le renouvellement de l'intégralité des conseillers (les conseillers généraux étaient renouvelés par moitié tous les trois ans). Elles se dérouleront au scrutin majoritaire binominal à deux tours. Chaque circonscription électorale élira deux conseillers départementaux, ce binôme sera obligatoirement composé d'un homme et d'une femme.

La circonscription électorale des départementales reste le canton. Néanmoins, la carte des cantons a été redessinée afin de l'adapter aux réalités sociodémographiques.

Bibliographie et sitographie :

– Socle commun de connaissances et de compétences, programmes officiels issus du *Bulletin officiel* du 19 juin 2008 et progressions issues du *Bulletin officiel* du 5 janvier 2012.
– *Droit constitutionnel et institutions politiques*, Jean-Claude Acquaviva, Gualino, 2014.
– http://www.eduscol.education.fr
– http://www.vie-publique.fr
– http://www.assembleenationale.fr
– http://www.senat.fr
– http://www.elysee.fr

DESCRIPTION D'UNE SÉQUENCE PÉDAGOGIQUE

La séquence proposée s'inscrit courant du cycle 3, durant l'année scolaire du CM1. Le socle commun de connaissances, de compétences et de culture fixe comme objectif, dans le cadre des compétences sociales et civiques, de « *favoriser la compréhension des institutions d'une démocratie vivante par l'acquisition des principes et des principales règles qui fondent la République. Il est aussi de permettre aux élèves de devenir des acteurs responsables de notre démocratie* ».

En complément du socle commun de connaissances, de compétences et de culture, les programmes de 2008 et les progressions de 2012 énumèrent les compétences suivantes :
• connaître la définition du mot démocratie : « c'est grâce au suffrage universel que le pouvoir est confié à plusieurs personnes » ;
• identifier et nommer les élus nationaux désignés en France au suffrage universel direct (président de la République, députés) ou indirect (sénateurs) ;
• identifier et nommer les élus locaux : conseillers régionaux pour la région, conseillers départementaux pour le département.

Les compétences suivantes seront travaillées et mobilisées au cours de cette séquence.

Maîtrise de la langue française

• lire :
– lire avec aisance (à haute voix, silencieusement) un texte,
– lire seul et comprendre un énoncé, une consigne ;
• écrire :
– utiliser ses connaissances pour réfléchir sur un texte, mieux le comprendre, mieux l'écrire ;
• s'exprimer à l'oral :
– s'exprimer à l'oral comme à l'écrit dans un vocabulaire approprié et précis,
– prendre la parole en respectant le niveau de langue adapté,
– répondre à une question par une phrase complète à l'oral,
– prendre part à un dialogue : prendre la parole devant les autres, écouter autrui, formuler et justifier un point de vue ;
• étude de la langue, vocabulaire :
– comprendre des mots nouveaux et les utiliser à bon escient : démocratie représentative, élire, suffrage universel direct et indirect, isoloir, urne, bulletin de vote, élus, etc.
• utiliser des outils :
– utiliser des dictionnaires, imprimés ou numériques.

La culture humaniste

• connaître et mémoriser les principaux repères chronologiques (événements et personnages) pour les situer les uns par rapport aux autres ;
• lire et utiliser différents langages : textes, cartes, croquis, graphiques, chronologie, iconographie.

Les compétences sociales et civiques

• connaître les principes et fondements de la vie civique et sociale : comprendre les notions de droits et de devoirs, les accepter et les mettre en application ;
• avoir un comportement responsable : respecter tous les autres, et notamment appliquer le principe de l'égalité des filles et des garçons.

L'autonomie et l'initiative

- faire preuve d'initiative :

– respecter des consignes simples en autonomie,

– s'impliquer dans un projet individuel et collectif.

Séance et durée	Le plan (les notions)	Les objectifs. Être capable de :	Les supports utilisés	Type de séance	Les gestes du maître	Les compétences mobilisées par les élèves
N° 1 60 min	La France, une démocratie représentative	• Comprendre ce qu'est une démocratie représentative et ce qu'est le suffrage universel.	• Travail à partir d'un extrait de la Constitution écrit au tableau (article 3).	• Groupe classe	• Recueillir les représentations des élèves : « Savez-vous pourquoi l'on dit que la France est une démocratie ? » Si besoin, les inviter à chercher la définition du mot « démocratie » dans le dictionnaire. • Faire lire l'article, expliquer les mots difficiles puis reformuler le texte. • Faire caractériser la démocratie représentative par le fait que le peuple détient le pouvoir et qu'il ne l'exerce pas directement au quotidien compte tenu du grand nombre de citoyens mais qu'il désigne ses représentants en votant. • Rappeler également que le suffrage universel est égal : chaque citoyen dispose d'une voix et d'une seule. • Trace écrite : faire écrire aux élèves un résumé de la séance en intégrant les mots de vocabulaire vus en séance.	• Prendre la parole et donner son point de vue. • Lire, décrire, analyser un document.

Séance et durée	Le plan (les notions)	Les objectifs. Être capable de :	Les supports utilisés	Type de séance	Les gestes du maître	Les compétences mobilisées par les élèves
N° 2 75 min	Le droit de vote	• Connaître les conditions pour être électeur. • Repérer quelques étapes historiques du droit de vote. • Comprendre que le vote est un principe fondateur de la démocratie.	• Document 1 : Copie c'une carte d'électeur. • Document 2 : Frise indiquant les grandes étapes du droit de vote.	• Groupe classe	• Ouvrir la séance avec une question ouverte : « À quoi cela sert-il de voter ? » Mettre en scène un vote à main levée dans la classe. • Distribuer le document 1 : le faire décrire aux élèves et leur faire recenser les informations qui s'y trouvent. • Distribuer ensuite le document 2 et le faire décrire aux élèves. • Faire un apport d'information sur l'évolution historique du droit de vote pour bien montrer que ces acquis démocratiques sont récents.	• Prendre part à un échange collectif : prendre la parole devant les autres, écouter autrui, formuler et justifier un point de vue. • Lire, décrire, analyser un document.

Séance et durée	Le plan (les notions)	Les objectifs. Être capable de :	Les supports utilisés	Type de séance	Les gestes du maître	Les compétences mobilisées par les élèves
N° 3 60 min	Les élections	• Comprendre le rôle démocratique du vote. • Connaître le déroulement d'une élection et les garanties du vote.	• Document illustrant le parcours d'un électeur un jour d'élection. • Photos d'un isoloir, d'une urne transparente.	• Groupe classe • Travail par groupe de 2	• Faire le lien avec les séances précédentes sur la démocratie et le droit de vote. • En partant des dernières élections de mars 2015, organiser un recueil d'expériences et faire raconter, pour ceux qui ont déjà assisté à un vote, les différentes opérations. • Par sous-groupe, faire travailler les élèves sur les différentes étapes d'une élection, en suivant le parcours d'un électeur lors d'un vote. • Procéder à la mise en commun du travail effectué par sous-groupe, apporter et expliquer le vocabulaire (urne, feuille d'émargement, liste électorale...) et faire réfléchir les élèves sur les objets indispensables et les précautions à prendre pour éviter les fraudes.	• Lire, analyser un document et s'en aider pour répondre aux questions. • Prendre part à un échange collectif : prendre la parole devant les autres, écouter autrui, formuler et justifier un point de vue.

Séance et durée	Le plan (les notions)	Les objectifs. Être capable de :	Les supports utilisés	Type de séance	Les gestes du maître	Les compétences mobilisées par les élèves
N° 4 60 min	Les élus nationaux et locaux (partie I)	• Identifier et nommer les élus nationaux désignés au suffrage universel direct (président de la République, députés) ou indirect (sénateurs). • Identifier et nommer les élus locaux : conseillers régionaux pour la région, conseillers départementaux pour le département. • Comprendre la différence entre suffrage universel direct et suffrage universel indirect.	• Schéma précisant les différents niveaux d'élections en France et les modes de suffrages correspondant.	• Groupe classe • Travail en individuel	• Interroger les élèves sur les différents votes qu'ils connaissent et compléter le cas échéant. • Sur la base du document-support, questionner les élèves sur les différents types d'élections en France. • Expliciter les notions de suffrage universel direct et suffrage universel indirect. • Faire ensuite compléter aux élèves un questionnaire et corriger en groupe classe le travail. • Annoncer que la prochaine séance sera consacrée à un travail de recherche en sous-groupe pour permettre aux élèves de mieux connaître les différents élus présentés lors de cette séance. • Constituer 5 sous-groupes et confier à chaque sous-groupe « le portait » à faire d'un élu : le président de la République, les députés, les sénateurs, les conseillers départementaux et les conseillers régionaux (mode d'élection, durée du mandat, lieux d'exercice du pouvoir et attributions).	• Savoir analyser un schéma. • S'aider des documents à disposition pour répondre aux questions.

Séance et durée	Le plan (les notions)	Les objectifs. Être capable de :	Les supports utilisés	Type de séance	Les gestes du maître	Les compétences mobilisées par les élèves
N° 5 75 min	Les élus nationaux et locaux (partie II)	• Identifier et nommer les différents élus : président de la République, députés et sénateurs, conseillers départementaux et régionaux.	• Pour chaque élu, dossier documentaire. • Questionnaire préparatoire pour guider les élèves dans l'exploitation du dossier. • Fiche de synthèse vierge à compléter par élève et par élu reprenant les items du questionnaire.	• Travail en sous-groupe : constitution de sous-groupes, chacun travaillant sur un élu à présenter à la classe.	• Mettre les élèves en situation de recherche en les invitant, sur la base de leur dossier documentaire et du questionnaire, à faire en sous-groupe le portrait de l'élu qui leur est confié. • Faire présenter ensuite par chaque sous-groupe son travail devant le reste de la classe. • Mettre les élèves en situation de prise de notes et leur faire compléter les fiches de synthèse au fur et à mesure des présentations des élèves. • Leur donner comme consigne « Repère les mots-clefs et les idées essentielles pour en faire un résumé (ou une présentation) ensuite ». La prise de notes sera confrontée au travail du sous-groupe responsable et validée par le professeur des écoles.	• Lire et comprendre des documents iconographiques variés. • Prendre part à un échange collectif : prendre la parole devant les autres, écouter autrui, formuler et justifier un point de vue. • S'aider des documents à disposition pour répondre aux questions. • Communiquer et travailler en équipe : savoir écouter, faire valoir son point de vue, négocier, rechercher un consensus.

Séance et durée	Le plan (les notions)	Les objectifs. Être capable de :	Les supports utilisés	Type de séance	Les gestes du maître	Les compétences mobilisées par les élèves
N° 6 : Évaluation : dresser un bilan des savoirs et compétences méthodologiques des élèves. Durée : 35 minutes **Savoirs :** • Comprendre ce qu'est une démocratie représentative et comment s'exerce le pouvoir au travers de l'élection des représentants des citoyens (le suffrage universel, les élections). • Identifier et nommer les élus nationaux désignés en France au suffrage universel direct ou indirect ainsi que les élus locaux. **Compétences méthodologiques :** • Produire un écrit en intégrant des contraintes d'écriture (démocratie représentative, élire, suffrage universel direct et indirect, isoloir, urne, bulletin de vote, élus...). • Compléter un schéma ou un texte à trous. • Relier des mots à leur définition.						

Bibliographie didactique :

– *Développer des compétences sociales et civiques au cycle 3*, P. Hesse et A. Perge, SCEREN-CNDP.
– *50 activités pour enseigner l'instruction civique et morale au cycle 3*, F. Braud, O. Brenifier, S. Especier, N. Moreau, SCEREN-CNDP, 2011.
– *L'élu et le citoyen. Guide des Institutions de la République en BD*, SCEREN-CNDP, 2009.
– *Éducation et instruction civiques cycle 3*, A. de la Roche et B. Ventrillon, Retz, 2009.
– *Enseigner l'éducation à la citoyenneté au cycle 3*, S. Le Callennec, Hatier, 2008.

Domaine : Les compétences sociales et civiques		Classe : CM1
Séquence : La France, une démocratie représentative		
Séance n° 3 – Les élections		
Objectifs :	• Comprendre le rôle démocratique du vote. • Connaître le déroulement d'une élection et les garanties du vote.	
Compétences :	Compétences méthodologiques : • Lire, analyser un document et s'aider de ce document pour répondre aux questions. • Prendre part à un échange collectif : prendre la parole devant les autres, écouter autrui, formuler et justifier un point de vue.	
Support : Document illustrant les étapes d'une élection, photos d'une urne électorale et d'un isoloir. Matériel : Classeur d'instruction civique et morale. Durée : 60 minutes.		

Déroulement de la séance	**Durée**	**Modalité**
Phase 1 : • Faire le lien avec les séances précédentes sur la démocratie et le droit de vote.	5 min	Collectif – oral
Phase 2 : • En partant des dernières élections de mars 2015, organiser un recueil d'expériences en faisant raconter aux élèves qui ont déjà assisté à un vote les différentes opérations : « Avez-vous déjà été dans un bureau de vote ? Comment se passait l'élection ? Qui votait ? Pour qui ? Que voit-on ? Comment vote-t-on ? » • Noter sur une grande feuille les termes et mots de vocabulaire relevés par les élèves pour y revenir lors du travail sur le document support en les catégorisant en 3 ensembles (le lieu et son organisation, le personnel travaillant sur les élections, les électeurs).	5 mn	Collectif – oral

Phase 3 : • Proposer aux élèves de s'intéresser au déroulement d'un vote en suivant le parcours d'un électeur lors d'un vote. • Distribuer le document support agrandi et répartir les élèves par groupe de 2. • Donner la consigne suivante : « Par deux, vous allez décrire avec vos mots le contenu des vignettes qui retracent de manière chronologique le parcours d'un électeur. »	10 min	Travail en sous-groupe
Phase 4 : • Procéder à la mise en commun collective des travaux par sous-groupes. • En partant des expressions, phrases et mots de vocabulaire donnés par les élèves lors de la phase 2 et en apportant du vocabulaire supplémentaire, faire retracer collectivement le parcours d'un électeur. Cette phase de mise en commun sera également l'occasion de faire réfléchir les élèves sur les objets indispensables et les précautions à prendre pour éviter les fraudes : « Pourquoi l'urne est transparente ? », « À quoi sert un isoloir ? », etc. • Relier cette séance à la séance sur la démocratie pour faire comprendre aux élèves 2 éléments : - Le vote est l'expression de la souveraineté nationale : voter, c'est choisir ses représentants et chaque voix compte (égalité du vote : chaque électeur a une et une seule voix). - Voter, c'est un droit reconnu à chaque citoyen mais c'est aussi un devoir (ne pas voter, c'est laisser les autres décider à sa place).	40 min	Collectif - oral
Lexique de la séance : bulletin de vote, isoloir, carte d'électeur, urne, liste électorale, liste d'émargement, dépouillement.		
Trace écrite : • Le document complété et corrigé sera rangé dans le classeur d'instruction civique et morale. • Les élèves y inscriront également les mots nouveaux ayant fait l'objet d'une définition en classe.		
Dispositifs de différenciation envisagés si besoin : • Constitution des binômes d'élèves dans une logique de tutorat, en confiant aux élèves plus fragiles le rôle de rapporteur du travail effectué en sous-groupe lors de la mise en commun. • Mise à disposition d'un glossaire pour accompagner le travail sur le document support.		
Évaluation formative : • Demander aux élèves d'identifier quelques mots-clés qui résument l'essentiel de la séance. • Demander aux élèves de faire un résumé à haute voix, spontanément et de se compléter mutuellement ; l'enseignant complétera également le résumé des élèves. • Demander aux élèves de prévoir l'organisation d'un scrutin dans la classe. Que faudrait-il prévoir ?		

Document support : Comment s'organise le vote ?

Lors d'une élection, les citoyens choisissent leurs représentants : les conseillers municipaux, les députés, le président de la République, les élus locaux...

Découvre le parcours d'un électeur le jour d'une élection à l'aide des illustrations suivantes :

- les électeurs s'inscrivent sur les listes électorales ;
- les candidats font connaître leur programme ;
- les électeurs se renseignent sur les candidats et leur programme ;
- le jour des élections, les électeurs vont à leur bureau de vote et prouvent qu'ils sont inscrits sur les listes électorales ;
- en secret, dans l'isoloir, chaque électeur glisse le bulletin nommant le candidat de son choix, dans une enveloppe ;
- l'électeur glisse l'enveloppe dans l'urne ;
- il signe la liste d'émargement en face de son nom pour prouver qu'il a voté ;
- à la fin de la journée, on ouvre les urnes et on compte les voix : c'est le dépouillement. Le candidat qui a eu le plus de voix est élu.

QUESTIONS POUR L'ENTRETIEN

1. Un élève ne peut-il pas être un citoyen ?
2. Connaissez-vous un fonctionnement de classe (une pédagogie) qui fonctionne comme une démocratie ?
3. Quelle différence faites-vous entre éducation civique et morale et instruction civique et morale ?
4. Pourquoi mettre en scène un vote dans une classe ? Pour élire qui ?
5. À la suite des attentats de janvier 2015, un parcours citoyen a été mis en place pour la rentrée 2015. Pouvez-vous nous dire de quoi il s'agit ?

Réponses possibles

1. L'élève n'est pas un citoyen au sens politique et juridique du terme mais la citoyenneté est aussi une citoyenneté sociale qui se construit autour du vivre ensemble dans la classe et plus globalement dans la société.

2. Fonctionnement de classe qui fonctionne comme une démocratie : la pédagogie institutionnelle. On pense au conseil de classe et aux règles collectives élaborées par les élèves. Ceci correspond également au fonctionnement des classes Freinet.

3. L'éducation est davantage dans l'acquisition de comportement et d'attitude alors que l'instruction est plus sur la transmission d'un savoir dont l'enseignant est le détenteur.

4. La mise en scène du vote à main levée : on veut faire prendre conscience aux élèves que voter, c'est exprimer un point de vue même s'il est minoritaire. Sur ce vote à main levée, on peut envisager de soumettre aux élèves le choix du prochain ouvrage de littérature jeunesse étudiée en français (un roman policier ou un roman d'anticipation...). Cela peut être aussi le choix d'un jeu collectif que les élèves travailleraient en EPS.

5. Le parcours citoyen sera construit autour :

- Du nouvel enseignement moral et civique, qui entrera en vigueur dès septembre 2015 dans toutes les classes de l'école élémentaire à la classe de terminale, et dans toutes les voies du lycée d'enseignement général et technologique et du lycée professionnel. Il représentera, sur l'ensemble de la scolarité d'un élève, 300 heures dédiées.

L'enseignement moral et civique doit permettre aux élèves, par une pédagogie active et le recours aux supports audiovisuels, de comprendre le bien-fondé des règles régissant les comportements individuels et collectifs (principe de discipline), de reconnaître le pluralisme des opinions, des convictions et des modes de vie (principe de coexistence des libertés), et de construire du lien social et politique (principe de la communauté des citoyens). Il favorise le respect des droits et de la loi, l'égale considération des personnes, la solidarité, l'entraide, la coopération, le sens de l'intérêt général et de la participation à la vie démocratique. Il intègre de manière transversale les problématiques de lutte contre le racisme, contre l'antisémitisme, contre les préjugés et contre toutes les formes de discrimination, les notions de droits et de devoirs, le principe de laïcité.

• D'une éducation aux médias et à l'information prenant pleinement en compte les enjeux du numérique et de ses usages. Indissociable de la transmission d'une culture de la presse et de la liberté d'expression, l'éducation aux médias et à l'information est un enseignement intégré de manière transversale dans les différentes disciplines. Il doit apprendre aux élèves à lire et à décrypter l'information et l'image, à aiguiser leur esprit critique et à se forger une opinion, compétences essentielles pour exercer une citoyenneté éclairée et responsable en démocratie. Le ministère veillera à ce qu'un média - radio, journal, blog ou plateforme collaborative en ligne - soit développé dans chaque collège et dans chaque lycée. Les professeurs documentalistes seront tout particulièrement mobilisés à cette fin. C'est en effet en engageant les élèves eux-mêmes dans des activités de production et de diffusion de contenus, notamment à travers les réseaux sociaux et les plateformes collaboratives en ligne, qu'ils prendront le mieux conscience des enjeux attachés à la fiabilité des sources, à l'interprétation des informations et à la représentation de soi en ligne. Dans l'enseignement agricole, cette éducation aux médias et à l'information sera renforcée dans le cadre de l'éducation socioculturelle.

Le Centre de liaison de l'enseignement et des médias d'information (CLEMI) restera pleinement engagé sur ces enjeux pour le ministère.

• De l'enseignement aux élèves du jugement, de l'argumentation et du débat dans les classes, dès l'école élémentaire. Dans le second degré, toutes les disciplines doivent être mobilisées à cette fin. Les enseignants seront formés et accompagnés.

• De l'inscription des élèves de l'enseignement professionnel et des apprentis pendant leurs parcours de formation à des ateliers débats et philosophiques dans le cadre de l'enseignement moral et civique, à des activités sociales et civiques de l'entreprise où se déroulent les périodes de formation en milieu professionnel et les périodes d'alternance, à l'engagement associatif et à l'implication dans les organisations associatives professionnelles.

• De la préparation en amont de la Journée défense et citoyenneté (JDC) dans les établissements avec les lycéens.

• La participation et les initiatives des élèves seront développées :

- développement des « conseils d'enfants » dès l'école primaire, des conseils de la vie collégienne et soutien renforcé aux conseils de la vie lycéenne ;

- encouragement des actions éducatives dans le cadre des projets éducatifs territoriaux (par exemple, participation des élèves à des conseils municipaux d'enfants) ;

- renforcement des capacités d'initiative des associations lycéennes et mobilisation de moyens nouveaux à destination des journaux lycéens et des activités de création et d'animation médias, en favorisant les projets partenariaux avec le monde des médias et le monde économique ;
- relance de la semaine de lutte contre le racisme et l'antisémitisme, fin mars, pour en faire un temps fort de mobilisation de la communauté éducative et de l'ensemble de la société civile. Renforcement de la semaine de l'engagement en septembre, en lien avec les partenaires associatifs ;
- valorisation de l'engagement associatif des élèves, de l'implication auprès de leurs pairs qui ont besoin de soutiens variés (élèves nouvellement arrivés en France, élèves en difficulté et élèves en situation de handicap), etc. La vice-présidence des associations sportives par les élèves sera systématisée, et les prises de responsabilité au sein des associations sportives valorisées. Les formations de jeunes coachs et de jeunes arbitres seront développées. Les expériences d'engagement vécues par les élèves pendant leurs temps de loisirs et de vacances seront encouragées (cf. plan du ministère de la Ville, de la Jeunesse et des Sports).

• Les actions relatives à la formation du futur citoyen et à la promotion des valeurs de la République et de la laïcité seront inscrites systématiquement dans les projets d'école et les projets d'établissement. Ces actions seront particulièrement valorisées et explicitées auprès des parents d'élèves. Toutes les écoles et tous les établissements devront, d'ici la fin de l'année scolaire, réécrire leurs projets d'école et d'établissement pour y intégrer ces éléments. Ces projets détailleront également les modalités du parcours citoyen.

Le parcours citoyen sera évalué à la fin de la scolarité obligatoire selon des modalités qui seront définies au printemps. De manière complémentaire, les jeunes de plus de 16 ans, poursuivront leur parcours citoyen afin de préparer pleinement et de solenniser leur entrée dans la République (cf. plan du ministère de la Ville, de la Jeunesse et des Sports).

Autres questions possibles :

- Qu'est-ce que le vivre ensemble ?
- Vous avez dans votre classe des élèves dont les parents sont issus de l'immigration et donc ne participent pas au vote. Comment les prenez-vous en compte dans le rappel aux dernières élections de 2015 ?
- Les élèves peuvent-ils vous dire pour qui leurs parents ont voté ?
- Pensez-vous qu'une séance de 75 minutes soit appropriée pour des CM1 ? Justifiez.
- Comment constituez-vous les groupes ? Pourquoi ? Justifiez.
- Pouvez-vous citer les symboles de la République ?

DOSSIER 5| L'ALIMENTATION AU CE2

Académie de Dijon

Ce dossier professionnel a pour objet la présentation d'une séquence sur l'alimentation pour une classe de CE2, sujet de société au centre de problématiques santé très large. Cette séquence est inscrite dans le domaine des sciences et technologie au cycle des approfondissements. Elle prend place dans un projet sur l'alimentation.

Dans une première partie seront abordés d'une part les fondements scientifiques et d'autre part la question de l'enseignement des sciences et de l'éducation à la santé à l'école primaire. Puis une seconde partie sera consacrée à la séquence d'enseignement proprement dite.

■ SYNTHÈSE DES FONDEMENTS SCIENTIFIQUES

L'état actuel des recherches

La nutrition est l'ensemble des fonctions qui permettent l'introduction dans l'organisme, et l'utilisation par celui-ci, des matériaux plastiques et énergétiques qui sont nécessaires à son entretien et son renouvellement : l'alimentation et la digestion, la respiration, la circulation et l'excrétion.

Un aliment est une substance ingérée nécessaire au développement, au fonctionnement, à la constitution des réserves et à la réparation de l'être humain.

Un nutriment est une substance organique ou minérale assimilable sans avoir subi la dégradation de la digestion.

■ Nature et rôles des nutriments

L'alimentation a pour but de couvrir nos besoins nutritionnels en apportant eau, vitamines, minéraux, fibres et matières organiques complexes (glucides, lipides, protéines) en quantité variable selon l'aliment. Les nutriments peuvent être de nature organique ou minérale, simples ou composés.

Les nutriments d'origine organique

Les nutriments d'origine organique sont synthétisés par les êtres vivants.

Les **glucides ou hydrates de carbone** comprennent les sucres et les amidons ou féculents. Il existe plusieurs types de glucides : des sucres simples hydrolysables (les molécules de base monosaccharides ou oses) et des sucres complexes hydrolysables (les disaccharides et les polysaccharides). Ils constituent une source d'énergie (1 g de glucose = 16 kJ = 4 kcal). De récentes recherches mettent en évidence que le concept encore très largement répandu que les sucres simples correspondent aux sucres rapides et que les sucres complexes correspondent aux sucres lents est faux. Les notions d'index et de charges glycémiques, apparues dans les années 70, puis d'index insulinique, il y a moins de cinq ans, montrent la complexité de l'absorption des glucides.

Les **lipides alimentaires** sont constitués pour la plupart de triglycérides (85 à 95 % des lipides) qui constituent la molécule de base. Après digestion, les lipides sont transformés en acides gras saturés ou en acides gras monoinsaturés ou polyinsaturés. Les lipides constituent une source d'énergie (1 g de lipide = 37,62 kJ ou 9 kcal), transportent tous les éléments liposolubles et se retrouvent dans la composition de la cellule.

Les **protides** sont des chaînes plus ou moins longues d'acides aminés qui ont un rôle essentiel dans l'organisme : elles participent à l'édification des tissus et sont source d'énergie (1 g = 16,72 kJ ou 4 kcal).
Les acides aminés sont les molécules de base, non hydrolysables. Ils composent les polypeptides (quelques acides aminés à une centaine) et les protéines (plus de cent acides aminés) qui sont hydrolysables.

Les **vitamines** sont hydrosolubles (B1, B2, B5, B6, B12, acide folique, C, PP) ou liposolubles (A, D, E, K). Ce sont des régulateurs de réactions enzymatiques et des catalyseurs de réactions chimiques. L'être humain ne peut les synthétiser.

Les **fibres** ne sont pas à proprement parler des nutriments. D'origine végétale, ce sont des polysaccharides non transformés par les enzymes de la digestion. Elles sont indispensables au bon fonctionnement du transit intestinal.

Les nutriments d'origine minérale

Ces éléments ne sont pas digérés par l'organisme et passent directement dans le sang. Ils ont un rôle indispensable à son bon fonctionnement.

L'**eau** représente 50 à 70 % du poids du corps. Les pertes hydriques sont compensées par l'eau des boissons et celle contenue dans les aliments.

Les **minéraux** (calcium, phosphore, sodium, fer, iode, fluor, sélénium, cobalt, souffre, chlore, potassium, manganèse, argent, cuivre, zinc, or...) sont présents sous différentes formes dans l'organisme et sont indispensables, car ils participent au métabolisme.

Les **antioxydants** sont des molécules qui diminuent ou empêchent l'oxydation d'autres substances chimiques. Les plus connus sont la provitamine A, la vitamine C, la vitamine E, les polyphénols et le lycopène.

Les aliments simples et les aliments composés

Les aliments simples sont des aliments constitués d'une des trois catégories de nutriments majeurs, plus éventuellement d'eau et de vitamines, de glucides (exemple : saccharose), de lipides (exemple : huile) ou de protides (exemple : blanc d'œuf).

Les aliments composés sont constitués de plusieurs catégories de nutriments. C'est le cas de la majorité des aliments.

Classification des aliments

Les aliments peuvent donc être classés selon différents critères : origine, composition chimique, transformations subies... Les nutritionnistes les classent en fonction des nutriments majeurs qu'ils apportent. Le nombre de groupes est variable selon le pays.

Les sept familles d'aliments

Les sept familles d'aliments sont symbolisées par une marguerite dont chaque pétale est une famille d'aliments ou par un tableau. Les couleurs sont symboliques et permettent de retenir chaque classe. On remplacera avantageusement les mots représentant les aliments par des dessins pour un jeune public.

Groupes	Nutriments majeurs apportés	Rôle essentiel	Aliments représentés
Laits et produits laitiers	Calcium, protéines lactées (riches en acides aminés indispensables), lipides, vitamines B2, A dans les laitages non écrémés.	Aliments bâtisseurs contenant le calcium nécessaire aux os et aux dents et les protéines permettant de construire de nouveaux tissus : **rôle bâtisseur.**	Laits, yaourts, fromages, fromage blanc, petit suisse, desserts lactés...

Groupes	Nutriments majeurs apportés	Rôle essentiel	Aliments représentés
Viande, poissons ou œufs	Protéines animales (riches en acides aminés indispensables), fer, vitamines B1 (abats, jaune d'œuf), B12, A (foie, jaune d'œuf), lipides.	Aliments bâtisseurs permettant de construire de nouveaux tissus assurant croissance et entretien du corps : **rôle bâtisseur**.	Viandes, volailles, charcuterie, poissons, œufs...
Matières grasses ou corps gras	Lipides, acides gras essentiels (3, 6), vitamines liposolubles A (beurre) et vitamine E (huiles et certaines margarines).	Aliments fournisseurs de l'énergie (et de la chaleur), de vitamines de croissance et de protection : **rôle protecteur et énergétique**.	Beurre, margarine, huile, crème fraîche...
Féculents et céréales	Glucides complexes (amidon), minéraux (potassium, magnésium, fer), protéines végétales (légumes secs), vitamines B1, B2, B3..., fibres alimentaires, protéines végétales.	Aliments fournisseurs de l'énergie nécessaire à l'entretien de la vie et à toute activité : **rôle énergétique**.	Céréales (pain, riz, pâtes, semoule), légumineuses (lentilles, haricots secs, pois chiches, fèves), pomme de terre, banane plantain, manioc, igname...
Fruits et légumes	Minéraux (potassium, calcium, magnésium...), oligo-éléments, vitamines (C, bêta-carotène, B1, B6, B9...), fibres alimentaires, glucides simples (fructose).	Protection de l'organisme, régulation des fonctions intestinales : **rôle fonctionnel ou protecteur**.	Tous les fruits et tous les légumes verts.
Sucres et produits sucrés	Glucides simples (glucose, fructose...).	Énergie pour les muscles : **rôle énergétique**.	Sucre, bonbons, miel, confiture, sirop, pâtisseries, desserts lactés, chocolat, glaces...
Boissons	1. Eau, minéraux (calcium et/ou sodium) : eaux (robinet, source, minérale), thé, café, infusions... 2. Eau, glucide, vitamines, minéraux : jus de fruits... 3. Eau, glucides : sodas... 4. Eau, alcool, glucides : boissons alcoolisées.	Hydratation, transport dans l'organisme des différents nutriments, élimination des déchets : **rôle fonctionnel ou protecteur**.	Eaux (robinet, source, minérale), thé, café, infusions, jus de fruits, sodas, boissons alcoolisées.

L'équilibre alimentaire

Couramment schématisé sous la forme d'une pyramide alimentaire, l'équilibre alimentaire est aujourd'hui représenté par l'image d'un bateau. D'autres représentations existent dans d'autres pays.

La pyramide alimentaire

Il existe une multitude de pyramides, la notion d'équilibre étant assez discutée.

Pyramide alimentaire de Harvard : une pyramide révolutionnaire

Les céréales complètes en occupent le socle, les huiles végétales sont à égalité avec les céréales. Le Pr. Willett s'oppose ainsi à la chasse aux corps gras qui, selon lui, a probablement accéléré l'épidémie d'obésité. Fruits et légumes se situent au premier étage, juste au-dessous des légumes secs que Harvard associe aux noix. Poissons et viandes sont installés à l'étage supérieur, juste avant les laitages ou un supplément de calcium. Enfin, les céréales raffinées, les pommes de terre, les sodas et les aliments sucrés occupent la pointe de la pyramide. En marge de la pyramide, pour la première fois, des chercheurs conseillent un complément quotidien de vitamines et de minéraux et, le cas échéant, une consommation modérée de vin.

Le bateau alimentaire

Le bateau alimentaire est une approche nouvelle de l'AFSSA qui décrit, de façon plus moderne, plus expressive et plus dynamique, la proportion des différents groupes d'aliments à consommer au cours d'une journée. Les différentes parties du bateau alimentaire de référence correspondent aux différents groupes. Leurs surfaces sont proportionnelles aux quantités journalières conseillées pour chacun d'eux.

Description des différentes parties du bateau :

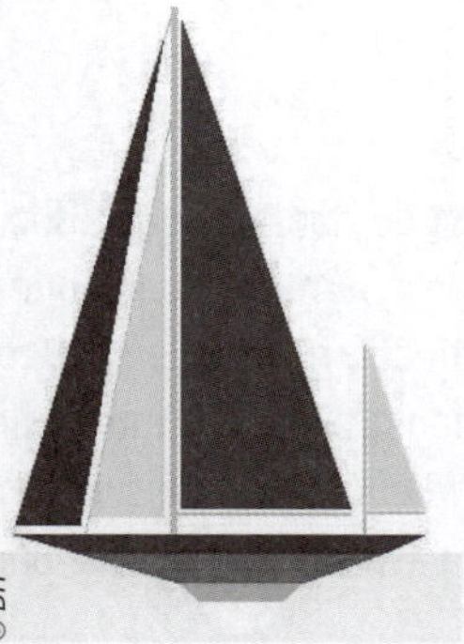

© DR

- le foc avant : les légumes ;
- le foc arrière : les fruits ;
- la grande voile ou moteur : les féculents ;
- la petite voile de poupe : les sucres simples ;
- la coque (haut) : les produits laitiers ;
- la coque (bas) : les viandes, poissons et œufs ;
- la quille ou socle : les graisses animales ;
- la quille ou socle : les graisses végétales ;
- un (éventuel) tonneau noir agissant comme un frein attaché à la poupe du bateau : la consommation quotidienne d'alcool.

■ Besoins nutritionnels et apports recommandés

Le besoin énergétique est la quantité d'énergie nécessaire pour équilibrer les dépenses en conservant une bonne santé. Les besoins nutritionnels doivent permettre la construction, l'entretien et la réparation de l'organisme, la protection contre les agressions externes, l'apport d'énergie et l'hydratation. Pendant la croissance, la grossesse et l'allaitement, s'ajoute, à la demande d'entretien, une demande de croissance et de production. La balance énergétique est la balance entre apports énergétiques et dépenses énergétiques. Elle est représentative du bilan énergétique. D'une manière simplifiée (mais qui n'est pas toujours exacte au vu des recherches actuelles), si les apports sont inférieurs aux dépenses, on va utiliser la masse grasse pour compenser, il y aura donc perte de poids. Si les apports sont supérieurs aux dépenses, il y aura synthèse de tissus pour stocker l'énergie non utilisée et donc prise de poids.

Valeurs moyennes des besoins énergétiques en fonction de l'âge et du genre

Âge	Individu mâle	Individu femelle
1-3 ans	1 300 à 1 720 kcal	1 300 à 1 720 kcal
4-8 ans	1 800 kcal	1 800 kcal
9-13 ans	2 200 kcal	2 500 kcal
14-18 ans	2 540 kcal	2 950 kcal
19-40 ans	2 700 kcal (70 kg)	2 200 kcal (60 kg)
41-60 ans	2 500 kcal (70 kg)	2 000 kcal (60 kg)

L'alimentation : une dimension multiple

Manger, c'est davantage que satisfaire un besoin biologique. Cet acte est du domaine de l'affectif, du culturel et du sociétal. Nous avons tous une relation particulière à la nourriture conditionnée par la façon dont nous investissons les aliments : rôle nourricier, rôle affectif, rôle hygiéniste, rôle hédoniste, rôle sociétal, rôle identitaire. Notre histoire alimentaire se construit dans l'interaction de ces facteurs biologiques ou culturels en constante mutation, des différences apparaissent aux travers des comportements alimentaires. Ce constat impose de relativiser l'aspect normatif qui fonde certaines recommandations nutritionnelles.

Les grands déterminants du comportement alimentaire

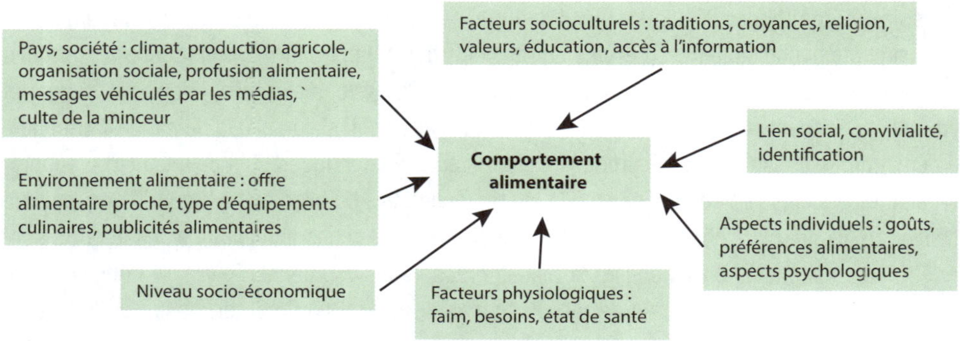

Les sciences à l'école

Le *BO* du 15 juin 2000 définit la nouvelle orientation de l'enseignement des sciences et de la technologie à l'école. Son objet est de permettre de développer la capacité d'argumentation et de raisonnement des élèves en lui assignant autant que possible une dimension expérimentale. Aussi, afin de leur permettre de développer esprit scientifique et rigueur, on place les élèves dans une position de chercheurs. La démarche scientifique à l'école se caractérise ainsi :

La démarche d'investigation raisonnée dans l'enseignement des sciences

<table>
<tr><td>1</td><td>À partir d'une situation de départ fortuite ou provoquée.</td><td colspan="4">Étonnement, curiosité, questionnement.

Formulation d'un problème à résoudre.</td></tr>
<tr><td>2</td><td>Par le raisonnement et en utilisant ses connaissances.</td><td colspan="4">Explications possibles, réponses possibles, représentations de la solution.

Formulation des hypothèses à tester ou le cas échéant à vérifier dans la documentation.</td></tr>
<tr><td rowspan="3">3</td><td colspan="5">Selon la nature du problème et des hypothèses, établissement d'un protocole ou de plusieurs protocoles avec au choix :</td></tr>
<tr><td>Expérimentation</td><td>Tâtonnement expérimental</td><td>Modélisation</td><td>Observation</td><td>Recherche documentaire</td></tr>
<tr><td>Prévoir le dispositif : ne faire varier qu'un facteur à la fois, recueillir les résultats par l'observation ou la mesure.</td><td>Prévoir divers essais, comparer les résultats.</td><td>Raisonner par analogie, vérifier en construisant un modèle.</td><td>Ou exploitation de documents (images, données, résultats d'expériences).</td><td>Par la lecture de documents papier ou électroniques ou par l'interview de personnes compétentes.</td></tr>
<tr><td colspan="6">Réalisation des protocoles</td></tr>
<tr><td>4</td><td>Constatation des résultats et comparaison avec les hypothèses testées.</td><td colspan="4">Validation ou non de l'hypothèse ou de certaines des hypothèses.</td></tr>
<tr><td>5</td><td>Synthèse de l'ensemble des hypothèses validées et invalidées.</td><td colspan="4">Structuration du savoir construit en réponse au problème posé.</td></tr>
<tr><td>6</td><td colspan="5">Confrontation au savoir établi.</td></tr>
<tr><td>7</td><td colspan="5">Réinvestissement dans une nouvelle situation de classe ou de la vie courante.</td></tr>
</table>

La santé des élèves : une préoccupation interministérielle

Depuis vingt ans, on constate dans les pays occidentaux une diminution de l'activité physique liée au développement des moyens de transport, de la télévision, de l'informatique et des jeux vidéo. Ainsi, la surcharge pondérale et l'obésité augmentent, notamment chez les enfants et les adolescents.

En France, le pourcentage d'enfants en excès pondéral est passé de 3 % en 1965 à 5 % en 1980, 16 % en 2000 et 17,8 % en 2006. Malgré un ralentissement de cette progression en France depuis les années 2000, près d'un enfant sur 4 risque d'être en surpoids en 2020.
En Franche-Comté en 2013, 16 % environ des enfants étaient en surpoids en classe de 6e.

Courbe de l'obésité chez les enfants en France

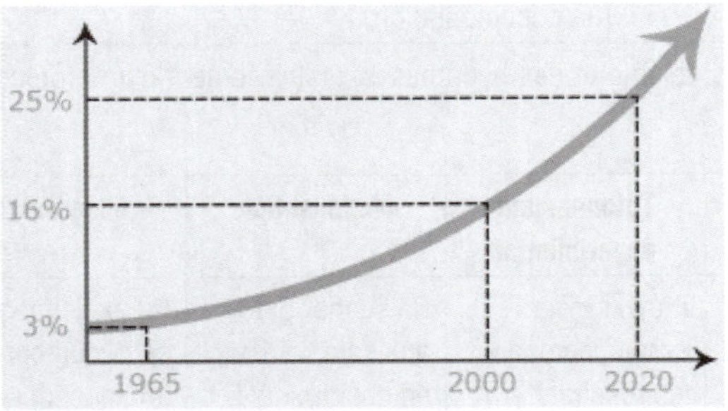

© DR

La circulaire n° 2003-210 du 1er décembre 2003, relative à la santé des élèves établit un programme quinquennal de prévention et d'éducation à la nutrition, ainsi que la prévention du surpoids et de l'obésité. Cette circulaire reprend ainsi les recommandations du Programme national nutrition santé (PNNS) qui met en avant l'interdépendance d'une éducation précoce et durable sur l'alimentation et l'activité physique. Ainsi, de la maternelle au lycée, les programmes scolaires apportent les connaissances qui contribuent à la réflexion des élèves sur la santé.

L'éducation à la santé à l'école primaire

Le *BO* du 5 janvier 2012 intègre sous l'item « hygiène et santé », l'enseignement de l'alimentation, du sommeil et du sport. L'éducation à la santé fait partie du socle commun de connaissances et de compétences. Elle s'appuie sur les enseignements, les actions éducatives et la vie scolaire. Elle est formalisée dans le projet d'école et le projet d'établissement. L'éducation à la santé permet aux élèves d'acquérir des connaissances, de développer leur esprit critique, d'être capables de faire des choix responsables et d'être autonomes.

■ *BO* du 19 juin 2008

Compétence 1 : La maîtrise de la langue française.
Compétence 3 : Les principaux éléments de mathématiques et la culture scientifique et technologique.
« *Les élèves sont capables de pratiquer une démarche d'investigation : savoir observer, questionner, manipuler et expérimenter, formuler une hypothèse et la tester, argumenter, mettre à l'essai plusieurs pistes de solutions, exprimer et exploiter les résultats d'une mesure ou d'une recherche en utilisant un vocabulaire scientifique à l'écrit et à l'oral, de maîtriser des connaissances dans divers domaines scientifiques, de mobiliser ses connaissances [...] dans des activités de la vie courante ([...] apprécier l'équilibre d'un repas)* »
Compétence 4 : La maîtrise des techniques usuelles de l'information et de la communication.
Compétence 6 : La compétence sociale et civique.
Compétence 7 : L'autonomie et l'initiative.

■ *BO* du 5 janvier 2012 : Fonctionnement du corps humain et la santé

Hygiène et santé : l'alimentation
• Connaître les actions bénéfiques ou nocives de nos comportements alimentaires.
• Connaître les différentes catégories d'aliments, leur origine et comprendre l'importance de la variété alimentaire dans les repas.
Vocabulaire : familles d'aliments (eau, fruits et légumes, produits laitiers, céréales et dérivés, viande - poisson - œuf, matières grasses, produits sucrés), besoins énergétiques.

Les difficultés potentielles

L'alimentation a une dimension émotionnelle. Le point de départ de cette séquence peut potentiellement amener des difficultés : stigmatisation d'élèves, incompréhension de la part de parents d'élèves sur la problématique de l'obésité. Il conviendra d'être attentif et se tenir prêt à justifier ce parti pris.

Bibliographie et sitographie

– *La Grosse patate,* Susie Morgenstern, Joëlle Boucher, Pocket.
– *Les Questions de Justine. Manger à quoi ça sert*, Sylvie de Mathuisieulx, Catherine Millécamps, Laurent Sabathié, Rébecca Dautremer, Belin.
– *Citoyens en herbe : Trop Bon ! Bien se nourrir pour bien grandir*, Sylvie Girardet, Puig Rosado, Hatier.

– *Le Livre des croc, crunch, slurp !*, Pr. Charles Clark, Maureen Clark, Sue Shields, Gallimard Jeunesse.
– Guide méthodologique, « La démarche d'investigation : comment faire en classe », Édith Saltiel
– Fiches-info « Fourchettes & Baskets », INPES
– http:/ia71.ac-dijon.fr/sante/bd_alimentation/...
– http://www.lanutrition.fr/
– http://www.repop-fc.com/obesite.php
– http://www.fondation-lamap.org/fr/page/17793/la-demarche-dinvestigation

DESCRIPTION D'UNE SÉQUENCE PÉDAGOGIQUE

Séance	Objet de la séance	Phase de la démarche d'investigation raisonnée	Modalités de travail
1	Entrée dans la séquence à partir d'un album. Question : « Pourquoi l'héroïne est-elle en surpoids ? »	Motivation : « D'où part-on ? » À partir d'une situation de départ fortuite ou provoquée : créer l'étonnement, la curiosité, le questionnement des élèves puis formuler un problème à résoudre.	Groupe classe
2	Formulation d'hypothèses. Les problématiques sur les aliments émergent.	Problématisation : « Qu'est-ce qu'on cherche ? » Par le raisonnement et en utilisant ses connaissances, explications ou réponses possibles, représentations de la solution. Formulation des hypothèses à tester ou à vérifier dans la documentation. À partir des conceptions des élèves, recherche des classements possibles, hypothèses à vérifier.	Groupe classe. Groupe de trois ou quatre.
3	Rappel du problème initial. Recherche et investigation.	Définition de la stratégie de recherche : « Comment va-t-on faire pour chercher ? » Selon la nature du problème et des hypothèses, établissement d'un ou de plusieurs protocoles. Le protocole choisi est la recherche documentaire. Mise en œuvre du « cherchons ».	Trois groupes.

Séance	Objet de la séance	Phase de la démarche d'investigation raisonnée	Modalités de travail
4	Restitution de la séance 3 à la classe, institutionnalisation pour cette partie et réinvestissement : « Proposez un nouveau classement tenant compte de ces nouveaux éléments ». Institutionnalisation sur les sept familles.	Confrontation : « A-t-on trouvé ce que l'on cherche ? » Constatation des résultats et comparaison avec les hypothèses testées : validation ou non des hypothèses. Les hypothèses sont exposées et validées au regard de la problématique de départ. Conclusion attendue : recherche d'un équilibre alimentaire tenant compte des résultats des recherches (sept familles).	Groupes de recherche devant le reste du groupe classe. Groupes de trois ou quatre.
5	L'équilibre alimentaire.	Synthèse de l'ensemble des hypothèses validées et invalidées. Structuration du savoir construit en réponse au problème posé : l'équilibre alimentaire, le moyen d'être en bonne santé. Évaluation formative.	Groupe classe. Groupes de trois ou quatre.
6	Élargissement sur le lien alimentation/santé : documentaire *Coca Cola. La recette secrète* de Romain Icard, avec son aimable autorisation.	Confrontation au savoir établi. Élargissement de la situation-problème de départ avec un fait découvert qui vient enrichir le fait recherché. Santé/Environnement	Groupe classe. Prise de notes individuelles
7	Séance français/sciences : fin du visionnage, débat, restitution écrite et institutionnalisation.	Terminaison : « Le savoir construit, ce que l'on a expliqué, compris, découvert. À quoi ça sert ? Ce qu'il reste à comprendre ? » Réinvestissement dans une nouvelle situation de classe ou de la vie courante : notre pouvoir critique de consommateur.	Groupe classe. Prise de notes individuelles. Compte rendu par groupes de trois
8	Évaluation sommative	Réinvestissement (situation en classe ou de la vie courante) : • Évaluation : je sais équilibrer mon repas • Autres réinvestissements : cf. bilan séance 8	Évaluation individuelle

Séance 1 sur 8	Durée : 40 min	Date : 5 janvier 2015
Champp disciplinaire : Sciences – Hygiène et santé : L'alimentation		Cycle 3 – Niveau CE2

Objectifs de la séquence issus des programmes de 2008 :
- Connaître les actions bénéfiques ou nocives de nos comportements alimentaires.
- Connaître les différentes catégories d'aliments, leur origine et comprendre l'importance de la variété alimentaire dans les repas.

Vocabulaire à maîtriser : familles d'aliments (eau, fruits et légumes, produits laitiers, céréales et dérivés, viande – poisson – œuf, matières grasses, produits sucrés), besoins énergétiques.

Objectifs spécifiques de la séance :	**Compétences transversales :**
• Évaluer les connaissances et faire émerger les représentations initiales. • Établir une relation de confiance pour débattre librement et avec respect d'un sujet de société.	• Lire et comprendre un texte. • Participer activement à un débat argumenté.

Pré-requis à la séance : La lecture de l'album *La Grosse patate* de Susie Morgenstern, 1999, Kid Pocket, a été entamée en français. L'extrait choisi prend la suite. Savoir identifier quelques régimes alimentaires d'espèces animales (végétarien, carnivore, omnivore).

Matériel à prévoir : Extrait de l'album *La Grosse patate*, paperboard et feutres, cahier d'expérimentation

Durée	Modalité de travail	Objectifs	Activités, déroulement et consignes	Traces et/ou réponses attendues
5 min Oral	Groupe classe. Deux élèves lisent l'extrait.	• Lire l'extrait choisi.	Explication du vocabulaire.	

15 min Oral	Groupe classe	• Être capable de prendre la parole pour donner leurs impressions. • Entrer dans la problématique de l'alimentation.	1) Questionnement à partir d'une situation de départ. Le professeur des écoles guide le débat par des questions portant sur le texte en prenant soin d'utiliser les mots du livre. • « Que nous dit notre héroïne ? » • « Pourquoi l'appelle-t-on ainsi ? » • « Que ressent-elle ? » • « Pourquoi pensez-vous que les gens en font toute une histoire » • « Vous souvenez-vous de la relation qu'elle entretient avec la nourriture ? »	• On l'appelle Bouboulina ou Fessela, on la juge un peu forte, rondelette. • Parce qu'elle est en surpoids. • Elle dit que cela lui est égal, elle ne comprend pas pourquoi on en fait toute une histoire. • Rappel rapide du rapport de l'héroïne à la nourriture.
20 min Oral et écrit	Groupe classe	• Établir une base de travail pour la séance suivante.	2) Formulation d'un problème : « Et vous, quelle est votre relation à la nourriture ? Que mangez-vous ? Quand ? Comment ? Pourquoi ? »	• Recueil sur paperboard et/ou cahier d'expérimentation des comportements et des aliments pour réutilisation à la séance 2.

Bilan : Récapituler ce que les élèves ont évoqué sur leur rapport à la nourriture et conclure que bien que chacun ait un rapport différent à la nourriture, nous avons aussi des similitudes du fait de notre nature humaine (écrit - individuel). Évoquer la prochaine séance qui servira à commencer à répondre à la question « Pourquoi l'héroïne est-elle en surpoids ? » (oral - groupe classe).

<table>
<tr><td colspan="3">Séance 2 sur 8</td><td>Durée : 45 min</td><td>Date : 12 janvier 2015</td></tr>
<tr><td colspan="4">Champ disciplinaire : Sciences - Hygiène et santé : L'alimentation</td><td>Cycle 3 - Niveau CE2</td></tr>
<tr><td colspan="4">Objectifs spécifiques de la séance :
• Établir des hypothèses concernant la problématique du surpoids et en déduire des pistes de recherche sur l'alimentation.
• Proposer un classement et en expliquer la logique.</td><td>Compétences transversales :
• Expliciter un raisonnement, présenter des arguments.
• Tenir compte de l'avis des autres.</td></tr>
<tr><td colspan="5">Matériel à prévoir : cahier d'expérience, listes d'aliments sous forme de vignettes à découper (ceux de la liste dictée plus d'autres aliments), menus si besoin pour induire des pistes de réflexion.</td></tr>
<tr><th>Durée</th><th>Modalité de travail</th><th>Objectifs</th><th>Activités, déroulement et consignes</th><th>Traces et/ou réponses attendues</th></tr>
<tr><td>15 min
Oral et écrit</td><td>Groupe classe</td><td>• Se rappeler le travail de la séance précédente.
• Établir des hypothèses.</td><td>1) Entrée dans l'activité.
Les élèves rappellent la problématique « Pourquoi l'héroïne est-elle en surpoids ? »
2) Explications possibles et mise en hypothèses : Les élèves font des hypothèses.
Le professeur des écoles classe les hypothèses et avec les élèves fait apparaître des problématiques liées aux besoins alimentaires :
• Que manger pour être en bonne santé ? (les sept familles)
• De quoi se composent les aliments ? (les trois nutriments majeurs)
• Quelle quantité doit-on manger ? (notion de besoin et de valeur énergétiques)
• Pourquoi mange-t-on ? Que nous apportent les aliments ? (les groupes fonctionnels)
• Quelle relation existe-t-il entre la santé et l'alimentation ? (manger pour être en bonne santé, impact de l'alimentation sur la santé)</td><td>Recueil au tableau des hypothèses :
• Elle est trop gourmande.
• Elle mange mal ou de mauvaises choses.
• Elle mange trop.
• Elle ne fait pas assez de sport.
• Elle s'ennuie ou elle est triste.
• Elle a une maladie qui fait grossir.</td></tr>
</table>

<table>
<tr><td>10 min
Oral</td><td>Groupe classe</td><td>• Préparer le travail sur la problématique « Que manger pour être en bonne santé ? »</td><td colspan="2">3) À partir des conceptions des élèves, recherche de classements possibles.
Création des groupes et distribution d'une planche de vignettes par groupe :
« Vous vous mettez par trois, je vais distribuer une planche qui comprend des aliments, ceux que vous m'avez proposés la dernière fois et d'autres auxquels nous n'avions pas pensé. »
Lecture de la liste des aliments consommés : « Un volontaire pour lire la liste... », vérification de la compréhension
Préparation des vignettes : « Découpez proprement les vignettes pour la suite de l'activité. »</td></tr>
<tr><td>10 min
Oral et écrit</td><td>Groupes de trois ou quatre</td><td>• Proposer un classement des aliments.
• Trouver un consensus au sein de chaque groupe.</td><td>« Nous avons vu qu'il y a donc de nombreux aliments très différents. Par groupe, vous allez essayer de proposer un classement de la façon qui vous semble logique et qui permette de répondre à la problématique. Nous verrons ensuite ce que chaque groupe a choisi et pourquoi. »
Les élèves établissent leur classement et collent leurs étiquettes sur une affiche.</td><td>• Recueil des classements. Par couleur, goût (salé, sucré...), état (liquide, solide...), origine géographique, animal/végétal, repas habituel de consommation, place dans le repas, ébauche de familles alimentaires...</td></tr>
<tr><td>10 min
Oral et écrit</td><td>Groupe classe</td><td>• Mettre en commun.</td><td>4) Mise en commun :
Les élèves présentent et expliquent leur choix. Ils débattent.
Proposition d'une trace écrite.</td><td>Trace écrite sur les cahiers : « Il existe de nombreux aliments. Ils sont tous différents mais par certains points se ressemblent. Cela permet de les classer selon différents critères. »</td></tr>
<tr><td colspan="5">Bilan : Rappeler la problématique. Mettre en évidence que nous n'y avons pas encore répondu. Évoquer la prochaine séance qui servira à l'investigation en groupes des trois pistes suivantes (oral – groupe classe). Constitution des groupes.</td></tr>
</table>

Séance 8 sur 8	Durée : 30 min	Date : 16 février 2015
Champ disciplinaire : Sciences - Hygiène et santé : L'alimentation		Cycle 3 - Niveau CE2
Objectifs de la séquence : 1) Connaître les actions bénéfiques ou nocives de nos comportements alimentaires. 2) Connaître les différentes catégories d'aliments, leur origine et comprendre l'importance de la variété alimentaire dans les repas. Vocabulaire à maîtriser.		**Compétences transversales :** • Lire et comprendre une consigne. • Savoir réinvestir ses savoirs. • Savoir expliquer ses choix.
Objectifs spécifiques de la séance : • Évaluer les connaissances acquises des élèves concernant les objectifs de séquence.		
Pré-requis à la séance : La séance vient clore la séquence sur l'alimentation. Les hypothèses ont été validées et les savoirs institutionnalisés.		
Matériel à prévoir : Des photos d'aliments divers, le carnet de vocabulaire, la feuille d'évaluation. Une affiche de la pyramide et du bateau.		

Durée	Modalité de travail	Objectifs	Activités, déroulement et consignes
5 min Oral	Groupe classe	Lire et comprendre le document et les consignes.	Faire reformuler un ou deux élèves (plutôt ceux dont on sait qu'ils peuvent présenter un défaut de compréhension ou d'attention). Questions si besoin.
25 min Écrit	Groupe classe Individuellement	• Composer un repas équilibré. • Savoir réutiliser « familles d'aliments (eau, fruits et légumes, produits laitiers, céréales et dérivés, viande - poisson - œuf, matières grasses, produits sucrés), besoins énergétiques. »	• Sur l'assiette représentée sur ta feuille, colle les aliments que tu souhaites manger afin d'avoir un repas équilibré. Tu feras attention à coller les bonnes quantités comme dans une vraie assiette et à penser au dessert si tu en veux (à poser à côté de l'assiette si tu n'as plus de place) et à la boisson. • Explique pourquoi il est important de manger équilibré. • Explique ce à quoi tu as fait attention pour composer ton repas. Pour t'aider, tu disposes de tout le vocabulaire appris pendant la séquence.
Bilan de séquence : Parmi les menus établis, l'un sera choisi et pourra donner lieu à la préparation de repas en NAP ou au périscolaire.			

20 DOSSIERS POUR S'ENTRAÎNER

PARTIE VI

Ces dossiers comprennent :

- un exemple de séquence ou de séance sur un des sujets pour le concours ;
- les questions possibles ;
- et, lorsque nécessaire, quelques éléments de réponse.

RAPPEL

Cette épreuve sur dossier candidat permet d'évaluer en priorité vos connaissances sur le sujet choisi. Le professeur du second degré spécialisé dans la discipline choisie faisant partie du jury, il faut vous attendre à des questions de connaissances sur le sujet et le domaine.

Les questions de didactique porteront essentiellement sur la mise en œuvre de la situation que vous présentez (le sens que vous donnez pour les élèves), la place dans une progression, la différenciation et l'évaluation.

Pour l'école maternelle, vous aurez plutôt des questions sur le développement de l'enfant, les enjeux pour l'élémentaire et comment il devient élève. La première partie du dossier relèvera tout autant des connaissances sur le domaine, mais avec son implication sur le développement de l'enfant, les évolutions dans les programmes et les réflexions sur la différenciation.

Gardez également en tête les nouvelles orientations pour l'école : l'école dans l'ère du numérique, l'intégration et l'inclusion des enfants en situation de handicaps.

DOSSIER 1 | LA DÉCOUVERTE DU MONDE : L'AIR AU CYCLE 1

PISTE PÉDAGOGIQUE

Objectif : mettre en évidence l'existence de l'air.

	Questionnement	Activités des élèves	Rôle du maître	Traces écrites	Vocabulaire	Matériel spécifique
Séance n° 1 **Phase 1** **Regarder par la fenêtre les nuages qui passent, images du fichier...** **15'**	Pourquoi ne peut-on écraser cette bouteille ?	Essais pour écraser (pieds, mains)	• Bien montrer que la bouteille est bouchée • Presser une bouteille avec un ballon sur le goulot	Même si elle paraît vide, la bouteille est pleine d'air. L'air est partout autour de nous. Dessin à compléter	Air, vide, remplie, invisible	Bouteilles en plastique bouchées
Phase 2 **10'**	Comment voir l'air ?	• Souffler dans l'eau • Pencher un verre dans l'eau. Les bulles sortent				• Bacs plastique • Eau • Bouteille débouchée • Pailles
Situation problème : **15'**	Comment faire remonter le sous-marin à la surface ?	Recherche de solutions	Aide les élèves à oraliser, expliquer...	Si on envoie de l'air dans la bouteille, l'eau est chassée et la bouteille remonte	Sous-marins, léger lourd...	• Bacs plastique • Eau • Bouteille débouchée • Pailles

LES QUESTIONS POUR L'ENTRETIEN

1. Pour quelle section cette séance est-elle prévue ?
2. À quel moment de l'année ?
3. Quels prolongements pourriez-vous faire ?
4. Pensez-vous que des élèves de 5 ans puissent comprendre les caractéristiques de l'air ? Pourquoi ?
5. Quelles sont les caractéristiques de l'air ?
6. Que préconisent les programmes ?

DOSSIER 2| DÉCOUVERTE DU MONDE : LES SENS AU CYCLE 1

Situation déclenchante	Questionnement	Activités des élèves	Rôle du maître	Traces écrites	Vocabulaire	Matériel spécifique
Séance n° 1 Phase 1 L'œil et la main sont-ils suffisants ? (travail par 2) Les binômes se suivent	• Sais-tu ce qu'il y a dans les 6 coupelles ? Pour l'instant tu ne peux te servir que de tes yeux • Quand tu la reconnais, tu poses la coupelle dans sa case • Touche les produits qui restent, si tu les reconnais tu les poses sur la case • Goûte les produits qui restent, quand tu les reconnais tu les poses sur la case	Un élève observe, l'autre note ses réponses	Préparation du matériel	• Pour reconnaître les différents produits, nous les avons regardés, mais ça ne suffit pas toujours, on peut les toucher, les goûter • Attention : il ne faut pas goûter n'importe quoi		• 6 coupelles, 6 produits (sucre glace, sucre en poudre, sucre cristal, levure, sel, farine) • Feuille de résultats • Fiche support

Situation déclenchante	Questionnement	Activités des élèves	Rôle du maître	Traces écrites	Vocabulaire	Matériel spécifique
Séance n° 2 Peut-on reconnaître les objets sans les voir ?	Quel est l'objet que tu touches ?	• Un élève place les objets dans un sac en les nommant (vérifier que tous ont le vocabulaire) • Un autre élève enfile un gant puis fouille dans le sac – cet élève recommence à mains nues • Puis on passe à un autre	Note les résultats	• Avec le gant on reconnaît la forme générale de l'objet, mais on a du mal à le décrire • À mains nues, c'est plus facile de reconnaître et de différencier un stylo d'un crayon	Nom des objets	• Sac poubelle 30 L • Gants souples ménagers • Objets : crayon de couleur, stylo, gomme, taille-crayon, pièce de monnaie, anneau de porte-clé, cube en bois et en plastique

PISTE PÉDAGOGIQUE

Objectifs :

- distinguer les capacités spécifiques aux deux sens ;
- observer, identifier et décrire quelques caractéristiques de la vie.

LES QUESTIONS POUR L'ENTRETIEN

1. Quels prolongements pouvez-vous imaginer ?
2. Quelle démarche mettez-vous en place ?
3. À quoi correspond le toucher dans le développement de l'enfant ?
4. Citez les cinq sens, les organes afférents et des situations à mettre en place avec les élèves de maternelle dans les trois autres sens non évoqués dans votre séquence.

DOSSIER 3| LES ACTIVITÉS ARTISTIQUES AU CYCLE 1

PISTE PÉDAGOGIQUE

Mise en œuvre : « Laissez émerger les mots qui vous viennent à l'esprit en pensant à... emmêlé » Cheveux, nœuds, enchevêtré...

Moyens plastiques

- Outils : crayons à papier, craies grasses, pinceaux, rouleaux
- Matériaux : des écheveaux de laine, des pelotes de ficelle, laine, fil, des brassées de filasse, des rubans, des bandes de papier, de la peinture
- Supports : feuilles A4, boîtes identiques, canson carré 30 x 30, feuilles de dessin
- Opérations plastiques : dessiner, composer plastiquement

Séance 1 : La boîte à fils, sentir et percevoir

Objectifs : accroître les possibilités sensorielles par des activités visuelles et tactiles ; utiliser un vocabulaire adapté

Observer, manipuler. Renvoi à des évocations.

- Quels mots pour parler de l'apparence globale ? (emmêlé, embrouillé, enchevêtré, fouillis...).
- Quels mots pour parler des matières ? (doux/rêche, lisse/rugueux, duveteux, piquant, pelucheux/sec, moelleux/raide, soyeux, velouté...).
- Quels mots pour parler de l'aspect ? (brillant/mat, transparent/opaque, moiré/uni, chatoyant/éteint, éclatant/fané, scintillant/terne...).

Noter tout ce qui se dit.

Dessin : faire un croquis de ce qu'on voit sur une feuille A4 au crayon.

Séance 2 : Réaliser un fouillis

Objectifs : réaliser une composition plastique

Ramassage, collecte de matériaux analogues : présenter dans une boîte un « fouillis ». Lieu de collecte à définir. Dans un premier temps, on pourra trier et nommer ce qui a été collecté. Puis chaque élève choisira les éléments pour composer son « fouillis ». Prise de photos numériques lors de la verbalisation.

Séance 3 : Emmêler des bandes de papier

Objectifs : Découvrir des actions plastiques et les répertorier, réaliser une composition à valeur esthétique et affective.

Mettre en jeu des actions diverses, caractériser des opérations par leurs contraires : tordre/détordre, tresser/défaire, enrouler/dérouler, friser/défriser, nouer/dénouer, coudre/découdre, tisser/détisser, effilocher, assembler/découper, tendre/détendre, lier/délier, ligaturer/desserrer, attacher/détacher... Prise de photos des réalisations en les disposant sur un petit carton où l'action choisie est écrite.

Réaliser un fouillis à partir des éléments fabriqués.

Séance 4 : Apprendre des techniques, découvrir des procédés ; peindre dessiner des entrelacements de lignes

Objectifs : expérimenter différents instruments et procédés du dessin.

En quatre ateliers choisis en fonction des outils mis à disposition.

Séance 5 : Acquérir une culture, des œuvres d'art renvoyant à l'entrelacs

- Par la mise en réseau : Pollock
- Par l'action du tissage : Marinette Cueco
- Par la représentation du labyrinthe : Hundertwasser

Projection et verbalisation autour de ces œuvres.

Séance 6 : Évaluation

À partir des réalisations des élèves, projection des images des séances et verbalisation. Être attentif à l'évolution du vocabulaire utilisé par les élèves (enregistrer). Dessiner un fouillis de fils.

Séance 7 : Restitution, exposition

Présentation de la démarche, sous forme d'exposition dans l'école (pour les autres classes, pour les familles).

LES QUESTIONS POUR L'ENTRETIEN

1. Quelle inscription dans le vécu intime de l'enfant ?
2. Quelle est la démarche préconisée pour les arts visuels à la maternelle ?
3. Quel est le vocabulaire utilisé en arts visuels à la maternelle ?

ÉLÉMENTS DE RÉPONSE

- **Supports (sur quoi ?) :** papier blanc, de couleur, calque, crépon, cristal, soie, journal, buvard, emballage, torchon, enduit, papier de verre, papier peint...
- **Matériaux ordinaires :** eau, peinture à l'huile, aquarelle, pastels secs, pastels gras, gouache, encre, stencils, gomme liquide, colle, sable, tissu, laine, ficelle, bois, journaux, revus, plâtre, verre, terre...
- **Matériaux de récupération :** clous, emballages, cylindre de carton, allumettes, pailles, savon, boutons, graines, pâtes alimentaires, sucre, coquillages, bouchons, végétaux...
- **Outils traditionnels :** pinceaux, brosses, stylos, pochoirs, crayons, craies, feutres, fusains, rouleaux, éponges, plumes, languettes de bois, bambous taillés, gouges, ciseaux, cutters, bombes, effaceurs, fixateurs, doigts, mains...
- **Outils détournés :** peignes, fourchettes, brosses à dents, gommes, grillages, bougies, stylos évidés, vaporisateurs, coton-tige, roues, boulons, clous, couteau, perforatrices...
- **Gestes :** rapides, lents, saccadés, doux, amples, restreints, précis...
- **Actions :** tamponner, balayer, rouler, étaler, appuyer, frotter, lisser, gratter, tacher, projeter, coller, mouiller, découper, déchirer, déchiqueter, griffer, lacérer, trouer, plier, froisser, entrelacer/tisser...
- **Pour isoler :** priver du contexte : cacher, extraire ; privilégier par rapport au contexte : différencier.
- **Pour reproduire :** copier, doubler, photocopier, calquer, photographier, refaire, répéter.
- **Pour transformer :** modifier, dissocier, fragmenter, effacer, ajouter, supprimer, combiner, inverser, changer la technique (outils, supports, couleurs, matières, formats...).
- **Pour associer :** rapprocher, juxtaposer, superposer, relier, opposer, multiplier, assembler, rassembler, imbriquer.

DOSSIER 4| LE SON AU CYCLE 1

PISTE PÉDAGOGIQUE

Suite à une sortie au bord de la mer (bord de rivière), chaque classe a décidé de travailler sur les bruits de la mer et son environnement.

1. Écoute et reconnaissance de différents bruits.
2. Sur un panneau représentant le sable, la mer et le ciel, les élèves devaient replacer différentes choses au bon endroit, reconnaître et nommer différents objets et vêtements que nous utilisons au bord de la mer.
3. Faire et écouter le son que produit chaque instrument de musique. Essayer de reconnaître le son de chaque instrument de musique sans le voir.
4. Fabriquer un bâton de pluie avec du papier aluminium et différentes graines (riz, lentilles et petites pâtes).
5. Fabrication de grands bâtons de pluie en utilisant la même technique. Certains bâtons de pluie sont transparents, ce qui permet de voir comment ils ont été fabriqués.

En GS

1. Sur un panneau représentant le sable, la mer et le ciel, les élèves devaient replacer différentes choses au bon endroit. Reconnaître et nommer différents objets et vêtements que nous utilisons au bord de la mer. Écoute et reconnaissance de différents bruits.
2. Produire différents bruits de la mer (la baleine, le dauphin, le moteur d'un bateau...) avec du polystyrène, un ballon de baudruche, du riz, etc. Enregistrer les différents sons produits.
3. Fabriquer un bâton de pluie avec du papier aluminium et différentes graines (riz, lentilles et petites pâtes) ou coquillages cassés en morceaux.
4. Les enfants ont inventé une histoire : « Jojo le dauphin ».
5. Ils ont illustré l'histoire par des dessins.
6. Ils ont intégré les différents bruits de la mer dans leur histoire.
7. Ils ont enregistré leur histoire et ont produit un CD.

LES QUESTIONS POUR L'ENTRETIEN

1. Quelles sont les compétences mises en œuvre dans cette séquence ?
2. Quelle différence faites-vous entre bruit et son ?
3. Pourquoi privilégier l'écoute ?

ÉLÉMENTS DE RÉPONSE

Être à l'écoute est une compétence essentielle à développer en classe. Certes, les activités d'écoute et de production ne sont pas la propriété exclusive de l'éducation musicale et elles sont transférables d'un champ disciplinaire à l'autre. Il s'agit surtout de développer une attitude et une démarche qui touchent aussi bien l'enseignant que les enfants, ce qui n'est pas sans rapport avec les méthodes employées dans les autres disciplines.

Compétences à acquérir dans les trois cycles (instructions officielles)

• Au cycle 1, l'enfant doit être capable d'être attentif au monde sonore, de discerner et de reconnaître quelques caractéristiques du son (intensité, timbre, hauteur, durée).

• Au cycle 2, l'enfant doit être capable :

- d'écouter un document sonore avec plus d'attention, une perception plus fine ;
- de repérer quelques éléments musicaux et de les mémoriser lors d'auditions musicales ;
- d'apprendre à écouter les autres dans des activités de création.

• Au cycle 3, l'enfant doit être capable :

- d'analyser l'organisation d'éléments sonores dans leur succession et leur simultanéité ;
- de faire appel à des codages de plus en plus précis, pour aider la mémoire à se structurer ;
- de reconnaître quelques œuvres musicales.

DOSSIER 5| VIVRE ENSEMBLE AU CYCLE 1

POUR ALLER PLUS LOIN : VIVRE ENSEMBLE DÈS LA MATERNELLE OU COMMENT CONSTRUIRE UN CHEMIN PROGRESSIF VERS LA CITOYENNETÉ ?

Dans le contexte d'une société qui connaît de profondes évolutions, l'école doit explicitement prendre en charge l'éducation aux valeurs universelles des droits de l'homme, de la démocratie et de la République. En effet, dans le cadre de cette éducation civique, l'école est bien souvent la seule institution qui demeure. Elle est alors l'objet d'attentes très diverses, voire contradictoires, sous la surveillance exigeante de partenaires multiples. Ainsi, un des premiers objectifs de cette école maternelle, c'est de construire auprès de chaque enfant un parcours citoyen, c'est-à-dire instituant sur le plan de l'épanouissement de l'individu et de son insertion dans un groupe.

L'enfant doit acquérir un certain nombre de valeurs, références communes et indispensables à une intégration dans la société, définies dans le cadre de la mission de l'école républicaine. Ces valeurs fondamentales (liberté, égalité, fraternité, respect, dignité, solidarité...) constituant le tissu social et l'unité d'une nation, doivent être acquises dès la maternelle, à travers l'exercice d'un comportement quotidien centré sur la prise en compte de droits et de devoirs. L'élève n'est pas un citoyen, à l'école : c'est un acteur qui peut progressivement comprendre et respecter les règles de cette micro-société que constitue l'école.

Pour se construire et pour grandir, l'enfant a besoin d'une sécurité affective en se référant à la loi bien comprise dont le maître se porte le garant. Pour y parvenir, la démarche pédagogique peut s'articuler autour des trois points suivants, permettant l'acquisition de valeurs :

• l'acquisition de connaissances et de comportements civiques : qui fait quoi dans l'école et pourquoi ? Statut du directeur, rôle de l'Atsem, identités des enfants de la classe (nom et prénom), de l'école (appartenance à un groupe, régulation des comportements, projets en commun)... Objectif : connaître et comprendre le monde pour s'y insérer et agir ;

• la pratique vivante, ritualisée et réflexive d'une vie civique qui se traduit par : l'exemplarité du maître-citoyen (et de l'équipe) : ouverture (sourire, mise en confiance), attitude (écoute, parler avec l'enfant, relation duelle, non-jugement de la personne mais appréciation du travail), politesse, qualité de la relation avec les enfants (pas de comparaison explicite entre enfants)... Objectif : se structurer en imitant des comportements attendus (cf. discordance possible famille/école) :

– la mise en place de débats et discussions organisés, ritualisés (temps, espace) autour de sujets concrets issus de la vie de la classe ou de l'école, de l'actualité, accueil d'un enfant handicapé... Objectif : développer l'esprit critique,

– la mise en œuvre de projets divers à dominante civique : circuit des déchets, patrimoine (guerre, mémoire), actions humanitaires, contacts entre générations, projets européens, initiation aux langues, projet santé... Objectif : apprendre pour comprendre la diversité du monde (apports culturels, ouverture),

- l'exercice de la responsabilité : tâches à accomplir et rôles différents à assumer (arrosage, distributeur de parole, calendrier, tutorat...)... Objectif : éduquer au sens des responsabilités individuelles et collectives ;

• une pédagogie de l'invisible, c'est-à-dire une pédagogie citoyenne (compétences transversales et disciplinaires) :

- développer une vraie pédagogie centrée sur la maîtrise des langages : savoir parler, lire des textes et des images, écrire et produire des textes. Devenir citoyen, c'est être capable d'exprimer son point de vue, d'argumenter, d'expliquer, de prendre la parole pour convaincre, d'apprendre à écouter l'autre... Mise en place d'ateliers langage (grands et petits parleurs), lecture d'images (télévision), lectures d'albums (donner son avis), introduction de l'écrit (dictée à l'adulte),
- respecter les rythmes d'apprentissage en mettant en œuvre une pédagogie différenciée (contrats, ateliers, groupes de besoin...), temps suffisant de découverte, de structuration, projets (apprendre à réfléchir pour coopérer, s'organiser),
- gérer l'espace et le temps (pour anticiper, pouvoir s'organiser, sens de l'effort...),
- prendre en compte l'ensemble des domaines d'activités,
- la découverte du monde (sciences) : pour pouvoir réfléchir à des faits, les expliquer, argumenter, rigueur, distinction entre le réel et le virtuel, entre le vivant et le mort,
- les disciplines artistiques : respecter les différences (créativité), développer la sensibilité, partager un patrimoine commun,
- l'éducation physique et sportive : respect des règles, du matériel, des autres, se sentir bien dans son corps,
- l'initiation mathématique autour de situations problèmes : apprendre à confronter, rechercher,
- respecter les rythmes biologiques (heure des repas et de la sieste, pertinence du goûter,
- développer une pédagogie du jeu : jeux à règles, jeux de coopération,
- engager une pédagogie du projet : entreprendre pour donner confiance en soi, sens du travail engagé, tenir des rôles,
- repérer et aider les enfants en difficulté et établir un travail de partenariat (Rased, médecin, équipe de circonscription...

Cette école laïque, gratuite et plus tard obligatoire, instrument d'une démocratisation indispensable, s'adresse à chaque enfant, c'est-à-dire à chaque famille.

Respecter un enfant, c'est respecter sa famille

La réussite de l'élève, à l'école maternelle, premier maillon de l'institution scolaire, constitue un enjeu que connaissent bien les enseignants et les parents. Tout doit pouvoir être mis en œuvre pour assurer encore davantage la réussite de chaque élève : l'attitude volontariste des maîtres ainsi que la recherche d'une cohérence d'équipe en sont les déterminants majeurs.

Affirmer son identité, comprendre et respecter les règles de la vie sociale, pour devenir un citoyen

Ce chemin vers la citoyenneté pris en charge dès l'école maternelle et tout au long de la scolarité (école élémentaire, collège, lycées) doit pouvoir assurer la cohésion d'une société partageant, dans un temps donné, des valeurs inscrites dans des lois non immuables et évoluant au rythme d'une démocratie, animée par des citoyens autonomes, conscients et responsables.

D'après Thierry Houyel

La séance d'après l'album *Marcel* d'Anthony Browne

Objectif : Situer avec les élèves le domaine : « Apprendre à vivre ensemble »

Situation initiale : Qu'a-t-on déjà fait dans la classe pour apprendre à vivre ensemble ?

Règles de vie trouvées par les enfants et écrites.

Découpage de l'album : idées des élèves recueillies par l'enseignant

- La couverture de l'album

- Marcel est avec son papa.
- Il est avec son frère.
- Il y a un grand et un petit.

- Première page

- Il boude, il est triste.
- Parce que son papa l'a fâché.
- Il est tombé des escaliers.
- Sa sœur l'a frappé.

- Ce que lui disent les trois personnages

- Tu es trop petit ! Ouste !
- Moi, je joue bien avec des petits.
- Si cela m'arrivait un jour, je le dirais à maman et papa, j'appellerais la police, s'ils voulaient jouer avec moi un autre jour, je dirais non.

Pistes complémentaires : Une seconde séance peut porter sur l'entraide : thème de réflexion « Moi, j'aime aider »

Favoriser et valoriser les actions d'entraide et de solidarité.
Faire ressortir les moments d'entraide :
- Hugo l'a aidé à se relever, à se défendre ;
- Marcel a aidé Hugo pour le livre, pour l'araignée.

LES QUESTIONS POUR L'ENTRETIEN

1. Quels prolongements dans le quotidien de la classe ?
2. Quelles autres compétences sont visées dans la séance ?

ÉLÉMENTS DE RÉPONSE

Compétences de communication

Être capable de :
- répondre aux sollicitations de l'adulte en se faisant comprendre ;
- prendre l'initiative d'un échange et le conduire au-delà de la première réponse ;
- participer à un échange collectif en acceptant d'écouter autrui, en attendant son tour de parole et en restant dans le propos de l'échange.

Compétences concernant le langage d'accompagnement de l'action (langage en situation)

Être capable de dire ce que l'on fait ou ce que fait un camarade (dans une activité, un atelier...).

Compétences dans le domaine du vivant, de l'environnement, de l'hygiène et de la santé

Être capable de repérer une situation inhabituelle ou de danger, demander de l'aide, pour être secouru ou porter secours.

DOSSIER 6| LE TEMPS AU CP/CE1

EXEMPLE DE PROGRAMMATION

Niveau	Situation d'entrée	Notions	Vocabulaire	Supports	Exemples d'activités Exemples de réalisations
CP	Ma journée (du lever au coucher)	• Immédiateté et durée • Chronologie • Les rythmes	• Le présent, passé, futur • Long, court • En train de, fini • Emploi du temps	Photos légendées de différents moments de la journée	
CE1	• Reconstituer une journée sur une frise chronologique • Comparer avec la journée de travail des parents, autres métiers	• Gestion du temps • Chronologie et durée		• Utilisation de l'horloge • Photos et textes de différents moments de la journée	
CP	Représenter et légender (par un mot ou une phrase) un événement par jour (par semaine, mois...) : événements usuels (chaque lundi on va à la piscine...) et/ou exceptionnels (sortie, spectacle, anniversaires...)	Linéarité du temps (continuité) et succession des journées, des semaines, des mois...	• La veille, le lendemain • Les mois	• Photos, dessins, frises codées, albums • Les calendriers • Emploi du temps hebdomadaire et repères	Frise de l'année de l'écolier

CE1	• Mettre en route un journal de bord collectif de la classe (mémoire des temps forts et frise chronologique) • Classer les élèves en fonction de l'âge en reportant, sur la frise, les dates de naissance	• Année de l'écolier et année civile • Notions d'âge, de période (relations plus jeune/plus âgé, né avant...)	• D'abord, ensuite, après, enfin • Après-demain, avant-hier, le surlendemain	• Journal de bord illustré • Les calendriers • Frise temporelle (repères de la classe, repères civils, événements clés) • Frise collective avec la succession des années	• Frise des deux ans (année civile, année scolaire) • Frise des 10 ans
CP	• Observer (un arbre, une culture...) sur l'année (septembre-janvier-avril) • À partir d'une sortie, de la ronde des images sur l'année...	Les saisons, leurs traits caractéristiques	• Vocabulaire lié aux observations • Mois de l'année, saisons	• Œuvres d'art • Poésies, albums	Ronde des saisons
CE1	• Observer (un arbre, une culture...) sur l'année (septembre-janvier-avril) • À partir d'une sortie, de la ronde des images sur l'année...	• Notion de cycle (continuité et renouvellement) • La vie, la mort	• Vocabulaire lié aux observations • Mois de l'année, saisons	• Les calendriers • Textes littéraires et poésies • Œuvres d'art • Documents historiques	Frise linéaire des rythmes : années-saisons
CP	Reconstituer le passé de la famille	Notion de génération	Plus jeune, plus vieux, plus ancien, récent	Photos des grands-parents, parents, enfants, frères et sœurs...	
CE1	• Situer, sur une frise séculaire, des événements marquants • Même situation de départ, mais sur une frise historique	• Notion de siècle • Prendre conscience des périodes historiques	• Jadis, proche, éloigné, siècle • Noms adaptés des périodes : préhistoire, Gaulois, Moyen Âge, rois, XIXe siècle, XXe siècle	• Article, photo d'un journal • Traces matérielles (monuments, vestiges anciens) • Documents iconographiques, vidéos • Frise	Construire le petit train des périodes historiques

LES QUESTIONS POUR L'ENTRETIEN

1. Quelles sont les idées directrices qui conduisent à cette programmation ?
2. Quelles sont les compétences à développer ?

ÉLÉMENTS DE RÉPONSE

Si le cycle 2 est le cycle fondamental des apprentissages en lecture, écriture et mathématiques, c'est aussi une période déterminante dans l'acquisition de deux autres notions essentielles que sont l'espace et le temps. Ces notions doivent être construites et développées par toute une pratique d'apprentissages cohérents et progressifs qui débutent au cycle 1. Le cycle 2 permet de les enrichir afin que les élèves accèdent au début du cycle 3 à une première perception du temps historique et de l'espace géographique. Donc les objectifs du cycle 2 : passer du temps perçu à l'histoire, et de l'espace quotidien à la géographie.

Enseigner « le temps qui passe » au cycle 2, c'est permettre aux élèves de :
- prendre des repères ;
- structurer le temps ;
- prendre conscience des durées et des réalités du passé ;
- se situer dans le temps proche et commencer à repérer des déroulements chronologiques différents ;
- apprendre à exprimer le temps ;
- se situer dans le passé proche et progressivement dans un passé et progressivement dans un passé et un futur plus lointains ;
- passer du temps perçu au temps vécu ;
- identifier divers aspects de son patrimoine.

C'est aussi être capable de :
- début de cycle 2 :

- reconnaître le caractère cyclique de certains phénomènes, utiliser des repères relatifs aux rythmes de la journée, de la semaine et de l'année, situer des événements les uns par rapport aux autres (distinguer succession et simultanéité),
- pouvoir comprendre et exprimer les oppositions entre présent et passé, présent et futur en utilisant correctement les marques temporelles et chronologiques,
- comparer des événements en fonction de leur durée,
- exprimer et comprendre, dans le rappel d'un événement ou dans un récit, la situation temporelle de chaque événement par rapport à l'origine posée, leurs situations relatives (simultanéité, antériorité, postériorité) en utilisant correctement les indicateurs temporels et chronologiques ;

• fin de cycle 2 :

- distinguer le passé récent du passé plus éloigné,
- identifier une information relative au passé en la situant dans une suite chronologique,
- fabriquer et utiliser divers types de calendriers et y situer les événements étudiés,
- mesurer et comparer des durées,
- être curieux des traces du passé et les questionner pour les interpréter avec l'aide du maître.

DOSSIER 7 | L'ÉLEVAGE D'ESCARGOTS

PISTE PÉDAGOGIQUE AU CYCLE 2

<table>
<tr><th colspan="2"></th><th>Matériel utilisé en permanence</th><th>Matériel spécifique à chaque séance</th></tr>
<tr><td colspan="2">Séquence 1</td><td rowspan="12">• Une quinzaine d'escargots
• Terre (quantité variable selon la taille des terrariums)
• Terrariums (autant que de groupes)
• Brindilles, herbe
• Vaporisateurs (autant que de groupes)
• Nourriture
• Rouleaux de papier essuie-tout
• Éponges
• Bassines d'eau ou point d'eau courante</td><td></td></tr>
<tr><td rowspan="10">Séquence 2</td><td>Séance A</td><td></td></tr>
<tr><td>Séance B</td><td>Matériel demandé par les élèves à disposition dans la classe</td></tr>
<tr><td>Séance C</td><td>Nourriture en tout genre</td></tr>
<tr><td>Séance D</td><td></td></tr>
<tr><td>Séance E</td><td>Un terrarium supplémentaire (nurserie)</td></tr>
<tr><td>Séance F</td><td>Objets divers</td></tr>
<tr><td>Séance G</td><td>Objets divers
Plaques de carton (A5)</td></tr>
<tr><td>Séance H</td><td>• Rampes en bois
Bâtons
• Objets divers</td></tr>
<tr><td>Séance I</td><td>• Ficelle
• Branches</td></tr>
<tr><td>Séance J</td><td>Un terrarium supplémentaire (infirmerie)</td></tr>
<tr><td colspan="2">Séquence 3</td><td>Boîtes pour le transport des escargots</td></tr>
</table>

LES QUESTIONS POUR L'ENTRETIEN

1. Pourquoi étudier le monde du vivant avec une classe de CP ?
2. Quels sont les différents aspects qui sont sollicités chez l'enfant au travers de cette séquence ?

ÉLÉMENTS DE RÉPONSE

Ce sujet d'étude se propose d'aborder le thème des élevages selon deux aspects.

- L'aspect affectif : très jeune, l'enfant est sensible aux petits animaux. C'est souvent sur eux qu'il va exercer ses premières relations de dominant à dominé. Ces relations peuvent revêtir plusieurs facettes : soit il surprotège l'animal, soit il va le martyriser. Dans les deux cas, il s'agit de prouver qu'il est plus fort que l'animal et que ce dernier dépend de lui ; c'est généralement sa vie qui est en jeu ; l'enfant transfère ses propres besoins sur ceux de l'animal, il agit comme si l'animal ressentait les mêmes choses que lui et avait les mêmes besoins. Il s'agit dans ce travail de définir avec l'enfant ses propres besoins, d'observer l'animal dans son milieu naturel et de comparer pour différencier les besoins de l'animal et les siens. Il s'agit de mener l'enfant vers une relation affective altruiste et non égocentrique.
- L'aspect cognitif : chemin faisant, l'enfant va entrer en relation avec l'animal et donc l'observer plus attentivement. Cela va lui permettre, tout en jouant avec lui, de faire des découvertes sur son mode vie et ses besoins vitaux.

DOSSIER 8| L'ENTRAIDE

PISTE PÉDAGOGIQUE

D'après l'album *Le Loup noir* d'A. Guillopé chez Casterman

Première période : début d'année scolaire

Objectifs : l'identité
- Aider chacun à se reconnaître des qualités et des compétences.
- Favoriser la confiance en soi et l'estime de soi.
- Valoriser les compétences de chaque élève.

Les sentiments : l'inquiétude, la peur
- Reconnaître la peur chez quelqu'un.
- Repérer les situations qui font peur.
- Affronter la peur.

La reconnaissance, l'amitié
- L'entraide.
- La solidarité.
- La responsabilité.

Présentation

Un garçon revient de l'école et traverse une forêt mystérieuse ; il neige. Les dernières pages montrent que le loup bondit sur l'enfant... pour lui sauver la vie. Et de cet événement naîtra une grande amitié entre le loup et l'enfant.

Lecture des illustrations et expression orale

Importance des illustrations, de l'image. Travail en arts visuels et langage d'évocation : nommer les sentiments éprouvés par les personnages, dire ce que l'on ressent par rapport aux couleurs.

LES QUESTIONS POUR L'ENTRETIEN

1. Quels autres domaines pourraient être exploités sur le même thème ?
2. Qu'est-ce qu'un travail de « mise en réseau d'albums » ?

POUR ALLER PLUS LOIN : FONCTIONS ET NATURE DES LECTURES EN RÉSEAUX

Toute compréhension suppose une mise en relation. La littérature, en ce qu'elle est avec constance citation, réécriture, réappropriation, ingurgitation-régurgitation, détournement, démarcage d'œuvres antérieures, appelle le tissage. Vaste palimpseste, elle invite à « ouvrir le texte » [...].

C'est tout le sens qu'il faut accorder à la lecture en réseaux. Le pluriel a son importance : d'une lecture à l'autre, d'un moment à l'autre, d'un lecteur à l'autre, ce sont des ponts différents qui peuvent se construire entre l'œuvre lue et les œuvres engrangées dans la mémoire culturelle. Le rôle du maître est d'offrir les conditions pour que cette mémoire, singulière et collective, s'organise en cases où se rassemblent des histoires présentant des points communs (cette histoire me fait penser à telle autre parce que...), cases au contenu évolutif, cases perméables dans la mesure où une même histoire peut migrer d'une case à l'autre, au gré des rencontres et des éclairages variés portés sur elle.

Dans la classe, les histoires sont appelées à avoir plusieurs vies et à contracter plusieurs mariages, mariages arrangés par le maître, mariages d'amour aussi, imprévisibles.

J'assigne pour ma part quatre fonctions à la lecture en réseaux :

• premièrement, permettre l'éducation d'un comportement de lecture spécifique qui suppose la mise en relation des textes, ce qui correspond, me semble-t-il, à ce que Bernard Devanne appelle « *la pensée en réseaux* » ;

• deuxièmement, permettre de construire et de structurer la culture qui en retour alimentera la mise en relation ;

• troisièmement, permettre de résoudre les problèmes de compréhension-interprétation posés par un texte donné, problèmes qui trouvent leur solution dans la considération d'autres textes ;

• quatrièmement, permettre, en tant que dispositif multipliant les voies d'accès au texte, d'y pénétrer avec plus de finesse, d'y découvrir des territoires autrement inaccessibles, d'éclairer des zones autrement laissées dans la pénombre.

Relier *Le Journal d'un chat assassin* d'Anne Fine avec *Les Mémoires d'un âne* parce qu'il s'agit de deux journaux intimes est sans profit, pour l'un comme pour l'autre. En revanche, *Le Chat de Machin-Chouette* de Philippe Corentin, pourvu comme le chat assassin d'une âme de manipulateur, mais, pourrait-on dire, plus « transparente », peut sans doute contribuer à éclairer le comportement de son frère en rouerie. De la même manière, la mise en résonance du *Journal d'un chat assassin* et de *Moi Fifi* de Grégoire Solotareff devrait pouvoir favoriser un éclairage mutuel, dans la mesure où *Moi Fifi* est un journal écrit par un jeune garçon tout aussi affabulateur, contradictoire et donc peu fiable que le chat.

Les différentes formes que peuvent prendre les réseaux centrés sur une problématique ou répondant au souci d'initier aux codes culturels :

- autour d'un personnage stéréotype ;
- autour de l'univers langagier, thématique, symbolique, fantasmatique d'un auteur ;
- autour d'une même technique d'écriture problématique (par exemple, l'adoption d'un point de vue contradictoire, la perturbation de l'ordre chronologique) ;
- autour d'un genre ;
- autour d'une reformulation ;
- la réécriture/réappropriation (Ésope/La Fontaine) ;
- la parodie (texte source et parodies du *Petit Chaperon Rouge* ou du *Vilain Petit Canard*) ;
- la continuation (texte source et suites : *Le Prince grenouille et après* de Scieszka) ;
- le mélange (*Le loup est revenu* de Geoffroy de Pennart) ;
- les variations (un même auteur fait des gammes sur une même histoire : *Cocottes perchées* de Dedieu et Couperie) ;
- les variantes (différentes versions des *Trois Petits Cochons*) ;
- l'allusion (texte et intertexte) ;
- l'adaptation (Perrault et ses adaptations) ;
- autour d'un mythe ou d'un symbole (eau, mur...).

Catherine Tauveron, professeur des universités, IUFM de Bretagne, INRP sur Éduscol.

DOSSIER 9| JEUX RYTHMIQUES ET APPRENTISSAGE D'UNE CHANSON AU CE1

PISTE PÉDAGOGIQUE

Au CE1 (note : Sibilarico est avant tout un chant qui permet l'échauffement vocal avant de chanter une chanson. Sibilarico peut être repris par ailleurs pour travailler sur les rythmes)

Objectifs

- Être capable de frapper en rythme Sibilarico.
- Être capable de retenir un chant simple par apprentissage par répétition.
- Être capable de chanter en plaçant correctement sa voix.

Compétences

- Acquérir un rythme, la pulsation et le tempo par le corps.
- Traduire des productions sonores sous formes de représentations graphiques.
- Découvrir des œuvres musicales.
- Mémoriser un texte et travailler son rythme
- Se préparer au chant par des jeux vocaux (échauffements).

Matériel

- Rien pour le jeu rythmique, mais si le jeu fait trop de bruit, prévoir de frapper le rythme avec autre chose (stylo sur table, règle sur cahier).
- Pour l'écoute, prévoir l'ordinateur et diffusion de *The Diva Dance* (Éric Serra) (néo-classique) : 3 minutes d'opéra dit « classique » qui permet à l'oreille de se reposer et augmente la concentration en reposant les élèves, puis 1 minute 30 de chant moderne avec rythme plus soutenu.

LES QUESTIONS POUR L'ENTRETIEN

1. Pouvez-vous situer l'éducation musicale dans les programmes ?
2. Que sont les « pratiques orchestrales à l'école » ?
3. Que savez-vous des classes à horaires aménagés ?

ÉLÉMENTS DE RÉPONSE

Des classes à horaires aménagés peuvent être organisées dans les écoles élémentaires et les collèges pour permettre aux élèves de recevoir, dans le cadre des horaires et programmes scolaires, un enseignement artistique renforcé. Les domaines artistiques visés sont la musique, la danse, et, depuis 2009, le théâtre. Ces dispositifs spécifiques sont construits en partenariat avec des institutions culturelles. Ils prennent appui sur une équipe motivée et volontaire constituée autour d'un projet pédagogique global. Ils sont intégrés au projet d'école ou au projet d'établissement.

L'ouverture d'une classe à horaire aménagé s'effectue dans le cadre de la carte scolaire. Elle s'inscrit dans les schémas départementaux pour les enseignements artistiques mis en place avec les collectivités territoriales. La formation dispensée dans ces classes fait l'objet d'une évaluation régulière qui s'exerce au sein de l'école ou du collège et au niveau académique. La concertation entre l'ensemble des partenaires intervenant dans la formation concourt à la mise en place d'une observation continue de l'élève.

DOSSIER 10| ARTS VISUELS LE PORTRAIT « BRUT »

PISTE PÉDAGOGIQUE AU CYCLE 2

Objectifs

- Découvrir l'art brut et en particulier Chaissac.
- Passer du portrait « réaliste » à un portrait « imaginaire ».
- Créer une harmonie colorée à la gouache par mélange des couleurs primaires et du blanc.

Matériel

- 1 feuille blanche A4.
- 1 crayon à papier HB.
- Gouaches : blanc + couleurs primaires/eau/chiffon.
- 1 brosse plate n° 4.
- 1 feutre noir.

Déroulement de l'activité

- Découverte de la reproduction « Sans titre » de G. Chaissac représentant un visage « entouré » de formes.
- Au centre de la feuille blanche A4, dessiner au crayon un portrait « enfantin », très simple : deux gros points noirs pour les yeux, une ligne courbe pour le nez et les sourcils une forme ovale pour la bouche.
- En partant du visage, tracer des formes arrondies, réparties comme les « pétales » d'une fleur.
- Derrière cette « fleur », tracer des lignes verticales et horizontales.
- Dans une palette, déposer de la gouache blanche, jaune, rouge et bleue.
- Peindre le visage à la gouache blanche à la brosse plate.
- Peindre ensuite les « pétales » en jaune, rouge et autres couleurs obtenues à partir du mélange des deux couleurs primaires.
- Peindre le fond (les carrés et rectangles) dans différents tons de bleu obtenus par le mélange du blanc et du bleu primaire.
- Laisser sécher.
- Au feutre noir, repasser les traits du visage ainsi que les contours des formes.

LES QUESTIONS POUR L'ENTRETIEN

1. Qu'est-ce que l'art brut ?
2. Qui est Chaissac et qu'a-t-il apporté à l'art brut ?
3. Quels pourraient être les prolongements à cette séquence ?

DOSSIER 11 | LIRE DES DOCUMENTS EN CE2

PISTE PÉDAGOGIQUE

Objectifs : les élèves doivent être capables de :
• lire et utiliser différents langages, en particulier les images (différents types de textes, tableaux, graphiques, schémas, représentations cartographiques, œuvres d'art, photographies, images de synthèse) ;
• situer dans le temps les événements.

Présentation rigoureuse de chaque document avant réponse aux questions
Ces images sont des photographies. Pour étudier un texte : on doit trouver sa nature (extrait de livre, article, discours...), son titre, sa date, et extraire les informations en lisant avec attention. Les informations données par les photos confirment ce qui est dit dans le texte. Il faut toujours croiser les informations pour vérifier que ce qui est dit est vrai. Lecture et reformulation de la synthèse « Pour lire et comprendre un document ».

LES QUESTIONS POUR L'ENTRETIEN

1. Pourquoi étudier des documents en histoire/géographie ?
2. Comment faire apprendre une leçon en histoire/géographie ?
3. Qu'évalue-t-on en histoire ?

DOSSIER 12 | LES GRANDES INVASIONS AU V^{E} SIÈCLE. CM1

PISTE PÉDAGOGIQUE

Séance 1

Niveau : cycle 3/CM1
Durée : 45 minutes

Objectifs
• Donner les raisons qui ont poussé les peuples barbares à envahir la Gaule romaine : la menace des Huns et l'Empire romain affaibli.
• Citer quelques peuples barbares : les Francs, les Wisigoths, les Burgondes et les Huns.

Matériel nécessaire : fiche individuelle (carte de l'Empire romain et des territoires frontaliers, photocopie de la première image de *Obélix et compagnie* montrant les Romains en dilettantes, photo d'un guerrier barbare, étiquettes des différents peuples à placer sur la carte), manuel d'histoire et livret de cartes.

Situation initiale : rappel de la séance précédente : la christianisation et l'Empire romain qui domine l'Europe.

Déroulement

1. Situation initiale : rappels. Distribution de la fiche collective et observation de la carte.

2. Activité 1 :
• Les autres peuples d'Europe.
• Leurs noms : découpage des étiquettes.
• Leur localisation : collage des étiquettes.
• Un soldat barbare : description en groupe et retour collectif. On insistera sur ses armes (peuples guerriers) et sur l'impression d'ensemble (regard hargneux, position, cheveux attachés pour bien voir).

3. Activité 2 : les raisons de l'invasion
- Les Huns : lecture du texte et discussion collective.
- Les Huns présentés par un historien du IVe siècle.
- L'Empire romain : observation collective du dessin.
- Question : « Les Huns se dirigent vers les terres des autres peuples barbares, que vont-ils faire ? »
- Travail de groupe et retour collectif sur les réponses.

4. Activité 3 : carte 5 du livret p. 4 situations finales en 476, manuel d'Histoire et livret de cartes. Question : « Où se sont installés les peuples barbares ? » : discussion collective.

5. Trace écrite
Exemple : Au début des années 400, l'Empire romain domine la plus grande partie de l'Europe. Les peuples qui n'étaient pas dans l'empire romain, comme les Francs, les Wisigoths et les Burgondes qui vivaient dans le centre de l'Europe, sont appelés « barbares ». Mais, sous la menace des Huns qui étaient très dangereux, ces peuples décident d'envahir la Gaule car les Romains sont faibles, et s'y installent. En 476, c'est la chute de l'Empire romain.

LES QUESTIONS POUR L'ENTRETIEN

1. Pouvez-vous nous préciser ce que vous savez du déclin de l'Empire romain ?
2. Qui était précisément Attila et quel fut son rôle ?
3. Quelles ont été les conséquences des invasions barbares ?

DOSSIER 13| LES PROGRÈS DU XIXE SIÈCLE. CM2

PISTE PÉDAGOGIQUE

La séquence est organisée comme suit

- **Séance 1 :** Qu'est-ce que la révolution industrielle ?
- **Séance 2 :** Qui sont les gens qui vivent au XIXe siècle (bourgeois/ouvriers) ?
- **Séance 3 :** Quels sont les progrès sociaux acquis au XIXe ?
- **Séance 4 :** Quels progrès pour les enfants du XIXe siècle ?
- **Dossier annexe :** La révolution scientifique, urbaine et démographique du XIXe siècle

Séance 1 : Qu'est-ce que la révolution industrielle ?

Objectif(s) de la séquence

- Donner une définition de ce qu'est la révolution industrielle.
- Découvrir les inventions et progrès du XIXe siècle, les associer à une des deux moitiés de la Révolution industrielle.

Compétences travaillées

- Culture humaniste - La France dans une Europe en expansion industrielle et urbaine : les progrès techniques.
- Lire, étudier et comprendre différents langages en histoire (iconographie, texte...).

Déroulement		
5 min.	Étape 1 : Introduction du thème, recueil des représentations : rappeler ce qu'on a appris au cours de la séquence précédente (Napoléon, XIXe s., etc.). Qu'est-ce que la révolution Industrielle ? Expliquer et émettre des hypothèses : qu'entend-on par le mot « progrès » ? Que peut bien vouloir dire « révolution industrielle » ? (bouleversement, industrie). L'enseignant note au tableau tout ce que les élèves « pensent en savoir ».	Collectif

	Oral	
Photocopies documents Recherche 15 min.	Étape 2 : Qu'est-ce que la première révolution industrielle ? Distribuer la fiche de travail aux élèves ; on pourra lire avec eux la définition issue d'un dictionnaire et expliquer le vocabulaire inconnu avant de passer la consigne : vous allez lire et regarder les documents qui vous sont proposés avant de répondre aux questions posées. On laisse les élèves chercher. Mise en commun : on expliquera plus en détail au tableau le fonctionnement de la machine à vapeur de James Watt + Création d'usine, machine à vapeur, production d'acier, évolution des transports, de l'agriculture et de l'industrie.	Individuel
	Écrit	
Frise affichage Photos 15 min.	Étape 3 : Qu'est-ce que la deuxième révolution industrielle ? Distribuer la fiche de travail aux élèves ; lire et observer les documents, les décrire. Mise en commun : avoir représenté sur une bande de carton la frise suivante représentant le XIXe siècle ; place sous chaque moitié de la Révolution industrielle les photos des inventions correspondantes. 1re révolution industrielle 2e révolution industrielle Machine à vapeur, téléphone, moteur à explosion	Collectif
	Oral	
Étape 4 : Institutionnalisation, trace écrite : Les progrès du XIXe siècle I] Qu'est-ce que la révolution industrielle ? Définition : la révolution industrielle correspond à une augmentation rapide et importante des productions industrielles qui dépassent la production agricole. On distingue deux révolutions industrielles		Individuel
	Écrit	

LES QUESTIONS POUR L'ENTRETIEN

1. Comment l'industrialisation transforme-t-elle les sociétés européennes au XIXe siècle ?
2. Quelles sont les différentes catégories de la bourgeoisie ?
3. Quelles sont les conditions de vie des ouvriers ?

DOSSIER 14| LES DIFFÉRENTS MASSIFS MONTAGNEUX. CE2

PISTE PÉDAGOGIQUE

On distingue deux types de montagnes.

1. Les hautes montagnes ou montagnes jeunes

Elles ont des sommets pointus et élevés (plus de 1 800 mètres) ainsi que des pentes raides. Les plus hauts sommets sont recouverts de glaciers (neiges éternelles). En France, les Alpes, les Pyrénées, le Jura et la Corse sont des montagnes jeunes.

2. Les montagnes moyennes ou montagnes anciennes

Elles ont des sommets moins élevés (entre 600 et 1 800 mètres) et sont recouvertes de végétation. Ces sommets sont arrondis par l'érosion (l'usure provoquée par la pluie, le vent, le gel...). Les pentes des montagnes anciennes sont moins raides, comme le Massif central ou les Vosges.

Séance 1

Colorie :
- en marron les zones de haute montagne ;
- en jaune les régions de moyenne montagne.

Écris le nom des montagnes.

Séance 2

Découpe et trie ces images en deux groupes : les montagnes jeunes et les montagnes anciennes.

Le vocabulaire de la montagne
- Sommet : C'est le point le plus élevé d'une montagne.
- Vallée : C'est l'espace allongé entre deux montagnes, au fond duquel coule une rivière. On y trouve les habitations et les voies de communication (routes, autoroutes, chemin de fer).
- Versant : C'est la partie inclinée située entre le pied et le sommet de la montagne.

• Altitude : C'est la hauteur d'un lieu, mesurée par rapport au niveau de la mer (qui représente donc le zéro).
• Montagne : C'est le relief où l'altitude est supérieure à 500 mètres.

Séance 3 : L'étagement de la végétation

En montagne, la température diminue d'un degré lorsqu'on s'élève de 200 mètres. Le froid explique donc les différents étages de végétation :
- la vallée (moins de 1 000 m) ;
- la forêt (de 1 000 à 2 000 m) ;
- les alpages (de 2 000 à 3 000 m) ;
- la haute montagne (au-delà de 3 000 m).

Séance 4 : Les animaux de la montagne

Les animaux des montagnes ne fréquentent pas tous le même étage. Voici les noms de quelques-uns de ces animaux.

• Le bouquetin : Il règne sur les parois et les précipices de hautes montagnes.
• Le chamois : C'est un parfait grimpeur, il monte en altitude à la belle saison mais descend dans la forêt en hiver pour se nourrir.
• Le lagopède : Il vit au sommet des montagnes. En hiver, il devient blanc pour se camoufler dans la neige.
• La marmotte : Elle passe ses journées d'été au soleil, à gambader dans les pâturages. Elle hiberne la moitié de l'année dans son terrier.

Trace écrite

Évaluations

LES QUESTIONS POUR L'ENTRETIEN

1. Quels sont les principaux éléments du paysage français ?
2. Quels sont les espaces privilégiés pour le tourisme ?
3. Quels sont les problèmes liés à l'évolution des paysages ?

DOSSIER 15| LE DÉCOUPAGE ADMINISTRATIF DE LA FRANCE. CM1

PISTE PÉDAGOGIQUE

N° séance	Objectif de la séance	Déroulement	Matériel
1. Les régions	Comprendre le découpage en régions. Comprendre le rôle des régions.	• Phase 1 : étude du document présentant les anciennes provinces françaises. • Phase 2 : comparaison régions actuelles et provinces de l'Ancien Régime. Explication des particularités culturelles, linguistiques des régions. • Phase 3 : questions sur documents. • Phase 4 : trace écrite.	Doc. : Le découpage administratif de la France ; les régions.
2. Les particularismes régionaux	Comprendre les particularismes régionaux.	• Phase 1 : chaque élève se voit attribuer une région. Il prend connaissance de sa région. • Phase 2 : recherche documentaire sur la région : recherche d'images, de documents sur la région attribuée. • Phase 3 : présentation des différentes régions.	Cartes « À la découverte des régions françaises ».
3. Les départements	Comprendre le découpage en départements.	• Phase 1 : lecture des documents concernant l'histoire de la création des départements. • Phase 2 : comparaison départements de 1790 et départements actuels à l'aide d'un calque. • Phase 3 : questions sur documents. • Phase 4 : trace écrite.	Doc. : le découpage administratif de la France ; les départements.
4. Le département de son lieu d'habitation	Connaître son département : histoire, particularismes, économie.	• Phase 1 : étude du département à travers divers documents : textes, cartes... • Phase 2 : questions sur documents. • Phase 3 : trace écrite.	Doc. : le découpage administratif de la France ; l'Isère.

LES QUESTIONS POUR L'ENTRETIEN

1. De quand date la décentralisation et quels en ont été les enjeux ?
2. Comment est répartie la population sur le territoire français ?
3. Quelles sont les connaissances prérequises des élèves nécessaires à cette séquence ?

DOSSIER 16| PAYSAGES ET CLIMATS DU MONDE. CM2

PISTES PÉDAGOGIQUES

Séances	Objectifs	Compétences	Déroulement	Matériel
1	• Connaître la diversité des paysages mondiaux. • Identifier trois grandes zones climatiques : tempérée, chaude, froide.	Exploiter des images, les observer, les trier, indiquer leur provenance sur une carte.	• Phase 1 : distribuer des séries de photos légendées avec le lieu de prise de vue. Demander aux élèves de classer ces images en fonction de critères choisis par eux. • Phase 2 : mise en commun. Introduction des trois grandes zones climatiques et nouveau tri en fonction de ce critère. • Phase 3 : sur carte du monde, situer les photos prises. Tirer des conclusions quant à la disposition des zones climatiques. Introduction des notions de tropiques, cercles polaires et équateur. Exercice sur cartes. • Phase 4 : trace écrite.	Fiche paysages du monde. Fiche paysage du monde récap (fiche leçon).
2	Connaître les principales caractéristiques des trois zones climatiques : zone froide.	Exploiter des documents variés : textes et images.	• Phase 1 : distribuer la page documentaire aux élèves. Ils doivent répondre aux questions servant à amener à une description des particularités du climat polaire. • Phase 2 : mise en commun. Revoir les particularités du climat polaire : froid et aride. • Phase 3 : trace écrite.	Fiche climat polaire (fiche leçon)
3	Connaître les principales caractéristiques des trois zones climatiques : zone tempérée.	Exploiter des documents divers pour trouver les principales caractéristiques des climats tempérés.	• Phase 1 : travail de lecture de tableaux météorologiques. Les élèves sont amenés à identifier les principales caractéristiques des climats tempérés : été chaud, hiver froid, présence de 4 saisons... • Phase 2 : mise en commun et correction du travail. • Phase 3 : trace écrite.	Fiches zone tempérée (fiche leçon).

4	Connaître les principales caractéris-tiques des trois zones climatiques : zone chaude.	Compléter un texte à trous en faisant des inférences et en s'aidant du contexte	• Phase 1 : distribuer la leçon à trous. Les élèves doivent la compléter en s'aidant du contexte et des documents joints. • Phase 2 : correction. Mise en relief du vocabulaire important : jungle, savane ; tropiques, équateur, désert... • Phase 3 : les élèves complètent le globe en le coloriant de différentes couleurs en fonction du climat.	Fiche hydrographie Carte Europe fleuves et mers
5	Connaître quelques phénomènes météorolo-giques : la mousson.	Exploiter des documents divers : textes, cartes, images...	• Phase 1 : lecture des documents puis questions permettant de comprendre le phénomène de la mousson et son importance. • Phase 2 : mise en commun. Apport d'expli-cation complémentaire. • Phase 3 : trace écrite.	Fiche leçon 5 et questions (fiche leçon).
6	Évaluation des acquis.	Connaître les zones climatiques mondiales et leurs caracté-ristiques, les situer.	Évaluation	Évaluation

LES QUESTIONS POUR L'ENTRETIEN

1. Quels sont les facteurs de l'organisation des climats ?
2. Comment définir le climat ?
3. Quelles sont les différences climatiques entre les façades est et ouest des continents ?

DOSSIER 17| LE DÉVELOPPEMENT DURABLE. CE2

PISTE PÉDAGOGIQUE

Le tri sélectif

Objectifs

- Devenir un écocitoyen.
- Inciter les élèves à adopter un comportement responsable, ne pas jeter les déchets n'importe où.
- Prendre conscience de la nécessité du tri des déchets.
- Connaître le sens du mot « déchet », identifier des déchets.
- Connaître les pictogrammes et l'utilisation du sac de tri sélectif.
- Connaître les différents éléments du compost.
- Comprendre l'utilité du compost
- Fabriquer un composteur.
- Connaître certaines chaînes de transformation de certains déchets (le plastique, le verre, le carton, le papier...).
- Connaître l'effet les déchets non biodégradables : le sac plastique.

- Séance 1 : Je trie mes déchets
- Séance 2 : Le petit déjeuner
- Séance 3 : Le compost
- Séance 4 : Le recyclage du plastique
- Séance 5 : La pollution du sac plastique
- Séance 6 : Le papier recyclé

LES QUESTIONS POUR L'ENTRETIEN

1. Avec quelle autre discipline peut-on lier les compétences développées en instruction civique et morale ?
2. Pouvez-vous nous présenter une fiche de fabrication de papier recyclé ?

DOSSIER 18| LE DROIT À L'ÉDUCATION. CM1

PISTE PÉDAGOGIQUE

Séances. Objectif(s). Compétence(s)

1. Avoir compris et retenu que les enfants ont des droits en matière d'éducation.
- Avoir compris et retenu quelles sont les valeurs universelles sur lesquelles on ne peut transiger.
- Identifier et comprendre des textes fondateurs (Convention internationale des droits de l'enfant).

2. Connaître les étapes du droit de l'éducation en France.
- Étudier le refus des discriminations de toute nature.
- Classer des événements par ordre chronologique.
- Comparer des données.

3. Étudier l'importance de la règle de droit dans l'organisation des relations sociales.
- Confronter une situation vécue à des textes de référence.
- Lire un texte de loi.

Séance 1 : Le droit à l'éducation dans le monde

Les élèves découvrent les documents.

Trace écrite : On dénombre 100 millions d'enfants non scolarisés dans le monde, ce qui traduit une grande inégalité entre les pays riches et les pays pauvres ou en guerre. Les filles vont moins longtemps à l'école dans les pays pauvres car elles sont victimes de discrimination (= on ne leur reconnaît pas les mêmes droits qu'aux autres). Depuis 1989, une convention protège les enfants du monde entier. Des organismes, comme l'Unicef, œuvrent pour faire disparaître l'analphabétisme (= le fait de ne savoir ni lire ni écrire).

Séance 2 : L'accès à l'éducation en France

Trace écrite : En 1881, les lois Jules Ferry instaurent l'enseignement primaire, laïque et obligatoire pour tous les garçons et les filles. Aujourd'hui, l'école est gratuite et obligatoire jusqu'à 16 ans. Depuis 1975, tous les élèves entrent au collège.

Séance 3 : Tous à l'école et au collège

Trace écrite : En France, le droit à l'éducation est assuré par le service public de l'Éducation nationale. Ce droit est le même pour tous ; il renforce l'égalité. Les parents sont tenus d'envoyer leurs enfants à l'école ou de les instruire ; la loi punit ceux qui ne le font pas. Ces études doivent permettre aux jeunes de mieux s'insérer dans la société ; il est important de ne pas les gâcher.

LES QUESTIONS POUR L'ENTRETIEN

1. En quoi la laïcité est-elle une valeur importante de la République française ?
2. Pouvez-vous rappeler les grands principes de la loi Haby et ses conséquences ?

ÉLÉMENTS DE RÉPONSE

Réforme Haby : La réforme du collège instituée par la loi du 11 juillet 1975 sous la présidence de Valéry Giscard d'Estaing, par le ministre René Haby porte le qualificatif de réforme du Collège unique. Afin de mieux percevoir les causes de cette réforme, il nous faut revenir quelque peu en arrière et évoquer le système préexistant. La loi, qui avait porté la limite de la scolarité obligatoire de 14 à 16 ans en 1959, arrivait à effet en 1965 pour les élèves ayant atteint l'âge de 14 ans. Les élèves étaient alors scolarisés dans des collèges à trois filières, correspondant respectivement au premier cycle des lycées, aux collèges d'enseignement général, et aux classes pratiques, ex-« fin d'études ». Si les programmes, les horaires et les méthodes employées dans les filières I et II étaient assez semblables, la filière III différait nettement des deux précédentes par ses programmes et ses horaires ainsi que par la formation des professeurs qui y assuraient leur service. Ainsi, alors que les professeurs des filières I et II étaient des certifiés ou agrégés, ou des professeurs d'enseignement général de collège, les enseignants de la filière III étaient des instituteurs spécialisés, souvent les anciens maîtres des classes de fin d'études.

Les classes des filières I et II bénéficiaient, au-delà du seuil de 24 élèves, de très nombreux dédoublements (l'arrêté de 1972), ce qui, d'une part, permettait aux professeurs de mieux approfondir leur démarche pédagogique, et d'autre part leur donnait les moyens véritables de faire progresser individuellement leurs élèves en leur accordant toute leur attention.

En quoi consista surtout cette réforme ?

Le « collège unique » rompait avec le système des filières, et tous les élèves de CM2 intégraient indistinctement un même type de sixième.

LOI DU 11 JUILLET 1975 RELATIVE À L'ÉDUCATION LOI N° 75-620 (DITE LOI HABY)

« Article premier - Tout enfant a droit à une formation scolaire qui, complétant l'action de sa famille, concourt à son éducation.
Cette formation scolaire est obligatoire entre six et seize ans.
Elle favorise l'épanouissement de l'enfant, lui permet d'acquérir une culture, le prépare à la vie professionnelle et à l'exercice de ses responsabilités d'homme et de citoyen. Elle constitue la base de l'éducation permanente. Les familles sont associées à l'accomplissement de ces missions.
Pour favoriser l'égalité des chances, des dispositions appropriées rendent possible l'accès de chacun, en fonction de ses aptitudes, aux différents types ou niveaux de la formation scolaire.
Ces dispositions assurent la gratuité de l'enseignement durant la période de scolarité obligatoire.
L'État garantit le respect de la personnalité de l'enfant et de l'action éducative des familles [...].
Article 4 - Tous les enfants reçoivent dans les collèges une formation secondaire. Celle-ci succède sans discontinuité à la formation primaire en vue de donner aux élèves une culture accordée à la société de leur temps. Elle repose sur un équilibre des disciplines intellectuelles artistiques, manuelles, physiques et sportives et permet de révéler les aptitudes et les goûts [...].
Article 7 - Des aménagements particuliers et des actions de soutien sont prévues au profit des élèves qui éprouvent des difficultés. »

La loi Haby du 11 juillet 1975 met fin à la ventilation des élèves à la sortie de l'école primaire entre les premiers cycles des lycées, les collèges, les collèges d'enseignement (CEG), et prévoit que tous les élèves issus du cours moyen seconde année (CM2) doivent entrer en sixième dans un collège unique et dans des classes hétérogènes destinées à éviter les effets de ségrégation, souvent sociale. Une démocratisation s'opère au plan qualitatif.

Elle s'inscrit dans le prolongement des réformes qui affectent la durée de la scolarité obligatoire et l'unification des enseignements post-primaire. La prolongation de la scolarité obligatoire jusqu'à 16 ans, une des grandes orientations de la réforme Berthoin (1959), ne devient effective qu'en 1967 ; supprimant l'examen d'entrée en sixième, elle est à l'origine de la démocratisation de l'accès à l'enseignement secondaire. La réforme Fouchet (1963) organise l'orientation dans les collèges d'enseignement secondaire (CES) par la mise en place des classes de quatrième et troisième pratiques, qui constituent avec les classes de sixième et de cinquième de transition une filière de ségrégation scolaire et sociale.

La réforme Haby se caractérise d'abord par la suppression des filières de relégation : « *Les nouveaux collèges, qui se substituent aux classes de premier cycle des lycées, aux collèges d'enseignement secondaire et aux collèges d'enseignement général, sont désormais investis d'une double mission : donner à tous les jeunes français une même culture de base et préparer leur orientation.* »

L'orientation se fera désormais par le jeu des options choisies en quatrième, options d'enseignement général ou à caractère préprofessionnel. Une évolution plus égalitaire dans sa forme que dans sa mise en œuvre concrète : supprimant les filières de l'intérieur, elle souligne les disparités entre collèges.

DOSSIER 19| ENSEIGNEMENT MORAL ET CIVIQUE : LA MAXIME AU CM2

PISTE PÉDAGOGIQUE

Le travail : « Les grandes vérités ne se découvrent pas sans peine ni travail », citation d'Anatole France, *Le Crime de Sylvestre Bonnard*, 1881.

Débat : Installation en cercle pour que chacun puisse se voir et rendre la communication plus aisée.

Exigences : le respect de l'autre et l'écoute. L'enseignant note sur un *paperboard* les représentations des élèves. Toutes les idées sont notées ; aucune n'est exclue.

Pour institutionnaliser, une trace écrite est laissée dans le classeur avec la citation étudiée, une définition du travail cherchée dans les dictionnaires et deux autres documents liés au travail. En histoire, un lien sera fait avec les conditions au travail au XXe siècle, et avec la littérature et lecture d'extraits des œuvres d'Émile Zola.

LES QUESTIONS POUR L'ENTRETIEN

1. De quand date la Convention des droits de l'enfant ?
2. Qu'est-ce qu'un débat philosophique à l'école élémentaire ?

DOSSIER 20| ARTS PLASTIQUES AU CE2

PISTE PÉDAGOGIQUE

Pratiquer le dessin dans différentes situations en se servant de diverses techniques, matériaux, supports et instruments.

QUESTION POUR L'ENTRETIEN

Quelle est la finalité des arts plastiques au cycle 3 ?

ÉLÉMENTS DE RÉPONSE

Les objectifs opérationnels

« *Nés d'une démultiplication des objectifs généraux, appuyés sur les compétences à acquérir, ils sont les plus importants puisque ce sont ceux que l'enseignant va s'inventer pour la mise en œuvre, étape essentielle dans "l'analyse, le repérage, la classification, l'évaluation des intentions éducatives qu'ils traduisent" [...]. L'objectif opérationnel vise le développement des capacités [...] et répond à trois questions : Que veut-on développer ? Comment ? Pourquoi ?* » (athena.ac-versailles.fr).

Les objectifs affectifs

« *Ils relèvent de l'appropriation, identification et implication dans l'aventure artistique. Ils relèvent de l'acceptation de la remise en question et de l'aventure que représente l'activité plastique* » (athena.ac-versailles.fr).

Les objectifs cognitifs

« *Ils visent l'acquisition des notions et concepts plastiques. Ils supposent une abstraction et un engagement intellectuel plus fort* » (athena.ac-versailles.fr).

Les objectifs culturels

« *Ils définissent tout ce qui est de l'ordre de la connaissance du travail des artistes. En jeu, la capacité à faire le lien entre une pratique plastique personnelle et le démarche de certains artistes* » (athena.ac-versailles.fr).

À vous à présent de constituer votre dossier.

- N'oubliez pas de parfaire vos connaissances sur le thème choisi.
- Sachez argumenter le « pourquoi j'ai choisi ce sujet ».
- Songez à ancrer votre séquence dans la réalité des élèves afin de donner le sens nécessaire à motiver ces mêmes élèves.
- Pensez évaluation : « Ce que je veux que les élèves aient appris à la fin de ma séquence. »
- Gardez à l'esprit : intégration des élèves porteurs de handicap dans la séquence. Vous êtes des représentants de l'État et les garants des valeurs de la République. C'est plus que jamais votre mission d'enseignant.

BIBLIOGRAPHIE-SITOGRAPHIE

SITOGRAPHIE

Plasticades http://plasticades.free.fr/plasticades/index.php. 3, « Arts plastiques à l'école »

http://pagesperso-orange.fr/patrick.straub

Picto images (libres de droit) www.picto.qc.ca

Clic images (libres de droit) http://crdp.ac-dijon.fr/-Clic-images-.html

http://eduscol.education.fr

www.ac-paris.fr/portail/jcms/p2_186612/histoire-des-arts

www.educasources.education.fr/selection-detail-143809.html

www.cahiers-pedagogiques.com › Publications › Articles en ligne

www.irem.univ-mrs.fr/spip.php

www.ciep.fr/.../politique-lunion-europeenne-matiere-deducation

www.ricochet-jeunes.org/themes/theme/10-ecole

BIBLIOGRAPHIE

50 activités pour... aller au musée. Maryse Di Matteo, Lucie Gonzalez, CRDP De Midi-Pyrénées, 2005.

Graphic'arts, Sophie Duprey, Gaëtan Duprey, Accès 2002.

Construire des rituels à l'école maternelle, Catherine Dumas, Retz, 2009.

Pour découvrir le monde à l'école maternelle, Raymond Tavernier, Bordas, 2005.

Ça roule, ça tourne, Chantal Cloix, CRDP de Bourgogne, 2006.

La main à la pâte. Les sciences à l'école primaire, présenté par Georges Charpak, Flammarion.

Sciences à vivre. Cycle 1. 24 séquences et leurs évaluations pour découvrir le monde du vivant et de la Terre avec les enfants du cycle 3, Accès.

L'Enfant et sa planète. Sciences de la vie et de la Terre. Grande Section, CP, Mireille Hibon, Armand colin, coll. « Pratique pédagogique ».

BIBLIOGRAPHIE-SITOGRAPHIE

Découvrir le monde des objets en maternelle. Savoir et faire en technologie, Delagrave CRDP de l'Académie de Versailles.

Programme projets apprentissages pour l'école maternelle. L'école au quotidien, Josette Terrieux, Pierre Régie, Nobert Babin, Hachette Éducation.

Découverte de la matière et de la technique, Aline Coué et Miche Vignes, Hachette Éducation, coll. « Pédagogique pour demain ».

Observer pour comprendre les sciences de la vie et de la terre, Jean Guichard, Hachette Éducation, coll. « Pédagogique pour demain ».

Enseigner la biologie et la géologie à l'école élémentaire, R. Tavernier, Bordas.

Compétences et méthodologie en sciences expérimentales, Jean-Pierre Astolfi, Brigitte Peterfalvi et Anne Vérin, INRP.

Enseigner la physique à l'école primaire, Jean-Pierre Bonan, Hachette Éducation, coll. « Pédagogique pour demain ».

Découverte de la matière et de la technique, Aline Coué et Miche Vignes, Hachette Éducation, coll. « Pédagogique pour demain ».

Observer pour comprendre les sciences de la vie et de la terre, Jean Guichard, Hachette Éducation, coll. « Pédagogique pour demain ».

Comment les enfants apprennent les sciences, Jean-Pierre Astolfi, Brigitte Peterfalvi, Anne Vérin, Édition Retz.

Compétences méthodologiques en sciences expérimentales, Jean-Pierre Astolfi, Brigitte Peterfalvi, Anne Vérin, Didactique des disciplines, INRP.

Observer pour comprendre les sciences de la vie et de la terre, Jack Guichard, Hachette Éducation, coll. « Pédagogique pour demain ».

Activités d'arts visuels à l'école, T. I, 73 fiches du CP au CM2, Serge Paolorsi et Alain Saey.

Magellan Histoire-Géographie CM1 éd. 2010, Manuel de l'élève + Atlas, Françoise Martinetti, Laurence Rolinet, Elisabeth Szwarc et Jacques Bartoli (24 mars 2010).

Odysséo Géographie Cycle 3. Programme 2008, Marie-Jeanne Ouriachi, Didier Caille, Catherine Caille-Cattin et Eliane Riot (14 avril 2010).

Histoire-Géographie. Histoire des arts CM1, Catherine Caille-Cattin, Didier Caille, Françoise Changeux-Claus et Christian Fleury.

Instruction civique et morale cycle 3. Guide pédagogique, Christophe Saïsse et Stéphane Coutellier-Morhange (7 juillet 2009).

Les Cahiers de la Luciole. Sciences expérimentales et technologie CM1 éd. 2012, Cahier de l'élève, Albine Courdent, Dominique Dessobry, Abderrahmane Feriati et Nathalie Pinsard (27 juin 2012).

Les Ateliers Hachette sciences expérimentales et technologie CM. Livre de l'élève, Jack Guichard, Marie-Christine Decourchelle, Françoise Guichard et Maryse Lemaire (26 janvier 2011).

Sciences CM1 Odysséo. Tout le programme en 24 enquêtes, Jean-Michel Rolando, Patrick Pommier, Guy Simonin et Marie-Laure Simonin (23 avril 2014).

NOTES

NOTES

34/38, rue Camille-Pelletan - 92309 Levallois-Perret cedex
Imprimerie La Sepec - 01960 Péronnas - 10803151085
Imprimé en France - 4e trimestre 2015

Service éditorial : Marjorie Champetier, Benjamin Dias Pereira, Deborah Lopez, Élodie Sebbah
Conception graphique : Catherine Aubin
Crédit photographique : DR

Dépôt légal à parution
ISBN 978-2-7590-3152-8

PEFC 10-31-1470 / Certifié PEFC / Ce produit est issu de forêts gérées durablement et de sources contrôlées. / pefc-france.org